Essen und Trinken 58
Leckereien aus der Andenküche 58
Vorspeisen und Suppen 58
Hühnchen und andere Hauptgerichte 60
Nachspeisen 61
Getränke 61
Kulinarisches Lexikon 62

Wissenswertes für die Reise

Informationsquellen 66
Reise- und Routenplanung 70
Anreise und Verkehr 74
Unterkunft 77
Sport und Aktivurlaub 78
Einkaufen 80
Gut zu wissen 82
Reisekasse und Reisebudget 84
Reisezeit und Reiseausrüstung 86
Gesundheit und Sicherheit 88
Kommunikation 89
Sprachführer 90

Unterwegs in Peru

Kapitel 1 Lima und zentrales Bergland

Auf einen Blick: Lima und zentrales Bergland 96
Lima und Umgebung 98
Geschichte 98
Die Altstadt 100
Andere sehenswerte Stadtteile und Museen 109
Richtig Reisen-Tipp: Museo Rafael Larco Herrera 114
Richtig Reisen-Tipp: Landestypische Küche und Folklore 118
Richtig Reisen-Tipp: Ausflug von Lima ins Canta-Tal 122

Von Lima nach Tingo María 124
Von Lima nach La Oroya 124
Abstecher von La Oroya nach Pozuzo 128
Richtig Reisen-Tipp: Hilfsprojekt Prosoya 130
Von La Oroya nach Tingo María 132

Inhalt

Zentrales Bergland 136
Von La Oroya nach Huancavelica 136
Huancavelica 139
Ayacucho und Umgebung 141

Kapitel 2 Südküste und Arequipa

Auf einen Blick: Südküste und Arequipa 148
Die Südküste 150
Von Lima nach Pisco 150
Pisco und Umgebung 153
Richtig Reisen-Tipp: Península de Paracas 155
Ica und Umgebung 159
Richtig Reisen-Tipp: Dünenaction in Ica 162
Líneas de Nazca 164
Von Nazca nach Cusco 168
Von Nazca nach Tacna 168
Richtig Reisen-Tipp: Cañón de Cotahuasi 170
Tacna 173
Richtig Reisen-Tipp: Abstecher nach Nordchile 175

Arequipa und Umgebung 176
Arequipa 176
Ausflüge in die nähere Umgebung von Arequipa 185
Cañón de Colca 187
Richtig Reisen-Tipp: Wandern am Cañón de Colca 192

Kapitel 3 Cusco, Valle Sagrado und Machu Piccu

Auf einen Blick: Cusco, Valle Sagrado und Machu Picchu 196
Cusco und Umgebung 198
Geschichte 198
Die Altstadt 199
Sacsayhuamán 214
Kenko 216
Puca Pucara und Tambo Machay 217

Valle Sagrado 218
Von Cusco nach Pisac 218
Pisac 219
Von Pisac nach Urubamba 220
Von Cusco nach Urumbamba 221

Urubamba	223
Ollantaytambo	225
Machu Picchu	228
Aguas Calientes	228
Rundgang durch Machu Picchu	230
Richtig Reisen-Tipp: Camino Inka und Camino Sagrado	234
Von Cusco zum Lago Titicaca	238
Durch das Cusco-Tal nach Andahuaylillas	238
Von Urcos nach Juliaca	240
Richtig Reisen-Tipp: Mit der »Andenbahn« zum Lago Titicaca	242

Kapitel 4 Lago Titicaca, La Paz und Umgebung

Auf einen Blick: Lago Titicaca, La Paz und Umgebung	246
Lago Titicaca und Umgebung	248
Puno	248
Bootsausfüge auf dem Lago Titicaca	253
Sillustani	254
Von Puno nach Copacabana	256
Copacabana	257
Richtig Reisen-Tipp: Wanderung nach Yampupata	258
Isla del Sol und Isla de la Luna	260
Lago de Huiñaymarca	262
Tiahuanaco	263
La Paz und Umgebung	268
La Paz	268
Das Bergland nördlich von La Paz	279
Richtig Reisen-Tipp: Ruinen von Iskanwaya	281
Die Yungas	281
Im Süden von La Paz	284
Richtig Reisen-Tipp: Abstecher zum höchsten Berg Boliviens	285

Kapitel 5 Nordperu – Küste und Bergland

Auf einen Blick: Nordperu – Küste und Bergland	290
Die Nordküste	292
Von Lima nach Trujillo	292
Trujillo	296
Die Umgebung von Trujillo	303

Inhalt

Von Trujillo nach Chiclayo 305
Chiclayo 306
Die Umgebung von Chiclayo 308
Richtig Reisen-Tipp: Museo Tumbas Reales de Sipán 309
Von Chiclayo nach Piura 311
Piura 313
Richtig Reisen-Tipp: Abstecher nach Huancabamba 314
Die Umgebung von Piura 315
Von Piura nach Tumbes 316
Tumbes und Umgebung 320
Richtig Reisen-Tipp: Parque Nacional
Cerros de Amotape 321

Callejón de Huailas und Cordillera Blanca 324
Anfahrt zum Callejón de Huailas 324
Cordillera Huayhuash 324
Südlicher Callejón de Huailas 325
Richtig Reisen-Tipp: Chavín de Huántar 326
Huaraz 328
Die Umgebung von Huaraz 331
Von Huaraz nach Casma 332
Nördlicher Callejón de Huailas 332
Richtig Reisen-Tipp: Trekking im Parque Nacional Huascarán 336

Cajamarca und Umgebung 338
Anfahrt nach Cajamarca 338
Cajamarca 338
Ausflüge in die Umgebung von Cajamarca 344

Chachapoyas und Umgebung 346
Anfahrt nach Chachapoyas 346
Chachapoyas 346
Nördlich von Chachapoyas 348
Südlich von Chachapoyas 350
Richtig Reisen-Tipp: Zu Fuß und per Pferd nach Kuélap 353

Kapitel 6 Amazonastiefland

Auf einen Blick: Amazonastiefland 356
Iquitos und Umgebung 358
Iquitos 358
Richtig Reisen-Tipp: Kreuzfahrten auf dem Amazonas 360
Die nähere Umgebung von Iquitos 362
Exkursionen in den Regenwald 362

Pucallpa und Umgebung 366
Pucallpa 366
Laguna Yarinacocha 369

Parque Nacional Manú 370

Puerto Maldonado und Umgebung 374
Puerto Maldonado 374
Río Madre de Dios und Río Tambopata 375

Register 380

Abbildungsnachweis/Impressum 416

Themen

Die Kamele der Anden 18
Der Inka-Staat 36
Leben am Rand: Indigene Gruppen in Peru 48
Die Malschule von Cusco 56
Armenviertel der Hoffnung 116
Die höchste Eisenbahnlinie der Welt 121
Die Tierwelt der Guano-Inseln 158
Das Geheimnis der Pampa Colorada 166
Sta. Catalina – eine Stadt in der Stadt 180
El Cóndor Pasa – der fliegende Götterbote 188
Die Entdeckung der verlorenen Stadt 236
Mit dem Papyrusboot über den Atlantik 255
Der Sensationsfund von Sipán 310
Brujos und Curanderos 319
Das Ende des letzten Inka-Herrschers 345
Die Indianer des Amazonas 364

Inhalt

Alle Karten auf einen Blick

Lima und zentrales Bergland: Überblick 96
Altstadt: Cityplan 103
Lima: Übersichtsplan 110/111
Miraflores: Cityplan 113
Zentrales Bergland 126
Ayacucho: Cityplan 143

Südküste und Arequipa: Überblick 148
Von Lima nach Nazca 153
Von Nazca nach Tacna 168/169
Arequipa: Cityplan 178/179
Die Umgebung von Arequipa 185

Cusco, Valle Sagrado und Machu Picchu: Überblick 196
Cusco: Cityplan 201
Umgebung Cusco und Valle Sagrado 221
Machu Picchu 232

Lago Titicaca, La Paz und Umgebung: Überblick 246
Lago Titicaca 250
Tiahuanaco 264
La Paz: Cityplan 270

Nordperu – Küste und Bergland: Überblick 290
Von Lima nach Chiclayo 294
Trujillo: Cityplan 298
Von Chiclayo nach Tumbes 312
Callejón de Huailas 329
Cajamarca: Cityplan 341

Amazonastiefland: Überblick 356
Die Umgebung von Iquitos 363

Reiseatlas Peru 388

Von Arequipa immer im Blick: der 5822 m hohe Vulkan Misti

Perus Farben am Spätnachmittag: Kirche von Tiobamba, Altiplano bei Cusco

Wissenswertes über Peru

Drei Welten in einem Land

Costa, Sierra und Selva – die drei großen Naturräume Perus könnten gegensätzlicher nicht sein: die karge Küstenwüste am kalten Pazifik mit ihren fruchtbaren Flusstälern, die wild zerklüftete Bergwelt der Anden, traditioneller Lebensraum der indigenen Bevölkerung und das dünn besiedelte tropische Tiefland des Amazonas im Osten – wer Peru bereist, genießt drei Welten in einem Land.

Die Republik Peru im Herzen Südamerikas ist allein schon ihrer Natur wegen einzigartig. Die mächtigen, schneebedeckten Gipfel der Anden, viele davon über 6000 m hoch, lassen nicht nur das Herz eines jeden Bergsteigers höher schlagen. Gleich mehrere Dutzend davon finden sich im beeindruckenden Huascarán-Nationalpark in der peruanischen Cordillera Blanca, aber auch die Vulkane im Umland von Arequipa und die Gipfel im Umfeld von Cusco, die von den Menschen bis heute als mächtige ›Berggeister‹ verehrt werden, zählen zu den aufregendsten Bergformationen der Erde. Hier, in den wilden Landschaften der Anden, kann man den Kondor in seinem majestätischen Flug beobachten und Lamas, Alpakas und den grazilen Vikunjas beim Grasen zuschauen.

Die tropischen Regionen des Andenstaates halten einen ebenso sehenswerten Kontrast dazu bereit, z. B. eine mehrtägige Expedition in den faszinierenden Manú-Nationalpark mit unberührtem Dschungel. Ebenso eindrucksvoll ist eine Kreuzfahrt auf dem größten Fluss der Welt. Der Amazonasurwald ist jederzeit für eine Überraschung gut: Jaguare, Affen, Schlangen, Papageien, Kolibris, Frösche, Piranhas und große Welse leben hier, doch auch sie sind zunehmend bedroht von den Brandrodungen neuer Siedler.

Peru kann auf eine überaus reiche Kulturgeschichte zurückblicken: Bereits vor der Zeitenwende fertigten die Menschen der Küste kunstvolle Keramiken und Textilien und die geheimnisvolle Verehrung eines ›Weinenden Gottes‹ findet in Tiahuanaco nahe dem Titicacasee ihren Höhepunkt. An verschiedenen Stellen kristallisierten sich einflussreiche Regionalkulturen heraus, Vorläufer des nur gut 200 Jahre bestehenden Inka-Imperiums. Mehrere noch wenig erforschte Ruinenstädte in den Bergen, im Dschungel und im baumlosen Altiplano lassen auf weitere Erkenntnisse über die frühe Geschichte dieser Länder hoffen – so auch hinsichtlich der mysteriösen Linien von Nazca.

Als Reisender trifft man auf Spuren des erbarmungslosen Eroberungskrieges der Brüder Pizarro, die auf der Suche nach dem sagenhaften El Dorado im Auftrag der spanischen Krone das Inka-Reich besiegten. Protzige, goldüberladene Barockkirchen und elegante Herrenhäuser, aber auch verfallene Inka-Heiligtümer bezeugen das Wirken der Konquistadoren, die durch eingeschleppte Zivilisationskrankheiten und unmenschliche Arbeitsbedingungen Millionen von *indígenas* (Ureinwohner) den Tod brachten.

Die Kontraste auch in Bezug auf Bevölkerung und Lebensart sind groß. Während in Lima täglich Hunderte neuer landflüchtiger *campesinos* (Landbewohner) in die Elendsviertel der Vorstädte ziehen, leben Millionen von Menschen in den abgelegenen Dörfern des Berglandes, auf dem Altiplano oder im Amazonasurwald noch heute ohne fließendes Wasser, Strom und ausreichende ärztliche Versorgung.

Reisende erleben die einzelnen Bevölkerungsgruppen oftmals recht unterschiedlich: Weiße und Mestizen reagieren meist recht offen, kontaktfreudig und gleichzeitig sehr höflich, *indígenas* in abgelegenen Dörfern eher schüchtern und zurückhaltend. Und doch: Überall ebnet ein freundlicher Gruß wie ¡Buenos dias! (Guten Tag) oder ¿Qué tal? (Wie gehts?) Wege und öffnet Türen, etwa beim Fotografieren. Manch einer mag überrascht sein, wieviel Humor Indianerfrauen im Umgang miteinander und mit vermeintlichen ›*gringos*‹ zeigen. Insbesondere die Verkäuferinnen auf den traditionellen Märkten können sehr herzhaft über komische Dinge und Situationen lachen. Hier wird auch das landestypische Essen angeboten: *ceviche* (roher weißer Seebarsch), *choclos* (Maiskolben, gekocht oder gegrillt), *cuy* (Meerschweinchen) und *chicha* (Maisbier).

Der Besuch der so farbenfrohen wie lebendigen Indianer- und Kunsthandwerksmärkte, Gottesdienste, eindrucksvollen Prozessionen und Wallfahrten, von Folkloreabenden und Straßenparaden gewährt Einblick in unterschiedlichste Lebensbereiche der Menschen in den Anden.

Peruaner zeigen in der Freizeit ihre Vorlieben: Sie singen und tanzen bei Konzerten und Tanzveranstaltungen gerne in geselliger Runde mit. Temperamentvoll feuern sie beim Stierkampf die Toreros an oder beim allseits beliebten Hahnenkampf den Hahn, auf den sie gewettet haben. Am späten Nachmittag bietet zudem jede Plaza eine Bühne für Jung und Alt, für flanierende Liebespärchen, heiratsfähige Dienstmädchen, pfiffige Schuhputzer und zeitunglesende Rentner – und natürlich für die überall präsenten Verkäufer von Lama- und Alpakawollsachen.

Musik und Tanz in Peru: ein Fest für alle Sinne

Steckbrief Peru

Daten und Fakten

Name: República del Perú (spanisch); Piruw (quechua)
Fläche: 1 285 216 km^2
Hauptstadt: Lima
Amtssprachen: Spanisch, Quechua und Aymara

Einwohner: ca. 28,3 Mio. (21 Einw./km^2)
Bevölkerungswachstum: 1,4 %
Lebenserwartung: 69 Jahre
Analphabetenrate: 15 % (offiziell)

Währung: Nuevo Sol (N/S)
1 N/S = 100 Centavos
1 N/S = 0,25 € (Stand Februar 2007)
Zeitzone: MEZ –6 Std.; MESZ –7 Std.

Landesvorwahl: +51
Landesflagge: rot – weiß – rot
Als General San Martín im September 1820 an der Küste bei Paracas an Land ging, ließ er sich, so die Legende, durch die rote Farbe der Flamingos zur heutigen Nationalflagge Perus inspirieren.

Geografie

Das drittgrößte Land Südamerikas lässt sich geografisch in drei Teile gliedern: Entlang der 2300 km langen Pazifikküste *(costa)*, die 11 % der Landesfläche einnimmt, erstreckt sich ein 10–80 km breiter Wüstenstreifen, der von fruchtbaren Flussoasen unterbrochen wird. Die *sierra*, das zentrale Bergland, spaltet sich in mehrere in Nord-Süd-Richtung verlaufende Gebirgsketten auf, die Höhen bis über 6500 m erreichen. In den oft lang gestreckten Andentälern wird intensiv Ackerbau betrieben. Das Amazonastiefland stellt rund 60 % der gesamten Landesfläche, ist jedoch nur sehr dünn besiedelt.

Geschichte

Nach dem Kommen und Gehen verschiedener **indianischer Kulturen**, die wie die Paracas-, Nazca- und Mochica-Kultur beachtliche Leistungen in Keramik- und Textilproduktion, in der Astronomie und im Bau von Tempelanlagen vorweisen können, errichteten die **Inka** im 15. Jh. ihr riesiges Reich. Der spanischen Eroberung durch die Brüder Pizarro im Jahre 1533 folgten 300 Jahre **Kolonialherrschaft** mit unmenschlichen Lebensbedingungen für die in ihrer Zahl durch Kriege und Krankheiten drastisch dezimierten *indígenas*. Mit der **Unabhängigkeit** von Spanien im Jahre 1821 begann für Peru zunächst eine lange politische und ökonomische Talfahrt. Der gegen Chile verlorene **Salpeterkrieg** (1881) und die geringe Anbindung des Hochlandes an die Städte der Küste schadeten der Entwicklung des Landes. Nach dem Zweiten Weltkrieg wechselten sich jahrzehntelang rechts- und linksgerichtete **Militärregierungen** ab, horrende Inflationsraten und die rücksichtslose Verfolgung politisch Andersdenkender waren an der Tagesordnung. Dass sich der Großteil des Grundbesitzes und des Produktionskapitals in den Händen einer Handvoll reicher Familien konzentriert, sorgt bis heute für die ständige politische Unzufriedenheit großer Bevölkerungsteile. Die oft brutalen Aktivitäten verschiedener **Guerillagruppen** in den 1980er-Jahren verschärften das innenpolitische Ungleichgewicht.

Unter Präsident Alberto Fujimori (1990–2000) wurde dem Treiben der Terroristen weitgehend Einhalt geboten, doch leider erlag auch er der Versuchung der Korruption und musste Ende 2000 das Land verlassen. Auch sein Nachfolger Alejandro Toledo – der erste Indígena im höchsten Staatsamt – konnte sein Wahlversprechen, die Situation der armen Bevölkerungsgruppen zu verbessern, nicht einhalten und verlor schnell den Rückhalt in der Bevölkerung.

Seit 2006 ist **Alan García** Präsident, nun schon zum zweiten Mal: Seine erste Amtszeit (1985–1990) beendete er unter schweren Korruptionsvorwürfen.

Staat und Politik

Seit 1980 ist Peru eine Präsidialrepublik, laut der Verfassung von 1993 werden der Präsident und das 120-köpfige Parlament *(congreso)* alle fünf Jahre demokratisch gewählt; es herrscht Wahlpflicht ab 18 Jahren.

Wirtschaft und Tourismus

Peru ist bekannt für seine Gold-, Silber-, Kupfer-, Zink- und Bleiexporte, seit dem 20. Jh. wird auch Erdöl gefördert. Noch heute bestreitet der **Bergbau** über die Hälfte der Gesamtexporte des Landes, zweitwichtigster Exportzweig sind die Erdölförderung und die Fischerei. Wichtigste Handelspartner sind die südamerikanischen Nachbarstaaten und die USA. Knapp ein Drittel der **Erwerbstätigen** sind in der Landwirtschaft beschäftigt, doch erwirtschaften sie nur magere 9,3% des Bruttoinlandsprodukts. Ein Peruaner verdient durchschnittlich rund 2100 $ pro Jahr. Problematisch sind weiterhin die **hohe Auslandsverschuldung** von rund 39 Mrd. US-$ (2005) sowie die Unterbeschäftigung von rund 45 % (die Arbeitslosenrate liegt offiziell unter 8 %).

Der **Tourismus** gewinnt als Wirtschaftsfaktor zunehmend an Bedeutung. Die Zahl der Besucher ist im Jahre 2005 auf fast 1,5 Mio. angestiegen und wächst mit Raten über 15 %.

Bevölkerung und Religion

Die Mehrheit der Peruaner lebt in den Großstädten entlang der Pazifikküste, die gerade einmal ein Zehntel der Landesfläche einnimmt. Vor allem im Bereich der Hauptstadt Lima konzentriert sich rund ein Drittel der Bevölkerung. Im riesigen Amazonas-Tiefland leben hingegen nur 10 %. Das **Bevölkerungswachstum** und die andauernde Landflucht lassen die urbanen Zentren und deren Elendsquartiere weiter wachsen.

Die Quechua und Aymara sprechenden *indígenas* stellen rund 45% der Bevölkerung, etwa 37% sind Mestizen und rund 15 % europäischer Abstammung.

Obwohl sich über 90 % der Bevölkerung zum katholischen und ca. 5 % zum protestantischen **Glauben** bekennen, vermischen sie diesen oft mit diversen Elementen alter Naturreligionen.

Die hohe **Analphabetenquote** konnte in den vergangenen Jahren drastisch reduziert werden: Heute können laut Statistik rund 85 % aller Peruaner lesen und schreiben. Offiziell besuchen zwei Drittel der peruanischen Kinder und Jugendlichen eine weiterführende Schule, ein Drittel absolviert eine Ausbildung.

Natur und Umwelt

Das gewaltige Spektrum der Naturräume Perus reicht von der wüstenhaften Küstenebene, die von fruchtbaren Flussoasen unterbrochen wird, über die eindrucksvolle Hochgebirgslandschaft der Anden mit ihren Bergseen und fruchtbaren Hochtälern bis hin zu den endlosen Weiten des Amazonastieflandes, das eine unüberschaubare Vielfalt an Tieren und Pflanzen beheimatet.

Von der Wüste in den Urwald

Peru, zwischen dem Äquator und dem 18. Grad südlicher Breite gelegen, ist nach Brasilien und Argentinien das drittgrößte Land Südamerikas – neben Ecuador außerdem das einzige, das sowohl über eine Meeresküste als auch über Amazonastiefland und schneebedeckte Berge (mit dem größten Gletschergebiet der Tropen weltweit in der Cordillera Blanca) verfügt.

Nach langen Auffaltungsprozessen und vulkanischer Tätigkeit bildeten sich mächtige Gebirge und Plateaus, Erosion und Vulkaneruptionen haben die Topografie geschaffen. Die Erde ist in Peru jedoch keineswegs zur Ruhe gekommen: Eine entlang der Küste verlaufende Spalte in der Erdkruste, an der zwei Kontinentalplatten aufeinandertreffen, verursacht immer wieder schwere Erdbeben.

Geografisch lässt sich Peru in drei große Naturräume gliedern: die Pazifikküste (*costa*) im Westen, das Bergland der Anden (*sierra*) im Zentrum und das tropische Tiefland (*selva*) im Osten.

Die Pazifikküste

Entlang der 2300 km langen *costa*, die rund 11 % der Gesamtfläche einnimmt, erstreckt sich ein 10–80 km breiter Wüstenstreifen. Dieser wird von etwa 40 Flussoasen unterbrochen, in denen dank künstlicher Bewässerung ausgedehnte landwirtschaftliche Zentren entstanden sind. Südlich von Lima gedeihen hier Weintrauben, Baumwolle, Früchte, viele Gemüsesorten und Oliven, nördlich der Hauptstadt außerdem Zuckerrohr und Reis.

Der große Fischreichtum an der Küste Perus ermöglicht zahlreichen Seevogel- und Robbenarten ein bequemes Leben. Der Pazifik ist der Lebensraum für Seeigel, Seesterne, Krebse, Algen, Plankton und viele weitere Mikroorganismen. Riesige Schwärme von Anchovis, einer kleinen Sardellenart, ernähren sich von dem im kalten Wasser schwebenden Plankton. Anchovis wiederum bilden die Lieblingsspeise des Bonitos, einer Thunfischart, die ihrerseits Pinguinen, Pottwalen und Meerottern als Nahrung dient. Auf den vorgelagerten Inseln finden Seelöwen, riesige Kolonien von Perutölpeln, Pelikane, Inkaseeschwalben und Kormorane einen idealen Lebensraum.

Das Andenhochland

Die *sierra* erreicht in den verschiedenen Andenketten an mehreren Stellen über 6000 m Höhe und erlaubt in ihren lang gestreckten Tälern ebenfalls ertragreichen Ackerbau. Vorwiegend auf Terrassen bauen die *campesinos* hier bis in Höhen von über 4000 m zahlreiche verschiedene Kartoffelsorten, die einheimischen Getreidearten Quinoa und Quiwicha wie auch Gerste und Knollenfrüchte an.

Die Lebensbedingungen für Tiere und Pflanzen sind in den Anden meist schwierig, denn nur wenige hoch spezialisierte Tierarten wie Vikunjas, Viscachas oder Kondore können trotz der großen Höhe und der oft extremen Klimaschwankungen überleben. Das majestätischste und charakteristischste Tier der Anden ist zweifellos der Kondor (s. S. 188). Mit seinen riesigen Schwingen lässt er sich von der Thermik hoch in die Lüfte tragen. Von dort vermag er eine ganze Reihe Tiere zu beobachten: den *taruka* (Andenhirsch), Weißwedelhirsche, Andengänse, Flamingos (an den Seen) und den Andenfuchs, der gelegentlich auch junge Schafe oder Ziegen reißt. Andenwiesel und Viscachas lieben eine felsige Umgebung: Morgens und kurz vor Sonnenuntergang legen sich die hasenähnlichen Viscachas zum Aufwärmen in die Sonne und geben Pfeiflaute wie Murmeltiere von sich. Sie werden bis zu 30 cm lang, ihr buschiger Schwanz misst etwa 20 cm. Ihre flauschigen, aber sehr nässeempfindlichen Felle waren und sind überaus begehrt und daher entsprechend teuer. Die ebenfalls hier heimischen Meerschweinchen *(cuy)* trifft man heute vorwiegend als domestizierte Version an: Sie wuseln durch Küche und Wohnzimmer in den Hütten der *campesinos* und landen bei besonderen Anlässen auch in deren Bratpfanne. Sehr selten sind inzwischen die einst über ganz Amerika verbreiteten Pumas geworden. Zurückgezogen leben noch wenige Exemplare dieses Berglöwen in abgeschiedenen Regionen der Anden.

Vorwiegend in den trockeneren Gebieten der Anden zu sehen sind Leguane. Die sich träge bewegenden, Blätter, Früchte und Aas fressenden Tiere können bis zu 2 m lang und einen Zentner schwer werden. Im Nebelwald zu Hause ist der mächtige Brillenbär, die einzige in Südamerika heimische Bärenart, der sich von Waldbeeren, Gras, Früchten, kleinen Tieren und Maiskolben ernährt.

Die fischreiche peruanische Küste ist ein Jagdrevier der Inkaseeschwalben

Die Kamele der Anden

Im zentralen Andenraum leben heute vier Vertreter aus der Familie der Kamele: die beiden Wildarten Vikunja und Guanako sowie die domestizierten Formen Lama und Alpaka. Die frühen Jäger und Sammler haben mit der Domestikation von Lama und Alpaka vermutlich bereits vor 9000 Jahren begonnen.

Alle vier Kamelvertreter sind auch heute noch untereinander kreuzungsfähig. Wie ihre größeren afrikanischen und asiatischen Verwandten sind auch sie an Topografie und Klima ihres Lebensraums bestens angepasst: Sie leben auf Höhen zwischen etwa 2300 und 4000 m in zum Teil sehr unwegsamem Gelände und können bis zu vier Tage ohne Wasser auskommen. Auch stellen sie bei der Ernährung keine großen Ansprüche und verdauen das harte Gras der Hochanden in ihrem großen Magen gründlicher als andere Tiere. Anders als die Altweltkamele kann man die domestizierten Formen Südamerikas weder als Zugtiere in der Landwirtschaft einsetzen, noch liefern sie Milch – dafür aber Wolle und Fleisch.

Das Lama ist das Wappentier Perus. Die bis zu 2 m langen, 1,25 m hohen und maximal 150 kg schweren Tiere sind sehr anpassungsfähig und können auf Höhen zwischen 2000 und 5000 m leben, solange die Luftfeuchtigkeit dort nicht zu hoch ist. Einfarbig weiß oder auch braun, gefleckt oder gescheckt, tragen sie ihr Junges, das bei der Geburt 10–15 kg wiegt, ein ganzes Jahr aus. Bei günstigen Lebensbedingungen können Lamas 20 Jahre alt werden. Die nur bei Gefahr spuckenden Tiere sind vielseitig einsetzbar und verwendbar: Schon lange vor der Inka-Zeit trugen sie täglich Lasten von 30 bis 35 kg über eine Distanz von bis zu 20 km. Ihr Mist dient als ausgezeichneter Dünger in der Terrassenwirtschaft und als Brennstoff. Nach der Schlachtung finden auch ihr Fell, das Körperfett und die Knochen praktische Verwendung. Lamawolle verarbeiten die *indígenas* seit Jahrtausenden zu grober Kleidung, Tauen, Teppichen und Getreidesäcken. Das Fleisch kann man zwar essen, es gilt jedoch als recht zäh und wenig schmackhaft.

Es ist nicht immer einfach, Lamas auf den Feldern der *campesinos* von Alpakas, der anderen domestizierten Art, zu unterscheiden. Das Alpaka ist kleiner, hat einen kürzeren und dickeren Hals sowie breitere und kleinere Ohren als das Lama. Das Fell ist bei den Alpakas meist dichter und auch der Gesichtsbereich ist behaart. Alpakawolle ist deutlich feiner, weicher und wesentlich wertvoller als die Wolle des Lamas und auch das Fleisch dieser Tierart ist sehr viel schmackhafter.

Das wild lebende, sehr menschenscheue Vikunja kommt in Höhen bis zu 5500 m in trockenen wie in feuchten Gebieten vor und produziert die wohl feinste Wolle des gesamten Tierreichs. Bereits die frühen Jäger und Sammler schätzten das aus besonders kurzen Haaren bestehende Fell des kleinsten Vertreters der Kamelfamilie sehr. Die Inka fingen in jedem Frühjahr Vikunjas ein, schoren sie und ließen sie danach wieder frei. Kleidung aus Vikunjawolle zu tragen war ein Privileg des Inka-Adels. Das Vikunja ist in den letzten Jahrhunderten seines sehr zarten, schmackhaften Fleisches und seiner hohen Wollqualität wegen stark dezimiert worden und war lange Zeit vom Aussterben bedroht.

Thema

Heute gibt es wieder einen steigenden Bestand. In einzelnen Schutzgebieten wie den ausgedehnten Pampas Galeras im Hinterland von Nazca und der Laguna de Salinas bei Arequipa lassen sich die eleganten Tiere meist gut beobachten.

Das ebenfalls scheue, grazile Guanako trägt ein wesentlich helleres Fell als sein kleinerer Verwandter. Es erreicht eine Schulterhöhe von 1,10 m und bevorzugt trocknere Regionen wie die Puna, den bolivianischen Chaco und die menschenleeren Weiten des subpolaren Argentinien, Chile und Feuerland. In manchen Regionen wurde das Guanako bereits wegen seines exzellenten, dem Rotfuchs ähnlichen Fells ausgerottet. Die Weibchen leben in kleinen Gruppen mit einem dominanten Männchen zusammen. Die Tiere verständigen sich mit wiehernden Lauten, die sowohl als Warnrufe als auch der Kommunikation zwischen Männchen und Weibchen dienen.

Zarte Wesen mit traumhaft weichem Fell: die Vikunjas

Auch die Pflanzenwelt beschränkt sich in den Hochlagen der Anden auf wenige höhen- und klimaresistente Arten, darunter so ungewöhnliche Spezies wie die Riesenbromelie *Puya raimondii:* Sie gehört zu den seltsamsten und zugleich seltensten Pflanzen der Welt und ist inzwischen vom Aussterben bedroht. Diese botanische Rarität kommt nur an wenigen Standorten in Peru und Bolivien in Höhen um 4000 m vor. Sie ist die größte Vertreterin der Familie *Bromeliaceae* und erreicht ohne Blüte bereits eine stattliche Höhe von 4 bis 5 m. Erst nach 50 bis 100 Jahren bildet die Bromelie einen eindrucksvollen, 5 m hohen Blütenstand und verbraucht dafür so viele Nährstoffe, dass sie nach der Blüte abstirbt. Einer der wichtigsten Standorte ist neben dem Titicacasee der Callejón de Huailas und v. a. in der Gegend um Carpa (s. S. 325) und in der Cordillera Negra (s. S. 332) kann man mit etwas Glück in den Monaten Mai bis Oktober blühende Exemplare bewundern, doch nicht jedes Jahr sind Blüten zu sehen. Der Nektar dieser wohl erstaunlichsten endemischen Pflanze lockt auch in Höhen um 4000 m noch viele Kolibris an.

Die Riesenbromelie ist von ihrem Habitus her eine Ausnahme, denn im Hochland von Peru überwiegt die kleinwüchsige Flora: Viele Arten von Süß- und Horstgräsern (die Hauptnahrung der Kamelartigen), Kräuter, Flechten und Moose haben sich hervorragend an das Klima der Anden angepasst. Auch Polsterpflanzen wie Nelkengewächse und mehrere Polylepis-Arten (Rosengewächse) sind hier heimisch.

Nichts für Ungeduldige: Die Riesenbromelie blüht erst nach 50 bis 100 Jahren

Amazonastiefland

Die *selva* stellt zwar 60 % der gesamten Landesfläche, ist jedoch sehr dünn besiedelt. In Peru liegt auch das Quellgebiet des Amazonas, dessen wichtigste Quellflüsse Río Marañon und Río Ucayali auf knapp 1000 km Länge fast 5000 m an Höhe verlieren, bevor der Amazonas auf den letzten 5500 km (ab Iquitos) kaum noch 120 m Gefälle aufweist. Das Klima im Amazonas-Regenwald ist tropisch-feucht, bei 200 Regentagen jährlich und Durchschnittstemperaturen zwischen 20 und 30 °C. Hier wachsen Urwaldriesen in den Himmel, die Siedler bauen Kaffee, Kakao, Paranüsse, Maniok und Kokablätter (v. a. am Río Huallaga) an.

Jaguar und Flussdelfin

Im tropisch-schwülen Tiefland und an den regenreichen Ostabhängen der Anden bietet sich die größte Artenvielfalt der Erde: Die Palette der typischen Tropenfauna reicht von winzigen, bizarr geformten Insekten über Schlangen und Affen bis zum mächtigen Jaguar, dem ›Herrn des Urwaldes‹. Der Großteil der Fauna im tropischen Regenwald ist an den Amazonas und seine zahllosen Nebenflüsse gebunden. Kaimane beispielsweise lauern in Sümpfen und an sandigen Flussufern ihrer Beute auf. Auf festem Boden leben dagegen Tapir, Stachelschwein, der gefleckte Ozelot und der als Symbol von Kraft und Magie verehrte Jaguar.

In den Flüssen schwimmen über 1500 Arten Süßwasserfische, darunter die berüchtigten Piranhas. Doch nur eine von etwa 30 Arten, der Rote Piranha, hat den schlechten Ruf dieser Gattung zu verantworten: Mit ihren messerscharfen Zähnen reißen sie, vom Blut angelockt, kranke und verletzte Fische, aber auch Aas und Jungtiere, die ins Wasser fallen. Piranhas gelten wie auch Geier als wichtige Abfallverwerter. Gefürchtet sind ferner der Elektrische Aal und der Süßwasserrochen mit seinem giftigen Stachel. Der Arapaima *(paiche)* dagegen, der bis zu 150 kg schwere und bis zu 3 m lange größte Süßwasserfisch der Welt, ist in den Siedlungen am Amazonas sehr beliebt als Ergänzung des Speiseplans. Seltener geworden sind in den letzten Jahrzehnten die Seekuh und der rötliche Flussdelfin im Amazonas.

Die bis zu 9 m lange Anaconda ist das auffälligste hier lebende Reptil und kann ihre Beute tödlich umarmen – selbst ausgewachsene Kaimane sind vor ihr nicht sicher. Wie die ebenfalls am Amazonas lebende Boa zählt sie zu den Würgeschlangen. Effektive Fangmethoden hat auch der Buschmeister: Sein Giftzahn tötet jedes Beutetier innerhalb weniger Minuten.

Die Vogelwelt des tropischen Regenwaldes beherrscht der kräftigste Adler der Welt, die Harpyie. In den Bäumen schwirren Papageien, Stirnvögel und Kolibris, Ameisenvogel, Tukan und Türkisvogel. Am Wasser leben dagegen der Riesenstorch Jabiru und der Schlangenhalsvogel, ein erfolgreicher Taucher, der an den Ufern der Wasserläufe seine Flügel trocknet. Mehrere Affenarten, darunter Woll-, Klammer- und die lautstarken Brüllaffen, bevölkern die mächtigen Baumriesen des Urwaldes, wo auch die Faultiere die meiste Zeit ihres Lebens verbringen. Ebenfalls in das komplexe ökologische System tropischer Regenwälder gehören ungezählte Käferarten, Termiten, Ameisen, Schmetterlinge, Zikaden, Spinnen, Würmer und viele weitere Kleinlebewesen.

Im Urwald

Mehr noch als die Tierwelt bietet die Flora ein schier unüberschaubares Kaleidoskop von Formen und Arten. Auf einem Hektar Urwaldboden wachsen alleine 300 bis 500 Baumarten, darunter bis zu 60 m hohe Cecropia-Bäume, Mahagoni und andere Edelholzarten. Auch der Kautschukbaum ist hier heimisch, doch sind die Zeiten, als dieser Naturgummi der Region zu einem wirtschaftlichen Boom verhalf, längst vorbei. Rund 10 % der Baumarten zählen zu den Palmen, die dem Dschungel sein unverwechselbares Aussehen geben. Unzählige Epiphyten (Aufsitzerpflanzen), Bromeliaceen (Ananasgewächse) und Orchideen finden sich v. a. in den höher gelegenen Regionen des Bergnebelwaldes.

Naturparks

Rund 190 966 km² stehen in Peru als Naturreservate unter staatlichem Schutz, das entspricht fast 15 % der Landesfläche. Den Status eines Nationalparks genießen derzeit elf Schutzgebiete mit einer Gesamtfläche von über 78 000 km², darunter so gegensätzliche Landschaftstypen wie der Parque National Cerros de Amotape im Norden (s. S. 321), der Parque National Huascarán in der Cordillera Blanca (s. S. 334) und der artenreiche Parque National Manú an den Ostabhängen der Anden (s. S. 370). Der mit stolzen 25 107 km² größte Nationalpark Perus wurde erst Ende 2004 gegründet: Er heißt Alto Purus und liegt im zentralen Amazonas-Tiefland an der Grenze zu Brasilien. Des Weiteren gibt es zehn Reservas Nacionales (u. a. an der Küste bei Paracas und am Titicacasee), sieben Santuarios Nacionales und vier Santuarios Históricos (u. a. Machu Picchu) sowie 27 weitere Schutzgebiete, die alle vom staatlichen Institut INRENA (Instituto Nacional de Recursos Naturales, www.inrena.gob.pe) in Lima verwaltet werden. Leider sind viele der Schutzgebiete für Besucher nur schwer zugänglich und verfügen meist nicht über die notwendige Infrastruktur. Sollte sich das jedoch in Zukunft ändern, dürfte sich Peru schon bald zu einem wichtigen Reiseziel für Natur- und Ökotourismus entwickeln.

Die Zahl der privaten Naturparks ist sehr klein. Das erste private Naturschutzgebiet von Peru ist das Ökologische Schutzgebiet Chaparrí, 95 km südöstlich der Stadt Chiclayo. In den Trockenwäldern des Reservats leben auf einer Fläche von 34 412 ha zahlreiche vom Aussterben bedrohte Arten wie der Brillenbär, das Guanako, die Pfauhenne und der Andenkondor. Weitere Infos unter www.chaparri.org.

Umweltprobleme

Trotz einiger halbherziger Bemühungen seitens der Regierung ist der Umweltschutz in Peru bislang noch kein echtes Thema. Die sozialen und wirtschaftlichen Probleme des Landes sind einfach zu groß. Nach wie vor sehen die meisten Einwohner in der Natur keine schützenswerte Ressource, sondern eine Quelle, die ausgebeutet werden kann.

In der Hauptstadt türmen sich die Müllberge am Straßenrand der unkontrolliert wachsenden Armutsviertel, täglich werden tonnenweise giftige Abgase in den ohnehin schon grauen Himmel geblasen und die Industrie lässt ihre Abwässer meist ungeklärt in das Grundwasser abfließen. Schon heute muss ein Großteil der Bevölkerung mit Wasser aus Tankwagen versorgt werden. Auch am Titicacasee gibt es ein Abwasserproblem: in Puno beispielsweise werden die Fäkalien einfach in den See geleitet, sodass die abflussarme Bucht von Puno von der örtlichen Bevölkerung schon scherzhaft ›Pipi-Caca-See‹ genannt wird.

Peru zählt zu den wichtigsten Fischfangnationen der Welt, doch die Bedeutung sinkt,

Ausgreifend nimmt der Amazonas Raum im Dschungel

denn die Fangmengen der Fischereiflotten sind rückläufig – eine Folge der rücksichtslosen Überfischung. So kämpfen nicht nur die Kleinfischer um ihre Existenz, langfristig sind auch die Jobs in der Fischindustrie gefährdet. Der wichtigste Wirtschaftsfaktor Perus ist nach wie vor der Bergbau und so werden immer mehr auch abgelegene Bergregionen erschlossen, um hier im großem Stil Kupfer, Silber, Zink, Blei und Gold abzubauen. Um sich die negativen Folgen für die Natur auszumalen, braucht man nicht viel Fantasie.

Der größte Feind des natürlichen Baumbestandes im Hochland ist der Eucalyptus, der seinerzeit von den spanischen Kolonialherren wegen seines schnellen und geraden Wuchses eingeführt wurde. Längst gehört diese aus Australien stammende Baumart zum gewohnten Bild einer Andenlandschaft, doch leider sind diese Bäume sehr durstig und graben den umliegenden Pflanzen im wahrsten Sinne des Wortes das Wasser ab. Native Arten wie der Polylepis, die früher überall zu finden waren, wachsen heute nur noch an wenigen geschützten Stellen.

Die augenfälligsten Umweltprobleme finden sich in der Urwaldregion am Amazonas: Obwohl die Abholzung hier noch nicht so dramatische Folgen hat wie im Nachbarland Brasilien, verschwinden auch in Peru jedes Jahr Hunderttausende Hektar tropischen Regenwaldes, sodass die Waldfläche zunehmend schrumpft. Hinzu kommt der wachsende Besiedlungsdruck, denn die Metropolen im Amazonas-Tiefland zählen zu den am schnellsten wachsenden Städten in ganz Südamerika.

Nicht nur Goldsucher, die die Flüsse mit Quecksilber verseuchen, sondern auch die Pioniere der Erdölförderung dringen immer tiefer in die Regenwälder vor und die geplante Straßenverbindung von Lima nach Brasilien mit dem schönen Namen »Transamazônica« tut ein Übriges.

Wirtschaft, Soziales und aktuelle Politik

Die wirtschaftliche Entwicklung Perus wird nach wie vor durch politische Unruhen gehemmt; Investitionen aus dem Ausland sind noch immer zu gering und es mangelt an einheimischem Privatkapital. Die Regierungen tendieren zur Privatisierung großer Staatsunternehmen, um Inflation und Auslandsverschuldung niedrig zu halten und ein Wirtschaftswachstum zu sichern.

Wirtschaft

Einkommen und Beschäftigung

Die Erlöse aus Bergbau und Landwirtschaft fallen seit Jahren. Gleichzeitig klettern die Preise für notwendige Importe wie Elektronik und Haushaltsgeräte, Pkws und Lkws. Etwa 50 % aller Peruaner leben laut dem Nationalen Institut für Statistik noch immer unterhalb der Armutsgrenze, obwohl diese Zahl vor allem bei Kindern und Jugendlichen langsam sinkt. Hier überwiegt der Anteil der Landbewohner, die oft nicht einmal den staatlich geregelten Mindestlohn erhalten. Seit Beginn der Kolonialzeit liegen 90 % aller Produktionsgüter und fast ebensoviel Grundbesitz in der Hand weniger Familien. Die Hälfte des gesamten Einkommens geht so in die Taschen von nur 10 % der Bevölkerung.

Die Arbeitslosenrate lag 2005 in Peru offiziell bei 7,8 %. Diese Zahl gibt jedoch nur bedingt Auskunft über die wahre Situation, denn es gibt keine Arbeitslosenunterstützung und so muss jeder selbst zusehen, wo er bleibt. Millionen von Straßenhändlern, Losverkäufern, Schuhputzern, Schwarzhändlern und unterbeschäftigten Tagelöhnern in den Städten sowie ungezählte arbeitslose *campesinos* erscheinen nicht in der offiziellen Statistik. Die Regierung hat zwischenzeitlich das Problem der hohen Inflation in den Griff bekommen. Im Jahre 2005 erreichte diese mit 1,6 % einen Tiefststand. Das Wirtschaftswachstum erreichte 2005 stolze 6,4 %, doch längst nicht alle Menschen nehmen an dem von der Regierung vorgegebenen Wirtschaftssystem teil. Besonders auf dem Land haben viele *campesinos* das geldlose Tauschsystem und die Selbstversorgung weitgehend beibehalten. Im März 2006 lag das Wirtschaftswachstum sogar mehr als 10 % über dem Vorjahresmonat – das ist die höchste Steigerungsrate seit 1997 und übertrifft noch die Quoten von Singapur und China. Die extrem hohe Auslandsverschuldung mit den durch sie fälligen Zinszahlungen bleibt ein hemmender Wirtschaftsfaktor – 2005 verschlang sie fast 40 % des Bruttoinlandsproduktes.

Handel

Die peruanische Außenhandelsbilanz konnte bei den Exporten aus dem Bergbau (Kupfer, Gold, Zink, Blei und Silber), der Landwirtschaft und Fischerei erstmals 2002 einen Ausfuhrüberschuss von 0,3 Mrd. US-Dollar verbuchen, Tendenz steigend: 2005 waren es bereits 4,5 Mrd. $. Wichtigster Handelspartner sind nach wie vor die USA, über die knapp 18 % der Importe und 29 % der Exporte abgewickelt werden. Doch fällt deren Anteil seit Jahren, während die Nachbarländer wie Brasilien, Ecuador, Kolumbien, Chile, Argentinien und Venezuela an Bedeutung gewinnen und zusammen rund 40 % der Importe liefern. Ebenfalls an Bedeutung gewinnt die Volksrepublik China, die sich inzwischen mit fast 11 % der Exporte zum zweitwichtigsten Abnehmerland entwickelt hat. Die Länder der EU haben als Handelspartner noch eine untergeordnete Bedeutung. So wurden 2005 Güter im Wert von über 520 Mio. Euro nach Deutschland exportiert, während das Importvolumen nur etwa bei der Hälfte lag. Doch die Wachstumsraten sind beträchtlich und das Interesse an Produkten »Made in Germany« steigt in Peru. Vor allem Maschinen und Elektrotechnik, chemische Erzeugnisse und Fahrzeuge sowie -zubehör sind gefragt. Umgekehrt importiert Deutschland vorwiegend Kupfer und Zinn (knapp 50 %), außerdem Fisch- und Fischmehl (20 %) sowie Kaffee (15 %).

In Peru werden über 60 % des Bruttoinlandsprodukts mit Handel und Dienstleistungen erwirtschaftet, gut 24 % in der Industrie und im Bergbau und etwas mehr als 9 % in der Landwirtschaft. Schwerpunkte der industriellen Produktion sind die Herstellung kleiner Elektrogeräte, Pkw-, Bus- und Lkw-Endmontage, Textil-, Chemie- und Pharmazie-Erzeugnisse sowie Genussmittel und Getränke. Die größten Zuwächse verbucht die Herstellung von Textilien, Fahrzeugen und anderen Maschinen und Elektrogeräten.

Energie für Peru

Die Erdöl- und Erdgasförderung deckt in etwa die Hälfte des Energieverbrauchs. Die Öl- und Gaslager werden allerdings nach derzeitigen Prognosen bereits um das Jahr 2010 erschöpft sein. Die Minen beschäftigen z. Zt. 80 000 Arbeiter. Verhüttungsanlagen finden sich entlang der Nordküste und in der Region La Oroya im zentralen Hochland.

Die Landwirtschaft

Weiterhin spielt der Agrarsektor eine große Rolle für die Beschäftigung der Menschen, ist aber für die Volkswirtschaft von untergeordneter Bedeutung. Die Landwirtschaft, die nur 9,3 % des Bruttosozialprodukts erwirtschaftet, beschäftigt rund 30 % der Erwerbstätigen. Die wichtigsten Agrarprodukte Perus sind Kaffee, Mais, Guave, Süßkartoffel, Passionsfrucht, Chayote, Baumwolle und Rohrzucker. Kontinuierlich ansteigend ist auch die Weinproduktion und damit einhergehend auch eine deutliche Qualitätsverbesserung.

Im Hochland Perus leben die meisten Familien ausschließlich von der Landwirtschaft und bestellen dort ein Drittel der landwirtschaftlich nutzbaren Gesamtfläche. Die *campesinos* produzieren fast ausschließlich für

Goldsuchen ist ein Knochenjob, doch in Peru besser als gar keine Arbeit

Wie schon bei den Inkas dient das Urubamba-Tal dem Ackerbau

den Eigenbedarf, erzielen also kaum Überschüsse. Die Produktionsbedingungen sind hier viel ungünstiger als etwa in den Yungas, entlang der peruanischen Küste, an den Hängen der Ostanden oder im Tiefland: Karge Böden, lange Frostperioden, kurze Wachstumszeiten und lange Transportwege erschweren die Arbeit.

Die offiziellen Statistiken schließen den Anbau von Koka nicht ein. Die illegale Produktion und der Handel mit diesem zur Kokainherstellung benötigten Rohstoff erwirtschaften bis zu 15–20 % des Bruttosozialprodukts bzw. 20–40 % der Exporte und ernähren damit mehrere hunderttausend Menschen. Peru und Bolivien gelten als die weltweit wichtigsten Kokalieferanten.

Tourismus im Aufwind

Auch der Tourismus gewinnt zunehmend an Bedeutung für die Wirtschaft, v. a. in Regionen wie Cusco und Puno. Die Besucherzahlen steigen im zweistelligen Bereich und die heimischen wie auch internationalen Hotelketten versuchen, den Bedarf mit Neubauten zu decken. Neben Besuchern aus den Nachbarländern Chile, Bolivien und Ecuador, die in die Statistik eingerechnet werden, sind es v. a. Touristen aus den USA, die in großer Zahl (2005: über 290 000) den Andenstaat bereisen. Aus dem europäischen Raum liegen Reisende aus Deutschland mit über 42 000 Besuchern pro Jahr nach Großbritannien, Spanien und Frankreich an vierter Stelle, und das mit jährlichen Zuwächsen von über 20 %.

Politik und Verwaltung

Seit 1980 ist Peru eine Präsidialrepublik: Alle fünf Jahre wird das Staatsoberhaupt direkt vom Volk gewählt, eine einmalige Wiederwahl ist seit der Verfassungsänderung von 1993 möglich. Nicht nur wahlberechtigt, sondern zum Gang an die Urne regelrecht verpflichtet sind alle Peruaner ab 18 Jahren – andernfalls droht eine Geldstrafe. Das Land ist in 24 *departamentos*, 195 Provinzen *(provincias)* und 1.828 Bezirke *(distritos)* gegliedert. Seit der Regionalisierung des Landes im Jahre 2002

sind die *departamentos* Selbstverwaltungseinheiten mit direkt gewählten Organen. Die ersten landesweiten Regionalwahlen fanden im November 2002 statt. Die Schaffung von aus mehreren *departamentos* bestehenden Regionen *(regiones)* war geplant, wurde aber bei einem Referendum im Oktober 2005 von einem Großteil der Bevölkerung abgelehnt.

Diktatur oder Demokratie?

Bis 1990 hatten die kurzfristigen Wechsel zwischen Diktatur und Demokratie und die ungebrochene Macht alter Herrschaftsfamilien eine positive politische Entwicklung weitgehend verhindert. Gewalttätige Guerillagruppen, der Gegenterror seitens Polizei und Militär und die in allen politischen und ökonomischen Bereichen präsente Korruption sowie ausgeprägter Beamtenfilz bewirkten ein Übriges. Mehrere politische Probleme bedeuten für jeden Präsidenten große Herausforderungen: Einerseits ist das Militär eine eigene Macht im Staat, andererseits ist der Alltag charakterisiert von gravierenden sozialen Ungleichgewichten. Zudem kämpft Peru weiterhin gegen wirtschaftliche Schwierigkeiten an, z. B. die starke Abhängigkeit von den Weltmarktpreisen für Rohstoffe. Auch schafft der Drogenhandel politische Probleme, besonders im Verhältnis zu den USA.

Die Ära Fujimori

Das Jahr 1990 brachte drastische Änderungen in der politischen Entwicklung Perus. Der bis dahin kaum bekannte Alberto Fujimori hatte bei den Präsidentschaftswahlen im zweiten Wahlgang überraschend den international bekannten Schriftsteller Mario Vargas Llosa besiegt, der als aussichtsreicher Kandidat der Demokratischen Front angetreten war und zunächst die meisten Stimmen für sich gewinnen konnte. Der japanischstämmige Fujimori begann gleich mit der Umsetzung seiner Wahlversprechen: Förderung des Mittelstands, Privatisierung staatlicher Großbetriebe, Antiinflationspolitik und Bekämpfung der hohen Arbeitslosigkeit. Fujimoris Kurs forderte vor allem von den Armen des Landes beträchtliche Opfer, zeitigte aber Erfolge. Ausländische Investoren kehrten zu-

Präsidentenpalast in Lima: Hausherr ist seit 2006 Alan García

rück, die Inflation sank auf ca. 10 %, vor allem der Mittelstand fasste neuen Mut. Die Zerschlagung der Terrororganisation Sendero Luminoso durch Verhaftung ihres Chefs und seiner engeren Mitstreiter gab dem Land den lang ersehnten innenpolitischen Frieden. Fujimori legte 1993 eine neue Verfassung vor, mit der die Wiederwahl des Präsidenten erlaubt, die erste Kammer des Parlaments abgeschafft und die Todesstrafe für terroristische Verbrechen eingeführt wurde. Nach langem Streit nahm das Parlament den Entwurf mit knapper Mehrheit an; ein Referendum bestätigte die neue Verfassung. Bei den Wahlen im April 1995 siegte Fujimori mit 64% der Stimmen. Doch auch er unterlag der Versuchung der Korruption und kam Ende 2000 von einer Auslandsreise nach Japan nicht wieder zurück. Angeblich führte er Dutzende schwerer Koffer unbekannten Inhalts mit sich.

Ein Peruaner als Präsident

Sein Nachfolger Alejandro Toledo von der neu gegründeten Partei Peru Posible genoss zunächst die Zustimmung der ärmeren Bevölkerungsteile, da er aus dem Hochland kam und als erster *indígena* im Präsidentenamt mehr soziale Gerechtigkeit versprach. Doch schnell verstrickte auch er sich in einem Sumpf aus Vetternwirtschaft und verlor zunehmend den Rückhalt in der Bevölkerung, trotz einer ausgezeichneten Wirtschaftsbilanz. Diese honorierte auch die Weltbank und verdoppelte die Kredite für Peru auf rund 800 Mio. Dollar jährlich. Seine Amtszeit war geprägt von Regierungskrisen und Korruptionsaffären, die zahlreiche Kabinettsumbildungen notwendig machten. Kurz vor Ende seiner Amtsperiode hatte der Kongress einem Freihandelsabkommen mit den USA zugestimmt. Damit wird der Handel mit dem mächtigen Nachbarn im Norden – mit 29 % der Exporte wichtigster Handelspartner Perus – wesentlich vereinfacht.

Peru will an die Spitze

Bei den Präsidentschaftswahlen am 9. April 2006 erhielt der radikal-sozialistische Kandidat Ollanta Humala 30,9 % der Stimmen, der frühere Staatspräsident Dr. Alan García Pérez von der damaligen Regierungspartei APRA lag mit 24,7 % auf dem zweiten Platz, knapp gefolgt von der rechtskonservativen Kandidatin Lourdes Flores Nano, die noch wenige Monate zuvor als sichere Gewinnerin gehandelt worden war. Da keiner der Kandidaten über die notwendige absolute Mehrheit verfügte, kam es am 4. Juni 2006 zu einer Stichwahl zwischen Ollanta Humala und Alan García, die letzterer mit 52,6 % gewann – allerdings wohl weniger, weil er bei den Peruanern so beliebt ist. Viele hatten einfach Angst vor den radikalen Ansichten und Vorhaben des Ollanta Humala, der in der Mehrheit der *departamentos* gewann und gemeinsam mit dem bolivianischen Präsidenten Evo Morales die »historische Ungerechtigkeit« mit der Holzhammer-Methode beseitigen wollte. Ein weiterer radikaler Linksrutsch in Südamerika wurde so vom Volk knapp verhindert.

Vor allem in der Hauptstadt und an der Küste, wo die wirtschaftliche Situation der Bevölkerung besser ist, wurde García gewählt, Ollanta erhielt hingegen mehr Stimmen in den ärmeren Teilen des Landes im Hochland und im Amazonas-Gebiet. Im Parlament verfügt die Partei Humalas, die UPP, über 44 Sitze, Garcías APRA hat 35 Sitze, das Mitte-Rechts-Bündnis Nationale Einheit (Unidad Nacional) von Lourdes Mendoza erhielt 19 Mandate.

Bei seiner Amtseinführung am 28. Juli 2006 – dem 185. Jahrestag der Unabhängigkeitserklärung Perus – erklärte García, dass es sein Ziel sei, Peru innerhalb der nächsten zehn Jahre in eines der führenden Länder in Lateinamerika zu verwandeln, und kündigte einen Sparkurs und einen effektiveren Umgang mit dem Staatsbudget an. Dies umfasse auch eine erhebliche Reduzierung der Gehälter der Staatsdiener und der Diäten der Kongressabgeordneten. Er selbst ging mit gutem Beispiel voran und kürzte seine eigenen Bezüge um zwei Drittel. Er versprach, einen Fonds zur Bekämpfung der Armut einzurichten, um mehr Beschäftigung zu schaffen. Außerdem wolle er die Bürokratie eindämmen, einen neuen Bildungsplan ausarbeiten, den Kampf gegen die Drogenkartelle verschärfen und die Investitionen in Land- und Viehwirtschaft erhöhen. In sein 16-köpfiges Kabinett hat er auch sechs Frauen berufen, u. a. für das Innen- und Justizministerium sowie für das Ressort Außenhandel und Tourismus. Wie der neue Ministerpräsident Jorge del Castillo versicherte, will die jetzige Regierung die »Politik des nationalen Konsenses« fortsetzen und dabei dem Kampf gegen die Armut Priorität einräumen. Er rief alle Beteiligten zum Dialog und zur nationalen Einheit auf.

Andengemeinschaft und Mercosur

Peru ist Mitglied der Andengemeinschaft (span. *comunidad andina de naciones* – CAN), der derzeit außerdem Bolivien, Kolumbien und Ecuador angehören. Chile nimmt als assoziiertes Mitglied mit Beobachterstatus teil, ebenso die Staaten Mexiko und Panama sowie seit 2005 die Mitgliedstaaten des Mercosur (*mercado comun del sur*, s. u.). Ziel der 1969 als Andenpakt gegründeten internationalen Organisation ist die wirtschaftliche und soziale Integration der teilnehmenden Länder – zugleich die ärmsten in Südamerika – und langfristig die Errichtung einer Wirtschafts- und Währungsunion.

Nach dem Austritt Venezuelas im April 2006 aus Protest gegen die Unterzeichnung von bilateralen Handelsabkommen mit den USA durch Kolumbien und Peru hat die CAN an Bedeutung verloren. Dies zeigt sich auch daran, dass das vergleichsweise reiche Chile eine Assoziierung mit dem Mercosur einer Mitgliedschaft in der CAN vorgezogen hat.

Peru ist der Wirtschaftsgemeinschaft Mercosur ebenfalls asoziiert, die aus den Staaten Brasilien, Argentinien, Paraguay, Uruguay und seit 2006 auch Venezuela besteht und mehr als 260 Mio. Einwohner umfasst. Bei einem Gipfeltreffen in Wien im Mai 2006 wurden Verhandlungen über ein Assoziierungsabkommen der Andengemeinschaft mit der EU vereinbart (weitere Infos: www.comunidadandina.org).

Von Chavín zur Republik – Geschichte und Kultur

Die heutigen Bewohner Perus können auf eine jahrtausende alte Kultur zurückblicken, die schon vor über 3000 Jahren erblühte und mit dem Inka-Reich ihren Höhepunkt erreichte. Auf die spanische Kolonialzeit folgte eine Phase des wirtschaftlichen und politischen Wandels, in der sich Peru zu einem demokratischen Staat entwickelt hat.

Die Anfänge

Als Ursprung menschlicher Besiedlung in Amerika gilt heute die Wanderung der ›ersten Amerikaner‹ über die Beringstraße vor etwa 30 000 Jahren. Rund 10 000 Jahre später erreichten diese Jäger und Sammler die peruanische Küste und die Anden. Felsmalereien in den Höhlen von Lauricocha im Nordosten Perus mit Szenen aus ihrem Jagdalltag datieren auf etwa 8000 v. Chr. Die frühen Peruaner lebten zwar weiterhin nomadisch, begannen jedoch um 3000 v. Chr. mit systematischem Ackerbau und der Domestizierung von Lamas, die als Tragtiere und Fleischlieferanten dienten. Außer von Getreide, Wild, Früchten, Wurzeln und Beeren ernährten sich diese Menschen auch von den reichen Fischgründen des Pazifiks.

Erstmals sesshaft wurden die Ureinwohner Perus in den fruchtbaren Wüstentälern der Küste, die eine ganzjährige Versorgung mit Wasser boten. Erste nennenswerte Zivilisationen entstanden um 2500 v. Chr.; rund 700 Jahre später waren einige Stämme bereits bis an den Fuß der Berge gezogen und hatten Gebirgsflüsse zur Bewässerung ihrer Felder zu nutzen begonnen. Damit waren sie nicht mehr abhängig von den spärlichen Niederschlägen und den wenigen Oasen der Küstenwüste. Hier zog man nun Bohnen, Avocados, Paprika, Kürbisse, Erdnüsse, Baumwolle und später auch den in Mexiko erstmals kultivierten Mais. In diese expansive Zeit fielen die Entwicklung der Webkunst und die Erfindung der Keramik. Die Religion der frühen Bewohner Perus war von intensiven astronomischen Beobachtungen geprägt. Ein aufwendiger Totenkult, der für viele Jahrhunderte die geistige Kultur der Altperuaner prägen sollte, ging einher mit dem Bau riesiger Pyramiden aus Adobe, luftgetrockneten Lehmziegeln.

Im zweiten vorchristlichen Jahrtausend entwickelten sich nun auch im Hochland kleine menschliche Gemeinschaften – die Sierra-Kulturen. Sie domestizierten das Meerschweinchen, neben dem Lama wichtigster Fleischlieferant, und bauten Getreide, Kartoffeln und an den subtropischen Osthängen der Anden auch Kokablätter an. Im Trujillo-, Moche- und Casma-Tal nördlich der heutigen Hauptstadt lassen sich mächtige Plattformbauten, Halbreliefs und bearbeitete Monolithe nachweisen. Auch abgesenkte kreisförmige Innenhöfe, erste Darstellungen von Raubkatzen und die lange dominierende Steigbügelkeramik tauchen in diesen Kulturen zum ersten Mal auf.

Frühe Hochkulturen: Chavín und Paracas

Die zahlreichen Erfindungen, technischen Neuerungen und religiösen Besonderheiten erlebten wahrscheinlich ihren Höhepunkt zwischen 1400 und 400 v. Chr. in der Chavín-

Kultur. Benannt ist der Kulturkreis nach dem Fundort Chavín de Huántar (s. S. 326), unweit von Huaraz in der Cordillera Blanca gelegen. Zu diesem Heiligtum pilgerten die Menschen von weit her, um dort ihren Göttern zu huldigen, die als fauchende Jaguare, gefräßige Kaimane und zähnefletschende anthropomorphe Figuren auf Monolithen wie etwa dem berühmten Tello-Obelisken abgebildet sind. Erstmals kam hier auch die Keramik zu einer Blüte. Die Entdeckung des Kotosh-Tempels bei Huánuco (s. S. 132) und die Freilegung des Heiligtums von Cumbe Mayo nahe Cajamarca (s. S. 344) bezeugen die Verbreitung der Chavín-Kultur über das gesamte Hochland Zentralperus.

In einer späten Phase von Chavín, etwa von 700 v. Chr. bis 100 n. Chr., gipfelte der Totenkult in der Nekropole von Paracas. Auf der aus reiner Sandwüste bestehenden Halbinsel Paracas, etwa 200 km südlich von Lima (s. S. 154), bestatteten die Menschen ihre Priester und Adligen standesgemäß in Grabkammern. Zunächst mumifizierten sie den Leichnam, legten ihm dann feinste Textilien an, banden alles zu einem kompakten Bündel zusammen und schmückten es mit Gold- und Silberfiguren. Bevor sie die Erdhöhlen verschlossen, legten sie der Mumie Essen und Getränke in Tongefäßen sowie Waffen für ihre Reise in das Totenreich bei. Funde belegen, dass diese Kultur bereits die Technik von Gold-Silber-Legierungen sowie das Schweißen und Löten beherrschte. Andere Beispiele von Grabbeigaben weisen auf Handelsbeziehungen zu Siedlungen in den Hochanden, entlang der Nordküste und sogar in Amazonien hin.

Die Zwischenperiode

In den einzelnen Regionen Perus entstanden in der frühen Zwischenperiode (200 v. Chr.–600 n. Chr.) verschiedene Regionalstile, bevor sich die Huari-Kultur und das Chimú-Reich zu Vorläufern des Inka-Imperiums entwickeln konnten. Der Hauptfundort der Vicús-Kultur, der nördlichsten dieser Regionalkulturen, ist ein ausgedehntes Gräberfeld unweit der nordperuanischen Stadt Piura (s. S. 313). Die Menschen der Vicús-Kultur hatten ihren Verstorbenen Werkzeuge und Waffen aus Kupfer, zahlreiche Brustplatten, Nasen- und Ohrringe aus vergoldetem Silber und Kupfer-Gold-Legierungen sowie Gesichtsmasken aus Goldblech ins Grab gelegt. Das feuchtwarme Klima zerstörte im Laufe der Zeit die Überreste der Wohnhäuser und Tempel, sodass über diese Bereiche der Kultur keine nennenswerten Aussagen gemacht werden können. Archäologen förderten in dem Gräberfeld aber bemalte Keramiken zutage, die Ähnlichkeiten zur Mochica-Kultur aufweisen und in der damals gängigen Spiralwulsttechnik gefertigt wurden.

Meister der künstlichen Bewässerung: die Moche

800 km nördlich von Lima erblühte zwischen 200 und 600 n. Chr. eine weitere bemerkenswerte Kultur, die Moche oder Mochica, benannt nach dem Hauptfundort Moche bei Trujillo (s. S. 303). Sie entwickelten die künstliche Bewässerung weiter: Über bis zu 150 km lange, von Hand gemauerte oder in den Fels geschlagene Kanäle lief das kostbare Wasser aus den Anden zu ausgedehnten Mais-, Paprika-, Bohnen- und Kürbisfeldern und versorgte die Menschen ganzjährig mit Nahrungsmitteln.

Das Staatswesen der Mochica war straff organisiert; Priester und eine Kriegeraristokratie führten die strenge, nach Berufen gegliederte Hierarchie an, Sklaven und Kriegsgefangene bildeten die unterste soziale Schicht. Im Alltag waren die sozialen Rangunterschiede vor allem an der Kleidung und an den Wohnbauten sichtbar. Im ›Dienst‹ trugen viele Menschen Tiermasken, die ihre Funktion symbolisierten: Der Priester glich so einem kraftvollen Jaguar, der Laufbote einem schnellen Vogel und der Diener einem devoten Leguan. Das einfache Volk der patriarchalischen Mochica-Gesellschaft lebte in Fischerdörfern. Von Binsenbooten aus wurde Fisch- und Walfang betrieben und an der Pazifikküste sowie auf vorgelagerten kleinen Inseln machte man Jagd auf Robben. Die Mochica galten als kriegerisches Volk, ihre Armee war gut ausgerüstet und bestens trainiert. Die furchterregende Kleidung und das mächtige Getöse ihrer Waffen und Rüstungen beim Marschieren jagten ihren Gegnern Furcht und Schrecken ein. Die Unterlegenen wurden entweder versklavt oder gleich zerstückelt.

Der Bau massiver Grabmäler war ebenfalls charakteristisch für dieses Volk. Der 1987 entdeckte Herr von Sipán (s. S. 310) bestätigt die Existenz machtvoller Fürsten während der Blütezeit dieser Kultur.

Riesenhafte Tierbilder im Sand: die Nazca-Kultur

Eine weitere beachtliche Kultur, die Nazca-Kultur, blühte etwa zeitgleich mit der Mochica-Kultur zwischen der Zeitenwende und 600 n. Chr. im südlichen Küstenbereich auf. Die Oase von Nazca bot die Grundlage für eine dauerhafte Besiedlung durch intensive Nutzung der reichen Böden. Der prägende Einfluss der Chavín-Kultur hatte zwischenzeitlich deutlich an Intensität nachgelassen. In Nazca entstanden die berühmten Linien und Tierdarstellungen im Wüstensand (s. S. 164). Zudem steht diese Kultur für hervorragende Webarbeiten, in denen die Menschen ihre Toten bestatteten; Vorbild für diese Kunst war sicherlich die vorangegangene Paracas-Kultur. Die zunächst in nur wenigen (jetzt eingebrannten) Farben bemalte Bandkeramik machte Fortschritte: Die Nazca entwickelten bei ihren Gefäßen einen Doppelausguss mit einem dazwischen liegenden Bügelgriff und eine erstaunliche Farbenvielfalt. Weitere Charakteristika dieses Kulturkreises sind massive Adobetempel und die im Kampf gegen andere Stämme gesammelten Trophäenköpfe der Unterlegenen.

Die Lima- und Recuay-Kultur

Zwischen 400 und 600 entwickelte sich in den Flusstälern in der Gegend der heutigen Hauptstadt Lima eine Kultur, die zwar aller Wahrscheinlichkeit nach nicht wie andere Ethnien zu dieser Zeit über Metallwerkzeuge und feine Textilien verfügte, dafür aber über einen besonderen Stil in der Herstellung von Tongefäßen. Die Keramik dieser Lima-Kultur zeichnet sich durch einen orangen Farbton und geometrische Linien in weißer, schwarzer und roter Farbe aus. Viele Tongefäße hatten – ähnlich wie die Keramik der Nazca-Kultur – zwei Ausgüsse, die durch einen Bügel miteinander verbunden waren. In anderer

Kunstvolles Werk der Moche-Kultur: eine Maske aus Sipán

Hinsicht orientierten sie sich mehr an Vorbildern aus der Mochica-Periode: Mehrere erhaltene Keramiken stellen Nutzpflanzen und Menschen dar.

Die Täler am Fuße der Cordillera Blanca hatten bereits vor mehreren tausend Jahren den Menschen eine bescheidene, aber solide Lebensgrundlage ermöglicht. Von der Zeitenwende bis 600 konnte im Tal des Río Santa eine Zivilisation entstehen, die trotz ihrer Nähe zum Siedlungsgebiet der Mochica andere Lebensformen entwickelte: die Recuay-Kultur. Erkennbar ist dies unter anderem an lebensgroßen Steinreliefs, die Menschen und Raubkatzen abbilden – eine Reminiszenz an die längst untergegangene Chavín-Kultur, die ebenfalls in diesem Gebiet bestand. Auch die Keramik hebt sich von der Mochica-Töpferei ab. Im Santa-Tal überwiegen dünnwandige, helle Tongefäße und Figuren, die meist schwarz, weiß und rot bemalt waren. Neben geometrischen Linien zeigt die weniger realistisch gehaltene Bemalung Jaguare, Vögel und Schlangen. Wegen des feuchten Klimas in den Hochtälern sind jedoch nur sehr wenige andere materielle Zeugnisse der Recuay-Kultur erhalten, sodass viele Fragen wohl für immer unbeantwortet bleiben.

Der Mittelhorizont: Huari und Tiahuanaco

Nachdem sich der Einfluss der Mochica in Nordperu und die prägende Kraft der Nazca im Süden im 7. Jh. aufgelöst hatten, konnte die ehemalige Großstadt Huari (auch: Wari) bei Ayacucho rund 500 Jahre lang der kulturellen Entwicklung großer Teile Perus neue Impulse geben. Es handelte sich somit nicht mehr um eine regional begrenzte Kultur, sondern um ein erstes panperuanisches Reich. Da insbesondere die Keramik der Huari-Menschen große Ähnlichkeiten mit der aus Tiahuanaco nahe dem Titicacasee aufweist (s. S. 263), werden beide Zentren von vielen Archäologen als eng verwandt betrachtet, als gemeinsamer Kulturraum. Allem Anschein nach waren die religiösen Vorstellungen stark vom Glauben an böse Geister geprägt, denn die meist dünnwandigen Tongefäße der Huari/Tiahuanaco-Kultur sind auffallend oft mit Dämonendarstellungen geschmückt. In der Architektur zeichneten sich die Huari durch den Bau solider Wohnhäuser und die Konstruktion bis zu 10 m hoher Tempel aus. Geradezu perfektionistisch gingen sie auch bei der Anlage von schmalen Kanälen zur künstlichen Bewässerung vor: Die Berechnung der Breite und ihrer Neigung könnten heute nicht besser sein. Technische Neuerungen in der Landwirtschaft führten zu ungewöhnlich hohen Erträgen. Die Huari entwickelten das System der sogenannten *camellones*, bei dem sie Wasser zwischen erhöhte Beete leiteten. Das Wasser gab den Pflanzen ausreichend Feuchtigkeit, erwärmte sich tagsüber in der Andensonne und hielt in den kühlen Gebirgsnächten diese Temperatur. Damit verdoppelte sich die tägliche Wachstumsrate der Kartoffeln, der Quinoa und des Gemüses.

Das Chimú-Reich: Vorgänger der Inka

Der Legende nach gründete König Tacaynamú das Reich der Chimú, nachdem er mit einem Balsafloß über den Pazifik gekommen und nahe der heutigen Stadt Trujillo angelandet war. Die Chimú erlebten die Blütezeit ihrer Kultur von 1000 bis 1450 und zählten kurz vor der Eroberung ihres Reiches durch die Inka vermutlich über 40 000 Menschen; sie waren somit die zahlenmäßig größte Prä-Inka-Kultur. Ihr Siedlungsraum erstreckte sich über das Gebiet der früheren Mochica hinaus entlang der Küste bis hinauf zur heutigen Grenze zu Ecuador. Regiert wurden die Chimú von 18 aufeinanderfolgenden Königen; der letzte wurde von den Inka gefangen genommen und nach Cusco versetzt, wo er als Faustpfand seines Volkes fungierte.

Chan Chan bei Trujillo bauten die Chimú zu ihrer Kapitale aus und schützten sie durch eine massive, bis zu 7 m hohe Mauer. In dieser Stadt lebten auch die zahlreichen königlichen Handwerker (Metallschmiede, Tontöpfer und Weber) in fein säuberlich abgeteilten Wohnblöcken. Aus noch unbekannten Gründen scheint in der Religion der Chimú der Mond, nicht die Sonne, die zentrale Gottheit gewesen zu sein, was auch zum Bau riesiger Mondpyramiden führte. Während der Blütezeit der Chimú-Kultur erreichte die Goldschmiedekunst eine bislang nicht gekannte Perfektion. Dies wussten auch die Inka und als sie Mitte des 15. Jh. endgültig das Chimú-Reich unterworfen hatten, holte man die besten Goldschmiede an den Hof nach Cusco, um dort von deren Fähigkeiten zu profitieren.

Das Reich der Inka

Der Ursprung des mächtigen Inka-Reichs ist in Form einer Legende beschrieben. Ihrzufolge stiegen der erste Inka, Manco Capac, und seine Schwester-Gemahlin Mama Ocllo um 1200 im Auftrag des Sonnengottes auf der Isla del Sol im Titicacasee auf die Erde nieder. Sie sollten sich an der Stelle ansiedeln und ein Reich gründen, an der ihr herrschaftlicher Stab leicht in den Boden eindrang. Dies gelang erst nach einer langen Wanderung 300 km weiter nördlich im Tal von Cusco. Ihre Nachkommen nannten sich selbst ›Söhne der Sonne‹ und machten sich bald alle Stämme der näheren Umgebung untertan. Ihr Einflussbereich ging jedoch in den ersten 200 Jahren nicht über das Tal von Cusco hinaus. In dieser Zeit hatten sieben Inka-Herrscher nacheinander regiert, doch erst dem achten Inka, Huiracocha (1410–1438), gelangen erfolgreiche Eroberungszüge im Hochland. Sein Sohn Pachacútec Yupanqui (›Der Erderschütterer‹; 1438–1471), der das Inka-Imperium um ein Mehrfaches vergrößerte, entwickelte sich zum wichtigsten Inka der insgesamt nur ca. 230 Jahre bestehenden Dynastie. Auch Pachacútecs Sohn Tupac Yupanqui (1471–1493) konnte das Inka-Reich nochmals gewaltig ausdehnen: Er eroberte die südliche peruanische Küste, Gebiete im heutigen Bolivien, Argentinien und Chile so-

Einst Sitz des Herrschers der Inka: Sacsayhuamán oberhalb von Cusco

wie große Teile Nordperus und Ecuadors. Der elfte Inka, Huayna Capac (1493–1527), verwaltete bereits ein Reich, das von Norden nach Süden 4000 km maß, vergleichbar mit der Strecke vom Nordkap bis nach Kairo. Ihm gelang es zwar immer wieder, Aufstände im Norden niederzuschlagen, doch starb er 1527 eines bislang ungeklärten Todes: Entweder wurde er vergiftet oder von einer Pockenepidemie dahingerafft. Kurz zuvor war eine verwegene Gruppe von Draufgängern um die Brüder Pizarro in Tumbes nahe der Grenze zu Ecuador an Land gegangen.

Alltag bei den Inka

Im Inka-Reich existierten nur wenige nennenswerte Städte. Der überwiegende Teil der Bevölkerung lebte in kleinen Dörfern und ernährte sich durch straff organisierten Feldbau. Getreide, wie die feinkörnige, goldgelbe Quinoa, und etwa 300 Kartoffelsorten bildeten die Grundnahrungsmittel. Daneben zog man Baumwolle, Wurzelpflanzen, Bohnen und Gewürzkräuter. In den warmen Regionen entlang der Küste und östlich der Anden gediehen vielerlei Früchte. Im Valle Sagrado, dem ›geheiligten Tal der Inka‹, gab es Versuchsfelder, auf denen der Anbau neuer Produkte getestet werden konnte. Die hervorragende Bodenqualität, die vielen sonnigen Tage, die milden Nächte und die ganzjährige Wasserversorgung durch den Río Urubamba ließen die Nutzpflanzen prächtig gedeihen.

Jeder Einzelne hatte im Inka-Staat eine bestimmte Aufgabe in der Landwirtschaft zu erfüllen. Der Inka selbst nahm zu Beginn der Saatzeit einen eigens dafür hergestellten goldenen Grabstock in die Hand und setzte die ersten Körner, bevor die in Dorfgemeinschaften lebenden Bauern im gesamten Reich ihrerseits mit der Aussaat beginnen konnten. Jede Stadt, jedes Heiligtum, jede Festung der Inka war von zahlreichen Terrassen umgeben, die oftmals bis in schwindelnde Höhen reichten. Ein sehr effektives Bewässerungssystem garantierte in den meisten Gebieten planmäßige Ernten. Die aufwendige, aber überaus meisterhafte Terrassierung steiler Hänge er-

Der Inka-Staat

Noch heute ist allein die Größe des Inka-Reiches faszinierend. Ein Herrschaftsgebiet von der Größe Tahuantinsuyos (1,7 Mio. km²) mit seiner ethnischen, sprachlichen und religiösen Vielfalt, mit größten klimatischen und topografischen Gegensätzen sowie schier undurchdringlichen Regionen konnte nur mittels einer straff organisierten Staatsform regiert werden.

An der Spitze des Inka-Staats thronte der gottgleiche Sapan Inca mit seiner Schwester-Gemahlin Coya. Der Inka war zudem mit zahlreichen Nebenfrauen verheiratet, die ihm viele Kinder gebären sollten. Eine Stufe unterhalb des Inka standen drei Formen von Adligen: der erbliche Adel, der Amtsadel und die alte Aristokratie der eroberten Gebiete. Ihnen allen waren vom Inka bestimmte Privilegien verliehen worden. Sie durften als Einzige im Reich die seltene und bereits damals überaus wertvolle Wolle des Vikunjas sowie bestimmte aufwendige Kleider und Frisuren tragen und Kokablätter kauen. Den Männern war es zudem erlaubt, mehrere Frauen zu haben. Diese rekrutierten sich meist aus den Sonnenjungfrauen, den *acllacuna,* die ein isoliertes Leben in Tempeln und Adelspalästen fristeten.

Auch die Jagd, meist Treibjagden, bei denen nur männliches Wild erlegt wurde, war ein Privileg des Inka-Adels. Die zahlreichen Bevorzugungen brachten jedoch die Verpflichtung zu besonderer Loyalität gegenüber dem Staat mit sich: Verstieß ein Inka-Beamter gegen die Gesetze, wurde er härter bestraft als ein einfacher Bauer: Das Entfernen eines Auges für Korruption im Dienst ist nur ein Beispiel dafür.

Der erbliche Adel, der sich aus Verwandten des Inka-Herrschers zusammensetzte, berief sich auf seine Abstammung vom legendären ersten Inka, Manco Capac. Nur etwa zehn königliche Familien *(panacas)* bildeten diesen erblichen Adel, dessen Aufgabe es war, die Mumien der verstorbenen Inka zu pflegen und in umfangreichen Ritualen zu verehren. Der Amtsadel bestand aus Staatsbeamten, die im Laufe ihres Dienstes besondere Auszeichnungen erhalten hatten und dadurch in diesen privilegierten Stand aufgestiegen waren. Sie waren in großen Sippen *(ayllus)* zusammengeschlossen, verfügten über nennenswerten Landbesitz und dienten dem Inka-Staat im religiösen und ökonomischen Bereich.

Unterhalb des Adels existierten noch die *yanakuna*, meist Diener der erblichen Adelsfamilien. Sie waren zwar nicht lebenslang an ihren Dienst gebunden, konnten jedoch durch besondere Leistungen in den Amtsadel aufsteigen. Das Erlernen der Kriegskunst stellte den zentralen Lebensinhalt der jungen Adligen dar. Schon im Alter von 15 Jahren sollten sie im Umgang mit den Nahkampfwaffen ihre Geschicklichkeit beweisen.

Im Unterschied zu vielen anderen Völkern vernichteten die Inka die von ihnen eroberten Völker und deren Kulturen nicht gänzlich. Sie machten sie zu einem Bestandteil ihres Reiches, setzten Huiracocha und den Sonnengott Inti an die oberste Spitze ihrer Gottheiten und beorderten die Fürsten der unterlegenen Völker, in Einzelfällen sogar ganze

Thema

Stämme, in die Hauptstadt Cusco. Von nun an galt auch in dem eroberten Gebiet Quechua als Staatssprache, die frühere Sprache war verboten. Das der jeweiligen Region angepasste Know-how der Besiegten übernahmen die Inka schnell zum Vorteil ihres eigenen Volkes. Die *mita*, eine differenzierte Form bäuerlicher Zwangsarbeit im Dienste der Priester und Adligen und die Aufteilung der Ernte in drei Teile (Adel, Staat, Bauern) sorgte dauerhaft für eine ausreichende Versorgung aller Bewohner mit Lebensmitteln. Dies alles festigte die unangefochtene Macht des Adels im Inka-Staat. Mithilfe des straff organisierten Staatssystems und der gezielten Nutzung von bewährten Techniken der eroberten Völker gelang es den elf Inka-Herrschern, ein flächenmäßig riesiges Imperium aufzubauen, das zu Lebzeiten des letzten unabhängigen Inka, Atahualpa, große Teile der heutigen Länder Peru, Kolumbien, Ecuador, Bolivien, Chile und Argentinien umfasste.

Klaus Boll

Heute ein folkloristisches Spektakel: das Inti-Raymi-Fest, das zu Ehren des Inka-Sonnengottes gefeiert wird

laubte den Inka eine geregelte künstliche Bewässerung und verhinderte die durch Wolkenbrüche, starke Winde und Bergrutsche drohende Erosion. Ebenfalls sehr vorteilhaft wirkten sich die gezielte Düngung (z. B. mit Guano) und die Anlage großer Getreidespeicher aus. Zudem musste jede Familie kleinere Notrationen in Tongefäßen lagern. Viehzucht betrieben die Inka nicht nur zur Fleischproduktion, sondern auch zur Züchtung kräftiger Tragtiere. Die knapp drei Zentner schweren Lamas können Lasten bis zu 35 kg täglich bis zu 20 km weit selbst auf schwindelerregend schmalen und hoch gelegenen Bergpfaden transportieren. Auch im Bergbau waren die Inka erfolgreich: Sie förderten in zahlreichen Minen ihres Reiches Gold und Silber, gruben nach Kupfer und Zinn, das sie zu Werkzeugen, Haushaltsgeräten und Waffen verarbeiteten.

Grandiose Straßen – aber kein Rad

Der Bau des über 15 000 km langen Straßensystems gilt zu Recht als eine der großartigsten Leistungen der Inka und kann sich ohne Weiteres mit dem der Römer messen. Die Straßen und Bergpfade waren als engmaschiges Netz zwischen den bedeutenden Städten, Heiligtümern und militärischen Posten des Inka-Imperiums angelegt. Ein Staat dieser immensen Ausdehnung musste über ein System der schnellen Nachrichtenübermittlung verfügen, auch die verschiedenen Armeen mussten notfalls innerhalb weniger Tage an Ort und Stelle sein. Die am schnellsten passierbare Strecke war eine 8 m breite und 4000 km lange Küstenstraße, die nur geringe Höhenunterschiede zu überwinden hatte. Ihre Parallelstraße, die 5200 km lange und durchschnittlich 6 m breite Andenroute, war dagegen eine echte Herausforderung für jeden Stafettenläufer, Händler oder Soldaten. Sie führte über hohe Hängebrücken, überwand reißende Flüsse und schneebedeckte Pässe, schmiegte sich an senkrechte Felswände, stieg landwirtschaftliche Terrassen hinauf und durchquerte zahllose Bauernsiedlungen. Den *chasquis* genannten Stafettenläufern gelang es, auf diesen Wegen frischen Fisch für den Inka-Herrscher und verschlüsselte Botschaften in Form von Knotenzeichen bis zu 400 km pro Tag zu befördern; alle 3 bis 8 km – je nach Beschaffenheit des Geländes – wurden sie ausgetauscht und ein frischer Läufer setzte zum Spurt an. Die *tambos* (Stationen) versorgten die Reisenden mit Essen und Getränken, boten Nachtlager an und waren für die Instandhaltung des jeweiligen Streckenabschnitts zuständig.

Auf den ersten Blick verblüffend erscheint die Tatsache, dass die Inka das Rad auf diesem Straßensystem nicht einsetzten. Zwar nutzten sie es vermutlich in religiösen Riten und bei der Vermessung von Strecken für den Bau von Tempeln als Abbild der Sonne oder des Mondes, doch könnte gerade diese Verbindung mit der geheiligten Sonne die profane Verwendung auf schmutzigen Straßen verboten haben. Auch in der Kunst des Brückenbaus waren die Inka Meister: Sie konstruierten schwindelerregende Hängebrücken über tiefe Schluchten.

Die Götterwelt

Oberste Gottheit war in den ersten beiden Jahrhunderten der Inka-Herrschaft vermutlich der allmächtige Schöpfer Huiracocha, der die drei Welten erschaffen hatte: die Oberwelt Hananpacha, Wohnort der Götter, die Mittelwelt Caypacha, Heimat von Mensch und Tier, sowie die Unterwelt Ocopacha, Zuflucht der Geister und Dämonen. Wahrscheinlich erhob Pachacútec Yupanqui während seiner Herrschaftsperiode den Sonnengott Inti zum höchsten Gott der Inka. Zentraler Glaubensgrundsatz war die Überzeugung, der jeweilige Inka-Herrscher, der Sapan Inca, sei kein menschliches, sondern ein göttliches Wesen, das vom Himmel – genauer: von der Sonne – auf die Erde hinabgestiegen sei. Der Inka-Herrscher fungierte als Vertreter des Sonnengottes auf Erden, als sein Sprachrohr, und aus dieser Rolle leitete er seine unumschränkte Macht ab.

Doch nicht nur die himmlischen Götter waren im Volk sehr lebendig. Auch Hunderte von Geistern der Wasserfälle, Flüsse, Höhlen und

Quellen, die *huacas*, galt es zu beachten, und auch ihnen brachte man Speise- und Trankopfer dar. Dies war die besondere Aufgabe der königlichen Familien und der zahlenmäßig umfangreichen Gruppen der niedrigen Aristokratie. Auch wohnte in jedem großen Berg ein Geist *(apu)*, dessen Bedürfnisse von der einfachen Bevölkerung befriedigt werden sollte. Da die Inka die besiegten Völker nicht vernichteten, erlaubten sie ihnen, ihre Stammesgötter und lokalen Idole beizubehalten. So wuchs die Anzahl der im Inka-Reich verehrten Götter mit jedem militärischen Feldzug.

Große Verehrung in der Bevölkerung genießt damals wie heute Pachamama, die Mutter der Erde. Ihr opfert man Getränke, Speisen und Tiere; ihr zu Ehren schmückt man die Lamas mit bunten Bändern an den Ohren. Um beim Hausbau eine günstige Zukunft für die Bewohner zu erbitten, vergräbt man einen getrockneten Lama-Fötus in den Grundmauern – zu Ehren von Pachamama und zum Schutz vor Dämonen.

Heilkunde und Sprache

In einzelnen Bereichen der Medizin waren die Inka der europäischen Heilkunde ihrer Zeit weit voraus. Ihre Ärzte zeichneten sich vor allem durch Schädeltrepanationen aus, mit denen schwere Verletzungen der Schädeldecke durch Einsetzen von Goldplatten behandelt und oftmals kuriert werden konnten. Chinin verwendeten die Heilkundigen als Medikament, z. B. gegen Fieberkrankheiten wie Malaria. Zudem verfügten sie über erstaunlich weit entwickelte Kenntnisse in der Sterilisierung von Wunden mithilfe pflanzlicher Wirkstoffe.

Die Inka erhoben ihre eigene Sprache, das Quechua, in allen Landesteilen zur Amtssprache. Jeder Diener des Staates musste im Zuge der Zwangskolonisation der eroberten Gebiete diese Sprache erlernen und die Religion der Inka übernehmen. Meist leiteten verdiente Kriegsveteranen diese ›Umerziehungsprogramme‹. Die Verständigung konnte nur verbal vonstatten gehen, denn die Inka verfügten nicht über eine Buchstabenschrift. Dagegen arbeiteten sie mit einem Knotensystem, das der Nachrichtenübermittlung von Zahlen diente. Inhalt der *quipú*-Schnüre waren meist verschlüsselte Informationen über Erträge aus der Landwirtschaft, Steuern in Form von Naturalien und bestehende Lagervorräte.

Die spanische Kolonialherrschaft

Bislang hatte der Inka-Herrscher stets unter den Söhnen seiner Schwester-Gemahlin den eigenen Thronfolger ausgewählt; seinen zweiten Sohn bestimmte er zur Spitze des Adels. Auch Huayna Capac, der bei einem Eroberungszug in Quito gestorben war, hatte seinen Sohn Nina Cujochic zu seinem Nachfolger bestimmt. Doch der Auserwählte starb bereits wenige Tage nach seinem Vater und so übernahm sein Sohn Atahualpa die Macht. Gleichzeitig ernannte sich dessen Halbbruder Huáscar zum neuen Herrscher von Cusco und da beide die alleinige Herrschaft im Inka-Reich für sich beanspruchten, kam es zu einem blutigen Bürgerkrieg, der Tausende Menschen das Leben kostete.

Es siegten die Truppen Atahualpas, sie eroberten Cusco, verjagten Huáscar und ermordeten den Großteil seiner adligen Anhänger. Kurz zuvor war im Norden des Inka-Imperiums eine verheerende Pockenepidemie ausgebrochen, die ebenfalls viele Tausende von Opfern forderte und das Volk in Angst und Schrecken stürzte – just zu der Zeit (1531), als der spanische Abenteurer Francisco Pizarro mit etwa 180 Soldaten, 60 Pferden und mehreren leichten Geschützen bei Tumbes im nördlichen Peru an Land ging, um das sagenhafte *el dorado*, das ›Goldene Land‹, zu finden.

Unter der Führung der drei Brüder Francisco, Gonzalo und Hernando Pizarro zogen die Spanier ins Hochland von Cajamarca, wo Atahualpa sich mit 30 000 Soldaten vom Sieg über Huáscar ausruhte. Dort empfing er die ›weißen Götter‹ mit allen Ehren, doch diese stellten ihm eine Falle, nahmen ihn gefangen

Die Inka bringen Gold, um ihren Herrscher Atahualpa bei den Spaniern auszulösen, jedoch vergeblich. Kupferstich von Theodor de Bry, 1597

und vollstreckten sein Todesurteil am 26. Juli 1533. Die überlebenden Anhänger Huáscars verbündeten sich nach Atahualpas Tod mit den Spaniern und erhoben mit Francisco Pizarros Zustimmung den Bruder Huáscars, Manco Capac II., zum neuen Sapan Inca. Zusammen mit den spanischen Truppen eroberten sie gegen Ende des gleichen Jahres die Reichshauptstadt Cusco.

Die Ruhe währte allerdings nicht lange. Manco Capac II. erkannte, dass er in Wirklichkeit nicht viel mehr war als ein Strohmann und dass es den Spaniern nicht darum ging, die Ordnung im Inka-Staat wiederherzustellen. 1536 rebellierte er zusammen mit Truppen aus allen Landesteilen gegen die neuen Herren. Im Kampf um Cusco, das Manco Capacs Armee acht Monate lang eingekesselt hatte, war Hernando Pizarro gestorben. Dem aus Chile zurückkehrenden Diego de Almagro gelang es mit knapper Not, die Rückeroberung Cuscos durch die Inka zu vereiteln. Mancos Sohn Tupac Amaru führte den Kampf seines Vaters um die Befreiung des Inka-Reichs von den Spaniern – allerdings erfolglos – weiter.

Ein Land wird ausgepresst

Nachdem Kaiser Karl V. 1542 das gesamte südamerikanische Nueva Castilla, das von Nicaragua bis nach Feuerland reichte, zum Vizekönigreich Peru erhoben hatte und der neue Vizekönig dort Ruhe und Ordnung wiederhergestellt hatte, konnten die Spanier darangehen, ihre Herrschaft zu stabilisieren. Den 40 Vizekönigen, die in den folgenden 300 Jahren regierten, schien es jedoch dabei vor allem um die Ausbeutung der Bodenschätze und der Arbeitskräfte zu gehen. Die Missionstätigkeit der katholischen Priester bot dafür den idealen Rahmen. Das speziell für Südamerika entwickelte System der *encomienda* sollte für Sieger und Besiegte gleichermaßen Vorteile bringen: Den Teil der Ernte, den zuvor der Inka-Herrscher und der Staat erhalten hatten, mussten die indianischen Bauern nun der Kolonialverwaltung und der Kirche abliefern, die ihn an loyale Veteranen verteilte.

Dadurch erwarben die Indianer das ›Recht‹ auf eine christliche Erziehung durch ihre neuen Herren. Der Korruption verfallene Provinzgouverneure ließen aber Indianer in ihre eigene Tasche arbeiten, erhoben persönliche Extrasteuern und bereicherten sich so oftmals maßlos an den ohnehin Besitzlosen.

Großen Gewinn warf die Förderung von Bodenschätzen ab, insbesondere in den Silberminen von Potosí im heutigen Bolivien und in den Quecksilberminen nahe Huancavelica im peruanischen Hochland. Die Arbeitsbedingungen für die *indígenas* waren unmenschlich, Tausende von Arbeitern verloren auf qualvolle Art ihr Leben. Daneben forderten die von den Konquistadoren eingeschleppten Zivilisationskrankheiten wie Masern, Pocken und Grippe so viele Opfer, dass die Spanier aufgrund eines Mangels an Arbeitskräften begannen, Sklaven aus aller Welt zu importieren. Die indianische Bevölkerung des früheren Inka-Reiches war von einst 15 Mio. zu Beginn des 17. Jh. auf etwa 1 Mio. geschrumpft! Gleichzeitig wuchs die Zahl weißer Verwaltungsbeamter, Missionare, Händler und Handwerker in Peru mit jedem Tag an.

Der Kampf um die Unabhängigkeit

Bereits 200 Jahre nach der Konquista, dem grausamen Eroberungszug der Spanier, machte sich bei den im Land geborenen Weißen, den Kreolen, eine massive Unzufriedenheit mit der Politik des spanischen Königshauses breit. Auch die Mestizen fühlten sich benachteiligt gegenüber den direkt aus Spanien kommenden Aristokraten ohne Peru-Erfahrung. Gegen Ende des 18. Jh. brachen an verschiedenen Stellen des Landes Revolten los. Die Kreolen wehrten sich gegen die Bevormundung durch die Spanier, die Indianer protestierten gegen die unmenschlichen Lebensbedingungen in den Bergwerken und auf den Haciendas. Den 1780 von Tupac Amaru II. angeführten Indianeraufstand konnten die spanischen Herren noch problemlos niederschlagen. Doch die Lawine, die Pedro Murillos Ausrufung der Unabhängigkeit in der heutigen bolivianischen Provinz Charcas am 25. Mai 1809 auslöste, konnten die spanischen Herren nicht mehr stoppen. Zwar entschärfte der Vizekönig in Lima nach diesen Revolten die Ausbeutung der *indígenas*, doch konnte er die erhitzten Gemüter damit nur kurze Zeit beruhigen.

Der Ruf nach Freiheit Anfang des 19. Jh. muss vor dem Hintergrund der weltpolitischen Entwicklungen gesehen werden. Der Unabhängigkeitskrieg in den USA, die Französische Revolution und die Veränderungen im Zuge der Napoleonischen Kriege fungierten nicht nur für die Kreolen als Vorbilder. Zudem hatten sich die Abspaltungsversuche anderer spanischer Kolonien bald herumgesprochen. Als überzeugte Republikaner begannen die Kreolen, die Royalisten des Landes zu bekämpfen. Auch weiter südlich, am Río de la Plata, überschlugen sich die Ereignisse: Nachdem General José de San Martín mit seinen republikanischen Truppen die Briten sowie den spanischen Vizekönig aus Buenos Aires vertrieben hatte, zog er 1811 bei Guaqui am Titicacasee und ein Jahr später bei Tucumán zunächst gegen die Royalisten, konnte dabei jedoch keinen entscheidenden Sieg erringen. Vier Jahre später war er bei Maipú in Chile erfolgreicher und vernichtete das königstreue Heer. Daraufhin segelte er mit 6000 Soldaten zur peruanischen Küstenstadt Pisco und eroberte wenig später Lima. Hier rief er am 28. Juli 1821 die Unabhängigkeit ganz Perus aus.

Simón Bolívar und sein Heerführer Antonio José de Sucre besiegten die royalistischen Truppen endgültig in den Schlachten von Junín am 6. August und bei Ayacucho am 9. Dezember 1824. Damit war zwar das heutige Staatsgebiet Perus von den Spaniern befreit, doch nicht das Alto Peru südlich und östlich des Titicacasees. Die königstreuen Truppen marschierten am 2. April 1825 bei Tumusla zu ihrem letzten Kampf auf. Sucre konnte sie aufreiben und am 6. August die Unabhängigkeit der neu entstandenen República de Bolivia proklamieren.

Reformen und Modernisierung

In der nun folgenden Zeit der Reformen erhielten beide Länder ein neues Verwaltungssystem. Die Hauptstadt Lima erlebte einen Modernisierungsschub, im Hochland baute man endlich die lang ersehnten Telegrafen- und Eisenbahnverbindungen. Wenig später waren auch *encomienda* und Sklavenhaltung ad acta gelegt. Doch die Lebensbedingungen der einfachen Bevölkerung verschlechterten sich zunächst sogar noch durch die Unabhängigkeit. Für jahrelange Wirren sorgte zudem der bolivianische General Andrés de Santa Cruz, der mit der Vision der Wiederherstellung des Inka-Reichs Sucre in Bolivien gestürzt hatte. Im August 1836 eroberte er auch Lima und erklärte die beiden Länder zur Confederación Perú-Boliviana. Drei Jahre später scheiterte Santa Cruz beim Versuch, auch das Nachbarland Chile in sein neues Inka-Imperium zu integrieren; er trat zurück und hinterließ einen politischen Scherbenhaufen.

Guano-Boom und Salpeterkrieg

Nachdem die Inka bereits vor Hunderten von Jahren ihre Terrassen mit dem Guano der Pelikane, Kormorane, Tölpel und Möwen gedüngt hatten, entdeckten 1848 auch die neuen Herren des Landes den Wert dieser Exkremente auf den kleinen Inseln im Pazifik. 1864 brach ein Wirtschaftskrieg zwischen Peru und Spanien um deren Ausbeutung aus, der bis 1866 dauerte und den endgültigen Rückzug der Europäer aus diesem lukrativen Geschäft zur Folge hatte. Danach konnte Peru lange Jahre die Erlöse aus dem Verkauf des ›weißen Goldes‹ in alle Welt steigern, das schnell zum Hauptexportartikel des Landes wurde; 1947 erreichten die Lieferungen ihre Rekordmarke mit beachtlichen 330 000 t.

Mitte des 19. Jh. hatte Chile in der trockensten Wüste der Welt, der Desierto de Atacama, mit dem Abbau der reichen Salpetervorkommen begonnen. Gleichzeitig entdeckten die Geologen in diesem formell zu Bolivien und Peru gehörigen Gebiet auch ausgedehnte Kupfervorräte. Der damals für die Munitionsproduktion erforderliche Salpeter und das Kupfer brachten Chile viel Geld ein. Nun erinnerte man sich in Bolivien wieder an diese Wüstenregion und erklärte 1879 nach einigem diplomatischem Geplänkel seinem Nachbarland den Krieg: Peru war durch den Beistandspakt von 1873 zur militärischen Unterstützung Boliviens gezwungen. Es folgte ein einseitiger Krieg: Chilenische Truppen landeten 1880 südlich von Lima, marschierten zur Hauptstadt und nahmen sie nach einer Schlacht in Miraflores am 17. Januar 1881 ein.

Am 20. Oktober 1883 unterzeichneten die drei Parteien den Friedensvertrag von Ancón, mit dem Peru die drei Provinzen Arica, Tacna und Tarapaca verlor. 1929 erhielt es nach Vermittlung der USA wenigstens Tacna von Chile zurück. Noch schlimmer traf es Bolivien, das die Küstenprovinz Atacama verlor – und damit den Zugang zum Meer. Chile sicherte 1929 vertraglich den Bau der Eisenbahnstrecke Arica–La Paz zu, um den überseeischen Handel Boliviens nicht noch weiter einzuschränken.

Peru im 20. Jahrhundert

Stabile politische Verhältnisse, die Fertigstellung des Panamakanals und der sich um die peruanische Urwaldstadt Iquitos am Amazonas abspielende Kautschukboom verschafften Peru eine wirtschaftliche Atempause. Doch nach der Diktatur Präsident Leguías von 1919 bis 1930 erhoben sich immer mehr Menschen aus den ökonomisch zu kurz gekommenen Regionen im Landesinneren gegen die aristokratischen Machthaber in Lima. Zudem war auch die Weltwirtschaftskrise an Peru nicht spurlos vorübergegangen. Unzufriedene Fabrikarbeiter, mittellose *campesinos* und Studenten hatten 1924 die linksorientierte Partei APRA gegründet. Zwar erzielten die Apristen dann bei den Wahlen Mehrheiten, doch putschten vor jeder geplanten Regierungsübernahme die Militärs.

Nach einer Reihe rechter Diktaturen putschte sich 1968 der linksgerichtete General Juan Velasco Alvarado für sieben Jahre an die Macht. Seine als ›Peruanische Revolution‹ propagierte Politik bedeutete die Verstaatlichung großer, oft ausländischer Gesellschaften und die Durchsetzung einer radikalen Agrarreform. Die gut gemeinten Reformen schlugen jedoch weitgehend fehl. Die Zerstückelung einstiger Haciendas bewirkte sinkende landwirtschaftliche Erträge, das neue, arbeiterfreundlichere Arbeitsrecht führte zur Schließung zahlreicher Betriebe. Das Militär verschlang Unsummen aus dem Staatsetat für Waffenkäufe, die reichen Familien Perus legten ihr Geld nun im Ausland an, ausländischen Investoren war Peru zu riskant geworden. Die Militärjunta ließ die Pressefreiheit massiv einschränken und übte staatliche Zensur aus. Immer mehr Menschen flohen vom armen Landesinneren in die Slums der Großstädte entlang der Küste (s. S. 46).

Blutiger Terror

Bis 1975 war der Rückhalt der linken Militärs in der Bevölkerung auf ein Minimum geschrumpft. In diesem Jahr gelangte General Francisco Morales Bermúdez durch einen Putsch an die Macht, ließ eine neue Verfassung ausarbeiten und 1980 freie Wahlen abhalten. Der Christdemokrat Fernando Belaúnde Terry regierte nun fünf Jahre lang das Land, scheiterte jedoch an leeren Staatskassen. Seinem Nachfolger, dem jungen, aber korrupten Apristen Alan García Pérez, erging es nicht viel besser. Die Inflationsrate kletterte auf drei-, später gar vierstellige Werte. Zu dieser Zeit hatte die 1980 vom einstigen Mathematik- und Philosophieprofessor Abimael Guzmán im Hochland von Ayacucho gegründete maoistische Terrorgruppe Sendero Luminoso (›Leuchtender Pfad‹) bereits mehrfach für Aufsehen gesorgt. Überfälle auf Polizei- und Militärposten und die oft genauso blutigen Vergeltungsaktionen der Staatsmacht gegen unbeteiligte, der Kollaboration bezichtigte *campesinos* kosteten in der Folge über 30 000 Menschen das Leben und trieben viele in die sichereren Städte.

All diese Probleme in Angriff zu nehmen hatte der seit 1990 amtierende und 1995 mit großer Mehrheit wiedergewählte Alberto Fujimori versprochen. Obwohl es ihm gelang, die Gefahr des Terrorismus weitgehend in den Griff zu bekommen und auch die wirtschaftliche Situation zu verbessern, hatte er mit zahlreichen Problemen zu kämpfen. So brach der seit Jahren schwelende Grenzkonflikt zwischen Peru und Ecuador 1995 neu aus, was 200 Menschenleben forderte. Am 17. Dezember 1996 katapultierte die gewaltsame Geiselnahme in der Residenz des japanischen Botschafters in Lima das Land erneut in die Schlagzeilen der Weltpresse. 14 schwer bewaffnete Terroristen der längst aufgelöst geglaubten Guerillagruppe Tupac Amaru hatten über 400 Gäste gefangen genommen. Die Terroristen forderten die Freilassung von 400 inhaftierten Gesinnungsgenossen und die Umsetzung mehrerer diffus formulierter politischer Reformen. Erst die gewaltsame Stürmung des Gebäudes am 22. April 1997, bei der alle 14 Geiselnehmer, zwei Soldaten und eine der Geiseln ums Leben kamen, setzte der Zitterpartie nach 126 Tagen ein Ende.

Im neuen Jahrtausend

Nachdem sich Fujimori Anfang 2001 wegen einer Korruptionsaffäre nach Japan absetzte, konnte sich bei den anschließenden Wahlen Anfang Juni sein Kontrahent Alejandro Toledo knapp gegen seinen Herausforderer Alan García durchsetzen. Die Hoffnungen der ärmeren Bevölkerungsschichten, dass sich Ihre wirtschaftliche Situation verbessern würde, wenn einer der ›Ihren‹ Präsident ist, wurden im Laufe seiner Amtszeit aber weitgehend enttäuscht, sodass es in der Folge zu zahlreichen Demonstrationen und Streiks kam. Sein Nachfolger wurde 2006 der frühere Präsident Alan García, der aus Angst vor einem unkontrollierten Links-Rutsch gewählt wurde und den Kampf gegen Artmut und Korruption erklärte – wie fast alle seine gescheiterten Vorgänger ... (s. S. 29).

Zeittafel

ca. 20 000 v. Chr.	Nomadische Jäger und Sammler aus dem Norden erreichen Peru.
ab ca. 1800 v. Chr.	Entwicklung der Webkunst, Erfindung der Keramik, astronomische Beobachtungen, Bau riesiger Plattformbauten aus Adobe.
ca. 1400–400 v. Chr.	Kulturhorizont Chavín de Huántar.
ca. 700 v. Chr.–100 n. Chr.	Paracas-Kultur: Totenkult (Nekropole) mit großen Grabkammern; Technik von Gold-Silber-Legierungen, Schweißen und Löten.
ca. 100-600	Nazca-Kultur: Linien mit Tierdarstellungen im Wüstensand.
ca. 200-600	Mochica-Kultur: hervorragende Keramik, ausgeklügelte künstliche Bewässerung, ›Herr von Sipán‹.
ca. 700-1200	Huari/Tiahuanaco-Kulturhorizont: System der *camellones* (Hochbeete) in der Landwirtschaft, ausgefeilte Steinbearbeitung.
ca. 1000-1450	Chimú-Reich in Nordperu, mit über 40 000 Menschen größte Prä-Inka-Kultur, Adobestädte, Goldschmuck.
um 1200	Legendäre Gründung des Inka-Reichs.
1438-1471	Inka-Herrscher Pachacútec Yupanqui erobert Bolivien, große Teile Argentiniens, Chiles, Nordperus und Ecuadors.
1527	Der elfte Inka-Herrscher Huayna Capac stirbt. Sein Sohn Atahualpa ergreift die Macht.
1531	Die Gebrüder Pizarro und Diego de Almagro gehen mit 180 Soldaten und 60 Pferden in Tumbes an Land.
1531–1533	Blutiger Bürgerkrieg zwischen Atahualpa und Huáscar. Atahualpa siegt und zieht mit seinen 30 000 Soldaten nach Cajamarca, wo ihn Francisco Pizarro gefangen nimmt und 1533 hinrichten lässt.
1536-1538	Revolte gegen die Spanier unter Führung des Inka Manco Capac II.
1542	Kaiser Karl V. erklärt die eroberten Gebiete in Südamerika zum Vizekönigreich Peru, das nun hemmungslos ausgebeutet wird.

Niederschlagung des Aufstandes von Tupac Amaru II. durch die spanischen Kolonialherren.	**1780**
General José de San Martín erobert Lima, wo er am 28. Juli 1821 die Unabhängigkeit Perus ausruft.	**1821**
Salpeterkrieg gegen Chile. Peru und Bolivien verlieren große Teile ihres Staatsgebietes. Chilenische Truppen besetzen Lima bis 1883.	**1879–1883**
Mehrere Generäle putschen sich an die Macht. ›Peruanische Revolution‹ mit Verstaatlichung von Unternehmen und einer radikalen Agrarreform.	**1968–1980**
Abimael Guzmán gründet die maoistische Terrorgruppe Sendero Luminoso (›Leuchtender Pfad‹). Inflation und Verarmung großer Bevölkerungsteile.	**1980**
Der Christdemokrat Belaúnde regiert Peru nach den ersten freien Wahlen, scheitert an leeren Staatskassen und hohen Auslandsschulden.	**1980–1985**
Alberto Fujimori wird Präsident Perus. Die Inflation sinkt, Staatsunternehmen werden privatisiert, steigende Investitionen aus dem Ausland.	**1990**
Der Grenzkonflikt zwischen Peru und Ecuador bricht erneut aus.	**1995**
Die Geiselnahme in der Residenz des japanischen Botschafters in Lima durch Terroristen der Guerillagruppe Tupac Amaru findet nach 126 Tagen ein blutiges Ende.	**1996/1997**
Das Wetterphänomen El Niño führt entlang der Küste zu schweren Überschwemmungen, besonders betroffen ist die Region an der Nordküste.	**1998**
Nach dem Rücktritt Fujimoris wird Alejandro Toledo als erster *indígena* Präsident Perus.	**2001**
Alan García siegt knapp gegen den linksradikalen Kandidaten Ollanta Humala und wird nach 1985 zum zweiten Mal Präsident. Seine Wähler stammen zumeist aus den besser gestellten Schichten.	**2006**

Gesellschaft und Alltagskultur

Rund die Hälfte der Peruaner sind *indígenas*, also direkte Nachfahren der Inka und anderer präkolumbischer Völker. Ihre Bräuche und Traditionen prägen vor allem im Hochland das Bild. An der Küste dominieren die Mestizen und Weißen, die hier nach westlichem Vorbild leben und meist für die Lebensweise ihrer Landsleute in der Sierra wenig Verständnis haben.

Bevölkerung und Lebensweise

Indígenas, Mestizen und Kreolen

Peru zählt derzeit rund 28,3 Mio. Einwohner, das entspricht einer durchschnittlichen Bevölkerungsdichte von 21 Einw./km² (zum Vergleich: Deutschland 230 Einw./km²). Von der Gesamtbevölkerung gehören etwa 45 % zu den *indígenas* (Indianer), etwa 37 % sind Mestizen (Mischlinge aus Weißen und *indígenas*) und rund 15 % Weiße (v. a. Kreolen, d. h. Nachfahren der Spanier, sowie andere Europäer und Nordamerikaner). Außerdem gibt es Minderheiten von Schwarzen (Nachfahren der Sklaven), Japanern und Chinesen (meist Einwanderer des 20. Jh.).

Die Bevölkerung wächst jährlich um 1,4 %. Die durchschnittliche Lebenserwartung beträgt 69 Jahre und liegt damit weit unter dem europäischen Schnitt. Dies erklärt sich vor allem aus der deutlich kürzeren Lebensspanne der Menschen im armen Hochland. Oft sehen diese bereits sehr viel älter aus, als sie sind: Die Andensonne, frostige Nächte, chronische Krankheiten, hygienische Dauerprobleme, die harte Handarbeit auf dem Feld und in den Minen lassen den Körper vorzeitig altern. Die Säuglingssterblichkeit übertrifft mit 2,8 % ebenfalls deutlich den Durchschnitt der Industrienationen. Die Kindersterblichkeit beträgt in Peru immer noch 3,1 %. Der Grund für diese traurigen Zahlen liegt vor allem in der ungenügenden medizinischen Versorgung auf dem Land.

Die Verteilung der Peruaner auf die Landesfläche ist extrem ungleich. Über die Hälfte lebt in der Küstenwüste entlang des Pazifik, 37 % in der *sierra* und nur 11 % in Amazonien, das allerdings 60 % der Landesfläche stellt. Der Anteil der städtischen Bevölkerung liegt mit über 72 % sehr hoch, Tendenz: steigend. Allein in Lima konzentriert sich mittlerweile rund ein Drittel der Gesamtbevölkerung Perus. Die seit Jahrzehnten andauernde Landflucht erklärt sich aus der starken Zunahme unterbeschäftigter, hungernder *campesino*-Familien, der miserablen Infrastruktur im Hinterland und der politisch instabilen Situation auf dem Lande.

Das Durchschnittseinkommen in den Städten ist bis zu zehnmal so hoch wie auf dem Land und nur ein kleiner Teil der Menschen in den abgelegenen Dörfern hat eine gesicherte Stromversorgung, fließend Wasser und Anschluss an die Kanalisation. Neben großen Lücken in der Gesundheitsversorgung und im Bildungsbereich unterstützt auch die Erbteilung der Bauernhöfe die Landflucht. In den kinderreichen Familien gehen meist mehrere Söhne leer aus und ziehen dann mit ihren Familien in die Großstädte, um dort irgendwie ihr Brot zu verdienen. In Peru liegen fast alle Großstädte an oder in der Nähe der Pazifikküste. Traditioneller Siedlungsraum in Peru wie übrigens auch in Bolivien war jedoch über lange Zeit das Hochland, was auch den hohen Anteil der indigenen Bevölkerung in der *sierra* erklärt. Doch während die städtischen Zentren an der Küste und im östlichen Tiefland schnell wachsen, geht die Bevölkerungszahl im Hochland ständig weiter zurück. Rund 2,5 Mio. Peruaner haben Ihr Heimatland bereits verlassen und leben heute im Ausland, vor allem in den USA, Europa und Japan.

Probleme des hohen Bevölkerungswachstums

Das hohe Bevölkerungswachstum bringt große Folgeprobleme mit sich. In Peru macht der Anteil der noch nicht volljährigen Bevölkerung mehr als die Hälfte aus – 37 % sind jünger als 15 Jahre. Die Wirtschaft müsste daher jährlich Hunderttausende neuer Arbeitsplätze für Schulabgänger schaffen – eine kaum realisierbare Herausforderung.

Die Lebensbedingungen für einen Großteil der Kinder sind denkbar schlecht. Ein Drittel bis die Hälfte von ihnen ist unterernährt, viele müssen bereits während ihrer Schulzeit arbeiten gehen und kommen somit noch nicht einmal in den Genuss der staatlich vorgeschriebenen Pflichtschuljahre. Sie, deren Eltern meist vor der Verantwortung ihrer Erziehung und Ernährung flüchten oder die keinen feststellbaren Vater haben, nennt man abfällig die ›Motten‹, *las polillas*. In den Städten schlagen sich jeweils mehrere zehntausend *polillas* im informellen Sektor durch – als Schuhputzer, Tagelöhner, Schwarzhändler, Drogenkuriere und Taschendiebe.

Das Fehlen sicherer Arbeitsplätze und einer geregelten Rentenversorgung bewirkt, dass die Familie als Kernzelle, wie seit altersher, die soziale Absicherung übernehmen muss. Kinder gelten als die einzig sichere Rente. Die dadurch verursachte Bevölkerungsexplosion bringt jedoch den Teufelskreis aus Hunger, unzureichender Bildung, Aufwachsen ohne Eltern, Kriminalität und Arbeitslosigkeit für die vielen Nachkommen in Bewegung.

Nicht auf Rosen gebettet: Indiobaby auf einem Markt in Cusco

Leben am Rand: Indigene Gruppen in Peru

Thema

Laut der letzten Volkszählung von 1995 gehören in Peru 13 Mio. Menschen zu indianischen Ethnien. Im Hochland stellen die Quechua und Aymara den Großteil der Bevölkerung. Die Bewohner des peruanischen Tieflandes sind anderer ethnischer Herkunft.

Die Inka, die sich immer wieder gegen Einfälle aus der Amazonasregion wehren mussten, hatten erfolglos versucht, die Stämme ihrem Reich einzuverleiben. Kurz nach der spanischen Eroberung zogen Soldaten auf der Suche nach dem sagenhaften El Dorado ins Tiefland, bald folgten Missionare ihren Spuren. Sie brachten jedoch nicht nur die ›Frohe Botschaft‹ mit, sondern auch europäische Zivilisationskrankheiten – und damit für viele Menschen den Tod. Weiße und mestizische Siedler errichteten große *estancias* auf den fruchtbaren Böden, Kaufleute schufen Handelsstraßen. Nun war der Kontakt zur Welt der Weißen dauerhaft.

Die indigenen Gruppen des Tieflandes ernähren sich heute vorwiegend als Kleinbauern, als Teilpächter großer Estanzien und als Lohnarbeiter. Entlang der großen Flüsse haben sich bis heute einige Stämme durch Brandrodungsfeldbau, Fischfang und Jagd über Wasser halten können. Ihre Gemeinschaften sind in der Regel sehr klein, umfassen selten mehr als 100 Personen. In Peru stellt das Amazonas-Tiefland stattliche 60 % der Landesfläche. Im peruanischen Urwald leben heute noch schätzungsweise 20 000 Indianer, darunter die Stämme der Shipibo, Jivaro, Yagua, Pano und Tupí. Die Menschen leben dort in selbstverwalteten *pueblos indígenas*, indianischen Dörfern, in denen ihre Sprache dominiert. Doch auch hier setzen sich der Eingriff der europäischen Kultur und die Missionierung noch heute fort.

Im Amazonasgebiet leben noch Stämme scheinbar unberührt von der Moderne

Sprachenvielfalt im Andenstaat

In Peru existieren drei Amtssprachen: Neben dem von der Mehrheit der Bevölkerung gesprochenen Spanisch, das zahlreiche lokale Besonderheiten aufweist, kommt vor allem der indigenen Sprache Quechua überregionale Bedeutung zu. Diese frühere Inka-Sprache wird insbesondere im Hochland von rund 35 % der Peruaner im Alltag gesprochen. Auch das vor allem im Bereich des Titicacasees verbreitete Aymara ist als offizielle Sprache in beiden Ländern formell anerkannt. In den Amazonasgebieten hat sich trotz langjähriger Missionstätigkeit eine Vielzahl indianischer Sprachen erhalten, doch ist fraglich, wie lange diese noch gesprochen werden. Die Suche nach Edelhölzern, Gold und Erdöl sowie der Zuzug von neuen Siedlern greifen immer mehr in die Kultur dieser Völker ein. Programme des Erziehungsministeriums, die Kinder bilingual zu unterrichten, brachten bislang nicht den gewünschten Erfolg: Die Kinder und Jugendlichen konzentrieren sich nach Ende der Schulzeit in aller Regel auf ihre Spanischkenntnisse, vernachlässigen ihre indigene Sprache und wandern oftmals sogar aus den Dörfern in die Städte ab, wo sie mit ihrer spanischen Sprachkompetenz bessere Chancen auf dem Arbeitsmarkt haben.

Traditionen und Alltagskultur

Die Musik der Anden

Spätestens seit das nordamerikanische Gesangsduo Simon & Garfunkel Ende der 1960er-Jahre die Weise ›El Cóndor Pasa‹ vertonte und ihr damit zu Weltruhm verhalf, macht der Begriff der ›Andenmusik‹ auch bei uns die Runde. *Quena, zampoña* und *charango* sind die melodieführenden Instrumente. Vor Ankunft der Spanier schnitzte man die *quena,* deren Griffsatz der europäischen Blockflöte ähnelt, oft aus Lamaknochen; heute verwendet man in aller Regel das *chuqui*-Rohr. Die *zampoña* (Panflöte) gibt der Andenmusik ihren charakteristischen Klang. Das Instrument besteht aus 13 unterschiedlich langen Rohren, die in zwei Reihen zusammengebunden sind; durch Variationen in ihrer Größe, Bauweise oder im Material kann man Unterschiede im Klang erzeugen. Der mandolinenähnliche *charango* gelangte wohl erst im 16. Jh. nach Peru und Bolivien. Den Resonanzkörper des mit fünf doppelchörigen Saiten bespannten Instruments konstruierten die Andenmusiker früher aus dem Panzer des Gürteltiers, welches dadurch beinahe ausgerottet wurde; heute findet man auch zunehmend Instrumente aus Holz.

Die Musiker eines fünf- bis siebenköpfigen *conjunto folklórico*, einer Folkloremusikgruppe der *sierra*, setzen oft zehn verschiedene Instrumente ein. Dazu gehört meist der *bombo* bzw. *tambor*, eine tief gestimmte Basstrommel mit Fellbezug. Die Andenharfe, ein Instrument mit einem enormen Schallkörper, eine Querflöte (*pinkullo*), die *tarka*, eine Panflöte härteren Klangs, *chilchiles* (Holzrasseln), das *pututu* (ein Kuhhorn) sowie die europäische Gitarre sind ebenfalls oft vertreten.

Huayno und Salsa – Tänze

Die Begleitmusik für den typischen Tanz der Andenbewohner bietet heute wie ehedem der *huayno*. Die poetische Ausdrucksweise der Texte und die pentatonische Musik lassen manche Zuhörer vor Rührung fast dahinschmelzen. Der Tanz beginnt meist mit langsamen Schritten und wird gegen Ende immer schneller. Die zweite, ebenfalls sehr populäre Liedform ist der *yaraví*. Er handelt oft in einfachen, kurzen Texten von leidenschaftlichen Liebesbeziehungen. Zur Inka-Zeit sang man *yaravís* anlässlich der rituellen Getreideaussaat sowie auf Hochzeiten und erbat damit Segen und Glück für das Brautpaar. Ein weltbekannter *yaraví* ist ›El Cóndor Pasa‹. Die dritte Liedform der Andenmusik, der *huanca*, wurde eigens zu kultischen Anlässen komponiert, geriet aber bald nach dem Ende des Inka-Reichs in Vergessenheit. Diese Lieder, die die Menschen bei der Feldarbeit sangen, Triumphlieder der Inka-Soldaten, Hirtenlieder und Gesänge zum Erntedankfests haben inzwischen ihre einstige Popularität zugunsten modernerer Formen eingebüßt.

Obwohl nicht hier heimisch, erfreuen sich die karibischen Rhythmen der Salsa allgemeiner Beliebtheit. Die meisten Livebands spielen Salsamusik in den vielen Tanzbars der Boulevards und Vorstädte, wo die E-Gitarren, Keyboards und karibischen Trommeln weithin zu hören sind. In Peru knüpft man bei Salsamusik erste Kontakte zum anderen Geschlecht und betätigt sich zudem auch noch sportlich: Auch in den Salons Amazoniens und entlang der Pazifikküste kommt man beim Tanz ins Schwitzen.

In ganz Peru und Bolivien beliebt ist auch die schwungvolle *marinera*. Diese kreolische Musik war im 18. Jh. eher eine Mischung aus Walzer und Polka und entwickelte sich im Laufe der Zeit zur südamerikanischen Variante der Country-Musik. Gerade in den wilden 1920er-Jahren erlebte die *música criolla* in den Küstenstädten Perus innerhalb der Oberschicht eine neue Blüte.

Die *música negra*, von afrikanischen Sklaven zur Kolonialzeit mit nach Peru gebracht, erklingt häufig zu erotischen Tänzen. Eine dazugehörige Liedform, die *habanera*, beschäftigt sich mit der Geschichte der Afro-Peruaner als Sklaven: Anders als etwa die ebenfalls an der Küste beliebte *marinera* hat die *habanera* eine sehr melancholische Note.

Tanzende Menschen kann man in Peru bei den großen Stadtfesten, am Nationalfeiertag, in den zahlreichen Tanzlokalen und natürlich beim Karneval beobachten. Die berühmte *diablada*, der Teufelstanz, bei dem Tänzer Holzmasken in Schlangen- oder Eidechsenform tragen, sieht man vorwiegend in den Siedlungen am Ufer des Lago Titicaca und am 14. September im bolivianischen Calacala. Am 25. Juli, dem Namenstag des heiligen Jakob (Santiago), tanzt man überall zu Ehren des Schutzheiligen der spanischen Ritter. Dabei bewegen sich die Tänzer in Kreisformationen, die Tänzerinnen wedeln mit bunten Tüchern in der erhobenen Hand, und die Musikkapelle tanzt entweder mit oder wird von den sportlichen Tänzern in die Mitte genommen.

Folklore zum Anfassen

Der Alltag bietet häufig Gelegenheit, mehr oder weniger professionelle Folkloregruppen zu sehen: An vielen Orten – beim Warten auf den Bus, auf den Zug oder am Flughafen, in Hotels und Restaurants, in *peñas* und in *teatros folklóricos* – versuchen Musiker und Tänzer, ihre Künste in klingende Münze umzusetzen. Puno am Titicacasee gilt als die Folklorehauptstadt Perus, denn nirgends gibt es mehr religiöse wie profane Feste, nirgends investieren Menschen mehr Zeit und Geld in die Vorbereitung der Feierlichkeiten, in die Anfertigung von Masken und Kostümen.

Mehrere große Hotels in Lima und Cusco führen abendliche Folkloreshows auf. Insider glauben, die hier gespielte Volksmusik sei zuweilen fast schon zu perfekt und professionell, und der Schwerpunkt der Aufführungen liege auf dem Showcharakter. In Arequipa bieten *peñas* und Restaurants fast jeden Abend Auftritte oder Folkloreshows einheimischer Gruppen. In den großen Hotels und Restaurants Cuscos und im kleinen Theater der Universität führen indianische Musik- und Tanzgruppen das ganze Jahr über Musikstücke und Tänze aus der Inka- und der Kolonialzeit auf. Auch Prozessionen bieten Gelegenheit, landestypische Musik zu hören und traditionelle Tänze mitzuerleben (dazu mehr auf S. 50/51).

Traditionelle Kleidung

Bereits die Paracas- und Nazca-Kultur waren für ihre feinen Textilien bekannt. Sozialer Status und Herkunftsort des Trägers waren zur Inka-Zeit anhand der Kleidung zu erkennen. Nur Adligen war es erlaubt, Kleidung aus Vikunja-Wolle zu tragen, bestimmte Muster und Schnitte waren einzelnen Gruppen vorbehalten. Dies änderte sich mit der spanischen Eroberung, denn die neuen Herren versuchten, indianische Kulturelemente auszumerzen. Sie erließen strenge Kleidungsregeln und so sind die heute so ›typischen‹ weiten Röcke der Frauen, die Filzhüte und die Kniebundhosen der Männer meist Nachbildungen der Alltags- und Festkleidung der spanischen Landbevölkerung des 18. Jh.

Auffallendstes Kleidungsstück der Indianerfrauen im Hochland ist neben den farbigen *polleras* (Faltenröcke, von denen mehrere übereinander getragen werden) und der *mantilla* (Schultertuch) wohl der dunkle Bowler, der ohne Hutnadel getragen wird. Immer wirkt er mindestens eine Nummer zu klein – und das ist auch beabsichtigt. Interessant ist die Herkunftsgeschichte des Hutes: In den 1880er-Jahren hatte ein französisches Bekleidungsunternehmen bei einer englischen Hutfirma mehrere tausend *bowler hats* bestellt. Bevor diese allerdings ausgeliefert werden konnten, war die französische Firma pleite gegangen und die Engländer blieben auf ihren Hüten sitzen. Um nun wenigstens den Schaden zu reduzieren, kam man auf die Idee, diese Kopfbedeckung am Titicacasee zu verkaufen. Der britische Geistesblitz traf eine Marktlücke, die *bowler hats* fanden reißenden Absatz. Das Tragen traditioneller Tracht verliert aber heute gerade in der Jugend Perus und Boliviens immer mehr Anhänger. Polyesterhemd, T-Shirt, Jeans, Nike-Turnschuhe und Baseball-Mützen gelten als ›in‹, Poncho und *bowler hat* sind bei den meisten Jugendlichen ›out‹.

Feste und Veranstaltungen

Ostern

Die Osterwoche *(semana santa)* wird in jeder Gemeinde Perus und Boliviens festlich begangen. Höhepunkt ist der Karfreitag, wenn bunte, geräuschvolle Umzüge mit Musikkapellen durch Dorf und Stadt ziehen und die typische Volksmusik dieser Hochandenregion spielen. Die Osterprozessionen in Ayacucho gelten als die schönsten der Anden, denn hier ist die Kleidung der Gläubigen besonders farbenprächtig. Wenige Wochen späterfeiert man das Fronleichnamsfest (Corpus Cristi) ebenfalls mit stundenlangen Umzügen, hier gelten die bolivianischen Dörfer als besonders besuchenswert.

In Cusco trägt man den Señor de los Temblores vor allem am Montagnachmittag vor Ostern durch die Straßen. Der ›Herr der Erdbeben‹ soll die Stadt während des langen und starken Erdbebens im Jahre 1650 vor der völligen Zerstörng gerettet haben. In Lima wird am 30. August die Fiesta de Santa Rosa de Lima mit einer großen Prozession zu Ehren der Schutzpatronin der Neuen Welt begangen. An drei Tagen im Oktober tragen etwa 30 kräftige Männer anlässlich des Festes des Señor de los Milagros das 1,5 t schwere, in Silber gefasste Bildnis des ›Schwarzen Christus‹ durch die Straßen Limas.

Inti-Raymi-Fest

Ein weiterer Höhepunkt im Festkalender Cuscos ist zweifellos das Inti-Raymi-Fest, zu dem sich Tausende Einheimischer und Fremder in den Mauern von Sacsayhuamán einfinden. Zahllose Folkloregruppen aus allen Landesteilen Perus führen Tänze auf. Die Wintersonnwendfeier aus der Inka-Zeit beginnt am 23. Juni mit Aufmärschen in Cusco, bei denen alle Teilnehmer traditionelle indianische Kleidung tragen. Am Tag darauf trägt man die Darsteller von Manco Capac und Mama Ocllo

Offizielle Feiertage

in Peru und Bolivien:
1. Januar – Neujahr
Gründonnerstag, Karfreitag
Fronleichnam
1. Mai – Tag der Arbeit
1. November – Allerheiligen
25. Dezember – Weihnachten
31. Dezember – Silvester

in Peru zusätzlich:
29. Juni – Peter und Paul
28./29. Juli – Unabhängigkeitstag
15. August – Mariä Himmelfahrt
30. August – Sta. Rosa de Lima
9. Oktober – Tag der nationalen Würde
8. Dezember – Mariä Empfängnis

in Bolivien zusätzlich:
6. August – Unabhängigkeitstag
12. Oktober – Kolumbustag

in Sänften hinauf nach Sacsayhuamán. Manco Capac opfert dann in einer Zeremonie symbolisch ein Lama zu Ehren des Sonnengottes.

Wallfahrt zur Heiligen Jungfrau

Religiöser Höhepunkt in Bolivien ist die Wallfahrt von La Paz zur Virgen de Copacabana, an der Tausende *paceños* teilnehmen. Sie beginnt Anfang August und trifft am 5. August in Begleitung zahlreicher Musikkapellen am Titicacasee ein. Hier feiert man weitere drei Tage ausgiebig das Fest der bolivianischen Nationalheiligen. Wenige Tage zuvor (am 25. Juli) feiert man überall die Fiesta de Santiago, bei der Statuen des hl. Jakob durch die Dörfer getragen werden. Landesweit begehen Bolivianer wie Peruaner das Fest Todos los Santos (Allerheiligen) auf den Friedhöfen ihrer Dörfer und Städte, am spektakulärsten im Hochland. Wenn auch viele Trauernde sich – unterstützt vom ungezügelten Alkoholkonsum – in einer vermeintlich sehr gelösten Stimmung befinden, sollte man als Besucher stets auf eine angemessene Distanz zu den Angehörigen der Verstorbenen achten. In La Paz wird Ende Mai und Anfang Juni das Fest zu Ehren des Nuestro Jesús de Gran Poder mit Tänzen und einem überaus bunten Umzug gefeiert. Der ›Jesus der großen Macht‹ ermuntert Bolivianer in der luftigen Höhe von 3600 m (und mehr) zu konditionellen und sportlichen Höchstleistungen.

Religion und Kult

Missionierung unter Zwang

Konquista und Missionierung gingen in Peru und Bolivien zeitgleich vonstatten und die spanischen *padres* (Pater) waren wenig zimperliche Handlanger der Eroberer. Wie ihre Amtskollegen in Spanien schreckten auch sie – von wenigen Ausnahmen abgesehen – vor Folter, Inquisition und Mord an den ungläubigen ›Heidenkindern‹ nicht zurück. Die spanische Heimatkirche und der Vatikan in Rom forderten schließlich Erfolgsmeldungen bei der unermüdlichen Missionierung der Neuen Welt, und daher gingen die *padres* zahlreiche Kompromisse ein. So kam es unweigerlich zur Verschmelzung mit anderen Glaubensvorstellungen. Jesus Christus konnten die *indígenas* verehren wie den Sonnengott Inti und auch der Fruchtbarkeitsgöttin Pachamama wird weiterhin gehuldigt – unter dem Druck der spanischen *padres* nun in Gestalt der Muttergottes. Die Heilige Jungfrau verbinden die Indianer ohnehin mit Fruchtbarkeit und auch sie war ja in ihrem Verständnis eine Vermittlerin zwischen Menschen und Göttern. Selbst für Illapa, den indianischen Donnergott, fand sich ein katholisches Pendant: Santiago, der heilige Jakob, Schutzheiliger der spanischen Ritter. Und auch die von den Missionaren verachtete Verehrung der Inka-Mumien und die Totenbräuche konnten die *indígenas* zelebrieren, und zwar am 1. und 2. November, dem christlichen Fest von Allerheiligen und Allerseelen.

Götter und Geister in der Natur

Die systematische Zerstörung der zahlreichen *huacas,* der heiligen Orte, durch die Missionare konnte die Einheimischen nicht dazu bringen, den Glauben an ihre Geister aufzugeben. Ebenso blieben die Berggipfel und Seen im Glauben der Indianer weiterhin beseelt und erwarteten von ihnen Opfer. Die katholische Kirche, der heute etwa 90 % der Peruaner und Bolivianer angehören, versteht sich als Anwalt der Armen. Die 1968 proklamierte Befreiungstheologie versucht politisches Engagement mit christlichem Auftrag zu verbinden und fordert die Rechte der Armen und Benachteiligten gegenüber der Gemeinschaft ein. Religiosität und Volksfrömmigkeit sind im Alltag der Peruaner und Bolivianer sichtbarer als etwa in Europa. Mehrfach täglich werden in den Kathedralen und großen Stadtkirchen Messen gelesen – und immer vor einem größeren, wenn auch überwiegend älteren Publikum. Kirchliche Feiertage sind nicht nur für *campesinos* die bedeutendsten Feste des Jahres.

Bei der Procesión del *Señor de los Milagros* in Lima jährlich im Oktober

Architektur und Kunst

Schon die frühen Kulturen errichteten eindrucksvolle Baudenkmäler aus Stein oder Lehmziegeln, die teilweise bis heute überdauerten. Den Höhepunkt dieser Entwicklung markierten die Inka mit ihren massiven Steinbauten, die jedoch größtenteils von den spanischen Eroberern zerstört und durch europäischen Barock ersetzt wurden.

Von Pyramiden und Barockkirchen

Architektur aus Lehmziegeln

Großartige Beispiele für die herausragenden Fähigkeiten der vorspanischen Völker sind die mächtigen Pyramiden der Mochica in der Nähe der heutigen Stadt Trujillo (s. S. 303) und der Lambayeque-Kultur in Túcume (s. S. 311) nordöstlich von Chiclayo. Beim Bau von Pyramiden setzten die Mochica neue Maßstäbe: Die Huaca del Sol (›Sonnenpyramide‹) misst 40 m Höhe, 160 m Breite und 340 m Länge! Sie bauten diese gigantischen Pyramiden zu Ehren der Sonne und des Mondes. Priester und Fürsten verpflichteten Tausende von Arbeitskräften für diese Aufgaben; allein die Sonnenpyramide besteht aus mehr als 100 Mio. Lehmziegeln. Möglicherweise fanden an diesen Heiligtümern rituelle Menschenopfer statt. An gleicher Stelle erblühte später die Chimú-Kultur, deren Vertreter mit ihrer Hauptstadt Chan Chan die größte aus Adobe (ungebrannten Lehmziegeln) errichtete Siedlung der Welt besaßen (s. S. 303).

Architektur der Inka

Wie in vielen Lebensbereichen setzten die Inka auch in der Architektur für den südamerikanischen Kontinent neue Maßstäbe. Die Ingenieure verwendeten beim Bau der Tempel, Wohnhäuser, Paläste und Ackerbauterrassen Granit, Andesit, Porphyr, Adobe, Holzbalken und Stroh für Dächer. Die Stabilität ihrer großen Bauten übertraf die der Spanier bei Weitem: Mit Zapfen, Metallklammern und Verzahnungen waren die tonnenschweren Steinblöcke ineinander so verkeilt, dass Erdbeben ihnen nichts anhaben konnten. Viele massive Wände stehen leicht schräg nach innen geneigt, passend zu den meist trapezförmigen Toren, Fenstern und Nischen. Die Mauern von einfachen Wohnhäusern, Kasernen und *tambos* dagegen bestanden aus kleineren Steinen, die mit Lehm zusammengehalten wurden. Für wichtige Tempel und Festungen ließen die Inka-Architekten riesige Felsblöcke von den Fronarbeitern kilometerweit durch Täler und steile Hänge heraufschaffen. Auch in der Architektur waren die Inka Perfektionisten: Die Steine passten so exakt aufeinander, dass noch heute keine Messerklinge in die mörtellosen Fugen dringen kann. Und trotz der nur sehr geringen figürlichen Ausschmückungen zeugen die Mauern der Inka-Bauwerke von einer schlichten, aber bestechenden Ästhetik. Das Fehlen des Bogens schränkte die Inka keineswegs in ihren Möglichkeiten ein: Sie setzten stattdessen in ihren Mauern Trapeze und gewaltige Türstürze ein, die ebenfalls einem hohen Gewicht standhalten konnten.

Spanische Barockkunst

Die reichen Gold- und Silbervorkommen und der einträgliche Warenverkehr mit Spanien gestatteten es den spanischen und mestizischen *padres*, ihre Missionstätigkeit finanziell großzügig unterstützen zu lassen. Architekten aus verschiedenen Ländern Europas wurden eingeladen, um in Neukastilien prächtige Gotteshäuser zu bauen. Schwierig gestaltete sich allerdings die Suche nach erfahrenen europäischen Künstlern, die die neuen Kirchen mit Gemälden, Stuckdekor und Holzschnitzarbeiten ausstatten sollten. So bildete man einheimische Handwerker aus, die oft Vorlagen aus Europa zu kopieren hatten (s. S. 56). Die indianischen Künstler konnten sich jedoch nicht immer an das Original halten – sei es wegen fehlender Details der Zeichenentwürfe oder wegen Problemen in der praktischen Umsetzung und mangelnder Kenntnis europäischer Gegenstände. So entwickelte sich innerhalb weniger Jahre der Mestizostil, bei dem sich europäische Kirchenkunst mit Elementen der indianischen Vorstellungswelt vermischte.

In der Architektur kann man den Mestizstil als eine Sonderform des Barocks betrachten. In Südamerika zeichnet sich dieser vor allem durch indianisch geprägte Dekoration aus: Zwischen Christus- und Muttergottes-Reliefs erscheinen plötzlich der Sonnengott und ein grimmiger Jaguarkopf, Papageien, Schlingpflanzen und Bäume aus dem Urwald. Besondere Lösungen erforderte die ständige Erdbebengefahr. Statt wie gewohnt massive, aber eben auch sehr schwere Steinmauern zu errichten, sparte man Gewicht, indem man Gewölbe und Kuppeln aus Rohrgeflecht einsetzte und anschließend verputzte. Die mächtigen Steinquader der Inka-Paläste arbeitete man in Cusco in die Mauern der Kirchen und Klöster ein und schuf so festungsartige Gotteshäuser.

Kunst und Kunsthandwerk

Nachdem sich die frühen Kulturkreise auf eine technisch noch recht einfache Keramik beschränkten, verfeinerten sich in der Zeit

Mestizenbarock an der Kirche La Companía in Arequipa

Die Malschule von Cusco Thema

Die Malschule von Cusco verdankt ihre Entstehung einem Mangel – der während der Kolonialzeit nicht durch Importe zu befriedigenden Nachfrage nach religiösen Gemälden.

Spanische Kaufleute hatten auf ihren Reisen durch Europa unzählige Werke italienischer, flämischer und spanischer Künstler aufgekauft und mit nach Peru gebracht. Dennoch fehlten in vielen neuen Kirchen repräsentative sakrale Kunstwerke. So entschlossen sich die Kirchenoberen, in Peru eigenen Nachwuchs auszubilden. Die bedeutendste dieser neuen ›Malfabriken‹ war die Escuela de Cusco, in der Gemälde am Fließband produziert wurden und die im 18. Jh. die Malerei Südamerikas stark beeinflusste. Die Kunstwerke wurden oft in Gemeinschaftsarbeit angefertigt und verließen daher in der Regel unsigniert das Haus. Bekanntestes Beispiel ist wohl das große ›Letzte Abendmahl‹ in der Kathedrale von Cusco: Jesus und seine Jünger versammeln sich hier nicht um ein Lamm, sondern um ein gebratenes Meerschweinchen und statt des biblischen Weins trinken sie Maisbier. Je mehr die Bilder der Cusco-Schule vom Kirchenvolk geschätzt wurden, je selbstbewusster die Künstler wurden, desto mehr lösten sie sich von den Originalvorlagen und Vorbildern. Plötzlich trugen Heilige prächtige Strahlenkränze, glitzernde Juwelen, kostbare Kolliers und Goldschmuck wie zu Zeiten der Inka. Engel erschienen mit Gewehren und viele biblische Szenen spielten sich im Hochland von Peru ab. Mit Hilfe dieser heimischen Motive konnten sich die frisch bekehrten Indianer besser in die Wunder des Neuen Testaments hineinversetzen.

Künstler wie Melchor Pérez de Holguín (1660–1724) aus dem bolivianischen Potosí, der sich von den Werken des spanischen Malers Francisco de Zurbarán inspirieren ließ, und Diego Quispe Tito (1611–1681) aus Cusco, der sich mehr an flämischer Malerei orientierte, machten über die Grenzen ihres Landes von sich reden. Titos Gemälde zeigen zum ersten Mal in der peruanischen Kunstgeschichte Landschaften. Mit herrenlosen Hüten und Urwaldvögeln kennzeichnete er seine Werke, die zu signieren ihm als Mestizen verboten war.

Ausschnitt aus Melchor Pérez de Holguíns ›Der Triumph der Kirche‹ (1708)

der Regionalkulturen zu Beginn unserer Zeitrechnung die Techniken wie auch die stilistische Ausdruckskraft. Während an der Südküste die Vertreter der Nazca-Kultur ihre Keramiken mit einer erstaunlichen Farbenvielfalt verzierten, schufen die Mochica im Norden Keramikgefäße, die sich durch überaus realistische Darstellungen von Menschen und religiösen Kulten auszeichnen. Insbesondere Alltagsszenen wie Geburt, Liebesakt und Tod verraten uns heute Details über diese schriftlose Kultur. Die große Anzahl fast identischer Keramikfiguren erklärt man sich aus der Herstellungsmethode nach Modellvorlage. Goldene Brustplatten und Masken, Halsketten aus Gold- und Silberperlen, Kronen, Rasseln aus getriebenem Gold, goldene Messer und kostbare Trinkgefäße bezeugen die Metallschmiedekunst der Mochica.

Im Gegensatz zu den Mochica schienen die Inka wesentlich weniger Wert auf eine künstlerisch hochwertige Keramik zu legen. Die Töpfer dekorierten ihre Stücke meist geometrisch, nur selten schufen sie figürliche oder realistische Darstellungen von Mensch und Tier. Auch das verwendete Farbenspektrum war schmaler, kräftige Farben waren selten. Charakteristisch in ihrer Keramik sind die geschwungenen Amphoren (*arribalos*) und die *queros*, rituelle Trinkbecher aus Holz oder Ton. Bei der Goldverarbeitung bedienten sich die Inka der hervorragenden Fertigkeiten der Chimú-Handwerker. Der Sonnentempel Coricancha in Cusco war diesbezüglich das Maß aller Dinge: Im Vorgarten des ›Hofs des Goldes‹ hatten die Inka Pflanzen und Tiere in Lebensgröße in Gold abbilden lassen; im Inneren bedeckten zahllose goldene und silberne Scheiben – Sonne, Mond und Sterne symbolisierend – die Wände.

Literatur

Aus dem Leben der *campesinos*

Die Literatur der Peruaner begann bereits mit den Dichtern der Inka. Der Chronist Garcilaso de la Vega, Sohn eines spanischen Ritters und einer Inka-Prinzessin, führte diese Tradition mit viel Liebe zum Detail im 16. Jh. fort. Um 1900 machten Ricardo Palmas' (1833 bis 1919) »Tradiciones Peruanas« die Runde, die peruanische Traditionen illustrieren. Ciro Alegrías (1909–1967) »El mundo es ancho y ajeno« (›Die Welt ist groß und fremd‹) thematisiert den Kampf nordperuanischer *campesinos* gegen die Profitgier lokaler *hacenderos*. Sein sozialistischer Ansatz machte den Roman auch über die Grenzen Perus hinaus bekannt.

Manuel Scorza (1928–1983) setzte sich in seinen Romanen ebenfalls für die *indígenas* der Anden ein. In »El jínete insomne« (›Der schlaflose Reiter‹) vermischt er auf beeindruckende Weise Satire und surrealistische Darstellung. Mehr in die Richtung des Realismus gehen die Werke von José María Argüedas (1911–1969). In seinem Meisterwerk »Los ríos profundos« (›Die tiefen Flüsse‹) widmet er sich den *campesinos* im Hochland Perus und ihrer traurigen wirtschaftlichen Situation.

Mario Vargas Llosa

Literarisches Aushängeschild Perus ist seit Jahrzehnten zweifellos der 1936 geborene Mario Vargas Llosa, der 1990 auch als Präsidentschaftskandidat international von sich reden machte und 1995 mit dem Friedenspreis des deutschen Buchhandels ausgezeichnet wurde. Der erste lateinamerikanische Präsident des PEN-Clubs, der heute in Madrid und London lebt, orientiert sich am Stil des von Gabriel García Márquez zu Weltruhm gebrachten ›magischen Realismus‹ und arbeitet in seinen Romanen die bewegte Geschichte seines Landes auf. »Maytas Geschichte«, »Der Geschichtenerzähler«, »Der Krieg am Ende der Welt«, »Lob der Stiefmutter« und »Gespräch in der Kathedrale« spielen alle in Peru vor einem politischen Hintergrund. Ungewöhnlich ist sein kurzer, voller Witz steckender Krimi »Wer hat Palomino Molero umgebracht?«. Sein neuester Roman, »Tod in den Anden«,, beschäftigt sich mit dem blutigen Guerillakrieg des Sendero Luminoso und den Vergeltungsschlägen von Miliz und Polizei.

Essen und Trinken

Wie die Landschaft bietet auch die Esskultur in Peru und Bolivien ein variantenreiches Bild. An der Küste dominieren Fischgerichte und Meeresfrüchte, in den Bergen Fleisch-, Gemüse- und Getreidespeisen. Neben Bier und Wein aus eigener Produktion gilt der Traubenschnaps Pisco als Nationalgetränk.

Leckereien aus der Andenküche

Restaurants gibt es in jeder Preisklasse, doch gutes Essen muss in den Anden nicht teuer sein. Viele Restaurants bieten einen günstigen Mittagstisch, der machmal auch abends als ›*plato del día*‹ angeboten wird. Beliebt sind überall die *pollerías* (Hendlstände), in denen gegrillte Hühnchen zu günstigen Preisen verkauft werden. Eine Besonderheit sind die vielen *chifas* in Peru: Diese Chinarestaurants servieren chinesisch-peruanische Mischgerichte und werden von vielen Peruanern wegen ihrer guten Qualität frequentiert. Außerdem werden oft an den Ständen der *mercados* (Märkte) schmackhafte Gerichte zubereitet, die auch bedenkenlos verzehrt werden können – sofern sie gebraten oder gekocht wurden.

Vorspeisen und Suppen

Als eine Art Nationalgericht Perus gelten die verschiedenen Zubereitungsformen des weißen Seebarschs. Besonders populär sind dabei *ceviche de corvina*, rohe Fischwürfel, die in einer Zwiebel-, Chili- und Limonen-Marinade eingelegt und kalt serviert werden. Dazu isst man Salzkartoffeln oder Maniok. Sog. *cebicherías*, die *cebiche* sevieren, findet man an der Küste überall, und neben Fisch werden auch Meeresfrüchte eingelegt.

Eine weitere Delikatesse ist die *chupe de camarones*, eine cremige Suppe aus Salz- und Süßwasserkrabben. Viele Reisende erinnern sich auch sehr gerne an die *sopa a la criolla*: eine Nudelsuppe mit Rindfleischstückchen, verschiedenen Gemüsesorten, Ei, gerösteten Toastwürfeln und einem Schuss Milch oder Sahne. In Bolivien isst man zu Beginn des Mahls eine *salteña*: halb Brötchen, halb Pastete, gut gewürzt und gefüllt mit Gemüse, Fleisch und Eiern. Ebenfalls als Vorspeise kann man *chicharrón*, gebackenes Schweinefleisch mit einer knusprigen Schwarte, auftragen lassen, eine sehr schmackhafte und überaus sättigende Delikatesse, die mancherorts in speziellen *Chicherronerías* angeboten wird.

Feinschmecker schwärmen von *palmitos con jamón* (Palmherzen mit gekochtem Schinken) und von den Avocado-Antipasti: *palta a la reina* (eine mit Hühnchensalat gefüllte Avocado, gewürzt mit Pfeffer und Salz) und *palta a la jardinera* (kaltes Gemüse mit Avocadoscheiben). Eine Spezialität der Region Arequipa ist *rocoto relleno,* eine milde, mit Hackfleisch und Zwiebeln gefüllte Paprika. Auf dem Lande sind Kartoffelspeisen sehr verbreitet. Die *patatas* bzw. *papas* serviert man als *papas fritas* (Pommes frites), Pell- oder Bratkartoffeln, aber auch *a la Huancaina*: gekocht, mit scharfer Erdnusssauce.

Ein besonderer Genuss sind die tatsächlich erntefrischen Früchte

Besonders beliebt sind *choclos*, großkörnige Maiskolben, die gekocht, mit Käsescheiben und scharfer Sauce auch als Schnellimbiss verkauft werden.

Hühnchen und andere Hauptgerichte

Die mittägliche Mahlzeit, das *almuerzo*, schließt stets eine warme Hauptspeise ein. Sehr oft ist dies *pollo*, Hühnchen, oder *lomo saltado*, mit Zwiebeln, Kartoffeln und Tomatenscheiben gebratene Fleischstreifen mit Reisbeilage – vielleicht das beliebteste Hauptgericht in Peru. Nur an besonderen Festtagen kommt *cuy*, gebratenes Meerschweinchen, auf den Tisch – ein Leckerbissen für jeden Peruaner! Die possierlichen Nager werden im Hochland als Haustiere gehalten und gehören zum gewohnten Bild eines bäuerlichen Anwesens. Längst nicht in jedem Restaurant findet man das schon lange vor den Inka populäre und durchaus wohlschmeckende Alpakafleisch. Insbesondere in Lima beliebt sind *anticuchos* (Rinderherz, am Spieß über Holzkohle gegrillt) und *parrilladas* (mehrere Fleisch- und Wurstsorten vom Grill).

Gemüsegerichte wie *chili relleno* (Paprika mit Fleisch- oder Käsefüllung) dienen als Hauptspeisen oder als Beilagen. Auf den Indianermärkten findet man oft dampfende *tamales*, scharf gewürzten oder süßen, in Maisblätter verpackten Maisbrei.

Mit frischem Meeresfisch ist Peru bestens versorgt. Neben dem Königsfisch kommt entlang der Küste häufig *corvina a la plancha* (Seebarsch vom Grill) und *pejerrey* auf den Tisch. In der Sierra, auch im bolivianischen Altiplano, liebt man die *trucha* (Forelle) aus

Im Heimatland der Kartoffel werden rund 50 Zuchtsorten kultiviert

den klaren Bergflüssen, auf Müllerinart oder einfach gebraten (*frito*).

Nachspeisen

Der in ganz Lateinamerika populäre *flan,* ein süßer Karamellpudding, schließt auch in Bolivien und Peru häufig das Mahl ab. *Piccarones* (in Schmalz gebackener Teig mit Sirup) sind eine gute Alternative dazu. Man kann als Dessert jedoch auch eine Maisspeise wählen: Die süße, aus violettem Mais hergestellte *mazamorra morada* bildet, schön gekühlt und mit vielen frischen Früchten versehen, einen herrlichen Abschluss jeder Mahlzeit. Nicht nur bei Kindern beliebt sind die zahlreichen Eissorten, teilweise mit Geschmacksvarianten, die in Europa nicht bekannt sind, wie beispielsweise *lúcuma*.

Getränke

Ohne Alkohol

Darf man der Werbung glauben, ist die gelbliche Inka-Cola in Peru der *sabor nacional*, der ›Geschmack der Nation‹. Nun – probieren Sie selbst! Weitere Durstlöscher sind *gaseosas* (Limonaden), unverdünnte Fruchtsäfte (*jugos*) und Sirupmischungen: *Piña* (Ananas), *sandía* (Wassermelone), *naranja* (Orangensaft), *mora* (Brombeere), *maracuyá* und *toronja* (Grapefruit) sind hier die gängigsten Geschmacksrichtungen. Erfrischend und stärkend zugleich sind die leckeren *liquados con leche*, mit Milch gemixte Fruchtsäfte: Die spezielle Mischung der Bananen-, Papaya- oder Erdbeer-Milchshakes kann man auf den Märkten selbst bestimmen.

Bier, Wein, Pisco und Rum

Durstlöscher Nr. 1 ist auch in Peru *cerveza*. Von den insgesamt über 20 Biermarken werden viele von deutschstämmigen Braumeistern oder in deutscher Lizenz gebraut. Paceña, Arequipeña, Cuzqueña, Sureña und Pilsen sind die gängigsten Sorten. Eine Besonderheit in den Anden ist die leicht säuerliche *chicha*, eine Art Maisbier. Dieses typische indianische Getränk wird auf Märkten angeboten, aber auch in Wohnhäusern, erkennbar an einer kleinen Fahne, die man am Ende einer langen Stange aus Tür oder Fenster hängt.

Trotz der Nähe des Äquators wächst in Peru auch Wein. In der Region Ica gibt es mehrere alte *bodegas* (Weingüter), die sich auf den Anbau von Weißwein spezialisiert haben. Einige von ihnen kann man zwecks Weinprobe auch besuchen, was sich vor allem während der Traubenernte von Februar bis April anbietet. Aber auch die Qualität der Rotweine hat sich in den letzten Jahren deutlich verbessert. Manche *bodegas* brennen auch den klaren *pisco* (s. S. 153). In anderen Gegenden produziert – und trinkt – man *aguardiente*, den hochprozentigen Zuckerrohrschnaps der armen Leute. Etwas teurer und besser verdaulich ist der peruanische Rum, der sich auch als Digestiv eignet.

Kulinarisches Lexikon

Im Restaurant

Ich würde gerne einen Tisch reservieren.	Quiesiera reservar una mesa.
Die Speisekarte, bitte.	La carta por favor.
Ich möchte bezahlen.	Quisiera pagar.
Wo sind bitte die Toiletten?	Donde estan los servicios higiénicos?
Appetithappen	piqueo
Gedeck	cubierto
Mittagessen	almuerzo
Abendessen	cena
Beilagen, Vorspeisen	entrada
(Tages-)Gericht	plato / comida del día
(Trink-)Glas	vaso

Zubereitung

a la plancha	gegrillt
(con) azúcar	(mit) Zucker
ahumado	geräuchert
asado	gebraten
crudo	roh
frito	frittiert
estofado / guiso	geschmort
hervido	gekocht
sal	Salz

Fisch und Meeresfrüchte

atún	Thunfisch
camarones	Krabben/Shrimps
cangrejos	Krebse
ceviche	marinierter Fisch oder Meeresfrüchte
corvina	Seebarsch
Croqueta de pescado	Fischkroketten
gambas al ajillo	Krevetten in Knoblauchöl
langosta	Languste
pescado	Fisch
trucha	Forelle

Fleisch

albóndigas	Frikadellen
brocheta	Spieß
cabrito/chivo	Zicklein
carne	Fleisch
carne en salsa	Fleischstücke in Soße
cerdo	Schwein
chicharrónes	in fett gebackenes Schweinefleisch
chuletas	Koteletts (Schwein)
chuletas de cerdo ahumado	geräuchertes Kassler (Schwein)
cordero	Lamm
cuy	Meerschweinchen
filete de carne	Filet
filete de cerdo	Schweinefilet
jamón	Schinken (gekocht)
lomo de alpaca	Alpakasteaks
pato	Ente
pavo	Truthahn
pechuga de pollo	Hähnchenbrust
carne molida	Hackfleisch
pierna de puerco asado	Schweinshaxe
pollo	Hühnchen
rés	Rind
salchichas	Würstchen
fternera	Kalb

Geflügel und Wild

aves	Geflügel
conejo	Kaninchen
conejo al ajillo	Kaninchen in Knoblauchsoße

Gemüse und Beilagen

aceitunas	Oliven
palta	Avocado
ajo	Knoblauch
alcachofas	Artischocken
arroz blanco	weißer Reis
tacu tacu	Reis mit weißen Bohnen

berenjenas	Auberginen
camote	Süßkartoffel, meist gekocht
camote frito	frittierte Süßkartoffel
zapallo	Kürbis
cebolla	Zwiebel
col	(Weiß-)Kohl
ensalada	Salat
espinaca	Spinat
fideos	Nudeln
frijoles	schwarze Bohnen
garbanzos	Kichererbsen
alberjas	Erbsen
vainitas	grüne Bohnen
lechuga	grüner Blattsalat
lentejas	Linsen
papas	Kartoffeln
papas fritas	Pommes frites
pepino	Gurke
pimientos	Paprikaschoten
plátanos fritos (chifles)	frittierte süße Bananen
puré de papas	Kartoffelbrei
beterraga (remolacha)	rote Bete
tostones	frittierte Kochbananen
verduras	Gemüse
yuca	Yucca (Maniokwurzel)
zanahorias	Möhren

Obst

cereza	Kirsche
guanábana	Stachelanemone
guayaba	Guave
limón	Limone
mamey	Mamey
melocotón	Wassermelone
melón	Melone
naranja	Apfelsine
piña	Ananas
plátano	Banane
toronja	Grapefruit
uvas	Weintrauben

Süßes, Gebäck, Nachspeisen

arroz con leche	süßer Milchreis mit Zimt und Zucker
cake	Torte
dulce de guayaba	Guavencreme oder -marmelade
flan	Eierpudding
galleta	Keks
helado	Eiscreme
natillas	Cremespeise
pastel	Kuchen

Getränke

agua	Wasser
agua mineral	Mineralwasser
agua con gas	... mit Kohlensäure
... sin gas	... ohne Kohlensäure
añejo	mindestens 6 Jahre alter brauner Rum
batido	Milchmixgetränk mit Eis
café	Kaffee
con azúcar	mit Zucker
café con leche	sehr heller Milchkaffee
café cubano	schwarzer, gezuckerter Espresso
café mezclado	schwarzer Kaffee, stark gesüßt
cerveza	Bier
chicha	Maisbier
hielo	Eis
jugo de naranja	Orangensaft
jugo de toronja	Pampelmusensaft
leche	Milch
mate de coca	Kokatee
pisco	Schnaps
rón	Rum
vino tinto	Rotwein
vino blanco	Weißwein

Das Santa-Cruz-Tal ist zum Wandern ideal

Wissenswertes für die Reise

Informationsquellen

Infos im Internet

Informationen zu Peru

www.peru.org.pe
www.peru.info
Allgemeine Infos zu Peru vom peruanischen Tourismusverband
www.peru-travelnet.com
Touristische Infos zu Peru in Englisch und Spanisch
www.traficoperu.com
Verkehrsverbindungen und weitere touristische Infos zu Peru in Englisch und Spanisch
www.enjoyperu.com
Touristische Infos zu Peru in Deutsch, Englisch und Spanisch
www.peru-info.com
Allgemeine Infos zu Peru in Englisch und Spanisch
www.peru.com
Allgemeine Infos zu Peru in Spanisch
www.peruline.de
Allgemeine Infos und Neuigkeiten aus Peru in Deutsch
www.infostelle-peru.de
Infos über Partnerschaften und Projekte in Peru in Deutsch

Informationen zu Bolivien

www.bolivia.de
Allgemeine Infos der Bolivianischen Botschaft zu Bolivien in Deutsch und auch in Spanisch
www.turismobolivia.bo
Seite des bolivianischen Tourismus-Instituts in Spanisch und Englisch
www.bolivia.com
Allgemeine Infos zu Bolivien, u .a. Tourismus, in Spanisch
www.boliviaweb.com
Sammlung verschiedener Homepages zu Bolivien in Englisch
www.bolivialine.de
Informationen und Neuigkeiten zu Bolivien in Deutsch
www.bolivia-info.de
Deutschsprachige Zeitschrift mit Berichten zu Politik, Wirtschaft, Kultur und Zeitgeschehen.

Informationen zur Reisevorbereitung

www.auswaertiges-amt.de
Infos und Sicherheitshinweise zu allen Reiseländern
www.bmaa.gv.at
www.aussenministerium.at
Seiten des österreichischen Außenministeriums
www.eda.admin.ch/eda/de/home.html
Sicherheitshinweise der Schweizer Regierung zu Reiseländern
www.dumont-reisefuehrer.de
Informationen rund ums Reisen und zu vielen Destinationen weltweit
www.peru-reisedienst.de
Infos zu Reiseplanung, Rundreisen, Hotels, Mietwagen, Exkursionen etc. in Peru und Bolivien
www.weather.com
www.wetteronline.de
Informationen zur Wettersituation u. a. in Peru und Bolivien

Touristenbüros

... in Europa

Peru und Bolivien unterhalten derzeit noch keine eigenen Touristen-Informationsbüros im deutschsprachigen Raum.

Touristische Anfragen zu Peru bearbeiten die Botschaft in Berlin sowie die Generalkonsulaten in Hamburg und in Offenbach (s. unter »Diplomatische Vertretungen«) sowie die peruanischen Botschaften in Wien und Bern.

Die bolivianische Botschaft in Wien verschickt Informationsmaterial, die Botschaft von Bolivien in Berlin verweist lediglich auf die Homepage (Adressen s. unter »Diplomatische Vertretungen«).

... in Peru

PROMPERÚ
(Peruanischer Tourismus-Verband)
Edificio Mincetour, 13. Stock, C. Uno Oeste No. 50, Urb. Corpac, San Isidro, Lima
Tel. 01-224 31 31, Fax 224 71 34
postmaster@promperu.gob.pe
www.peru.info

Jorge Basradre 610, San Isidro, Lima
Tel. 01-421 16 27, 24-Stunden-Service: Tel. 01-574 80 00, Fax 421 12 27
iperulima@promperu.gob.pe
Mo–Fr 8.30–18 Uhr

... in Bolivien

Vice-Ministerio de Turismo
Centro de Communicaciones, 20. Stock
Av. Mcal. Santa Cruz, La Paz
Tel. 02-36 87 97, Fax 02-36 05 34
info@turismobolivia.co
www.turismobolivia.bo

Diplomatische Vertretungen

... in Deutschland

Botschaft von Peru
Mohrenstr. 42–44, 10117 Berlin
Tel. 030-206 41 03, Fax 20 64 10 77
www.botschaft-peru.de
Mo–Do 9–13 und 14–17, Fr 9–15 Uhr

Konsularabteilung für Berlin und neue Bundesländer: Mohrenstr. 42, 10117 Berlin
Tel. 030-229 14 55
http://conperberlin.embaperu.de
Mo–Fr 9–14 Uhr

Generalkonsulate von Peru
Blumenstr. 28, 22301 Hamburg
Tel. 040-47 67 45, Fax 48 18 54
www.conperham.de
Mo–Fr 9–16.30 Uhr

Kaiserstr. 74–78
63065 Offenbach
Tel. 069-133 09 26, Fax 29 57 40
Mo–Fr 9–13 und 14–16 Uhr
www.conperfrankfurt.de

Honorarkonsulate von Peru
Bremen: Tel. 0421-156 29
Hannover: Tel. 0511-27 09 27 61
Düsseldorf: Tel. 02 11-170 89 80

Botschaft von Bolivien
Wichmannstr. 6, 10787 Berlin
Tel. 030-263 91 50, Fax 26 39 15 15
www.bolivia.de
Mo–Do 9–17, Fr 9–14 Uhr
Die Botschaft in Berlin ist auch für die Schweiz zuständig.

Honorarkonsulate von Bolivien
Bremen: Tel. 0421-522 32 48
colivian-bremen@hellmann.de
Frankfurt: Tel. 0700-26 54 84 36
bolivia-frankfurt@bergerem.de
Hamburg: Tel. 040-358 97 53
conbolhamb@aol.com
München: Tel. 089-22 06 95,
konsulat.bolivien@t-online.de

... in Österreich

Botschaft von Peru
Gottfried-Keller-Gasse 2
1030 Wien
Tel. 01-71 34 37 70, Fax 712 77 04
embperu.austria@peru.jet2web.at
Mo–Fr 9.30–12.30 Uhr
www.embaperuaustria.at

Botschaft von Bolivien
Waaggasse 10/4
1040 Wien
Tel. 01-587 46 75
Fax 586 68 80
embolaustria@of-viena.at
Mo–Fr 9.30–17 Uhr

... in der Schweiz

Botschaft von Peru
Thunstr. 36, 3005 Bern
Tel. 031-351 85 67, Fax 351 85 70
consulado.peru@bluewin.ch
www.embajadaperu.ch
Mo–Fr 9–12 und 14–17 Uhr

Generalkonsulate von Peru
Genf: Tel. 022-707 49 17
conperginebra@bluewin.ch
Zürich: Tel. 044-211 82 11
conper@cyberlink.ch

Botschaft von Bolivien
Die Botschaft in Berlin (s. o.) ist auch für die Schweiz zuständig.

Bolivianische Honorarkonsulate
Sevogelplatz 2, 4052 Basel
Tel. 061-312 44 45, Fax 312 50 31
ccblattmann@hotmail.com
Mo–Sa 8–12 Uhr

Place de la Gare 10, 1003 Lausanne
Tel. 021-311 16 13, Fax 320 29 96
colivian-lausanne@landchem.ch
Mo–Fr 10–11.45 Uhr und 14–16 Uhr

... in Peru

Deutsche Botschaft
Av. Arequipa 4210, Miraflores, Lima
Tel. 01-212 50 16, Fax 422 64 75
www.embajada-alemana.org.pe
Mo–Fr 9–12 Uhr

Deutsche Honorarkonsulate
Cusco: Tel. 084-23 54 59
acupari@terra.com.pe
Chiclayo: Tel. 074-23 74 42
abm@ddm.com.pe
Piura: Tel. 073-34 31 49
yuttamoritz@yahoo.es
Iquitos: Tel. 065-24 20 56
mdruschke@terra.com.pe

Österreichische Botschaft
Edif. de las Naciones, Av. Central 643
Lima-San Isidro
Tel. 01-442 05 03, Fax 442 88 51
Mo–Fr 9–13 Uhr

Österreichische Honorarkonsulate
Arequipa: Tel. 054-42 47 68
Cusco: Tel. 084-23 21 96
Iquitos: Tel./Fax 094-26 11 39

Schweizerische Botschaft
Av. Salaverry 3240, San Isidro, Lima
Tel. 01-264 03 05, Fax 264 13 19
www.eda.admin.ch/lima
Mo–Fr 9–12 Uhr

... in Bolivien

Deutsche Botschaft
Av. Arce 2395, Casilla Postal 5265, La Paz
Tel. 02-244 00 66, Fax 244 14 41
info@embajada-alemana-bolivia.org
www.embajada-alemana-bolivia.org

Österreichisches Generalkonsulat
Av. 16 de Julio 1616, Edif. Petrolero, 6. Stock, La Paz
Tel. 02-32 66 01, Fax 36 98 63

Schweizerische Botschaft
Av. 16 de Julio 1616, Edif. Petrolero, 6. Stock
La Paz
Tel. 02-35 30 91, Fax 39 14 62

Karten

Vor Ort sind gute Landkarten nur schwer zu bekommen, daher ist es ratsam, sich schon vor der Abreise eine solche zu besorgen. Eine Auswahl:
Südamerika, Nord, MAIRDUMONT, Ostfildern, 1:4 Mio. Gute Übersichtskarte, Peru komplett, Bolivien Nord.
Südamerika, Süd, MAIRDUMONT, Ostfil-

dern, 1:4 Mio.: gute Übersichtskarte, Peru Süd, Bolivien komplett.

Mapa Vial del Perú, Verlag Lima 2000, 1:2,2 Mio.: Straßenkarte Peru, erhältlich in Fachgeschäften in Peru.

Peru Travelmag, Kunth, München, 1:1,75 Mio. Mit Regionalkarten von Cusco & Umgebung und Titicacasee, Stadtpläne Lima und Cusco.

Peru, Berndtson & Berndtson, Fürstenfeldbruck, 1:1,75 Mio. Folienbeschichtet, Stadtpläne von Arequipa, Cusco, Lima (Großraum und Zentrum) und Trujillo sowie Lagepläne von Chan Chan, Machu Picchu und Sacsayhuamán.

Cuzco Region, International Travel Maps, 1:110 000: Umgebungsplan Cusco/Machu Picchu mit Stadtplan Cusco und Detailkarte Inka Trail.

Peru/Ecuador, Nelles Maps, München, 1: 2,5 Mio. Peru komplett, Bolivien nur Titicacasee/La Paz, Stadtplan Lima.

Lesetipps

Erzählungen, Romane Reiseberichte

Neben den Werken von Mario Vargas Llosa und José María Argüedas sind in deutscher Sprache zahlreiche Publikationen zum Thema altamerikanische Kulturen erschienen sowie Sammlungen von Märchen und Mythen der südamerikanischen Indianervölker. Eine Auswahl:

Argüedas, José María: Diamanten und Feuersteine, Suhrkamp, Frankfurt/Mai,0 2002. Argüedas lehrte als Ethnologe auch die Indianersprache Quechua. Thema ist das Leben und die Unterdrückung der *indígenas*.

Knötzele, Thilo: Im Landes des Kondors, Wagner, Gelnhausen, 2006. Thilo Knötzele, Kamermann und Fotograf, berichtet über seine Reise mit dem Rucksack quer durch Peru und Bolivien.

Vargas Llosa, Mario: Tod in den Anden (und andere Titel). Suhrkamp, Frankfurt/Main, 2004. Spannender Roman über den Gegensatz der Menschen an der Küste und im Hochland. Vargas Llosa gilt als der wichtigste zeitgenössische Autor Perus. Zahlreiche weitere Publikationen.

Melzer, Dietmar: Andenmärchen, Idime Verlag, Friedrichshafen, 2000. Indianische Mythen und Legenden.

Hintergrundinformationen und Bildbände

Morales Saravia, José (Hrsg.): Garcilaso de la Vega, Werk und Nachwirkung, Vervuerth Verlagsgesellschaft Frankfurt, 2004. Über den spanischen Chronisten Garcilaso de la Vega, der im 16. Jahrhundert die Zustände in Peru zu Papier brachte.

Oertzen, Eleonore von und Goedeking, Ulrich: Peru, Verlag C.H. Beck (beck'sche Reihe), München, 2004. Ausführliche Landeskunde mit Ausführungen zu Geschichte, Wirtschaft und aktueller Politik. Aufschlussreich ist auch das Kapitel über Alltag und Kultur.

Quilter, Jeffrey: Die Schätze der Anden, Frederking & Thaler Verlag, München, 2005. Aufwendig illustrierter Band über die verschiedenen vorspanischen Kulturkreise in Peru mit hochwertigen Fotos.

Raach, Karl-Heinz und Kirst, Detlev: Reise durch Peru, Stürtz Verlag, Würzburg, 2004. Preisgünstiger Bildband mit aussagekräftigen Fotos.

Seeler, Rolf: DuMont Kunst-Reiseführer Peru und Bolivien, DuMont Reiseverlag, Ostfildern, 2006. Ausführliche Informationen zur Kultur und Geschichte mit Grundrissen und Plänen der Denkmäler.

Vargas Llosa, Mario: Anden, Bildband, National Geographic, 2004. Der Schriftsteller Vargas Llosa und der renommierte ecuadorianische Fotograf Pablo Corral Vega zeigen Gipfel und Menschen, Märkte, Naturgewalten und Alltag in den Anden.

Peru als Reiseziel

Cusco, Machu Picchu, Titicacasee – wer diese Begriffe hört, wird von Fernweh erfasst. Die Geheimnisse früher Kulturen, die beschaulichen Kolonialstädte mit ihren eindrucksvollen Kirchen, Klöstern und Palästen, die traditionell gekleideten Menschen im Hochland, die Bergwelt der Anden – das will man sehen, wenn man die weite Reise nach Südamerika antritt. Badetouristen jedenfalls sind hier fehl am Platze, auch wenn es im Norden durchaus ein paar hübsche Strände gibt. Es ist vielmehr der Mix aus überwältigender Natur, großartigen Kulturstätten und lebendigen Traditionen v. a. im Hochland, die Peru zu einem der beliebtesten Reiseziele in Lateinamerika macht.

Den meisten Besuchern steht jedoch nur wenig Zeit zur Verfügung, sodass sie sich auf die wichtigsten Stätten beschränken müssen – zum Teil auch im Rahmen einer Südamerika-Rundreise. Doch für Peru sollte man sich Zeit nehmen, denn es gibt viel zu sehen. Die besondere Magie der Anden kann man nur erleben, wenn man länger bleibt, wenn man sich zu Fuß auf dem Weg macht und sich mit den Menschen unterhält. Ein paar Spanischkenntnisse sind hierbei sicherlich hilfreich, aber auch eine nette Geste oder ein Lächeln kann Türen öffnen.

Natürlich gehören eine **Bootsfahrt auf dem Titicacasee** und der Besuch von **Machu Picchu** zum Pflichtprogramm, aber das echte, authentische Peru sucht man hier vergeblich. Dazu muss man sich schon in abgelegenere Regionen vorwagen wie das zentrale Hochland beispielsweise oder der weite Norden des Landes. Und man muss sich – wie gesagt – Zeit nehmen.

So überqueren Autos den Titicacasee

Vorschläge für Rundreisen

Der ›Gringo-Trail‹

Start- und Angelpunkt aller Peru-Reisen ist die Hauptstadt **Lima**, die mit ihrer kolonialen Altstadt und mehreren Museen von hohem Niveau über wichtige Sehenswürdigkeiten verfügt. Die klassische Rundreise – auch scherzhaft ›Gringo Trail‹ genannt – führt von hier entlang der trockenen Küstenwüste nach Süden zu den geheimnisvollen Linien von **Nazca** und weiter in die Kolonialstadt **Arequipa**, die nur eine Tagesreise entfernt liegt von der tiefsten Schlucht des Konti**nents.** Von hier geht es weiter zum **Titicacasee** auf atemberaubenden 3800 m Höhe, von wo aus sich ein Abstecher ins Nachbarland Bolivien anbietet. Durch herrliche Landschaft führt die Reise dann nach **Cusco**, die ehemalige Hauptstadt des Inka-Reiches und zu deren wohl berühmtesten Erbe Machu Picchu. Diese Rundreise ist in 10–14 Tagen machbar und kann mit einem Aufenthalt im **Urwaldgebiet** (Manú, Río Tambopata) kombiniert werden. Wer mit Cusco beginnt, sollte die ungewohne Höhe bedenken und am besten direkt weiter reisen ins tiefer gelegene *Valle Sagrado*.

1–2 Wochen im Norden

Aber auch der Norden hält viele echte Sehenswürdigkeiten bereit: Von Lima aus sollte man zunächst nach **Huaraz** fahren, um die schneebedeckten Bergriesen der Cordillera Blanca zu bewundern. An der Nordküste wartet die Kolonialstadt **Trujillo** mit wichtigen archäologischen Stätten wie Chan Chan und Moche auf, ebenso wie die Stadt Chiclayo weiter nördlich mit Sipán und dem Museum in Lambayeque. Im Landesinneren lohnt das Städtchen **Cajamarca** mit seinem kolonialem Charme und einer lieblichen Landschaft einen Abstecher. Für diese Tour sollte man 7 bis 10 Tage veranschlagen. Sehr lohnenswert ist auch die Fahrt nach **Chachapoyas,** denn in der Umgebung gibt es viel zu sehen. Von Chiclayo aus bedeutet dies etwa 4–6 zusätzliche Reisetage. Und wer zum Abschluss noch ein paar Tage am Meer verbringen möchte, dem seien die Strände zwischen **Máncora** und **Tumbes** empfohlen.

Natur und Abenteuer

Nicht nur kulturell interessierte Reisende finden in Peru ihr Dorado, auch wer seinen Urlaub lieber aktiv gestaltet, ist hier richtig. Hunderte von **Trekkingrouten** führen teilweise auf alten Inka-Pfaden durch die Anden und auch trainierte Bergsteiger finden überall echte Herausforderungen. Ergänzt wird das Angebot mit **Raftingtouren**, **Paragliding, Mountainbiking** und zahlreichen **Wassersport**-Angeboten (v. a. **Wellenreiten** hat hier Weltniveau!). Ein besonders schönes Erlebnis ist es auch, die einmalige Landschaft der Anden auf einem **Ausritt** zu erkunden.

Auch Naturfreunde kommen in Peru voll auf ihre Kosten: Neben den vogel- und tierreichen Inseln an der Küste und den typischen Vertretern der Andenfauna wie Kondor, Vizcacha und Vicunja sind es vor allem die ausgedehnten Regenwaldgebiete im Osten, die einen Besuch lohnen. In den **Naturreservaten** am Amazonas und seinen Quell- und Nebenflüssen findet sich ein breites Spektrum an Tier- und Pflanzenarten: Jaguar, Tapir, Riesenotter und Aras sind die wohl bekanntesten Vertreter der artenreichen Fauna, die weltweit ihresgleichen sucht.

Tipps für die Reiseorganisation

Wer zum ersten Mal nach Peru reist, wird von den gewaltigen Entfernungen im Land überrascht sein: Allein von Lima nach Arequipa sind es rund 1000 km Fahrtstrecke und viele Orte wie Iquitos und Puerto Maldonado erreicht man praktisch nur mit dem Flugzeug. Die Wahl des Verkehrsmittels ist daher von großer Bedeutung; am besten kombiniert man Bus, Zug, Mietwagen und Flugzeug.

Überall im Land verkehren **Busse** – auf den Hauptstrecken kommen auch überraschend komfortable Fernreisebusse mit Liegesitzen zum Einsatz, auf abgelegenen Routen muss man sich jedoch meist mit alten und teilweise nicht mehr 100%ig verkehrstauglichen Gefährten begnügen.

Züge verkehren (von der Schmalspurbahn nach Huancavelica abgesehen) regelmäßig nur auf zwei Strecken: vom Titicacasee nach Cusco und von Cusco nach Machu Picchu. Die private Gesellschaft PeruRail diktiert die Preise und langt dabei ordentlich hin.

Ein **Mietwagen** ist eine gute Sache, aber nur wenn man auch genügend Zeit mitbringt, denn wer den Wagen in Lima übernimmt und in Arequipa oder Cusco zurückgeben möchte, muss mit sehr hohen Rückführungsgebühren rechnen.

Mehrere **Fluglinien** bedienen das innerperuanische Streckennetz. Die Preise schwanken heftig je nach Nachfrage und regelmäßig sprießen neue Airlines aus dem Boden, die andere, insolvent gegangene Linien ersetzen.

Peruanische Schulferien

Mitte Dezember bis Mitte/Ende März sowie zwei Wochen Ende Juli.

Individualreisen

Am bequemsten ist es natürlich, sich einer organisierten Rundreise mit einem qualifizierten Reiseleiter anzuschließen (s. u.), aber man kann das Land durchaus auch auf eigene Faust bereisen. Der Vorteil: Während die meisten Gruppenreisen immer den gleichen ausgetretenen Pfaden folgen, kann man als Individualreisender diese auch verlassen und in das ›wahre Leben‹ eintauchen. Allerdings ist es nicht immer ganz einfach, sich vor Ort zurecht zu finden, und auch die Sicherheitslage ist nicht überall unbedenklich. Daher sollte man sich vorher gut informieren und vorbereiten.

Hilfe bei der individuellen Reiseplanung sowie Buchung von z. T. vergünstigten Hotels, Ausflugspaketen (Urwald, Titicacasee etc.), Bus- und Zugfahrten, Mietwagen, Stadtführungen etc. bietet der Autor dieses Buches, der auch seit vielen Jahren qualifizierte Studienreisen veranstaltet und begleitet: Peru & Bolivien Reisedienst, Brunnwiese 17, 83278 Traunstein, Tel. 0861-16 59 06, Fax 0861-166 68 72, info@peru-reisedienst.de, www.peru-reisedienst.de.

Pauschal-Arrangements

Viele Veranstalter bieten organisierte **Rundreisen** nach Peru und Bolivien an. Als Spezialveranstalter für Peru und Bolivien hat sich Inca Travel einen Namen gemacht (Tel. 06775-96 97 10, www.inka-travel.de).

Studienreisen nach Peru bieten u.a. Dr. Tigges (www.drtigges.de), GeBeCo (www.gebeco.de), Ikarus (www.ikarus.de), Marco Polo (www.marco-polo-reisen.com), Studiosus (www.studiosus.de) und Windrose (www.windrose.de).

Zahlreiche Veranstalter haben Peru und Bolivien im Programm, z.B. Aventoura (www.aventoura.de), Chamäleon Reisen (www.chamaeleonreisen.de), Colibri (www.colibri-reisen.de), Meier's Weltreisen (www.meiers-weltreisen.de), Miller Reisen (www.miller-reisen.de), Sommer Fernreisen (www.sommer-fern.de), Travel to Nature (www.traveltonature.de) und Wendy Pampa Tours (www.wendy-pampa-tours.de).

Spezialveranstalter für **Trekking- und Aktivreisen** sind: DAV Summit Club (www.dav-summit-club.de), Hauser Exkursionen (www.hauser-exkursionen.de) und Wikinger Riesen (www.wikinger.de). **Sprachreisen** nach Peru haben u. a. im Programm: Carpe Diem (www.

Auf 4528 m wird die Luft dünn, das macht nicht nur Kindern zu schaffen

carpe.de), GLS Sprachreisen (www. gls-berlin.com), Linguista (www.linguista.ch) und Viventura (www.spanisch-lernen-in-peru.de). Weitere Infos auch unter www.sprachkurs-sprachschule.com und www.sprachreisen-directory.de.

Reisen mit Kindern

Das Reisen mit Kindern ist an sich problemlos, da Peruaner und Bolivianer sehr kinderfreundlich sind und Kinder erfahrungsgemäß auch Sprachbarrieren schneller überwinden. Allerdings sollte man das wechselhafte Klima und vor allem auch die ungewohnte Höhe nicht unterschätzen. Ein langsames Eingewöhnen an die Höhe ist daher unerlässlich. Auch sollte das Reiseprogramm ›kinderfreundlich‹ gestaltet werden, d. h. die Zahl der zu besuchenden Kirchen und Museen überschaubar bleiben, und stattdessen Aktivitäten eingeplant werden, die Kindern Freude bereiten. Die großartige Tierwelt v. a. im Amazonasgebiet ist sicherlich ein einmaliges Erlebnis nicht nur für die jüngeren Besucher. Auf das Reisen mit Babys und Kleinkindern unter zwei Jahren sollte man aus gesundheitlichen Gründen nach Möglichkeit verzichten.

Reisen mit Behinderung

Bislang bieten nur wenige Hotels und Einrichtungen behindertengerechte Ausstattung. Daher kann sich das Reisen vor allem mit einem Rollstuhl sehr mühsam gestalten, doch kann mit der Hilfsbereitschaft der Einheimischen gerechnet werden. Eine Liste von Spezialveranstaltern für behindertengerechte Reisen gibt es bei www.bag-selbsthilfe.de und www.bagcbf.de. Die Nationale Koordinationsstelle Tourismus für Alle e. V. (www.natko.de) gibt weiterführende Tipps, ebenso der Bundesverband Selbsthilfe Körperbehinderter e. V. unter www.bsk-ev.de.

Einreise und Zoll

Erfoderliche Dokumente

Für Bürger der EU und der Schweiz genügt zur Einreise nach Peru und Bolivien ein Reisepass, der noch mindestens sechs Monate ab Einreisedatum gültig sein muss. Ein Visum ist nicht nötig. Bei der Einreise ist ein Einreiseformular *(tarjeta de embarque)* auszufüllen, der Durchschlag wird bei der Ausreise kontrolliert, diesen also unbedingt aufbewahren! Die gewünschte Aufenthaltsdauer (bis 90 Tage) muss man bei der Einreise angeben, sie kann aber in Lima bzw. La Paz verlängert werden.

Zollbestimmungen

Die Deviseneinfuhr unterliegt keinen Beschränkungen. Eingeführt werden dürfen neben Dingen des persönlichen Bedarfs und Sportgeräten maximal 3 l Alkohol, 20 Päckchen Zigaretten und Geschenke im Wert von 300 $. Ausführliche Infos hierzu unter http://conperberlin.embaperu.de/Visa.

Bei der Ausreise per Flugzeug wird eine Flughafensteuer fällig (derzeit in Peru 28 $ und in Bolivien 25 $). Achtung: Bei der Weiterreise über Brasilien (auch bei Zwischenlandung) wird stets eine Gelbfieberimpfung verlangt!

Anreise

... mit dem Flugzeug

Die meisten Touristen, die Peru und Bolivien besuchen, reisen per Flugzeug nach Lima. Zahlreiche europäische, nord- und südamerikanische Fluglinien bieten Verbindungen von Europa nach **Lima** an. Direkte Verbindungen ab Europa ohne Zwischenlandung in den USA bieten die holländische KLM (täglich nonstop ab Amsterdam: www.klm.de) und die spanische Iberia (täglich nonstop ab Madrid: www.iberia.de). Die Hinflüge sind tagsüber, d. h. Abflug morgens, Ankunft abends Ortszeit, die Rückfluge sind Nachtflüge, d.h. Abflug abends, Ankunft am Folgetag. Eine weitere Optionen ist die spanische Airline Air Plus Comet, die allerdings keine eigenen Zubringer aus Deutschland anbietet. Über USA haben u. a. American Airlines, Continental und Delta Verbindungen nach Lima, teilweise ist jedoch eine Zwischenübernachtung erforderlich. Die deutsche Lufthansa fliegt Lima leider nicht mehr an, man kann nur bis Caracas fliegen und muss von dort einen Anschlussflug nehmen mit einer regionalen Fluggesellschaft (nicht empfehlenswert).

Die Anreise nach **La Paz** erfolgt entweder über Lima (Anschluss mit LAB) oder über Brasilien mit dem Lufthansa-Partner Varig (www.varig.de). Eine Variante ist die Aus- oder Einreise über Cusco, denn es besteht eine Flugverbindung nach La Paz.

Die **Preise** variieren stark je nach Saison und verfügbarer Buchungsklasse. Wer nicht in den Hauptreisezeiten unterwegs ist und frühzeitig bucht, kann Flüge schon ab ca. 800 € bekommen, aber der Preis für ein Ticket kann auch leicht über 1200 € steigen. Die Preise nach La Paz liegen in der Regel noch höher.

... mit dem Auto/Bus

Über Land gibt es mehrere Möglichkeiten zur Einreise nach Peru: aus Ecuador bei Tumbes, aus Chile bei Tacna und aus Bolivien am Titicacasee (hier Desaguadero oder Copacabana). Der Grenzübertritt ist in der Regel problemlos, mit Mietwagen aber meist nicht gestattet.

... mit dem Schiff

Ebenfalls möglich ist die Einreise per Boot auf dem Amazonas von Tabatinga (BRA) oder Leticia (CO) nach Iquitos. Nähere Infos zu Schiffsverbindungen auf dem Amazonas s. S. 360.

Unterwegs im Land

... mit dem Bus

Ein dichtes Netz von Buslinien verbindet alle größeren Orte in Peru und Bolivien miteinander, wobei die Qualität der eingesetzten Fahrzeuge erheblich schwankt. Allerdings lassen sich diesbezügliche Komforteinschränkungen in Anbetracht der vergleichsweise günstigen Tarife leichter verschmerzen. In vielen größeren Städten gibt es einen zentralen Busbahnhof (*terminal de buses bzw. terminal terrestre*), ansonsten muss man sich schon vorher entscheiden, mit welchem Unternehmen (*empresa*) man zu reisen gedenkt, und sich zu dessen Abfahrtsstelle bemühen. Für kürzere Strecken und innerhalb der Städte gibt es außerdem die Möglichkeit, sich per Sammeltaxi (*colectivo*) fortzubewegen.

Über **komfortable Fernreisebusse** verfügen u. a. Ormeño (www.grupo-ormeno.com), Cruz Del Sur (www.cruzdelsur.com.pe), CIVA (www.civa.com.pe), Flores (www.floreshnos.com) und Oltursa (www.oltursa.com.pe), alle mit Sitz in Lima. Spezialisiert auf Nordperu sind Movil Tours (www.moviltours.com.pe) und Transportes Línea (www.transporteslinea.com.pe). Weitere Infos zu den o.g. Gesellschaften im Kapitel Lima. Die Preise variieren je nach Klasse und Reisezeit, die Strecke Lima–Arequipa (Fahrtzeit: ca. 14 Std.) kostet zwischen ca. 65 N/S und 110 N/S (Komfort-Nachtbus). Manche Strecken werden nur nachts bedient, was von Vorteil sein kann – vorausgesetzt, man hat einen bequemen Schlafsessel.

... mit der Bahn

Eine langsame, aber stimmungsvolle Art zu reisen ist die Eisenbahn, doch leider werden die Verbindungen immer mehr eingeschränkt, sodass sich nur noch wenige Strecken auf diesem Wege zurücklegen lassen. Das Monopol auf die Strecken Puno–Cusco und Cusco–Machu Picchu hat die private Firma PeruRail, die sich das teuer bezahlen lässt. Während man nach Machu Picchu um die Wucherpreise nicht herumkommt, kann man nach Puno auf der gleichen Strecke bequem und wesentlich günstiger mit dem Bus reisen. Es gibt verschiedene Klassen, aber auch der ›backpacker‹ von Cusco nach Machu Picchu kostet stolze 74 $. Die Zugtickets sollten v. a. in der Hochsaison frühzeitig reserviert werden, entweder im Büro in Cusco (s. S. 213) oder per Internet (www.perurail.com). Ein besonderes Erlebnis ist die Fahrt mit der Schmalspurbahn von Huancayo nach Huancavelica (s.S. 137).

... mit dem Schiff

In der Amazonasregion sind Schiffe meist die einzige Möglichkeit der Fortbewegung. Große und kleine Flussdampfer verkehren ab Iquitos, Pucallpa, Puerto Maldonado und den bolivianischen ›Urwald-Metropolen‹. Der Verkehr auf dem Titicacasee beschränkt sich auf Fahrten zu den vorgelagerten Inseln, die Verbindung Puno–Guaqui ist für den Personenverkehr praktisch eingestellt.

... mit dem Flugzeug

Die schnellste und oft einzig realistische Verbindung zu weiter entfernten Städten ist das Flugzeug. Von den Drehkreuzen Lima, La Paz und Sta. Cruz aus gibt es zahlreiche Verbindungen in alle Landesteile zu durchaus erschwinglichen Preisen (z. B. Lima–Cusco einfach ab ca. 90 US-$). Wegen der wechselhaften Thermik im Andenraum sind die Flüge oft unruhig und der oft mangelhafte Zustand der meist alten Flugzeuge wirkt hier nicht gerade beruhigend. Doch lässt der Blick aus dem Fenster auf die verschneiten Andengipfel so manche Sorge verfliegen.

Empfehlenswerte Inlandsfluglinien sind die peruanische LAN Peru (www.lan.com), TACA Peru (www.taca.com) und die bolivianische LAB (Lloyd Aero Boliviano, www.labairlines.com.bo).

... mit dem Mietwagen

In allen größeren Städten beider Länder stehen zahlreiche Autovermieter *(alquiler de autos, rent a car)* zur Auswahl. Voraussetzungen für das Mieten eines Autos sind ein internationaler Führerschein und eine Kreditkarte (nur in Ausnahmefällen wird auch eine Kaution akzeptiert), das Mindestalter liegt i. d. R. bei 21 Jahren.

Ein Mittelklassewagen kostet inkl. Versicherung und 200 Kilometern etwa 50 $/Tag bzw. 300 $/Woche. Allerdings liegt der Preis für einen Wagen mit Chauffeur oft nur unwesentlich höher, sodass man diese Alternative in Betracht ziehen sollte. Ein Geländewagen ist wesentlich teurer und nicht bei allen Vermietern verfügbar. Die gängigen Hauptstrecken entlang der Küste sowie von Arequipa über Puno nach Cusco und von Cusco über Abancay nach Nazca sind jedoch geteert, sodass hier ein normales Fahrzeug ausreicht.

Auto fahren

Außerhalb der Metropole Lima sollte der Verkehr für geübte Fahrer kein allzu großes Problem darstellen, auch wenn man sich erst auf die örtlichen Sitten und Gebräuche einstellen muss. Es gibt zwar in Peru auch Verkehrsregeln und Geschwindigkeitsbegrenzungen, aber so richtig hält sich niemand daran. Man sollte also nicht damit rechnen, dass sich die anderen Verkehrsteilnehmer immer korrekt verhalten – eine defensive Fahrweise ist in jedem Fall anzuraten. Somit riskiert man auch keine Auseinandersetzung mit der Polizei, die sich v. .a. an der Panamericana gerne mit Radarpistolen positioniert.

Straßen

Der Straßenzustand der peruanischen Panamericana ist gut, ansonsten sollte man sich vorher vor Ort erkundigen, denn besonders während der Regenzeit sind viele ungeteerte Straßen oft wochenlang unpassierbar. Vor allem Querverbindungen im Hochland (wie z. B. Huancayo–Ayacucho–Abancay) sind problematisch. Die Strecke von Tingo María nach Tarapoto sollte man unbedingt meiden, da in dieser Region Drogen angebaut und gehandelt werden. In den größeren Städten sollte man nach Möglichkeit bewachte Parkplätze benutzen.

Tanken

Die Preise für Benzin *(gasolina)* liegen in Peru etwa bei 4,50 $ pro Gallone (ca. 3,8 l), das entspricht in etwa einem Preis von 1,18 $ pro Liter. Diesel kostet etwa 3,30 $ pro Gallone (ca. 0,86 $/Liter). Das Tankstellennetz ist flächendeckend.

Öffentlicher Nahverkehr

In den Städten kommt man am schnellsten und einfachsten per Taxi voran, zumal auch hier die Preise ausgesprochen günstig sind. Eine Taxifahrt innerhalb Cuscos beispielsweise kostet gerade einmal 1–2 $, in Lima ist das wegen der großen Entfernungen etwas teurer. In den größeren Städten (Lima, Arequipa) sollte man aus Sicherheitsgründen keine Taxis an der Straße anhalten, sondern sich telefonisch ein Taxi bestellen. Es ist schon vorgekommen, dass Fahrgäste von illegalen *taxistas* in abgelegene Stadtviertel gebracht und ausgeraubt wurden.

Ein besonderes Erlebnis ist die Fahrt mit einem öffentlichen Kleinbus, wie sie in allen Städten und auch auf dem Land zu finden sind. Der Komfort ist zwar gering, aber dafür kommt man mit den Einheimischen in Kontakt (teilweise näher, als es einem lieb ist) und günstig ist es obendrein. Schwieriger ist es jedoch, den richtigen Bus zu finden, und in Lima ist es als nicht Ortskundiger fast unmöglich, sich im Wirrwarr der Strecken und Busnummern zurechtzufinden.

Generell unterliegen die Übernachtungspreise starken saisonalen Schwankungen: Hochsaison ist an der Küste der südamerikanische Sommer (Dezember – März), im Hochland hingegen der Winter (Juni – September) sowie in allen Landesteilen an Ostern, Weihnachten und den jeweiligen Nationalfeiertagen. Während dieser Zeiten ist eine frühzeitige Zimmerreservierung unbedingt empfehlenswert! Bei einer Vorbuchung aus Europa kann man bei den Hotels der mittleren und gehobenen Kategorie durchaus Geld sparen, die Billighotels bucht man besser direkt. Hotels in Peru buchen u. a. Inka Travel und Miller Reisen (s.S. 72).

Hotels

Hotels der Luxusklasse finden sich nur in den größeren Städten, die Auswahl an besseren Unterkünften abseits der klassischen Touristenroute (Lima–Arequipa–Cusco–Titicacasee–La Paz) ist beschränkt. Das peruanische System zur Bewertung des Hotelstandards ist nur als sehr grobe Klassifizierung zu verstehen und mit Vorsicht zu genießen, denn so manches ›5-Sterne-Hotel‹ beschränkt sich seit Jahrzehnten auf das Polieren der Sterne, obwohl eine Komplettrenovierung dringend nötig wäre.

Wer Einbußen beim Komfort in Kauf nimmt, wird überall ein Zimmer finden – in einem einfachen Hotel, einer *pensión*, einem *hostal* oder einem *alojamiento* (ein Synonym für einfachstes Wohnen). Echte Unterschiede zwischen einem ›Hotel‹ und einem ›Hostal‹ gibt es eigentlich nicht, so manches ehemalige ›Hostal‹ nennt sich inzwischen ›Hotel‹ – ohne irgendeine Änderung. Und für besonders Sparwillige gibt es auch die Möglichkeit, ein Zimmer ohne eigenes Bad *(baño compartido)* zu wählen, wie dies meistens in einer *hospedaje* oder einem *alojamiento* üblich ist.

Tipps zur Zimmerwahl

Jedes Hotel hat bessere und schlechtere Zimmer. Es lohnt sich also in jedem Fall, zuvor das Zimmer zu besichtigen. Besonderes Augenmerk sollte man hierbei auf die Qualität der Matratzen (ausprobieren !) und der Duschen legen. Gibt es durchgehend warmes Wasser oder nur zu bestimmten Zeiten? Zeigt das Zimmer zur Straße, ist damit zu rechnen, dass die Ruhe schon früh vorbei ist. Im Bergland ist eine funktionierende Heizung sehr von Vorteil.

Die im Buch aufgeführten Preise verstehen sich pro Doppelzimmer (DZ) in der Hochsaison inkl. Steuern. Frühstück ist nur inklusiv, wenn dies mit ÜF (Übernachtung/Frühstück) aufgeführt ist. Zur besseren Übersicht sind alle Preise in US-Dollar angegeben, auch wenn bei den einfacheren Unterkünften meist in Soles bezahlt wird. Nicht alle Hotels bieten Nebensaison-Tarife an und die Saison-Zeiten sind unterschiedlich. Wenn überhaupt, gibt es einen Rabatt in den Monaten November bis April.

Jugendherbergen

Jugendherbergen bzw. Unterkünfte mit dem entsprechenden Logo finden sich in zahlreichen Städten, mit dem Ausweis gibt's Rabatt. Infos: Deutsches Jugendherbergswerk, 32754 Detmold, Tel. 052 31-740 10; Jugendherberge in Lima, Av. Casimiro Ulloa 328, Miraflores (Süd), Tel. 01-446 54 88.

Camping

Camping ist nur an wenigen Stellen möglich, was sich aber ohnehin wegen der extremen Klimabedingungen und der günstigen Zimmerpreise meist erübrigt. Außerdem sollte man den Sicherheitsaspekt nicht außer Acht lassen.

Baden

Peru verfügt über einen 2300 km langen Küstenstreifen mit zahlreichen Badestränden, jedoch sind die Wassertemperaturen meist sehr niedrig; sie erreichen im peruanischen Sommer (Nov.–März) ihr Maximum (um 18° C). An der Nordküste zwischen Piura und Tumbes ist das Wasser wärmer, sodass ganzjähriges Baden garantiert ist, im Titicacasee ist es wegen der sehr niedrigen Temperaturen gar nicht möglich.

Bergsteigen

Peru und Bolivien sind fantastische Destinationen für engagierte Bergwanderer und Bergsteiger. Vor allem die Gletscherwelt der Cordillera Blanca und der nicht minder reizvollen Cordillera Huayhuash sowie die Vulkangipfel im Umfeld der Stadt Arequipa und in der bolivianischen Cordillera Real sind beliebte Ziele. Die besten klimatischen Verhältnisse herrschen von Mai bis September, außerhalb dieser Zeit sind Bergexkursionen nicht zu empfehlen. Nähere Infos zu Veranstaltern vor Ort siehe im jeweiligen Kapitel.

Gleitschirmfliegen

Vor allem an der Küste in Lima sieht man immer mehr Paraglider in der Luft. Eine spezielle Lizenz wird zwar (noch) nicht verlangt, ausreichend Erfahrung ist jedoch erforderlich. Tandemflüge und Kurse bietet u. a. Enjoy Peru Travel (www.enjoyperu.com). Weitere Infos auch unter www.perufly.com.

Rafting und Kanufahren

Schlauchboot-Touren (neudeutsch: Rafting) werden u. a. auf folgenden Flüssen durchgeführt: Río Cañete (bei Chincha Alta, südlich von Lima. s.S. 152), Río Colca (bei Arequipa, s.S. 184) und Río Urubamba (bei Cusco, s.S. 213). Der Schwierigkeitsgrad reicht von einfach bis sehr anspruchsvoll, so dass für jeden was dabei ist. Neben Tagestouren kann man auch mehrtägige Rafting-Trips unternehmen. Die meisten Touren sind ganzjährig durchführbar, während der Trockenzeit führen die Flüsse jedoch weniger Wasser und das Erlebnis ist daher nicht so spektakulär. In der Umgebung von Cusco werden auch Touren für erfahrene Kajakfahrer angeboten. Weitere Infos im jeweiligen Kapitel sowie im Internet u. a. unter www.swissraft-peru.com, www.southernrivers.net, www.mayuc.com.

Reiten

Eine sehr reizvolle Möglichkeit, die vielseitigen Landschaften zu erkunden, ist eine Tour mit Pferden, die in vielen Regionen von Peru und Bolivien angeboten werden, vornehmlich in gebirgigem Gelände. Die Preise schwanken je nach Anbieter und Region.

Tennis

Einige der teureren Hotels in Peru und Bolivien verfügen über Tennisplätze.

Wandern

Auch wenn für viele Wanderfreunde der Inka Trail das Nonplusultra zu sein scheint, gibt es noch viele andere Möglichkeiten zu reizvollen Tages- wie auch Mehrtageswanderungen. Zunächst einmal in der Umgebung von Cusco: Hier bieten immer mehr Veranstalter Alternativ-Touren an (s. S. 213), z.B. zum Salcantay oder nach Choquequirao, einer weiteren Inka-Stadt, die aber nur selten besucht

Zelten zu Füßen des Nevado Pisco in der Cordillera Blanca

wird. Auch die Umrundung des heiligen Berges Ausangate im Süden von Cusco ist ein anspruchsvolles Unterfangen. Die zweite, vielleicht noch reizvollere Wanderregion ist die Cordillera Blanca. Trekkingtouren werden von Huaraz aus angeboten (s.S. 331). Noch weitgehend unentdeckt und daher besonders reizvoll ist die Umgebung von Chachapoyas, die ebenfalls zahlreiche herrliche Wandermöglichkeiten bietet (s. S. 347).

Wellenreiten

Vor allem an der nördlichen Küste Perus (Trujillo und weiter nördlich) gibt es eine ganze Reihe von Stränden mit guter Brandung zum Wellenreiten.

Wintersport

Es klingt unglaublich, aber man kann in Bolivien Skifahren, und zwar auf der mit über 5000 m höchstgelegenen Skipiste der Welt am Nevado Chacaltaya nördlich der Stadt. Wer sich dieses Vergnügen nicht entgehen lassen will, sollte sich aber darüber im Klaren sein, dass dem Sportler bzw. der Sportlerin in dieser extremen Höhe schnell die Luft ausgeht, fast egal, wie gut die Kondition auch sein mag.

Öffnungszeiten

Es gibt keine gesetzlichen Ladenschlusszeiten, die meisten Geschäfte öffnen zwischen 9 und 10 Uhr und schließen gegen 19 oder 20 Uhr, Mittagspause ist üblicherweise von 13 bis 15 Uhr. Auch nach 20 Uhr findet man meist noch einen Lebensmittelladen, der geöffnet hat. Banken und Behörden sind in Peru von Januar bis März nur vormittags geöffnet. Ansonsten: Banken 9–12.30 und 15–18 Uhr, Wechselstuben *(casa de cambio)* 9–18 Uhr.

Souvenirs

Wollerzeugnisse

Weltweit bekannt ist Peru für seine Wollerzeugnisse: Die Herstellung von Alpaka- und Lamapullovern, Wollwesten, Teppichen, Wandbehängen, Fellmützen, Ponchos, Decken und anderen Strick- und Webarbeiten in kräftigen, schrillen Farben bildet die Lebensgrundlage vieler Menschen, besonders am Titicacasee.

Kunsthandwerk

Präkolumbische Kunst dient meist als Vorlage für zeitgenössische **Tonfiguren** (z. B. erotische Darstellungen), für bemalte **Keramikgefäße** und **Holzschnitzereien.** Viele kleine Gemeinden produzieren heute noch ihr eigenes typisches Kunsthandwerk. Kleine Dörfer in der Umgebung von Huancayo haben sich auf geschnitzte **Kalebassen** spezialisiert, die Nachbardörfer von Ayacucho auf aufklappbare Holzaltäre und Tonkirchen. Diese plastischen **Miniaturnachbildungen von Kirchen** mit winzigen Glockentürmen gehören seit langer Zeit zur Tradition der Zentralanden.

Schmuck

Gold-, Silber- und mit Halbedelsteinen verzierter Kupferschmuck nach Vorbildern aus der Huari- und Inka-Kultur findet man meist in Juweliergeschäften. An Bahnstationen, auf Indianermärkten und auf den Plazas wimmelt es von Händlern, die billigen Modeschmuck anbieten. In La Paz gibt es große Mengen an antikem Silberschmuck und Silbergeschirr; hier kann man sich die halbe Kücheneinrichtung aus altem Silber kaufen oder auch nur einen der hübschen Silberlöffel, den die Damen der feinen Gesellschaft sich früher an die Bluse steckten.

Musik

Musikinstrumente findet man am besten in Cusco und am Titicacasee. CDs mit Andenmusik kauft man am besten auf den Touristenmärkten oder in den Fachgeschäften.

Ausfuhrverbote

Achtung: Kaufen Sie keine Produkte, die aus geschützten Tierarten hergestellt wurden (Felle, Federn etc.) – nicht nur weil die Einfuhr in Deutschland verboten ist. Zur Ausfuhr von Antiquitäten ist eine Genehmigung erforderlich. Koka-Blätter (auch in kleinen Mengen) können beim europäischen Zoll zum Problem werden.

Märkte

Ein unvergessliches Erlebnis ist der Besuch eines Wochenmarktes. Die bekanntesten (und touristischsten) Märkte, auf denen farbenfrohes Kunsthandwerk und Nahrungsmittel aller Art angeboten werden, sind die von **Pisac** (jeweils dienstags, donnerstags und sonntags) und **Chinchero** in der Nähe von Cusco (immer am Sonntag). Aber es lohnt sich auch, einen Markt in einer kleinen Gemeinde zu besuchen, der noch ursprünglicher ist und nicht so überlaufen. Auch in den Städten gibt es Märkte, auf denen Obst, Gemüse und Frischwaren an den Ständen ausliegen.

Handeln

Generell gilt: Handeln ist erlaubt, aber nicht die Regel, einen Nachlass bekommt man meist nur, wenn man größere Mengen kauft.

An der uralten Technik des Webens hat sich wenig geändert, hier am Titicacasee

Adressen und Orientierung

Praktisch alle Städte in Peru und Bolivien stammen aus der spanischen Kolonialzeit und sind im typischen Schachbrettmuster angelegt. Dadurch fällt die Orientierung leicht: Die Straßen heißen *calle* oder *jirón* und sind oft nach Städten oder bekannten Persönlichkeiten benannt, die größeren werden als *avenida* bezeichnet. Von einer Straßenecke zur nächsten sind es rund 100 m, man spricht von einer *cuadra*. Die Hausnummern führen meist zuerst die Nummer der *cuadra,* also ist Haus Nr. 504 in der 5. *cuadra* zu finden. Zur besseren Orientierung wird meist auch noch der Name der nächsten Querstraße genannt, also z. B. »Calle Ayacucho cuadra 5 entre Bolívar y Atahualpa«. Das bedeutet: in der Straße Ayacucho im 5. Häuserblock zwischen den Straßen Bolívar und Atahualpa. Hilfreich ist es auch, die Himmelsrichtungen zu kennen, denn manchmal heißt es nur: »de la catedral 300 m al norte« (›von der Kathedrale 300 m Richtung Norden‹).

Ausgehen

Ein richtiges Nachtleben gibt es nur in den größeren Städten, allen voran natürlich Lima. Hier findet man auch eine große Auswahl an gut gemachten Folklore-Shows (s. S. 120/122), wie auch in der bolivianischen Metropole La Paz (s. S. 277). Auch in Cusco und Arequipa ist wegen der zahlreichen Touristen nachts immer was los. Ansonsten beschränkt sich das Angebot meist auf Diskotheken.

Drogen

Auch Peru ist längst in den Strudel des internationalen Drogenhandels geraten. Inzwischen werden nicht nur Koka-Blätter angebaut, sondern auch zu Kokain weiterverarbeitet. Der Besitz von Drogen ist in Peru illegal und wird hart bestraft. Das Kauen von Koka-Blättern bzw. der Konsum von Koka-Tee ist unbedenklich, doch wird dringend davon abgeraten, Koka-Blätter (auch in kleinen Mengen) nach Europa mitzunehmen.

Fotografieren

Beim Fotografieren von Menschen sollte man grundsätzlich Zurückhaltung üben: v. a. im Hochland sind die Peruaner davon häufig nicht sehr begeistert (außer natürlich gegen etwas Bargeld). Wer jedoch mit den Menschen zuvor in Kontakt tritt und ihnen beispielsweise etwas abkauft, kann mit einer entsprechenden Geste und einem freundlichen Lächeln durchaus die Zustimmung für einen Schnappschuss gewinnen.

In Kirchen und Museen ist Fotografieren oft nicht bzw. nur ohne Blitz erlaubt, daher empfiehlt sich die Mitnahme hochempfindlicher Filme. Bei Landschaftsaufnahmen bieten sich die weniger extremen Lichtverhältnisse am frühen Morgen oder am Nachmittag an, die Mitnahme eines Polfilters ist anzuraten. Aus Kosten- und Qualitätsgründen sollte man Filme und Batterien besser von zu Hause mitbringen.

Frauen allein unterwegs

Sofern einige Verhaltensregeln beachtet werden, sollte es eigentlich kein Problem sein, als Frau allein zu reisen. So kann beispielsweise das Tragen eines vermeintlichen ›Eherings‹ und der Hinweis auf den ›Ehemann‹ *(marido),* der angeblich im Hotel oder am Zielort wartet, unerwünschte Annäherungsversuche rasch bremsen. Zudem sollte auf das Tragen allzu freizügiger Kleidung besser verzichtet werden.

Maße, Gewichte

In Peru gilt das metrische System wie bei uns, in Bolivien ebenso.

Richtiges Verhalten

In Peru gibt es zwar keine religiösen oder sonstigen Tabuthemen, aber man sollte dennoch darauf achten, dass man die Gefühle der Menschen nicht verletzt. So sollte man nach Möglichkeit in der Öffentlichkeit auf das Tragen von kurzen Hosen und Röcken verzichten, besonders natürlich in Kirchen etc. Am Strand ist Oben-ohne nicht üblich und auch nicht erwünscht.

Zeit

Peru liegt 6 Stunden hinter Mitteleuropa zurück (MEZ minus 6 Stunden), für Bolivien sind es 5 Stunden (MEZ minus 5 Stunden). Während der europäischen Sommerzeit (Ende März–0Ende Oktober) erhöht sich der Zeitunterschied entsprechend auf 7 Stunden in Peru bzw. 6 Stunden in Bolivien.

Kinder lassen sich immer gerne fotografieren, trotzdem sollte man vorher fragen

Reisekasse und Reisebudget

Geld und Banken

Landeswährung in Peru ist seit 1991 der Nuevo Sol (N/S). 1 Sol (= 100 Céntimos) entspricht etwa 0,31 $ (oder. 0,24 € bzw. 0,39 CHF).
Der Wert der bolivianischen Währung, des Boliviano (Bs.), liegt etwa 60 % unter dem des Sol, d. h. 1 Sol = ca. 2,60 Bs.

Es empfiehlt sich die Mitnahme von US-Dollar in bar und Dollar-Reiseschecks (meist schlechterer Kurs als Bargeld). Andere Währungen sind nur schwierig und zu einem schlechten Kurs zu wechseln. Wechseln kann man in Banken, Wechselstuben (*casa de cambio*), Hotels oder bei Straßenwechslern, die meist mit Lizenz arbeiten. Am Geldautomaten mit dem »maestro«-Zeichen lässt sich mit der EC-/maestro-Karte Bargeld abheben, Gebühr ca. 4–5 €. Da die Maximalsumme in Soles gering ist, sollte man Dollar abheben und diese gegen Soles eintauschen.

Bessere Hotels, Restaurants und Geschäfte sowie Autovermieter und Reiseveranstalter akzeptieren die gängigen Kreditkarten (Mastercard, Visa, z. T. auch American Express).

Sperrung von EC- und Kreditkarten bei Verlust oder Diebstahl*:

0049-116 116

oder 0049-30 40 50 40 50
(* Gilt nur, wenn das ausstellende Geldinstitut angeschlossen ist, Übersicht: www.116116.eu)
Weitere Sperrnummern:
- MasterCard: 0049-69-79 33 19 10
- VISA: 0049-69-79 33 19 10
- American Express: 0049-69-97 97 10 00
- Diners Club: 0049-69-66 16 61 23

Bitte halten Sie Ihre Kreditkartennummer, Kontonummer und Bankleitzahl bereit!

Mehrwertsteuer

Die Mehrwertsteuer beträgt in Peru 19 % und ist im Allgemeinen in allen Preisen eingeschlossen. Nur in besseren Hotels und Restaurants wird sie zum Rechnungspreis addiert. In Bolivien beträgt die Mehrwertsteuer 13 % und ist in den Preisen in der Regel bereits enthalten. Es gibt aber Ausnahmen: Beim Kauf des Flugtickets werden hier nochmals 15 % fällig.

Preisniveau

Peru und Bolivien sind längst keine ausgesprochenen Billigreiseländer mehr, doch kann man hier nach wie vor auch mit einem begrenzten Budget reisen, wobei Bolivien in der Regel noch ein Stück günstiger ist als Peru. Je nach Komfortanspruch müssen zwischen 20 und 100 $ pro Person und Tag einkalkuliert werden.

Unterkunft

Wer bei der Unterkunft keinerlei Komfortansprüche stellt und auch mit einem Gemeinschaftsbad vorlieb nimmt, kann ein Doppelzimmer schon für 10 $ finden. Ein Mittagessen in einem Restaurant, das vorwiegend von Einheimischen frequentiert wird, kostet selten mehr als 3 $. Öffentliche Busse sind ebenfalls billig, doch muss man auch hier für höheren Komfort deutlich tiefer in die Tasche greifen.

Auf der anderen Seite aber kann das Reisen mit einem ausgeprägteren Komfortwunsch durchaus eine größere Lücke in die Reisekasse reißen: Ein Hotel der gehobenen Klasse ist kaum unter 100 $ (Doppelzimmer) zu haben, in einem besseren Restaurant wird man locker auch 20 $ und mehr los und die Kosten für Inlandsflüge, Taxis und Privattransfers summieren sich schnell zu einem ansehnlichen Betrag.

Taxi fahren in Peru nicht nur die Betuchten

Eintrittsgelder

Die Eintrittsgebühren sind meist moderat, lediglich in Cusco und Umgebung wird ordentlich hingelangt: Das »Boleto turístico« kostet satte 22 $, die Kathedrale, San Blas und der Coricancha müssen separat bezahlt werden. Der Eintritt für Machu Picchu lag bei Redaktionsschluss bei stolzen 37 $ – pro Tag, versteht sich!

Spartipps

Mit öffentlichen Verkehrsmitteln kann man günstig reisen, in einfachen Hotels günstig wohnen und in den Restaurants, die vorwiegend von Einheimischen frequentiert werden, günstig essen. Wer in Hotels der mittleren und gehobenen Kategorie absteigen möchte, kann diese oft von Europa aus günstiger buchen. Fliegen ist immer teurer als per Bus reisen, aber oft die einzige Alternative. Wer flexibel ist, kann u. U. vor Ort kurzfristig günstige Restplätze für Inlandsflüge erstehen. Es kann aber passieren, dass die Flüge ausgebucht sind, dann schnellen die Preise nach oben! Mit Studentenausweis bekommt man teils einen reduzierten Eintritt.

Trinkgeld

Bessere Restaurants addieren automatisch einen Servicezuschlag auf die Rechnung (meist 10 %), sonst wird der Rechnungsbetrag je nach Zufriedenheit aufgerundet.

Klima

Da Peru südlich des Äquators in den Tropen liegt, sind die Jahreszeiten denen in Mitteleuropa entgegengesetzt. Man unterscheidet nur zwei Jahreszeiten: Als **Sommer** *(verano)* bezeichnet man die Zeit zwischen Dezember und April, wenn an der Küste intensive Sonneneinstrahlung Luft und Wasser erwärmt und sich am strahlenden Himmel keine Wolke zeigt. Tagestemperaturen von über 40 °C sind dann keine Seltenheit.

Im **Winter** *(invierno),* von Mai bis November, hingegen bedeckt zumindest vormittags der *garúa*, ein sich nur zäh auflösender, von Smog begleiteter Hochnebel, den Himmel und sorgt für etwas Abkühlung, wenn auch bei gestiegener Luftfeuchtigkeit. Das kalte Tiefseewasser des Humboldtstroms (14 °C) hält die kühlere Luft am Boden, die kräftige tropische Sonne bildet wärmere Luftmassen in den höheren Schichten und lässt die kalte, neblige Luft nicht aufsteigen. So erreicht in dieser Zeit allenfalls ein leichter Nieselregen die Erde. Entsprechend den drei großen Naturräumen wirken sich die Jahreszeiten unterschiedlich aus.

Küste

An der Küste löst im Sommer strahlend blauer Himmel den Winternebel ab, die intensive Sonneneinstrahlung erwärmt Luft und Wasser, und für die Peruaner ist von Januar bis März Badezeit.

Anden

Die Lage der *sierra* in den Tropen bewirkt, dass die jahreszeitlichen Temperaturunterschiede geringer sind als die Schwankungen innerhalb eines Tages. In den Anden erreichen im Winter die Tagestemperaturen in Lagen zwischen 2500 und 3500 m bei wolkenlosem Himmel um die 20 °C, nachts fällt die Temperatur jedoch meist unter Null. Das ganze Jahr über herrscht hier eine extrem starke UV-Strahlung. In den Nordanden kommt es in den Hochlagen das ganze Jahr über zu Regenfällen, in den Südanden dagegen konzentrieren sich die Niederschläge auf die Monate Dezember bis März.

Klimadaten von Lima

	J	F	M	A	M	J	J	A	S	O	N	D
Tagestemperaturen in °C	25	26	26	24	21	18	17	17	17	19	20	23
Nachttemperaturen in °C	19	20	19	18	16	15	14	13	13	14	16	17
Wassertemperaturen in °C	19	20	21	19	18	17	16	16	17	17	17	18
Sonnenstd./Tag	6	7	7	7	4	1	1	1	1	2	4	5
Regentage/Monat	1	0	0	0	1	1	1	2	1	0	0	0

Klimadaten von Cusco

	J	F	M	A	M	J	J	A	S	O	N	D
Tagestemperaturen in °C	20	21	21	22	21	21	21	21	22	22	23	22
Nachttemperaturen in °C	7	7	7	4	2	1	-1	1	4	6	6	7
Sonnenstd./Tag	5	4	6	7	8	8	8	8	6	6	6	5
Regentage/Monat	18	13	11	8	3	2	2	2	7	8	12	16

Amazonas

Im Amazonastiefland und in der Ostandenregion fällt von Januar bis April der größte Teil des Jahresniederschlags, mit ausgiebigen Schauern ist ganzjährig zu rechnen. Allerdings kann man hier, wo eine relativ gleichmäßige Jahresdurchschnittstemperatur von 25 °C herrscht, nicht von klar differenzierten Regen- und Trockenzeiten sprechen.

El Niño – das unheilvolle Christkind

Etwa alle 15 Jahre schlägt das Küstenwetter Kapriolen, wenn eine abweichende Meeresströmung den ansonsten kalten Humboldtstrom erwärmt, wie zuletzt 1997/98. Die riesigen Anchovis-Schwärme, Lebensgrundlage für Raubfische und zahllose Vögel, müssen dann auf der Suche nach Plankton aus dem warmen Oberflächenwasser in tiefere Wasserschichten abtauchen. Pelikane, Tölpel, Möwen und Fregattvögel wandern daraufhin nach Norden oder Süden ab, Tausende von Vögeln – v. a. Jungtiere – sterben einen qualvollen Hungertod, die Netze der peruanischen Fischer bleiben leer. Wolkenbruchartige Regenfälle überfluten in dieser Zeit den zentralen und nördlichen Küstenstreifen. Dieses Phänomen nennen die Einheimischen El Niño (›Christkind‹), weil es meist zur Weihnachtszeit auftritt. Der Regen kann in einem Niño-Jahr im Süden gänzlich ausbleiben, was für die Natur und den Menschen ebenfalls katastrophale Folgen hat.

Reisezeit

Hochsaison ist der peruanische Winter (also das europäische Sommerhalbjahr) von Mitte Mai bis Anfang September. In dieser Zeit ist im Hochland mit geringen Niederschlägen zu rechnen, tagsüber ist es meist sonnig und warm. Bergwanderern sei diese Zeit daher unbedingt angeraten. Allerdings herrscht von Juni bis August Massenbetrieb und die Hotels sind teils auf Monate hinaus im Voraus ausgebucht. An den Küsten sind die Temperaturen durchaus erträglich, in manchen Städten (Lima) herrscht oft Nebel und Nieselregen. **Während des Sommers** auf der Südhalbkugel (Dezember–März) kann man ebenfalls reisen, auch wenn es im Bergland eher regnet und die Temperaturen an der Küste deutlich ansteigen – dann ist Baden angesagt. Abgelegene Orte sind während dieser Zeit allerdings oft nur schwer oder gar nicht zu erreichen. Ein **Tipp für Kenner** ist die Zwischensaison von Mitte September bis Mitte Dezember bzw. von Mitte März bis Mitte Mai: weniger Touristen, günstigere Preise und meist schönes Wetter.

Was sollte in den Koffer?

Allgemein wird in beiden Ländern ein gepflegtes Äußeres erwartet, in Kirchen sind kurze Hosen und allzu freizügige Kleidung bei Damen ebenso tabu wie »oben ohne« am Strand. Entsprechend der unterschiedlichen Klimazonen ist an der Küste und im Tiefland leichte Baumwollkleidung angebracht, im oft kühlen Hochland sollte ein Pullover im Gepäck nicht fehlen. Ein vernünftiger Regenschutz, gute Schuhe und eine Kopfbedeckung ersparen manchen Ärger. Auf die Mitnahme von Schmuck (auch billigem Modeschmuck) sollte man grundsätzlich verzichten.

Elektrizität

Die Stromspannung beträgt 220 Volt Wechselstrom mit 60 Hz. Man benötigt einen Adapter für den auch in den USA üblichen Flachstecker.

Gesundheit und Sicherheit

Gesundheit

Impfungen sind in Peru und Bolivien nicht vorgeschrieben; bei Reisen in Regenwaldgebiete sind aber eine Malaria-Prophylaxe und eine Gelbfieberimpfung anzuraten. Um Durchfall vorzubeugen, sollte man auf den Verzehr von ungeschältem Obst, Salaten, Eiswürfeln und Speisen auf Märkten verzichten. Ein guter Sonnenschutz ist in ganz Peru und Bolivien notwendig.

In die Reiseapotheke gehören neben den persönlichen Medikamenten und Verbandsmaterial auch Mittel gegen Durchfall, Erkältung, Mückenstiche, Sonnenbrand und Kopfschmerzen.

Umgang mit großen Höhen

Nicht zu unterschätzen sind die Auswirkungen der ungewohnten Höhe im Bergland. Ein Aufenthalt in Höhen über 3000 m (z. B. Cusco, Titicacasee) verursacht bei den meisten Reisenden zunächst Schwindelgefühle und Mattigkeit. Körperliche Anstrengungen, schweres Essen, Rauchen und Alkohol sollten unbedingt vermieden werden, ein Mate-de-Coca-Tee und Glukosetabletten (Coramina) versprechen Linderung. Falls Atemnot, starke Kopfschmerzen, Erbrechen und ähnliche Symptome hinzukommen, sind dies Anzeichen der **lebensgefährlichen Höhenkrankheit** *(soroche).* Ein Arzt sollte sofort benachrichtigt werden, im Zweifelsfall muss der Erkrankte in eine niedrigere Höhenlage (z. B. Lima, Sta. Cruz) gebracht werden. Zur Vorbeugung sollte man sich langsam an die Höhe gewöhnen, indem man z. B. auf dem Weg nach Cusco einen Zwischenaufenthalt in Arequipa oder Ayacucho einlegt.

Aktuelle Infos

Aktuelle Infos über gesundheitliche Aspekte bei Reisen nach Peru bieten die Websites www.fit-for-travel.de sowie www.die-reisemedizin.de.

Ärztliche Versorgung

Die medizinische Versorgung ist in den größeren Städten gut, in ländlichen Gebieten teilweise lückenhaft. Große Kliniken finden sich v. a. in Lima und La Paz. Deutschsprachige Ärzte sind nicht überall ansässig, aber in den touristisch entwickelten Regionen sollte ein Übersetzer leicht zu finden sein. Wichtige Medikamente sollten auf alle Fälle von zu Hause mitgebracht werden. Apotheken *(farmacias)* gibt es in allen Städten und größeren Ortschaften. Die meisten Medikamente sind auch ohne ärztliches Rezept erhältlich. Der Abschluss einer Auslandskrankenversicherung ist empfehlenswert.

Sicherheit

Taschendiebe finden sich überall ein, wo sich viele Menschen drängen, so z. B. auf Bahnhöfen und Märkten. Blitzschnell werden Taschen und Rucksäcke mit Rasierklingen aufgeschlitzt, meist während das Opfer von einer anderen Person abgelenkt wird. Sehr beliebt ist auch der Trick, das Opfer ›versehentlich‹ zu beschmieren (Eis, Senf o.Ä.) und es so abzulenken. Am besten ist es, Wertsachen im Hotelsafe zu deponieren und unterwegs die Taschen vor dem Bauch zu tragen. Besonders gefährlich sind die Innenstädte von Lima und Cusco. Eine eigene Touristenpolizei sorgt hier für Ordnung.

Wenn alle Vorsicht nicht hilft: Polizei informieren (**Notruf** in Peru: **Tel. 105**, in Bolivien: Tel. 110). Hilfe verspricht auch der 24-Std.-Notruf für Touristen in Peru: Tel. 01-224 78 88; von nicht öffentlichen Apparaten auch: Tel. 0800-425 79.

Auf alle Fälle sollte man vor der Abreise Reisepass, Tickets etc. kopieren, Reisescheck- und Kreditkartennummer notieren und jeweils getrennt von den Dokumenten aufbewahren.

Internet

Inzwischen gibt es in allen Städten und selbst in vielen kleineren Orten Internet-Cafés, wo man für etwa 1 US-$/Stunde surfen und Emails verschicken kann. Häufig sind die Rechner sehr langsam und die Tastaturen so abgegriffen, dass die Buchstaben nicht mehr lesbar sind.

Reisen mit dem Laptop

Wer mit dem Laptop unterwegs ist, wird nur in den Hotels der gehobenen Klasse das Glück haben, einen Anschluss zu finden. Möglicherweise funktioniert aber das Modem in Peru nicht und auch nicht kompatible (Telefon-)Stecker können Nerven kosten. Online geht man in Peru daher am besten im Internetcafé.

Post

Briefmarken gibt es beim Postamt *(correo),* Briefe und Postkarten nach Europa sind etwa ein bis zwei Wochen unterwegs. Das Porto für eine Postkarte oder einen Brief (Luftpost) beträgt etwa 1 $.

Telefonieren

Telefonieren kann man in Peru bei Telefónica del Perú, die in allen Städten ein Büro und zahlreiche Telefonzellen unterhalten, in Bolivien heißt die entsprechende Telefongesellschaft ENTEL.

Ein dreiminütiges Gespräch nach Deutschland kostet in beiden Ländern etwa 5 $. R-Gespräche, bei denen der Angerufene bezahlt, sind derzeit nicht möglich.

Vorwahlen: Deutschland 0049, Österreich 0043, Schweiz 0041. Inlandsgespräche wickelt man am einfachsten per Telefonkarte ab (erhältlich in Telefonbüros und bei Straßenhändlern). Was das **Handy** anbelangt: Alle großen Mobilfunkanbieter haben Roaming-Verträge in Peru und Bolivien, alle arbeiten mit Standard GSM 1900, d. h. ein Triband-Handy ist erforderlich. T-Mobile, Vodafone, E-Plus und O2 arbeiten in Peru mit América Móvil Perú (früher TIM Peru), 1 Minute nach Deutschland kostet ca. 2,80 bis 3 €. In Bolivien arbeitet T-Mobile mit EMOVIL, Vodafone mit Nueva Tel, E-Plus und O2 mit ENTEL.

Fernsehen und Radio

In Peru gibt es acht nationale Fernsehkanäle, von denen zwei nur über Kabel zu empfangen sind. Mit Kabel hat man außerdem Zugriff auf rund 80 weitere Programme meist nordamerikanischer Herkunft wie auch den deutschen Auslandssender Deutsche Welle. Im Radio läuft überwiegend Salsa und *música criolla,* es gibt aber auch Rock-Pop und klassische Musik zu hören.

Zeitungen und Zeitschriften

Die großen Tageszeitungen in Peru (El Comercio, El Diario, Expreso, La República u. a.) sowie El Diario in Bolivien sind überall an Kiosken erhältlich. Aktuelle Informationen in spanischer Sprache gibt es auch unter www.rpp.com.pe. Wer allerdings kein Spanisch spricht, hat wenig Auswahl. In Bolivien gibt es die englischsprachige Bolivian Times, die wöchentlich erscheint.
Ansonsten gibt es noch **deutsche Zeitungen** und Zeitschriften, allerdings zu teilweise wirklich horrenden Preisen an einigen Kiosken (z. B. an den großen Flughäfen) oder bei Straßenhändlern (z.B. in Lima am Parque Kennedy).

Sprachführer

Ausspracheregeln

In der Regel wird das Spanische so ausgesprochen, wie es geschrieben wird. Die **Vokale** werden weder extrem offen noch extrem geschlossen ausgesprochen, also deutlich, aber nicht übertrieben deutlich.

Konsonanten:

b, v	unterscheiden sich nicht in der Aussprache: am Wortanfang wie das deutsche b, z. B. *bueno, viejo* in der Wortmitte wie das deutsche w, z. B. *avión, abierto*
c	vor a, o, u wie das deutsche k, z. B. *casa* vor e, i als englisches th, z. B. *cien*
ch	wie tsch, z. B. *chico*
g	vor a, o, u wie das deutsche g, z. B. *guapa* vor e, i wie das deutsche ch, z. B. *gente*
h	wird nicht gesprochen
j	wie das deutsche ch, z. B. *jefe*
ll, y	wie das deutsche j, z. B. *yo llamo*
y	allein (= ›und‹) oder am Wortende: wie das deutsche i, z. B. *hay*
ñ	wie gn bei Champagner, z. B. *niña*
qu	wie das deutsche k, z. B. *porque*
z	wie das englische th, z. B. *zero*

Allgemeines

Guten Morgen.	Buenos días.
Guten Tag. (ab 12.00 Uhr)	Buenas tardes.
Guten Abend/ Gute Nacht.	Buenas noches.
Hallo, grüß Dich!	¿Hóla, qué tal?
Danke.	Gracias.
Entschuldigung!	¡Disculpe!/¡Perdón!

Unterwegs

Haltestelle	la parada
Bus	el ómnibus/la guaga
Auto	el coche/el carro
Tankstelle	la gasolinera
Ausfahrt	la salida
rechts	a la derecha
links	a la izquierda
geradeaus	todo recto
Auskunft	la información
Telefon	el teléfono
Postamt	los correos
Bahnhof	la estación
Flughafen	el aeropuerto
Stadtplan	el mapa (de la ciudad)
Eingang	la entrada
Ausgang	la salida
geöffnet	abierto/-a
geschlossen	cerrado/-a
Kirche	la iglesia
Museum	el museo
Brücke	el puente
Platz	la plaza/el parque

Zeit

Stunde	la hora
Tag	el día
Woche	la semana
Monat	el mes
Jahr	el año
heute	hoy
morgen	mañana
Montag	lunes
Dienstag	martes
Mittwoch	miercoles
Donnerstag	jueves
Freitag	viernes
Samstag	sábado
Sonntag	domingo

Notfall

Hilfe!	¡Socorro!
Polizei	la policía
Unfall	el accidente
Schmerz	el dolor
Arzt/Ärztin	el médico/-a
Zahnarzt	el/la dentista
Krankenhaus	el hospital
Apotheke	la farmacia
Panne	la avería

Übernachten

Hotel	el hotel
Zimmer	la habitación
Einzelzimmer	la habitación individual
Doppelzimmer	la habitación doble
mit/ohne Bad	con/sin baño
mit/ohne Dusche	con/sin ducha
Warmwasser	el agua caliente
Safe	la caja fuerte
Toilette	los servicios
Gepäck	el equipaje
Ankunft	la llegada
Abfahrt	la partida

Einkaufen

Geschäft	la tienda
Markt	el mercado
Bäckerei	la panadería
Lebensmittel	los víveres
Kasse	la caja
Geld	el dinero/la plata
Kreditkarte	la tarjeta de crédito
Geldautomat	el cajero (automático)
Geldwechsel	el cambio
teuer/billig	caro/barato
Wie viel ...?	¿Cuánto ...?

Zahlen

1	uno	17	diecisiete
2	dos	18	dieciocho
3	tres	19	diecinueve
4	cuatro	20	veinte
5	cinco	25	veinticinco
6	seis	30	treinta
7	siete	40	cuarenta
8	ocho	50	cincuenta
9	nueve	60	sesenta
10	diez	70	setenta
11	onze	80	ochenta
12	doce	90	noventa
13	trece	100	cien
14	catorze	150	ciento cincuenta
15	quinze	200	doscientos
16	diecisiséis	1000	mil

Die wichtigsten Sätze

Allgemeine Floskeln

Wie geht es Ihnen?	¿Cómo está Usted?
Danke, sehr gut.	Muy bien, gracias.
Wie heißen Sie?	¿Cómo se llama?
Ich heiße ...	Me llamo ...
Sehr angenehm.	Encantado/-a.
Ich verstehe nicht.	No entiendo.
Ich spreche kein Spanisch.	No hablo español.
Sprechen Sie Deutsch/Englisch?	¿Habla Usted alemán/inglés?

Unterwegs

Wie komme ich nach ...?	¿Para ir a ...?
Welcher Bus geht nach ...?	Qué ómnibus va a ...?
Wo fährt der Zug nach ... ab	¿De dónde sale el tren para ...?

Notfall

Können Sie mir helfen?	¿Me podría ayudar?
Ich brauche einen Arzt.	Necesito un médico.
Hier tut es mir weh.	Me duele aqui.

Übernachten

Haben Sie ein freies Zimmer?	¿Hay una habitación libre?
Ich habe ein Zimmer bestellt.	He reservado una habitación.

Einkaufen

Wie viel kostet ...?	¿Cuánto vale ...?
Necesito ...	Ich brauche ...
Wann öffnet/schließt ...?	¿Cuándo abre/cierra ...?
Wo kann man ... kaufen?	¿Dónde se puede comprar ...?

Mit dem »Bogen der Freundschaft« empfängt die Isla Taquile im Lago Titicaca ihre Besucher

Unterwegs in Peru

Ausgangs- und Endpunkt fast aller Peru-Reisen ist Lima, die rund 8 Mio. Einwohner zählende Hauptstadt des Landes

Kapitel 1

Lima und zentrales Bergland

Auf einen Blick: Lima und zentrales Bergland

Von der Kapitale in die Anden

An der peruanischen Hauptstadt Lima kommt so leicht keiner vorbei. Fast jede Peru-Reise beginnt und endet hier, in der scheinbar unkontrolliert wachsenden Wüstenmetropole am Pazifik. Aber der Moloch hat auch seine schönen Seiten: eine koloniale Altstadt, die zum Welterbe erklärt wurde und zahlreiche sehenswerte Kirchen, Klöster und Kolonialpaläste beherbergt, herausragende Museen mit einmaligen Exponaten altamerikanischer Kunst sowie angenehme Einkaufs- und Wohnviertel, in denen man schnell vergisst, dass man sich in einer der größten Städte Südamerikas befindet.

Im Hinterland von Lima liegen herrliche Berglandschaften, die zum Wandern einladen, und noch kaum entdeckte Kolonialstädte wie Canta, Tarma, Hunacavelica oder Ayacucho. Und jenseits der Gebirgspässe taucht man ein in die üppig-grüne Welt der Tropen mit grandiosen Wasserfällen und artenreichen Nationalparks. Die großen archäologischen Sehenswürdigkeiten fehlen zwar, doch wer abseits der gängigen Touristenrouten auf Entdeckungsreise gehen will und bereit ist, dafür die eine oder andere Einschränkung beim Komfort in Kauf zu nehmen, wird hier, im zentralen Bergland, voll auf seine Kosten kommen.

Highlight

1 **Lima:** Die Hauptstadt Perus bietet neben ihrer historischen Altstadt mit Kirchen und Klöstern aus der Kolonialzeit eine ganze Reihe von Museen internationaler Klasse (s. S. 98 ff.).

Empfehlenswerte Routen

Von Lima nach Tingo María: Auf nur 120 km führt die Carretera Central vom Pazifik in die Berge auf einen über 4800 m hohen Pass –

Weltrekord! Jenseits der Abra de Anticona liegt die Bergarbeiterstadt La Oroya, von dort geht es weiter in nördlicher Richtung über Huánuco nach Tingo María am Osthang der Anden, wo bereits tropisches Klima herrscht (s. S. 124 ff.).

Von La Oroya nach Pozuzo: Über das angenehme und lebendige Kolonialstädtchen Tarma führt eine zunächst geteerte Straße nach La Merced und weiter durch abwechslungsreiche Landschaft in die von deutschen und österreichischen Auswanderern gegründeten Städte Oxapampa und Pozuzo (s. S. 128 ff.).

Reise- und Zeitplanung

Für die koloniale Altstadt von **Lima** sollte man sich mindestens einen halben Tag Zeit nehmen, in Kombination mit dem Besuch eines Museums ist ein ganzer Tag zu veranschlagen, da man die Entfernungen und den Verkehr in dieser Acht-Millionen-Stadt nicht unterschätzen darf. Die meisten Langstreckenflüge von Lima nach Europa starten erst am Abend, sodass man einen Teil der Stadtbesichtigung ohne Weiteres auf den letzten Reisetag verschieben kann.

Wer eine Fahrt nach **Tingo María** plant, sollte sich der großen Distanzen und der topografischen Gegebenheiten bewusst sein: Von Lima nach Tingo sind es immerhin rund 540 km mit einem Höhenunterschied von insgesamt fast 9000 m. Es empfiehlt sich daher, die Strecke auf mindestens zwei Tage zu verteilen. Für eine Zwischenübernachtung bietet sich die sympathische Kleinstadt **Tarma** auf 3080 m Höhe an, rund 240 km von Lima entfernt und zugleich der Ausgangspunkt für den lohnenden Abstecher nach **Pozuzo.** Als Alternative für den Hin- oder Rückweg nach Lima kann man die Route über **Canta** wählen, wobei für den Abschnitt zwischen der Abra La Viuda (›Witwenpass‹) und der Carretera Central bei Colquijirca ein Allradfahrzeug erforderlich ist.

Richtig Reisen-Tipps

Museo Rafael Larco Herrera: Das Privatmuseum ist eine der besten Adressen in Lima für kulturinteressierte Reisende. Es bietet eine gute Auswahl an erlesenen Exponaten verschiedener präkolumbischer Kulturen, die man hier in Ruhe und ohne großen Touristenrummel bewundern kann (s. S. 114).

Landestypische Küche und Folklore: Zahlreiche Lokale in Lima bieten die Möglichkeit, peruanische Spezialitäten zu genießen und dabei traditionelle Musik und Tänze zu erleben (s. S. 118).

Ausflug von Lima ins Canta-Tal: Wer dem Stress der Hauptstadt entfliehen und das ›wahre‹ Peru entdecken möchte, dem sei eine Fahrt in das kleine Kolonialstädtchen Canta auf 2900 m Höhe empfohlen (s. S. 122).

Hilfsprojekt Prosoya: In dem deutsch-peruanischen Hilfsprojekt zwischen Oxapampa und Pozuzo erhalten chancenlose Jugendliche Perspektiven. Besucher sind willkommen und können auch hier übernachten (s. S. 130).

Die Fahrt von Lima nach **Huancayo** (ca. 310 km) ist an einem Tag problemlos möglich. Wer die wenig ansprechende Stadt meiden möchte, findet in **Jauja** und bei **Concepción** einfache Unterkünfte. Die Straße von Huancayo nach **Ayacucho** ist in der Regenzeit oft unpassierbar, dann empfiehlt sich die Anfahrt über die Küstenstadt Pisco (s. S. 153), von wo eine durchgehend geteerte Straße nach Ayacucho führt. Für die Weiterfahrt von Huancayo nach **Huancavelica** nimmt man am besten die Schmalspurbahn. Die Weiterreise nach Pisco oder Ayacucho ist nur mit Allradfahrzeugen möglich (auf alle Fälle vor Ort über den Straßenzustand erkundigen).

1 Lima und Umgebung

Citypläne S. 103, 110, 113

Lima, eine Stadt mit vielen Facetten. Moderne Hochhäuser und verwahrloste Elendsviertel, elegante Boutiquen, Straßenhändler und Verkehrschaos – aber vor allem auch eine sehenswerte koloniale Innenstadt und großartige Museen.

Reiseatlas: S. 11, B 3

Lima, Stadt der Könige, Zentrum des spanischen Kolonialreiches in Amerika, Hauptstadt Perus – die Erwartungen sind hoch, wenn man sich dieser vielseitigen Metropole nähert. Doch der erste Eindruck ist enttäuschend: hektischer Verkehr, ärmliche Siedlungen, das Flussbett des Río Rímac mit Müll gefüllt, und über allem liegt oft ein bleischwerer, grauer Himmel – zugegeben, die erste Begegnung ist nicht gerade einladend. Doch dann tauchen unvermutet die Glaspaläste von San Isidro auf, dem Business-Viertel der Stadt, die nicht nur politisches, sondern auch wirtschaftliches Zentrum des Landes ist. Gleich daneben liegt Miraflores, das ›neue Zentrum‹ von Lima. Hier gibt es zahlreiche Hotels, Restaurants und Geschäfte ›westlicher‹ Prägung, hier fühlt sich ein Europäer wieder wohl.

Bei einem Abstecher in die Altstadt wird dann das ganze Dilemma Limas deutlich: Herrliche Kolonialpaläste und Kirchen erwarten dort den Besucher, doch überall hat der Zahn der Zeit unübersehbar seine Spuren hinterlassen. Windschiefe Gebäude allenthalben, die zwar die vielen Erdbeben überstanden haben, von denen die Stadt im Laufe der Zeit erschüttert wurde, aber nun wegen Geldmangels langsam, aber sicher verfallen. Lima – die hässliche Karikatur einer einstmals blühenden Kolonialstadt. Mit Unterstützung von Unesco-Geldern begann der der frühere Bürgermeister Andrade damit, das Zentrum wieder zu dem machen, was es früher einmal war: die Visitenkarte der Stadt und vielleicht sogar des ganzen Landes. Als erste Maßnahme wurden die *ambulantes,* die überall präsenten fliegenden Händler, und der Schwerverkehr aus der Innenstadt verbannt, Pkws dürfen nur noch mit Sondergenehmigung fahren. Es folgte die Neugestaltung der Plaza Mayor und der Plaza Bolívar, die Schaffung eines Netzes von Fußgängerzonen ist geplant. Nun bleibt zu hoffen, dass die neue Stadtverwaltung dieses Ziel konsequent weiterverfolgt und nicht auf halbem Weg stehen bleibt …

Lima, eine Stadt mit vielen Gesichtern. Wenn man abends den Tag in einem der Fischrestaurants an der Costanera ausklingen lässt, wird man überrascht feststellen: Tatsächlich, Lima liegt am Meer. Doch irgendwie wird man den Eindruck nicht los, die Limeños wollten mit dem Ozean nichts zu tun haben. Stolz erheben sich die Häuser mehr als 100 m über den Meeresspiegel und die Steilküste schiebt sich wie eine natürliche Barriere zwischen die Stadt und den Pazifischen Ozean.

Geschichte

Gegründet wurde die langjährige Hauptstadt des spanischen Kolonialreiches in Südamerika am 15. Januar 1535 von Francisco Pizarro, nachdem sich die erste Hauptstadt Jauja wegen ihrer extremen Höhenlage und den damit verbundenen harten Klimabedingungen als ungeeignet erwiesen hatte. Außerdem wollte man einen Überseehafen in der Nähe haben. Doch fiel die Wahl eher zufällig auf den Standort am Río Rímac inmitten einer fruchtbaren Flussoase. Der dem Gründungsdatum nächstgelegene katholische Feiertag war der 6. Januar, der Tag der Heiligen Drei Könige, und so taufte Pizarro die neue Stadt Ciudad de los Reyes (›Stadt der Könige‹); erst später setzte sich der Name Lima durch, eine verschliffene Form des Flussnamens Rímac. Ein König hat hier nie residiert, dafür aber eine ganze Reihe von Vizekönigen, Statthalter des spanischen Königs in Peru. Sie verwalteten im Namen der Krone das riesige Kolonialreich von Lima aus und hatten ihren Amtssitz im ehemaligen Palast Pizarros an der Plaza Mayor – und nicht in der früheren Hauptstadt des Inka-Reiches, Cusco, die ein Jahr vor der Gründung Limas erobert und zerstört worden war.

Lima konnte sich nicht zuletzt dank einer ausreichenden Wasserversorgung schnell entwickeln und zählte im Jahr 1610 bereits 26 000 Einwohner, in der Mehrzahl schwarze Sklaven, die den etwa 10 000 Spaniern dienten. Überall entstanden ausgedehnte Klosteranlagen, prächtige Kirchen und prunkvolle Paläste. In der Mitte des 17. Jh. ließ der Vizekönig Pedro de Toledo y Leiva eine fast 12 km lange Stadtmauer errichten, die 34 Befestigungstürme und elf Tore umfasste und noch bis 1870 existierte. Die im Schachbrettmuster angelegte Kolonialstadt war umgeben von fruchtbarem Agrarland, das sich damals über rund 40 000 ha erstreckte. Eine mit Bäumen bestandene Straße führte in die 12 km entfernte Hafenstadt Callao.

Im 20. Jh. breitete sich die Innenstadt schnell in Richtung Meer aus. Zählte man um 1900 noch etwa 130 000 Einwohner, so waren es 1940 bereits über 600 000 und schon bald war die Millionengrenze überschritten. Lima wurde zur Boomtown und zum unrühmlichen Beispiel verfehlter Siedlungspolitik. Zu Tausenden strömten die Menschen in die Stadt, die Arbeit und Wohlstand versprach. Zwar ist man heute bemüht, diese Bausünden wiedergutzumachen, doch wird Lima niemals wieder die blühende und stolze Stadt sein, die sie in der Kolonialzeit einmal war.

Mit dem Autor unterwegs

Dorf in der Stadt

Bei einem abendlichen Bummel durch diesen Stadtteil mit seinen zahlreichen Kneipen und Restaurants kann man leicht vergessen, wo man sich befindet: In **Barranco** herrscht eine fast dörfliche Atmosphäre (s. S 112).

Bootstour zur Isla Palomino

Wer keine Zeit hat für einen Abstecher nach Paracas an der Südküste, um dort eine Bootstour zu den Islas Ballestas zu unternehmen (s. S. 159), findet direkt in Lima eine gute Alternative: Von der Hafenstadt Callao aus werden Touren angeboten zu mehreren vorgelagerten Inseln, darunter die **Isla Palomino,** die Heimat zahlreicher Robben und Seevögel (s. S. 117, 123).

Romantisch speisen

Nicht gerade billig, aber eines der stimmungsvollsten Restaurants in Lima ist die **Rosa Náutica:** Komplett aus Holz erbaut, thront die Anlage auf Pfählen über dem Meer – leckeren Fisch und Meeresfrüchte gibt es noch dazu (s. S. 119).

Shopping mit Meerblick

Ein guter Platz, sich unter die Einheimischen zu mischen, ist das moderne **Centro Comercial Larcomar** im Stadtteil Miraflores: Zahlreiche Restaurants (vom Imbiss bis zum Gourmettreff), Boutiquen und Geschäfte aller Art findet man hier in schöner Lage über dem Meer. Wenig landestypisch, mag man denken – die Limeños jedoch sind stolz darauf (s. S. 120).

Vorsicht!

Vor allem in Bussen und an belebten Plätzen treiben Taschendiebe ihr Unwesen und bedienen sich dabei allerlei Tricks. Meist wird im Team gearbeitet: Einer (oder eine) versucht, sein Opfer abzulenken (z. B. wird man angerempelt oder bekleckert), während der andere blitzschnell zugreift.

Die Altstadt

Cityplan: S. 102/103
Für einen Besuch der kolonialen Altstadt von Lima sollte man sich mindestens einen halben Tag Zeit nehmen. Da die meisten Kirchen über die Mittagszeit geschlossen sind, empfiehlt sich hierfür der Vormittag oder der späte Nachmittag. Bis auf vereinzelte Taschendiebe, die wie überall im Land auf unvorsichtige ›Kundschaft‹ lauern, kann man sich bei Tageslicht weitgehend gefahrlos bewegen, doch sollte man bei Nacht die Innenstadt besser meiden; ohnehin hat Miraflores die bessere Auswahl an Hotels und Restaurants.

Plaza San Martín

Ein guter Startpunkt für einen Bummel durch die Altstadt ist die **Plaza San Martín** **1**, mit ihren harmonischen Fassaden einst architektonische Visitenkarte der Stadt und bis heute ein wichtiger Verkehrsknotenpunkt. Mehrere Häuserblocks aus der Kolonialzeit mussten weichen, als der Platz mit dem altehrwürdigen Hotel Bolívar an der Westseite und der Statue des argentinischen Generals José de San Martín im Zentrum in den 1920er-Jahren angelegt wurde.

Richtung Nordwesten führt die **Avenida Nicolás de Piérola,** im Volksmund auch La Colmena (›Bienenkorb‹) genannt. Von der einstigen Prachtstraße mit luxuriösen Hotels, noblen Geschäften und vornehmen Restaurants ist leider nicht viel geblieben, heute bestimmen halb verfallene Häuserfassaden und Sexkinos das Bild – die Geschäftswelt ist längst in die modernen Stadtviertel San Isidro und Miraflores umgezogen.

Wesentlich interessanter als die unansehnliche Avenida Nicolás de Piérola ist die Einkaufsstraße **Jirón de la Unión,** seinerzeit die erste Fußgängerzone der Innenstadt, auf der man von der Plaza San Martín Richtung Norden spazieren kann.

Iglesia de Jesús, María y José

Ein kurzer Abstecher vom Jirón de la Unión hat die **Iglesia de Jesús, María y José** **2**

Rushhour im Jirón de la Unión, Limas wichtigster Einkaufsstraße in der Altstadt

aus dem Jahr 1678 zum Ziel. Mit ihren vergoldeten Barockaltären und einer geschnitzten Kanzel ist sie ein typisches Beispiel für die Kolonialkirchen der Stadt. Das dazugehörige Kloster wurde von fünf Kapuzinerinnen aus Madrid gegründet, die 1711 nach zahlreichen Irrfahrten im Hafen von Callao gelandet waren (Mo–Sa 7–12, 15–20 Uhr).

Iglesia La Merced

Direkt an der Fußgängerzone liegt die **Iglesia La Merced** 3. Das Gotteshaus des Mercedarier-Ordens geht zurück auf einen Bau von 1628, der vom Erdbeben 1687 stark beschädigt und seither mehrfach umgebaut und erweitert wurde. Die eindrucksvolle Barockfassade mit den gedrehten, »salomonischen« Säulen und der zentralen Marienstatue wurde 1939 nach Originalplänen aus dem 17. Jh. errichtet. Im Innenraum, der zum Schutz vor Erdbeben von massiven Säulen gestützt wird, sticht unter den zahlreichen goldenen Altären besonders jener schön geschnitzte der Inmaculada Concepción (›Unbefleckte Empfängnis‹) hervor. Der Hauptaltar ist der Virgen de La Merced geweiht, die als Schutzpatronin der Armee Lima im Jahr 1615 vor einem Piratenüberfall bewahrt haben soll. In der Sakristei sind Rokokomöbel und Gemälde aus der Kolonialzeit zu bewundern. Das zur Kirche gehörige Kloster, im frühen 16. Jh. gegründet und damit wahrscheinlich das erste der Stadt, lohnt wegen seiner zahlreichen Gemälde und Wandkacheln mit Szenen aus dem Leben des Ordensgründers San Pedro Nolasco ebenfalls einen Besuch (Mo–Sa 8–12.45, 16–20, So 7–13, 16–20 Uhr).

Iglesia de San Agustín

Einen Block nordwestlich liegt die **Iglesia de San Agustín** 4, deren üppige Fassade im churrigueresken Stil des späten 18. Jh. in auffälligem Kontrast steht zum eher nüchternen Innenraum. In der Sakristei mit einer im Mudéjar-Stil bemalten Decke werden kostbare Gemälde und Möbel aufbewahrt (Jirón Ica, Di–Sa 8–12, 16.30–19, So Messe um 9 Uhr).

Folgt man dem Jirón Ica nach Westen, fällt rechter Hand ein Kolonialhaus mit einer peruanischen Flagge auf (Nr. 266), das heute dem Bürgermeister als Wohnhaus dient.

Banco Central de la Reserva

Im ehemaligen Schalterraum des **Banco Central de la Reserva** 5 sind heute historische Münzen und Geldscheine zu bewundern. Bedeutender als die Gemäldegalerie im Obergeschoss mit Werken peruanischer Künstler aus dem 19. und 20. Jh. ist die mit Fotos und Landkarten schön präsentierte Sammlung altperuanischer Artefakte aus Keramik, Kupfer und Gold, die in den Kellerräumen ausgestellt ist (Jr. Ucayali 291, Ecke Jr. Lampa, Tel. 01-613 20 00, *anexo* 26 55, http://museobcr.perucultural.org.pe, Di–Fr 10–16.30, Mi 10–19, Sa/So 10–13 Uhr, Eintritt frei).

Palacio de Torre Tagle und Casa de Goyoneche

Ein Stück weiter gelangt man zum **Palacio de Torre Tagle** 6, dem wohl schönsten kolonialen Profanbau Limas, der 1735 nach Art andalusischer Paläste im Mudéjar-Stil erbaut wurde. Die herrlich gearbeitete Barockfassade mit den für die Stadt typischen vergitterten Holzbalkonen ist auf dem 20-Soles-Geldschein abgebildet. In dem früheren Adelspalast des Marqués de Torre Tagle sind heute Büros des Außenministeriums untergebracht. Der Innenhof ist nur selten zugänglich, im oberen Stockwerk sind Gemälde und Möbel ausgestellt (Jr. Ucayali 358, Besichtigung nur nach Voranmeldung unter Tel. 01-311 24 00).

Interessant ist der Vergleich zur schräg gegenüberliegenden **Casa de Goyoneche** 7 aus dem späten 18. Jh. (1771 eingeweiht), die bereits einen starken französischen Einfluss aufweist. Das Kolonialhaus mit dem stimmungsvollen Patio kann leider nicht besichtigt werden.

Iglesia de San Pedro

Eine der schönsten Kolonialkirchen der Stadt erwartet den Besucher gleich an der nächsten Ecke: Dank ihrer soliden Steinkonstruktion überstand die im Jahr 1638 fertigge-

Altstadt: Cityplan

Sehenswürdigkeiten

1 Plaza San Martín
2 Iglesia de Jesús, María y José
3 Iglesia La Merced
4 Iglesia de San Agustín
5 Banco Central de la Reserva
6 Palacio de Torre Tagle
7 Casa de Goyoneche
8 Iglesia de San Pedro
9 Congreso
10 Museo de la Inquisición
11 Moneda
12 Iglesia y Convento de San Francisco
13 Plaza Mayor
14 Palacio de Gobierno
15 Municipalidad
16 Palacio Arzobispal
17 Kathedrale
18 Casa Aliaga
19 Museo de Correos
20 Iglesia de Sto. Domingo
21 Casa de Osambela Oquendo
22 Santuario de Sta. Rosa de Lima
23 Iglesia Las Nazarenas
24 Iglesia de San Marcelo
25 Museo Nacional de la Cultura Peruana
26 Parque Universitario
27 Casona de San Marcos
28 Plaza Grau
29 Museo de Arte de Lima
30 Museo de Arte Italiano

Übernachten

1 Hotel Sheraton Lima
2 Gran Hotel Bolívar
3 Hostal Bonbini
4 Hotel Kamana
5 Hostal del Sol

Essen und Trinken

15 Los Escríbanos
16 L'Eau Vive

Siehe auch Citypläne S. 110/111 und 113

stellte **Iglesia de San Pedro** 8 als einziges sakrales Gebäude der Stadt alle Erdbeben ohne größere Schäden und ist daher bis heute fast original erhalten. Hinter der schmucklosen Fassade der Jesuitenkirche verbirgt sich ein prunkvoller Innenraum mit vergoldeten Barockaltären sowie einem Hochaltar, der das Bildnis des Ordensgründers Ignatius von Loyola zeigt. Eine Besonderheit sind die kleinen geschnitzten Balkone für den Vizekönig und die Ordensbrüder zu beiden Seiten des Hauptaltars. In der Sakristei ist neben zahlreichen Möbeln und Ölgemälden das Deckengemälde mit Szenen aus dem Leben des hl. Ignatius bemerkenswert. Weitere bedeutende Gemälde finden sich in der Büßerkapelle *(penitenciaría)*, rechts vom Eingang. Rund 200 Jahre unterhielten die Jesuiten im angeschlossenen Kloster ein bedeutendes Kolleg und eine Apotheke – bis sie dem Vatikan zu mächtig wurden und im Jahr 1767 das Land verlassen mussten (Tel. 01-428 30 17, tgl. 9.30–11.30, 17–20 Uhr, Eintritt frei).

Von hier sind es zum Kloster San Francisco über den Jirón Azángaro nur drei Häuserblocks, allerdings kann man noch einen Abstecher einbauen zur Plaza Bolívar, die man über den Jirón Junín erreicht.

Plaza Bolívar und Umgebung

Der Platz mit einem Reiterstandbild des Freiheitshelden Simón Bolívar wird beherrscht vom wuchtigen **Congreso** 9 (›Kongresspalast‹), der in den 1930er-Jahren als Sitz des peruanischen Parlaments erbaut wurde.

Das auffällige Gebäude mit dem Säulenportikus an der Südwestseite des Platzes beherbergte einst das Inquisitionsgericht, das seit 1570 in Peru tagte und schon bald den ersten ›Ungläubigen‹ zum Tod auf dem Scheiterhaufen verurteilte. Bis zur Aufhebung der Inquisition durch den Vizekönig im Jahr 1813 wurden die Angeklagten in den unterirdi-

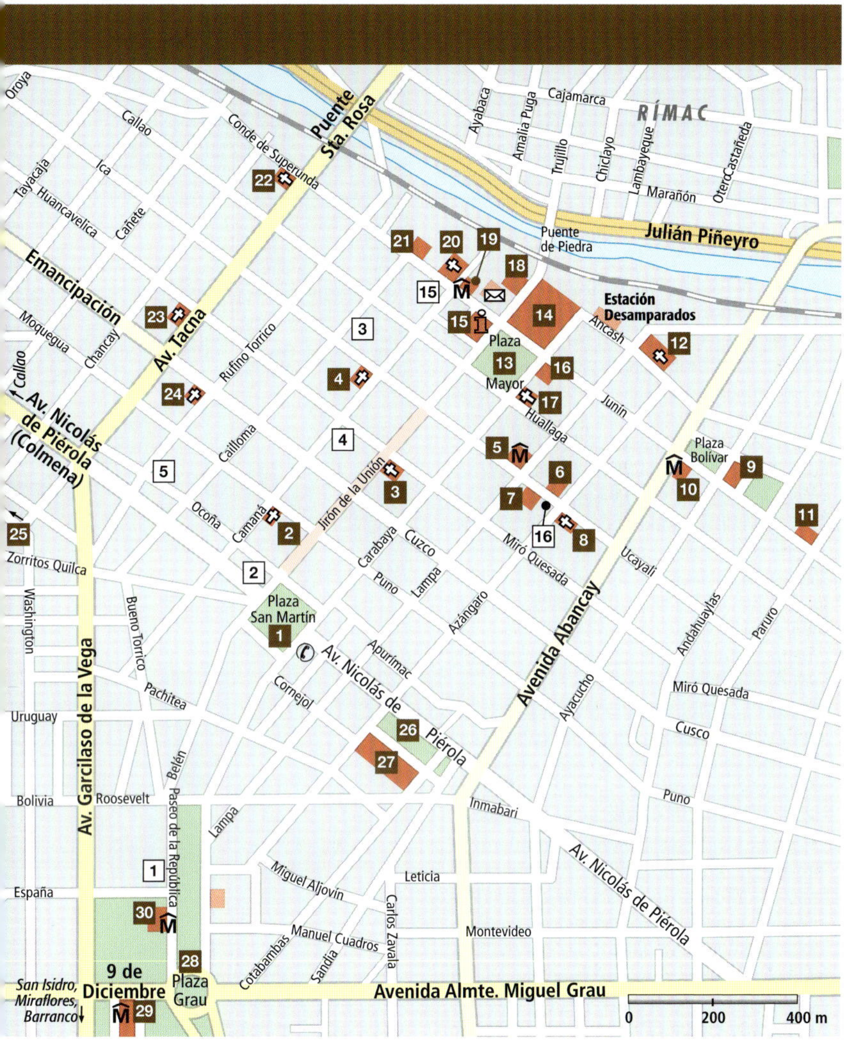

schen Gewölben gefoltert und in dunklen Zellen eingesperrt. Heute kann man sich im **Museo de la Inquisición** 10 (›Inquisitionsmuseum‹) einen Einblick in die schaurigen Machenschaften der ›Gottesdiener‹ verschaffen. Mit lebensgroßen Puppen wird die Funktionsweise der Folterinstrumente veranschaulicht. Sehenswert ist auch die Mahagonidecke des ehemaligen Gerichtssaals (Jr. Junín 548, Ecke Av. Abancay, tgl. 9–17 Uhr, Eintritt frei).

Einen Blick lohnt auch der Patio der ersten **Moneda** 11 (›Münze‹) des Kolonialreiches, die sich hinter dem Kongresspalast im Jirón Junín befindet. 1565 kam die Moneda nach Lima, bevor sie 1572 nach Potosí verlegt wurde. Der in den 1870er-Jahren wieder erbaute Palast wurde inzwischen renoviert.

Iglesia y Convento de San Francisco

Am nördlichen Ende der Altstadt, im Jirón Ancash, liegen die 1546 gegründeten **Iglesia y Convento de San Francisco** 12. Die meisten Gebäude der heutigen Klosteranlage, einst die größte und eine der reichsten der Stadt, stammen aus dem 18. Jh., da die Vorgängerbauten beim Erdbeben von 1646 schwer beschädigt wurden.

Auf der Plaza San Francisco zieht zunächst die dreischiffige Barockkirche mit ihrer prächtigen Fassade und den auffällig gelb getünchten Türmen alle Blicke auf sich. Das erste Kirchengebäude aus dem 16. Jh. wurde vom schweren Beben 1646 weitgehend zerstört, den Wiederaufbau leitete der Portugiese Constantino de Vasconcellos. Dank der massiven Säulen und Wände und des mit Bambusrohr verstärkten Gewölbes hielt die Kirche seither allen Erdbeben stand. Besonders sehenswert sind das geschnitzte Chorgestühl aus Zedrelaholz, das 1673 aus Nicaragua gebracht wurde, und die Stuckornamente in Tonnengewölbe und Kuppel, die maurischen Einfluss verraten.

Links von der Hauptkirche liegt der Zugang zum Klosterbereich. Im Kreuzgang aus dem späten 17. Jh., der von einer geschnitzten Kassettendecke geschmückt wird, finden sich schöne Kacheln *(azulejos)* aus Sevilla und Wandmalereien mit Szenen aus dem Leben des hl. Franz von Assisi. Von hier betritt man das **Museo de Arte Virreynal,** in dem neben Messgewändern, Monstranzen, Reliquiengefäßen und einem aufwendig geschnitzten Balkon vom ehemaligen Palast des Vizekönigs auch bedeutende Werke des spanischen Malers Francisco de Zurbarán (1599–1662) zu sehen sind. Ein Treppenaufgang führt zum oberen Kreuzgang mit schlanken und reich verzierten Säulen. Die eindrucksvolle Holzkuppel aus Panamazeder im Mudéjar-Stil datiert aus dem Jahr 1625. Unbedingt lohnenswert ist auch ein Besuch der Bibliothek, die eine kostbare Sammlung von rund 25 000 ledergebundenen Bänden und 6000 Pergamenten aus dem 15. bis 18. Jh. umfasst.

Eine schaurig-schöne Sehenswürdigkeit sind die Katakomben unter dem Kloster, wo bis heute die Gebeine von rund 25 000 Verstorbenen – fein säuberlich nach Größe sortiert – aufbewahrt werden. Bis 1808 dienten die Katakomben der Stadt fast 300 Jahre lang als Friedhof, danach waren sie verschüttet, bis sie 1951 wieder entdeckt wurden. Früher soll es von hier sogar unterirdische Verbindungstunnel zur Kathedrale und zum Inquisitionsgericht gegeben haben (Tel. 01-426 73 77, tgl. 9.45–18 Uhr, Erw. 5 N/S, Stud. 2,50 N/S inkl. Führung).

Seit Ende des 17. Jh. trotzt die Iglesia de San Francisco allen Erdbeben

Plaza Mayor

Vorbei an der **Estación Desamparados,** wo sporadisch Personenzüge nach Huancayo abfahren (s. S. 123), erreicht man über den Jirón Carabaya die **Plaza Mayor 13,** früher bekannt als Plaza de Armas (›Waffenplatz‹), das Zentrum des kolonialen Lima. Der spanische Eroberer Francisco Pizarro gründete hier am 18. Januar 1535 die Hauptstadt des neuen Überseereiches, die er nach dem üblichen Schachbrettmuster anlegte. Noch heute gruppieren sich mit dem Präsidentenpalast, dem Rathaus und der Kathedrale die wichtigsten Gebäude weltlicher und kirchlicher Macht um den herrschaftlichen Platz, auf dem während der Inquisition öffentliche Verbrennungen stattfanden, Stierkämpfe aufgeführt und Feste gefeiert wurden. Der fast 350 Jahre alte Brunnen im Zentrum der Plaza zeigt die Wappen des spanischen Königshauses und der Stadt. Im Rahmen einer Komplettsanierung, bei der Palmen gepflanzt und alle umliegenden Gebäude einheitlich gelb getüncht wurden, ist auch der ursprüngliche Name aus der Kolonialzeit, Plaza Mayor, wieder eingeführt worden.

Beherrscht wird der Platz vom mächtigen **Palacio de Gobierno** 14 (›Regierungspalast‹), der 1938 an der Stelle des früheren Palastes des Vizekönigs im neoklassischen Stil errichtet wurde. Vor der schwer bewachten Residenz des Präsidenten, die im Rahmen einer Gruppenführung besichtigt werden kann (nur nach telefonischer Anmeldung einen Tag im Voraus, Tel. 01-311 39 08), bietet täglich kurz vor 13 Uhr der Wachwechsel der Ehrengarde ein sehenswertes Spektakel.

Auch die **Municipalidad** 15 (›Rathaus‹) an der Nordwestseite der Plaza Mayor wirkt mit ihren großen Holzbalkonen älter, als sie in Wirklichkeit ist. Das Gebäude wurde erst 1944 im Kolonialstil erbaut und entspricht keinem historischen Vorbild, einzig der Standort ist authentisch.

Die Südostseite des Platzes ist seit jeher für die katholische Kirche reserviert. Die eindrucksvollen Holzbalkone des **Palacio Arzobispal** 16 (›Erzbischöflicher Palast‹) stammen jedoch nicht aus der Kolonialzeit, sondern wurden erst in den 1920er-Jahren angefügt. Sehr alt dagegen ist die eher unscheinbare **Iglesia del Sagrario** (›Sakramentskirche‹), die sich rechts anschließt. Sie gilt als die älteste erhaltene Kirche der Stadt. Die Wände des Innenraums sind mit blauen Kacheln *(azulejos)* geschmückt.

Weithin sichtbar dagegen sind die Türme der **Kathedrale** 17**,** die lange Zeit als wichtigste Kirche Südamerikas galt. Das erste Gebäude aus dem 16. Jh. wurde durch ein Erdbeben 1746 nahezu vollständig zerstört und danach während verschiedener Stilepochen wieder aufgebaut, sodass sich heute Elemente aus Renaissance, Barock und Klassizismus vereinigen. Das Innere des mächtigen Gebäudes ist eher nüchtern, eine Ausnahme bilden die 15 Seitenkapellen, die meist mit üppigen Goldaltären prunkvoll ausgestattet sind. In der ersten Seitenkapelle rechts liegen die mutmaßlichen Überreste von Francisco Pizarro, die man 1977 bei Grabungsarbeiten in der Krypta gefunden hat. Ob die Verehrung als Heros, die dem spanischen Konquistador hier zuteil wird, noch zeitgemäß ist, bleibt

Bei Nacht romantisch, aber kein ganz ungefährliches Pflaster: die Plaza Mayor

dahingestellt – war er doch immerhin für den Mord an Hunderttausenden von Indianern mitverantwortlich. In der nächsten Seitenkapelle ist ein Altar aus dem Jahr 1649 mit Szenen aus dem Leben Johannes des Täufers zu bewundern. Die größte Sehenswürdigkeit der Kathedrale ist unzweifelhaft das geschnitzte Chorgestühl aus dunklem Zedrelaholz, das um 1623 von Pedro Noguera gefertigt wurde und wohl als das schönste Amerikas bezeichnet werden darf. Links vom Hauptaltar hat man in der ehemaligen Sakristei ein Museum für religiöse Kunst eingerichtet, das bedeutende Gemälde und Skulpturen zur Schau stellt (Mo–Fr 9–16.30, Sa 10–16.30 Uhr, 10 N/S).

Nördlich der Plaza Mayor

Links hinter dem Regierungspalast lohnt ein weiteres schönes Kolonialhaus den Besuch: Die **Casa Aliaga** 18 wird bis heute von den Nachfahren des Jerónimo de Aliaga bewohnt, der 1532 zusammen mit Pizarro nach Peru kam (Jr. de la Unión 224, Besichtigung nur nach Anmeldung bei Lima Tours, Tel. 01-619 69 15, info@turpuno.com, tgl. 9–17 Uhr, 2 Pers. inkl. Transfer 40 $ p. P., 3 Pers. 33 $ p. P.). Am Nordende der Straße überspannt die **Puente de Piedra** den Río Rímac. Die älteste Brücke Limas (erbaut um 1610) verbindet die Altstadt mit dem Stadtviertel Rímac (s. S. 110).

In der überdachten Passage der rosa getünchten Hauptpost bieten Schreibwaren- und Postkartenhändler ihre Ware an. Philatelisten wird das kleine **Museo de Correos** 19 (›Postmuseum‹) interessieren, das in einem Nebengebäude untergebracht ist (Jr. Conde de Superunda 170, Mo–Fr 8.30–13, 14.30–16.30, Sa 9–12, 13–16, So 9–14 Uhr, Eintritt frei).

Der Dominikanerpater Vicente Valverde erhielt 1535 von Francisco Pizarro ein Grundstück zugeteilt und ließ bald darauf eine Kirche errichten, die im Jahr 1599 fertiggestellt wurde und zumindest äußerlich weitgehend unverändert erhalten blieb: die **Iglesia de Sto. Domingo** 20. Den Innenraum mit einem schönen Chorgestühl aus Zedernholz hat man Ende des 18. Jh. dem damaligen Zeitgeschmack entsprechend umgestaltet. Die Alabasterstatue mit der Darstellung der Sta. Rosa vor dem Altar ist ein Geschenk von Papst Klemens IX. aus dem Jahr 1699. Von den fünf Kreuzgängen, die das dazugehörige Kloster im 16. Jh. umfasste, sind noch drei erhalten; besonders sehenswert ist der erste mit Kacheln aus Sevilla (1604–1606) und Wandgemälden, die Szenen aus dem Leben des hl. Dominikus (Sto. Domingo de Guzmán) zeigen. Der barocke Kapitelsaal mit schönen Schnitzarbeiten und Bildern des hl. Thomas war 1551 die erste Heimstatt der Universität San Marcos. Neben dem Eingang führt eine Treppe zu einer Gruft, in der die drei peruanischen Heiligen San Juan Masías, San Martín de Porras und Sta. Rosa de Lima (die erste Heilige der westlichen Hemisphäre, s. u.) beigesetzt wurden (Tel. 01-427 67 93, Mo–Sa 9–12.30, 15–18, So 9–13 Uhr, 3 N/S).

Nicht weit entfernt, im Jirón Conde de Superunda 298, steht die **Casa de Osambela Oquendo** 21 mit ihrer blau getünchten Fassade. Das hübsche Kolonialhaus aus dem frühen 19. Jh. mit zwei Innenhöfen und schönen Holzbalkonen wurde in den 1980er-Jahren vollständig renoviert und kann besichtigt werden (Tel. 01-427 79 87, Mo–Fr 9–17 Uhr, Eintritt frei).

Santuario de Sta. Rosa de Lima

An der viel befahrenen Avenida Tacna lohnt das **Santuario de Sta. Rosa de Lima** 22 einen Besuch. Das Geburts- und Wohnhaus der ersten Heiligen Amerikas, mit bürgerlichem Namen Isabel Flores de Oliva (1586 bis 1617), ist bis heute eines der wichtigsten Pilgerziele des Landes. Vor allem am 30. August treffen wahre Scharen von Gläubigen zu einer Prozession ein, wobei sich viele Frauen in das violette Büßergewand der Sta. Rosa kleiden. Das Santuario (›Heiligtum‹) wurde aus Anlass ihrer Heiligsprechung im Jahr 1671 gegründet, die Kirche wurde 1728 hinzugefügt. Im Zentrum des ruhigen Innenhofes mit einem Garten und Palmen liegt ein 19 m tiefer Brunnen, in den die Heilige den Schlüssel für die Kette geworfen hat, die sie

Zu Ehren des »Herrn der Wunder« kleiden sich jährlich im Oktober Hunderttausende Gläubige in violette Gewänder und ziehen in Prozessionen durch Lima

sich als Zeichen der Buße um die Taille gelegt hatte – für Gläubige noch heute der Ort, um Briefe und Bittschriften zu übergeben (Av. Tacna 120, Tel. 01-425 12 79, tgl. 9–13, 15–18 Uhr, Eintritt frei).

Iglesia Las Nazarenas

Etwas weiter südlich erreicht man die **Iglesia Las Nazarenas** 23 aus der zweiten Hälfte des 18. Jh. Von einem früheren Gebäude blieb nach dem schweren Erdbeben im November 1655 lediglich eine Wand mit einem Gemälde von Christus am Kreuz erhalten. Eine Kopie dieses Bildnisses des Señor de los Milagros, des ›Herrn der Wunder‹, wurde schon bald zum Mittelpunkt populärer Religiosität in Lima und wird jedes Jahr im Oktober bei einer riesigen Prozession durch die Straßen der Stadt getragen (Av. Huancavelica, Ecke Av. Tacna, Tel. 01-423 57 18, tgl. 7–12, 16–20 Uhr).

Iglesia de San Marcelo

Die **Iglesia de San Marcelo** 24 wurde wiederholt von Erdbeben zerstört, sodass von dem ursprünglichen Kirchenbau des Augustinerordens aus dem Jahr 1557 nichts mehr erhalten ist. Bei der vorläufig letzten Restaurierung in den Jahren 1925 bis 1933 wurden die Fassade und Teile der Innenausstattung der Kirche von Palpa (bei Nazca in Südperu) nachempfunden. Im Innern finden sich churriguereske Altäre aus dieser Kirche, die ebenfalls einem Erdbeben zum Opfer fiel (Mo–Sa 8–13, 16–19 Uhr).

Museo Nacional de la Cultura Peruana

Im Vergleich zu anderen Museen der Stadt erscheint das **Museo Nacional de la Cultura Peruana** 25 (›Nationalmuseum peruanischer Kultur‹) eher bescheiden. Die sehenswerte ethnografische Abteilung mit Trachten und

Kleidungsstücken der verschiedenen indigenen Bevölkerungsgruppen des Landes lohnt aber dennoch den kurzen Abstecher, den man wegen der unsicheren Gegend südlich der Plaza 2 de Mayo besser mit dem Taxi machen sollte (Av. Alfonso Ugarte 650, Tel. 01-423 58 92, http://museodelacultura.perucultural.org.pe, Di–Fr 10–16.30, Sa 10–14 Uhr, Erw. 3 N/S, Stud. 2 N/S).

Südlich der Plaza San Martín

Den **Parque Universitario** 26 ziert ein Uhrturm, der von der deutschen Kolonie 1921 zum 100-jährigen Bestehen der Unabhängigkeit Perus gestiftet wurde. An der Südwestseite des renovierten Platzes markiert die **Casona de San Marcos** 27 den ursprünglichen Standort der Universidad San Marcos, die 1551 als älteste Universität Südamerikas gegründet wurde (Av. Nicolás de Piérola 1222, Tel. 01-619 70 00, Mo–Sa 9–18 Uhr, Erw. 5 N/S, Stud. 3 N/S).

Die **Plaza Grau** 28 wird vom hässlich-modernen Betonklotz des Sheraton-Hotels und dem gegenüberliegenden **Palacio de Justicia** (›Justizpalast‹), dem Sitz des Obersten Gerichtshofes, dominiert. Die monumentale Statue des Kriegshelden Miguel Grau im Zentrum markiert einen der wichtigsten Verkehrsknotenpunkte der Stadt.

An der Westseite des Platzes liegen zwei wichtige Kunstmuseen. In einem neoklassischen Gebäude, das bereits 1872 für Kunstausstellungen errichtet wurde, befindet sich das **Museo de Arte de Lima** 29**.** Als einziges Museum des Landes bietet das Städtische Kunstmuseum einen Überblick über peruanisches Kunstschaffen von der Vorgeschichte bis zum 20. Jh.: Präkolumbische Keramiken, Textilien und Goldarbeiten stehen gleichberechtigt neben kolonialen Gemälden und Möbeln oder zeitgenössischer Malerei. So finden sich Werke der Cusco-Schule aus dem 17. und 18. Jh. ebenso wie die umfangreichste Sammlung an kunsthistorischer Literatur des Landes. Hinter dem Museum lohnt die Parkanlage einen Besuch (Paseo Colón 125, Tel. 01-423 63 32, http://museoarte.perucultural.org.pe, Do–Di 10–17 Uhr, 12 N/S).

Auch das benachbarte **Museo de Arte Italiano** 30 (›Museum italienischer Kunst‹), in dem Kopien italienischer Künstler sowie zeitgenössische peruanische Werke gezeigt werden, befindet sich in einem repräsentativen Gebäude (Paseo de la República 250, Tel. 01-423 99 32, Mo–Fr 10–17 Uhr, Erw. 3,50 N/S, Stud. 2 N/S).

Andere sehenswerte Stadtteile und Museen

Citypläne: S. 110/111 und 113
Obwohl sich in der historischen Altstadt die Sehenswürdigkeiten drängen, lohnt sich auch ein Besuch der anderen Viertel. Vor allem das, was sich in den Museen an präkolumbischen Kunstschätzen anhäuft, sucht weltweit seinesgleichen. Zwei bis drei der zahlreichen Sammlungen sollte man als kulturinteressierter Reisender schon besucht haben, denn im restlichen Land gibt es – von wenigen Ausnahmen abgesehen (Trujillo, Lambayeque, Ica, Cusco) – in dieser Hinsicht nicht viel zu

Archäologische Stätten im Stadtgebiet
Überall im riesigen Stadtgebiet Limas finden sich Überreste präkolumbischer Kulturen, oft scheinbar unbeachtet inmitten von Wohngebieten. So z. B. die **Huaca Huallamarca** 31 in San Isidro, eine restaurierte Pyramide aus der Prä-Inka-Zeit (Av. Nicolás de Rivera 201, Ecke Av. El Rosario, Di–So 9–17 Uhr, Erw. 5 N/S, Stud. 3 N/S, Kin. 1 N/S) oder die erst kürzlich freigelegte Tempelanlage **Huaca Pucllana** 32 in Miraflores (Gral. Borgoño, Tel. 01-445 86 95, Mi–Mo 9–17 Uhr, Erw. 7 N/S, Stud. 3 N/S, Kin., Schüler, Rentner 1 N/S).

Über die Carretera Central Richtung Chosica erreicht man nach etwa 5 km die Ruinen von **Puruchuco** und einige Kilometer weiter **Cajamarquilla** (s. S 124).

An der Panamericana Sur zweigt bei Kilometer 33 die Zufahrt ab nach **Pachacamac,** einer wichtigen Pilgerstätte aus der Prä-Inka- und Inka-Zeit (s. S. 150).

Lima: Übersichtsplan

Sehenswürdigkeiten

31 Huaca Huallamarca
32 Huaca Pucllana
33 Quinta de Presa
34 Convento de los Descalzos
35 Plaza de Acho
36 Museo Amano
37 Colección Enrico Poli
38 Puente de los Suspiros
39 Museo Pedro de Osma
40 Museo de la Nación
41 Museo de Oro
42 Iglesia de Sta. María de Magdalena
43 Parque de las Leyendas
44 Museo Nacional de Arqueología y Antropología
45 Museo Rafael Larco Herrera
46 Castillo del Real Felipe
47 La Punta

Siehe auch Citypläne
Altstadt: S. 102/103
Miraflores: S. 113

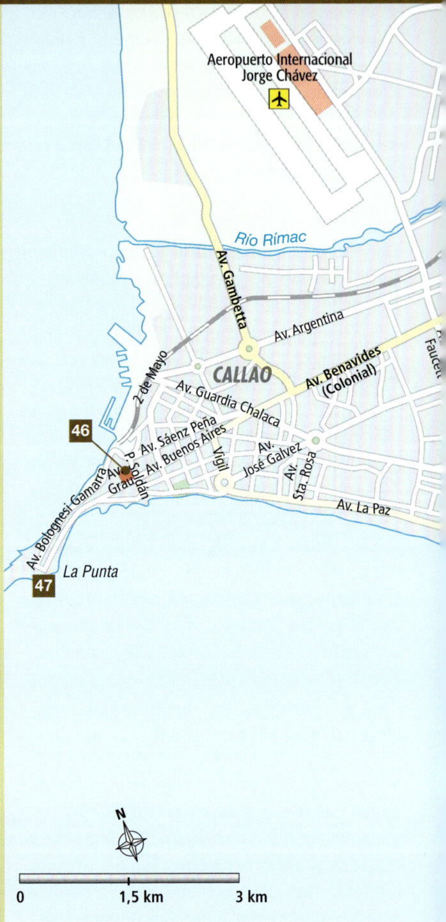

sehen. Wegen der großen Entfernungen und des etwas unübersichtlichen Bussystems nimmt man für den Besuch der anderen Stadtteile am besten ein Taxi.

Rímac

Nur schwer kann man sich vorstellen, dass Rímac, nördlich der Altstadt, während der Kolonialzeit ein nobles Wohnviertel am Stadtrand gewesen sein soll. Längst liegt es im Zentrum der Stadt, ganze Straßenzüge befinden sich heute in einem beklagenswerten Zustand. Eines der wenigen Gebäude, die an die vergangene Pracht erinnern, ist die **Quinta de Presa 33,** eine typische Landvilla aus dem späten 18. Jh., die heute ein Kolonialmuseum beherbergt (Jr. Chira 334, vorübergehend für Besucher geschlossen).

Am Ende der einst repräsentativen Avenida Atahualpa befindet sich das **Convento de los Descalzos 34.** Im 1595 gegründeten Kloster des Barfüßerordens leben heute noch

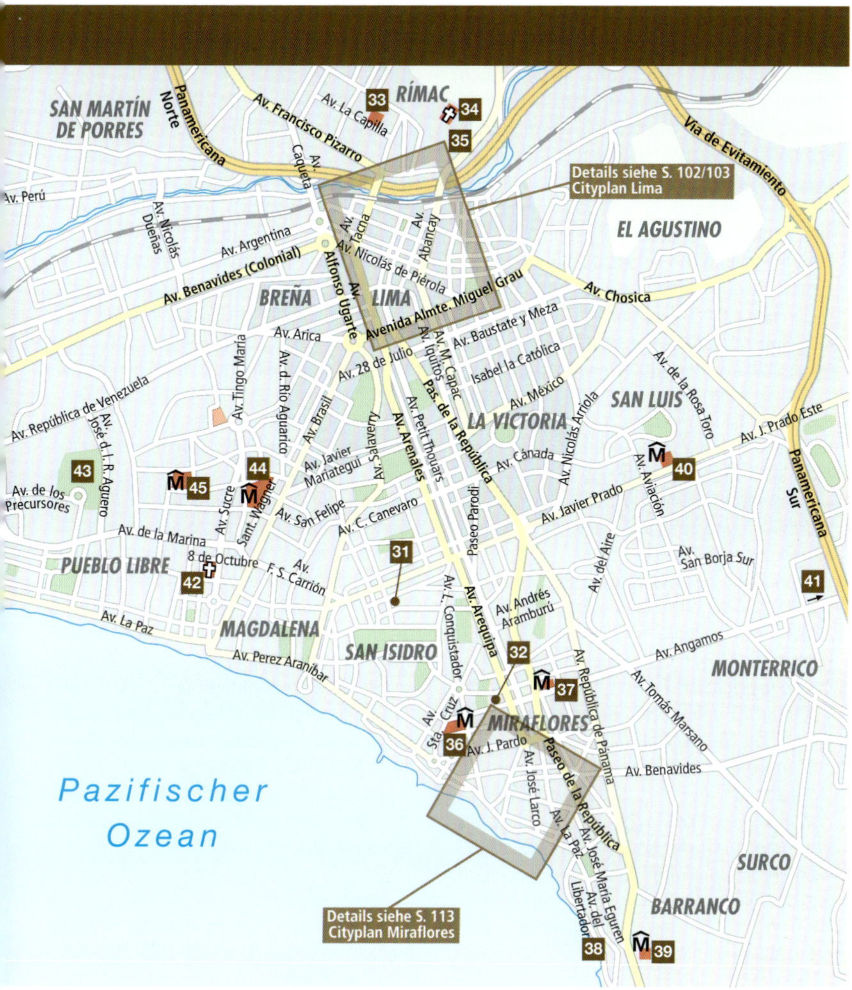

zehn Mönche; ein Teil der Anlage ist zusammen mit einem Museum religiöser Kunst zu besichtigen (Jr. Alameda de los Descalzos, Tel. 01-481 04 41, Mi–Mo 10–18 Uhr, Erw. 5 N/S, Stud. 2,50 N/S).

Im gleichen Stadtteil liegt auch die **Plaza de Acho** 35, Amerikas älteste Stierkampfarena, die 1766 im Auftrag des Vizekönigs Amat erbaut wurde und mit einer Kapazität von über 13 000 Zuschauern noch heute von Oktober bis Dezember Schauplatz von Stierkämpfen ist. Das dazugehörige **Museo Taurino** zeigt prächtige Kleidungsstücke, Gemälde, Fotos und andere Erinnerungen an große Kämpfe (Mo–Fr 8–16.30 Uhr).

Miraflores und San Isidro

Die palmenbestandene Avenida Arequipa mit zahlreichen herrschaftlichen Gebäuden verbindet die Innenstadt mit **Miraflores,** dem 8 km südlich gelegenen modernen Zentrum Limas. Apartmenthäuser, luxuriöse Hotels,

Bürokomplexe und gepflegte Gartenanlagen prägen sein Gesicht und das des benachbarten Villenviertels **San Isidro,** in dem auch zahlreiche Botschaften residieren. Mit seinen vielen Cafés und Geschäften ist Miraflores wie geschaffen zum Entspannen und Shoppen. Dass der Stadtteil direkt am Meer liegt, fällt zunächst gar nicht auf. Dafür muss man sich schon an die Strandpromenade begeben, wo mehrere Fischrestaurants zu einer Pause einladen. Die hiesigen Badestrände verlocken zum Sonnenbaden, Schwimmen kann jedoch wegen der zweifelhaften Wasserqualität nicht empfohlen werden.

An der Grenze zwischen Miraflores und San Isidro ist im Privathaus des japanischen Kunstsammlers Yoshitaro Amano seit 1964 das kleine **Museo Amano** 36 mit einer sehr sehenswerten Sammlung präkolumbischer Keramiken und Textilien untergebracht. Neben Exponaten aus der Chimú- und Ica-Kultur verdienen besonders die zahlreichen gut erhaltenen Webarbeiten der Chancay-Kultur Beachtung (C. Retiro 160, Tel. 01-441 29 09, Führungen Mo–Fr 15, 16 und 17 Uhr, tel. Anmeldung erforderlich, Eintritt frei).

Direkt in Miraflores befindet sich die **Colección Enrico Poli** 37**,** eine weitere Privatsammlung präkolumbischer Silber- und Goldarbeiten. Im Privathaus des engagierten Kunstsammlers, der in den 1950er-Jahren als Immigrant aus Italien kam, häufen sich außerdem wertvolle Möbel, Gemälde und Altäre aus der Kolonialzeit (Jr. Lord Cochrane 466, Tel. 01-422 24 37, Besichtigung nur nach Voranmeldung, 50 N/S).

Barranco

Weiter südlich am Meer liegt Barranco, das Künstlerviertel der Stadt, in dem sich zahlreiche Maler und Schriftsteller niedergelassen haben. Ein Besuch der **Puente de los Suspiros** 38 (›Seufzerbrücke‹) und des nahe gelegenen Aussichtspunktes ist vor allem abends beliebt, wenn in den vielen Lokalen und Kneipen, die teilweise mit Livebands aufwarten, das Nachtleben beginnt.

Das **Museo Pedro de Osma** 39 im Zentrum von Barranco beherbergt eine sehenswerte und schön präsentierte Sammlung von Kolonialkunst und präkolumbischen Artefakten (Av. Pedro de Osma 421, Tel. 01-467 00 63 und 463 01 41, Di–So 10–13.30, 14.30–18 Uhr, Erw. 10 N/S, Stud. 5 N/S inkl. Führung).

Museo de la Nación

An der viel befahrenen Verkehrsachse Avenida Javier Prado Este im Stadtviertel San Borja liegt das **Museo de la Nación** 40**,** ein riesiger Betonpalast mit genügendem Platz für eine großzügig präsentierte Sammlung präkolumbischer Zeugnisse. In den Salas Prehispánicas werden die einzelnen Kulturkreise informativ und übersichtlich präsentiert, mit detailgetreuen Nachbildungen von Chavín de Huántar (s. S. 326), dem Grab des Señor de Sipán (s. S. 310) sowie anderer bedeutender Ausgrabungsstätten. Auf drei Ebenen finden sich in chronologischer Abfolge zahlreiche kostbare Keramiken und Fundstücke. Modelle der Anlagen von Chan Chan, Pachacamac, Machu Picchu und Cusco vervollständigen das Angebot. In weiteren Räumen werden wechselnde Ausstellungen gezeigt, sonntags um 11 Uhr kann man außerdem den Klängen des hiesigen Symphonieorchesters lauschen (Av. Javier Prado Este 2465, San Borja, Tel. 01-476 99 33 und 476 98 75, Di–So 9–18 Uhr, an Feiertagen geschlossen, Erw. 6,50 N/S, Stud. und Rentner 3 N/S, Kin. 1 N/S).

Museo de Oro

Kaum vorstellbar, welche Schätze im Keller des privaten **Museo de Oro** 41 (›Goldmuseum‹) im Stadtteil Monterrico lagern. Goldene Masken, Halsketten, *tumis* (›Zeremonialmesser‹) und andere Artefakte aus wertvollen Metallen lassen die Betrachter ehrfürchtig staunen über die handwerklichen Fähigkeiten der Gold-, Silber- und Kupferschmiede der Chimú und anderer Kulturvölker. Ein Raunen ging durch die Presse, als aufgedeckt wurde, dass es sich bei einem Großteil der ausgestellten Objekte um Fälschungen handelte. Daraufhin wurden die überfüllten Vitrinen inhaltlich reduziert und präsentieren sich dem Besucher jetzt etwas übersichtlicher.

Miraflores: Cityplan

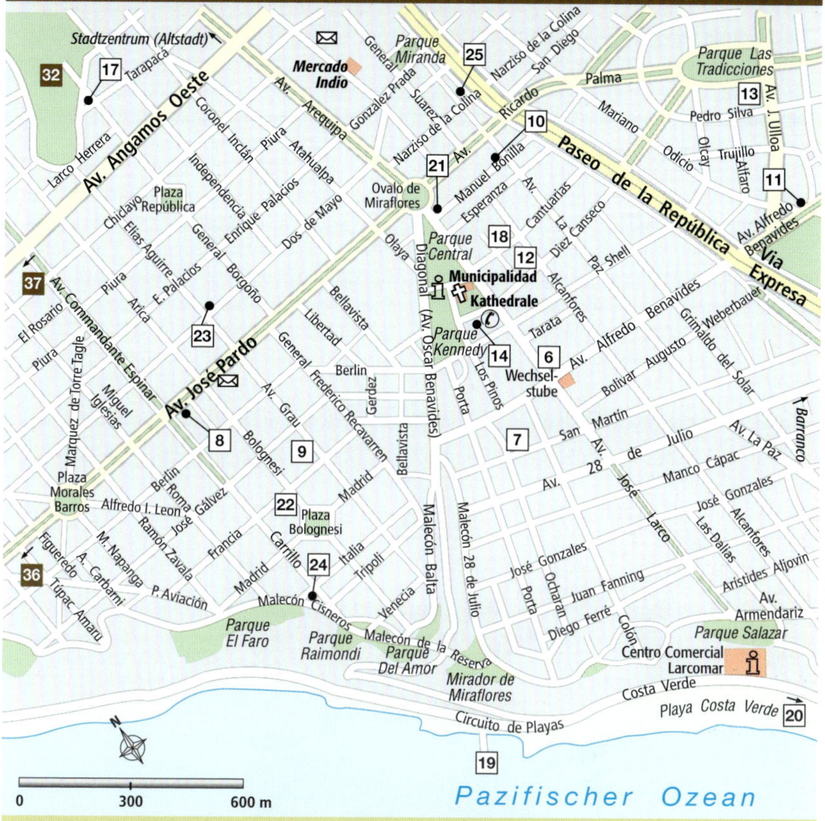

Sehenswürdigkeiten

- 32 Huaca Pucllana
- 36 Museo Amano
- 37 Colección Enrico Poli

Übernachten

- 6 Hotel Las Américas
- 7 Hotel Sol de Oro
- 8 Hotel Boulevard
- 9 Hotel Antigua Miraflores
- 10 Faraona Grand Hotel
- 11 Hotel San Antonio Abad
- 12 Hostal El Patio
- 13 Hostelling International
- 14 Flying Dog Hostel

Essen und Trinken

- 17 Huaca Pucllana
- 18 Astrid & Gastón
- 19 La Rosa Náutica
- 20 Costa Verde
- 21 La Tiendecita Blanca
- 22 Brujas de Cachiche
- 23 Zeño Manué
- 24 Punta Sal
- 25 Il Postino

Siehe auch Citypläne S. 102/103 u. 110/111

Richtig Reisen-Tipp: Museo Rafael Larco Herrera

Die meisten Lima-Besucher zieht es in das ›Goldmuseum‹ (s. S. 112) und das archäologische Nationalmuseum (s. S. 115). Doch es gibt noch ein weiteres Museum, das den Vergleich nicht zu scheuen braucht und dabei nicht nur gut sortiert ist, sondern die Exponate auch schön präsentiert: Das **Museo Rafael Larco Herrera** 45 im Stadtteil Pueblo Libre gilt mit über 50 000 Ausstellungsstücken als die größte Privatsammlung präkolumbischer Artefakte in Peru. Was bei den meisten anderen Museen im Keller aufbewahrt wird, ist hier der Öffentlichkeit zugänglich – im ›Lager‹ sind Tausende von Keramiken der Mochica-Kultur zu sehen, eine Sammlung, die weltweit ihresgleichen sucht. Aber auch im ›normalen‹ Museum finden sich zahlreiche Prachtstücke. Neben Keramikkunst der unterschiedlichsten Epochen sind Mumien, wertvolle Gold- und Silbergegenstände sowie Textilien ausgestellt. In einem abseits gelegenen Saal werden Gefäße mit erotischen Darstellungen aufbewahrt (Av. Bolívar 1515, Pueblo Libre, http://museolarco.perucultural.org.pe, Tel. 01-461 18 35 und 461 13 12, tgl. 9–18 Uhr, Erw. 25 N/S, Stud. 13 N/S).

Typisch für die Mochica-Kultur: Steigbügelkeramik mit aufklärerischem Potenzial

Im gleichen Gebäude befindet sich das **Museo de Armas del Mundo,** eine umfangreiche Sammlung historischer Waffen und Uniformen aus aller Welt (Av. Alonso de Molina 1100, Tel. 01-345 12 92 und 345 12 71, tgl. 11.30–19 Uhr, Erw. 30 N/S, Kin. 15 N/S).

Pueblo Libre

Der Stadtteil Pueblo Libre wird beherrscht von der riesigen Rokokokirche **Iglesia de Sta. María de Magdalena** 42 aus dem späten 18. Jh. Mehrere Versuche, eine schwere Marienfigur auf der Kuppel zu befestigen, waren fehlgeschlagen, sodass diese heute auf einem separaten Platz verehrt wird.

Neben den **Kunsthandwerksmärkten** an der Avenida de la Marina lohnt der **Parque de las Leyendas** 43 einen Besuch. Im städtischen Zoo sind Tiere und Pflanzen aus den drei großen Naturräumen Perus untergebracht (Av. de la Marina, *cuadra* 24, Tel. 01-464 42 82, Erw. 8,50 N/S, Kin. 4 N/S).

Museo Nacional de Arqueología y Antropología

Ebenfalls im Stadtteil Pueblo Libre befindet sich das **Museo Nacional de Arqueología y Antropología** 44, das einen hervorragenden Überblick über die Vielzahl altperuanischer Kulturen bietet. Chronologisch geordnet und gut präsentiert, ist es zwar nicht das größte, aber wohl das übersichtlichste Museum seiner Art in Peru. Gleich zu Beginn erwartet die Besucher mit der fast 2 m großen Raimondi-Stele ein archäologischer Leckerbissen von höchstem künstlerischem Niveau. Die rund 600 kg schwere Granitplatte wurde 1872 von dem italienischen Forscher Antonio Raimondi entdeckt und zwei Jahre später mit Mauleseln nach Lima geschafft, nachdem sie zuvor jahrelang einem ahnungslosen Bauern als Tischplatte gedient hatte. Die feine Reliefzeichnung stellt ein mythologisches Mischwesen aus Mensch und Tier dar, mit Raubkatzenklauen an Füßen und Händen, einem Gürtel mit Schlangenköpfen und einem wuchtigen Kopfputz mit Raubtierrachen und Schlangen. Der wertvolle Monolith gehört, wie der ebenfalls hier ausgestellte Tello-Obelisk, zur vorchristlichen Chavín-Kultur (s. S. 326). Auch auf dem Relief dieser 2,60 m hohen Säule sind formenreich menschen- und tierähnliche Gottwesen dargestellt.

In der Sala Temporal werden Keramiken, Mumien und Schädel der Paracas-Kultur im Kontext des Naturraums der südlichen Küste gezeigt. Den Löwenanteil der Ausstellungsstücke des Museums machen naturgemäß die vorspanischen Keramikarbeiten aus, die bereits zu Zeiten der Chavín- und Paracas-Kultur ein hohes Niveau hatten. Doch die farbenfrohe Keramik der Nazca- sowie die Formenvielfalt der Mochica-Kultur, die nahezu jeden Lebensbereich in Ton verewigte, setzten neue Maßstäbe und sind bis heute unerreicht. Besonders die Porträts von Mochica-Herrschern, die Darstellungen von Früchten und Tieren, von Musik, Tanz und Krieg, Sex und Geburt bilden einen Höhepunkt beim Besuch dieses Museums. Auch die kleine, aber feine Goldabteilung birgt eine ganze Reihe kostbarer Schätze. Im Textiliensaal sind es insbesondere die kunstvollen Webarbeiten der Paracas-Kultur, die bis heute jeden Betrachter in ihren Bann ziehen. Im nächsten Raum finden sich Keramiken und Metallarbeiten der Chimú- und Lambayeque-Kulturen, die beide an der nördlichen Küste existierten und für ihre meisterhafte Goldverarbeitung bekannt sind. Den Abschluss bildet ein Raum mit Modellen wichtiger Inka-Stätten wie Tambo Colorado, Wiñay Wayna und Machu Picchu.

Im angeschlossenen **Museo Nacional de Historia** sind zahlreiche Fotos, Dokumente und persönliche Gegenstände der Freiheitshelden José de San Martín und Simón Bolívar ausgestellt, die beide in diesem Haus wohnten (Plaza Bolívar, Pueblo Libre, Tel. 01-463 50 70, http://museonacional.perucultural.org.pe, Di–So 9.30–17 Uhr, Erw. 11 N/S, Stud. 3,50 N/S, Kin. 2 N/S).

Callao

Während der Kolonialzeit führte eine alleeähnliche Landstraße von Lima zum Hafen Callao, doch längst ist die hässliche Hafenstadt (über 810 000 Einw.) mit dem übrigen Lima verwachsen. Im größten Hafen Perus wird ein guter Teil der landesweit rund zehn Millionen Tonnen Fracht pro Jahr umgeschlagen; exportiert werden vor allem Bergbauprodukte und Fischmehl.

Die riesige Festungsanlage **Castillo del Real Felipe** 46 wurde nach dem Seebeben von 1746 angelegt, das rund 4500 Menschenleben forderte. Hierher flüchteten während des Unabhängigkeitskampfes die letzten Truppen des spanischen Königs, bis sie schließlich am 21. September 1821 aufgeben mussten. In den Mauern des Forts ist heute das **Museo Histórico Militar** mit Uniformen, Waffen und anderen militärischen Relikten untergebracht (Tel. 01-465 83 94 u. 429 05 32, www.ejercito.mil.pe/historia/real_felipe/inicio.htm, tgl. 9–16.30 Uhr, Erw. 6 N/S, Stud. 3 N/S).

Relativ geruhsam verläuft das Leben auf der schmalen Landzunge **La Punta** 47. Mit ein wenig Mühe und Kapital könnte man diesen hübschen Stadtteil mit seinen einfachen Fischlokalen, den kleinen Stränden und den

Armenviertel der Hoffnung

Thema

Pueblos jóvenes, ›junge Dörfer‹, nennt man in Peru beschönigend die Ansammlungen provisorischer Hütten aus Matten, Wellblech, Karton und Brettern in den Vorstädten der Metropole. Ganze Familien, ja Großfamilien teilen sich hier einen nur 15 bis 20 m² großen Raum.

Nur in den älteren *barriadas,* so die frühere Bezeichnung, gibt es feste Straßen, Müllentsorgung, Elektrizität, ein Frisch- und Abwassersystem und eine Straßenbeleuchtung. Viele Stadtviertel hingegen müssen mit Wasser aus Tanklastern versorgt werden, gekocht wird mit Holz oder Gas und nachts sind Kerzen und Gaslampen oft die einzigen Lichtquellen. Die Bewohner der bis zu 20 km vom Zentrum Limas entfernten Slums sind oft mehrere Stunden zu den Krankenhäusern, Schulen und Arbeitsplätzen in den Industriebetrieben unterwegs. Mitte der 1990er-Jahre zogen durchschnittlich 250 000 neue Landflüchtlinge pro Jahr in die peruanische Hauptstadt. Damit lebt heute bereits die Hälfte der rund 8 Mio. Einwohner Limas in Elendsquartieren, die sich am Stadtrand immer weiter ausbreiten, sowohl entlang der Küste nach Norden und Süden als auch ins Landesinnere.

Wie in den meisten Entwicklungsländern bildete auch in Peru die wirtschaftliche Stagnation auf dem Land und dessen fast mittelalterliche Infrastruktur den Auslöser für die Landflucht. Im Zuge der Bevölkerungsexplosion konnte ein Bauernhof nicht mehr alle Familienmitglieder ernähren und frühere Erbteilungen hatten die Höfe ohnehin bereits auf unwirtschaftliche Flächen verkleinert. In den 1980er-Jahren verstärkten der Terror des Sendero Luminoso (s. S. 43) in den Zentralanden sowie die Vergeltungsschläge von Armee und Polizei die Landflucht. Manchmal zwangen auch Katastrophen wie Erdbeben, Überschwemmungen etc. die Menschen zum Wegzug und die beschönigende Darstellung des Lebens in der Hauptstadt in den Medien tut ein Übriges.

In den *pueblos jóvenes* angekommen, gilt es, Bretter, Kartonpappe, Bastmatten und Kunststoffplanen zu organisieren. Alle Familienmitglieder, auch die Kinder, müssen dabei mit anpacken. Gleichzeitig hält man nach Arbeit als Verkäuferin, Straßenhändler, Tagelöhner, Dienstmagd oder Hilfsarbeiter in den Fabriken Ausschau. Mit dem ersten Geld erwirbt man Steine, Sand und Zement, auch Holzbalken und Ziegel abgerissener Häuser sowie Möbel. Innerhalb von Monaten oder Jahren errichten die Familien so ein festes Wohnhaus – meist ihre Heimat für den Rest des Lebens. Oft hört man vom starken Zusammenhalt in den *pueblos,* von selbstloser Hilfe und Solidarität, und so weht auch über der ärmsten Hütte stolz die rot-weiß-rote peruanische Flagge.

Andererseits bilden, wenn man den Angaben der Polizei glauben darf, manche Slums auch Zentren für organisierte Kriminalität: Insbesondere Jugendliche spezialisieren sich in Ermangelung eines Arbeitsplatzes auf Einnahmen aus Drogenhandel, Zuhälterei, Diebstahl und Hehlerei. In Wahlkampfzeiten besuchen die jeweiligen Präsidentschaftskandidaten regelmäßig die ›jungen Dörfer‹, meist in einer äußerst öffentlichkeitswirksamen Manier, und versprechen staatliche Investitionen in deren Infrastruktur. Daneben gibt es überall in Peru hoffnungsvolle, nicht selten kirchlich initiierte Projekte.

Segelbooten, die hier vor Anker liegen, sicherlich für den Tourismus aufpäppeln. Hier beginnen auch die Bootsausflüge zur **Isla Palomino** (s. S. 123), auf der ähnlich den Islas Ballestas bei Paracas (s. S. 159) zahlreiche Seevögel und Seelöwen leben. Man sollte allerdings bedenken, dass die Küste im Bereich von Lima während der Wintermonate von Mai bis Oktober meist von einem Nebelvorhang bedeckt wird.

i **Infoperu:** Jr. de la Unión/Belén 1066 (Altstadt, südl. Plaza San Martín), Tel. 01-431 01 17, Tel./Fax 01-425 04 14, info@infoperu.com.pe, Mo–Fr 9–18, Sa 9–14 Uhr. Privates Infobüro, sehr hilfsbereit.

i-Peru: Jorge Basadre 610 (San Isidro), Tel. 01-421 16 27 und 574 80 00 (24 Std.), Fax 421 12 27, www.peru.org.pe, Mo–Fr 8.30–18.30 Uhr; Zweigstellen im Centro Comercial Larcomar (Miraflores, s. S. 120), Tel. 01-445 94 00, tgl. 12–20 Uhr, und am Internationalen Flughafen, Tel./Fax 01-574 80 00, tgl. 24 Std.

Infobüro der Stadtverwaltung: Pasaje Los Escríbanos 145, neben dem Rathaus (Altstadt), Tel. 01-315 15 42, www.munlima.gob.pe, tgl. 9–18 Uhr.

Goethe-Institut: Jr. Nazca 722 (Jesús María), Tel. 01-433 31 80, www.goethe.de/lima.

Nationalparkbüro: Instituto Nacional de Recursos Naturales (INRENA), Intendencia de Áreas Naturales Protegidas, C. 17 No. 355, Urb. El Palomar (San Isidro), Tel./Fax 01-225 28 03, www.inrena.gob.pe.

Touristenpolizei: Comisaría Especial para Turistas, C. Belén 1098, Tel. 01-424 20 53 (für Zona Sur: Miraflores, San Isidro, Barranco etc.), sowie Jr. Moore 268, Magdalena del Mar, Tel. 01-460 45 25.

Notruf: 105.

... in der Altstadt:

Hotel Sheraton Lima [1]: Paseo de la República 170, Tel. 01-315 50 00, Fax 315 50 15, www.sheraton.com.pe. Der gute Name trügt: anonymer Betonklotz mit Restaurants, Swimmingpool, Casino und Nachtclub. Guter Zimmerstandard, aber schlechte Lage. DZ/ÜF ab 150 $.

Gran Hotel Bolívar [2]: Jr. de la Unión 958, Plaza San Martín, Tel. 01-619 71 71, Fax 619 71 70, www.granhotelbolivarperu.com. Altehrwürdiges Hotel (1924), 272 ältere, aber stilvolle Zimmer und Suiten. DZ/ÜF ab 80 $.

Hostal Bonbini [3]: Jr. Cailloma 209, Tel. 01-427 64 77, Fax 427 30 27, hostalbonbini@hotmail.com. Neueres, zentrales Hostal, freundliche Zimmer mit schönem Bad. DZ/ÜF 40 $.

Hotel Kamana [4]: Jr. Camaná 547, Tel. 01-427 72 04, Fax 426 07 90, www.hotelkamana.com. Neueres Stadthotel mit recht guten Zimmern und Restaurant. DZ/ÜF ab 35 $.

Hostal del Sol [5]: Jr. Rufino Torrico 773, Tel./Fax 01-428 13 53. Einfaches Hostal unter spanischer Leitung, zentral und ruhig. DZ/ÜF ab 11 $.

... in Miraflores:

Hotel Las Américas [6]: Av. Benavides 415, Tel. 01-241 28 20, Fax 444 11 37, www.hoteleslasamericas.com. Modernes Luxushotel in zentraler Lage mit großen, komfortablen Zimmern und Suiten. DZ/ÜF ab 198 $.

Hotel Sol de Oro [7]: C. San Martín 305, Tel. 01-610 70 00, Fax 01-610 70 20, www.soldeoro.com.pe. Modernes 5-Sterne-Hotel mit Restaurant, Dachterrasse mit Pool, Gymnastikraum, Sauna; großzügige Zimmer und Suiten mit AC und Kochnische. DZ/ÜF ab 122 $.

Hotel Boulevard [8]: Av. José Pardo 771, Tel. 01-444 65 62, Fax 444 66 02, www.hotelboulevard.com.pe. Angenehmes Hotel mit Restaurant, Bar und Dachterrasse mit Pool, große Zimmer. DZ/ÜF ab 80 $.

Hotel Antigua Miraflores [9]: Av. Grau 350, Tel. 01-241 61 16, Fax 241 61 15, www.peru-hotels-inns.com. Angenehmes kleines Hotel in ehemaligem Privathaus, ruhige Lage, Zimmer teilweise mit antiken Möbeln. DZ/ÜF 79 $.

Faraona Grand Hotel [10]: Jr. Manuel Bonilla 187, Tel. 01-446 82 18, Fax 446 94 03, www.faraonagrandhotel.com. Angenehmes 3-Sterne-Hotel in guter Lage mit Restaurant und Pool auf der Dachterrasse. DZ/ÜF 75 $.

Hotel San Antonio Abad [11]: Av. Ramón Ribeyro 301, Tel. 01-447 67 66, Fax 446 42 08, www.hotelsanantonioabad.com. Mit Garten, aber etwas abseits. DZ/ÜF 55 $ (inkl. Abholung vom Flughafen).

Hostal El Patio 12: Jr. Diez Canseco 341, Tel. 01-444 21 07, Fax 444 16 63, www.hostalelpatio.net. Nette Zimmer um einen kolonialen Innenhof, zentrale Lage, dennoch ruhig. DZ/ÜF ab 40 $.

Hostelling International 13: Av. Casimiro Ulloa 328, Tel. 01-446 54 88, Fax 444 81 87, www.limahostell.com.pe. Saubere Herberge mit Garten und Pool. Rabatt mit JH-Ausweis. Schlafsaal 12,50 $ p. P., DZ 28,50 $.

Flying Dog Hostel 14: Jr. Diez Canseco 117, Tel. 01-445 67 45, Fax 445 23 76, www.flyingdogperu.com. Neues Hostal mit Gemeinschaftsküche und Internetzugang. Schlafsaal 10 $ p. P. inkl. Frühstück, DZ/ÜF ohne/mit Bad 22/25 $.

... in San Isidro:

Country Club Lima: Jr. Los Eucaliptos 590, Tel. 01-611 90 00, Fax 611 90 01, www.hotelcountry.com. Historisches Luxushotel (1927) mit viel Ambiente und 75 sehr komfortablen Zimmern und Suiten; gutes Restaurant, Pool, Fitnesscenter, Zugang zu 18-Loch-Golfplatz. DZ ab 160 $.

Meliá Lima: Av. Salaverry 2599, Ecke Av. Faustino Sánchez Carrión, Tel. 01-411 90 00, Fax 411 90 22, www.solmelia.com. Modernes 5-Sterne-Hotel am Rand von San Isidro mit allem Komfort (Restaurant, Bar, Sauna, Fitnessraum etc.). DZ/ÜF ab 132 $.

Hotel Sonesta Posada del Inca El Olivar: Jr. Pancho Fierro 194, Tel. 01-712 60 00, Fax 712 60 99, http://www.sonesta.com/peru_lima/. Gutes 5-Sterne-Hotel in ruhiger Lage. DZ/ÜF ab 106 $.

Basadre Suites: Av. Jorge Basadre 1310, Tel. 01-442 23 07, Fax 222 55 81, www.hotelbasadre.com. Kleines Hotel in ehemaligem Privathaus; Zimmer mit Klimaanlage, Pool. DZ/ÜF 85 $.

Youth Hostel Malka: Jr. Los Lirios 165, Tel. 01-442 01 62, Tel./Fax 222 55 89, www.youthhostelperu.com. Restaurant, Gästeküche, Internet, kleiner Garten, Kletterwand. Schlafsaal 8 $ p. P., DZ ohne/mit Bad 18/20 $.

... in Callao:

La Punta B & B: Jr. Saenz Peña 486–490, Tel./Fax 01-429 15 53, www.bed-and-breakfast-la-punta.com. Privatpension in renoviertem historischem Gebäude auf der Landzunge La Punta mit zwei Apartments und zwei Einzelzimmern; netter Innenhof, deutschsprachige Besitzer. Apartment ab 45 $ (inkl. Frühstück), EZ/ÜF 17 $.

Richtig Reisen-Tipp: Landestypische Küche und Folklore

Einen kleinen Einblick in peruanische Traditionen gewinnt man in sogenannten Peñas, die zwei Genüsse miteinander verbinden: einheimische Spezialitäten und landestypische Musik und Folklore. Rechtzeitige telefonische Reservierungen sind zu empfehlen.

Las Brisas del Titicaca: Jr. Walkuski 168 (Zentrum), Tel. 01-332 18 81, www.brisasdeltiticaca.com. Derzeit beste Peña der Stadt mit folkloristischen Tanzdarbietungen (Di 20 Uhr, ab 15 N/S; Mi 20.30 und Do 21.30 Uhr, ab 25 N/S, Fr/Sa 22 Uhr ab 40 N/S). Abendessen (optional) 40 N/S für das Menü.

Junius: Jr. Independencia 125, im Hotel El Pardo (Miraflores), Tel. 01-617 10 00, *anexo* 278, www.junius.com.pe. Tgl. 20.30 Uhr gute Tanz- und Folkloreshow inkl. Buffet (99 N/S).

La Dama Juana: Malecón de la Reserva 601, im Centro Comercial Larcomar (Miraflores), Tel. 01-447 36 86, www.ladamajuana.com. Tanz- und Folkloreshow inkl. kreolisches Buffet (Mo–Sa 19.30–22, So 14.30 Uhr, 99 N/S).

Sachún: Av. del Ejercito 657 (Miraflores), Tel. 01-441 01 23, www.sachunperu.com. Typische Küche sowie Tanzdarbietungen aus allen Landesteilen (Di–Do 21.20 Uhr, 20 N/S; Fr/Sa 22 Uhr, 30 N/S).

El Eslabón: Av. Aviación 3390 (San Borja), Tel. 01-476 24 19. Peña mit Restaurant und Folkloreshow (Fr/Sa ab 22 Uhr, 20 N/S).

Peña Poggi: Jr. Luna Pizarro 587 (Barranco), Tel. 01-373 03 59. Beliebte Peña mit Restaurant (Hauptgerichte um 20 N/S, Fr/Sa Tanzshow 15 N/S).

Heute im Angebot: Flugware – gut abgehangen und nichts für edle Restaurants

... in der Altstadt:

Los Escríbanos 15: Pje. Nicolás de Rivera El Viejo 137, Tel. 01-427 91 02, Mo–Sa 9–21, So 9–17 Uhr. Nettes Straßencafé hinter dem Rathaus. Tagesgerichte ab 21 N/S.

L'Eau Vive 16: Jr. Ucayali, gegenüber Palacio de Torre Tagle, Tel. 01-427 56 12, Fax 427 16 69, Mo–Sa 12.30–15, 19.30–21.30 Uhr. Von französischen Nonnen geleitet, gute Gerichte, preiswerter Mittagstisch (10–15 N/S). Hauptgerichte ab 20 N/S, Menü 26 N/S.

... in Miraflores:

Huaca Pucllana 17: C. General Borgoño, *cuadra* 8, Tel. 01-445 40 42, www.resthuacapucllana.com, tgl. 12.30–16.30, 19–24 Uhr. Renommiertes Gourmet-Restaurant mit innovativer peruanischer Küche. Hauptgerichte um 15 $, 3 Gänge inkl. Getränk um 35 $.

Astrid & Gastón 18: Jr. Cantuarias 175, Tel. 01-444 14 96, www.astridygaston.com, Mo–Sa 12.30–15.30, 19.30–24 Uhr. Gehobene Küche in angenehmem Ambiente. Hauptgerichte 12–15 $, 3 Gänge inkl. Getränk um 35 $.

La Rosa Náutica 19: Jr. Espigón 4, Circuito de Playas (Küstenstraße), Tel. 01-447 00 57, www.larosanautica.com, tgl. 12–24 Uhr. Gutes, stilvolles Fischrestaurant in spektakulärer Lage am Meer. 3 Gänge inkl. Getränk um 30 $, günstigeres Tagesgericht.

Costa Verde 20: Playa Barranquito (Küstenstraße), Tel. 01-477 52 28, www.restaurantcostaverde.com.pe, tgl. 12.30–24 Uhr. Exklusives Fischlokal am Meer, So Buffet mit Show (79 N/S). Hauptgerichte 25–30 N/S, 3-Gänge-Menü 55 N/S.

La Tiendecita Blanca 21: Av. Larco 111, Ecke Av. R. Palma (›Ovalo‹), Tel. 01-445 14 12, tgl. 7–24 Uhr. Einfaches Lokal, aber nett und ausgezeichnete (Schweizer) Küche, beliebter Treffpunkt. 3 Gänge inkl. Getränk um 20 $.

Brujas de Cachiche 22: Av. Bolognesi 460, Tel. 01-447 18 83, www.brujasdecachiche.com.pe, Mo–Sa 12–16.30, 19–24, So 12.30–16.30 Uhr. Ansprechendes Restaurant, das typisch peruanische Gerichte serviert, z. B. *arroz con mariscos* (Reis mit Meeresfrüchten), *pato al ají* (Gans mit scharfer Soße), *seco de cordero* (Lammeintopf). Hauptspeisen um 35 N/S.

Zeño Manué [23]: Jr. 2 de Mayo 598, Tel. 01-444 90 49, tgl. 12.30–16, 19–22 Uhr. Nettes Lokal mit gutem kreolischem Buffet (ca. 15 $).
Punta Sal [24]: Jr. Malecón Cisneros, *cuadra* 3, Ecke C. Tripoli, Tel. 01-242 45 24, www.puntasal.com, tgl. 11–17 Uhr. Einfaches Fischrestaurant mit Meerblick, günstiges Buffet. 3 Gänge inkl. Getränk um 15 $.
Il Postino [25]: C. Narciso de la Colina 401, Tel. 01-446 83 81, tgl. 13–15, 20–23 Uhr oder länger, im Sommer Mo nur abends, So nur mittags. Gemütlicher Italiener. 3 Gänge inkl. Getränk um 15 $.
... in San Isidro:
Casa Hacienda Moreyra: Av. Paz Soldán 290, Tel. 01-444 40 22, www.casahaciendamoreyra.com, tgl. 12–24 Uhr. Vornehmes Restaurant in historischem Gebäude, gehobene peruanische Küche. 3 Gänge inkl. Getränk um 30 $.
La Carreta: Av. Rivera Navarrete 740, Tel. 01-442 26 90, www.restaurantelacarreta.com, tgl. 12–24 Uhr. Sehr angenehmes Ambiente im kolonial-rustikalen Stil, sehenswerter Weinkeller, gute Fleischgerichte sowie peruanische Küche. Hauptgerichte um 14 $.
Pizzería Antica: Av. 2 de Mayo 728, Tel. 01-222 84 37, tgl. 13–24 Uhr. Beliebtes rustikal-gemütliches Lokal, gute Holzofenpizza. 3 Gänge inkl. Getränk um 15 $, Hauptgerichte 9–14 $.
... in Barranco:
Canta Rana: Pasaje Genova 101, Tel. 01-247 72 74, tgl. 7.30–19 Uhr. Einfaches Lokal, gute und günstige Fischgerichte und Meeresfrüchte. Hauptgerichte 20–35 N/S.
Rústica: Parque Municipal 105, Tel. 01-247 93 85, tgl. 12.30–16 Uhr. Nettes Lokal in historischem Haus, Mittagsbuffet mit kreolischen Gerichten (23 N/S).

Viele **Indiomärkte** mit allerlei Kunsthandwerk findet man in Miraflores, Av. Petit Thouars, zwischen Diego Elias und Salaverry, sowie in Pueblo Libre, Av. de la Marina, *cuadra* 9.
Alpaka-Produkte gibt es u. a. in Miraflores: All Alpaca, Jr. Shell 375, Tel. 446 05 65; Santos Alpaca, Av. Larco 859, Tel. 447 71 63; Alpaca 111, Av. Larco 671, Tel. 447 16 23, Filialen in Luxushotels und am Flughafen.
Las Pallas – Mari Solari: Jr. Cajamarca 212 (Barranco), Tel. 01-477 46 29, Mo–Sa 9–19 Uhr. Die deutschsprachige Besitzerin sammelt und verkauft in ihrem Privathaus fachkundig Volkskunst aus allen Landesteilen.
Urpi Rumi: Jr. Buenos Aires 231 (Miraflores), Tel. 01-446 02 01. Repliken des Goldschatzes von Sipán aus Silber und Gold.
Centro Comercial Larcomar: Jr. Malecón de la Reserva 610 (Miraflores), Tel. 01-620 60 00, www.larcomar com, tgl. 11–22, Restaurants teilweise ab 8.30 Uhr. Einkaufszentrum direkt am Meer mit über 30 Geschäften, mehreren Kinos (15–23 Uhr), einer Disco sowie zahlreichen Restaurants, Cafés und Pubs.

Lima hat viele Bars, Pubs, Kneipen und Nachtclubs, v. a. in den Vierteln San Isidro, Miraflores und Barranco.
Jazz Zone: Av. La Paz 646 (Miraflores), Tel. 01-241 81 39. Nette Kneipe mit Livejazz.
Murphy's Irish Pub: Jr. Schell 627 (Miraflores), Tel. 01-242 12 12. Gemütliches Pub mit Restaurant, tgl. ab 18 Uhr. Do–Sa Livemusik, tgl. bis 21 Uhr Happy Hour.
Discoteca Tequila: Jr. Diez Canseco 146 (Miraflores), Tel. 01-444 36 61, www.tequilarock.org, tgl. ab 19 Uhr. Disco mit Rockmusik.
Oita Nomá Peña: Av. Grau 296 (Barranco), Tel. 01-247 69 89, Mo–Sa 20–4 Uhr. Beliebte Bar direkt am Hauptplatz, Livemusik.

In einer Metropole wie Lima finden jeden Tag die verschiedensten kulturellen Veranstaltungen statt. Über das aktuelle Programm informiert die Tageszeitung El Comercio, www.elcomercioperu.com.pe (sp.). Tickets bekommt man direkt an den Veranstaltungsorten oder auch bei »Teletickets« mit Filialen in vielen großen Geschäften und Supermärkten (z. B. Metro, Wong, Ripley).

Feste und Veranstaltungen
Woche der Stadtgründung (15.–20. Jan.): Ausstellungen und Musikaufführungen.
Karneval (Feb.): Umzüge in Miraflores und anderen Stadtteilen.

Die höchste Eisenbahnlinie der Welt

Thema

Eine ingenieurtechnische Meisterleistung war der Bau der Eisenbahnstrecke von Lima nach La Oroya gegen Ende des 19. Jahrhunderts. Auf einer Länge von 173 km überwindet die Bahn einen Höhenunterschied von fast 5000 m.

Um dies zu ermöglichen, mussten 45 Brücken und 60 Tunnel errichtet werden, an den steilsten Stellen muss sich der Zug im Zickzack bergauf winden. Der mit knapp 1,2 km längste Tunnel der Strecke, La Galera, verläuft auf einer Höhe von 4780 m – Weltrekord!

Der Grund für diese aufwendige Konstruktion, bei der nicht wenige der rund 10 000 Arbeiter, übrigens zur Hälfte Chinesen, durch Infektionskrankheiten und Unfälle ums Leben kamen, waren die reichen Erzvorkommen der Region, die man schnell und einfach zum Hafen von Callao befördern wollte. Nachdem der Bau 1869 beschlossen worden war, beauftragte man den US-amerikanischen Ingenieur Henry ›Enrique‹ Meiggs mit den Arbeiten, die bereits im Folgejahr begonnen wurden. Nach weniger als zwei Jahren waren die ersten 76 km bis San Bartolomé fertiggestellt, und als Meiggs 1877 starb, war man in Chicla bei Kilometer 141 angekommen. Doch schon bald mussten die Arbeiten wegen des Salpeterkrieges mit Chile unterbrochen werden und danach kam das Projekt wegen Geldmangels nur im Schneckentempo voran. Endlich, im Jahr 1893, war die 222 km lange Strecke nach 23 Jahren Bauzeit bis La Oroya fertiggestellt – ein Traum wurde Wirklichkeit. Die nächsten 124 km bis Huancayo wurden dann 1908 eingeweiht und zwei Jahre später war auch Huancavelica an das nationale Eisenbahnnetz angeschlossen.

Früher setzte sich jeden Morgen ein Zug vom Bahnhof Desamparados in Lima in Bewegung, der laut Fahrplan neun, meist aber bis zu zwölf Stunden nach Huancayo unterwegs war. Der reguläre Verkehr ist seit Jahren eingestellt, lediglich einmal pro Monat verkehren Ausflugszüge auf dieser einmaligen Strecke (s. S. 123).

Gut Ding will Weile haben – 23 Jahre dauerte der Bau der Bahnlinie nach La Oroya

Richtig Reisen-Tipp: Ausflug von Lima ins Canta-Tal

Für kurze Zeit der Hektik des Molochs Lima entfliehen, abseits der Touristenströme die herbe Schönheit der Anden erleben – ein Ausflug ins Canta-Tal macht's möglich (s. Reiseatlas S. 11/12, B/C 2). Die Straße ist bis Canta geteert und bis zur Abra La Viuda, ca. 160 km hinter Lima, auch mit einem normalen Pkw befahrbar. Zunächst muss man jedoch den schier endlosen Gürtel von Armutssiedlungen durchqueren, der die Stadt umschließt (Anfahrt über Av. Tupac Amaru/ Comas). Doch hat man erst einmal den Staub und den chaotischen Verkehr der Metropole hinter sich gelassen, fühlt man sich wie in einer anderen Welt. Im fruchtbaren Tal des Río Chillón scheinen die Uhren langsamer zu gehen. Auf den Feldern wird Mais, Obst und Gemüse angebaut, in den Restaurants *pachamanca* (s. S. 138) und Meerschweinchen *(cuy)* als Spezialität angeboten.

Einige Kilometer hinter dem Ort **Yangas** weist ein Schild zu den **Felszeichnungen von Checta,** die über einen steilen Pfad zu erreichen sind. Das Alter dieser Petroglyphen, die erst 1925 entdeckt wurden, ist bis heute nicht eindeutig bestimmt. Wenige Kilometer weiter thront die Kirche von **Sta. Rosa de Quives** über dem Tal. Jährlich am 30. August strömen Hunderte Pilger in diesen 1400 m hoch gelegenen Ort, um den Jahrestag der Sta. Rosa de Lima (s. S. 107 f.) zu feiern, die hier einige Zeit lebte. Für Besucher gibt es einfache Restaurants und Unterkünfte (s. u.).

Danach wird das Tal zunehmend enger, die Vegetation dichter. Die Teerstraße windet sich talaufwärts, bis sie schließlich – gut 100 km hinter Lima – in **Canta** endet. Nur selten verirrt sich ein Tourist in diesen hübschen Ort auf 2900 m, lediglich Erholung suchende Limeños bevölkern am Wochenende die Gassen der Altstadt.

Auf guter Piste geht es weiter bergauf, vorbei an den Inka-Ruinen von **Cantamarca** (km 111), und schon bald hinter dem Bergdorf Cullhuay (3650 m) beginnt die karge Puna. Das raue Klima erlaubt keinen Ackerbau mehr, sodass sich die wenigen Bewohner dieser Region ausschließlich von Viehzucht ernähren. Im Hintergrund kommen erste Schneeberge in Sicht und durch eine herrliche Hochgebirgslandschaft führt die Straße hinauf zur blaugrün schimmernden **Laguna Chuchón.** Mit etwas Glück begegnet man einer Herde Vikunjas, die hier ideale Lebensbedingungen finden. Wenig später klettert die Nadel des Höhenmessers beim ›Witwenpass‹, der **Abra La Viuda,** auf 4500 m.

Wer von hier aus weiterfahren möchte zur Carretera Central, sollte über gute Nerven und ein entsprechend ausgestattetes Fahrzeug verfügen. Stundenlang geht es auf Höhen über 4000 m auf teilweise schlechter Piste durch die Zentralkordillere, oft sind Lamas, Alpakas und Schafe die einzigen Lebewesen, die einem hier begegnen – bis bei Kilometer 219 unvermittelt das Bergarbeiterstädtchen Huayllay auftaucht. Am Bosque de Piedras (s. S. 132) vorbei erreicht man nach weiteren 70 km bei Colquijirca die Teerstraße Richtung Lima bzw. Tingo María.

Unterkünfte:

... in Sta. Rosa de Lima:

Hotel Sta. Rosa de Quives, Tel. 01-244 40 00. Kleines, ruhiges Hotel mit Restaurant und Pool; nüchterne Zimmer, aber dafür mit Balkon. DZ/ÜF 40 $.

Hostal Mango Marca, Tel. 01-244 40 36. Neueres Hostal, Zimmer mit Bad, einfach, aber sauber. DZ 16 $.

... in Canta:

Hotel Cancayvento, Prolong. 26 de Junio s/n, Tel. 01-244 71 62 und 441 57 33 (in Lima), www.hotelcancayvento.com. Neues Hotel mit Restaurant, Disco, Pool. DZ/ÜF 37 $.

Hostal Kalapacho's, C. Cayedano Quiros 148, Tel. 01-437 13 59. Ordentliches, deutschsprachiges Hostal mit kleinem Garten und sechs einfachen Zimmern (zwei davon mit Bad). DZ/ÜF ab 28 $.

Nationalfeiertage (28./29. Juli): Umzüge und Militärparaden zum Gedenken an die Ausrufung der Unabhängigkeit 1821.
Sta. Rosa de Lima (30. Aug.): Religiöse Feierlichkeiten zu Ehren der Stadtpatronin.
Señor de los Milagros (18.–20. Okt.): Prozessionen, Auftakt zur Stierkampfsaison.

Stadttouren: Receptour, Av. Camino Real 390, Suite 604 (San Isidro), Tel. 01-221 33 41, Fax 221 09 74, www.receptour.com. Auch Exkursionen in die Umgebung; deutschsprachige Führer.
Bootstouren: Ecocruceros, Av. Arequipa 4960, Tel./Fax 01-242 66 55, www.islaspalomino.com. Ausflüge zur Isla Palomino (Abfahrt 9.30 und 14 Uhr in La Punta/Callao, ca. 4 Std., 30 $).

Flüge: Der Aeropuerto Jorge Chávez, Tel. 01-511 60 55, www.lap.com.pe, liegt 16 km nordwestlich vom Zentrum. Tgl. zahlreiche nationale und internationale Flüge. Ein Taxi in die City kostet ca. 10 $.
Fluglinien: Aero Cóndor, Tel. 01-614 60 00, www.aerocondor.com.pe; LAN Perú, Tel. 01-213 82 00, www.lan.com; LC Busre, Tel. 01-619 13 00, www.lcbusre.com.pe; Star Perú, Tel. 01-705 90 00, www.starperu.com; TACA Perú, Tel. 01-511 82 22, www.taca.com.
Züge: Estación Desamparados, Jr. Carabaya (Altstadt). Der Zugverkehr nach Huancayo wurde Ende 2006 wieder aufgenommen. Geplant sind ein, teilweise auch zwei Fahrten pro Monat (Abfahrt 7 Uhr, ca. 12 Std., 185/285 $), doch man muss immer damit rechnen, dass die Fahrten abgesagt werden. Aktuelle Informationen unter www.incasdelperu.org/statusofthetrain.htm.
Busse: Von Lima gibt es sehr gute Verbindungen in alle Landesteile. Die meisten Busunternehmen haben Büros in der Nähe der Plaza Grau. Komfortable Fernreisebusse bieten: Ormeño, Av. Paseo de la República 801 (La Victoria), Tel. 01-241 79 25, www.grupoormeno.com (Royal Class); Cruz del Sur, Av. Javier Prado 1109 (San Isidro), Tel. 01-225 61 63, www.cruzdelsur.com.pe (›Servicio Cruzero‹); CIVA, Av. Paseo de la República 569 (La Victoria), Tel. 01-330 40 80, www.civa.com.pe (›Servico Especial‹); Flores, Av. Paseo de la República 627 (La Victoria), Tel. 01-332 12 12, www.floreshnos.com (›Super Dorado‹); Transportes Línea, Av. Paseo de la República 941 (La Victoria), Tel. 01-424 08 36, www.transporteslinea.com.pe (nur Nordperu); Móvil Tours, Av. Paseo de la República 749 (La Victoria), Tel. 01-332 90 00, www.moviltours.com.pe (›Servicio Especial‹ nach Nordperu); Oltursa, Av. Aramburu 1160 (Surquillo), Tel. 01-225 44 99, www.oltursa.com.pe (›Primera Clase‹ nach Arequipa sowie Nordküste bis Tumbes).
Mietwagen: Zahlreiche Anbieter am Flughafen und in der City, z. B. Avia, Av. Larco 1080 (Miraflores), Tel. 01-446 45 33; Buget Car Rental, Av. La Paz 522 (Miraflores), Tel. 01-442 87 03, Fax 440 00 37, budgetperu@tci.net.pe; Dollar Rent a Car, Av. Cantuarias 341 (Miraflores), Tel. 01-444 30 50 und 575 17 19, dollar-soto@terra.com.pe; Hertz/Inka's Rent a Car, Av. Cantuarias 160 (Miraflores), Tel. 01-447 21 29 und 445 57 16, Fax 447 25 83, www.hertz.com.pe. Nähere Infos s. S. 76.

Fortbewegung in der Stadt

Die öffentlichen Busse in Lima verkehren auf festgelegten Routen, die für nicht ortskundige Besucher jedoch nur schwer nachvollziehbar sind. Das Fahrtziel ist in der Windschutzscheibe angeschrieben und wird vom Beifahrer ausgerufen, der auch das Geld kassiert. Festgelegte Haltestellen gibt es nicht, stattdessen halten die Busse auf Winken. Da die Kriminalität an Bord der meist gut besetzten Busse relativ hoch ist, empfiehlt es sich für Touristen eher, auf Taxis zurückzugreifen.
Taxis: Günstig (Stadtfahrt ab 2 $), aber nicht immer zuverlässig sind Privattaxis, zu erkennen am Taxi-Schild in der Windschutzscheibe. Sie können überall angehalten werden, haben jedoch keine Taxameter, daher Preis unbedingt vorher aushandeln.
Gut und teuer sind Funktaxis, z. B. Taxi Fono, Tel. 01-422 65 65; Taxi Green, Tel. 01-484 44 75; Taxi Móvil, Tel. 01-422 33 22; Taxi Real, Tel. 01-470 62 63; Taxi San Borja, Tel. 01-225 86 00; Taxi Seguro, Tel. 01-275 20 20.

Von Lima nach Tingo María

Karte S. 126

Eine Fahrt von Lima nach Tingo María führt die krassen Gegensätze der drei großen Naturräume Perus – Wüste, Gebirge und Tiefland – eindrucksvoll vor Augen. Über einen der höchsten Pässe der Anden geht die Fahrt hinunter ins üppig-grüne Amazonastiefland.

Die Carretera Central ist inzwischen bis Tingo María auf rund 780 km fast durchgehend geteert und gut befahrbar. Allerdings sollte das Fahrzeug an die extreme Höhe bis 4800 m angepasst werden (Vergaser!) und den Reisenden wird eine warme Jacke empfohlen.

Von Lima nach La Oroya

Reiseatlas: S. 11/12, B–D 2/3; **Karte:** S. 126

Ruinen östlich von Lima

Etwa 8 km östlich des Stadtzentrums von Lima beginnt die Carretera Central, welche die Hauptstadt mit den Bergbauregionen des zentralen Berglandes und der Urwaldregion um Pucallpa verbindet. Im Vorort Ate (km 5) weist ein Schild zu den Ruinen von **Puruchuco** 1 mit einem interessanten kleinen Museum. Bei dem restaurierten Gebäudekomplex aus Adobeziegeln handelte es sich spanischen Chroniken zufolge um den Sitz eines regionalen Inka-Fürsten (Carretera Central km 7,5, Ate-Vitarte, Mo–Fr 8.30–16.30, Sa 9–16.30 Uhr, Erw. 3 N/S, Stud. 1 N/S).

Etwa 5 km abseits der Hauptstraße (km 10) liegt **Cajamarquilla** 2**,** eine weitere Ruinenanlage, die allerdings bei Ankunft der Inka im 15. Jh. wohl bereits verlassen war. Die ausgedehnte, labyrinthartige Stadtanlage wird der Huari-Kultur zugerechnet und dürfte ihre Blüte zwischen 800 und 1200 n. Chr. erlebt haben. Doch wie auch in Puruchuco fand man Keramiken, z. B. Vasen im Chavín-Stil, die auf eine viel frühere Besiedlung schließen lassen – einige Funde aus präkeramischer Zeit verweisen sogar ins zweite vorchristliche Jahrtausend (Carretera Central km 15, tgl. 9–17 Uhr, Erw. 3 N/S, Stud. 1 N/S).

In der Ortschaft **Sta. Clara** zweigt eine Zufahrtsstraße ab zum Restaurant Granja Azul und dem Hotelkomplex El Pueblo (s. u.).

... in Sta. Clara:
Hotel El Pueblo: Carretera Central km 11, Tel. 01-356 00 42, Fax 356 00 24, www.hoteleslasamericas.com. Großzügige Anlage im Stil eines andalusischen Dorfes mit komfortablen Zimmern, Poolbereich, Tennisplatz, Restaurants etc. DZ/ÜF ab 121 $.

... in Sta. Clara:
Granja Azul: Carretera Central km 11, Tel. 01-356 00 82, www.granja-azul.com, tgl.12–18 Uhr. Seit über 50 Jahren ein beliebtes Auflugsziel für die Großstädter. Speziali-

Mit dem Autor unterwegs

Wanderung nach Marcahuasi

Eine Wanderung auf das rund 4000 m hohe **Plateau von Marcahuasi** bietet Einblicke in prähistorische Kultur und Ausblicke in die Bergwelt der Anden (s. S. 127).

Parque Nacional Tingo María

Ein Besuch in der **Eulenhöhle,** wo Tausende von Nachtschwalben leben, ist ein unheimliches Erlebnis (s. S. 135).

Ausgerüstet mit Zelt und Schlafsack, lassen sich viele verborgene Ecken erkunden

tät: gegrillte Hähnchen, aber es gibt auch viele andere landestypische Gerichte. Menü um 28 N/S, Buffet um 50 N/S.

Chaclacayo

Tausende Limeños entfliehen jedes Wochenende dem Wüstenmoloch und erholen sich im angenehmen Klima des Rímac-Tals. Im peruanischen Winter, wenn Lima in Nebel gehüllt ist, scheint im nur 27 km entfernten Villenvorort **Chaclacayo** 3 meist die Sonne, während im heißen Sommer die Temperaturen hier, auf 650 m Höhe, angenehm sind.

La Casona de Los Cóndores: C. Las Begonias 101–109, Tel. 01-358 24 27, Tel./Fax 497 25 38, www.lacasonadeloscondores.com. Neues Hotel mit Restaurant und Pool, moderne, geräumige Zimmer mit Balkon. DZ/ÜF ab 68 $, Suiten ab 90 $.

Las Laderas de California: Av. El Bosque, 4ta *cuadra,* Urb. California, Tel./Fax 01-360 36 73, www.lasladerasdecalifornia.com. Familienfreundliche Anlage mit Restaurant, Garten und großem Swimmingpool. Kleine Apartments oder Bungalows in ruhiger Lage. DZ/ÜF 50 $.

La Posada de Los Cóndores: C. Las Begonias 243, Tel./Fax 01-358 26 00 und 358 10 30, www.laposadadeloscondores.com. Schönes Haus im Kolonialstil mit Restaurant, Garten und Pool, ältere Zimmer. DZ/ÜF ohne/mit Bad 30/45 $.

Essen kann man in den genannten Hotels, außerdem gibt es an der Hauptstraße zahlreiche einfache Lokale, sogenannte *restaurantes campestres.*

Chosica und San Pedro de Casta

Ein weiterer beliebter Ausflugsort, wenn auch weniger attraktiv als Chaclacayo, ist das gegen Ende des 19. Jh. gegründete Städtchen **Chosica.** Von hier lohnt sich ein Abstecher in das Eulalia-Tal (Abzweigung am Ortsende links). Über eine kurvenreiche, ungeteerte Straße kommt man nach knapp 40 km in den

Zentrales Bergland

Ort **San Pedro de Casta** 4 (3350 m). Eine anstrengende, aber landschaftlich überaus eindrucksvolle Wanderung (alternativ auf dem Rücken eines Esels) führt von dort in drei Stunden auf das etwa 6 km entfernte **Plateau von Marcahuasi,** das einen herrlichen Rundblick bietet. Auf dieser etwa 4 km² großen Hochebene (4000 m) finden sich eigenartige Steinformationen, die möglicherweise vor Tausenden von Jahren von Menschenhand geschaffen wurden. Für die Wandertour sollte man hin und zurück fünf bis sechs Stunden einplanen. Wer sich unterwegs mehr Zeit lassen möchte, findet auf dem Hochplateau auch schöne Zeltmöglichkeiten. Eine gute Kondition und Trittsicherheit sind Voraussetzung für die Tour, die ungewohnte Höhe sollte dabei nicht unterschätzt werden. Wichtig sind außerdem gutes Schuhwerk, warme Kleidung und Regenschutz sowie ausreichend Wasser und Verpflegung.

... in Chosica:
Don Alberto: Av. Lima Sur 280, Tel. 01-360 35 57, Di–So bis 24 Uhr. Große Auswahl an Grillgerichten, Pizza etc.
Chalet Belga: Carretera Central km 40,5, Ricardo Palma (ein paar Kilometer hinter Chosica), Tel. 01-353 91 56, nur Sa, So und Fei 11–17 Uhr. Nettes Gartenrestaurant, Spezialität: Grillhähnchen.

Aufstieg zur Abra de Anticona

Hinter Chosica verläuft die Carretera Central parallel zur Eisenbahnlinie im Tal des Río Rímac, das nun zunehmend enger und steiler wird. Bei **Matucana,** nur 85 km von Lima entfernt, hat man bereits eine Höhe von rund 2400 m erreicht. Die Straße windet sich in Serpentinen mühsam bergauf, vorbei an **San Mateo,** der Heimat des gleichnamigen Mineralwassers, durch eine Infernillo (›kleine Hölle‹) genannte Engstelle bei Kilometer 99 bis nach **Chicla** auf rund 3800 m. Nach und nach wandelt sich das Landschaftsbild. An die Stelle grüner Hänge mit terrassierten Feldern, auf denen bis heute mühsam Landwirtschaft betrieben wird, rücken kahle Bergwände in den verschiedensten Farbtönen. Hässliche Bergwerkssiedlungen wie **Casapalca** (4150 m) tauchen auf, wo schlecht bezahlte Arbeiter der staatlichen Minengesellschaft Centromín unter extremen Bedingungen nach Kupfer, Blei und Zink schürfen. In dieser lebensfeindlichen Umgebung, in der nur hartes Ichu-Gras gedeiht, erreicht die Straße bei der **Abra de Anticona** (›Anticona-Pass‹, auch Ticlio genannt) mit 4818 m ihre höchste Stelle – etwa die Höhe des Montblanc. Ein Hinweisschild markiert den *Punto ferroviario más alto del mundo,* die höchste Eisenbahnlinie der Welt, die hier zu Füßen des meist verschneiten und oft in Nebel gehüllten Nevado Anticona direkt neben der Straße verläuft. Auf der anderen Seite der Wasserscheide zwischen Pazifik und Atlantik blickt man auf die **Laguna Huaracocha,** die den Bewohnern der Region eine besondere Spezialität liefert: *sopa de rana* – ›Froschsuppe‹, sicherlich nicht jedermanns Sache.

La Oroya

Es muss ein verzweifelter Überlebenskampf sein, der Menschen dazu bringt, ihr Leben in solch einem unwirtlichen Ort wie **Morococha** auf einer atemlosen Höhe von 4400 m zu fristen. Im Vergleich dazu ist die rund 700 m tiefer gelegene Stadt **La Oroya** 5 geradezu lieblich, auch wenn dieses stinkende Bergbau- und Industriezentrum mit Chimbote an der Nordküste um den Titel ›hässlichste Stadt Perus‹ konkurrieren könnte. Hier teilen sich, rund 175 km hinter Lima, Straße und Bahnlinie: Rechts geht es an den qualmenden Schornsteinen der Schmelzöfen vorbei ins fruchtbare Tal des Río Mantaro (s. S. 136 ff.), links führt die Carretera Central weiter in Richtung Huánuco.

Zum Übernachten empfiehlt es sich, nach Tarma oder Huancayo weiterzufahren. Unterkunft in La Oroya bieten zwei einfache, aber akzeptable Hostales (Zimmer mit Bad und Warmwasser) am Ortseingang, linker Hand kurz vor dem Hospital des IPSS:
Hostal San Martín: C. Rafael Hoyos Rubio 134, Tel. 064-39 12 78, Fax 39 19 63. DZ ab 19 $.

Viel geliebte Delikatesse im Hochland: knusprig gegrilltes Meerschweinchen

Hostal San Juan: C. Rafael Hoyos Rubio 114, Tel. 064-39 25 66. DZ 17 $.

Regelmäßige **Busverbindungen** nach Lima, Huánuco, Tarma und Huancayo.

Abstecher von La Oroya nach Pozuzo

Reiseatlas: S. 12, D/E 1/2; S. 9, B 4;
Karte: S. 126
Wer über ausreichend Zeit verfügt, kann bei Kilometer 197 von der Carretera Central abzweigen und einen lohnenswerten Abstecher in nordöstliche Richtung unternehmen. Die Stadt Tarma ist Ausgangspunkt für Exkursionen in die tropisch üppige Region um San Ramón und La Merced sowie zu den Siedlungen Oxapampa und Pozuzo am Rand des Regenwaldes, die Ende des 19. Jh. von Deutschen und Österreichern gegründet wurden. Die landschaftlich reizvolle Fahrt lässt sich verbinden mit dem Besuch des Nationalparks Yanachaga-Chemillén bei Oxapampa.

Bis La Merced ist die Straße geteert, danach geht es auf einer Piste weiter nach Pozuzo, die während der Regenzeit nur mit einem Allradfahrzeug passierbar ist.

Tarma

Von der Carretera Central führt die Straße zunächst über einen rund 4050 m hohen Pass und dann gut 1000 m bergab, vorbei an bunten Blumenfeldern, nach **Tarma** 6 (33 km). Das lebhafte, bereits im Jahr 1545 gegründete Städtchen nennt sich stolz »Perle der Anden«, was aber höchstens auf das gesunde Selbstbewusstsein seiner knapp 50 000 Bewohner hinweist – wenngleich der koloniale Ortskern und die prächtige Kathedrale an der Plaza durchaus sehenswert sind. Tarma ist bekannt für seine bunten Blumenteppiche, die während der Osterwoche die Straßen schmücken.

In der Nähe des rund 10 km nördlich gelegenen Städtchens **Acobamba** befindet sich die moderne, viel besuchte Wallfahrtskirche **Santuario de Muruhuay** (wechselnde Öffnungszeiten).

Oficina de Turismo: Jr. 2 de Mayo 775, Plaza de Armas, Tel. 064-32 10 10, www.munitarma.gob.pe, Mo–Fr 8–13, 15–18 Uhr.

Hotel Los Portales: Av. Ramón Castilla 512 (am Ortseingang links), Tel. 064-32 14 11, Fax 32 25 33, www.hoteleslosportales.com. Historisches Gebäude (erbaut 1954) mit Charme, komplett renoviert, gutes Restaurant, 45 ordentliche Zimmer mit TV und Bad. DZ/ÜF 77 $.
Hacienda La Florida: Carretera Central km 39, ca. 6 km außerhalb Richtung San Ramón, Tel. 064-34 10 41 und 01-344 13 58 (in Lima), www.haciendalaflorida.com. Hacienda (Ende 18. Jh.) mit 40 ha Grund unter deutsch-peruanischer Leitung; 14 individuell eingerichtete Zimmer mit Bad, Camping möglich, Restaurantservice. Wer möchte, kann bei der Feldarbeit oder beim Melken helfen; außerdem Wochenenden mit Kochen und Naturkosmetik oder Entspannungstechniken (ab 6 Teilnehmern). DZ/ÜF 40 $.
Hacienda Santa María: ca. 2 km außerhalb in Sacsamarca, Tel. in Lima 01-446 74 40 und Tel./Fax 01-445 12 14, www.haciendasantamaria.com. Etwas windschiefe, aber sehr stilvolle Hacienda (18./19. Jh.) mit antiken Möbeln und schönem Garten, einfacher Zimmerstandard, Privatbad. DZ/ÜF 40 $.
Hostal Campestre Auberge Normandie: ca. 10 km Richtung San Ramón in Muruhuay, Tel. in Lima 01-348 17 24 und 349 54 40, www.normandie.com.pe. Familiäre, ländliche Unterkunft neben dem Santuario de Muruhuay. 16 freundlich eingerichtete Zimmer, Restaurant. DZ/ÜF 30 $.
Hostal El Caporal: Jr. Lima 616, Tel. 064-32 36 36. Neues Hostal, zentrale Lage. DZ 22 $.
Hotel Galaxia: Jr. Lima 262, Tel. 064-32 14 49. Einfaches und sauberes Hotel in zentraler Lage an der Plaza de Armas, Zimmer mit Bad. DZ 16 $.

Señorial: Jr. Huánuco 138, Tel. 064-32 33 34, tgl. 8–15.30, 18–23 Uhr. Günstige regionale Küche, z. B. Meerschweinchen, Forelle.
Lo Mejorcito de Tarma: Jr. Arequipa 501, Tel. 064-32 17 66, tgl. 7–22 Uhr. Ebenfalls landestypische Küche, u. a. Kaninchen. Hauptspeisen 12–18 N/S.

Wochenmarkt am Donnerstag und Sonntag.

Karwoche: Feierliche Prozessionen, die Straßen sind mit Blumenteppichen geschmückt.
Señor de Muruhuay (Mai): Prozessionen und Fiesta.

San Ramón und La Merced

Die beiden Schwesterstädte San Ramón und La Merced liegen nur 11 km auseinander und sind auch unter dem Namen **Chanchamayo** bekannt. Felszeichnungen in der Umgebung weisen auf eine frühe Besiedlung dieser Region hin. Am Wochenende kommen viele Limeños hierher, um die tropisch-warmen Temperaturen zu genießen.

San Ramón, rund 75 km nordöstlich von Tarma, ist ein geschäftiges Städtchen am Río Tarma mit etwa 10 000 Einwohnern auf angenehmen 850 m Höhe – 2200 m niedriger als Tarma. Die umliegenden Hügel sind mit Kaffee- und Obstplantagen bedeckt.

Auch die Bewohner der ungefähr 25 000 Einwohner zählenden Provinzhauptstadt **La Merced** 7 im fruchtbaren Chanchamayo-Tal leben vom Anbau von Zitrusfrüchten und Kaffee. Der ›Hausberg‹ La Cruz bietet einen schönen Ausblick über die Stadt und ihre Umgebung.

Oficina de Turismo: Jr. Pardo 110, San Ramón, Tel. 064-33 12 65, Mo–Fr 8–13, 14.30–17.30 Uhr.

... in San Ramón:
Río Grande Inn: km 97, Tel./Fax 064-33 21 93 und Tel. 0195-71 33 16, www.riograndebungalows.com. Rustikale Holzbungalows direkt am Fluss mit TV und Minibar, Pool. DZ/ÜF ab 60 $.
Hotel El Refugio: Av. del Ejército 490, Tel. 064-33 10 02 und Tel./Fax 33 10 82, www.ho

Richtig Reisen-Tipp: Hilfsprojekt Prosoya

An der Straße nach Pozuzo, in der Nähe von Huancabamba, befindet sich am Río Yanachaga das deutsch-peruanische **Hilfsprojekt Prosoya,** ein Ausbildungsprogramm für chancenlose Jugendliche. Diese private Organisation entstand 1989 aus der Freundschaft zwischen dem deutschen Lehrer Rolf Schlegel und dem peruanischen Pädagogik-Dozenten Hugo Fernández. Mit deutschen Spendengeldern erwarben sie eine alte Hacienda im Bergurwald und gaben den Kindern Unterkunft und Verpflegung. Diese besuchen im nahe gelegenen Dorf Huancabamba die staatliche Sekundarschule und bekommen zusätzlich in verschiedenen Werkstätten von Prosoya eine berufsvorbereitende praktische Ausbildung. Weitere Schwerpunkte des Projekts sind die Wiederaufforstung und die Kommunalentwicklung.

Zu der Anlage gehören insgesamt 700 ha Wald- und Weidegelände am Rand des Parque Nacional Yanachaga-Chemillén (siehe rechts). Besucher können sich vor Ort über die Arbeit des Projekts informieren und im angeschlossenen Gästehaus übernachten (acht freundliche Zimmer mit Bad und Warmwasser, DZ 30 $).

Kontakt: Tel. 063-76 25 06 (in Peru) und 052 62-27 17 (in Deutschland), www.peruaktion.de.

telelrefugio.com.pe. Bungalows und Zimmer mit TV, Internetzugang und Terrasse, schöner Garten mit Pool, Restaurant. DZ/ÜF ab 35 $.
Hostal Golden Gate: 7 km hinter San Ramón, 4 km vor La Merced, Tel. 064-53 14 83. Schöne Anlage mit Garten, Pool und Restaurant, Zimmer und Bungalows mit Bad, deutschsprachig. DZ/ÜF ab 34 $.
... in La Merced:
Hotel Reyna: Jr. Palca 259, Tel./Fax 064-53 17 80, www.hotelreyna.com. Modern und zentral, mit Cafetería/Restaurant. DZ 22 $.
Hostal Rey: Jr. Junín 103, Tel. 064-53 11 85, Fax 53 17 80, www.hotelrey.net. Älteres Hotel, geräumige Zimmer mit Bad und TV, Restaurant im Obergeschoss. DZ 20 $.
... außerhalb:
Pampa Hermosa Lodge: 24 km von San Ramón am Río Ulcumayo (Anfahrt nur mit Geländewagen möglich), Tel. 064-53 15 03 und 01-225 17 76 (in Lima), www.pampahermosalodge.com. Rustikal-gemütliche Lodge in tropisch-grünem Umfeld, 11 Holz-Cabañas mit Bad und Strom, Restaurant. 70 $ p. P. inkl. Vollpension und Touren.

... in San Ramón:
Chachamayo's: Av. San Ramón 296, Tel. 064-33 11 82. Lokale Spezialitäten.
Miraflores: Carretera Merginal, Barrio Miraflores, Tel. 064-33 11 87. Lokale Speisen.
... in La Merced:
An der Plaza, gegenüber der Kathedrale, liegen die Restaurants **El Sabrozón** und **Shambari Campa,** Tel. 064-53 28 42, tgl. 6.30–24 Uhr, mit regionaltypischer Küche (Hauptspeisen 7–10 N/S) sowie das auf Fleischgerichte spezialisierte **El Aguilucho.**

Fiestas Patronales (letzte Septemberwoche): Festival in La Merced mit verschiedenen Veranstaltungen.

Oxapampa

Wenige Kilometer hinter La Merced gabelt sich die Straße: Rechts geht es auf einem durchgehenden Asphaltband nach Satipo, in nördlicher Richtung führt eine Piste weiter nach Oxapampa. Die Fahrtdauer für die etwa 80 km lange Strecke beträgt derzeit ca. 2,5 bis 3 Stunden, was sich erheblich verkürzen wird, sobald der geplante Teerbelag fertiggestellt ist.

Oxapampa 8 liegt in einer fruchtbaren Ebene am Río Huancabamba auf ca. 1800 m Höhe. Gegründet wurde der Ort im Jahr 1891 von Siedlern aus Deutschland und Österreich und noch heute sind etwa ein Drittel der rund

062-960 35 09 und 969 50 59, www.villajennifer.net. Neun saubere Zimmer mit Bad auf ökologisch betriebener, 10 ha großer Farm außerhalb der Stadt (auf der anderen Flussseite hinter dem Flughafen). Gute Möglichkeiten zur Vogelbeobachtung, schöner Gartenbereich, Restaurant und Bar, zwei Pools, Tischtennis, Organisation von Touren. DZ/ÜF ab 25 $.
Hotel Nueva York: Alameda Perú 553, Tel./Fax 062-56 24 06, www.hotelnuevayork.net. Älteres Hostal im Zentrum, einfache Zimmer mit Bad, Restaurant. DZ/ÜF 15–23 $.

El Mango: Jr. Lamas 232, Tel. 062-56 16 71, Mo–Sa 8–15, 19–23 Uhr. Große Auswahl an günstigen Gerichten um 10 N/S, regionale und internationale Küche.
Palmerita Amazónica: Av. Tito Jaime 816. Einfaches Lokal mit typischen Gerichten aus dem Urwald, z. B. *juane* (Fleisch und Reis im Bananenblatt gedünstet), günstig.

Busse: Regelmäßige Verbindungen über Huánuco nach Lima (550 km, 11–12 Std.) mit Bahía Continental, Tel. 062-56 27 80, und Transrey, Tel. 062-56 25 65, sowie nach Pucallpa (255 km, ca. 9 Std.) mit Leon de Huánuco, Tel. 062-56 20 30, und Transinter, Tel. 062-56 30 76.

Parque Nacional Tingo María

Der bereits 1965 gegründete **Parque Nacional Tingo María** 13 umfasst eine Fläche von 18 000 ha und das Wahrzeichen der Stadt, die Bella Durmiente (›Schlafende Schöne‹), eine Bergformation, deren Umriss tatsächlich einer schlafenden Frau ähnelt. In der **Cueva de las Lechuzas** (›Eulenhöhle‹), dem derzeit einzigen zugänglichen Teil des Parks, leben zwar keine Eulen, dafür aber Tausende Fettschwalme *(Steatornis caripensis).* Die seltsamen Geräusche der tagsüber meist nicht zu sehenden Nachtschwalben geben dem Besuch der Höhle eine unheimliche Komponente (tgl. 9–13, 14.30–19 Uhr, 5 N/S).

Den Nationalpark erreicht man – am besten mit einem *mototaxi* – auf der Straße nach Monzón, die direkt hinter der großen Brücke links abzweigt und nach 5 km zu einer Fähre über den Fluss führt.

Parque Nacional Cordillera Azul

Nördlich der Stadt bzw. östlich des Río Huallaga erstreckt sich der erst 2001 gegründete **Parque Nacional Cordillera Azul** 14, mit einer Fläche von 1,3 Mio. Hektar und einem Umfang von fast 974 km immerhin der drittgrößte Nationalpark Perus. Durch seine Lage am Übergang vom Bergland ins Amazonastiefland bietet er eine große biologische Vielfalt mit vielen endemischen Tier- und Pflanzenarten: Allein unter den bislang rund 800 registrierten Vogelarten finden sich 30 neue Spezies.

Der Zugang zum Park ist schwierig, weswegen man sich vor Ort unbedingt einen versierten Führer nehmen sollte. Nähere Infos im Internet unter http://www.inrena.gob.pe/areasprotegidas/pncordilleraazul/index.htm.

Boquerón del Padre Abad

Die Weiterfahrt von Tingo María nach Pucallpa ist vor allem während der Regenzeit beschwerlich. Bei trockenem Wetter bietet sich jedoch ein interessanter Tagesausflug in diese Richtung an.

Bevor die Straße in die endlose grüne Eintönigkeit der tropischen Tiefebene eintaucht, muss sie erst noch die Cordillera Azul (›Blaue Kordillere‹) überwinden, einen rund 1600 m hohen Bergrücken. Ein kleiner Zufluss des Río Ucayali formt jenseits des Passes, ungefähr 100 km nach Tingo María, eine tropische Schlucht, die nach einem Missionspater **Boquerón del Padre Abad** 15 genannt wird. Steile Felswände und mächtige Wasserfälle bilden die Kulisse für diesen aufregenden Streckenabschnitt. Eine kurze Wanderung führt über die alte Brücke vor dem Tunnel zu einem weiteren hübschen Wasserfall. Eindrucksvoll ist auch die mächtige Hängebrücke, die wenig später im Ort **Aguaytía** den gleichnamigen Fluss überspannt. Von hier aus sind es noch etwa 160 km durch flache Urwaldlandschaft bis ans Ende der Straße nach Pucallpa (s. S. 366 ff.) am Río Ucayali.

Zentrales Bergland

Karte S. 126

Das zentrale Bergland zwischen La Oroya und Ayacucho gehört zu den nur selten besuchten Regionen des Landes – zu Unrecht, denn die grandiose Landschaft und die authentischen Kolonialstädtchen lohnen die Mühen der Anreise allemal.

Von La Oroya nach Huancavelica

Reiseatlas: S. 12, D 2–E 4; **Karte:** S. 126
Der Straßenabschnitt von La Oroya (s. S. 127) nach Huancayo ist durchgehend geteert. Etwas problematischer gestaltet sich die Weiterfahrt von Huancayo nach Huancavelica (s. S. 139) und Ayacucho (s. S. 141), da die Pisten während der Regenzeit zwischen Februar und April oft tagelang unpassierbar sind.

Südlich von La Oroya passiert man zunächst eine durch intensiven Bergbau entstandene Mondlandschaft, doch schon bald wird das Tal freundlicher – Agaven, Ginstersträucher und Eukalyptusbäume kommen ins Blickfeld und die ersten Maisfelder künden von einem moderaten Klima.

Jauja und Umgebung

Etwa 77 km hinter La Oroya führt eine Abzweigung links nach **Jauja** 16, einem Kolonialstädtchen auf 3410 m mit einem angenehmen und gesunden Klima. Heute ein verschlafenes Provinznest, war Jauja 1534 für knapp neun Monate die erste Hauptstadt des spanischen Kolonialreiches, bevor Pizarro Lima als geeigneteren Standort auswählte. Von dieser kurzen Blütezeit zeugt die Kathedrale mit ihren prächtigen Altären.

Nur wenige Kilometer von Jauja entfernt liegt die anmutige, von kahlen Hügeln eingerahmte **Laguna de Paca,** die trotz des eiskalten Wassers ein beliebtes Ausflugsziel ist. Vor allem am Wochenende haben die Restaurants (Spezialität: *trucha* – ›Forelle‹) und Bootsverleiher Hochkonjunktur.

Im Internet: www.jauja.info (Infos zur Region; sp.); www.jaujamiperu.com (Seite der Stadt Jauja; sp.).

Hostal Manco Capac: Jr. Manco Capac 575, Tel. 064-36 16 20, www.jauja.info/mancocapac. Kleines, empfehlenswertes Hostal im Zentrum mit fünf geschmackvoll eingerichteten Zimmern und Garten; unter deutscher Leitung. DZ/ÜF 22 $.
Hospedaje Paca: Laguna de Paca, Tel. 064-36 20 64. Schöne Lage, vier einfache, ältere Zimmer mit Bad und Seeblick, Restaurant. DZ 9,50 $.

An der Laguna de Paca liegen zahlreiche einfache **Forellenrestaurants.**

Outdoorsport: Tampu Tours, Jr. Bolívar 114, Tel. 064-36 23 14, www.tampu.info. Örtlicher Veranstalter, der sich auf Abenteuer- und Trekkingtourismus sowie Mountainbiketouren spezialisiert hat.

Sta. Rosa de Ocopa

Der nun folgende Abschnitt des Mantaro-Tals zwischen Jauja und Huancayo ist eines der wichtigsten Weizenanbaugebiete des Landes und bietet den Bewohnern der zahlreichen Dörfer ein sicheres Auskommen. Rund 20 km nach der überdimensionalen *virgen* (›Marienstatue‹) am Ortsrand von Jauja bzw. 30 km vor Huancayo zweigt in Matahuasi die Zufahrt nach **Sta. Rosa de Ocopa** 17 ab, einem 1725 gegründeten Franziskanerkloster. Die hier ausgebildeten Missionare wurden in die seinerzeit noch weitgehend unberührten Urwaldgebiete entsandt, um bei den dort lebenden Indianervölkern das Wort Gottes zu verkünden. Aus dieser für sie unbekannten Welt brachten sie zahlreiche Pflanzen- und Tierarten mit, die heute in einem kleinen **Museum** im Kloster besichtigt werden können. In einer Pinakothek sind Gemälde der Cusco-Schule (s. S. 56) und Kopien großer Meister ausgestellt. Den Höhepunkt eines Besuchs bildet die **Klosterbibliothek** mit über 20 000 Bänden, einige davon bis zu 500 Jahre alt. Die benachbarte Kirche aus dem Jahr 1905 wird vom Klang einer Orgel erfüllt, die seinerzeit aus Deutschland geliefert wurde (Besuch nur im Rahmen einer Führung möglich, tgl. 9–13, 15–18 Uhr). In unmittelbarer Nähe liegt die Forellenzuchtstation Eugenio mit einigen Restaurants.

Hotel Centro Vacacional Huaychulo: an der Straße von Sta. Rosa de Ocopa Richtung Concepción, Tel./Fax 064-58 10 01 und 01-219 02 00 (in Lima), Fax 01-261 87 37, cvhuaychulo@derrama.org.pe. Ältere Anlage mit großem Garten, ruhig, 34 Zimmer mit Bad. DZ/ÜF 37 $.

Huancayo

Über den Ort Concepción kommt man zurück zur Hauptstraße und erreicht nach weiteren 20 km **Huancayo** 18. Mit etwa 325 000 Einwohnern ist die moderne Hauptstadt des *departamento* Junín heute die größte Stadt im zentralen Hochland. Obwohl sie bereits 1571 gegründet wurde und sich schon davor an dieser Stelle ein wichtiger Stützpunkt an der Inka-Straße von Cusco nach Cajamarca befand, ist von der kolonialen Vergangenheit so gut wie nichts mehr zu spüren. Für die Geschichte des Landes allerdings war Huancayo ein wichtiger Schauplatz: Bereits im November 1820 wurde hier die Unabhängigkeit Perus ausgerufen (rund acht Monate früher als in der Hauptstadt Lima) und 1854 erklärte der damalige Präsident Ramón Castilla in Huancayo die endgültige Aufhebung der Sklaverei in Peru.

Auch wenn das auf 3250 m gelegene Huancayo über keine besonderen Sehenswürdigkeiten verfügt, so ist es doch eine wichtige Zwischenstation auf dem Weg nach Ayacucho (s. S. 141). Wer sonntags in der Stadt ist, sollte unbedingt dem **Wochenmarkt** in der Avenida Huancavelica einen Besuch abstatten, wo neben Textilien und Waren des täglichen Bedarfs auch kunsthandwerkliche Produkte aus der Umgebung angeboten werden: filigrane Silberschmiedearbeiten, geschnitzte Kürbisse und farbenfrohe Textilien.

Mit dem Autor unterwegs

Forelle mit Ausblick
An der **Laguna de Paca** kann man leckere Forellen essen, mit dem Boot fahren und wunderbar entspannen (s. S. 136).

Buntes Markttreiben
Die sonntäglichen Wochenmärkte in **Huancayo** und **Huancavelica** sind herrlich untouristische Schauspiele, die einen Besuch lohnen (s. S. 137 u. 139 f.).

Per Zug durch die Anden
Von Huancayo führt eine **Schmalspurbahn** durch traumhafte Berglandschaft in die fast vergessene Kolonialstadt Huancavelica (s. S. 138 ff.).

i **Im Internet:** www.incasdelperu.org (viele gute Reiseinfos; engl.).

Hotel Turismo: Jr. Ancash 729, Tel./Fax 064-23 10 72, www.hoteles-del-centro.com. Stilvolles Kolonialgebäude mit Tradition im Zentrum der Stadt. DZ/ÜF ab 48 $, Executive-Zimmer 73 $.
Hostal América: C. Trujillo 358, Tel./Fax 064-24 20 05, americahostal@hotmail.com. Etwas abseits, aber guter Zimmerstandard. Mit Restaurant. DZ/ÜF 37 $.

Spezialitäten aus Huancayo
Mit dem Namen der Stadt eng verbunden ist ein Gericht mit Namen *papas a la Huancaina,* eine kalte Vorspeise aus gekochten Kartoffeln mit einer scharfen Käse-Peperoni-Soße, die überall im Land regelmäßig auf dem Speiseplan steht. Eine echte Besonderheit der Region hingegen ist die *pachamanca,* ein Eintopf aus verschiedenen Fleischsorten mit Gemüse und Kartoffeln, der in einem unterirdischen Steinofen stundenlang gegart wird (*pacha* = Erde, *manca* = Topf). Weitere Spezialitäten dieser Gegend sind *huallpa chupe,* eine Hühnersuppe, und *yacu chupe,* eine Kartoffelsuppe, jeweils mit Gemüse und verfeinert mit zahlreichen Gewürzen, ein *patachí* genannter Eintopf aus Getreide und Bohnen mit Fleischeinlage sowie gegrillte Forellen *(trucha a la parilla)* und Meerschweinchen *(cuy colorado).*

Hostal El Marquéz: Jr. Puno 294, Parque Constitución, Tel. 064-21 90 26, Fax 20 07 77, www.elmarquezhuancayo.com. Gepflegtes 3-Sterne-Hostal, ordentliche Zimmer und Suiten, Cafetería. DZ/ÜF ab 35 $.
Susan's Hotel: C. Real 851, Plaza Huamanmarca, Tel. 064-20 22 51, Fax 20 27 22, www.susanshotel.com. Modernes Hotel im Zentrum mit zwei Restaurants im 5. und 6. Stock (Aufzug), Bar, Sauna, Jacuzzi. DZ/ÜF 31 $.
La Casa de la Abuela: Av. Giraldez 691, Tel. 064-22 33 03 und 23 43 83, www.incasdelperu.org/casa.htm. Nettes Hostal in Kolonialgebäude mit Garten, beliebter Traveller-Treff. Schlafsaal 6 $ p. P. inkl. Frühstück, DZ/ÜF ohne/mit Bad 15/19 $.

In einfachen Lokalen am Straßenrand wird *pachamanca* angeboten (s. o.).
La Casa del Lenguado: C. Real 851 (in Susan's Hotel). Spezialität: Fisch und Meeresfrüchte.
La Casa de las Pizzas: C. Real 851. Große Auswahl an italienischen Gerichten.
Peña Antojitos: Jr. Puno 599, Ecke C. Arequipa, Tel. 064-20 22 44, tgl. 7.30 Uhr bis spät. Gute Holzofenpizza und Pasta sowie Regionalküche. Abends Livemusik.
Café Giraldez: Av. Giraldez 155, Tel. 064-23 52 73, tgl. 8–24 Uhr. Nettes Café mit Restaurant, serviert günstige Gerichte wie Grillfleisch und -hühnchen.
El Inca: Jr. Puno 530, Tel. 064-23 25 50, tgl. 10–22 Uhr. Große Speisenauswahl. Menü um 10 N/S.
Koky: Jr. Puno 294, Tel. 064-21 90 26. Beste Lokalität in der Stadt für eine Erholungspause bei Kaffee und Kuchen.

Discoteca Taj Mahal: Av. Huancavelica 1052, Tel. 064-21 53 05. Empfehlenswerte Disco.
Galileo Disco-Pub: La Breña 378, Tel. 064-21 11 01. Guter Platz für ein Bier.

Ein empfehlenswerter lokaler Veranstalter ist Incas del Peru, Av. Giraldez 652, Tel. 064-22 33 03, Fax 22 23 95, www.incasdelperu.org/discovery.htm, der neben **Sprachkursen** auch **Ausflüge** in die Umgebung, **Wandertouren** usw. anbietet und bei der Reservierung von Bus- und Zugtickets behilflich ist.

Züge: Von der Estación Chilca im Süden der Stadt fährt die Schmalspurbahn nach Huancavelica ab: Mo–Sa 6.30 Uhr (Expreso, ca. 5,5 Std.) und 13 Uhr (Ordinario, ca. 7,5 Std.), So 14 Uhr (Expreso) und 19 Uhr (Autovagón, ca. 4 Std.) sowie Fr 6.20 Uhr (Autovagón). Fahrtpreis: 13 N/S. Infos unter www.fhh.com.pe und www.huancavelica.com/departamento/tren-macho.
Die reguläre Zugverbindung nach Lima wurde eingestellt, aber etwa 1 x pro Monat gibt es Sonderfahrten ab der Estación Central östlich des Zentrums (s. auch S. 123).
Busse: Regelmäßige Verbindungen nach Lima (310 km, ca. 7 Std.) mit Ormeño, Cruz del Sur und Móvil Tours. Außerdem fahren Busse nach Tarma (3 Std.), Ayacucho (ca. 12 Std., in der Regenzeit länger), Huancavelica (1 x tgl. morgens, ca. 5 Std.), Huánuco (1 x tgl. abends, 7 Std.), Tingo María (9 Std.) und Pucallpa (ca. 20 Std.).

Taxis: Sammeltaxis fahren nach Huancavelica (ca. 3 Std.).

Weiter nach Huancavelica oder Ayacucho

Ein besonderes Erlebnis ist die Fahrt mit der Schmalspurbahn (s. S. 138) nach Huancavelica, die bereits seit 1926 existiert und auf einer Strecke von 128 km immerhin 38 Tunnel und 15 Brücken passiert. Von Huancayo führt aber auch eine ungeteerte Straße im Tal des Río Mantaro bis nach **Izcuchaca** (68 km), wo sie die Trasse der Bahn kreuzt. Wer von hier direkt nach Ayacucho (s. S. 141) weiterreisen will, hat noch 180 anstrengende, aber landschaftlich sehr eindrucksvolle Kilometer bis nach **Huanta** vor sich, einem kleinen Städtchen mit einfachen Unterkünften. Diese Fahrt kann während der Regenzeit sehr zeitraubend sein, nur die letzten 50 km von Huanta nach Ayacucho sind geteert.

Die ebenfalls ungeteerte Straße von Izcuchaca nach Huancavelica (146 km) führt vorbei am **Bosque de Piedras** (›Steinerner Wald‹) von Sachapite, einer eigentümlichen, bizarren Landschaft aus erodierten Gesteinssäulen.

Huancavelica

Huancavelica 19**,** die Hauptstadt der gleichnamigen Provinz, wurde 1571 im Auftrag des spanischen Vizekönigs Francisco de Toledo als Villa Rica de Oropesa an der Stelle einer zerstörten Inka-Siedlung auf 3680 m Höhe gegründet. Schon bald darauf mussten die ersten Indios als Sklaven in den nahe gelegenen Quecksilberminen von Sta. Bárbara schuften, denn im fernen Potosí benötigte man dieses hochgiftige Metall zur Silberschmelze. Der Transport dorthin war unvorstellbar aufwendig: Auf dem Rücken von Lamas und Maultieren ging es zunächst über die Pässe der Cordillera Occidental an die Pazifikküste zum Hafen Chincha, wo die

Zulässiges Gesamtgewicht? – Im Hochland gelten andere Bestimmungen

wertvolle Fracht nach Arica verschifft wurde, um von dort abermals über die Andenkette und durch den Altiplano nach Potosí geschafft zu werden. Mit der Aufgabe der Minen im späten 18. Jh. begann auch der Verfall von Huancavelica, und heute bedarf es schon einiger Fantasie, um sich vorzustellen, wie prunkvoll das Leben in dieser einstmals blühenden Kolonialstadt seinerzeit gewesen sein muss. Viele der Kirchen und Kolonialhäuser befinden sich in einem desolaten Zustand, obwohl inzwischen mit der Renovierung der wichtigsten Gebäude begonnen wurde.

An den zahlreichen Festtagen, die hier intensiv begangen werden (besonders um den 6. und 16. Januar sowie an Ostern), kommt Leben in die Gassen der Stadt. In bunten Trachten werden prächtige Tänze aufgeführt, und während in der Karwoche in Ayacucho kein Hotelbett mehr aufzutreiben ist, bleiben die Bewohner von Huancavelica bei den nächtlichen Osterprozessionen weitgehend unter sich. Überhaupt verirrt sich nur selten ein Tourist in das heute wieder knapp 40 000 Einwohner zählende Städtchen, doch das nette koloniale Ambiente und der farbenfrohe **Sonntagsmarkt** belohnen für die mühevolle Anfahrt.

Sehenswertes

Im Herzen der Stadt, an der Plaza de Armas, stehen sich mit dem kolonialen **Cabildo** (›Rathaus‹) und der mächtigen **Kathedrale** von 1633 mit ihren prunkvollen Altären im Mestizo-Stil die Zentren weltlicher und kirchlicher Macht gegenüber. Ca. 300 m westlich liegen an der Plaza Bolognesi zwei weitere sehenswerte Gotteshäuser: In der äußerlich eher unscheinbaren **Iglesia de San Francisco** (1774) sind zahlreiche wertvolle Gemälde zu sehen und hinter der Barockfassade der **Iglesia de San Sebastián** (1662) verbirgt sich ein sehenswerter Innenraum mit einer aufwendigen Kassettendecke und elf prunkvollen Altären. Leider sind die Kirchen der Stadt oft geschlossen, Frühaufsteher können sich zur Morgenmesse Einlass verschaffen.

Nördlich des Río Ichu, nur wenige Minuten vom Zentrum entfernt, laden die **Termas de San Cristóbal** zum Bad. Das angenehm warme Wasser soll besonders gegen Hautleiden helfen (Tel. 067-75 32 22, Mo–Fr 6–17 Uhr).

Dirección de Turismo: Av. Celestino Manchego Muñoz 299, Tel. 067-45 28 70, Mo–Fr 8–13, 14.30–17.15 Uhr.
Im Internet: www.huancavelica.com (ausführliche Seite mit vielen Infos und Fotos; sp. und teilweise engl.).

Hotel Presidente: Plaza de Armas, Tel./Fax 067-45 27 60, www.hotelesdel-centro.com. Schönes Kolonialgebäude an der Plaza (ehemaliges Hotel de Turistas) mit ordentlichen Zimmern. DZ/ÜF 48 $.
Hotel Ascensión: Jr. Manco Capac 481, Plaza de Armas, Tel. 067-45 31 03. Recht ordentliche Zimmer mit Warmwasser und teilweise Kabel-TV. DZ ohne/mit Bad 7/15,50 $.
Hostal Camacho: C. Carabaya 481, Tel. 067-45 32 98. Einfache Zimmer. DZ ohne/mit Bad 4,50/9,50 $.
Hotel Tahuantinsuyo: C. Carabaya 399, Tel. 067-45 29 68. Einfache Unterkunft, morgens Warmwasser. DZ ohne/mit Bad 5/5,50 $.

Pollería Joy: C. V. Toledo 230. Leckere Grillhähnchen.
Mesón de Alfredo: Plaza de Armas. Landestypische Küche wie Meerschweinchen, aber auch gute Forelle.

Fiesta del Niño Perdido (14.–18. Jan.): Tänze und Feiern.
Semana Santa (Karwoche): Viele Prozessionen, Beginn am Palmsonntag.
Fiestas de las Cruzes (Ende Mai): Eine Woche lang feierliche Zeremonien und Feste, auch Stierkämpfe.
Semana Turística (um den 29. Sept.): Zahlreiche kulturelle Veranstaltungen, u. a. Tänze.

Auf dem **Sonntagsmarkt** nördlich der Plaza de Armas am Río Ichu gibt es neben landwirtschaftlichen Produkten auch Textilien aus der Umgebung.

Züge: Die Schmalspurbahn nach Huancayo fährt Mo–Sa 6.30 Uhr (Expreso, ca. 5,5 Std.) und 12.30 Uhr (Ordinario, ca. 7,5 Std.), So 6.30 Uhr (Expreso) sowie Mo 6.30 und Fr 19 Uhr (Autovagón, etwa 4 Std.). Fahrtpreis: 13 N/S. Aktuelle Infos unter www.fhh.com.pe und www.huancavelica.com/departamento/tren-macho.
Busse: Verbindungen über Huancayo (5–6 Std., bequemer per Zug) nach Lima (450 km, 12 Std.), mehrmals tgl. über Pisco nach Lima (500 km, ca. 11 Std.) sowie gelegentlich nach Ayacucho (245 km). Busfirmen: Ticllas, Av. Ferrocarril 1590, Tel. 067-20 15 55, Hidalgo, Av. Ferrocarril 1571, Tel. 067-22 41 74, Expreso Huancavelica, Jr. Tarapaca 391, Tel. 067-36 40 91.

Weiter nach Ayacucho oder Pisco

Für die Weiterfahrt bieten sich zwei gleichermaßen unkomfortable Routen an. Eine in der Regenzeit oft unpassierbare Piste führt auf direktem Weg über die Kolonialstadt **Lircay,** ein regionales Zentrum der Textilherstellung, nach **Ayacucho** (205 km).

Ein besonderes landschaftliches Erlebnis ist die Fahrt über die Westkordillere in Richtung Küste. Jenseits der 4853 m hohen Abra Chonta, einer der höchsten Passstraßen des Landes, geht es durch karge Puna-Landschaft am **Lago Orcococha** vorbei auf die inzwischen geteerte Hauptstraße Pisco–Ayacucho. Diese führt über einen weiteren Pass gen Norden nach Ayacucho (ca. 115 km) und in die Gegenrichtung durch das Tal des Río Chiris bergab zu den Ruinen von **Tambo Colorado** (s. S. 153). Nach etwa 265 km trifft man in der Nähe der Küstenstadt **Pisco** auf die südliche Panamericana.

Ayacucho und Umgebung

Reiseatlas: S. 13, A 4; **Cityplan:** S. 143
Nach dem Aufstand der Inka unter Manco Capac im Jahr 1536 wollten die Spanier auf halbem Weg zwischen Cusco und Lima eine Stadt anlegen, um so die Verbindung besser aufrechterhalten zu können. 1539 gründeten sie an der alten Inka-Straße auf 2760 m San Juan de la Frontera, das sich schon bald zu einer blühenden Kolonialstadt entwickelte. Seinen Namen **Ayacucho** 20 erhielt es erst nach der Unabhängigkeit. Heute leben knapp 100 000 Einwohner in der Hauptstadt des gleichnamigen *departamento,* die früher als Hochburg der Terrororganisation Sendero Luminoso (›Leuchtender Pfad‹) berühmt-berüchtigt war. Obwohl dieser Alptraum seit einigen Jahren endgültig vorüber ist, sitzt den meisten Bewohnern der Region der Schrecken noch tief in den Knochen, denn die Methoden der Terroristen waren gnadenlos und Tausende unschuldiger Menschen fanden den Tod. Inzwischen hat sich die prächtige Kolonialstadt mit ihren über 30 Kirchen ordentlich herausgeputzt, um dem erhofften Ansturm der Touristen gewachsen zu sein. Doch obwohl es in und um die Stadt eine ganze Menge zu sehen gibt, sind die Besucherzahlen noch spärlich, denn Ayacucho ist auf dem Landweg bislang schwer erreichbar (nur von der Küstenstadt Pisco führt eine ganzjährig befahrbare Teerstraße in die Andenstadt). Eine Ausnahme bildet jedoch die Karwoche, die Semana Santa, wenn von Palmsonntag bis Ostersonntag fast jeden Abend große Prozessionen stattfinden. Dann strömen Tausende Gläubige und Schaulustige aus allen Landesteilen herbei, um dem religiösen Spektakel beizuwohnen.

Stadtrundgang

Den Mittelpunkt der Stadt bildet die **Plaza Sucre** **1**, in Anlehnung an den früheren Namen der Stadt auch Plaza Mayor de Huamanga genannt. Mit ihren symmetrischen Arkadenreihen zu allen Seiten, dem gepflegten Park mit Springbrunnen und dem Reiterstandbild des Freiheitshelden Antonio José de Sucre im Zentrum ist sie wohl einer der schönsten kolonialen Stadtplätze Perus. An der Ostseite erhebt sich zwischen dem Rathaus und der alten Universität, die 1677 gegründet wurde und von 1886 bis 1959 aus Geldmangel geschlossen war, die äußerlich eher bescheidene **Kathedrale** **2** aus dem

Jahr 1671. Im Innern des Gotteshauses beeindrucken zehn schmucküberladene, vergoldete Altäre im spätbarocken Stil (Messe tgl. 17.30–19, So auch 10–11 Uhr).

Einen guten Überblick über die Bandbreite des traditionellen Kunsthandwerks, für das die Region Ayacucho bekannt ist, kann man sich im **Museo de Arte Popular Joaquín López Antay** 3 an der Nordostecke der Plaza verschaffen (Portal Unión 28, Int. Banco de Crédito, Mo–Fr 10.30–17.30, Sa 10.30–12.30 Uhr, Eintritt frei).

Vorbei an der leider meist verschlossenen **Iglesia de San Agustín** 4 (Messe So 9–10, 18–19 Uhr) kommt man zur **Iglesia de Sto. Domingo** 5**,** die 1561 geweiht wurde. Aus dieser Zeit stammen allerdings nur noch das Portal und die Reste des Turms, der bei einem schweren Sturm im Jahr 1640 fast gänzlich einstürzte. Auffallend ist der frei stehende Glockenturm, an dem angeblich die von der Inquisition zum Tod Verurteilten gehängt wurden – obwohl es sonst üblich war, die ›Ungläubigen‹ auf dem Scheiterhaufen zu verbrennen (Messe tgl. 7–8, 18–19 Uhr).

Einen Abstecher in nördliche Richtung lohnt das **Museo Arqueológico Hipolito Unánue** 6**.** Hier sind vor allem Keramiken und Monolithen der bislang noch wenig erforschten Huari- oder Wari-Kultur zu sehen, die in Form und Dekor erstaunliche Parallelen zur Tiahuanaco-Kultur am Titicacasee aufweisen (Av. Independencia s/n, Complejo Simón Bolívar, Tel. 066-31 20 56, Mo–Sa 9–13, 15–17 Uhr, 2 N/S).

Wieder zurück im Zentrum, liegt westlich der Plaza die **Iglesia de San Francisco de Paula** 7**.** Hinter der weißen Renaissance-Fassade versteckt sich im Innern des Gotteshauses die wohl schönste Kanzel der Stadt (Messe Mo–Sa 7–8, So 7–9 und 19–20 Uhr).

Drei *cuadras* (Häuserblocks) weiter südlich in Richtung Markt liegt die **Iglesia de Sta. Clara** 8 aus dem Jahr 1568, die, wie die meisten Kirchen der Stadt, von außen unscheinbar, von innen jedoch sehr sehenswert ist. Neben zahlreichen Gemälden und einer schönen geschnitzten Kanzel verdient vor allem die Kassettendecke im Mudéjar-Stil besondere Erwähnung (Messe tgl. 6.15–7.15 Uhr).

Die Casona Vivanco, ein hübsches Kolonialhaus aus dem späten 17. Jh., beherbergt das **Museo Andrés Avelino Cáceres** 9**,** in dem neben Gemälden der Cusco-Schule vor allem Möbel und Waffen aus der Kolonialzeit ausgestellt sind (Jr. 28 de Julio 508, Mo–Sa 9–13, 14–16 Uhr, 2 N/S).

Am südlichen Ende des Jirón 28 de Julio liegt neben dem Kloster der Karmeliterinnen die **Iglesia de Sta. Teresa** 10**.** Die einzige Backsteinkirche der Stadt ist Ausgangspunkt der Prozession am Palmsonntag (Messe tgl. 6.30–7.30, geöffnet auch 8–9 Uhr).

Auf dem Rückweg zur Plaza Sucre kommt man zunächst zur **Iglesia de San Francisco de Asís** 11**,** eine der ältesten Kirchen der Stadt von 1552, die mit prächtigen vergoldeten Altären ausgestattet ist. Nur wenige Meter weiter erreicht man die Jesuitenkirche **Iglesia La Compañía** 12 aus dem 17. Jh. mit einem sehenswerten Barockaltar und Gemälden der Cusco-Schule (Messe Mo–Sa 6–10, 17.30–18.30, So 7–8 Uhr).

i-Peru: Portal Municipal 48, Plaza Sucre, Tel. 066-31 83 05, iperuayacucho@promperu.gob.pe, Mo–Sa 8.30–19.30, So 8.30–14.30 Uhr; sowie am Flughafen, tgl. 6–20 Uhr.

Dirección de Turismo: Jr. Asamblea 481, Tel./Fax 066-31 25 48, Mo–Fr 7.30–13, 14.30–16.30 Uhr.

Policía de Turismo: Jr. 2 de Mayo 103, Ecke Arequipa 100, Tel. 066-31 58 45, tgl. 8.30–13.30, 15.30–20 Uhr. Touristenpolizei.

Im Internet: www.ayacuchovirtual.com (sehr ausführlich mit Videos und Musik; sp.); www.ayacuchoperu.com (viele Infos, etwas unübersichtlich; sp.).

Hotel Plaza 1**:** Jr. 9 de Diciembre 184, Tel. 066-31 22 02, Fax 31 23 14, hplaza@derrama.org.pe. Sehr zentrales Hotel im Kolonialstil (erbaut 1960) mit 80 teilweise etwas hellhörigen und renovierungsbedürftigen Zimmern, aber nette Atmosphäre. Restaurant, Bar und Disco. DZ/ÜF 45 $.

Ayacucho: Cityplan

Sehenswürdigkeiten

1 Plaza Sucre
2 Kathedrale
3 Museo de Arte Popular J. López Antay
4 Iglesia de San Agustín
5 Iglesia de Sto. Domingo
6 Museo Arqueológico Hipolito Unánue
7 Iglesia de San Francisco de Paula
8 Iglesia de Sta. Clara
9 Museo Andrés Avelino Cáceres
10 Iglesia de Sta. Teresa
11 Iglesia de San Francisco de Asís
12 Iglesia La Compañía

Übernachten

1 Hotel Plaza
2 Hotel Santa Rosa
3 Hotel Universo
4 Hotel San Francisco de Paula
5 Hotel La Crillonesa
6 Hostal Florida
7 Hostal El Gringo
8 Hotel Samary

Essen und Trinken

9 Centro Turístico Cultural San Cristóbal
10 Urpicha
11 Palacio de los Mariscos

Hotel Santa Rosa 2: Jr. Lima 166, Tel. 066-31 46 14, Fax 31 20 83, www.hotel-santarosa.com. Gepflegtes 3-Sterne-Hotel in ansprechendem Kolonialgebäude von 1630 mit Innenhof. Zentral, ordentliche Zimmer, Restaurant. DZ/ÜF 37 $.

Hotel Universo 3: Jr. Grau 101, Tel./Fax 066-31 38 88, Hotel_Universo@hotmail.com. Neues, modernes Hotel im Zentrum mit guten Zimmern (Teppich und TV) und Cafetería. DZ/ÜF ab 28 $.

Hotel San Francisco de Paula 4: Jr. Callao 290, Tel. 066-31 23 53, Fax 52 72 47, www.sanfranciscohotel.cjb.net. Ordentliches 2-Sterne-Hotel im Zentrum mit Cafetería und Restaurant. DZ/ÜF 22 $.

Hotel La Crillonesa 5: C. Nazareno 165, Tel. 066-31 23 50, Fax 31 11 00, www.hotelcrillonesa.cjb.net. Zimmer unterschiedlicher Qualität (teilweise mit TV). DZ ohne/mit Bad 9/19 $.

Hostal Florida 6: Jr. Cuzco 310, Tel. 066-31 25 65, Fax 31 60 29. Einfach, gepflegt, ruhig, mit Cafetería. DZ 15 $.

Hostal El Gringo 7: Av. Las Palmeras 518 (Barrio La Unión), Tel. 066-31 26 74, www.elgringo-peru.com. Kleines Hostal unter holländischer Leitung, ungefähr 15 Fußminuten oberhalb der Stadt. Drei gemütliche Zimmer mit Terrasse, Bad (Warmwasser 24 Std.) und guten Betten. Mit Restaurant (s. u.). DZ/ÜF 14–22 $.

Hotel Samary [8]**:** Jr. Callao 329, Tel. 066-31 85 75, Fax 31 24 42, hotelsamary@hotmail.com. Sehr einfach, aber sauber. DZ ohne/mit Bad 9/12 $.

Centro Turístico Cultural San Cristóbal [9]**:** Jr. 28 de Julio 178. In einem Kolonialhaus untergebrachtes Einkaufszentrum, in dem man auch gut essen kann, z. B. im **Ninachay,** Tel. 066-31 38 32 (gute landestypische Küche), im **Frangelico,** Tel. 066-31 30 79 (italienische Küche) und in der **Coffee Bar New York,** Tel. 066-31 30 79.

Urpicha [10]**:** Jr. Londres 272, Tel. 066-31 39 05, Mo–Sa 10–19 Uhr. Nettes Lokal im Zentrum mit typischen Gerichten der Region um 10 N/S, für besonders Hungrige empfiehlt sich ein *plato de la casa* (18 N/S).

Palacio de los Mariscos [11]**:** Av. Mariscal Cáceres 1067. Gute Fischgerichte und Meeresfrüchte.

El Gringo [7]**:** im Hostal El Gringo (s. o.), Restaurant Sa/So 12–21 Uhr (für Hausgäste tgl.), die Bar hat länger geöffnet. Dachterrasse mit schönem Blick über die Stadt; wechselnde Menüs nach Ländermotto (z. B. Indonesien,

Als Glücksbringer dienen die tönernen Kirchen auf den Hausdächern in Quinua

Deutschland etc.), internationale Gerichte um 3,50 $, Sandwiches und Suppen um 2,50 $.

Karwoche (v. a. Palmsonntag, Karfreitag, Ostersonntag): Zahlreiche Prozessionen auf blumengeschmückten Straßen.

Touren: Wari Tours, Jr. Lima 138, Tel./Fax 066-31 14 15, www.ayacuchowaritours.com. Ausflüge in die Umgebung.
Eco-Aventura Warpa Picchu, Portal Independencia 66, Tel./Fax 066-31 51 91, verbist@terra.com.pe. Ebenfalls Organisation von Touren in die Umgebung, auch auf Deutsch.
Der holländische Besitzer des Hostal El Gringo (s. o.) organisiert Trekkingtouren in der Umgebung.

Flüge: Der Aeropuerto Alfredo Mendivil Duarte liegt ca. 4 km außerhalb. Tgl. Flüge nach Lima mit LC Busre, 9 de Diciembre 160, Tel. 066-31 60 12, sowie Di, Do und Sa mit Aero Cóndor, 9 de Diciembre 123, Tel. 066-31 30 60.
Busse: Regelmäßige Verbindungen über Pisco nach Lima (ca. 8 Std.) mit Antezana Hermanos, Manco Capac 273, Tel. 066-31 13 48; Cruz del Sur, Av. Mariscal Cáceres 1264, Tel. 066-31 28 13, www.cruzdelsur.com.pe; Expreso Molina, Jr. 9 de Diciembre 458, Tel. 066-31 99 89 und 31 90 27, www.molinaunion.com; Turismo Civa, Av. Mariscal Cáceres 1242, Tel. 066-31 99 48, www.civa.com.pe; Turismo Libertadores, Jr. Tres Mascaras 493, Tel. 066-31 89 67, und Jr. Manco Capac 295, Tel. 066-31 91 15, www.turismolibertadores.com; Expreso Internacional Palomino, Jr. Manco Capac 255, Tel. 066-31 69 06. Außerdem Busse nach Ica mit Ormeño, Jr. Libertad 257, Tel. 066-31 24 95, und Antezana Hermanos (s. o.); nach Huancayo (ca. 8–9 Std.) mit Expreso Molina (s. o.), Turismo Central, Jr. Manco Capac 499, Tel. 066-31 78 73, und Lobato, Jr. Manco Capac 466, Tel. 066-31 83 34, sowie über Andahuaylas (ca. 10 Std.) nach Cusco mit Expreso Turismo Los Chancas, Pasaje Cáceres 150, Tel. 066-31 23 91, und Expreso Molina (s. o.). In der Regenzeit können sich die Fahrzeiten verlängern.

Ausflüge in die Umgebung

Nur ungefähr 22 km nördlich von Ayacucho, auf einer asphaltierten Straße leicht zu erreichen, liegt das Ruinenfeld von **Huari** 21**,** einst Hauptstadt des gleichnamigen Andenreiches, das etwa vom 6. bis zum 12. Jh. existierte. Die Ausgrabungen können mit den zahlreichen Inka-Ruinen des Landes zwar kaum konkurrieren, aber ein Besuch des neuen Museums mit Keramiken und anderen Fundstücken dieser Kultur lohnt sich allemal (tgl. 8.30–17 Uhr, 3 N/S).

Die weitere Fahrt in Richtung Norden führt durch eine trockene Landschaft, die eine bescheidene Landwirtschaft fast nur in den Flusstälern zulässt. An Ziegenherden und wilden Pfefferbäumen vorbei erreicht man nach knapp 40 km das bekannte Kunsthandwerkerdorf **Quinua** 22**.** Die typischen Tonkirchen auf den hiesigen Hausdächern sollen die Bewohner vor bösen Geistern schützen und sind zudem ein dankbares Fotomotiv. In den Gassen des hübschen Ortes kann man sich günstig mit handgefertigten Keramikarbeiten versorgen. 3 km oberhalb des Dorfes liegt auf etwa 3400 m die **Pampa de Quinua,** Schauplatz der historischen Entscheidungsschlacht vom 9. Dezember 1824, als rund 6000 Freiheitskämpfer unter General Sucre erfolgreich gegen 10 000 Soldaten des spanischen Vizekönigs kämpften und so Peru endgültig in die Unabhängigkeit führten. An der Plaza de Armas von Quinua gibt es ein **Museo del Sitio** (tgl. 9–12, 13–17 Uhr).

Ein anderer Ausflug von Ayacucho, der von örtlichen Veranstaltern in der Stadt angeboten wird, führt Richtung Südosten durch bizarre Berglandschaften zunächst über einen 4240 m hohen Pass ins Tal des Río Mayopampa und weiter in den Ort Vischongo auf 3140 m. In der Nähe befinden sich mehrere Inka-Ruinen. Am bedeutendsten sind wohl die etwa 15 km entfernt liegenden Ruinen von **Vilcashuamán** 23**.** Diese lohnenswerte Tour kann entweder als anstrengender Tagestrip oder als zweitägige Tour gebucht werden, dann bleibt auch noch Zeit für einen Abstecher zu den Riesenbromelien *Puya raimondii* (s. S. 20).

Die Südküste präsentiert sich mal sandig, mal wild – wie hier bei Chala, einem der spektakulärsten Abschnitte

Kapitel 2

Südküste und Arequipa

Auf einen Blick: Südküste und Arequipa

Dünen, Schluchten und Vulkane

Belebte Badestrände, fruchtbare Flussoasen, in denen neben Gemüse, Baumwolle und Obst auch Trauben für edle Weine reifen, tierreiche Felsinseln, wo einst Millionen von Seevögeln mit ihren Exkrementen für einen Guano-Boom sorgten, die Grabanlagen der Paracas-Kultur mit fein gewebten Textilien, geheimnisvolle Linien und Bilder im Wüstensand – der südliche Küstenabschnitt ist bei Weitem keine leere Wüsteneinöde. Auf der Panamericana Sur geht es von Lima durch eine unwirtliche, aber durchaus abwechslungsreiche Wüstenlandschaft, die sich zwischen den kahlen Hängen des Küstengebirges und den tosenden Wellen des hier meist kalten Pazifischen Ozeans erstreckt.

Nach rund 1000 km erreicht man Arequipa, wegen seiner Gebäude aus weißem Tuffstein auch La Ciudad Blanca (›Die weiße Stadt‹) genannt. Zu Füßen der beiden mächtigen Vulkane Misti und Chachani findet man hier, auf rund 2400 m, eine intakte Altstadt kolonialer Prägung mit zahlreichen Kirchen und Klöstern. Eine Tagesreise entfernt liegt der eindrucksvolle Cañón de Colca, zwar nicht die tiefste Schlucht der Welt, aber immerhin eine der tiefsten Südamerikas und auf alle Fälle eine Reise wert – schon die Anfahrt über Hochebenen und Gebirgspässe ist ein großartiges Erlebnis.

Highlights

2 Islas Ballestas: Das peruanische ›Mini-Galápagos‹ ist per Boot bequem zu erreichen und lockt mit einer grandiosen Tierwelt – zahlreiche Vogelarten und Seelöwen bevölkern die Inseln (s. S. 159).

3 Líneas de Nazca: Nur aus der Luft lassen sich die gewaltigen Ausmaße der geheimnisvollen Nazca-Linien im Wüstensand erkennen (s. S. 164 ff.).

4 Arequipa: Die koloniale Innenstadt Arequipas mit ihren zahlreichen Klöstern, Kirchen und Kolonialpalästen lädt zum Stadtbummel ein (s. S. 176 ff.).

5 Cañón de Colca: Ein zweitägiger Ausflug führt von Arequipa durch grandiose Berglandschaft zu einer der tiefsten Schluchten Südamerikas, dem Lebensraum der Anden-Kondore (s. S. 187 ff.).

Empfehlenswerte Routen

Von Nazca nach Cusco: Seit die Straße überwiegend geteert ist, kann man auf direktem Weg von der Küste in die ehemalige Inka-

Hauptstadt Cusco reisen. Die abenteuerliche Fahrt führt über mehrere Bergpässe durch eine faszinierende Gebirgslandschaft (s. S. 168).
Küstenstraße Chala–Camaná: Einer der interessantesten Abschnitte der Panamericana Sur beginnt südlich des Städtchens Chala und windet sich an einer spektakulären Steilküste entlang. Leider befahren die öffentlichen Busse diese Strecke nur nachts – vielleicht um die Passagiere nicht unnötig zu erschrecken ... (s. S. 169 f.).

Reise- und Zeitplanung

Der Süden Perus kann problemlos ganzjährig bereist werden, allerdings erreicht das Meerwasser nur im Sommer von November bis März einigermaßen erträgliche Badetemperaturen – vorausgesetzt, man empfindet 18 °C als angenehm. Die Lufttemperaturen sind wüstenhaft hoch und werden nur gelegentlich vom *garúa*-Küstennebel etwas abgekühlt. In Arequipa kann es durch die Höhenlage vor allem im Winter frischer sein, dafür ist es tagsüber meist trocken.

Es gibt zwar Fernreisebusse, die von Lima direkt nach Arequipa fahren, um jedoch die wichtigsten Sehenswürdigkeiten unterwegs zu besuchen, sollte man sich für die rund 1000 km lange Strecke schon drei bis vier Tage Zeit nehmen. Die durchgehend asphaltierte Panamericana Sur ist in hervorragendem Zustand, aber nur im ersten Abschnitt von Lima nach Cañete zweispurig.

Die erste Etappe führt in der Regel von Lima nach **Pisco** bzw. **Paracas** (ca. 250 km). Von dort kann man in einem Tag nach **Nazca** fahren (ca. 220 km ab Pisco), schöner ist es jedoch, noch einen Zwischenstopp in **Ica** einzulegen.

Von Nazca nach **Arequipa** (ca. 550 km) gibt es keine Flugverbindung und die Busse fahren überwiegend nachts. Alternativ kann die Rückfahrt nach Lima und von dort ein Flug nach Arequipa erwogen werden.

Richtig Reisen-Tipps

Península de Paracas: Die Bootsfahrt zu den Islas Ballestas steht bei den meisten Reisenden auf dem Programm, aber auch das Festland hat einiges zu bieten: Flamingos, Seelöwen und eine Steilküste mit eindrucksvollen Felsformationen (s. S. 155).

Dünenaction in Ica: Die höchsten Dünen Südamerikas bei Ica laden abenteuerlustige Besucher ein zum ›Snowboarden‹ auf Sand – ein ungewöhnliches Erlebnis (s. S. 162).

Cañón de Cotahuasi: Eine herrliche Landschaft mit Wasserfällen und der tiefsten Schlucht Südamerikas belohnt für die mühsame Anfahrt (s. S. 170).

Abstecher nach Nordchile: Ein interessanter Abstecher führt von Tacna in den Parque Nacional Lauca im Norden des Nachbarlandes Chile (s. S. 175).

Wandern am Cañón de Colca: Die meisten Besucher verbringen nur eine Nacht in der Schlucht, wer sich mehr Zeit nimmt, kann entlang des Río Colca eine Vielzahl landschaftlich eindrucksvoller Wanderungen unternehmen (s. S. 192).

Der Ausflug von Arequipa zum **Cañón de Colca** nimmt in der Regel zwei Tage in Anspruch. Der Aufenthalt kann natürlich beliebig verlängert werden, was besonders für Wanderer interessant ist. Allerdings sollte man die ungewohnte Höhe von über 4600 m berücksichtigen.

Die Strecke **Arequipa–Tacna** (ca. 380 km) lässt sich an einem Tag bewältigen, sofern man nicht über Mollendo fährt. Eine Weiterfahrt nach Arica in Chile (56 km ab Tacna) am gleichen Tag ist machbar.

Die Südküste

Karten S. 153, 168/169

Zahlreiche herausragende Sehenswürdigkeiten wie die tierreichen Islas Ballestas, die Oase Huacachina, die Dünen von Ica und natürlich die geheimnisvollen Wüstenzeichen von Nazca bieten neben der herben Schönheit der Wüstenlandschaft genügend Argumente für eine Fahrt entlang der Südküste.

Von Lima nach Pisco

Reiseatlas: S. 11, B/C 3/4; S. 17/18, C/D 1; **Karte:** S. 153

Pachacamac

Die Fahrt von Lima nach Süden führt auf der mehrspurigen Panamericana vorbei an ausgedehnten Armutssiedlungen, in Peru verharmlosend *pueblos jóvenes* (›junge Dörfer‹, s. S. 116) genannt. Nach rund 30 km erreicht man das Ruinenfeld von **Pachacamac** 1 im Lurín-Tal, in vorspanischen Zeiten das berühmteste Heiligtum an der Küste und eine beliebte Pilgerstätte.

Über einen Zeitraum von fast 2000 Jahren lösten hier zahlreiche Kulturen einander ab, sodass Pachacamac wohl die am längsten kontinuierlich besiedelte Stätte im Andenraum war. Der deutsche Forscher Max Uhle aus Dresden, der sich 1896 für ein Jahr hier aufhielt, führte aufwendige Vermessungsarbeiten durch und konnte durch Schichtgrabungen erstmals die Überlagerung von Kulturen in Altamerika nachweisen. Die ältesten Funde, Wohngebäude mit Wandgemälden der Lima-Kultur, datieren auf die ersten Jahrhunderte unserer Zeitrechnung. Während des Mittelhorizontes (500 bis 900 n. Chr.) entwickelte sich die Stadt zu einem bedeutenden religiösen Zentrum. Keramikfunde belegen, dass es auch ein Knotenpunkt des Huari-Reiches gewesen sein muss, bevor es die Inka weiter ausbauten.

Bei einer Rundfahrt durch das große Grabungsgelände kommt man zunächst zur **Casa de las Mamaconas,** einem rekonstruierten Gebäudekomplex aus der Inka-Zeit. Der zweigeschossige Baublock mit zahlreichen Wohnräumen wurde 1940/41 von Julio César Tello freigelegt und restauriert. Er vermutete, dass es sich um einen Konvent der »Sonnenjungfrauen« gehandelt habe, denn bei den Inka lebten auserwählte Frauen ähnlich wie Nonnen in völliger Abgeschiedenheit im Bereich von Tempelanlagen.

An exponierter Stelle thront auf den Fundamenten früherer Bauwerke die etwa 80 m hohe **Pyramide des Sonnentempels,** die ursprünglich als Unterbau für die eigentlichen Tempelgebäude diente. Von hier bietet sich ein herrlicher Rundblick über die fruchtbare Flussoase bis hinüber zum Meer und den vorgelagerten Inseln. Zum Abschluss lohnt ein Besuch des kleinen **Museums,** in dem neben Keramikfunden ein geschnitzter Holzstab auffällt, der in den 1930er-Jahren entdeckt wurde. Das dargestellte zweigesichtige Idol stellt vermutlich den mächtigen Weltenschöpfer Pachacamac dar (Tel. 01-430 01 68, tgl. 9–17 Uhr, 5,50 N/S).

Badeorte im Süden Limas

Schon bald nach Pachacamac beginnt mit **Punta Hermosa, Punta Negra, San Bartolo** und **Sta. María** eine Reihe von Badeorten, die zur Sommer- und Ferienzeit (Dez.–März) vor allem am Wochenende gut besucht sind.

Auch das Fischerdorf **Pucusana** 2, das man nach 58 km südlich von Lima über eine Stichstraße erreicht, hat sich zum beliebten Badeziel der Limeños entwickelt. In den Fischrestaurants des Ortes heißt die Spezialität *corvina al macho,* Schlangenfischfilet mit pikanter Meeresfrüchtesoße. Per Boot kann man sich zu einer ungewöhnlichen Felsformation bringen lassen, die wegen der starken Brandung Boquerón del Diablo (›Teufelsrachen‹) genannt wird.

... in San Bartolo:
Las Kahunas Surf Hotel: Tel. 01-430 74 07, www.kahunasperu.com. Nettes kleines Hotel direkt am Meer, zehn bunte Zimmer im polynesischen Stil mit Meerblick, Restaurant, Pool, Surfschule. DZ/ÜF 15–30 $.
... in Pucusana:
Mirador Belvedere: Tel. 01-430 92 28, www.geocities.com/elmiradordepucusana. Kleines, persönliches Hostal in schöner, aussichtsreicher Lage auf einem Hügel über dem Ort, fünf einfache Zimmer mit Bad, gutes Restaurant. DZ/ÜF 17 $.

Weiter nach Chincha Alta

Hinter dem Ort **Chilca** steigt die Schnellstraße zunächst etwas an und führt dann hinunter in das fruchtbare Tal des Río Mala. In kleinen Buden am Straßenrand werden die frischen Früchte der Region angeboten.

Vorbei an ausgedehnten Baumwollplantagen nähert man sich der nächsten Oasenstadt, **San Vicente de Cañete.** Eine geteerte Seitenstraße führt von hier ins rund 35 km entfernte **Lunahuaná** 3, dem Ausgangspunkt für Raftingtrips auf dem Río Cañete (s. S. 152).

Kurz nach San Vicente de Cañete zieht links der Panamericana eines der ungewöhnlichsten Bauwerke an der Südküste die Blicke auf sich: das **Castillo de Unánue** mit einem mutigen Stilgemisch aus maurischen, gotischen und barocken Elementen.

... in Lunahuaná:
Hotel Embassy Lunahuaná: Tel. 01-284 11 94 und 01-472 23 70 (in Lima), www.

Mit dem Autor unterwegs

Reisetipp
An der Küste und in Ica sollte man die Wochenenden nach Möglichkeit meiden. Die Unterkünfte sind dann oft ausgebucht und vor allem die besseren Hotels verlangen freitags und samstags bis zu 30 % Aufschlag.

Wildwasser-Rafting
Der **Río Cañete** rund 180 km südlich von Lima lädt zu einer abenteuerlichen Schlauchboottour ein. Ausgangspunkt ist der Ort Lunahuaná im Hinterland von San Vicente de Cañete (s. S. 151 f.).

Auf den Spuren der Inka
Eine der interessantesten Inka-Stätten an der Küste findet sich im Hinterland von Pisco – und wird dennoch nur selten besucht: **Tambo Colorado** (s. S. 153).

Präkolumbische Kostbarkeiten
Das **Museo Regional de Ica** präsentiert eine kleine, aber feine Sammlung präkolumbischer Artefakte aus verschiedenen Epochen, darunter einige herausragende Exponate (s. S. 161).

Ziel für Genießer
Südlich von Ica kann man auf der ehemaligen **Hacienda Ocucaje** nicht nur ruhig und stilvoll wohnen, sondern auch den hauseigenen Wein und Pisco verkosten und sich über die Produktion informieren (s. S. 163).

Rätselhafte Felszeichnungen
Nur etwa 50 km abseits der Hauptroute liegt **Toro Muerto,** eine der größten Ansammlungen von Petroglyphen an der Küste Südamerikas (s. S. 170).

Vogelbeobachtung per Boot
Von der Hafenstadt Matarani bei Mollendo kann man eine Bootstour organisieren zu den **Islas de Hornillas,** dem Lebensraum zahlreicher Meeresvögel (s. S. 171).

Viñak-Reichraming Lodge
Mitten im ›Nirgendwo‹ bzw. 115 km abseits der Panamericana liegt diese neue Unterkunft auf 3190 m im Tal des Río Viñak. Die Anfahrt über Lunahuaná (s. S. 151) und Cotahuasi ist etwas beschwerlich, aber dafür genießt man einen exzellenten Service und wahlweise viel Ruhe oder ein interessantes Angebot an Outdoor-Aktivitäten wie Reiten, Mountainbiken und Trekking in garantiert untouristischer Umgebung.
Viñak-Reichraming Lodge, Viñak, Tel. 01-421 6952, Fax 421 84 76, www.refugiosdelperu.com. Elf geschmackvoll eingerichtete, beheizte Zimmer mit Bergblick, 75 $ p. P. im DZ inkl. Vollpension.

hotelesembassy.com. Moderne Hotelanlage direkt am Fluss, 140 Zimmer mit TV und Minibar, große Gartenanlage, Pool, Restaurant und Bar. DZ 35–60 $.
Hotel Río Alto: Carretera Cañete–Lunahuaná km 38,5, Tel. 01-284 11 25, www.rioaltohotel.com. Angenehmes 3-Sterne-Hotel am Río Cañete mit Restaurant und Pool. DZ 42 $.
... zwischen Cañete und Chincha Alta:
Hospedaje Wakama: Panamericana km 178,5 (+ 4 km), Tel. (mobil) 01-98 38 22 06, 01-98 38 22 05, www.wakamaecoplaya.com. Eine der ungewöhnlichsten Strandunterkünfte, direkt an einer weiten, einsamen Bucht, kein Strom. Paket für 4 Pers. 225 $ (8 Pers. 380 $).

Rafting: Mehrere Veranstalter in Lunahuaná organisieren Raftingtrips unterschiedlicher Länge auf dem Río Cañete, die über die Hotels vor Ort gebucht werden können (Mindestteilnehmerzahl 3–4 Pers., ca. 15 $ p. P.).

Chincha Alta

Im Chincha-Tal wird dank ausgedehnter Bewässerungssysteme intensiv Landwirtschaft betrieben. Neben Baumwolle, Gemüse und Obst gedeihen hier auch Weintrauben, die vor Ort zu guten Weinen gekeltert werden oder als Traubenschnaps (ähnlich dem Trester oder Grappa) unter der Bezeichnung Pisco in den Handel kommen.

Viele der etwa 50 000 Einwohner von **Chincha Alta** 4 200 km südlich von Lima sind Nachfahren von schwarzen Sklaven, die auf den Baumwollfeldern schuften mussten und sich nach der Abschaffung der Sklaverei Mitte des 19. Jh. als Plantagenarbeiter verdingten. So gilt Chincha Alta heute als Zentrum afroperuanischer Tänze und Musik und viele der erfolgreichsten Sportler des Landes kommen von hier.

10 km hinter Chincha Alta führt eine Abzweigung zur **Huaca La Centinela,** einem ehemaligen Tempelkomplex der Chincha- oder Ica-Kultur (1200–1450) nahe der Küste mit einer Adobe-Stufenpyramide.

Casa Hacienda San José: Panamericana km 203 (+ 9 km landeinwärts), Tel./Fax 056-83 70 17, Tel. in Lima 01-444 52 42, Fax in Lima 01-444 55 24, www.haciendasanjose.com.pe. Schönes Hacienda-Hotel in historischem Gebäude mit Restaurant, Pool und Tennisplätzen. Ruhige Lage abseits der Hauptstraße. So kreolisches Buffet und Tanz. DZ/ÜF ab 50 $.
Hotel Sausal: Panamericana km 197,5 (Sunampe), Tel. 056-26 24 51, Fax 27 12 62, www.sausal.com.pe. Ordentliches Hotel mit Restaurant und Pool. Renovierte Zimmer und Bungalows mit Klimaanlage, TV und Minibar. DZ/ÜF ab 45 $.
Hostal El Condado: Panamericana km 195, Tel. 056-26 14 24, Fax 26 27 81, www.hostalelcondado.com. Neueres Hostal neben dem Restaurant Palacio de los Mariscos (s. u.), ordentliche Zimmer mit Bad, Pool, guter Service. DZ 34 $. Etwas günstiger ist die Dependance im Stadtzentrum, C. Sto. Domingo 188, Tel. 056-26 12 16 (DZ 25 $).
Hostal Seville: Jr. Callao 159–171, Tel./Fax 056-26 11 06, hostalseville1@hotmail.com. Einfache, aber ordentliche Unterkunft im Zentrum. DZ ab 22 $.

El Palacio de los Mariscos: Panamericana km 195. Spezialisiert auf Fisch und Meeresfrüchte.

Musik- und Tanzfestival (letzte Augustwoche).

Abstecher nach Tambo Colorado

Über die inzwischen durchgehend asphaltierte Straße nach Ayacucho (s. S. 141), die unmittelbar vor dem Río Pisco abzweigt, erreicht man nach etwa 38 km den gut erhaltenen Ruinenkomplex **Tambo Colorado** 5 auf 530 m. Der Name dieser wohl interessantesten Inka-Stätte an der Küste bezieht sich auf rötliche Farbreste, die man an den Gebäuden gefunden hat. Ob es sich um eine Militärbasis oder ein religiöses Zentrum gehandelt hat, konnte noch nicht eindeutig geklärt werden, man nimmt jedoch an, dass die Inka hier einen wichtigen Handelsposten an einer Inka-Straße nach Cusco unterhielten. Die Stätte kann auch im Rahmen einer Tour ab Pisco besucht werden (tgl. 9–17 Uhr, 8 N/S).

Pisco und Umgebung

Reiseatlas: S. 17, C 1; **Karte:** siehe rechts

Pisco

Bei Kilometer 232 zweigt rechts die Zufahrt ab nach **Pisco** 6, der wichtigsten Hafenstadt der Region. Der gleichnamige Traubenschnaps, der neben zahlreichen Agrarprodukten von hier verschifft wird, stammt übrigens meistens aus der Gegend um Ica.

Das Leben in dem rund 55 000 Einwohner zählenden Städtchen, das nach einem Erdbeben im Jahr 1687 hierher verlegt wurde, geht eher gemächlich zu: Um die zentrale Plaza – wie überall im Land ein beliebter Treffpunkt für Jung und Alt – gruppieren sich die Kathedrale (ca. 1687–1723) und das Rathaus. Eine Statue in der Mitte des Platzes ehrt General José de San Martín, der am 8. September 1820 in der Bucht von Paracas an Land ging und hier sein Hauptquartier aufschlug, bevor er nach Lima weiterzog.

Hotel Embassy Beach: Av. San Martín 1119, Tel. 056-53 25 68, Fax 53 22 56, www.hotelesembassy.com. Bestes Hotel der Stadt (nicht zu verwechseln mit dem Hotel Embassy Suites), aber etwas vom Meer entfernt. Modernes, unpersönliches Gebäude mit 60 großen Zimmern, Restaurant und Pool. DZ/ÜF ab 66 $.

Von Lima nach Nazca

Hostal Las Olas: Jr. Miguel Grau 156 (am Malecón), Tel./Fax 056-53 23 15 und 01-445 00 54 (in Lima), www.lasolasperu.com. Kleines, freundliches Hotel am Meer mit einfachen, ordentlichen Zimmern (z. T. mit Meerblick) und Restaurant. Kostenlose Abholung vom Busbahnhof, Touren zu den Islas Ballestas etc. DZ/ÜF 45 $.
Hotel Posada Hispana: C. Bolognesi 222, Tel./Fax 056-53 63 63, www.posadahispana.com. Angenehme Unterkunft in zentraler Lage; einfache, aber ordentliche Zimmer mit Bad und TV, Restaurant, unter spanischer Leitung. DZ/ÜF ab 35 $.
Hostal El Candelabro: Jr. Callao 190, Ecke Pedemonte, Tel./Fax 056-53 26 20 und 01-435 21 56 (in Lima), www.hospedajeelcandelabro.com. Einfache Zimmer mit Bad, TV und Kühlschrank. DZ/ÜF ab 30 $.
Hostal Villa Manuelita: C. San Francisco 227, Tel./Fax 056-53 52 18, www.hostalvillamanuelita.com. Angenehmes kleines Hotel in renoviertem Kolonialhaus, nette Zimmer (TV und Safe), Restaurant, Cafetería. DZ/ÜF 28 $.
Hotel Regidor: C. Arequipa 201, Tel. 056-53 52 19, Fax 53 58 36, jarturomedina@hotmail.com. Modernes, wenig stilvolles Hotel, recht gute Zimmer. DZ/ÜF ab 27 $.

As de Oro: Av. San Martín 472, Tel. 056-53 20 10, Di–So 11–24 Uhr. Gute Küche, Spezialität: Fisch und Meeresfrüchte. Hauptgerichte 25–30 N/S.
Villa Nova: im Hostal Villa Manuelita (s. o.), tgl. 6–14, 18–23 Uhr. Gemütliches Lokal im Zentrum, geboten werden z. B. Pizza um 20 N/S, Sandwiches um 5 N/S.
Posada Hispana: im gleichnamigen Hotel (s. o.). Gute lokale und internationale Küche.
Don Manuel: Jr. Comercio 187. Einfaches Lokal, internationale Küche, günstig.
Im Ort **San Andrés,** ca. 5 km Richtung Paracas (s. u.), gibt es mehrere Fischlokale.

Zahlreiche Lokale in der Nähe der Plaza de Armas.
As de Oro: Av. San Martín 472. Am Wochenende Disco und Karaoke-Bar bis 4 Uhr. Fr Eintritt frei, Sa 3 $.

Busse: Ältere Busse fahren regelmäßig ab dem Jirón Callao nach Lima, Ica, Nazca und Arequipa. Einen besseren Service bieten Soyus, Plaza de Armas (nach Ica) sowie Ormeño, www.grupo-ormeno.com (nach Lima, Nazca und Arequipa). Kleinbusse nach Paracas starten am Mercado oder von der Strandstraße.

Paracas

Von Pisco führt eine Straße am Meer entlang durch das Fischerdorf **San Andrés,** vorbei an einem Luftwaffenstützpunkt und Fischmehlfabriken, zur 16 km entfernten Fischer- und Feriensiedlung **Paracas** 7**,** Ausgangspunkt für Ausflüge auf die gleichnamige Halbinsel (s. S. 155) und für Bootstouren zu den vorgelagerten Vogelinseln Islas Ballestas (s. S. 159; Abfahrt der Boote in **El Chaco,** dem kleinen Hafen von Paracas). Ein Obelisk am Ortseingang erinnert an die Ankunft von San Martín mit seinen Truppen, dem die Bucht auch den Ehrennamen Bahía de la Independencia ›Bucht der Unabhängigkeit‹ verdankt.

Hotel Paracas: Tel./Fax 056-54 51 00, Tel. 01-445 93 76 (in Lima), Fax 01-242 85 41, www.hotelparacas.com. Schöne Lage am Meer, teilweise renovierte Zimmer, zwei große Pools, Restaurant. DZ/ÜF ab 79 $.
Hostal El Cóndor: Urb. Sto. Domingo (etwa 2 km nach Hotel Paracas rechts), Tel. 056-54 50 80. Kleines Hotel in ruhiger Lage am Meer, Garten, Pool, Restaurant. DZ/ÜF 50–60 $.
Hotel El Mirador: am Ortseingang links, Tel. 056-54 50 86 und 01-241 68 03 (in Lima), Fax 01-241 68 03, www.elmiradorhotel.com. Mit Restaurant und Pool. DZ/ÜF ab 38 $.
Hostería Paracas: vor Hotel Paracas rechts, Tel./Fax 056-26 19 28, hosteriaparacas@hotmail.com. Ältere Anlage in Meernähe mit Pool und Restaurant. DZ/ÜF ab 30 $.
Hospedaje El Chorito: El Chaco, Plaza de Armas, Tel./Fax 056-54 50 45. Kleines Hostal mit ansprechenden Zimmern (z. T. Balkon und Meerblick) und Restaurant. DZ/ÜF 25 $.
Hotel Ballestas Islands: El Chaco, Tel. 056-54 50 89, hballesta@mixmail.com. Einfache, recht ordentliche Zimmer. DZ ab 12 $.

Richtig Reisen-Tipp: Península de Paracas

Die fischreiche Küste vor der **Península de Paracas** 8 bietet zahlreichen Tieren wie Seelöwen, Kormoranen, Pelikanen und Chile-Flamingos einen idealen Lebensraum. Auch Kondore, die wie die Flamingos ihre Brutplätze in den Anden haben, sieht man gelegentlich auf der Suche nach Robbenkadavern. Zum Schutz dieser Tiere wurde im Jahr 1975 ein 3350 km^2 großes Gebiet unter Naturschutz gestellt, die **Reserva Nacional de Paracas.** Ein einstündiger Fußmarsch führt vom Eingang bei der Feriensiedlung Paracas (s. S. 154) zum **Mirador de los Lobos** bei Punta Arquillo, wo man Seelöwen und Meeresvögel beobachten kann. Lohnenswert ist auch ein Spaziergang entlang der Küste zur **Catedral,** einer von der Brandung ausgewaschenen Höhle.

Im Gegensatz zum reichen Nahrungsangebot des Meeres scheint das wüstenhafte Innere der Halbinsel kaum Chancen zum Überleben zu bieten, und dennoch haben sich Insekten und Eidechsen mit dieser Umgebung arrangiert, in der es so gut wie keinen Niederschlag gibt. Auch Menschen haben hier seit frühester Zeit ein Auskommen gefunden, wie zahlreiche Keramikfunde belegen. Darüber hinaus ist die Halbinsel die bedeutendste Fundstätte präkolumbischer Grabanlagen in Peru. Der peruanische Archäologe Julio César Tello entdeckte hier 1925 Hunderte von Grabstätten mit Mumien, die in fein gewebte Textilien gehüllt waren. Im kleinen **Museo Arqueológico Julio C. Tello** am Eingang zum Schutzgebiet sind diese Totentücher zusammen mit Mumienbündeln und Keramiken der Paracas-Kultur ausgestellt, die ihre Blütezeit etwa von 1300 v. Chr. bis 200 n. Chr. hatte (s. S. 31, tgl. 9–17.30 Uhr). Weitere Funde aus der Region zeigen das Museo Regional in Ica (s. S. 161) sowie mehrere Museen in Lima (Museo de la Nación, s. S. 112; Museo Nacional de Arqueología y Antropología, s. S. 115; Museo Amano, s. S. 112).

Perfekte Nahrungskette dank des kalten Humboldtstroms: Die Bonitos, eine Thunfischart, lieben Sardellen – und die Seelöwen Bonitos

Zwei Welten: An der Península de Paracas trifft Wüste auf Meer

Die Tierwelt der Guano-Inseln

Thema

Der an Fischen reiche Pazifik bietet Nahrung im Überfluss für viele Seevogelarten, Robben, Haie und andere Meeresbewohner. Eine der besten Gelegenheiten, die Vielfalt der Tierwelt zu beobachten, bietet sich bei einem Bootsausflug zu den Islas Ballestas bei Paracas.

Schon bald nachdem die vorgelagerten Inseln aus dem Dunst auftauchen, erkennt man Tausende von weißen Vögeln, die als Guano- oder Perutölpel *(Sula variegata)* bezeichnet werden. Sie sind die dominante Tierart auf den Inseln und Hauptlieferant des einst so wertvollen Guano-Düngers, der noch heute in bescheidenem Maße abgebaut wird. Ab und zu verirren sich auch einige Exemplare der verwandten Blaufuß- und Maskentölpel *(S. nebouxii* bzw. *S. dactylatra)* hierher, die auf den zu Ecuador gehörigen Galápagos-Inseln beheimatet sind. In den wild zerklüfteten Grotten liegen vereinzelte Seelöwen am Kiesstrand und an den schattigen Felswänden haben die schön gezeichneten Inkaseeschwalben *(Larosterna inca)* ihre Nester. Sie tragen einen auffälligen weißen Federschweif am Hinterkopf und zählen mit ihrem leuchtend roten Schnabel und den roten Füßen zu den auffälligsten Vogelarten der Region.

Insgesamt drei Arten von Kormoranen teilen sich diesen Lebensraum: Am häufigsten bekommt man die Biguascharbe *(Phalacrocorax olivaceus)* zu Gesicht, auch als Schwarzer Kormoran bekannt. Dem gelben Schnabel und den roten Füßen verdankt die Buntscharbe *(P. gaimardi)* ihren Namen. Der Guanokormoran *(P. bougainvillei)* lässt sich leicht an seinem weißen Bauch und der roten Augenpartie von den anderen Kormoranarten unterscheiden. Häufig sieht man auch die Simeonsmöwe *(Larus belcheri)*; die ausgewachsenen Tiere tragen an der Spitze ihres gelben Schnabels einen roten Punkt. Die größte Vogelart der Inseln ist der Chilepelikan *(Pelecanus thagus)*, den manche Wissenschaftler als Unterart des Braunen Pelikans ansehen. Allerdings werden die an der zentralen Pazifikküste Südamerikas heimischen Chilepelikane mit 1,50 m wesentlich größer als ihre Verwandten. Mit etwas Glück kann man auch die seltenen Humboldtpinguine *(Spheniscus humboldti)* entdecken, die zu den kleinsten der weltweit 18 Pinguinarten zählen; erwachsene Tiere werden kaum größer als 68 cm.

Kaum zu glauben, welchen Lärm die in Familienverbänden zusammenlebenden Südlichen Seelöwen *(Otaria byronia)* veranstalten. Zu Hunderten liegen sie an den Kiesstränden der Inseln oder trocknen auf den Klippen ihr Fell. Nur selten hingegen erblickt man ein vereinzeltes Exemplar des Südlichen Seebären *(Arctocephalus australis)*, der wegen seines äußerst feinen Fells, das ihm den ›Ehrennamen‹ Pelzrobbe einbrachte, erbarmungslos bis an den Rand der Ausrottung bejagt wurde.

Mit etwas Glück kann man auch vom Boot aus eine Schule von Delfinen *(Delphinus delphis)* beobachten, die den Fischschwärmen folgen und dabei immer wieder elegant aus dem Wasser springen. An manchen Tagen bekommt man sogar die Blasfontäne eines Grauwals *(Eschrichtius gibbosus)* zu Gesicht und auch die völlig zu Unrecht als »Killerwale« verunglimpften Schwertwale *(Orcinus orca)* sind in dieser Gegend manchmal auf Nahrungssuche.

Hostal El Amigo: El Chaco, Tel. 056-54 50 42. Einfache Zimmer mit Bad, Terrasse mit Meerblick. DZ ab 9 $.

Zahlreiche einfache **Fischlokale** findet man an der ›Strandpromenade‹ in El Chaco. Weitere Restaurants in den Hotels.

Diverse Veranstalter bieten **Ausflüge** in die Umgebung an, z. B. auf die Paracas-Halbinsel und nach Tambo Colorado. **Bootstouren:** Abfahrt der Boote zu den Islas Ballestas nur vormittags (ca. 15–20 $ p. P. inkl. Transfer ab Pisco). Buchung über die Hotels oder direkt beim Veranstalter, z. B.: Las Olas Tours, Tel. 056-53 23 15 und 01-445 00 54 (in Lima), www.lasolasperu.com; Ballestas Travel Service, Tel./Fax in Lima 01-257 11 46, http://barrioperu.terra.com.pe/ballest/.

Der Reiseveranstalter Alegría-Tours in Nazca (s. S. 165) bietet einen Busservice zwischen Paracas und Nazca mit Besuch der Oase Huacachina und Abholung vom Hotel.

2 Islas Ballestas

Auf den zahlreichen vorgelagerten Inseln leben Unmengen von Seevögeln und Robben, die hier ihre Jungen großziehen. Jeden Morgen starten von Paracas aus Motorboote zu den **Islas Ballestas,** die – wie auch die benachbarten Chincha-Inseln – wegen ihres Reichtums an Guano, dem als Düngemittel hervorragend geeigneten weißen Vogelkot, im 19. Jh. von großer wirtschaftlicher Bedeutung waren.

Die Bootsfahrt führt zunächst entlang der Halbinsel aus der Bucht heraus zu einer seltsamen überdimensionalen Zeichnung, die hier in den vom Salz fest verbackenen Wüstensand gegraben wurde. **El Candelabro** wird das fast 200 m hohe Scharrbild wegen seiner Ähnlichkeit mit einem dreiarmigen Kerzenleuchter genannt. Doch weder sein Alter noch seine Bedeutung sind bislang geklärt. Steht die Zeichnung in Verbindung mit dem Kreuz des Südens? Stellt sie einen stilisierten Kaktus dar, der schon bei der Chavín-Kultur als Machtsymbol diente? Besteht ein Zusammenhang zu den Linien und Zeichnungen von Nazca? Oder ist sie doch nur ein Werk des 19. Jh.?

Immer schärfer zeichnen sich die Konturen der Ballestas-Inseln in der Ferne ab, und bald erkennt man das aufgeregte Treiben der Guanotölpel und anderer Seevogelarten, die zu Hunderttausenden die Inseln bevölkern (s. S. 158). Tosend brechen sich die Wellen an den Wänden der Felsgrotten, dem bevorzugten Lebensraum der schön gezeichneten Inkaseeschwalben. Dann entdeckt man die ersten Seelöwen, die dösend auf den Felsen liegen und ihr Fell trocknen. Nicht weit entfernt tummeln sich ganze Kolonien der Meeressäuger an den Kiesstränden und veranstalten einen ohrenbetäubenden Lärm. Die Tiere, die sich an Land etwas unbeholfen bewegen, sind ausgezeichnete Schwimmer und zeigen keinerlei Scheu vor den Besuchern in den orangefarbenen Schwimmwesten. Vielleicht wissen sie, dass das Betreten der Inseln, auf denen noch heute in bescheidenem Maß Guano abgebaut wird, für Touristen verboten ist?

Ica und Umgebung

Reiseatlas: S. 18, D 2; **Karte:** S. 153

Südlich von Paracas durchquert man die **Pampa de Villacurí,** die einzige Gegend Perus, in der Dattelpalmen zu finden sind. Sie wurden Ende des 16. Jh. zusammen mit Feigenbäumen und Kamelen von den Spaniern eingeführt; der Versuch, die Wüstentiere hier heimisch zu machen, scheiterte allerdings.

Baumwoll- und Spargelfelder kündigen die Nähe von **Ica** 9 an, mit knapp 200 000 Einwohnern die größte Stadt zwischen Lima und Arequipa. Die Oasenstadt am Río Ica liegt etwa 50 km vom Meer entfernt am Rand der höchsten Dünen Südamerikas und hat ein ganzjährig sonniges und heißes Klima. Schon zu Zeiten der Spanier war Ica – 1536 als Villa de Valverde gegründet und 1640 auf ihren heutigen Namen umgetauft – ein bedeutendes Landwirtschaftszentrum. Trotz schwerer

Sahara? Von wegen: Dies sind die höchsten Dünen Südamerikas bei Ica

Erdbeben in den Jahren 1568, 1571 und 1664 entstand hier eine blühende Kolonialstadt mit der obligatorischen Kathedrale am Hauptplatz und schmuckvollen Kirchen wie La Merced und San Francisco. Dennoch leisteten die Einwohner Icas den Spaniern gegen Ende der Kolonialzeit erbitterten Widerstand. Einer der bedeutendsten Söhne der Stadt, der 1786 geborene José de la Torre Ugarte, diente in der Revolutionsarmee unter General San Martín und ist der Verfasser der Nationalhymne.

Seit 1650 gilt Ica als Zentrum des Weinbaus in Peru. Die Bedeutung von Weintrauben, lange Zeit wichtigstes Erzeugnis der Region, ist inzwischen jedoch wegen der Konkurrenz aus Chile stark zurückgegangen – Weinreben bedecken heute weniger als 10 % der Anbaufläche. Längst haben sich die Bauern der Region auf andere Produkte wie Baumwolle, Bohnen, Mais, Spargel und Mangos umgestellt. Doch während der Festwoche im März dreht sich wieder alles um den Rebensaft. Überhaupt wird in Ica gerne und

leidenschaftlich gefeiert, egal ob es sich um religiöse Feierlichkeiten wie die nächtlichen Prozessionen zu Ehren des Señor de Luren handelt oder um heidnische Kulte – die Stadt gilt als Zentrum für schwarze Magie und Wunderheilung (s. S. 319).

Museo Regional de Ica

Normalerweise landen alle bedeutenden archäologischen Funde des Landes in den Museen der Hauptstadt, doch es gibt einige wenige Ausnahmen wie das **Museo Regional de Ica.** Obwohl nicht sonderlich groß, lagern hier wahre Schätze aus drei Jahrtausenden. Besonders die fein gewebten Textilien der Paracas-Kultur beeindrucken durch ihre Farbenfreude und die fantasievollen Dekors, meist stilisierte tierisch-menschliche Mischwesen. Die Sammlung gibt auch einen Überblick über die Töpferkunst der Region und belegt an einigen Beispielen, dass die Tiermotive in der Keramik der Nazca-Kultur mit denen der Nazca-Linien übereinstimmen. Weitere Objekte regionaler Kulturen wie der Chincha-Kultur leiten über zu den Inka, die mit ihren *quipú* genannten Knotenschnüren über ein ausgefeiltes bürokratisches Zählinstrument verfügten. In einem zweiten Saal sind vorwiegend Mumien und Schädel zu sehen, teilweise mit Spuren von Trepanationen. Dass etliche dieser operativen Schädelöffnungen durchaus erfolgreich waren, zeigen Exemplare mit wieder verwachsenen Schädelknochen. Ein Modell der Nazca-Linien im Freien ergänzt das Angebot des sehenswerten Museums (Tel. 056-23 43 83, Mo–Fr 8–19, Sa/So und Fei 9–18 Uhr, 11 N/S).

i **Subdirección de Turismo:** Av. Grau 150, Mo–Fr 9–12, 16–18 Uhr.

Hotel Las Dunas: Av. La Angostura 400 (Abzweigung von der Panamericana bei km 300), Tel./Fax 056-25 62 24, Tel. in Lima 01-241 80 00, Fax in Lima 01-446 62 80, www.lasdunashotel.com. Gepflegte Anlage, Zimmer teils mit AC, schöner Pool, Garten, Tennisplätze etc. DZ/ÜF ab 95 $.

Hotel Austria: Av. La Angostura 367, Tel./Fax 056-25 61 06, www.hotelaustria-peru.com. Nettes kleines Hotel unter österreichischer Leitung, ruhige Lage, Pool und Garten, gutes Restaurant, Rucksacktouristen willkommen. DZ/ÜF ab 45 $.

Hotel El Carmelo: Panamericana km 301, Tel./Fax 056-23 21 91, www.elcarmelohotel hacienda.com. Freundliches Hotel im Kolonialstil mit ordentlichen Zimmern, Restaurant und Swimmingpool. DZ/ÜF ab 40 $.

Hostal Sol de Ica: C. Lima 265, Tel./Fax 056-21 89 31 und 01-447 39 65 (in Lima), www.ho

Richtig Reisen-Tipp: Dünenaction in Ica

Die höchsten Dünen Südamerikas bei Ica laden abenteuerlustige Besucher ein zum ›Snowboarden‹ auf Sand – für mitteleuropäische Skifahrer ein wahrhaft ungewöhnliches Vergnügen. Aber nicht nur auf dem ›Sandbrett‹ kann man Spaß haben, auch mit den eigens für diesen Zweck konstruierten Dune-Buggies lässt es sich hervorragend über die Dünen brausen. Die Kosten hierfür sind moderat: Eine 2-stündige Dune-Buggy-Tour kostet etwa 17 $ inkl. einem Einführungskurs im Sandboarden. Im Angebot sind auch mehrtägige Touren mit Übernachtung in der Wüste und Grillen am Lagerfeuer unter dem Sternenhimmel. In der Umgebung von Ica findet man außerdem die größten Fossilien der Erde – bis zu 20 Mio. Jahre alte Reste von Meerestieren – sowie kilometerlange, einsame Sandstrände.

Infos und Buchung: Desert Adventures, Huacachina, Tel. 056-22 84 58, www.desertadventure.net

telsoldeica.com. Angenehmes 3-Sterne-Hotel mit Restaurant, Sauna und Pool. Ordentliche Zimmer mit Bad. DZ/ÜF ab 40 $.

Hostal Silmar: C. Castrovirreyna 110, Tel. 056-23 50 89, Fax 056-23 53 91, hsilmar@hotmail.com. Einfaches, aber recht ordentliches Hostal in zentraler Lage mit Restaurant. DZ/ÜF 22 $.

El Otro Peñoncito: C. Bolívar 255, Tel. 056-23 39 21, tgl. 12–24 Uhr. Gute lokale und internationale Küche.

Cevichería La Compuerta: Prolongación Ayabaca 246, Tel. 056-23 80 17, tgl. 9.30–17 Uhr. Spezialität: Fisch und Meeresfrüchte.

Pizzería Venezia: C. Lima 230, Tel. 056-23 22 41, tgl. 10–15, 18–23 Uhr. Gute Pizza und Pasta ab 5 $.

Pollería Rocky: Av. Matías Manzanilla 595, Tel. 056-22 79 51, tgl. 12–3 Uhr. Große Auswahl an Fleischgerichten (Huhn, Kaninchen, Steaks etc.) um 30 N/S, *chicharrones* (knusprige Schweineschwarten) um 14 N/S.

Chifa El Cantonés: Av. San Martín 1347, Tel. 056-21 84 23, tgl. 12.30–16, 19–23 Uhr. Chinesische Küche auf peruanische Art. Hauptgerichte um 6 $.

Buena Salud: Av. San Martín 1368, Tel. 056-23 12 73, So–Do 9–21, Fr 9–17 Uhr. Vegetarisches Restaurant, günstige Tagesgerichte.

El Catador: Panamericana km 299 (ca. 10 km außerhalb). Einfache Landgaststätte mit typischer Küche und Bodega (Weinprobe).

La Olla de Juanita: nebenan, Tel. 056-40 33 17, tgl. 10–17 Uhr. Restaurant und Bodega.

Weingüter: In der Umgebung von Ica gibt es zahlreiche Winzereien, die besichtigt werden können, u. a.

Bodega Vista Alegre, ca. 3 km nördlich von Ica, Tel. 056-23 29 19, Mo–Fr 8–13, 14–16.30, Sa 8–13 Uhr, kostenlose Führungen.

Bodega Tacama, ca. 10 km nordöstlich von Ica, Tel. 056-22 83 94, tgl. 9–15 Uhr, Führungen Mo–Fr 10 Uhr (10 $).

Rundflüge: Aero Cóndor, Büro im Hotel Las Dunas, Tel. 056-25 62 30, www.aerocondor.com.pe. Die Nazca-Linien aus der Vogelperspektive (ca. 150 $ p. P.).

Aero Ica, Tel. 056-52 24 34, www.aeroica.net. Gleiches Angebot (bei mindestens 5 Personen 130 $ p. P.).

Festival Internacional de la Vendimia (1.–2. So im März): Weinfest.

Señor de Luren (Mitte Okt.): Fiesta mit nächtlichen Prozessionen.

Busse: Regelmäßige Verbindungen nach Lima (300 km) sowie über Nazca nach Arequipa (760 km) ab Calle Lambayeque, Ecke Calle Manzanilla; empfehlenswert ist das Unternehmen Ormeño, C. Lambayeque 180. Die *colectivos* (Sammeltaxis) nach Nazca starten nahebei ebenfalls in der Calle Lambayeque.

Huacachina

Eingerahmt von hohen Sanddünen liegt nurmehr 6 km südwestlich von Ica die Oase **Huacachina** 10. Um einen kleinen See, dessen schwefelhaltiges Wasser eine heilende Wirkung bei Rheuma und Hautleiden haben soll, ist ein winziger ›Kurort‹ mit Palmen, einigen Restaurants und einem Hotel entstanden, der sogar auf dem 20-Soles-Geldschein verewigt wurde. Ein Bad im See, dessen Wasserstand nach und nach sinkt, bietet auch für Gesunde eine angenehme Erfrischung nach einer anstrengenden Dünenwanderung. Wen die Wasserqualität nicht ganz überzeugt, der findet im kleinen Swimmingpool des Hotels Mossone eine gute Alternative.

Policía de Turismo: neben dem Hotel Mossone, Tel. 056-21 28 56.

Hotel Mossone: Tel. 056-21 36 30 und 01-261 02 40 (in Lima), Fax 056-23 61 37, hmossone@derrama.org.pe. Älteres, ruhig gelegenes Hotel im Kolonialstil mit netten Zimmern (teils mit Klimaanlage) um den Innenhof, außerdem Pool und Restaurant mit Seeblick. DZ/ÜF ab 60 $.

Hostería Suiza: Tel./Fax 056-23 87 62, www.hostesuiza.5u.com. Nette kleine Privatpension mit Pool zu Füßen der Dünen, hübsch dekorierte Zimmer. DZ/ÜF 35 $.

Hacienda Ocucaje

Etwa 30 km südlich von Ica zweigt bei Kilometer 334 die Zufahrt zur **Hacienda Ocucaje** ab, einem Weingut aus dem 16. Jh., in dem noch heute erstklassiger Wein und Pisco produziert wird. Eine Besichtigung ist nach vorheriger Anmeldung möglich. Wie überall an der Küste wurde auch diese Gegend von Grabräubern *(huaqueros)* systematisch nach Keramiken und Textilien der Paracas- und Nazca-Kultur abgesucht.

Hotel Hacienda Ocucaje: Panamericana km 334, Tel. 056-83 70 49 und 01-444 40 59 (in Lima), Fax 056-83 61 03 und 01-445 21 33 (in Lima), www.hotelocucaje.com. Historische Hacienda aus der Kolonial-

In ihrer Einsamkeit faszinierend: die Landschaft zwischen Ica und Nazca

zeit in ruhiger Lage mit eigenem Weingut, Restaurant, Swimmingpool und Tennisplatz. DZ/ÜF ab 72 $.

3 Líneas de Nazca

Reiseatlas: S. 18, E 3; **Karte:** S. 153

Die Weiterfahrt nach Süden führt durch das Tal des Río Grande, ein Anbauzentrum für Mandarinen und Orangen, die in der Stadt Palpa verkauft werden. Nach 140 km (440 km ab Lima) erreicht man die **Pampa Colorada,** eine ausgedörrte Ebene auf 550 m Höhe in der Nähe der rund 25 000 Einwohner zählenden Provinzstadt **Nazca 11,** in der es so gut wie nie regnet und auch kein *garúa*-Nebel für Feuchtigkeit sorgt. Kein Mensch würde sich in diese lebensfeindliche Gegend verirren, wären da nicht höchst seltsame Linien und Zeichnungen in den steinigen Wüstenboden eingegraben, die den Wissenschaftlern bis heute Rätsel aufgeben. Die als **Líneas de Nazca** (›Nazca-Linien‹) bekannten »Scharrbilder« (s. S. 166) bedecken eine Fläche von rund 350 km^2 und sind in ihren enormen Ausmaßen nur aus der Luft zu erkennen. Mehrere Airlines bieten vom Flughafen der Oasenstadt Rundflüge in kleinmotorigen Propellermaschinen an. Wem dieses Unterfangen zu abenteuerlich erscheint, der kann auch auf den 15 m hohen Aussichtsturm bei Kilometer 425 der Panamericana steigen, der seinerzeit von Maria Reiche errichtet wurde. Allerdings sind von dort nur zwei Bilder schemenhaft auszumachen, eine Art ›Baum‹ mit verzweigtem Wurzelwerk und eine seltsame Tierfigur mit zwei Händen.

Nördlich des Zentrums von Nazca befindet sich in der Avenida de la Cultura 600 das 1999 eröffnete **Museo Antonini** mit Keramiken, Textilien, Mumien und Nachbildungen von Gräbern der Nazca-Kultur (Tel. 056-52 31 00, tgl. 9–19 Uhr, 10 N/S).

Touristeninformation: im Rathaus (Municipalidad), Jr. Arica 586, Plaza de Armas, Tel. 056-52 24 18, Mo–Fr 8–13, 13.30–15.30 Uhr.

Hotel Hacienda Cantayo: ca. 5 km außerhalb (Zufahrt über die Panamericana in Richtung Arequipa), Tel. 056-52 23 45, Fax 52 22 83, www.hotelcantayo.com. Ruhig gelegenes, stilvolles Komforthotel in ehemaliger Hacienda außerhalb der Stadt, großzügige Außenanlage mit Pool. DZ/ÜF ab 160 $.

Hotel Majoro: Panamericana km 452, Tel. 056-52 24 90 und 52 24 81, Fax 52 27 50, www.hotelmajoro.com. Ehemalige Hacienda mit großen Zimmern, schönem Garten und Pool, 2005 renoviert, etwas außerhalb in der Nähe des Flughafens gelegen. DZ/ÜF 80 $.

Hotel Nazca Lines: Jr. Bolognesi, Tel. 056-52 22 93, Fax 52 21 12, reservasnasca@derrama.org.pe. Älteres Hotel mit Restaurant, schöner Innenhof mit Swimmingpool. DZ/ÜF ab 75 $.

Hotel Casa Andina: Jr. Bolognesi 367, Tel. 056-52 35 63, Fax 52 10 67, www.casa-andina.com. Neues, funktionales Hotel in zentraler Lage mit 60 Zimmern, Restaurant und Pool. DZ/ÜF ab 75 $.

Hostal El Nido del Cóndor: Panamericana km 447, Tel./Fax 056-52 11 68, www.nidodelcondornazca.com. Ordentliches kleines Hostal gegenüber dem Flughafen mit Restaurant und Pool, recht neue Zimmer mit Bad. DZ/ÜF ab 37 $.

Hotel Alegría: Jr. Lima 166, Tel. 056-52 27 02, Fax 52 24 44, http://nazcaperu.com/aleg_htl/aleg_hotel.htm. Modernes Gebäude in verkehrsgünstiger Lage mit Restaurant, Garten und Swimmingpool. DZ/ÜF 35 $.

Hostal Don Agucho: Av. Paredones, Ecke Av. San Carlos 100, Tel./Fax 056-52 20 48, donagucho@hotmail.com. Ordentliche Zimmer und Bungalows, Restaurant, Pool, nette Anlage mit Kakteen. DZ/ÜF 30 $.

Hostal Alegría 2: Av. Los Incas 117, Tel. 056-52 24 97. Neueres Hostal am Ortseingang mit einfachen, aber ordentlichen Zimmern und Garten. DZ/ÜF ohne/mit Bad ab 11/17 $.

La Encantada: Jr. Fermin del Castillo, Ecke Jr. Callao, Tel. 056-52 29 30. Gute Küche und große Auswahl, z. B. Fischgerichte, landestypische Speisen (*lomo sal-*

Nazca: sonnenverwöhnt – und energiegeladen

tado, s. S. 60), Meeresfrüchte, Pasta. Hauptgerichte 18–22 N/S.
El Portón: C. Ignacio Morsesky 120, Parque Bolognesi, Tel. 056-52 34 90, tgl. 11–23 Uhr. Kleines Gartenlokal mit regionaltypischen Gerichten. Abends Folkloreshows mit Afro- und Andenmusik. Hauptgerichte 20–35 N/S.
Pizzería La Pua: im 1. Stock des Restaurante El Portón, Tel. 056-52 29 90, tgl. 11–23 Uhr. Pizzas um 17–33 N/S.
La Cañada: Jr. Lima 160 (gegenüber Ormeño-Busbahnhof), Tel. 056-52 25 31, tgl. 12–24 Uhr. Nettes Lokal, *comida criolla* und internationale Küche, Hauptspeisen 20–30 N/S, Pisco Sour gratis.
La Taberna: Jr. Lima 326. Angenehmes Lokal, vorwiegend junges Publikum, gute Fischgerichte, abends Bar mit Musik.
Pizzería El Puqio: Jr. Bolognesi, Ecke Jr. Miguel Grau. Kleine, empfehlenswerte Pizzeria im Zentrum.

La Encantada: im 1. Stock des gleichnamigen Restaurants (s. S. 164). Beste Disco am Ort.

Rundflüge: Elf Airlines bieten Rundflüge über die Nazca-Linien, z. B. Aero Cóndor, Büro im Hostal El Nido del Cóndor (s. S. 164), Tel. 056-52 11 68, www.aerocondor.com.pe; Aero Ica, Tel. 056-52 24 34, www.aeroica.net; Aero Nanasca, Tel./Fax 056-52 22 97; Aeroparacas, Tel. 056-52 26 88; Alas Peruanas, c/o Alegría Tours, im Hotel Alegría (s. S. 164). Die Preise liegen bei 50 $ p. P. plus 10 N/S Flughafensteuer für 30–40 Minuten in der Luft. Auskunft am Flughafen: Tel. 056-52 33 80.
Touren: Alegría Tours, im Hotel Alegría (s. o.), Tel. 056-52 24 44, www.nazcaperu.com. Ausflüge in die Umgebung, Busservice nach Paracas inkl. Besuch der Oase Huacachina und Abholung vom Hotel.

Semana Turística (Mai).
Fest des Schutzheiligen von Nazca (1. Septemberwoche).

Flüge: Es gibt zwar einen Flughafen, aber bislang noch keine regulären Flüge nach Lima oder Arequipa.

Das Geheimnis der Pampa Colorada

Obwohl bereits 1926 zwei Archäologen auf der Suche nach Gräbern der Nazca-Kultur seltsame Zeichen im Wüstensand bei Nazca entdeckt hatten, begann die eigentliche Erforschung der geheimnisvollen Líneas de Nazca – inzwischen zum Unesco-Welterbe erhoben – erst 1939. Damals erkannte der US-Amerikaner Paul Kosok von einer New Yorker Universität auf einem Flug die erste Figur: einen Vogel. Mit der Zeit kamen immer mehr Darstellungen zum Vorschein, verteilt auf einen 50 km langen und 20 km breiten Streifen zwischen Nazca und Palpa.

Maria Reiche, eine aus Dresden emigrierte Mathematikerin und Geografin, war gerade aus Cusco, wo sie in einer begüterten Familie als Kindermädchen gearbeitet hatte, nach Lima gekommen und verdingte sich dort mehr schlecht als recht als Übersetzerin. Durch diese Tätigkeit kam sie mit Kosok in Verbindung und begann sich für dessen Entdeckungen zu interessieren. Nach dem Ende des Zweiten Weltkriegs, den sie als Deutsche zwangsweise in Lima verbringen musste, reiste Maria Reiche nach Nazca und begann per pedes die Linien eingehend zu studieren. Mit einem Besen und einem Zollstock ›bewaffnet‹, verließ sie Tag für Tag ihre ärmliche Bleibe in einem Lehmhaus nahe Nazca, um die oft nur 20 cm breiten und fingertiefen Furchen im Wüstensand zu säubern und zu vermessen. Abends fertigte sie maßstabsgetreue Abbildungen der Figuren an. Maria Reiche sah darin ihre Lebensaufgabe. Selbst im hohen Alter von 90 Jahren hielt sie noch, im Hotel de Turistas in Nazca lebend, allabendlich Vorträge in verschiedenen Sprachen über die geheimnisvollen Linien.

Maria Reiche vermutete als Entstehungszeit der Figuren die Periode zwischen 300 und 700. Vor wenigen Jahren entdeckte man in der Pampa Colorada eine kleine Planskizze, die wohl zu jener Zeit angefertigt und anschließend vielfach vergrößert übertragen worden war – mit Holzpflöcken und Seilen, mit denen man exakte Kreise und Spiralen im Boden markierte.

Welche Darstellungen hat man bis heute identifizieren können? Neben vielen Geraden und Dreiecken ist eine menschliche Figur zu erkennen, die gemeinhin als Astronaut bezeichnet wird, weil sie spontan an einen Raumfahrer erinnert. Ein Lama, eine stattliche, 188 m lange Eidechse, deren Schwanz heute die Panamericana zerschneidet, ein Leguan, eine Spinne, ein Kolibri und ein Hund mit aufrecht stehendem Schwanz sind leicht auszumachen. Zudem sind ein Wal abgebildet, ein 90 m langer Affe und ein mächtiger Baum. Ein weiteres Prunkstück ist ein Kondor mit einer Flügelspannweite von 180 m.

Doch was bedeuten diese Figuren? Paul Kosok interpretierte die Linien als das »größte Astronomiebuch der Welt«. Maria Reiche verglich die Figuren mit dem Intihuatana der Inka und den Stelen-Setzungen der Maya und sprach in ihrem 1948/49 erschienenen Buch »Secreto de la Pampa« von einem gigantischen astronomischen Kalender. Sie verwies dabei unter anderem auf den 21. Dezember, den Tag der Sommersonnwende, wenn die Sonne genau in der Verlängerung einer langen Linie am Horizont versinkt. Auch Mond-

Thema

und Sternenbahnen, in Tierfiguren festgehalten, sollten den Menschen den Zeitpunkt für die Aussaat ihres Getreides auf den Feldern angeben. Der Schnabel eines Vogels endet an einer Gruppe von Linien, deren letzte auf die aufgehende Sonne am Tag der Sommersonnwende weist.

Die Figuren waren den Nazca-Menschen vermutlich kaum im Ganzen sichtbar, denn selbst von den nahen Hügeln sind sie in der diesigen Luft kaum zu erkennen. Der US-Anthropologe Jim Woodman hat in Versuchen nachzuweisen versucht, dass die Menschen der Nazca-Kultur bereits einen Heißluftballon zum Überfliegen der Linien gebaut haben könnten. Einzelne Anthropologen sehen in ihnen den Nachweis für die Existenz von Flugdrachen und der Schweizer Erich von Däniken bringt die Linien mit UFOs und Außerirdischen in Verbindung.

Nur aus der Luft sind die Nazca-Linien – wie hier der Kolibri – ganz zu erkennen

Busse: Regelmäßige Verbindungen nach Ica (2 Std.), Pisco (3 Std.), Lima (6 Std.), Arequipa (9 Std., nur Nachtbusse) und Cusco (14 Std.). Buslinien: Ormeño, Av. Los Incas 112, Tel. 056-52 20 58; CIVA, neben Guardia Civil (Abzweigung zum Flughafen), Tel. 056-52 30 19; Cruz del Sur, C. San Martín, Ecke C. Lima, Tel. 056-52 37 13; günstiger, aber langsamer sind die meist alten Busse von Flores, Tel. 056-52 27 43, und TEPSA, Tel. 056-52 37 75. Ab der Panamericana starten in kurzen Abständen *colectivos* nach Ica.

Von Nazca nach Cusco

Reiseatlas: S. 18, F 3; S. 19, A 3–E 1
Südlich der Brücke über den Río Tierras Blancas zweigt die inzwischen fast vollständig geteerte Straße nach Cusco ab, die über Hochebenen und zwei rund 4300 m hohe Pässe nach Abancay im südlichen Hochland führt und eine lohnenswerte Alternative für die Reise durch den Süden Perus darstellt. Die reine Fahrtzeit nach Cusco beträgt rund 14 Stunden, eine Zwischenübernachtung in Abancay ist daher ratsam.

Unterwegs kann man nach etwa 80 km in der rund 3800 m hoch gelegenen **Reserva Nacional Pampa Galeras** mit etwas Glück grazile Vikunjas beobachten. Diese wilden, menschenscheuen Kleinkamele (s. S. 18/19) produzieren eine besonders wertvolle Wolle, die den Tieren beinahe zum Verhängnis wurde. Hier werden sie in einem Wiederaufzuchtprojekt geschützt. An der Grenze des Reservats überquert man den mit 4390 m höchsten Pass der Strecke, bevor die Straße hinunter in das Provinzest **Puquio** führt. Danach geht es an verträumten Bergseen vorbei über die 4300 m hohe Abra Huashuccasa in die Distrikthauptstadt **Abancay** auf angenehmen 2400 m (460 km ab Nazca), wo man mehrere Unterkünfte findet. Von hier sind es noch ca. 220 km auf geteerter Straße nach Cusco (s. S. 198).

... in Puquio:
Hostal Central: Av. Castilla 625. Einfache Unterkunft, die Zimmer mit Gemeinschaftsbad bietet.

Von Nazca nach Tacna

Von Nazca nach Tacna

Reiseatlas: S. 18/19, 23–25; **Karte:** s. oben

Weiter Richtung Chala

Mitten in der Wüste, rund 28 km südlich von Nazca, liegt der **Cementerio de Chauchilla,** ein weitläufiger vorspanischer Friedhof mit Tausenden geplünderter Gräber. Überall verteilt findet man Knochen, Textilfragmente und Keramikscherben, die von den *huaqueros* zurückgelassen wurden.

Über eine Abzweigung bei Kilometer 483 erreicht man die kleine, erst 1953 gegründete Hafenstadt **Puerto San Juan.** Die Straße führt an den Minen von Marcona vorbei, den größten Eisenerzgruben des Landes, in denen das wertvolle Metall im Tagebau gefördert wird.

Nach vielen endlosen Kilometern durch die menschenleere Wüsteneinsamkeit trifft die Panamericana etwa 85 km hinter Nazca bei **Puerto Lomas** wieder aufs Meer. Nur selten verirrt sich ein Mensch an die fast unberührten Strände dieses Küstenabschnitts. Auf einer spektakulären, kurvenreichen Strecke geht es weiter durch eine gebirgige Land-

schaft, mit immer neuen Ausblicken auf den Pazifik. Hinter der Zufahrt zur Minenstadt **Acarí,** in der Eisenerze und andere Metalle gefördert werden, beginnt eine windige Treibsandzone, die nur vom grünen Yauca-Tal mit seinen knorrigen Olivenbäumen unterbrochen wird.

Chala

Das Städtchen **Chala 12,** rund 170 km südlich von Nazca, macht heute einen recht armseligen Eindruck, doch bis zum Bau der Eisenbahn von Arequipa zum Meer war hier ein geschäftiger Hafen, von dem die Waren auf Maultieren nach Cusco geschafft wurden. Schon die *chasquis,* die schnellen Staffettenläufer der Inka, brachten von dem 10 km westlich gelegenen Puerto Inka fangfrischen Fisch über eine wichtige Inka-Straße in die Hauptstadt des Andenreiches.

Hotel Puerto Inca: 10 km nördl. am Strand, Tel. 054-55 10 55, Fax 27 26 63, puertoinca@hotmail.com. Angenehmes Hotel mit renovierten Zimmern, gutes Restaurant, schöner Strand, Camping möglich. DZ/ÜF ab 54 $.

Hotel de Turistas: C. Comercio 601 (Panamericana km 620), Tel. 054-55 11 11, Fax 55 10 19, hoteltur_chala@hotmail.com. Einfaches, älteres Hotel am Meer, Zimmer mit Bad und z. T. mit Meerblick, Restaurant. DZ/ÜF ab 25 $.

Camaná

Nach Chala beginnt einer der landschaftlich aufregendsten Streckenabschnitte: Die Straße windet sich entlang der eindrucksvollen Steilküste, die immer wieder durch felsige Buchten unterbrochen wird.

Einer der wichtigsten Flüsse an der peruanischen Küste, der 250 km lange Río Ocoña, der mehr Wasser führt als der Río Santa, musste sich auf seinem Weg ans Meer eine enge Schlucht graben, die kaum Platz für Ackerbau bietet. Hinter dem Ortsende von **Ocoña** steigt die Straße wieder an und führt an einem geplünderten Inka-Friedhof vorbei.

Ein ähnliches Schicksal wie Chala ereilte auch **Camaná 13,** das während der Kolonialzeit ein wichtiger Verladeort für Gütertransporte nach Arequipa und für das Silber der Minen von Potosí war. Die Stadt liegt an der Mündung des Río Camaná, des mit 374 km längsten Flusses der peruanischen Pazifikküste, der als Río Colca nordöstlich von Arequipa entspringt und eine der tiefsten Schluchten Südamerikas bildet (s. S. 187 ff.). Ihre Bewohner leben heute in erster Linie von Landwirtschaft und Fischfang. Die Krebse, die in Camaná gefangen werden, sind sehr schmackhaft und werden auch in den Fisch-

Richtig Reisen-Tipp: Cañón de Cotahuasi

Nicht der inzwischen häufig besuchte Cañón de Colca (s. S. 187 ff.) ist die tiefste Schlucht Südamerikas, sondern der noch weitgehend unbekannte **Cañón de Cotahuasi** 15 weiter westlich. Die Anfahrt dorthin ist recht mühsam, weshalb bislang nur wenige Reisende den Weg hierher finden – die Busse aus Arequipa benötigen für die rund 380 km lange Strecke ungefähr 14 Stunden.

Von der Panamericana geht es zunächst über Corire nach Aplao und dann auf ungeteerter Straße über einen 4650 m hohen Pass, vorbei am Nevado Coropuna, dem mit 6425 m dritthöchsten Gipfel Perus, nach **Cotahuasi,** einem verschlafenen Andennest auf 2650 m Höhe. Der gleichnamige Fluss hat sich auf seinem Weg Richtung Küste im Laufe der Jahrmillionen bis zu 3350 m tief in das Gestein gegraben.

Heute kann man in der Gegend hervorragend wandern, reiten, mountainbiken, auf dem Río Cotahuasi raften oder Kajak fahren (beste Zeit: Mai/Juni, WW IV–V, sehr anspruchsvoll) und sich zum Ausklang des Tages in den außerhalb von **Alca** gelegenen **Thermalquellen von Luicho** entspannen. In der Umgebung des Ortes gibt es mehrere Wasserfälle, darunter die 150 m hohe **Catarata de Sipia,** die man über einen alten Inka-Weg entlang der Schlucht in drei bis vier Stunden erreicht.

Auch die zahlreichen Ausgrabungsstätten in der Umgebung des Cañón de Cotahuasi lohnen einen Besuch, allen voran die **Ruinen von Kallak** bei Alca und die **Ruinen von Pampamarca** in der Nähe des gleichnamigen Ortes, rund zwei Fahrstunden nördlich von Cotahuasi. Eine etwa dreistündige Wanderung führt von hier zum **Bosque de Piedras** (›Versteinerter Wald‹) mit bizarren Felsformationen und zum 50 m hohen **Wasserfall von Uskuni.**

Unterkünfte:

Hospedaje Hatunhuasi: Cotahuasi, C. Centenario 309, Tel. 054-58 10 54. Neun Zimmer, Restaurantservice, Organisation von geführten Touren und Ausritten. DZ/ÜF ohne/mit Bad ab 11/19 $.

Hostal Alcalá II: Cotahuasi, C. Arequipa 116, Tel. 054-58 10 90. Neue Unterkunft im Zentrum, zum Essen empfiehlt sich das benachbarte Restaurant Buen Sabor. DZ ohne Bad 8 $, mit Bad (nur 1 Zimmer) 9 $.

Hostal Alcalá: Alca, Plaza de Armas, Tel. 054-83 00 11. Empfehlenswertes Hostal, gutes Restaurant. DZ ohne Bad 15 $, mit Bad (nur 2 Zimmer) 25 $.

lokalen Limas geschätzt. Während der Sommermonate ist Camaná einer der beliebtesten Badeorte für Erholungsuchende aus dem 170 km entfernten Arequipa.

Hotel San Diego: C. Alfonso Ugarte, Ecke C. 28 de Julio, Tel./Fax 054-57 28 54, www.sandiego.com.pe. Neueres Hotel an der Plaza de Armas, gute, teilweise etwas kitschige Zimmer, Restaurant, Karaoke-Disco. DZ/ÜF 38 $.

Hotel de Turistas: C. Lima 138, Tel. 054-57 11 13, Fax 57 16 08, htouristcamana@yahoo.com. Älteres, renoviertes Hotel im Zentrum, Garten, Pool, Restaurant. DZ/ÜF ab 33 $.

Abstecher nach Toro Muerto

Hinter Camaná verlässt die Panamericana das Meer und steigt kontinuierlich auf über 1000 m an. Nach etwa 60 km zweigt bei Kilometer 916 die Straße nach **Aplao** ab, die nach rund 50 km zu den **Felszeichnungen von Toro Muerto** 14 in der Nähe der Ortschaft **Corire** führt. Ob diese auf Hunderten vulkanischer Felsen eingeritzten Petroglyphen tatsächlich der Huari-Kultur zuzurechnen sind, ist noch nicht endgültig geklärt. Dargestellt sind typische Vertreter der Andenfauna wie Lamas, Guanakos, Kondore und Pumas, aber auch Tänzer und Krieger finden sich als Motive.

Für die Weiterfahrt ins landschaftlich überaus eindrucksvolle **Valle de los Volcanes** (›Tal der Vulkane‹) zu Füßen des weißhäuptigen Bergriesen Nevado Coropuna (6425 m) sollte man über eine entsprechende Ausrüstung (Benzinkanister, Lebensmittel, Zelt etc.) verfügen – noch ist die ›Zivilisation‹ nicht bis hierher vorgedrungen. Etwas einfacher gestaltet sich ein Besuch des beeindruckenden **Cañón de Cotahuasi** (s. S. 170), Südamerikas tiefster Schlucht nordöstlich von Aplao, wo der Tourismus langsam Einzug hält.

... in Corire:
Hostal Willy's: Av. Progreso (nahe Plaza de Armas), Tel. 054-47 20 46. 22 einfache Zimmer mit TV und Bad. DZ 12 $.
... in Aplao:
Majes River Lodge: ca 10 km nördl. (km 895), Tel. 054-83 21 05 (eingeschränkte Funktion), www.majesriver.com. Einfache, freundliche Unterkunft, Zimmer und Bungalows, Camping möglich, Restaurantservice, Raftingtouren (16–29 $) und Ausflüge nach Toro Muerto. DZ/ÜF 24 $.

... in Corire:
In der Avenida Progreso liegen die beiden Restaurants **El Fogón** und **Costumbres de Mi Tierra.**

Weiter Richtung Arequipa

Zurück auf der Hauptroute führt nach weiteren 20 km eine Abzweigung über Huambo zum Cañón de Colca (s. S. 187 ff.), die aber über mehrere Bergpässe führt und nur sehr schwer zu befahren ist. Man tut besser daran, die Route über Arequipa zu wählen.

Bald darauf erreicht die Panamericana mit 1450 m ihre vorläufig höchste Stelle, bevor sie wieder ins Tal des Río Vitor abfällt, das für sein Obst und seine vollmundigen Weine bekannt ist. Jenseits des Bahngleises, auf dem Waren zwischen Arequipa und dem Küstenort Mollendo transportiert werden, steigt die Straße erneut an und erreicht auf 1750 m die wichtige Kreuzung Repartición. Von hier sind es nurmehr rund 40 km über Uchumayo nach **Arequipa** (s. S. 176 ff).

Die Weiterfahrt auf der Panamericana nach Süden lohnt eigentlich nur, wenn man einen Strandtag einlegen, Vögel beobachten oder den Norden Chiles besuchen möchte.

Mollendo und Umgebung

15 km nach der Kreuzung Repartición auf der nach Süden führenden Panamericana kann man in Richtung Meer abbiegen: Vorbei am alten Hafen **Islay,** der nach einer Gelbfieberepidemie im Jahr 1862 aufgegeben werden musste, erreicht man nach 68 km die daraufhin gegründete Hafenstadt **Mollendo** 16 am Endpunkt der Bahnlinie von Arequipa. Mit dem 1951 abgeschlossenen Bau der modernen Hafenanlagen von **Matarani** 14 km nordwestlich begann auch der Stern dieser heute etwa 25 000 Einwohner zählenden Stadt zu sinken, deren Wahrzeichen, das neogotische Castillo de Forga, an bessere Zeiten erinnert. Dem über 30 km langen Sandstrand, der sich in Richtung Süden erstreckt, verdankt die Stadt ihre touristische Bedeutung, auch wenn sich ausländische Besucher im nur 16 km entfernten **Mejía** meist wohler fühlen. Dieser ruhige Badeort verfügt ebenfalls über schöne Strände, es mangelt allerdings an geeigneten Unterkunftsmöglichkeiten. Ein Dorado für Vogelfreunde sind die 3 km südlich gelegenen **Lagunas de Mejía,** ein 690 ha großes Feuchtgebiet mit Küstenlagunen, in denen Reiher und andere Wasservögel heimisch sind. Insgesamt wurden bislang 72 hier lebende Vogelarten sowie 62 Zugvogelarten registriert.

Mejía kann auch im Rahmen eines organisierten Tagesausflugs von Arequipa aus besucht werden (s. S. 184). Der gleiche Veranstalter organisiert Bootsfahrten von Matarani zu den vorgelagerten **Islas de Hornillas,** dem Lebensraum zahlreicher Meeresvögel. Auf Wunsch kann die Tour verlängert werden zum weiter nördlich gelegenen Hafen **Quilca.** Da man für diesen nur selten durchgeführten Ausflug eine Sondergenehmigung vom Hafenkapitän benötigt, ist eine frühzeitige Reservierung unbedingt erforderlich (ab/bis Mollendo etwa 230 $ pro Boot bei mindestens 2 Pers.).

... in Mollendo:
La Villa Velásquez: Av. Mariscal Castilla 336, Tel./Fax 054-53 27 00, villa.hotel@hotmail.com. Zentral, 22 Zimmer, mit Garten und Restaurant. DZ/ÜF ab 33 $.
El Hostalito: C. Mayor Blondell 169, Tel. 054-53 36 74, Fax 53 43 65, hostalito_mollendo@hotmail.com. Ordentliches Hostal im Zentrum. DZ/ÜF ab 24 $.
Hostal La Posada Inn: C. Arequipa 337, Tel. 054-53 46 10. Einfaches Hostal an der Plaza Bolognesi mit Cafetería; die Zimmer nach hinten sind ruhiger. DZ/ÜF 12 $.
Hostal La Cabaña: C. Comercio 240, Ecke Plaza de Bolognesi, Tel. 054-53 46 71. Einfache Unterkunft im Ortszentrum. DZ ohne/mit Bad 9/14 $.

... in Mollendo:
Marco Antonio: C. Comercio 254 (Plaza Bolognesi), Tel. 054-53 42 58, tgl. 8–23 Uhr. Gutes Fischlokal.
Pizzería Toldo: Plaza Bolognesi. Italienisches Lokal im Zentrum.

El Observatorio: C. Comercio, Ecke C. Deán Valdivia, Mollendo. Beliebte Semi-Openair-Disco.

Bootstouren: Jörg Krösel, Arequipa, Tel. 054-999 79 71, www.kroesel.com.

Moquegua

Über eine schlechte Straße erreicht man im Tal des Río Tambo bei Kilometer 1041 wieder die Panamericana, die sich nun auf schnurgerader Strecke durch die Wüste frisst und nach ungefähr 100 km an dem staubigen **Moquegua** 17 vorbeiführt. Diese wenig attraktive Provinzhauptstadt mit rund 50 000 Einwohnern liegt ca. 210 km südlich von Arequipa auf 1430 m. Bereits 1625 in den Rang einer Stadt erhoben, lebt Moquegua heute vom Anbau von Weintrauben, Oliven und Obst im Tal des Río Osmore – die Avocados *(palta)* der Region sind äußerst schmackhaft.

Hotel El Mirador: Alto de la Villa, Tel. 053-46 17 65 und 01-261 96 05 (in Lima), Fax 053-46 18 95, hmirador@derrama.org.pe. Älteres Hotel in schöner Lage am Hang etwa 3 km außerhalb vom Moquegua, Zimmer und Bungalows, Restaurant, Pool. DZ/ÜF ab 33 $.
Hotel Los Limoneros: C. Lima 441, Tel. 053-46 16 49. Einfach und sauber, kleiner Garten, zentral. DZ 17 $.

Ilo

Im Hinterland von Moquegua liegt auf knapp 3000 m die Minenstadt **Toquepala** mit einer der größten Kupferminen des Landes, die seit 1958 von der US-amerikanischen Southern Peru Copper Corporation ausgebeutet wird. Über eine neu gebaute Eisenbahnlinie wird der wertvolle Rohstoff zum rund 80 km ent-

Pelikane, eine von vielen Vogelarten, die an der Südküste heimisch sind

fernten Hafen von **Ilo** 18 gebracht, wo er in einer riesigen Kupferschmelze verarbeitet und auf Frachter verladen wird. In einem 1992 geschlossenen Vertrag hat Peru einen Teil des Hafengeländes für einen Zeitraum von 50 Jahren an den Nachbarn Bolivien abgetreten, der dadurch erstmals seit dem Verlust der Meeresprovinzen im Salpeterkrieg wieder einen Zugang zum Ozean besitzt. Eine neue Straßenverbindung nach Desaguadero am Titicacasee und nach La Paz über einen 4755 m hohen Pass wurde gebaut und ist jetzt durchgehend geteert. Regelmäßige Linienflüge nach Lima unterstreichen zusätzlich die neue Bedeutung der aufstrebenden Hafenstadt, die auch über einen bedeutenden Fischereihafen verfügt.

Tacna

Reiseatlas: S. 25, C 4; **Karte:** S. 168/169

Tacna 19, die südlichste Stadt des Landes, liegt fast genau 1300 km von Lima entfernt am 18. Breitengrad, unweit der Grenze zu Chile. Die Wüstenstadt mit rund 225 000 Einwohnern, heute ein wichtiger Militärstützpunkt, macht mit ihren Parks und palmenbestandenen Alleen einen gepflegten Eindruck. Ein Monument auf der hübschen Plaza mit einer 1870 von Gustave Eiffel entworfenen Kathedrale erinnert an den Salpeterkrieg, in dem Tacna 1880 von chilenischen Truppen besetzt wurde. Erst am 28. August 1929 wurde die Stadt an Peru zurückgegeben, andere Provinzen von Peru und Bolivien wie Iquique und

Antofagasta blieben hingegen beim südlichen Nachbarn, woraus sich das bis heute gespannte Verhältnis der beiden Andenstaaten zu Chile erklärt. Das kleine **Museo del Instituto Nacional de Cultura** zeigt Erinnerungsstücke an diesen Krieg (Casa de la Cultura, Tel. 052-41 11 71, Mo–Fr 8–16 Uhr). Einen kurzen Besuch lohnt auch das **Museo Ferroviario** am Bahnhof mit zahlreichen Exponaten zur Eisenbahngeschichte (Mo–Fr 8–13, 15–17 Uhr).

Eine Teerstraße verbindet Tacna mit dem 22 km entfernten Meer und dem beliebten Badeort **Boca del Río** (42 km), der allerdings nicht über Hotels verfügt.

Tourist-Info: Dirección Regional de Turismo, C. Blondell 50 (neben der Kathedrale), Tel. 052-42 27 84, tacna@mincetur.gob.pe, Mo–Fr 8–15 Uhr; Filiale am Busbahnhof (Terminal Terrestre), tgl. geöffnet, solange Busse verkehren.

Gran Hotel Tacna: C. Bolognesi 300, Tel. 052-42 41 93 und 01-261 96 05 (in Lima), Fax 052-42 82 25, htacna@derrama.org.pe. Bestes Hotel der Stadt im Zentrum mit Restaurant, Gartenanlage, Pools und Tennisplatz. DZ/ÜF 52 $.
Holiday Suites Hotel: C. Alto de Lima 1472, Tel. 052-24 11 39, Fax 24 11 59, www.hotelholiday.org. Modernes, zentrumsnahes Hotel mit großen Zimmern, Pool, Cafetería. Kostenloser Flughafentransfer. DZ/ÜF ab 33 $.
Hotel Camino Real: C. San Martín 855, Tel. 052-24 20 10, Fax 41 15 88, creal-hotel@star.com.pe. 3-Sterne-Hotel, nette Zimmer mit TV und Minibar, Restaurant. DZ/ÜF 31 $.
Gran Hotel Central: C. San Martín 561, Tel. 052-41 50 51, Fax 42 60 31, www.hotelcentraltacna.com. Älteres Hotel, ordentliche Zimmer mit Bad, freundlich. DZ/ÜF 28 $.
Plaza Hotel: C. San Martín 421, Tel. 052-42 21 01, Fax 42 69 52, www.plazahoteltacna.com. Älteres Hotel im Zentrum, Zimmer mit TV. DZ/ÜF 21 $.
Hostal Universo: C. Zela 724, Tel. 052-41 54 41. Einfache Zimmer mit Bad und TV, zentrale Lage. DZ 11 $.

Rancho San Antonio: C. Coronel Bustios 298, Tel. 052-42 43 92, Mo–Sa 11–23, So 11–17 Uhr. Gartenlokal mit guter peruanischer Küche *(comida criolla)* um 16–18 N/S und Grillgerichten, z. B. drei Sorten Fleisch mit Beilagen für 25 N/S.
Los Limoneros: C. Moquegua 242, Urb. Bolognesi, Tel. 052-24 22 50, tgl. 11–17 Uhr. Landestypische Gerichte wie *cuy* (Meerschweinchen), *chicharrones* (Schweinefleisch in Fett gebacken) oder *parillada* (Grillplatte) um 15 N/S.
Vida y Salud: C. Bolívar 335, tgl. 7.30–20.30 Uhr. Restaurant mit überwiegend vegetarischer Küche, unter peruanisch-schweizerischer Leitung.
Zahlreiche ländliche Restaurants findet man im Ort **Pocollay,** 5 km nordöstlich von Tacna.

Rancho San Antonio: s. o. Fr/Sa Livemusik ab ca. 22 Uhr.
El Remanso: C. Alto de Lima 2069. Video-Pub, Sa Livemusik ab 22 Uhr.

Eine regionale Spezialität sind *damascos macerados,* in Pisco marinierte Pfirsiche.

Flüge: Regelmäßige Verbindungen nach Lima mit Lan Perú, C. San Martín 221, Tel. 052-42 83 46, www.lan.com, sowie nach Lima und Arequipa mit Aero Cóndor, C. Arias Araguez 135, Tel. 052-24 81 87, tcqreservas@aerocondor.com.pe.
Züge: Vom Bahnhof in der Calle Gregorio Albarracin, Ecke Calle 2 de Mayo, Tel. 054-42 49 81, fahren Bummelzüge nach Arica/Chile (Mo–Fr 4.45 und 16 Uhr, 7 N/S; Rückfahrt von Arica nach Tacna um 9 und 20 Uhr chilenischer Zeit). Am Bahnhof sollte man sich vor Taschendieben in Acht nehmen.
Busse: Regelmäßige Verbindungen vom Terminal Terrestre, C. Hipólito Unánue s/n (im Nordosten der Stadt), Tel. 054-42 70 07, nach Arequipa (6 Std.), Nazca (12 Std.) und Lima (ca. 21–25 Std.). Ebenfalls am Busbahnhof starten Kleinbusse und *colectivos* nach Arica/Chile. Reisende mit dem Ziel Puno oder Cusco müssen in Arequipa umsteigen.

Richtig Reisen-Tipp: Abstecher nach Nordchile

Nur 36 km sind es von Tacna zur chilenischen Grenze und von dort noch einmal 20 km nach Arica, dem Ausgangspunkt für Ausflüge in den **Parque Nacional Lauca** 20. Von den eintägigen Exkursionen, wie sie in den Reisebüros in Tacna angeboten werden, sollte man allerdings Abstand nehmen, denn diese führen in wenigen Stunden von Meeresniveau auf über 4500 m und wieder zurück. Besser ist es, eine Zwischenübernachtung im Bergdorf **Putre** (3500 m) einzuplanen, um sich an die Höhe zu gewöhnen, und am nächsten Tag den herrlichen Naturpark zu besuchen.

Die Fahrt führt durch eine spektakuläre Hochgebirgslandschaft mit eindrucksvollen Vulkanen und einer überraschend vielfältigen Tierwelt. Halbwilde Lamas und Alpakas allenthalben, und ziemlich sicher begegnet man auch einigen zierlichen Vikunjas, die oft unbekümmert am Straßenrand grasen. Unterwegs lohnt sich ein Abstecher zum Dorf **Parinacota** (4450 m) mit einer rustikalen Adobekirche aus dem 17. Jh. Direkt hinter dem Ort liegen die **Lagunas Cotacotani,** die zahlreichen Wasservögeln einen idealen Lebensraum bieten (Wanderwege). Schon bald erblickt man die mächtigen Gipfel der Vulkane Pomerape (6240 m) und Parinacota (6330 m), zu dessen Füßen sich der **Lago Chungará** erstreckt. Ein herrliches Bild bieten die im Wasser stehenden Flamingos vor der Kulisse des schneebedeckten Bergriesen, der sich im kristallklaren Wasser des Sees spiegelt. Mit einer Höhe von 4570 m ist der Lago Chungará einer der höchstgelegenen Seen der Welt. Von hier sind es nur wenige Kilometer zur bolivianischen Grenze und zum **Parque Nacional Sajama** (s. S. 285), von wo aus man auf einer Teerstraße bequem nach La Paz weiterreisen kann.

Postkartenvulkan: der 6330 m hohe Parinacota im Parque Nacional Lauca

Arequipa und Umgebung

Cityplan S. 178/179, Karte S. 185

Arequipa gilt als eine der schönsten Städte Perus. Das ganzjährig angenehme Klima, die herrliche Lage in einer fruchtbaren Flussoase zu Füßen der eindrucksvollen Vulkane Misti (5822 m), Chachani (6075 m) und Pichu Pichu (5425 m), die gut erhaltene Altstadt und der nahe Cañón de Colca machen die ›Perle des Südens‹ zu einem äußerst lohnenswerten Reiseziel.

4 Arequipa

Reiseatlas: S. 24, F 2; **Cityplan:** S. 178/179

Rund 1000 km südlich von Lima und etwa 100 km vom Meer entfernt liegt auf 2350 m **Arequipa.** An der Stelle einer früheren Inka-Stadt hatten die Spanier hier 1540 die ›weiße Stadt‹ gegründet, die mit ihren Kirchen und Palästen aus dem weißen Tuffstein *(sillar)* schon bald zu einer der schönsten Städte im spanischen Kolonialreich erblühte. Daran konnten auch mehrere schwere Erdbeben auf Dauer nichts ändern. Schon immer bescherten die fruchtbaren Felder am Ufer des Río Chili, auf denen Obst und Gemüse gedeihen, der Stadt Reichtum und Wohlstand, die durch

Die Arkaden rund um die Plaza de Armas laden zum gepflegten Flanieren ein

Mit dem Autor unterwegs

Reisetipp
Wegen der gemäßigten Höhenlage empfiehlt es sich, einen Aufenthalt in Arequipa (2350 m) vor dem Besuch von Cusco oder dem Titicacasee einzuplanen, um sich so auf die ungewohnten Höhenverhältnisse einzustellen. Für die Weiterreise nach Cusco bietet sich das Flugzeug an, nach Juliaca und Puno gelangt man auch per Bus auf einer neuen Teerstraße, der Zugverkehr wurde eingestellt.

Essen vom heißen Stein
Das Restaurant **Zig Zag** in Arequipa ist längst kein Geheimtipp mehr: Nicht nur das gemütliche Ambiente in einem historischen Gewölbe, sondern auch das leckere Essen sind der Grund, dass eine rechtzeitige Reservierung unbedingt empfohlen wird. Die Spezialität des Hauses sind Straußen- und Alpakasteaks, die am Tisch auf einem heißen Stein gegrillt werden (s. S. 183).

Achtung
Im Zentrum von Arequipa treiben **Taschendiebe** ihr Unwesen, die mit allerlei Tricks arbeiten: Mal werden die Opfer ›versehentlich‹ angerempelt, mal beschmiert oder sonst irgendwie abgelenkt. Zur eigenen Sicherheit sollte man seine Wertsachen im Hotelsafe deponieren und die Kamera gut festhalten oder in einer Tasche verbergen.

Gipfelstürmen bei Arequipa
Für gut trainierte Bergwanderer sind die Gipfel in der Umgebung von Arequipa eine tolle Herausforderung, z. B. der Vulkan **Misti** und der 6075 m hohe **Chachani,** einer der weltweit ›leichtesten‹ Sechstausender (s. S. 184).

den Bau der Bahnlinie vom Titicacasee über Arequipa nach Mollendo am Pazifik 1870 noch gemehrt wurden. Den rund 725 000 Einwohnern der »Hauptstadt des Südens«, wie diese ihren Heimatort selbstbewusst nennen, spricht man Stolz zu und einen ausgeprägten Willen zur Eigenständigkeit; böse Zungen sprechen gar von Überheblichkeit, nur weil die Arequipeños sich nicht dem Diktat der Hauptstadt beugen.

Plaza de Armas
Das Zentrum Arequipas bildet, wie überall in Peru, die gepflegte **Plaza de Armas,** die an drei Seiten von einheitlichen Gebäudekomplexen mit zweigeschossigen Arkaden umgeben ist. Die Nordseite des Platzes wird von der **Kathedrale** 1 beherrscht, die ungewöhnlicherweise mit ihrer Breitseite zur Plaza zeigt. Da die erste Kolonialkirche von 1656 im Jahr 1844 ausbrannte und ein Neubau durch das Erdbeben von 1868 schwer beschädigt wurde, stammt das heutige Neorenaissance-Gebäude im Wesentlichen aus dem späten 19. Jh. Im ansonsten eher nüchternen Innenraum finden sich prachtvolle Kronleuchter, ein Hauptaltar aus Carrara-Marmor und eine kunstvoll geschnitzte Holzkanzel des französischen Künstlers Bussine Rigot (1879). In der Sakristei werden Gemälde aus dem 17. Jh. aufbewahrt, die Orgel – eine der größten Südamerikas – stammt aus Belgien (tgl. 7.30–11.30, 16.30–19.30 Uhr, Eintritt frei).

Einen herrlichen Blick auf die Kathedrale und die dahinterliegenden verschneiten Gipfel des Vulkans Chachani genießt man von der gegenüberliegenden Seite der palmenbestandenen Plaza. Nur wenige Schritte entfernt steht ein echtes Juwel aus der Kolonialzeit: die im plateresken Stil erbaute **Iglesia La Compañía** 2**,** eines der Hauptwerke des Mestizenbarocks in Peru. Wer die reich verzierte Fassade genau betrachtet, entdeckt im Gewirr der steinernen Blüten und Blätter, Kakteen und Muscheln die Jahreszahl der Fertigstellung (1698) und eine vielfüßige Raubkatze – ein Hinweis auf den indianischen Einfluss. Auch der Habsburger Doppeladler ist zu sehen und im Giebeldreieck prangt das Stadtwappen. Auf dem bereits 1654 fertigge-

Arequipa: Cityplan

Sehenswürdigkeiten
1 Kathedrale
2 Iglesia La Compañía
3 Iglesia de Sto. Domingo
4 Casa Ugarteche
5 Iglesia de San Francisco
6 Museo Histórico Municipal
7 Convento Sta. Catalina
8 Casa de Moral
9 Iglesia de San Agustín
10 Casa Iriberry
11 Museo Santuarios Andinos
12 Casa de Goyoneche
13 Iglesia La Merced
14 Convento La Recoleta

Übernachten
1 Hotel Libertador
2 La Posada del Puente
3 La Maison D'Elise
4 Hostal Casagrande
5 Hotel La Posada del Monasterio
6 Hostal La Casa de Melgar
7 Hostal La Casa de mi Abuela
8 Hostal Posada de Sancho
9 Hostal Regis

Essen und Trinken
10 Zig Zag
11 Sambambaia's
12 La Trattoria del Monasterio
13 La Italiana und El Camaroncito
14 El Turco II
15 Las Quenas
16 La Boveda San Agustín
17 El Sol de Mayo
18 Mirador de Chilina
19 Crêperie Zig Zag

stellten Seitenportal findet sich eine Darstellung von Santiago, dem Schutzpatron der *conquista* (›Eroberung‹). Das Innere des soliden Gotteshauses, das 1698 nach über 100-jähriger Bauzeit beendet wurde und seither allen Erdbeben trotzte, beherbergt vergoldete Barockaltäre und eine reich geschnitzte Kanzel. Eine Besonderheit ist die Capilla de San Ignacio Loyola, die ehemalige Sakristei. Ihre Wände und Decken sind vollständig mit farbigen Fresken versehen, die vom missionarischen Eifer der Jesuiten zeugen: üppige Pflanzenornamente und Darstellungen von tropischen Tieren aus allen Regionen der Erde als Reminiszenz an die weltweiten Aktivitäten des Ordens. Vom Kirchturm, dem einzigen Teil des Bauwerks, der nach den Erdbeben renoviert werden musste, bietet sich eine herrliche Aussicht über die Stadt (Sakristei: Mo–Fr 9–12.30, 15–18, Sa 11.30–12.45, 15–18, So 9–12.45, 17–18 Uhr, 2 N/S).

Linker Hand schließt sich das ehemalige **Jesuitenkloster** von 1738 an, dessen außergewöhnlich schöner Kreuzgang bis heute erhalten blieb. Die steinernen Säulen sind üppig verziert mit Blüten, Weintrauben und Maiskolben; aus Blumenkränzen blicken fröhliche Engelsgesichter entgegen.

Iglesia de Sto. Domingo
Der Orden der Dominikaner errichtete sein Kloster zwei Häuserblocks südöstlich der Plaza. Auch die dazugehörige **Iglesia de Sto. Domingo** 3 aus dem späten 17. Jh. verfügt über verzierte Portale und einen Chor mit Steinmetzarbeiten im indianisch-spanischen Mischstil, die 1677 angefertigt wurden (Mo–Fr 6.45–12, 15–19.45, Sa 6.45–9, 15–19.45, So 5.30–13 Uhr, Eintritt frei).

Casa Ugarteche
An der Stirnseite der Kathedrale, in der Calle San Francisco Nr. 108, steht eines der schönsten Herrschaftshäuser der Stadt: die **Casa Ugarteche** 4, die 1738 als Jesuitenseminar San Gerónimo erbaut wurde, wie eine Inschrift über dem Portal belegt. Der auch Casa Rikketts oder Casa del Tristán del Pozo genannte Gebäudekomplex diente zeitweise als erzbischöflicher Palast und später einer der

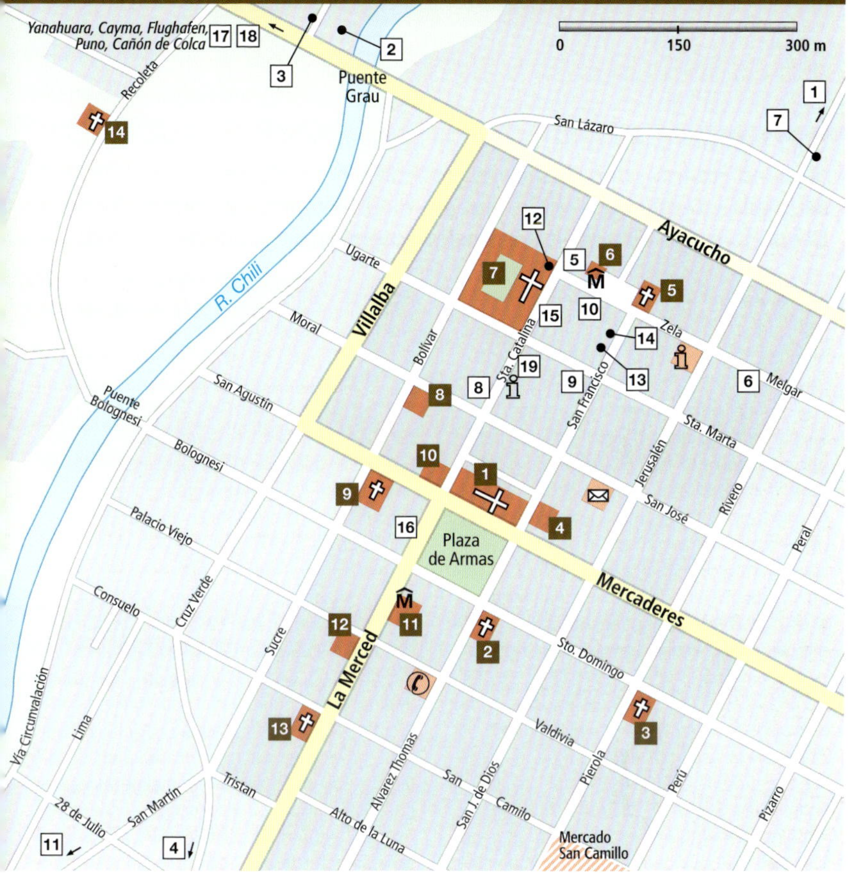

reichsten Familien der Stadt als Residenz. Heute ist er im Besitz einer Bank, die hier wechselnde Ausstellungen veranstaltet (Mo–Fr 9.15–12.45, 16–18, Sa 9.30–12.30 Uhr, Eintritt frei).

Nördlich der Kathedrale

Über die Fußgängerpassage hinter der Kathedrale mit einigen Kunst- und Andenkenläden kann man nun direkt zur Klosterstadt Sta. Catalina weitergehen oder vorher einen kleinen Umweg zur **Iglesia de San Francisco** 5 machen. Das im 17. Jh. aus weißem Tuffstein errichtete Gotteshaus wurde beim Erdbeben von 1960 schwer beschädigt. Fassade und Innenraum sind vergleichsweise schmucklos, sehenswert ist jedoch der Silberaltar im Presbyterium und das zugehörige Kloster mit einer Bibliothek und einem Museum für religiöse Kunst (Mo–Sa 7–9, 17–20, So 7–12, 17–20 Uhr, Eintritt frei).

An der Westseite des hübschen, mit Jacaranda-Bäumen bestandenen Platzes befindet sich das Gebäude der Fundación del Fierro, das im 18. Jh. als Mädchenschule gegründet und 1868 vom Erdbeben zerstört wurde. Seit

Sta. Catalina – eine Stadt in der Stadt

Thema

Über fast vier Jahrhunderte führten in dieser Klosterstadt die Novizinnen und Nonnen des Katharinenordens ein spartanisches Leben abseits alles Weltlichen – heute bieten die Plätze und schmalen Gassen Besuchern aus aller Welt pittoreske Fotomotive.

Der spanische Mutterorden der Dominikaner gründete 1580 das Kloster Sta. Catalina in Arequipa und erweiterte es aufgrund starker Nachfrage von spanischen Familien, die ihre Töchter hier unterbringen wollten, im 17. Jh. auf stattliche 20 000 m^2. Hohe Mauern ließen den damals rund 500 Nonnen und ebenso vielen Bediensteten keinen unkontrollierten Kontakt zur Außenwelt mit ihren Verlockungen. Nicht selten wird das Kloster daher auch eine ›Stadt in der Stadt‹ genannt. Für Sta. Catalina herrschten strenge Auswahlkriterien: Nur Töchter wohlhabender spanischer Eltern mit einer makellosen Vergangenheit durften gegen eine für damalige Verhältnisse horrende Kaution von 1000 Goldpesos in die Kongregation eintreten. Von der Herkunft der Angehörigen zeugen auch die nach spanischen Städten benannten Straßen Sta. Catalinas: Calle Granada, Córdoba, Málaga und Toledo. Die Wände des Klosters sind geschmackvoll in Pastellfarben (orange, rot, hellblau) gestrichen; bunte Zierblumen auf den Fenstersimsen lockern die Sinfonie aus Stein zusätzlich auf. Mancher Besucher fühlt sich nicht nur ins Mittelalter, sondern auch nach Andalusien versetzt.

Beim Eintritt ins Kloster mussten die Nonnen ein absolutes Schweigegelübde ablegen, doch ließ sich dieses in der Klosterwirklichkeit kaum dauerhaft einhalten. Im Gegensatz zum einfachen Volk Arequipas fehlte es hier materiell an nichts – im Gegenteil: Die Nonnen hielten sich Dienerinnen, die ihnen profane Tätigkeiten wie Waschen, Kochen und Fegen abnahmen. Vom heutigen Standpunkt aus mutet dieses Arrangement recht merkwürdig an, auch wenn alles im Namen Gottes und zu Ehren der hl. Katharina geschah. Nur bei besonderen Gelegenheiten war es den Nonnen erlaubt, in sogenannten Lokutorien hinter dem Klostereingang Besucher zu empfangen – allerdings konnten sie sich nur durch Gitterstäbe mit ihnen verständigen.

Bis ins Jahr 1970 war das Kloster nahezu hermetisch von der Außenwelt abgeriegelt: Den ausnahmslos weiblichen ›Insassen‹ war es nicht gestattet, das Gelände zu verlassen, und Außenstehende hatten keinen Zutritt. Für die etwa 50 Ordensschwestern, die noch heute im nördlichen Viertel des Konvents den Klosterbetrieb aufrechterhalten, gelten diese Bestimmungen nicht mehr. Inzwischen ist der größte Teil der Klosterstadt allgemein zugänglich, und bei einem Rundgang durch die Anlage bekommt man einen Einblick in das spartanische Leben, das die Nonnen hier über Jahrhunderte geführt haben – davon zeugen unter anderem sehr anschaulich einige Matratzen, die zur Selbstkasteiung mit Steinen oder Stacheln gefüllt sind. Auch die Klosterkirche steht Besuchern offen und in der Pinakothek kann man rund 80 Ölgemälde aus dem 16. und 17. Jh. bewundern.

Im Jahr 1985 rückte das Kloster übrigens kurz in den Mittelpunkt der Weltöffentlichkeit: Damals sprach Papst Johannes Paul II. die 1683 geborene ehemalige Priorin Sta. Catalinas, Sor Ana de los Angeles Monteagudo y León, selig.

1971 residiert an dieser Stelle das **Museo Histórico Municipal** 6 mit einer Gemäldegalerie und Ausstellungen zu Archäologie und Stadtgeschichte (Mo–Sa 9–17 Uhr, 2 N/S).

200 m westlich liegt das **Convento Sta. Catalina** 7, eine in ihrer Art wohl einmalige ›Klosterstadt‹ mit malerischen Gassen, Plätzen und Innenhöfen. Der noch heute bewohnte Komplex zählt zu den wichtigsten Sehenswürdigkeiten von Arequipa (s. S. 180, Tel. 054-22 97 98, www.santacatalina.org.pe, tgl. 9–17, Einlass bis 16 Uhr, 25 N/S).

Ein Maulbeerbaum im Innenhof gab der nahe gelegenen **Casa de Moral** 8 ihren Namen. Über dem Eingangstor des barocken Privatpalastes fällt ein herrlicher Fries ins Auge, der einen Puma mit einer Schlange im Maul zeigt und an die Symbolik der Nazca-Kultur erinnert (Mo–Sa 9–17 Uhr, 5 N/S).

Calle San Agustín

Die Überreste der barocken **Iglesia de San Agustín** 9, ein Meisterwerk mestizischer Architektur aus dem späten 17. Jh., liegen nur eine Straße weiter in der Calle San Agustín. Ein Erdbeben zerstörte das einst reiche Kloster und ließ von der Kirche nur die Fassade und die Sakristei zurück (Mo–Sa 8–12.30, 16–19, So 8–13, 16–20 Uhr, Eintritt frei).

Schräg gegenüber hat die Universität in der 1793 erbauten **Casa Iriberry** 10 – einst Residenz reicher Familien – Büros und Ausstellungsräume eingerichtet. Im 1. Stock wartet ein kleines Café auf Gäste (C. San Agustín 115, Ecke C. Santa Catalina, Mo–Fr 10–13, 16–20 Uhr, Eintritt frei).

Südlich der Plaza de Armas

Im **Museo Santuarios Andinos** 11 der Katholischen Universität UCSM kann man den gut erhaltenen Leichnam von Juanita bewundern, einem Inka-Mädchen, das 1995 im Gletscherbereich des 6380 m hohen Ampato entdeckt wurde und möglicherweise vor ca. 500 Jahren von Priestern geopfert wurde (C. La Merced 110, Mo–Sa 9–18, So 9–15 Uhr, 15 N/S).

Auch in der **Casa de Goyoneche** 12, einem weiteren sehenswerten Kolonialhaus, hat sich inzwischen ein Bankhaus eingerichtet. Zwei Räume mit Originalmobiliar sind der Öffentlichkeit zugänglich (Mo–Fr 9.15–15.15 Uhr, Eintritt frei).

Weiter südlich liegt die 1740 rekonstruierte **Iglesia La Merced** 13 mit einem schönen *sillar*-Portal und einem üppigen, goldverzierten Barockaltar. Im gotischen Kapitelsaal werden wertvolle Gemälde der Cusco-Schule aufbewahrt (Mo–Sa 7–9, 17–20, So 6.30–13, 19–20 Uhr, Eintritt frei).

Westliche Stadtteile

Ein Spaziergang über die Puente Grau führt zum **Convento La Recoleta** 14, einer Klosteranlage, die 1647 von Franziskanern auf der Westseite des Río Chili erbaut wurde. In den Räumen sind heute mehrere Museen eingerichtet: das **Amazonasmuseum** mit zahlreichen ausgestopften Tieren und indianischen Artefakten aus dem Regenwald, das **Museo Precolumbino** mit einer beachtenswerten archäologischen Sammlung und das **Museo de Arte Religioso** mit wertvollen Gemälden der Cusco-Schule. Auch wegen der drei Kreuzgänge und der wohlbestückten Bibliothek mit über 20 000 Bänden – die ältesten über 500 Jahre alt – verdient La Recoleta Beachtung, doch bislang finden nur wenige Besucher den Weg hierher (Mo–Sa 9–12, 15–17 Uhr, 5 N/S).

Ebenfalls westlich des Río Chili liegt das Stadtviertel **Yanahuara** mit einigen hübschen Gassen und Plätzen. Die 1750 erbaute Kirche am Hauptplatz, von wo aus sich ein schöner Blick über die Innenstadt bietet, beeindruckt durch eine schmuckvolle Barockfassade (Mo–Fr 7–18, Sa 7–12, So 6–11, 18.30–19.30 Uhr, Eintritt frei).

Auch im benachbarten Ortsteil **Cayma** steht eine sehenswerte Kirche, die dem Erzengel Michael gewidmet ist. Sie wurde 1730 aus dem für die Stadt typischen Tuffstein errichtet und Ende des 18. Jh. vergrößert (Mo–Sa 8–13, 15–19, So 6–13, 16–20 Uhr, 5 N/S). Am Rand des ehemaligen Dorfes, das längst mit Arequipa verwachsen ist, ziehen sich die Terrassenfelder *(ándenes)* den Hang entlang und bilden mit ihrem intensiven Grün einen

Arequipas bedeutendste Sehenswürdigkeit: das Kloster Sta. Catalina

herrlichen Kontrast zu den meist schneebedeckten Gipfeln der Vulkane Chachani und Misti im Hintergrund.

i-Peru: C. Santa Catalina 210, Tel./Fax 054-22 12 27, iperuarequipa@promperu.gob.pe, tgl. 9–19 Uhr; am Flughafen, Tel./Fax 054-44 45 64, tgl. 6.30–20.30 Uhr.
Policía de Turismo: C. Jerusalén 315, Tel. 054-20 12 58, tgl. 24 Std.
Deutsches Konsulat: Bradley W. Silva, Santa Catalina 301 (direkt im Kloster), Tel. 054-22 97 98, bsilva@santacatalina.org.pe.

Hotel Libertador [1]**:** Plaza Bolívar (Selva Alegre), Tel. 054-21 51 10, Fax 24 19 33, www.libertador.com.pe. Ruhige Lage, 70 große, luxuriöse Zimmer, Swimmingpool, Restaurant. DZ/ÜF ab 193 $.
La Posada del Puente [2]**:** Av. Bolognesi 101, Tel. 054-25 31 32, Fax 25 35 76, www.posadadelpuente.com. Kleine Zimmer mit Terrasse, schöne Gartenanlage am Fluss, gutes Restaurant. DZ/ÜF ab 97 $.
La Maison D´Elise [3]**:** Av. Bolognesi 104, Tel. 054-25 61 85, Fax 27 19 35, www.hotelmaisondelise.com.pe. Nette Anlage im Pueblo-Stil mit ruhigen, komfortablen Zimmern und Suiten, Pool und gutem Restaurant. DZ/ÜF ab 74 $.
Hostal Casagrande [4]**:** C. Luna Pizarro 202 (Vallecito), Tel./Fax 054-22 20 31, www.aqplink.com/hostal/casagrande.html. Ruhige Lage südlich vom Zentrum, ordentliche Zimmer,

außerdem Garten, Cafetería und Restaurant. DZ/ÜF ab 55 $.
Hotel La Posada del Monasterio [5]: C. Sta. Catalina 300, Tel. 054-40 57 28, Tel./Fax 20 65 65, www.posadadelmonasterio.com.pe. Nettes Hotel in zentraler, aber ruhiger Lage mit angenehmen, freundlichen Zimmern. DZ/ÜF 57 $.
Hostal La Casa de Melgar [6]: C. Melgar 108-A, Tel./Fax 054-22 24 59, www.lacasademelgar.com. Nettes Hostal in Kolonialhaus, individuelle Zimmer, teilweise museale Einrichtung. DZ/ÜF ab 40 $.
Hostal La Casa de mi Abuela [7]: C. Jerusalén 606, Tel. 054-24 12 06, Fax 24 27 61, www.lacasademiabuela.com. Ruhige und dennoch zentrale Lage, ordentliche Zimmer unterschiedlicher Kategorie, Garten, Pool. DZ/ÜF ab 39 $.
Hostal Posada de Sancho [8]: C. Sta. Catalina 223-A, Tel./Fax 054-28 77 97, posadasancho@terra.com.pe. Älteres Hostal, einfache Zimmer mit/ohne Bad, Inhaber deutschsprachig. DZ/ÜF ab 22 $.
Hostal Regis [9]: C. Ugarte 202 (1. Stock), Tel. 054-22 61 11, regis@qnet.com.pe. Einfaches Hostal, gepflegte Zimmer, Dachterrasse. DZ/ÜF ohne/mit Bad ab 13/18 $.

Zig Zag [10]: C. Zela 210, Tel. 054-20 60 20, www.zigzagrestaurant.com, tgl. 18–24 Uhr. Kleine Weinstube mit Kamin, nettes Ambiente, schweizerisch-andine Küche; schmackhafte Fleischgerichte (z. B. Alpaka- und Straußensteaks) sowie Lachs und Garnelen, auf dem heißen Stein gegrillt (25–37 N/S), auch gute Salate.
Sambambaia's [11]: C. Luna Pizarro 304 (Vallecito), Tel. 054-22 36 57, www.sambambaias.com.pe, tgl. 12.30–15.30, 19–23.30 Uhr. Etwas konservatives Restaurant, Reservierung empfohlen. Mittagsmenüs ab 8 N/S, Fleischgerichte ab 22 N/S, Fisch um 27 N/S.
La Trattoria del Monasterio [12]: C. Sta. Catalina 309, Tel. 054-20 40 62, latrattoriadelmonasterio@yahoo.com, tgl. 11–15, Mo–Sa 18–23 Uhr. Kleines, geschmackvoll eingerichtetes Restaurant mit künstlerischer Atmosphäre und italienisch-peruanischer Küche. Hauptgerichte um 20–30 N/S.
La Italiana und **El Camaroncito** [13]: C. San Francisco 303, Tel. 054-20 20 80 und 20 43 42, tgl. 11–24 Uhr. Angenehme Restaurants mit italienischer Küche bzw. Meeresspezialitäten. Pasta 17–25 N/S, Meeresfrüchte 17–20 N/S, Fleisch- und Fischgerichte 24–30 N/S.
El Turco II [14]: C. San Francisco 315, Tel. 054-21 57 29, tgl. 8–24 Uhr. Nettes Lokal mit guter Stimmung und guter orientalisch-peruanischer Küche. Hauptgerichte 15–30 N/S.
Las Quenas [15]: C. Sta. Catalina 302, Tel. 054-28 11 15, tgl. 10–2 Uhr. Peña mit landestypischen Gerichten (15–25 N/S) und Livemusik.
La Boveda San Agustín [16]: Portal de San Agustín 129, Tel./Fax 054-24 35 96, tgl. 7–23

Uhr. Nettes, kleines Lokal an der Plaza de Armas mit internationaler Küche (Hauptspeisen um 25 N/S) und landestypischen Gerichten, z. B. *rocoto relleno* (mit Hackfleisch gefüllte Paprika) für 18 N/S.

El Sol de Mayo [17]: C. Jerusalén 207 (Yanahuara), Tel. 054-25 41 48, www.restaurant soldemayo.com, tgl. 12–18 Uhr. Schönes Gartenlokal mit typischen Gerichten und Folkloremusik. Vorspeisen ab 12 N/S, Hauptgerichte um 18 N/S.

Mirador de Chilina [18]: Av. Arequipa C-4 (Cayma), Tel. 054-45 77 66, tgl. 9.30–19 Uhr. Gute landestypische Gerichte (ab 8,50 N/S, gegrillte Forelle 12 N/S) mit herrlichem Blick auf den Vulkan Misti.

Crêperie Zig Zag [19]: C. Sta. Catalina 208, Tel. 054-20 66 20, Mo–Sa 8–24, So 12–20 Uhr. Café im Kolonialbau der Alianza Francesa schräg gegenüber dem Kloster Sta. Catalina – ein angenehmer Ort zum Frühstücken, Kaffeetrinken oder um einen der 100 verschiedenen Crêpes zu kosten, die traditionell französisch oder mit typisch peruanischer Füllung gebacken werden (5–14 N/S). Abends lateinamerikanisch-afrikanische Musik und exotische Cocktails.

Las Quenas: s. gleichnamiges Restaurant, Eintritt 5 N/S. Gute Peña mit Livefolkloremusik.

Café-Bar Ad Libitum: C. San Francisco 233, Ecke C. Ugarte. Nette Kneipe, am Wochenende Livemusik.

Casona Forum Rock Café: C. San Francisco 317, Tel. 054-20 26 97, www.forumrock cafe.com, Mo–Sa ab 18, Do–Sa ab 20 Uhr Disco. Beliebter Treffpunkt für jedes Alter mit mehreren Bars und gelegentlich Livebands, beste Disco der Stadt.

Café-Restaurant Déjà Vu: C. San Francisco 319. Pub mit schönem Dachgarten, beliebt v. a. bei jungem Publikum, abends Kinofilm (19 Uhr), anschließend Disco.

Split: C. Zela 202, Mo–Sa ab 18 Uhr, in der Hauptsaison auch So. Kleine Begegnungsbar, Treffpunkt der Deutschen in Arequipa (Stammtisch Do ab 21 Uhr); gute Stimmung, sympathischer Besitzer.

Touren: Zahlreiche Reisebüros organisieren Ausflüge in die nähere Umgebung von Arequipa und zum Cañón de Colca oder Raftingtouren auf dem Río Colca, u. a.: Giardino Tours, C. Jerusalén 604-A, Tel. 054-24 12 06, Fax 24 27 61, www.giardinotours.com; Vita Tours, C. Jerusalén 302, Tel./Fax 054-22 45 26, www.vitatours.com.pe; Santa Catalina Tours, C. Sta. Catalina 219, Tel. 054-28 42 92, santacatalinaaqp@hotmail.com; Jörg Krösel, Morro de Arica 115–119 (Miraflores), Tel. 054-999 79 71, www.kroesel.com, bietet auch Tagestrips in den Küstenort Mejía und Bootstouren zu den Islas de Hornillas (s. S. 171).

Trekking: Carlos Zarate Aventuras, C. Sta. Catalina 204, Tel. 054-20 24 61, Fax 26 31 07, www.zarateadventures.com. Bergtouren zum Misti, Chachani und anderen Gipfeln.

Virgen de la Candelaria (2. Feb.): Religiöses Fest im Ortsteil Cayma.

Karwoche (März/April): Viele Prozessionen.

Fiesta de San Juan (24. Juni): Fest zu Ehren des Stadtpatrons von Yanahuara im gleichnamigen Vorort.

Jahrestag der Stadtgründung (15. Aug.): Feuerwerk, Umzüge, Stierkämpfe etc.

Arequipa ist bekannt für **Strickwaren** aus Alpakawolle und **Steinmetzarbeiten** aus *sillar* (Tuffstein), außerdem Lederarbeiten und Silberschmuck.

Flüge: Der Aeropuerto Rodríguez Ballón liegt ca. 7 km nordwestlich des Zentrums. Täglich Flüge nach Lima, Cusco und Juliaca.

Fluglinien: Aero Cóndor, Tel. 054-44 48 71; LAN Perú, Tel. 054-44 34 18; Star Perú, Tel. 054-44 45 74.

Züge: Der Bahnhof befindet sich südlich des Zentrums in der Verlängerung der Calle Alvarez Thomas. Derzeit verkehren keine Passagierzüge nach Juliaca am Titicacasee.

Busse: Das Terminal Terrestre liegt ca. 3 km südlich des Zentrums in der Avenida Avelino Cáceres. Mehrmals täglich Verbindungen nach Nazca und Lima sowie regelmäßig nach

Die Umgebung von Arequipa

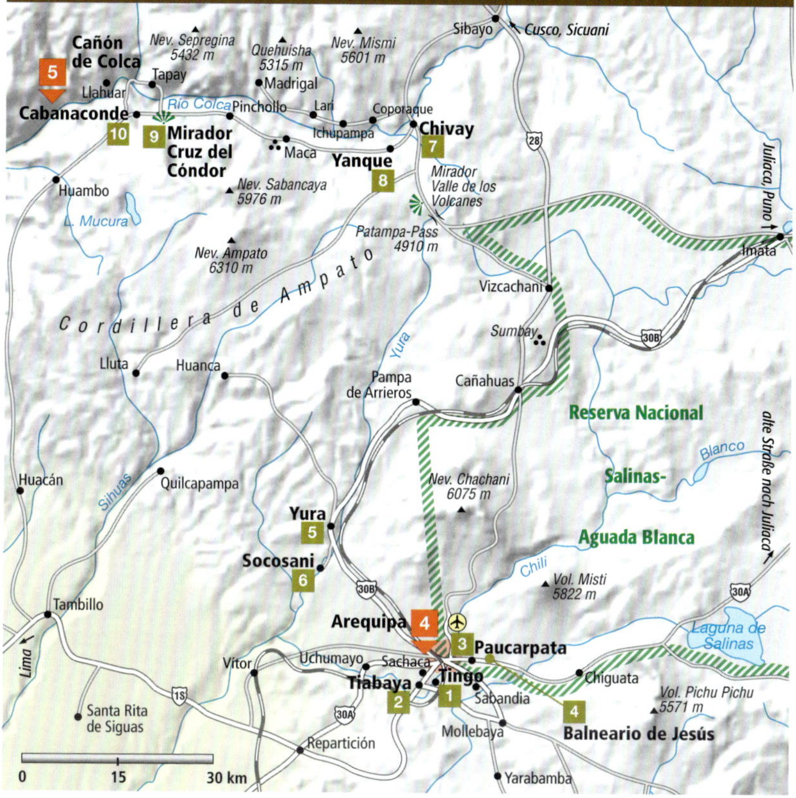

Tacna, Cusco (über Juliaca), Cotahuasi, Chivay und Cabanaconde im Cañón de Colca und mit Ormeño nach La Paz.

Wichtige Buslinien: CIVA, Tel. 054-42 65 63; Cruz del Sur, Tel. 054-42 73 75; Flores, Tel. 054-23 87 41; Oltursa, Tel. 054-42 31 52; Ormeño, Tel. 054-42 41 87.

Taxis: Da es immer wieder zu Überfällen vermeintlicher Taxifahrer kommt, sollte man Taxis nicht auf der Straße heranwinken, sondern telefonisch bestellen, z. B. bei Latino, Tel. 054-20 36 69; Turismo Arequipa, Tel. 054-45 88 88 oder 45 90 90; Taxitel, Tel. 054-45 20 20; Inca Tour, Tel. 054-42 21 21. Auch jedes Hotel und Restaurant ruft für seine Gäste gerne ein Taxi.

Ausflüge in die nähere Umgebung von Arequipa

Karte: siehe oben

Besonders am Sonntag, wenn viele Familien aufs Land gehen, um dort das Wochenende zu genießen, lohnt sich ein Ausflug in den 5 km südlich von Arequipa gelegenen Vorort **Tingo** 1. Zahlreiche einfache *picanterías*, typische ländliche Restaurants, sorgen hier wie auch im benachbarten **Tiabaya** 2 für das leibliche Wohl der Besucher. Ganz in der Nähe von Tiabaya steht an der Hauptstraße das **Mansión del Fundador,** das im 16. Jh. erbaute Haus des Stadtgründers Garcí Manuel de Carbajal, in dem von 1585 bis 1767

Jesuiten wohnten. Seit 1987 ist dieses wohl schönste koloniale Landhaus der Gegend zu besichtigen (tgl. 9–17 Uhr, 7 N/S).

Auch im südöstlich von Arequipa gelegenen Dorf **Paucarpata** 3 mit einer hübschen Kolonialkirche an der Plaza gibt es gute Restaurants. Am Ortsrand, nur etwa 2 km vom Zentrum entfernt, kann man inmitten einer schönen Landschaft die **Molino de Sabandia** besuchen, eine historische Getreidemühle aus Vulkangestein. Sie stammt ursprünglich aus dem Jahr 1622, verfiel aber später zur Ruine und wurde 1973 restauriert (tgl. 9–17 Uhr, 5 N/S).

In der Umgebung von Arequipa liegen auch mehrere Thermalbäder, deren Ausstattung europäischen Ansprüchen jedoch nicht gerecht wird. Dem rund 23 °C warmen Wasser des nur 9 km entfernt an der Straße nach Puno gelegenen **Balneario de Jesús** 4 sagt man eine gute Heilwirkung bei rheumatischen Beschwerden nach. Bei gutem Wetter bietet sich von dort ein schöner Blick auf die Stadt Arequipa (tgl. 8–15 Uhr, 6 N/S). Gut 10 °C wärmer ist das schwefelhaltige Heilwasser in **Yura** 5. Diese Thermalquellen liegen etwa 30 km von Arequipa an der Straße nach Chivay (s. S. 189) zu Füßen des mächtigen Vulkans Chachani (tgl. 5–15 Uhr, 5 N/S). Von dort sind es noch weitere 7 km nach **Socosani** 6, das für sein Mineralwasser allgemein bekannt ist. Die schwefel- und eisenhaltigen Quellen des Ortes werden jedoch fast ausschließlich von Einheimischen genutzt.

5 Cañón de Colca

Karte: S. 185

Es kommt nur auf den Blickwinkel an: Die Einheimischen sind davon überzeugt, dass der **Cañón de Colca** die tiefste Schlucht der Welt und mit fast 3200 m sogar doppelt so tief wie der Grand Canyon sei. Nun ja, gemessen vom Lauf des Río Colca bis zu den höchsten Berggipfeln, die sich hinter der Schlucht auftürmen, mag das ja stimmen, auch wenn der Cañón de Cotahuasi (s. S. 170) angeblich noch 163 m tiefer ist. Vom Standpunkt des Besuchers am Rand der Schlucht sind es jedoch nicht viel mehr als 1200 m hinunter in das enge Flusstal – aber immerhin. Und außerdem: Nicht die Superlative sind entscheidend, sondern das Drumherum, und so gesehen lohnt sich ein Ausflug zur Colca-Schlucht allemal.

Eine der tiefsten Schluchten Südamerikas: der Cañón de Colca

Am Anfang des zwei- oder dreitägigen Ausflugs (Tagestouren sind nicht zu empfehlen), für den man am besten die Serviceleistungen eines örtlichen Reiseveranstalters in Anspruch nimmt, steht die Fahrt durch die Außenbezirke von Arequipa. Längst hat sich auch hier wie in Lima ein Gürtel von Armutssiedlungen gebildet, der immer weiter wuchert. Schon bald verlässt man hinter Yura die Asphaltstraße und folgt der Bahnlinie nach Juliaca bergauf mit dem Blick auf ein fruchtbares Tal, das von wüstenhafter Gebirgslandschaft eingefasst wird. Nach etwa anderthalb Stunden Fahrzeit erreicht man die **Pampa de Cañahuas,** eine Hochebene auf rund 4000 m an der Nordseite des Chachani-Massivs, auf der heute wieder zahlreiche Vikunjas leben. Sie gehört zur **Reserva Nacional Salinas-Aguada Blanca,** die zusammen mit der Laguna de Salinas eine Fläche von 3670 km^2 einnimmt.

Nur wenige Menschen finden hier, in den eisigen Höhen der Anden, ein Auskommen, und so ist man schon dankbar, wenn man in einem der baufälligen Restaurants am Wegrand seinen Kreislauf mit einem heißen Kokatee wieder beleben kann. Bei der kleinen Minenarbeiter-Siedlung **Cañahuas** zweigt die inzwischen durchgehend geteerte Straße nach Juliaca und Puno am Lago Titicaca ab, die durch spektakuläre Berglandschaften und über einen 4690 m hohen Pass führt.

Scheinbar unbeeindruckt von den widrigen Umständen suchen Lamas und Alpakas an den Gebirgsbächen nach frischem Grün, denn das harte Ichu-Gras ist auch für sie nur schwer verdaulich. An den Lagunen kann man manchmal schwarz-weiße Gänse, Sichler und Flamingos beobachten, bis man end-

El Cóndor Pasa – der fliegende Götterbote

Thema

Kein anderes Tier steht so sehr als Symbol für die Anden und Südamerika wie der mächtige Kondor, der auch mehreren Staaten als Wappentier dient.

Der Andenkondor *(Vultur gryphus)* gehört zur Familie der Neuweltgeier und ist der größte flugfähige Vogel Amerikas; sein Gewicht liegt bei 10–13 kg und er erreicht eine stattliche Größe von 1,30 m. Charakteristisch sind der weiße Kragen und das schwarze Gefieder. Beides bildet sich erst bei erwachsenen Tieren aus, die Jungtiere sind braun und werden daher oft mit anderen Vogelarten verwechselt. Männliche Tiere erkennt man an dem prägnanten Kamm. Trotz ihrer Flügelspannweite von bis zu 3 m sind Kondore geschickte Flieger, die es perfekt verstehen, Aufwinde zu nutzen und sich so ohne größere Anstrengung mehrere Kilometer hochtragen zu lassen. Nur beim Start wirken die Tiere etwas schwerfällig, eine lange ›Startbahn‹ ist schon vonnöten. Die geselligen Vögel, die auch außerhalb der Brutzeit größere Gruppen bilden, sind im gesamten Andenraum verbreitet. Oft ziehen sie auch an der Küste ihre Kreise auf der Suche nach verendeten Robben oder Seevögeln. Die Nahrung besteht vorwiegend aus Aas, aber auch schwache und kranke Tiere sowie Eier und Jungtiere werden nicht verschmäht. Zu einer echten Jagd sind Kondore aber nicht in der Lage, da sie keine Greifkrallen besitzen. Der starke, hakenförmige Schnabel kann jedoch als Waffe eingesetzt werden, z. B. wenn das Nest bedroht ist. Nur alle zwei Jahre findet sich dort ein Ei, das entsprechend umsichtig gehütet wird.

Der Kondor war eines der wichtigsten Tiere in der Mythologie fast aller altperuanischen Kulturen. Schon den Menschen der Chavín-Kultur galt er als Götterbote und Mittler zwischen Himmel und Erde. Eine überdimensionale Kondorfigur in Machu Picchu belegt, dass sich diese Verehrung bis zu den Inka fortsetzte, und auch heute genießt der Vogel bei den Menschen der Anden Respekt und Ansehen.

Nach dem Strauß Platz zwei in der Größenhierarchie der Vögel: der Andenkondor

lich den mit 4910 m höchsten Punkt der Fahrt erreicht. Von dem Aussichtspunkt bietet sich ein atemberaubender Blick zu den Vulkanen Ampato (6310 m), Hualcahualca und dem aktiven Sabancaya (5976 m) – wenn nicht wieder einmal dichter Nebel oder gar Schneefall herrscht. Von der Passhöhe schraubt sich die Straße bergab ins Tal des Río Colca, der sich im Unterlauf Río Majes nennt, bevor er als Río Camaná bei der gleichnamigen Stadt in den Pazifik mündet.

Chivay

Das Städtchen **Chivay** 7 auf etwa 3650 m Höhe ist nicht nur für die Bauern der Umgebung ein wichtiger Knotenpunkt, auch für die ausländischen Besucher ist der größte Ort im Colca-Tal mit einfachen Unterkünften und Restaurants eine Zwischenstation auf dem Weg zu der spektakulären Schlucht. Nur wenige Kilometer außerhalb gibt es sogar das recht ordentliche Thermalbad **La Calera** in schöner Lage (tgl. 5–19 Uhr). Lohnenswert ist auch ein Besuch der Dörfer auf der Nordseite des Flusses, wie z. B. in **Ichupampa** oder im nur 8 km entfernten **Coporaque** mit seinen Adobehäusern und einer windschiefen Kirche, der ältesten im Colca-Tal. Von dort aus – wie auch von vielen anderen Dörfern in der Umgebung – kann man herrliche Wanderungen unternehmen (s. S. 192).

Policía de Turismo: Plaza de Armas (im Rathaus), tgl. 7–20 Uhr; mit Bergrettung (Unidad de Salvamento Altas Montañas), Tel. 054-53 11 65, tgl. 8–22 Uhr.

... in Chivay:

Hotel Casa Andina Colca: C. Huayna Capac, Tel. 054-53 10 20, Fax 53 10 98, www.casa-andina.com. Nettes Hotel in Naturbauweise, ordentliche Zimmer mit Bad, gutes Restaurant mit Kamin und Andenmusik. DZ/ÜF ab 70 $.

Pozo del Cielo: an der nördlichen Flussseite, Tel. 054-53 10 41 und 20 58 38, Fax 20 26 06, www.pozodelcielo.com.pe. Nette, rustikale Lodge, gemütliche Zimmer. DZ/ÜF 56 $ (mit Vollpension 80 $).

Hostal La Casa de Lucila: C. Miguel Grau 131, Tel. 054-53 11 09, Tel./Fax 054-22 45 26 (in Arequipa), www.vitatours.com.pe/hotel.htm. Kleines, familiengeführtes Hostal mit Garten, recht guter Zimmerstandard. DZ/ÜF 35 $ (Heizung gegen Aufpreis).

Hotel La Pascana: C. Ciclo Veinte 106/108, Tel. 054-53 11 90 und 53 10 01, hrlapascana@hotmail.com. Neubau mit sauberen, gepflegten Zimmern. DZ/ÜF 24 $.

... in Coporaque:

Albergue La Casa de Mama Yacchi: Tel. in Arequipa 054-24 12 06, Fax 24 27 61, www.lacasademamayacchi.com. Sympathische Lodge in schöner Lage. DZ/ÜF 57 $.

... bei Ichupampa:

Colca-Lodge: Tel. 054-53 11 91, Fax 53 10 56, in Arequipa: 054-20 25 87, Fax 22 04 07, www.colca-lodge.com. Neuere, recht komfortable Lodge in traditionellem Stil, schöne Lage am Fluss, Thermalbad. DZ/ÜF 101 $.

... in Chivay:

Lobo's: Plaza de Armas, Ecke C. José Galvez. Pizzería und Kneipe, abends mit Kaminfeuer. Pizza um 15 N/S.

Casa Blanca: Plaza de Armas, Ecke C. Puente Inka, Tel. 054-48 86 16, tgl. 8–21 Uhr. Traditionelle peruanische Küche (z. B. Alpaka), abends mit Kaminfeuer, Touristenmenü 15 N/S.

Cusco-Qyllor: C. Arica, Ecke Piérola, Tel. 054-53 12 83, tgl. 9–16 Uhr. Typisches Touristenrestaurant, guter Mittagstisch mit Folkloremusik. Buffet 15 N/S.

La Pascana del Inka: Plaza de Armas, Ecke C. Puente Inka und C. Siglo Veinte, Tel. 054-53 11 90, Mo–Sa 8–20.30 Uhr. Frühstück, preiswertes Mittagsmenü und Abendessen (je 10 N/S). Fungiert gleichzeitig als Postamt.

El Nido: C. Zarumill 216, Tel. 054-53 10 10. Peña mit guter Folkloregruppe. Fast immer voll, daher Platz reservieren. Kein Eintritt, kein Essenszwang (Menü 15 N/S).

El Encanto del Colca: C. Ramón Castilla 500, Tel. 054-48 91 45, tgl. 10–22, ab 19 Uhr Show. Peña mit meist jüngerem Publikum bis 40 Jahre, sodass hier viel getanzt wird.

Abends zwei Kaminfeuer. Touristenmenü um 14 N/S. Tischreservierung empfohlen.
M'Elroy's Irish Pub: Plaza de Armas, Ecke C. Grl. Moran. Gemütlich, mit Billard, Happy Hour 21.30–22.30 Uhr (2 Pisco Sour 8 N/S).

Abenteuersport: Colca Adventures, 22 de Agosto 101, Tel. 054-53 11 37, rcordova@terra.com.pe. Radverleih, Raftingtouren etc.
Wandern: s. S. 192

Karneval (Ende Feb.): Umzüge mit folkloristischen Tänzen.

Busse: Mehrmals täglich fahren Busse von der Plaza de Armas nach Arequipa (ca. 4 Std.) und Cabanaconde (ca. 2,5 Std.). Der Frühbus nach Cabanaconde startet um 5 Uhr und passiert den Cruz del Cóndor.

Von Chivay nach Cabanaconde

Von Chivay schlängelt sich eine Straße am Südrand der Schlucht entlang und bereits nach 8 km ist mit **Yanque** 8 das nächste Dorf erreicht, dessen schneeweiße Kirche aus dem Jahr 1702 über eine hübsche Fassade verfügt. Vom Innenhof führt ein enger Gang hinauf auf das Dach des Gotteshauses, von wo man einen tollen Rundblick genießt.

Große Teile des weiter westlich gelegenen Dorfes **Maca** wurden im Jahr 1991 durch eine Schlammlawine zerstört, die sich nach einem Ausbruch des Vulkans Sabancaya aus dessen Flanken löste. Noch heute haben die Einwohner unter den Folgen der Katastrophe zu leiden, denn auf den umliegenden Feldern ist Landwirtschaft kaum mehr möglich, da sich überall tiefe Risse in der Erde gebildet haben. Viele der Dorfbewohner sind fortgezogen, um woanders ihr Glück zu versuchen.

Nach und nach wird die Landschaft spektakulärer, Kandelaberkakteen lösen zunehmend die Mais- und Gemüsefelder ab und schon bald bieten sich die ersten dramatischen Blicke hinunter in die Schlucht. Aber Vorsicht – immer wieder stürzen unachtsame Besucher in die Tiefe und eine Rettung ist so gut wie ausgeschlossen.

Einer der schönsten Aussichtspunkte ist der **Mirador Cruz del Cóndor** 9, wo man vormittags beste Chancen hat, einen oder gar mehrere Kondore zu beobachten, die sich von den Aufwinden emportragen lassen – ein großartiges Erlebnis.

... in Yanque:
Eco Inn Colca: C. Lima 513, Tel. 051-36 55 25 (in Puno), Fax 051-36 55 26. www.ecoinncolca.com. Nette Lodge (vormals Albergue El Mirador de los Collaguas, www.geocities.com/miradorcolca) am Rand der Schlucht mit elf zweistöckigen, im traditionellen Stil erbauten Bungalows, teilweise mit

Blick in den Cañón. Thermalbäder, gemütliches Restaurant mit Holzofen. DZ/ÜF 55 $.

Cabanaconde

Ca. 75 km nach Chivay erreicht man das Bergstädtchen **Cabanaconde** 10 (3290 m), das bislang vom Tourismus wenig geprägt wurde. Etwa zehn Minuten vom Zentrum entfernt bietet ein Aussichtspunkt einen weiteren Blick in die Schlucht; manchmal kann man auch hier Kondore beobachten. Eine schöne Wanderung führt von Cabanaconde in die Schlucht zur Oase Sangalle (s. S. 192).

Die meisten Veranstalter und alle öffentlichen Busse wählen für die Rückfahrt nach Arequipa die Strecke über Chivay. Wer mit dem eigenen Pkw unterwegs ist, kann auch in die entgegengesetzte Richtung fahren und gelangt auf schlechter Straße über Huambo und Huacán direkt zur Panamericana.

Kuntur Wassi: C. Cruz Blanca s/n, Tel. 054-81 21 66, Tel./Fax 054-22 03 23, www.kunturwassi.com. Neue Unterkunft mit 24 aussichtsreichen, freundlich dekorierten Zimmern, 2 Suiten, Whirlpool, Restaurant, Bar und Terrasse. DZ/ÜF ab 50 $.

La Posada del Conde: C. San Pedro, Ecke Bolognesi, Tel. 054-83 00 33, pdelconde@yahoo.com. Einfach, günstig, Zimmer mit Bad.

Franziskaner erbauten im 18. Jh. die schneeweiße Kirche von Yanque

Richtig Reisen-Tipp: Wandern am Cañón de Colca

Der **Cañón de Colca** ist ein Dorado für Genusswanderer, engagierte Trekkingfans und erfahrene Bergsteiger gleichermaßen. Das Angebot reicht von leichten Tagestouren bis zu anspruchsvollen mehrtägigen Trekkingtrips und Gipfelbesteigungen. Ausreichend Wasser, Verpflegung und ein guter Sonnenschutz sind für alle Touren erforderlich.

Chivay–Coporaque–Yanque–Chivay
Eine relativ leichte, auch auf eigene Faust durchführbare Tagestour ohne allzu große Höhenunterschiede führt vom Ort **Chivay** zunächst entlang einer wenig befahrenen Straße nach **Coporaque** auf der anderen Flussseite (ca. 2 Std.), ein sehr ursprüngliches Dorf mit einer schönen alten Kirche. Nahebei findet man in einem Felsenhang Reste von Grabanlagen.

Von Coporaque geht es auf einem breiten Pfad weiter in Richtung Ichupampa hinunter an den Rand des Cañón, den man auf einer Fußgängerbrücke überquert, um dann nach **Yanque** hinaufzusteigen (ca. 2 Std.). Die rund 8 km lange Strecke von hier zurück nach Chivay kann man entweder laufen (ca. 2 Std. entlang der Straße) oder fahren – von der zentralen Plaza starten regelmäßig *colectivos* in diese Richtung.

Coporaque–Madrigal–Cabanaconde
Die erste Tour lässt sich erweitern, indem man von **Coporaque** über **Ichupampa** und **Lari** zunächst nach **Madrigal** wandert (3–4 Std.). Hinter Madrigal überquert man die Schlucht und erreicht in **Pinchollo** die Straße von Chivay nach Cabanaconde, auf der man zum **Cruz del Cóndor** weiterläuft (1 Tag, eine Übernachtung in Pinchollo ist angeraten). Von dort sind es noch etwa 13 km (ca. 3 Std.) am **Mirador Tapay** vorbei nach **Cabanaconde.** Für diese Tour sollte man drei Tage veranschlagen und entweder ein eigenes Zelt mitführen oder sich mit sehr einfachen Unterkünften in den Dörfern zufriedengeben.

Cabanaconde–Oase Sangalle –Llahuar/Tapay
Von **Cabanaconde** aus kann man in etwa 2,5 Stunden – vorbei an Kakteen, Bromelien und bizarren Steinformationen – rund 1200 Höhenmeter absteigen in die mit Palmen und Obstbäumen bewachsene **Oase Sangalle** am Río Colca. Mehrere angelegte Schwimmbecken bieten eine willkommene Erfrischung, bevor die anstrengende Wanderung zurück nach Cabanaconde beginnt, die je nach Kondition vier bis fünf Stunden dauert. Wer viel Gepäck dabei hat, kann dieses auf einen Esel verladen. In Sangalle gibt es sehr einfache Unterkunfts- und Campingmöglichkeiten, für Verpflegung ist ebenfalls gesorgt.

Normalerweise geht man auf dem gleichen Weg zurück nach Cabanaconde, aber auch diese Tour ist erweiterbar. So kann man zum Beispiel von der Oase Sangalle nach **Llahuar** wandern (4–5 Std.), einer kleinen Gemeinde auf der anderen Seite des Río Colca in rund 2000 m Höhe. Als Übernachtungsmöglichkeit dient die Llahuar Lodge direkt am Fluss (Tel. 054-33 09 32, Unterbringung in Bungalows, wahlweise mit Gemeinschafts- oder Privatbad). Oder man geht in die andere Richtung nach **Tapay,** wo es einige einfache Unterkünfte gibt, und marschiert am nächsten Tag über **San Juan de Chuccu** (Übernachtung beispielsweise im Hostal Roy) hinauf zum **Mirador Tapay** und von dort zurück nach Cabanaconde.

Eine weitere Variation, die jedoch nur für sehr ausdauernde und erfahrene Wanderer zu empfehlen ist, führt von **Tapay** entlang eines Maultierpfades nach **Madrigal.** Da entlang der Strecke keine Unterkünfte zur Verfügung stehen, sollte man ein Zelt sowie ausreichend Trinkwasser und Verpflegung dabeihaben. Für die Strecke von Cabanaconde nach Madrigal werden zwei bis drei Tage benötigt, ein weiterer Tag für die Rückkehr über Pinchollo und den Cruz del Cóndor zurück nach Cabanaconde.

Trekking und Bergsteigen am Hualca Hualca und Ampato

Noch eine Stufe anspruchsvoller ist der Aufstieg vom Ort Pinchollo auf den etwa 6025 m hohen **Hualca Hualca,** der von lokalen Agenturen auch gerne als das peruanische Matterhorn bezeichnet wird. Diese technisch recht schwierige Tour erfordert im Gipfelbereich einige Klettereinlagen (4. bis 5. Grad) und dauert je nach Kondition drei bis vier Tage. Wem dies zu anstrengend erscheint, der kann einen der beiden leichter zu erklimmenden Nachbargipfel ins Auge fassen.

Der Höhepunkt im wahrsten Sinne des Wortes für engagierte (und trainierte) Bergwanderer ist jedoch das Ampato-Trekking, bei dem mehrere bis zu 5200 m hohe Pässe überquert werden. Auf der fünf bis sechs Tage dauernden Tour kommt man zu Geysiren und Thermalquellen und übernachtet in einem Camp am Fuß des 6305 m hohen **Ampato,** der auf Wunsch bestiegen werden kann. Eine entsprechende Erfahrung und Höhenanpassung werden jedoch vorausgesetzt.

Organisierte Touren: Mehrere Veranstalter in Arequipa haben diese Wanderungen im Programm, u. a.

Llama Andean Adventures, C. Morro de Arica 115–119 (Miraflores), Tel. 054-22 23 70 und 030-20 23 59 95 (in Deutschland), www.colca.de. Deutschsprachig.

Colca Trek, C. Jerusalén 401-B, Tel. 054-20 62 17, www.colcatrek.com.pe

Ein- oder Mehrtagestouren – im Cañón de Colca ist für jeden etwas dabei

Nur zu Fuß vom Urubamba-Tal aus zu erreichen: die Ruinen von Wiñay Wayna nahe Machu Picchu am Camino Inka

Kapitel 3

Cusco, Valle Sagrado und Machu Picchu

Auf einen Blick: Cusco, Valle Sagrado und Machu Picchu

Im Herzen des Inka-Reiches

Wegen seiner Lage in den Anden, seiner entspannten Atmosphäre, der freundlichen Menschen und der vielen zu Fuß erreichbaren Sehenswürdigkeiten erleben viele Besucher Perus das rund 310 000 Einwohner zählende Cusco als die schönste Stadt des Landes. Eingebettet in ein ausgedehntes Tal, liegt die Hauptstadt des gleichnamigen *departamento* auf einer Höhe von 3340 m. Wer aus den Küstenmetropolen oder dem Amazonastiefland in die ehemalige Inka-Hauptstadt reist, wird sich in den ersten Tagen an die dünne Luft in dieser Höhe gewöhnen müssen. Doch die Mühe lohnt sich: Grandiose Kirchen voller kunsthistorischer Schmuckstücke, prachtvolle Kolonialbauten und nicht zuletzt die berühmten Inka-Mauern, die aus passgerechten Felsblöcken millimetergenau zusammengefügt wurden, sind trotz zahlreicher schwerer Erdbeben bis heute beachtlich gut erhalten.

Außerdem ist Cusco Ausgangspunkt für Ausflüge in die landschaftlich besonders attraktive und an Sehenswürdigkeiten reiche Umgebung, denn nicht nur die Ruinen von Machu Picchu lohnen einen Besuch: Das Valle Sagrado (›geheiligtes Tal der Inka‹) beispielsweise mit seinen gut erhaltenen Ruinenstätten in Pisac und Ollantaytambo ist mehr als nur einen Tagesausflug wert.

Highlights

6 **Cusco:** Mit ihrer gut erhaltenen kolonialen Altstadt und den Inka-Stätten in unmittelbarer Umgebung zählt die ehemalige Inka-Hauptstadt zu den attraktivsten Touristenzielen in ganz Südamerika (s. S. 198 ff.).

7 **Valle Sagrado:** Das ›geheiligte Tal der Inka‹ führt entlang dem fruchtbaren Río Urubamba von Pisac nach Ollantaytambo und bezaubert mit friedlichen Dörfern, bunten Märkten und bedeutenden Inka-Ruinen (s. S. 218 ff.).

8 **Machu Picchu:** Die wohl faszinierendste Inka-Stätte im Andenraum ist allein wegen ihrer spektakulären Lage auf einem Bergrücken eine Reise wert (s. S. 228 ff).

Empfehlenswerte Routen

Von Cusco nach Urubamba: Für die Fahrt von Cusco nach Urubamba im Valle Sagrado kann man zwischen zwei gleichermaßen interessanten Routen wählen: Die direkte Strecke führt über Chinchero und passiert die sehenswerten Inka-Terrassen von Moray (s. S. 221 ff.), die andere über einen Pass zum südöstlichen Endpunkt des Valle Sagrado nach Pisac, das bekannt ist für seinen farbenfrohen Markt (s. S. 218 ff.). Von Urubamba geht eine Stichstraße weiter nach Ollantaytambo, dem Ausgangspunkt für den Besuch von Machu Picchu.

Von Cusco nach Paucartambo: Auf dem Weg von Cusco in den Parque Nacional Manú (s. S. 370 ff.) passiert man eine landschaftlich überaus spannende und vielseitige Strecke, die zunächst Richtung Puno, dann hinauf in die Hochlandgemeinde Huancarane und weiter – an prä-inkaischen Grabtürmen vorbei – nach Paucartambo führt, eines der reizvollsten Kolonialstädtchen der Region (s. S. 238 f.).

Reise- und Zeitplanung

Für **Cusco** und Umgebung sollte man sich Zeit nehmen. Viele Reisende planen dafür nur zwei bis drei Tage ein – in diesem Zeitraum lassen sich zwar die wichtigsten Sehenswürdigkeiten besuchen, aber die Faszination dieser Region erschließt sich erst bei näherem Hinsehen. Allein für die koloniale Innenstadt von Cusco benötigt man mindestens einen Tag, zumal mit **Sacsayhuamán** und **Kenko** noch zwei besonders sehenswerte Inka-Stätten in unmittelbarer Nähe liegen, für deren Besuch man einen halben Tag einplanen sollte – wer gut zu Fuß ist, kann sie auch auf Wanderwegen an einem Tag erschließen.

Die Fahrt von Cusco ins **Valle Sagrado** gehört zu den landschaftlichen und kulturellen Leckerbissen einer jeden Peru-Reise. Am schönsten ist es, hier mindestens eine Nacht zu verbringen, denn inzwischen gibt es eine Vielzahl attraktiver Übernachtungsmöglichkeiten, die nicht nur einen ruhigeren Schlaf versprechen als in Cusco, sondern auch rund 500 m tiefer liegen und höhengeplagten Touristen so eine spürbare Entlastung bieten.

Die berühmte Inka-Stätte **Machu Picchu** erreicht man nur per Zug oder auf einer mehrtägigen Wanderung. Die meisten Besucher besuchen Machu Picchu im Rahmen eines Tagesausflugs von Cusco aus, verpassen dann aber viele interessante Stätten und Orte entlang dem Weg. Alle Züge von Cusco nach Machu Picchu halten auch in Ollantaytambo, und es gibt sogar eine Linie, die in Urubamba startet – man kann seine Reise nach Machu Picchu also durchaus im Valle Sagrado unterbrechen. Wer genügend Zeit hat, kann auch eine Nacht im wenig ansprechenden Dorf Aguas Calientes zu Füßen der Inka-Ruinen verbringen, auch wenn die Preise dort meist nur als unverschämt zu bezeichnen sind. Der Vorteil: Man kann länger in den Ruinen verweilen und am nächsten Tag nochmals ganz früh hinauffahren, bevor die Tagesbesucher die Stätte bevölkern.

Richtig Reisen-Tipps

Camino Inka und Camino Sagrado: Zwei der schönsten und auch beliebtesten Wanderrouten in Südamerika führen durch unberührte Landschaft und vorbei an malerischen Ruinen in das geheimnisumwobene Machu Picchu. Leider drängen sich vor allem in den Sommermonaten immer mehr Wanderer auf den Trails, sodass man die Touren besser in der Nebensaison macht (s. S. 234).

Mit der »Andenbahn« zum Lago Titicaca: Ein Klassiker ist die Zugfahrt von Cusco nach Puno (oder umgekehrt). Sie führt durch das fruchtbare Tal des Río Vilcanota über einen 4300 m hohen Pass ins karge Altiplano nach Puno am Lago Titicaca (s. S. 242).

6 Cusco und Umgebung

Cityplan S. 200/201, Karte S. 221

Atemberaubend – so erleben viele Reisende ihre ersten Stunden in Cusco. Doch ist dies nicht nur auf das beeindruckende Ensemble von gut erhaltenen Kirchen und Palästen aus der spanischen Kolonialzeit zurückzuführen, sondern auch auf die ungewohnte Höhe von 3350 m, denn die meisten Besucher kommen per Flugzeug direkt aus Lima. Aber wer die erste Nacht gut überstanden hat, ist bereit für einen Rundgang durch die bezaubernde Kolonialstadt.

Geschichte

Das Tal von Cusco blickt auf eine lange Besiedlungsgeschichte zurück: Schon vor über 2000 Jahren nutzten mehrere kleine Stämme den Nahrungsreichtum und die günstige Lage des Tals. Die spätere Hauptstadt des mächtigen Inka-Reichs wurde jedoch erst um 1200 gegründet, als der Entstehungslegende der Inka zufolge das Geschwisterpaar Manco Capac und Mama Ocllo auf seinem Weg von der Sonneninsel im Lago Titicaca hier den vom Sonnengott prophezeiten Ort fand, an dem sich dessen Stab leicht in den fruchtbaren Boden hineintreiben ließ. Manco Capac nannte den Ort Quosqo – ›Nabel der Welt‹. Seine Nachfolger bauten in den folgenden 300 Jahren Cusco in jeder Hinsicht zum Zentrum aus: Hier kreuzten sich die beiden Hauptachsen des Inka-Reichs, hier errichtete man die wichtigsten Heiligtümer und Paläste und hier befand sich auch die Residenz der wichtigsten Adelsfamilien und des obersten Inka-Fürsten. Von Cusco aus regierte dieser das zu seiner Blütezeit über 1 Mio. km² große Tahuantinsuyo, das ›Reich der vier Regionen‹.

Archäologen vermuten, dass die Inka ihre Hauptstadt in Form eines gigantischen Pumas anlegten: Der höher gelegene Komplex von Sacsayhuamán (s. S. 214) bildete dabei den Kopf, die Stadt Cusco den Körper und der Río Huatanay den Schwanz der Raubkatze. In den Grenzen der Stadt lebten die unterschiedlichsten Schichten der Inka-Gesellschaft voneinander getrennt: Im höher gelegenen Nordteil residierte der Adel, in der südlichen Unterstadt waren Bauern, Diener, Handwerker und Zugereiste ansässig. Die Bauern bewirtschafteten das fruchtbare Tal, legten Bewässerungskanäle an und bauten Alfalfa, Mais, Quinoa und Gerste an. Um 1450 jedoch, nach der erfolglosen Belagerung Cuscos durch Chancas-Indianer, ordnete Pachacútec Yupanqui (1438–71) den vollständigen Abriss und Neuaufbau Cuscos an: 50 000 Fronarbeiter errichteten in wenigen Jahren das neue Cusco – prachtvoller denn je. Die Stadt verfügte nun über gepflasterte Straßen, massive Steinhäuser und eine für damalige Zeiten überaus moderne Wasserversorgung. Am Vorabend der spanischen Eroberung zählte Cusco ca. 15 000 Einwohner.

Francisco Pizarro erreichte, von Cajamarca Richtung Süden ziehend, Cusco am 15. November 1533. Auch die Tempel und Paläste dieser Stadt blieben von der Plünderung durch die goldgierigen Konquistadoren nicht verschont. Pizarro ließ zahlreiche Bauwerke der Inka schleifen, andere wurden sogleich als Baumaterial für den Bau neuer Kirchen und Paläste verwendet. Die Einwohnerzahl Cuscos sank zunächst rapide, auch bedingt durch die eingeschleppten europäischen Zivilisationskrankheiten. Als Atahualpas Nachfolger Manco Capac II. begriff, dass er nichts als ein Strohmann der spanischen Kolonialherren war, erhob er sich 1536 gegen die Besatzer und belagerte Cusco mehrere Monate lang. In der Entscheidungsschlacht brannte der größte Teil der Stadt nieder. Von vielen Gebäuden blieben nur noch die Mauern erhalten, die von den Spaniern beim Wiederaufbau der Stadt verwendet und mit barocken Fassaden verkleidet wurden. In der Folgezeit schufen die besten Architekten, Steinmetze, Maurer, Tischler und Künstler des Landes prachtvolle Kirchen, Regierungs- und Wohnpaläste.

Doch auch die neue Pracht war nicht von langer Dauer: Dem Erdbeben von 1650 fielen über 80 % der Kolonialbauten zum Opfer. Es folgten zahlreiche weitere Erdstöße, und 1950 erschütterte wieder ein schweres Beben die Stadt, richtete jedoch weniger Schaden an als das 300 Jahre zuvor. Das vorläufig letzte Erdbeben vom November 1996 blieb ohne nennenswerte Folgen. Doch das weitgehend intakte koloniale Zentrum sollte nicht über die sozialen Probleme der Stadt hinwegtäuschen – immer mehr Menschen suchen hier Schutz und Arbeit und immer weiter wachsen die ärmlichen Adobehäuser die Hänge hinauf …

Mit dem Autor unterwegs

Bummel durch Cuscos Künstlerviertel

Das Künstlerviertel **San Blas** in Cusco zieht sich hinter der Kathedrale den Hügel hinauf und lockt mit kleinen Läden, Lokalen und viel kolonialem Charme (s. S. 208).

Wanderung nach Sacsayhuamán und Kenko

Wer sich an die Höhe angepasst hat, kann zwei der bedeutendsten Inka-Ruinen von Cusco aus zu Fuß erkunden (s. S. 214 u. 216).

Die Altstadt

Reiseatlas: S. 20, E 1; **Cityplan:** S. 200/201
Um eine Stadt wie Cusco zu erleben, reicht es nicht aus, die zahlreichen Hauptsehenswürdigkeiten ›abzuklappern‹, was ohne Weiteres an einem Tag möglich ist. Vielmehr braucht man Zeit, um das einmalige Ambiente auf sich wirken zu lassen, indem man ohne Eile durch die Gassen schlendert.

Plaza de Armas

Heute wie damals bildet der ›Waffenplatz‹, die **Plaza de Armas** **1**, das geografische und kulturelle Zentrum Cuscos. Zur Inka-Zeit hieß der damals doppelt so große Platz Huacaypata – ›Ort der Freude‹. Hier wurden wichtige Zeremonien abgehalten und von hier aus führten die Hauptrouten in die vier Regionen des Tahuantinsuyo. Im Zentrum der Plaza weht nach wie vor die Regenbogenfahne des Inka-Reichs, obwohl von der einstigen Pracht nur noch wenige Fundamente von Inka-Mauern erhalten sind und die von den Spaniern erbauten Kirchen und Arkaden heute das Bild prägen. Von morgens bis abends beleben spielende Schulkinder in gepflegten Uniformen, Zeitung lesende Rentner, Schuhputzer und Indianerfrauen, die Alpaka-Mützen und Armbändchen *(pulseras)* verkaufen, die Plaza. Wer neben den Besichtigungen genügend Zeit hat, sollte dem bunten Treiben einmal einige Minuten von einer Parkbank oder von den Treppen vor der Kathedrale zuschauen.

Kathedrale

Die Bauphase der mächtigen **Kathedrale** **2** erstreckte sich über einen Zeitraum von mehr als 100 Jahren: 1559 brach man die Mauern des Inka-Palastes an der Plaza ab und errichtete auf den Grundmauern des einstigen Tempels für den Gott Huiracocha das größte Gotteshaus der Stadt. Die zu Fronarbeiten verurteilte Bevölkerung Cuscos soll dabei auch Steine aus dem 200 m höher gelegenen Sacsayhuamán verwendet haben. Nicht zufällig trägt die im spanischen Renaissance-Stil gehaltene Fassade auch Züge inkaischer Steinmetzkunst. Der 85 m x 45 m große Kirchenbau – einer der größten Amerikas – macht mit seinen massiven Sandsteinwän-

Cusco: Cityplan

Sehenswürdigkeiten

1 Plaza de Armas
2 Kathedrale
3 Iglesia La Compañía
4 Museo de Historia Natural
5 Museo Municipal de Arte Contemporáneo
6 Museo Histórico Regional
7 Iglesia y Monasterio La Merced
8 Iglesia de San Francisco
9 Iglesia de Sto. Domingo
10 Convento Sta. Catalina
11 Casa Concha
12 Museo de Arte Religioso
13 Iglesia de San Blas
14 Iglesia de San Antonio Abad
15 Casa Cabrera
16 Museo Inka

Märkte

17 Mercado San Pedro
18 Mercado de Huánchac

Übernachten

1 Hotel Libertador Palacio del Inka
2 Novotel Cusco
3 Casa Andina Private Collection
4 Hotel Los Apus
5 Hotel Arqueólogo
6 Hostal Cusco Plaza I
7 Hostal Casa de Campo
8 Andenes de Saphi
9 Pension Alemana
10 La Casona Real
11 Hostal Eureka
12 Hostal Pascana
13 Hostal Amaru

Essen und Trinken

14 MAP Café
15 La Cava de San Rafael
16 Fallen Angel
17 Pacha Papa
18 Blueberry Lounge
19 Cicciolina
20 Mesón de Espaderos
21 Parrillada Andina
22 Tupananchis
23 Incanto
24 Kusikuy
25 Macondo
26 Granja Heidi
27 Maikhana Namaskar
28 Pizzería Chez Maggy I
29 Witches Garden
30 Quinta Zárate
31 Pucara
32 Varayoc

den und riesigen Eingangstoren aus dickem Holz einen monumentalen Eindruck. Verstärkt wird dies durch die stattlichen, 33 m hohen Glockentürme. Im linken ertönt an Feiertagen die größte und mit 6 t schwerste Glocke Südamerikas – die María Ángela. Bei günstigen Windverhältnissen soll man sie selbst in 40 km Entfernung noch hören können.

Den für Kirchenbesucher geöffneten Seiteneingang bildet die **Capilla de la Sagrada Familia** (›Kapelle der hl. Familie‹) links neben der Kathedrale. Die durch das Erdbeben 1950 stark beschädigte Kirche wurde nach umfangreichen Renovierungen erst 1998 wieder geöffnet. Über die Gestaltung des Innenraums lässt sich sicherlich streiten, doch treffen die üppigen Seitenaltäre ganz bestimmt den Geschmack der örtlichen Bevölkerung.

Durch ein Seitenportal betritt man die eigentliche Kathedrale. Vorbei an einigen der elf Seitenkapellen – darunter die vor allem von Indianerfrauen verehrte La Linda (›die Hübsche‹, Jungfrau der Unbefleckten Empfängnis) und die Virgen de los Remedios

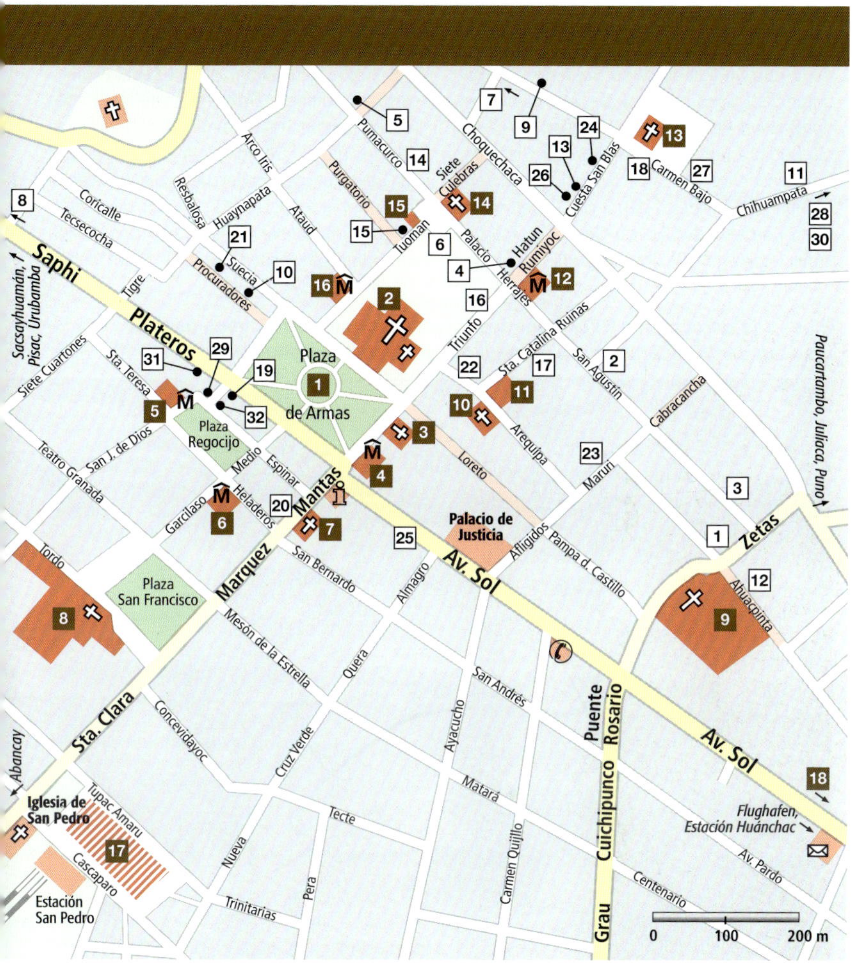

(›Jungfrau der immerwährenden Hilfe‹) – kommt man zu einer großen, vom Rauch Tausender Opferkerzen mittlerweile ganz schwarz gewordenen Heiligenfigur: El Señor de los Temblores. Die Statue erinnert an das schwere Erdbeben von 1650, als man sie zum ersten Mal durch die Straßen Cuscos trug. Dieses Ritual wiederholt sich seitdem – in der Hoffnung auf prophylaktischen Schutz – alljährlich am Montag der Osterwoche. Der ›Herr der Erdbeben‹ trägt dabei einen seiner zahllosen gold- und edelsteinverzierten Röcke, wie dies auch auf einem großen Gemälde von der ersten Prozession nahe dem Hauptportal zu sehen ist.

Gegenüber betritt man den Chorraum mit einem fein geschnitzten Chorgestühl – ein Meisterwerk aus dem 17. Jh. Dieses in vielen Tausend Arbeitsstunden geschaffene Kunstwerk beinhaltet neben den eigentlichen Sitzen 40 Heiligenfiguren in Lebensgröße. Wer Sinn für Details hat, sollte einmal genauer unter die Armlehnen schauen: Hier tauchen kleine, mittlerweile leicht abgegriffene Halbreliefs barbusiger *cholitas* (›Indianermädchen‹) auf. Rechter Hand gelangt man in die geräumige und auffallend hohe Sakristei, die bis unter die Decke mit Porträts von Bischöfen der Diözese Cusco geschmückt ist. Die Chronik beginnt mit dem Begleiter der Pizarros, Padre Vicente de Valverde, und führt über Manuel de Mollinedo (1673–99), einen wichtigen Förderer der Cusco-Schule (s. u.), bis zum derzeitigen Bischof Cuscos. Das einstige Prunkstück der Sakristei, eine 1,20 m hohe Monstranz aus 21 kg Gold, 5 kg Silber und 2000 Edelsteinen, ist seit seinem Diebstahl aus diesem Raum nie wieder aufgetaucht. Zahlreiche der mehr als 250 teilweise überaus großen Gemälde der Kathedrale sind im Cusco-Stil gearbeitet, der die europäische Malkunst des 16. und 17. Jh. mit der Imagination indianischer Künstler aus den Anden verschmelzen lässt (s. S. 56). Nicht selten

Einen wunderschönen Blick über das rote Dächermeer von Cusco genießt man auf der Wanderung zum Ruinenkomplex von Sacsayhuamán

scheinen sich selbst biblische Szenen in Peru abzuspielen: Indianische Gesichter, peruanische Landschaften sowie Speisen, Pflanzen oder Tiere aus Peru ersetzen die ursprüngliche Umgebung – so zum Beispiel bei dem riesigen Gemälde von Marcos Zapata (links vom Eingang zur Sakristei) mit dem Titel »Das letzte Abendmahl«.

Doch nicht nur peruanische Künstler haben bei der Ausschmückung von Cuscos Kathedrale mitgearbeitet: Das Kruzifix an der Rückseite der Sakristei soll beispielsweise von dem flämischen Maler van Dyck oder von Tizian stammen. Verdeckt vom mächtigen, weil von der Stirnwand abstehenden, neoklassischen Hauptaltar, bei dem mehrere Hundert Kilogramm Silber verarbeitet wurden, steht der ursprüngliche Hochaltar aus dunkelbraunem Zedernholz im für Lateinamerika charakteristischen Churriguera-Stil (Mo–Sa 10–18, So/Fei 14–18 Uhr, 13 N/S).

Neben der Capilla de la Sagrada Familia verfügt die Kathedrale über einen zweiten Annex: Rechts neben dem Hauptschiff erhebt sich die **Capilla del Triunfo.** Um 1723 errichteten die neuen Herren der Stadt dieses Gotteshaus aus Dankbarkeit für den erfolgreich abgewehrten Indianeraufstand Manco Capacs von 1536. Gleich rechts hinter dem Portal erblickt man eine Urne mit der Asche Garcilaso de la Vegas. Dieser bekannteste Chronist der Inka-Geschichte war 1539 in Cusco geboren worden und verstarb 1616 in Spanien. Seine sterblichen Überreste hat der spanische König wenige Jahre später nach Peru überführen lassen.

Iglesia La Compañía und Museo de Historia Natural

An der Südostseite der Plaza de Armas zieht die prachtvolle Barockfassade der 1571 von Jesuiten erbauten **Iglesia La Compañía** 3 die ganze Aufmerksamkeit auf sich. Das Fundament der wohlproportionierten einschiffigen Kirche besteht aller Wahrscheinlichkeit nach aus Steinen des um 1500 errichteten Palastes des Inka Huayna Capac. Als sie bereits 80 Jahre nach Fertigstellung beim Erdbeben von 1650 zusammenstürzte, entschlossen sich die zwischenzeitlich reichen Jesuiten, hier nun die großartigste Kirche der Stadt zu erbauen. Sie sollte sogar die benachbarte Kathedrale an Glanz übertreffen. Der Bischof versuchte indes, dies zu verhindern. Letztendlich musste Papst Paul III. entscheiden – und dieser verbot die Pläne des Ordens. Als das päpstliche Urteil Cusco erreichte, waren die Bauarbeiten jedoch schon abgeschlossen. Das prächtige Portal im Barockstil erinnert an einen in Stein gehauenen Altar und wird von zwei Glockentürmen eingerahmt. Obwohl der Großteil des Kirchenschatzes nach der Vertreibung der Jesuiten aus Peru versteigert worden war, lässt die Inneneinrichtung den einstigen Reichtum des Gotteshauses erahnen: aus feinstem Zedernholz geschnitzte, vergoldete Altäre in purem Barockstil, hervorragende Heiligengemälde und -statuen, Gemälde von verschwenderischen Adelshochzeiten des 16. Jh. (tgl. ca. 6.30–7 sowie Mo–Sa 11–12, 15–16 Uhr, Eintritt frei).

Die ehemalige San-Ignacio-Kapelle rechts der Kirche wird heute als Buchladen genutzt. Daneben liegt die 1622 vom Jesuitenorden gegründete Universität, deren Barockfassade mit ihren indianischen Einflüssen gut zur benachbarten Kirche passt. Heute ist hier das **Museo de Historia Natural** 4 untergebracht (Mo–Fr 9.30–12, 15–18 Uhr).

Plaza Regocijo

Verlässt man die Plaza de Armas in südwestlicher Richtung, so gelangt man zur **Plaza Regocijo** (›Platz der Freude‹), auf der zu Inka-Zeiten die siegreich heimkehrenden Soldaten empfangen wurden. An der Nordwestseite des Platzes, der auch unter den Namen Plaza Cabildo bzw. Cusipata bekannt ist, befindet sich in den Räumen des alten Rathauses *(cabildo)* das **Museo Municipal de Arte Contemporáneo** 5 mit einer interessanten Ausstellung von Werken zeitgenössischer Künstler (Mo–Fr 9–17 Uhr, Eintritt mit Boleto turístico).

An der Südseite der Plaza Regocijo steht das Geburtshaus von Garcilaso de la Vega, dem ersten einheimischen Historiker und Autor der »Comentarios Reales de los Inca« (›Wahrhafte Nachrichten über die Inka‹). Der Sohn eines spanischen Aristokraten und einer Inka-Prinzessin reiste im Alter von 21 Jahren nach Spanien, um dort vor überaus interessierten Zuhörern über das mächtige Inka-Imperium und die glanzvollen Siege der Pizarros Bericht zu erstatten. Heute befindet sich in der **Casa Garcilaso** das **Museo Histórico Regional** 6, in dem neben Zeugnissen aus dem Leben des Chronisten einige Gemälde der Cusco-Schule und feine Kolonialmöbel ausgestellt sind (Mo–Fr 8–17 Uhr, Eintritt mit Boleto turístico).

Iglesia y Monasterio La Merced

Von der Plaza Regocijo ist es nicht weit zur Calle M. Mantas, wo ein weiteres sakrales Schmuckstück Cuscos steht: die **Iglesia y Monasterio La Merced** 7. Das einstige südamerikanische Mutterhaus des Mercedarierordens gilt als die älteste Kirche der Stadt (1536). Nachdem sie beim Erdbeben des Jahres 1650 erheblich beschädigt worden war, baute man sie innerhalb von nur vier Jahren – nun zweischiffig – wieder auf. Ein schmucküberhäufter Hauptaltar, wertvolle Heiligengemälde und das fein geschnitzte Chorgestühl aus Zedernholz sind nur einige Beispiele für den einstigen Reichtum der Mercedarier. Links des Hauptportals der um 1950 renovierten Kirche führt eine Tür zum angegliederten Kloster. Das Zentrum der Anlage bildet der im Renaissance-Stil gestaltete Klosterhof mit einem hübschen Brunnen. Im Kreuzgang und im Kapitelsaal, in dem sich Mercedarier aus ganz Südamerika versammelten, hängen Gemälde mit Szenen aus dem Leben des Ordensgründers Don Pedro Nolasco. Beachtlich ist auch die äußerst aufwendig gearbeitete Zedernholzdecke. Besonders interessant ist ein Besuch der Zelle des Francisco Salamanca (1670–1720): Der strenggläubige Pater hatte sich jahrelang zu Besinnung und Gebet in diesen winzigen Kellerraum zurückgezogen und dabei die Wände mit farbenprächtigen Fresken mit Bibelszenen bemalt. Im kleinen **Museo La Merced** fällt neben Messgewändern und Gemälden eine um 1720 gefertigte Monstranz aus purem Gold ins Auge. Mit einer Höhe von 1,30 m und einem Gewicht von über 22 kg gilt sie als einer der wertvollsten sakralen Gegenstände des Landes. 1518 Diamanten sowie 615 Perlen und Edelsteine schmücken den Hostienbehälter mit der Darstellung der Virgen de la Merced im Zentrum, darunter Rubine, Saphire, Topase, Smaragde, Amethyste und schwarze Perlen – die größte Perle

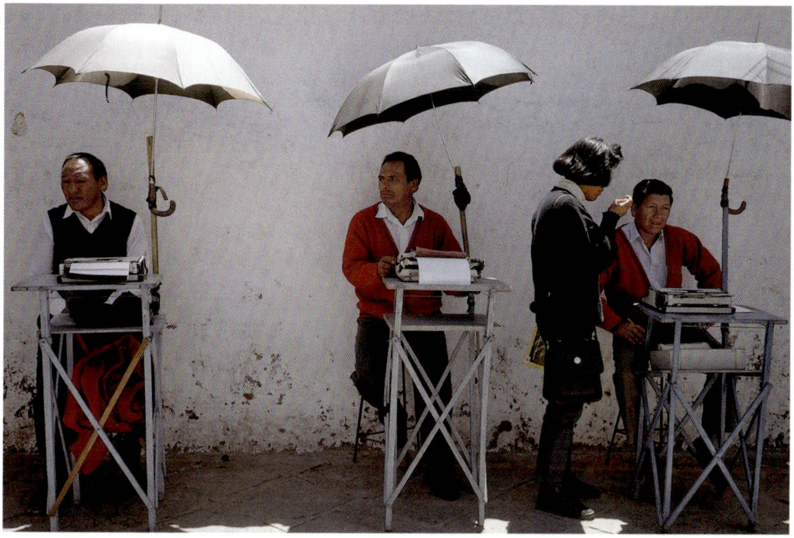

Nicht nur in Cusco sind mobile Schreibbüros ein alltägliches Bild – ihre Dienste reichen vom Briefeschreiben bis zum Formulareausfüllen

hat einen Durchmesser von 10 cm (Museum: Mo–Sa 8–12, 14–17 Uhr, 5 N/S).

Iglesia de San Francisco

Wer noch Zeit und Energie für einen weiteren Kirchenbesuch hat, kann einen Schlenker zur Plaza San Francisco machen. Hier erhebt sich an der südwestlichen Längsseite die von außen recht schmucklose **Iglesia de San Francisco** 8 mit einem aus dem 16. und 17. Jh. stammenden Klosterannex. Ungewöhnlich sind die in den beiden Krypten zu Buchstaben angeordneten Knochen verstorbener Gemeindeangehöriger. Ebenfalls sehenswert sind das prachtvolle Chorgestühl aus Zedernholz sowie eine Darstellung des Stammbaums des Ordensgründers, des hl. Franz von Assisi. Dieses Kunstwerk gilt mit seinen 9 m x 12 m als größtes Heiligengemälde des gesamten Subkontinents (Mo–Sa 9–16 Uhr).

Iglesia de Sto. Domingo/ Coricancha

Zurück in Richtung Plaza de Armas, trifft man auf die Hauptachse Avenida Sol, wo sich der neoklassische **Palacio de Justicia** (Justizpalast) erhebt. Drei Häuserblocks bergab erblickt man an der Ecke zur Avenida Grau links die **Iglesia de Sto. Domingo** 9**,** die im Jahr 1534 auf den Ruinen des Inka-Sonnentempels Coricancha erbaut wurde. Beim Erdbeben von 1650 weitgehend zerstört und 30 Jahre später wieder aufgebaut, stürzte die Ordenskirche 1950 erneut ein. Dabei traten an einigen Stellen die alten Inka-Grundmauern zu Tage. Archäologen legten die von den Spaniern verschont gebliebenen Reste des Inka-Heiligtums frei. In den Arkadengängen des ehemaligen Klosterhofes sind heute wertvolle Gemälde aus dem 17. und 18. Jh. zu bewundern, die in seltsamem Kontrast stehen zu den umliegenden Inka-Mauern.

Der **Coricancha** (›Goldener Hof‹) war einer der wichtigsten Tempel der Inka und die Architektur die vollendetste aller Inka-Bauten: Die Steine waren perfekt gemeißelt, die Maße stimmten millimetergenau, jede Mauer war erdbebensicher, die Formen (Trapeze, Quader, Kreise) schlichtweg unübertrefflich – Prunkstück ist eine 6 m hohe, runde Mauer, die bislang allen Erdbeben standgehalten hat. Die ganz ohne Mörtel hochgezogenen, mit Metallklammern stabilisierten und mit Edelsteinen verzierten und teilweise mit Goldfolie bedeckten Mauern waren behangen mit großen goldenen Scheiben, die Sonne, Mond, Sterne und zahlreiche Götter symbolisierten. Der Wert der ursprünglichen ›Inneneinrichtung‹ muss schier unermesslich gewesen sein. Die Wände der Sala del Sacrificio (›Opferhalle‹) waren mit Gold verkleidet, in den Mauernischen befanden sich Götterfiguren. Gold war dem Glauben der Inka nach von der Sonne geweinte Tränen. Scheiben aus Silber, Schalen und Figuren aus Juwelen und Edelsteinen sowie kunstvoll bestickte Federgewänder waren jedoch auch sehr wertvoll.

Im Coricancha pflegten die Adelsfamilien die Mumien früherer Inka-Herrscher. Er diente den Inka-Priestern aber auch für religiöse Zeremonien und den Sterndeutern *(tarpuntaes)* als Observatorium. Im 2 ha großen Innenhof bewahrten die Inka eine Sammlung ihrer wichtigsten Pflanzen und Tiere auf – in Gold! Bäume, Getreideähren, Blumen, Bohnen und Maiskolben, Lamas, Alpakas, Vögel und Schmetterlinge, sogar die Altäre sollen aus massivem Gold bestanden haben (Mo–Sa 8–17, So/Fei 14–17 Uhr, 5 N/S).

Unterhalb des Coricancha, an der Avenida Sol, liegt das unterirdische **Museo Coricancha** mit Keramikfunden, Textilien und Metallarbeiten aus der Inka- und Prä-Inka-Zeit (Mo–Sa 9–13, 14–18, So 8–14 Uhr, Eintritt mit Boleto turístico).

Convento Sta. Catalina

Auch im Gebäudekomplex des nahe gelegenen **Convento Sta. Catalina** **10** befand sich bis 1533 ein Inka-Tempel, in dem 3000 *ma-*

Geografisches und kulturelles Zentrum von Cusco: die Plaza de Armas

macunas (›Priesterinnen‹) lebten. Die dem Sonnengott Inti geweihten Frauen lehrten die *acllas* (›Jungfrauen‹) Beten, Nähen, Weben und die Zubereitung von *chicha* (›Maisbier‹) für rituelle Anlässe. Im 1605 errichteten und heute teilweise der Öffentlichkeit zugänglichen Kloster sind im **Museo de Arte** eine Orgel, historische Devotionalien und Heiligengemälde aus der Kolonialzeit zu besichtigen (Museum: Mo–Do 9–12, 13–17, Fr 9–12, 13–16 Uhr, Eintritt mit Boleto turístico, Besuch der Kirche nur während der Gottesdienste).

Schräg gegenüber, ebenfalls in der Calle Sta. Catalina, liegt die **Casa Concha 11,** deren Mauern größtenteils aus Inka-Fundamenten bestehen. Heute fungiert das ›Muschelhaus‹ als Polizeiwache – und als ein besonders schönes Beispiel für die während der Kolonialzeit so beliebten holzgeschnitzten Balkone.

Museo de Arte Religioso

Von der Casa Concha sind es nur wenige Schritte über die Calle Triunfo zum **Museo de Arte Religioso 12,** das einen guten Überblick über die koloniale Kunst Cuscos bietet. Möbel, Haushaltsgegenstände und zahlreiche Gemälde der Cusco-Schule bilden den Schwerpunkt der Exponate. Das Museum für religiöse Kunst hat eine wechselvolle Geschichte: Zunächst war es der Palast von Inca Roca, danach eine feine Adelsresidenz, und schließlich bezog der Erzbischof hier Quartier (Mo–Sa 8–11.30, 15–17.30 Uhr).

In der angrenzenden Gasse Hatun Rumiyoc (›Straße des Großen Steins‹), die von Bettlern, Musikanten und zahlreichen Händlern bevölkert wird, kann man sich auf die Suche machen nach dem legendären **Zwölfeckigen Stein.** Dieser tonnenschwere Felsblock beweist einmal mehr die hohe Kunst

der Inka-Steinmetze und -Architekten, die von keiner anderen Kultur zu jener Zeit erreicht wurde.

Stadtviertel San Blas

Vom Museo de Arte Religioso bietet sich ein Bummel durch die engen und teilweise steilen Gassen nach San Blas an, dem Künstlerviertel Cuscos. Dort finden sich stilvoll eingerichtete Galerien, Ateliers und Kunsthandwerksläden mit romantischen Innenhöfen. Das Zentrum dieses alten Stadtteils bildet die **Iglesia de San Blas** 13 aus dem 16. Jh. Die aus Zedernholz bestehende, im Barockstil filigran geschnitzte Holzkanzel gilt als eines der weltweit besten Kunstwerke seiner Art. Aus Dankbarkeit für die Errettung von einer tödlichen Krankheit soll der indianische Künstler Juan Tomás Tuyrotupa sein Leben dem Ruhme Gottes geweiht und fortan 40 Jahre lang an diesem Meisterwerk gearbeitet haben. Man sagt, der Erzbischof von Cusco habe ihn daraufhin umbringen lassen, um die Vollendung eines weiteren derart außergewöhnlichen Kunstwerks zu verhindern (Mo–Sa 8–18, So/Fei 14–18 Uhr, 6 N/S).

Plazoleta de las Nazarenas

Spaziert man vom San-Blas-Hügel wieder hinab in Richtung Stadtkern, sollte man zur kleinen **Plazoleta de las Nazarenas** abbiegen, einem gemütlichen Platz abseits des Touristenrummels. Namengebend für den Platz war der Convento de las Nazarenas, ein ehemaliges Kloster für bekehrte Indianermädchen aus der Oberschicht der Inka. Die prächtige Barockkirche des einstigen Klosters, die **Iglesia de San Antonio Abad** 14, dient heute dem Luxushotel Monasterio als Tagungsraum und ist auch Nicht-Hotelgästen zugänglich.

An der Nordseite der Plazoleta beherbergt das ehemalige Convento de Sta. Clara von 1558 heute die **Casa Cabrera** 15. In den Räumen um den großen Innenhof zeigt das **Museo de Arte Precolombino** eine schön präsentierte Sammlung von Keramiken sowie andere Exponate verschiedener prä-inkaischer Kulturkreise. Im Untergeschoss sind in einer Sonderausstellung u. a. Muschelschmuck der Mochica- und Silberarbeiten der Chimú-Kulturen zu sehen (Museum: Tel. 084-23 32 10, tgl. 9–22 Uhr, 20 N/S).

Aus den Anden Perus trat die Kartoffel im 16. Jh. ihren Siegeszug um die Welt an

Museo Inka

Über ein kleines Sträßchen in Richtung Plaza de Armas gelangt man zum **Museo Inka** 16 mit einer sehenswerten Sammlung präkolumbischer Artefakte. Neben ausgesuchten Exponaten älterer Kulturkreise, darunter fein gewebte Textilien der Paracas-Kultur, bilden Beispiele aus der grandiosen Handwerks- und Ingenieurkunst der Inka, aus deren Medizin (trepanierte Schädel) und Kriegswesen sowie mehrere gut erhaltene Mumienbündel und *quipús* (›Knotenschnüre‹) den Schwerpunkt der Sammlung (Tel. 084-23 73 80, Mo–Fr 8–18, Sa 9–16 Uhr, 10 N/S, Foto- und Filmverbot).

Cuscos Märkte

Zum Besuch eines typischen lokalen Marktes bieten sich – bei der gebotenen Vorsicht vor trickreichen Taschendieben – zwei *mercados* in Cusco an: Von der Plaza San Francisco gelangt man über die Calle Sta. Clara zum **Mercado San Pedro** 17 neben der gleichnamigen Kirche. Hier werden Haushaltswaren, Gemüse, Obst, frisches Brot und Kuchen, aber auch Uhrenplagiate, Schmuggelware und Kunsthandwerk gehandelt. In dem Gebäude gegenüber, dem Sta.-Ana-Bahnhof, fährt täglich frühmorgens der Zug nach Machu Picchu ab.

Eine zweite Möglichkeit bietet der **Mercado de Huánchac** 18 im gleichnamigen Stadtteil nahe dem Postamt *(correos):* Hier liegt der Schwerpunkt auf Gemüse und Früchten.

i **Touristeninfo:** C. Mantas 117 a, neben der Iglesia La Merced, Tel. 084-22 20 32, cusco@dirceturcusco.gob.pe, Mo–Fr 8–19, Sa 8–14 Uhr.
i-Peru: Av. Sol 103, *oficina* 102, Tel. 084-23 44 98, Fax 25 29 74, iperucusco@promperu.gob.pe, tgl. 8.30–19.30 Uhr, sowie am Flughafen, Tel. 084-23 73 64, tgl. 6–16 Uhr.
Policía de Turismo: C. Saphi 510, Tel. 084-24 96 54, tgl. 24 Std.
Im Internet: www.cuscoperu.com (viele Tipps und Links; engl.); www.qosqo.com (ausführlicher Online-Reiseführer, engl.).

Boleto turístico

Wer sich mehrere Tage in Cusco und Umgebung aufhält, wird nicht umhin kommen, dieses überteuerte Sammelticket zu kaufen. Es gewährt Eintritt zu zahlreichen (unbedeutenderen) Sehenswürdigkeiten der Stadt und zu den wichtigsten Inka-Ruinen im Umland (z. B. Sacsayhuamán, Kenko, Ruinen von Pisac, Ollantaytambo), für die es allesamt keine Einzeltickets mehr gibt. Das Boleto turístico ist 10 Tage gültig und erhältlich im *oficina* 101 gegenüber von i-Peru (s. u. links) für 70 N/S (Erw.) bzw. 35 N/S (Stud. bis 25 Jahre).

Das Preisniveau liegt in Cusco weit über dem Landesdurchschnitt. In der Hochsaison (Juli/Aug.) sowie in der Inti-Raymi-Woche (24. Juni) sind die Hotels oft ausgebucht, dann sollte man rechtzeitig reservieren.
Hotel Libertador Palacio del Inka [1]: Plazoleta Sto. Domingo 259, Tel. 084-23 19 61, Fax 23 31 52, www.libertador.com.pe. Großes Hotel in historischem Gebäude mit mehr als 200 geräumigen, luxuriösen Zimmern. DZ/ÜF 275 $.
Novotel Cusco [2]: C. San Agustín 239, Tel. 084-58 10 30 und 01-441 41 71 (in Lima), Fax 084-58 10 44, www.novotelcusco.com.pe, www.novotel.com. Komforthotel in renoviertem Kolonialgebäude, guter Zimmerstandard. DZ/ÜF 182 $.
Casa Andina Private Collection [3]: Plazoleta de Limacpampa Chico 473, Tel. 084-23 26 10, Fax 23 26 29, www.casa-andina.com. Neues Hotel in Kolonialgebäude mit Innenhof, zentrale Lage, guter Zimmerstandard, Restaurant. DZ/ÜF 149 $.
Hotel Los Apus [4]: C. Atocsaycuchi 515, Ecke C. Choquechaca, Tel. 084-26 42 43, Fax 26 42 11, www.losapushotel.com. Kleines Hotel in Kolonialhaus auf drei Etagen mit angenehmen Zimmern, Dachterrasse und kleinem Innenhof; nahe Zentrum am Eingang zum Stadtviertel San Blas. DZ/ÜF 120 $.
Hotel Arqueólogo [5]: C. Pumacurco 408, Tel. 084-23 25 69, Fax 23 15 26, www.hotel

arqueologo.com. Nettes Hotel in Kolonialgebäude, geschmackvoll eingerichtete Zimmer und Suiten, schöner Innenhof und Garten, Frühstücksrestaurant mit Ausblick, kostenloser Internetzugang. DZ/ÜF ab 86 $.

Hostal Cusco Plaza I [6]: Plazoleta de las Nazarenas 181, Tel. 084-24 61 61, Fax 26 38 42, www.cuscoplazahotels.com. Nettes Hostal in zentraler, aber ruhiger Lage, ordentliche Zimmer. DZ/ÜF 65 $.

Hostal Casa de Campo [7]: C. Tandapata 296 (San Blas), Tel. 084-24 30 69, Fax 24 44 04, www.hotelcasadecampo.com. Gutes Hostal mit Restaurant, nicht zentral, aber nette Zimmer mit herrlichem Blick über die Stadt. DZ/ÜF 55 $.

Andenes de Saphi [8]: C. Saphi 848, Tel. 084-22 75 61, Fax 23 55 88, www.andenesdesaphi.com. Ca. 800 m außerhalb des Zentrums an der Straße nach Sacsayhuamán. Nettes Hostal auf drei Etagen mit schön eingerichteten Zimmern. DZ/ÜF 48,50 $ inkl. Flughafentransfer.

Pension Alemana [9]: C. Tandapata 260 (San Blas), Tel./Fax 084-22 68 61, www.cusco-stay.de. Freundliche Privatpension, Zimmer z. T. mit Ausblick, kleiner Garten. DZ/ÜF 45 $.

La Casona Real [10]: C. Procuradores 354, Tel. 084-22 46 70, www.casonarealcusco.com. Sympathisches Hostal in windschiefem Kolonialgebäude mit Innenhof, zentrale Lage ohne Verkehr. DZ/ÜF 40 $.

Hostal Eureka [11]: C. Chihuampata 591 (San Blas), Tel. 084-23 35 05, Fax 23 32 53, www.peru-eureka.com/eureka.htm. Neueres Hostal abseits vom Rummel mit nett dekorierten Zimmern. DZ/ÜF ab 32 $.

Hostal Pascana [12]: C. Awaqpinta 539, Tel. 084-22 57 71, Fax 22 92 67, www.hostalpascana.com. Kleines Hostal in der Gasse neben der Iglesia de Sto. Domingo, nette Zimmer mit Bad, ruhige Lage, persönlich geführt. DZ/ÜF 30 $.

Hostal Amaru [13]: Cuesta San Blas 541 (San Blas), Tel./Fax 084-22 59 33, www.cusco.net/amaru. Nettes Kolonialhaus mit Innenhof und einfachen, aber ordentlichen Zimmern. DZ/ÜF ohne/mit Bad 18/30 $.

Rings um die **Plaza de Armas** [1] befinden sich zahlreiche nette Restaurants, teils mit Balkon, aber meist nicht gerade billig, z. B. Inka Grill, Tel. 084-26 29 92, www.inkagrillcusco.com; La Retama, Tel. 084-22 63 72; Mesón Los Portales, Tel. 084-22 95 92 (alle Portal de Panes).

MAP Café [14]: Plazoleta de las Nazarenas 231, Tel. 084-24 24 76, www.map-cafe.com, tgl. 11–22 Uhr. Im Innenhof der Casa Cabrera, gediegenes Ambiente, gehobene Küche. Menü um 30 $.

La Cava de San Rafael [15]: Sta. Catalina Ancha 370, Tel. 084-26 16 91, tgl. 10–23 Uhr. Gehobenes Restaurant in einem Gewölbe. Mehrgängiges Menü inkl. Folkloreshow 17 $.

Fallen Angel [16]: Plazoleta de las Nazarenas 221, Tel. 084-25 81 84, www.fallenangelincusco.com. Historisches Gebäude mit moderner, witziger Dekoration, gute internationale und andine Küche, immer voll. Hauptgerichte um 15–20 $.

Pacha Papa [17]: Plaza San Blas 120 (San Blas), Tel. 084-24 13 18, www.cuscorestaurants.com/pachapapa, tgl. 11.30–22 Uhr. Netter Innenhof, gute landestypische Küche, z. B. Quinoa-Suppe, *cuy* (Meerschweinchen) und Alpaka-Gulasch, aber nicht billig. Hauptgerichte um 10–12 $.

Blueberry Lounge [18]: Portal de Carnes 236, Tel. 084-24 94 58, www.cuscorestaurants.com/blueberry, tgl. 8.30–24 Uhr. Gemütliche Bar mit guter, exotischer Küche. Hauptgerichte um 10–12 $.

Cicciolina [19]: C. Triunfo 393, Tel. 084-23 95 10, tgl. 8.30–11.30, 12.30–16, 18–23 Uhr. Geschmackvoll gestyltes Restaurant in altem Gebäude, sehr gute modern-italienische Küche. Frühstück ab 13 N/S, Vorspeisen 20–24 N/S, Tapas inkl. Glas Wein 24 N/S, Hauptgerichte 28–55 N/S.

Mesón de Espaderos [20]: C. Espaderos 105, tgl. 11–23.30 Uhr. Auf Grillgerichte spezialisiert. Hauptgerichte um 33 N/S.

Parrillada Andina [21]: C. Maruri 355, Tel. 084-24 95 51, tgl. 10–23 Uhr. Zum Essen gibt's vor allem Gegrilltes. Hauptgerichte um 28 N/S.

Die andere Seite von Cusco: Auch hier gibt es wild wuchernde Slumgebiete

Tupananchis 22**:** Portal Mantas 180, Tel. 084-24 51 59, tgl. 9–22 Uhr. Neues Restaurant gegenüber der Iglesia La Merced, ausgezeichnete landestypische und internationale Gerichte, nettes Ambiente, guter Service. Hauptspeisen um 27–35 N/S.

Incanto 23**:** C. Sta. Catalina Angosta 135, Tel. 084-25 47 53, tgl. 11–23 Uhr. Neues und edles Grillrestaurant. Hauptgerichte um 23–30 N/S.

Kusikuy 24**:** C. Suecia 339, Tel. 084-26 28 70, tgl. 10–23 Uhr. Rustikal-freundliches Ambiente mit Gemälden einheimischer Künstler, landestypische Gerichte wie Alpaka (22 N/S) und *cuy* (Meerschweinchen, 40 N/S).

Macondo 25**:** Cuesta San Blas 571 (San Blas), Tel. 084-22 94 15, tgl. 9–23 Uhr. Nettes Ambiente, Spezialitäten aus den Anden und dem Amazonasgebiet. Hauptgerichte um 25 N/S.

Granja Heidi 26**:** Cuesta San Blas 525 (San Blas), 1. Stock, Tel. 084-23 83 83, Mo–Sa 8.30–21.30 Uhr. Bio-Gerichte aus eigener Produktion, deutschsprachig. Vegetarische Hauptgerichte 14–18 N/S, sonst 18–25 N/S, günstiger Mittagstisch (15 N/S).

Maikhana Namaskar 27**:** Av. Sol 106, int. 207, Tel. 084-25 20 44, tgl. 11–23 Uhr. Indisches Restaurant, vegetarische Gerichte um 12–16 N/S, Lamm- und Huhngerichte um 20–26 N/S.

Pizzería Chez Maggy I 28**:** C. Procuradores 344, Tel. 084-23 48 61, tgl. 11.30–17, 17.30–24 Uhr. Gemütliche Mini-Pizzería mit Tradition, Holztische, mit Antiquitäten dekoriert und angenehm beleuchtet, gelegentlich Livemusik. Filiale in der C. Plateros 348. Pizza 12–32 N/S, *menú especial* 15 N/S, *menú típico* 20 N/S.

Witches Garden 29**:** C. Carmen Bajo 169 (San Blas), Tel. 084-24 40 77, www.witchesgarden.net, tgl. 9–23 Uhr. Kleines, moderngeschmackvoll eingerichtetes Lokal mit leckeren Gerichten im Stil der Nouvelle Cuisine. Nicht teuer.

Quinta Zárate 30**:** C. Tothora Pakcha 763 (San Blas), Tel. 084-22 41 45. Rustikales Restaurant mit schönem Blick über die Stadt, einheimische Küche (*cuy, chicharrones* etc.).

Pucara 31**:** C. Plateros 309, Tel. 084-22 20 27, Mo–Sa 10–22 Uhr. Einfaches Lokal mit gutem Essen, meist voll.

Qual der Wahl: In Cuscos Zentrum reiht sich ein Souvenirladen an den anderen

Varayoc 32: C. Espaderios 142, Ecke Plaza Regocijo. Gemütliches Café mit frischem Kuchen, auch europäische und regionale Spezialitäten.

Landestypische **Textilien** und kleinere Mitbringsel werden überall in der Stadt angeboten, z. B. unter den Arkaden an der Plaza Regocijo (Portal Espinar).

Gold- und Silberschmuck verkaufen z. B. Oropesa, Portal Carrizos 252 (links neben der Iglesia La Compañía), sowie Chaquiras, C. Triunfo.

Galerien und Werkstätten *(talleres)* mit **Volkskunst** und **Antiquitäten** findet man in der Calle Hatun Rumiyoc und im Stadtviertel San Blas.

In Cusco gibt es ein lebendiges Nachtleben. Eine Auswahl an Kneipen und Discos:

Trotamundos: Portal Comercio 177, 2. Stock, Tel. 084-23 95 90, tgl. 8–24 Uhr. Nettes Café/Bar mit Blick über die Plaza.

Cross Keys: Portal Comercio 233, 2. Stock. Beliebtes Pub mit Billard, Happy Hour 21–21.30 Uhr.

Greens: C. Tandapata 700 (San Blas), Tel. 084-24 33 79, www.cuscorestaurants.com/greens, tgl. 8.30–22 Uhr. Gemütliche Kneipe zum Entspannen, auch Restaurantbetrieb.

Ukukus: C. Plateros 316, Tel. 084-24 29 51. Musikpub mit Video-Leinwand.

Garabato: C. Espaderos 135, 3. Stock, Tel. 084-25 77 40, tgl. 20–5 Uhr. Mehrere Lokale und Discos unter einem Dach in zentraler Lage, beliebt bei Einheimischen, nettes Ambiente, tgl. Livemusik, Sa *música criolla*. Cocktails 11–18 N/S.

Mama Africa: Portal Harinas 191, Tel. 084-24 65 44. Sehr beliebte Disco mit Bar und Restaurant.

El Muki Discoteka: C. Sta. Catalina Angosta 110, Tel. 084-22 77 97, www.cuscoperu.com/elmuki. Ebenfalls gut besuchte Disco.

Mythology: C. Suecia 298, 2. Stock, Tel. 084-25 57 70. Disco mit Bar und Restaurant, kostenloser Salsakurs.

Kamikaze: Plaza Regocijo 274, 1. Stock, Tel. 084-23 38 65. Disco, gelegentlich mit Livemusik.
Uptown: Portal Belen 115. Disco, Pub und Filme (14–22 Uhr), danach Disco (bis 5 Uhr).

Semana Santa (Ostern): Prozession zu Ehren des Señor de los Temblores (›Herr der Erdbeben‹) am Ostermontag, weitere Umzüge in der Osterwoche, z. B. eine nächtliche Prozession am Karfreitag.
Fiesta de la Cruz Velacuy (3. Mai).
Corpus Cristi (Fronleichnam, Anfang/Mitte Juni).
Inti Raymi (24. Juni): Inka-Sonnwendfeier, Höhe- und Schlusspunkt der Festwoche in Cusco.
Fiesta de la Virgen Asunta (Mariä Himmelfahrt, 15. Aug.).
Fiesta de los Muertos (Allerseelen, 2. Nov.).
Feria de Santurantikuy (23./24. Dez.): Großer Kunsthandwerksmarkt auf der Plaza de Armas.

Trekkingtouren: Zahlreiche Veranstalter bieten Touren auf dem Inka-Trail (s. S. 234) und zu anderen Zielen (Salcantay, Choquequirao, Ausangate etc.), z. B.:
Ch'aska Eco Turism, C. Plateros 325, Tel./Fax 084-24 04 24, www.chaskatours.com.
Cusco Tours, Cuesta Almirante 232 (links neben der Kathedrale), Tel./Fax 084-24 74 12, www.cuscotours.com.pe.
SAS Travel, Portal de Panes 167, Plaza de Armas, Tel. 084-25 52 05, www.sastravelperu.com.
Reiten: Southern Cross Adventures, Portal de Panes 123, *oficina* 301, Plaza de Armas, Tel. 084-23 76 49, www.southerncrossadventures.com.
Rafting: Wildwassertrips auf dem Río Urubamba bieten u. a.:
Eric Adventures, C. Plateros 324, Tel. 084-22 84 75, www.ericadventures.com.
Loreto Tours, C. del Medio 111, Tel./Fax 084-23 63 31 und Tel. 084-22 82 64, www.loretotours.com.
Instinct, C. Procuradores 50, Tel. 084-23 34 51, www.instinct-travel.com.
Action-Sport: Action Valley, C. Sta. Teresa 325, Tel. 084-24 08 35, www.actionvalley.com. Im Angebot sind u. a. Bungee-Jumping, Flying Fox, Swing etc.
Organisierte Ausflüge: Cusco ist der Ausgangspunkt für Touren in den Manú-Nationalpark, die von zahlreichen Veranstaltern angeboten werden (s. S. 370 ff.).
Sprachschulen: Acupari Language School, C. San Agustín 307, Tel. 084-24 29 70, Fax 23 54 59, www.acupari.com. Partnerschule des Goethe-Instituts, u. a. Tandemkurse.
Lingua Cusco Language Center, Siete Diablitos 222 (San Blas), Tel./Fax 084-23 79 18, www.linguacusco.com. Die Gewinne werden in soziale und Schulprojekte investiert.

Flüge: Der Flughafen Quispiquilla, Tel. 084-22 26 11, liegt ca. 5,5 km südlich des Stadtzentrums. Tgl. Flüge nach Lima, Arequipa und Puerto Maldonado.
Fluglinien: Aero Cóndor, C. Santa Catalina Ancha 315, Tel. 084-24 63 49 und 22 11 36, cuzreservas@aerocondor.com.pe; LAN Perú, Av. Sol 627-B, Tel. 01-213 82 00 (in Lima); Star Perú, Av. Sol 679, *oficina* 1, Tel. 084-23 40 60 und 26 27 68, reservascuz@starperu.com; TACA, Av. Sol 602-B, Tel. 084-24 99 22 und 24 99 21.
Züge: Von der Estación San Pedro, C. Sta. Clara, beim Mercado San Pedro, Tel. 084-23 87 22, fahren täglich mehrere Züge nach Machu Picchu (3,5–4 Std.). Die Tickets gibt es am Bahnhof Huánchac, Av. Pachacútec (östlich der Av. Sol im Süden des Zentrums), Tel. 084-23 87 22, Mo–Fr 7–17 Uhr, Sa/So und Fei 7–12 Uhr, und sollten unbedingt am Vortag besorgt werden.
Zugtypen und Fahrpreise (hin und zurück): Backpacker (tgl. 6.15 Uhr, 74 $); Vistadome (tgl. 6 und 7 Uhr, 113 $; Tipp: billiger ist es, mit dem öffentlichen Bus nach Ollantaytambo zu fahren und dort zuzusteigen, s. S. 225 f.); Hiram Bingham (neuer Luxus-Sonderzug, Mo–Sa 9 Uhr ab Bahnhof Poroy, ca. 30 Min. westlich, 534 $ inkl. Mahlzeiten).
Weitere Züge nach Machu Picchu starten in Urubamba und Ollantaytambo (s. S. 223 und 225). Aktuelle Infos unter www.perurail.com

Per Bus nach Puno
Einen besonderen Service auf der Strecke Cusco–Puno mit Reiseleitung, Mittagessen und Besichtigung der wichtigsten Sehenswürdigkeiten bieten die beiden Busgesellschaften **First Class,** Av. Sol 948, *oficina* 219, Tel. 084-24 73 29 und 24 18 19 (tgl. 7.30 Uhr, ca. 10 Std., 30 $ inkl. Mittagessen), und **Inka Express,** Av. Pardo 865-A, Tel./Fax 084-24 78 87, www.inkaexpress.com.

Eine Alternative ist der Machu Picchu Train, www.machupicchutrain.com (5 Uhr Shuttlebus nach Ollanta, 7.05 Uhr Zug nach Machu Picchu, 85,50 $). Hinweis: Der Lokalzug *(tren local)* nach Machu Picchu darf von Touristen nicht mehr benutzt werden.
Die Züge nach Puno starten von der Estación Huánchac (s. S. 213).
Busse: Regelmäßige Verbindungen nach Pisac und Urubamba (C. Tullumayo, Ecke Inti Kahuarina; nach Urubamba auch Av. Huáscar), Juliaca/Puno (Cruz del Sur, Av. Pachacútec 510, 8–9 Std., Teerstraße); via Abancay nach Nazca oder Ayacucho (schlechte Straße); nach Arequipa (ca. 12 Std.) und Lima (30–35 Std., besser per Flugzeug).
Kleinbusse und Sammeltaxis zum Flughafen starten in der Avenida Sol.

Sacsayhuamán

Reiseatlas: S. 20, E 1; **Karte:** S. 221
Im Norden der Stadt Cusco erhebt sich als stummer Zeuge des goldenen Zeitalters der Inka-Herrschaft der ausgedehnte Ruinenkomplex von **Sacsayhuamán** 1. Mit dem Auto erreicht man die rund 200 m oberhalb Cuscos gelegene Stätte, die von der Unesco zum Welterbe erklärt wurde, in wenigen Minuten, zu Fuß benötigt man von der Plaza de Armas je nach persönlicher Kondition eine halbe bis eine Stunde. Der Fußweg führt an der Plazoleta de las Nazarenas vorbei und erlaubt immer wieder malerische Ausblicke auf die Stadt und das angrenzende Tal von Cusco. In mittlerer Höhe passiert man die Adobekirche San Cristóbal, die auf den Fundamenten des Palastes von Manco Capac errichtet worden sein soll. Blickt man von Sacsayhuamán hinunter über Cusco, so überschaut man ein in seiner Homogenität selten gewordenes Stadtbild: ein Meer von rotbraunen Dächern, aus dem die Kirchtürme emporragen. Nahebei breitet der Cristo Blanco, eine haushohe weiße Christusstatue, ähnlich der auf dem Corcovado in Rio de Janeiro, seine Arme schützend über die Stadt – ein Geschenk der arabisch-katholischen Gemeinde aus dem Jahr 1946.

Obwohl im Zusammenhang mit der Anlage von Sacsayhuamán meist der Begriff Festung verwendet wird, handelte es sich zu Zeiten der Inka wohl in erster Linie um eine wichtige religiöse Kultstätte. Erst später, zum Beispiel während der Belagerung der Stadt Cusco unter Manco Capac im Jahr 1536, diente sie militärischen Zwecken. Bis heute liegen Baubeginn und Bauende von Sacsayhuamán im Dunkeln, der größte Teil der Anlage dürfte jedoch in der Regierungszeit des Inka Pachacútec, also in der Mitte des 15. Jh., errichtet worden sein (tgl. 7–18 Uhr, Eintritt mit Boleto turístico).

Die Anlage

Das massive Bauwerk, das auch als **Inti Huasi** (›Haus der Sonne‹) bekannt war, besteht aus drei übereinanderliegenden Zickzackmauern, die ursprünglich doppelt so hoch gewesen sein dürften. In der Mythologie der Inka stellten diese die Zähne des imaginären Pumas dar, dessen Körper die Stadt Cusco bildete. Die drei Mauern symbolisierten dabei die drei Welten im Glauben der Inka: Kay Pacha, die Welt der Menschen, Hanan Pacha, die Welt der Götter, und Ukhu Pacha, die Unterwelt. Mannshohe Steinquader wurden während der rund 50-jährigen Bauzeit von Zehntausenden Indianern unter unsäglichen Mühen auf diese Anhöhe über der Inka-Hauptstadt transportiert. Dabei muss es mehrfach zu Unglücksfällen gekommen sein, die Hunderte von Arbeitern das Leben kosteten. Vor Ort wurden die mächtigen Felsblöcke kunstvoll mit Steinwerkzeugen bearbeitet, millimetergenau eingepasst und ohne Mörtel übereinander geschichtet. Ein 5 m x 5 m x 2,50 m messender Monolith – wohl der schwerste von allen – wiegt stattliche 200 t und soll dem Chronisten Garcilaso de la Vega zufolge von 10 000 Indianern mit Hilfe langer Stricke hinaufgeschafft worden sein.

Die Spanier brachen für den Wiederaufbau und Umbau von Cusco kleinere Blöcke aus den Wänden. Diese nachträgliche Zerstörung Sacsayhuamáns macht eine angemessene wissenschaftliche Interpretation der ausschließlich steinernen Überreste noch schwieriger. Auf der obersten Plattform befinden sich die Fundamente von drei massiven Türmen und ein sonnenähnliches Gebilde, das als Kultort des Wassers gedient haben dürfte, möglicherweise aber auch mit Astronomie in Verbindung stand. Archäologen vermuten, dass es sich dabei auch um einen riesigen Wassertank handelte, der Cusco über unterirdische Kanäle mit Trinkwasser versorgte. Diese zusätzliche Nutzung der Türme korreliert mit Berichten de la Vegas, demzufolge in Sacsayhuamán 5000 Krieger dauerhaft stationiert gewesen sein sollen; ein Teil der Anlage wird demnach auch als Nahrungsspeicher für diese Krieger fungiert haben, die sich hier auf eine lange Belagerung eingestellt haben müssen.

Gegenüber der großen, grasbewachsenen Plaza erkennt man eine aus mehreren Stufen bestehende sitzartige Struktur, die als **Trono del Inca** (›Inka-Thron‹) bekannt ist. Daneben fällt eine breite, durch Gletscherschliff entstandene Felsschräge auf, deren glatte, nebeneinanderliegende Bahnen heute als *rodadero* (›Rutschbahn‹) bezeichnet werden.

Inti Raymi

Seit 1944 findet alljährlich zur Wintersonnwende am 24. Juni in der Anlage von Sacsayhuamán die größte Fiesta der Cusqueños statt: **Inti Raymi.** Das Sonnenfest war bereits in präkolumbischer Zeit eines der wichtigsten

Lehrstück für moderne Baumeister: die Inka-Mauern in Sacsayhuamán

Archäologen fürchten um den Fortbestand von Sacsayhuamán, das jährlich am 24. Juni für Tausende Zuschauer zur antiken Kulisse für das Inti-Raymi-Fest wird

Feste Cuscos und erweckt heute inkaische Traditionen, Kulte und Rituale zum Leben. Damals erschien am kürzesten Tag des Jahres der gesamte Inka-Adel frühmorgens auf der Hauptplaza Cuscos, um die Sonne zu begrüßen. Diese und andere Zeremonien spielen heute Hunderte von Freiwilligen vor Tausenden in- und ausländischen Besuchern in den Mauern Sacsayhuamáns nach. Spektakulär ist der farbenprächtige Zug der Darsteller in ihren Inka-Kostümen und der Zuschauer nach Ende der Aufführung hinunter in die Stadt Cusco.

Kenko

Nicht weit entfernt, auf dem Weg nach Pisac und ins ›geheiligte Tal der Inka‹, liegt der Kultort **Kenko** 2, ein Heiligtum der Erdgöttin

Pachamama. Der Name »Labyrinth« oder »Zickzack« bezieht sich auf eine lange Opferrinne in Form einer Schlange an der Oberseite des gewaltigen zentralen Felsblocks. Inka-Priester hatten hier, so die Vermutung von Archäologen, im Zuge geheimnisvoller Opferrituale *chicha* (›Maisbier‹), geweihtes Wasser oder gar Menschenblut durchrinnen lassen. Im Innern des durch Gletscherschliff geformten Felsens öffnet eine Spalte den Zugang zu einer künstlichen unterirdischen Plattform, die den Inka möglicherweise als Altar zur Einbalsamierung von Toten gedient hat. Ein benachbarter, ca. 6 m hoher Monolith, der ursprünglich wohl einen Puma darstellte, bevor er von den Spaniern als heidnische Gottheit zerstört wurde, trägt an mehreren Stellen Spuren von Gravuren, deren Bedeutung man bis heute noch nicht sicher hat entschlüsseln können. Auch die Bedeutung der mit Nischen versehenen Seitenmauer ist nicht eindeutig geklärt, wahrscheinlich wurden in diesem ›Amphitheater‹ während der Rituale für die Ahnen der Inka die Mumien platziert (tgl. 7–18 Uhr, Eintritt mit Boleto turístico).

Puca Pucara und Tambo Machay

Einige Kilometer weiter liegen die Überreste von **Puca Pucara** 3. Die ›Rote Festung‹ war aller Wahrscheinlichkeit nach eine von vielen fest eingerichteten Stationen *(tambos),* in denen die Stafettenläufer der Inka *(chasquis)* ausgetauscht oder Waren gelagert wurden und die militärischen Trupps, reisenden Kaufleuten und Pilgern Unterkunft boten. Vielleicht diente Puca Pucara überdies als strategischer Kontrollpunkt des Zugangs zu den nahen heiligen Quellen von **Tambo Machay** 4. Diese ›Ort der Freude‹ bzw. ›Höhlenherberge‹ genannte kleine ehemalige Tempelanlage war in der Inka-Zeit ein bedeutender Kultort des Wassers. Die beiden heiligen Brunnen werden von einer unterirdischen Quelle unbekannter Herkunft gespeist. Die Einheimischen nennen den Ort heute noch gerne Baño del Inka (›Bad des Inka‹), doch ist nicht sicher, ob hier jemals ein Inka badete. Wahrscheinlicher ist, dass die Inka das sprudelnde Nass als Weihwasser nutzten und bei Sonnenaufgang Wasserzeremonien vollführten. Es wird erzählt, dass ewige Jugend, Schönheit und Fruchtbarkeit gewinne, wer von diesen Quellen trinke. Der Grund dafür liege in der Verbindung dieses Wassers mit der nie versiegenden Milch der Erdgöttin Pachamama (beide tgl. 7–18 Uhr, Eintritt mit Boleto turístico).

7 Valle Sagrado

Karte S. 221

Zwischen Pisac und Ollantaytambo erstreckt sich der zentrale Abschnitt des Urubamba-Tals, das wegen seiner fruchtbaren Böden von den Spaniern als Valle Sagrado de los Incas (›geheiligtes Tal der Inka‹) bezeichnet wurde. Die moderate Meereshöhe und die geschützte Lage bedingen ein recht ausgeglichenes Klima, weswegen die Inka dieses Tal zu ihrem landwirtschaftlichen Zentrum wählten. Entlang der Flussufer bauten sie ihre Nutzpflanzen an und ließen deren Samen dann in alle Regionen des Landes verteilen.

Von Cusco nach Pisac

Reiseatlas: S. 20, E 1; **Karte:** S. 221
Eine landschaftlich überaus eindrucksvolle Straße führt von Cusco an den Ruinenanlagen von Kenko (s. S. 216) und Puca Pucara (s. S. 217) vorbei ins 32 km entfernte Pisac und durchquert dabei mehrere Dörfer, in denen bis heute das traditionelle Leben der Inka-Bauern fortbesteht. Die hirseähnliche Getreideart Quinoa sowie Bohnen und Kartoffeln bilden immer noch die Nahrungsgrundlage der Menschen. Unvergesslich bleibt der spektakuläre Blick, der sich schon

Kunstvolle Terrassenfelder umgeben die Ruinen von Pisac

bald auf das tiefer liegende Tal mit dem noch immer recht ursprünglichen Dorf Pisac und den darüber thronenden Inka-Ruinen bietet. Bis in Höhen um 3800 m schmiegen sich die Maisterrassen, die zu Zeiten der Inka angelegt wurden, an die Hänge der umliegenden Berge.

Mit dem Autor unterwegs

Wochenmarkt in Pisac
Der Markt von **Pisac** ist zwar inzwischen sehr touristisch, aber besonders sonntags immer noch einen Besuch wert. Wer jedoch den Ort in seiner ganzen Ursprünglichkeit erleben möchte, sollte außerhalb der Markttage hierher reisen (s. u.).

Zu Fuß nach Huchu'y Qosqo
Eine schöne, wenn auch anstrengende Wanderung führt von Lamay aus zur Inka-Stätte **Huchu'y Qosqo** und ist eine gute Vorbereitung für den Inka-Trail (s. S. 220 f.).

Ausflug von Urubamba
Ein lohnender Abstecher führt von Urubamba zu den **Salzterrassen von Maras,** die schon in der Inka-Zeit angelegt wurden (s. S. 223).

Pisac

Hat man den Talboden des Valle Sagrado erreicht, gelangt man über eine massive Stahlbrücke in das Zentrum des Dorfes **Pisac** 5 auf knapp 3000 m Höhe. Wie überall konzentriert sich auch hier fast das ganze Geschehen auf die Plaza de Armas, in deren Mittelpunkt ein gigantischer, von Moosen und Flechten fast gänzlich überwucherter Korallenbaum steht.

Markt
Dienstags, donnerstags und sonntags bauen Händler aus der gesamten Umgebung ihre Stände auf dem Platz und in den angrenzenden Gassen auf und bieten auf dem großen Markt Kunsthandwerk und Nahrungsmittel an. Mehrere Arten Süßkartoffeln, frisches tropisches Obst, Zwiebeln, Maiskolben, Quinoa, Modeschmuck, Lederwaren, handgeknüpfte Wandteppiche, Alpaka-Pullover, Mützen, Gemälde und vieles mehr wechseln den Besitzer. Viele der alten Indianerfrauen, aber auch manche junge Einheimische und Kinder tragen an diesen Tagen ihre traditionelle bunte Kleidung – nicht unbedingt aus nostalgischen, sondern nicht selten aus verkaufsfördernden Gründen.

Sonntags, am ursprünglichen und nach wie vor wichtigsten Markttag, gibt es ein besonderes Schauspiel. Auf der Plaza de Armas verlässt nach dem Hochamt eine kleine Prozession die Dorfkirche: Der Bürgermeister Pisacs und seine Kollegen aus den Nachbardörfern schreiten erhaben in Amtskleidung und mit Amtsinsignien, von ihren Assistenten begleitet, zum Pfarrhaus. Hier beraten sie sich eingehend und nehmen dann gemeinsam ihr Mittagessen ein.

Auch für das leibliche Wohl der Marktbesucher ist gesorgt: In den Bäckereien wird in alten Lehmöfen traditionelles *pan dulce* (›süßes Brot‹), warmes Zwiebelbrot und rustikales Sauerteigbrot gebacken. Eine aus der Tür oder einem Fenster hängende, an einem langen Stock befestigte rote Fahne lädt zu frischem *chicha* (›Maisbier‹) ein. Auch in den einfachen kleinen Restaurants an der Plaza findet man etwas zu essen und zu trinken.

Inka-Ruinen
Auf einem schmalen Felssporn rund 600 m oberhalb des Dorfes erheben sich die Reste eines Inka-Zeremonialzentrums, umgeben von landwirtschaftlichen Terrassen, die allesamt seit Jahrhunderten mit ausgeklügelter Bewässerung fruchtbar gemacht werden. Mit dem Fahrzeug gelangt man auf einer fast 10 km langen, kurvenreichen Straße zu einem der beiden möglichen Ausgangspunkte für eine Besichtigung.

Am besten beginnt man den Ruinenbesuch am oberen Parkplatz: Vorbei an einfacheren Gebäudestrukturen folgt man zunächst einem schmalen Pfad und erkennt schon bald im Hintergrund unzählige Löcher in den Felswänden. Es handelt sich dabei um einen der größten Inka-Friedhöfe Perus; Archäologen entdeckten in dieser luftigen Höhe rund 2000 Gräber, in denen sich zum Teil noch Mumien befanden. Über eine steile, aber solide Treppe führt der Weg zunächst durch einen Tunnel hindurch, an einem alten Wachturm und an Schwindel erregenden Abgründen vorbei hinab in die Mitte des Tempelkomplexes.

Im Tempelzentrum sind die Wände mehrerer Gebäude erhalten geblieben. Innerhalb der besonders aufwendig und exakt gearbeiteten Mauern wohnten wohl Astronomen, Priester und deren Diener. In einem halbrunden Bauwerk erblickt man einen runden Felsblock mit einer exponierten Felsnadel. Aller Wahrscheinlichkeit nach hat er als Teil eines Observatoriums zur Vermessung der Sonnenbahn und zur Überprüfung des Sonnenkalenders gedient. Archäologen werten diese Struktur als Pendant zum Intihuatana von Machu Picchu – ein »Stein, an dem man die Sonne anbindet«. Die Steinblöcke in den Wänden der Wohnhäuser und Tempel verfügen nicht selten über Zapfen, die die Stabilität der Mauern zusätzlich erhöhen.

Für den Rückweg in den Ort Pisac gibt es zwei Möglichkeiten: Entweder folgt man dem Weg an der Flanke des Berges zum unteren Parkplatz oder man wählt den direkten Weg über einen steilen Pfad hinunter zur Plaza de Armas. Wer über festes Schuhwerk und einen sicheren Tritt verfügt, erreicht Pisac innerhalb einer halben Stunde (tgl. 7–18 Uhr, Eintritt mit Boleto turístico, s. S. 209).

Hotel Royal Inka Pisac: Carretera Pisac Ruinas, Tel./Fax 084-20 30 64, Tel. 084-26 32 76 (in Cusco), www.royalinkahotel.com. Ehemalige Hacienda am Ortsrand mit Restaurant, überdachtem Pool, Tennisplatz, Sauna etc. DZ/ÜF 78 $.

Paz y Luz B & B: am Río Urubamba, Tel. 084-20 32 04, www.maxart.com/window/PazHighSeason.pdf. Neue Unterkunft in ruhiger Lage am Fluss, gemütliches Kaminzimmer, unter US-amerikanischer Leitung. DZ/ÜF 35 $.

Hostal P'isaq: Plaza Pisac, Tel./Fax 084-20 30 62, www.hotelpisaq.com. Einfache, aber nette Zimmer. DZ/ÜF ohne/mit Bad 26/35 $.

Im **Hostal P'isaq** gibt es ein nettes Restaurant mit Pizzaofen.

Ulrike's Café: Plaza Pisac, Tel. 084-20 31 95, ulrikescafe@terra.com.pe. Neben Kaffee und Kuchen sowie kleinen Gerichten serviert Ulrike auch ein gutes Mittagsmenü (12 N/S).

Textilien und Keramiken gibt es auf dem **Wochenmarkt** (Di, Do, So).

Rafting: Auf dem Río Urubamba wird von mehreren Agenturen Rafting angeboten. Eine organisierte, halb- bis ganztägige Tour beginnt in Huambutio (oberhalb von Pisac) und endet in Höhe von Ollantaytambo. Dabei überwindet man mehrere schöne, aber ungefährliche Stromschnellen.

Von Pisac nach Urubamba

Weiter nach Calca

Wem es nach dem Besuch von Pisac nach einem Bad in heißen Quellen gelüstet, der hat die Auswahl zwischen der schönen Anlage in der Nähe des Nachbardorfes **Lamay** und den *baños termales* von **Machacancha,** ca. 5 km von **Calca** 6 entfernt. Der offizielle Hauptort des ›geheiligten Tals‹, liegt rund 18 km flussabwärts von Pisac. Hier und in vielen anderen Dörfern des Tals finden im Frühjahr regelmäßig Pfirsichblütenfeste statt. Besucher aus ganz Peru und ausländische Touristen feiern dann tagelang vor der malerischen Kulisse blühender Obstbäume und grünender Felder.

Oberhalb von Calca thront der archäologische Komplex **Huchu'y Qosqo** (›Klein-Cusco‹), den man auf einer etwa dreistündigen Wanderung von Lamay aus erreicht. Am Ortsende (in Richtung Calca) quert man die Brücke über den Río Urubamba, hält sich am gegenüberliegenden Flussufer rechts und beginnt in der nächsten Siedlung den anstrengenden Aufstieg. Diese Wanderung ist ideal als Vorbereitung für den Inka-Trail geeignet.

Umgebung Cusco und Valle Sagrado

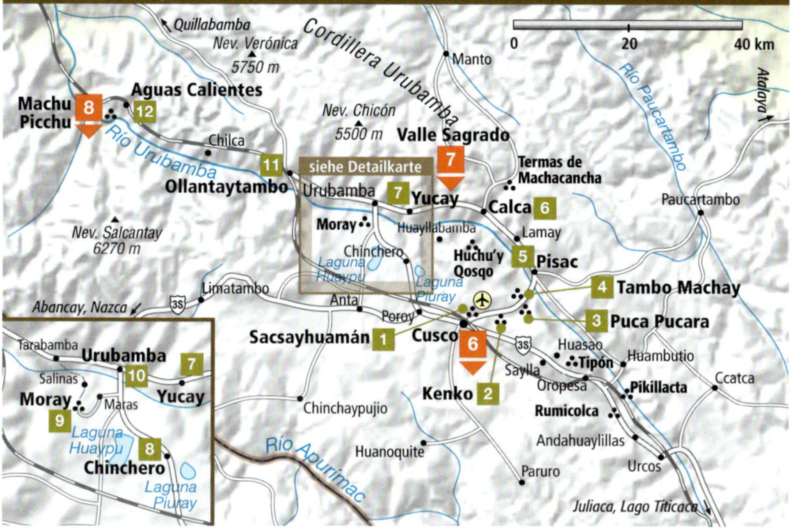

Yucay

Weitere 28 km flussabwärts liegt das lang gezogene Dorf **Yucay** 7 auf rund 2900 m. Interessant ist hier neben den Resten des Inka-Palastes von Manco Sayri Tupac vor allem das Hotel Sonesta Posada del Inca, eine Gebäudeanlage, die ursprünglich als Kloster erbaut und später zu einer Hacienda umfunktioniert wurde. Mit dazu gehört neben einem malerischen Innenhof, einer romantischen Kapelle und einem kleinen, aber feinen archäologischen Museum, das nicht nur Hausgästen offen steht, auch ein – wie viele Gäste versichern – hauseigener Geist, der nachts in den langen Gängen des Hotels spuken soll. Von Yucay ist es nur noch ein Katzensprung bis nach Urubamba (s. S. 223).

La Casona de Yucay: Plaza Manco Capac II No. 123, Tel. 084-20 11 16, Fax 20 14 69, www.lacasonadeyucay.com. Nette Anlage in einem Kolonialhaus mit Anbau, gepflegter Garten, gemütliches Restaurant, ordentliche Zimmer. DZ/ÜF 95 $.

Sonesta Posada del Inca: Plaza Manco Capac II No. 104, Tel. 084-20 11 07, Fax 20 13 45, www.sonesta.com/peru_yucay1. Ehemalige Klosteranlage mit Kirche und Museum, schöne Atmosphäre, Restaurant, Gesundheits- und Fitnessbereich. DZ/ÜF 94 $.

Hostal Y'llary: Plaza Manco Capac II No. 107, Tel./Fax 084-20 11 12. Nettes kleines Hostal mit Garten, ruhige Lage, einfache Zimmer mit Bad. DZ/ÜF 30 $.

Von Cusco nach Urubamba

Reisende mit etwas weniger Zeit wählen für die Anfahrt nach Machu Picchu (s. S. 228 ff.) meist die direkte Route und sparen sich den ›Umweg‹ über Pisac und das zentrale Valle Sagrado. Schöner noch als die Fahrt mit dem Zug ist es, den ersten Teil der Strecke bis Urubamba oder Ollantaytambo auf der Straße zurückzulegen, besonders an Sonntagen, wenn der Wochenmarkt von Chinchero in vollem Gange ist.

Von Cusco geht es zunächst parallel zur Bahnlinie durch die ärmlichen Vororte bergauf, die fast ausschließlich aus einfachen

Adobehäusern bestehen, auf deren Dächern tönerne Stiere als Glücksbringer angebracht sind. Im Dorf **Poroy** führt eine Abzweigung nach Abancay und von dort weiter nach Nazca (s. S. 164 ff.) oder Ayacucho (s. S. 141 ff.). Nach der Bahnlinie entdeckt man rechts der Straße die **Laguna Piuray,** einen See, der die Wasserversorgung von Cusco sichert.

Chinchero

Etwa auf halber Strecke zwischen Cusco und Urubamba liegt auf stattlichen 3770 m Höhe **Chinchero** 8**,** die »Stadt des Regenbogens«. Wegen des paradiesischen Ausblicks einst Sommersitz mehrerer Inka, machen heute die jahrhundertealten Häuser, die auf Inka-Fundamenten erbaute Dorfkirche, die traditionell gekleideten Bewohner und die nahen Inka-Ruinen mit ihren Terrassen den Ort sehr besuchenswert. Landesweit bekannt ist der farbenprächtige **Sonntagsmarkt,** der vorwiegend auf die Bedürfnisse der Einheimischen ausgerichtet und somit weniger touristisch als der von Pisac ist. Hinter der Kirche liegen die Reste einer großen Inka-Stätte (tgl. 7–18 Uhr, Eintritt mit Boleto turístico, s. S. 209).

Für Naturliebhaber empfiehlt sich der landschaftlich sehr schöne Pfad von Chinchero nach **Huayllabamba,** einem Dorf am linken Ufer des Río Urubamba. Die Wanderung nimmt drei bis vier Stunden in Anspruch.

Weiter nach Urubamba

Ein herrlicher Blick auf die Berge, die das Urubamba-Tal im Norden begrenzen, bietet sich auch vom **Mirador Huayllabamba** an der Hauptstraße, von der aus man schon bald die romantische **Laguna Huaypu** erblickt. Besonders am frühen Morgen und spätnachmittags zeigen sich die Gipfel der Berge Verónica (5750 m), Chicón (5500 m), Sarcantay (5220 m) und Salcantay (6270 m).

Ein lohnenswerter Abstecher führt in das nur selten besuchte Dorf **Maras,** das 4 km westlich der Hauptstraße liegt. Von seiner Bedeutung während der Kolonialzeit zeugen noch heute die Kirchen und Paläste.

Von Maras erreicht man auf einer ungeteerten Straße nach 9 km die Inka-Terrassen von **Moray** 9**.** Jede Terrasse ist durchschnittlich 1,80 m hoch, und die größte der vier Anlagen – die von der Bevölkerung auch Muyus genannt werden – ist etwa 45 m tief. Die ungewöhnliche runde Struktur der Terrassen in einer geschützten Vertiefung legt die Vermutung nahe, dass hier von den Inka landwirtschaftliche Experimente durchgeführt wurden. Man geht davon aus, dass der Ort einst das wichtigste landwirtschaftliche Forschungszentrum der Inka war. Auf den verschiedenen Niveaus soll es möglich gewesen sein, alle unterschiedlichen ökologischen Bedingungen im Inka-Reich zu simulieren.

Souvenirs und Lokalkolorit gleichermaßen bietet der Sonntagsmarkt in Chinchero

Zu den noch heute genutzten **Salinas de Maras,** den ›Salzterrassen von Maras‹, gelangt man entweder von Moray aus (ein örtlicher Führer ist empfehlenswert) oder vom unterhalb gelegenen Dorf Tarabamba, das sich etwa 6 km flussabwärts von Urubamba (siehe rechts) befindet. Eine anstrengende, ungefähr 3 km bergauf verlaufende Wanderung führt von dort zu Hunderten von künstlich angelegten Salzpfannen aus der Inka-Zeit, die noch heute eine wichtige Lebensgrundlage für die Bewohner von Moray darstellen. In die Becken wird salzhaltiges Wasser geleitet, das durch die Sonneneinstrahlung verdunstet und das Salz zurücklässt (s. Abb. S. 224).

Urubamba

Urubamba 10, der etwa 18 000 Einwohner zählende betriebsamste Ort des Tals, liegt auf 2870 m und zeichnet sich durch die vielen für die Region sonst untypischen *mototaxis* (›Motorradtaxis‹) aus. Auf der Plaza steht ein Brunnen mit einem überdimensionalen *choclo* (›Maiskolben‹), dem wichtigsten Produkt des Tals. Schon vor der Ankunft der Spanier war Urubamba ein bedeutendes Landwirtschaftszentrum, heute tritt der Tourismus immer mehr in den Vordergrund. Dennoch wird der Wochenmarkt, der hier freitags stattfindet, vorwiegend von Einheimischen besucht.

... in Urubamba:

Hotel San Agustín Urubamba: km 69 (am Ortsende Richtung Pisac), Tel. 084-20 14 44, Fax 20 10 25, www.hotelessanagustin.com.pe. Ländliche Anlage mit Restaurant, Pool, Zimmer mit Heizung. DZ/ÜF ab 70 $.

Hotel Monasterio de la Recoleta: Jr. La Recoleta (am Ortsende Richtung Pisac), Tel. 084-20 16 66, Fax 20 10 04, www.hotelessan agustin.com.pe. Stimmungsvolle Unterkunft in ehemaliger Klosteranlage aus dem 15. Jh., nettes Ambiente, ruhig. DZ/ÜF ab 70 $.

Hostal El Maizal: km 71,4 (am Ortsende Richtung Ollantaytambo links), Tel./Fax 084-20 11 94, maizal@speedy.com.pe. Nette Unterkunft mit guten Zimmern, deutschsprachig. DZ/ÜF 47 $.

... außerhalb Richtung Ollantaytambo:

Hotel Sol & Luna: nach ca. 2 km Zufahrt rechts, Tel. 084-20 16 20, Fax 20 11 84, www.hotelsolyluna.com. Gepflegte Anlage mit geschmackvollen Rund-Bungalows, Restaurant, Pool und Tennisplatz, gute Paso-Pferde. DZ/ÜF 154 $.

Libertador Valle Sagrado Lodge: Yanahuara (12 km nach Urubamba rechts), Tel. 084-961 33 16 (mobil) und 01-442 19 95 (in Lima), www.vallesagradolodge.com. Neues kleines Luxushotel in stimmungsvollem Kolonialgebäude. DZ/ÜF 132 $.

Eine salzhaltige Quelle speist die Salinas von Maras, die seit der Inka-Zeit in Betrieb sind

Hostería Rumichaca: ca. 3 km nach Urubamba Zufahrt links, Tel. 084-20 11 49, Tel. www.hrumichacacuzco.com. Gepflegtes Privathaus in ruhiger Lage am Fluss, freundliche Zimmer, nette Gastgeber, gutes Essen. DZ inkl. Halbpension 65 $ p. P.
Arco Iris del Puente: km 77 (5 km nach Urubamba links, Schild: Puente Tarabamba), Tel. 084-963 88 03 (mobil), Fax 27 43 02, marielalazo@hotmail.com. Neue Lodge direkt am Río Urubamba an der Brücke zu den Salzterrassen von Maras, 4 Zimmer mit Bad und Blick auf den Fluss, peruanische Küche, Massagen, deutschsprachig, Camping möglich. DZ/ÜF 30 $.

Viele Gartenrestaurants an der Straße Richtung Ollantaytambo, u. a.:

Quinta Los Geranios: gegenüber der Tankstelle links, Tel. 084-20 10 93, tgl. 12–17 Uhr.
Tunupa: km 77 (5 km nach Urubamba Richtung Ollantaytambo links, Schild: Puente Tarabamba), Tel. 084-963 02 06. Kolonialhaus in schöner Lage am Fluss, ausgezeichnetes Mittagsbuffet (12 $).

Hochwertige **Keramik-Kunst** aus eigener Werkstatt bietet Ceramicas Seminario, Calle Berriozábal 405, Tel. 084-20 10 02, www.ceramicaseminario.com.

Züge: Verbindung nach Aguas Calientes (Machu Picchu) tgl. 6.10 Uhr, 77 $. Weitere Infos: www.machupicchutrain.com und www.perurail.com.
Busse: Regelmäßige Verbindungen nach Cusco, Ollantaytambo und Pisac.

Ollantaytambo

Rund 19 km hinter Urubamba endet das geheiligte Tal der Inka im hübschen, auf rund 2750 m Höhe gelegenen **Ollantaytambo** 11. Spätestens hier muss man für die Weiterreise nach Machu Picchu in den Zug umsteigen, da es keine Straßenverbindung dorthin gibt. Ollantaytambo liegt zum Schutz vor den Fluten des Río Urubamba einige Hundert Meter vom Flussufer entfernt auf einer kleinen Anhöhe. Viele Häuser verfügen noch über einen alten Innenhof. Nahe der Plaza befindet sich das kleine **Museo Centro Andino** mit einer ethnografisch-historischen Ausstellung (Tel. 084-20 40 24, tgl. 10–13, 14–16 Uhr).

Die größte Sehenswürdigkeit ist die hoch über dem Ort thronende **Inka-Festung,** deren Name an General Ollantay erinnert, einen tapferen Feldherrn des Inka Pachacútec Yupanqui, der für den Erfolg vieler Feldzüge verantwortlich zeichnete. Während der Eroberung des Inka-Reichs durch die Spanier spielte die Festung eine wichtige Rolle. Manco Capac, der von den Spaniern eingesetzte nominelle Inka-Herrscher, verschanzte sich hier 1536 nach seiner Niederlage in Sacsayhuamán. Mit 70 berittenen Soldaten und

Hunderten indianischer und spanischer Fußsoldaten zog Hernando Pizarro an diesen Ort, um den abtrünnigen Inka zu bestrafen. Manco Capacs Krieger wehrten sich jedoch tapfer, setzten die Ebene vor der Festung unter Wasser und zwangen so die Konquistadoren zur Flucht. Doch wenige Wochen später starteten die Spanier, durch gerade aus Chile zurückgekehrte Truppen verstärkt, einen neuen Angriff und eroberten schließlich die Festung. Manco floh, starb jedoch bald von der Hand eines spanischen Mörders.

Vor dem Besuch der Ruinen liegt der im wahrsten Sinne des Wortes atemberaubende Aufstieg über die steilen Treppen. Oben angekommen, erblickt man auf der gegenüberliegenden Talseite den Steinbruch, aus dem die riesigen Felsblöcke stammen. Die Arbeiter der Inka mussten sie zunächst 6 km bergab rollen, dann durch den Fluss ziehen und anschließend über Rampen den Berg hinaufschaffen – eine fantastische Leistung. Der große Haupttempel ist nie vollendet worden, überall liegen Porphyrblöcke herum, andere sind buchstäblich zwischen Steinbruch und Heiligtum auf der Strecke geblieben.

Eine aus dem anstehenden Fels geschlagene Nische in Form eines Sessels, die gemeinhin als Inka-Thron bezeichnet wird, soll von den Fürsten oder Hohepriestern bei großen Ritualen ihrem Namen entsprechend genutzt worden sein. Auch in Ollantaytambo haben die Baumeister der Inka die großen Blöcke mit Nuten und Zapfen kunstvoll ineinander verzahnt und die Mauern damit erdbebensicher gemacht; diese Technik wird an mehreren Stellen sichtbar. Neben der Funktion als Festung gegen aus Nordperu eindringende Urwaldstämme nutzten die Inka, so vermuten Archäologen, Ollantaytambo auch als Begräbnisplatz. In den Tempeln auf der obersten Terrasse seien die Herzen ihrer verstorbenen Fürsten bestattet und in regelmäßigen Zeremonien verehrt worden.

Rechts vom Eingang befindet sich im Garten eines privaten Anwesens das ›Bad der Prinzessin‹. Das Baño de la Ñusta besteht aus einem mit geometrischen Figuren verzierten Felsblock. Wenn der Besitzer des Gartens gegen ein Trinkgeld den Wasserkanal öffnet, plätschert ein zarter Wasserstrahl über den Felsen (tgl. 7–18 Uhr, Eintritt mit Boleto turístico, s. S. 209).

... in Ollantaytambo:

Hotel Pakaritampu: C. Ferrocarril, Tel. 084-20 40 20, Fax 20 41 05, www.pakaritampu.com. Nette Anlage in der Nähe des Bahnhofs, geschmackvoll dekorierte Zimmer, Restaurant/Bar. DZ/ÜF 104 $.

Hostal Sauce: C. Ventidero 248 (Plaza Richtung Ruinas), Tel. 084-20 40 44, Fax 20 40 48, www.hostalsauce.com.pe. Freundliches Hostal mit ordentlichen Zimmern, teilweise mit Blick zu den Ruinen. DZ/ÜF 79 $.

El Albergue: am Bahnhof, Tel./Fax 084-20 40 14, www.elalbergue.com. Kleines B & B unter amerikanischer Leitung, ansprechende Zimmer, schöner Garten, Sauna. Wegen unmittelbarer Nachbarschaft zum Bahnhof für Langschläfer nicht geeignet. DZ/ÜF ab 48 $.

Albergue Kapuly: am Bahnhof, Tel./Fax 084-20 40 17. Einfach, freundlich und sauber. DZ/ÜF ab 20 $.

... außerhalb:

Nustayoc Lodge: Chilca (zw. Ollantaytambo und Aguas Calientes, Tel./Fax 01-275 07 06 (in Lima), www.nustayoclodge.com. Neue Lodge in ruhiger Lage nahe der Bahnstation Chilca am Río Urubamba, guter Ausgangspunkt für den Inka-Trail und andere Wanderungen, schöne Zimmer mit Bad. DZ/ÜF 52 $.

Züge: Regelmäßige Fahrten nach Cusco und Machu Picchu. Abfahrt nach Machu Picchu: Vistadome (7.05, 8.35 und 10.30 Uhr, 77 $ hin und zurück); Backpacker (9.05 Uhr, 57 $ hin und zurück; 20 Uhr, 30 $ einfach). Weitere Infos unter www.machupicchutrain.com und www.perurail.com. Hinweis: Der Lokalzug *(tren local)* darf von Touristen nicht mehr benutzt werden.

Busse: Regelmäßige Verbindungen nach Urubamba und Cusco.

Gewöhnungsbedürftige Erfrischung: Inca Kola, Perus ›Nationalgetränk‹, schmeckt ein wenig nach Kaugummi

INCA KOLA
1/4 Gratis
Fresa
Inca kola.
Inca kola.
Inca kola.
CRISP

8 Machu Picchu

Karten S. 221, 232

Eine Fahrt zur weltbekannten Inka-Ruinenstadt Machu Picchu gehört zu den Höhepunkten jeder Peru-Reise und bleibt allen Besuchern unvergessen. Die meisten Touristen erreichen die auf ›nur‹ 2400 m gelegene Anlage mit dem Zug von Cusco im Rahmen eines Tagesausflugs, aber es ist durchaus angeraten, sich mehr Zeit zu nehmen für diesen wirklich einmaligen Ort.

Ungewöhnlich ist schon die Anreise zur »Stadt in den Wolken«, denn wer Machu Picchu nicht auf dem Camino Inka oder dem Camino Sagrado (s. S. 234) erwandert, wird per Zug entlang dem Flusslauf des Río Urubamba bis Aguas Calientes fahren, um von dort mit Kleinbussen zur rund 400 m höher gelegenen Ruinenstadt gebracht zu werden. Während im Hinterland von Cusco die Landschaft noch von karger Hochlandvegetation bestimmt wird, ändert sich das Bild im weiteren Verlauf der Fahrt zunehmend. Nach der Ortschaft **Ollantaytambo** (s. S. 225), wo die Straße endet und es nur noch per Zug weitergeht, wird die Vegetation tropischer, die Schlucht des Río Urubamba immer enger. Dichter Tropenwald und eine bunte Blütenvielfalt ersetzen die karge Flora des Hochlandes, die lediglich von gelb blühenden Ginstersträuchern aufgelockert wird.

Aguas Calientes

Reiseatlas: S. 20, D 1; **Karte:** S. 221

Die ungefähr zweistündige Zugfahrt ab Ollantaytambo endet in **Aguas Calientes** 12, das sich als Übernachtungsort anbietet und zudem mit heißen Thermalquellen aufwartet, die allerdings leider nicht immer einen besonders hygienischen Eindruck machen. Fast alle Einwohner des auf 2080 m Höhe gelegenen Ortes, der sich zwischenzeitlich überheblich selbst Machu Picchu nennt, leben vom Tourismus. Doch leider arbeitet jeder auf eigene Rechnung und macht seinem Nachbarn Konkurrenz, sodass Aguas Calientes eher einem arabischen Basar gleicht als einer südamerikanischen Andengemeinde. Trotz einiger halbherziger Versuche der Ortsverschönerung gibt es bislang noch kein einheitliches Ortsbild.

Die letzten 12 km von Aguas Calientes bis nach Machu Picchu legt man auf einer bereits von Hiram Bingham – dem US-amerikanischen Entdecker der lange verschollenen Inka-Stadt (s. S. 236) – angelegten Straße zurück, die sich in mehreren weiten Serpentinen bergauf windet. Schon vom Eingang zur ausgedehnten Ruinenanlage, an dem sich ein überteuertes Hotel befindet, genießt man einen ersten Blick auf die Stätte mit dem dominanten Gipfel des Huayna Picchu (›Junger Berg‹) im Hintergrund.

i **i-Peru:** Av. Pachacútec, *cuadra* 1, *oficina* 4 (nahe Plaza de Armas im Gebäude des INC), Tel./Fax 084-21 11 04, iperu machupicchu@promperu.gob.pe, tgl. 9–13, 14–20 Uhr. Im gleichen Gebäude werden die Tickets für Machu Picchu verkauft.

Die Unterkünfte in Aguas Calientes haben allesamt ein sehr schlechtes Preis-Leistungs-Verhältnis und sind wesentlich teurer als in anderen Landesteilen.

Machu Picchu Pueblo Hotel: am Ortseingang von Aguas Calientes beim Bahngleis, Tel. 084-21 11 22, Fax 21 11 24, in Lima: Tel. 01-610 04 10, Fax 422 47 01, www.inkaterra.com. Schöne Hotelanlage in tropischem Garten, Restaurant, gemütliche Zimmer und Villas, aber leider viel zu teuer. DZ ab 374 $ inkl. Halbpension.

Hatuchay Tower Hotel: Carretera Puente Ruinas, Tel./Fax 084-21 12 01 und 01-447 81 70 (in Lima), www.hatuchaytower.com. Hotel auf 5 Etagen mit Blick zum Río Urubamba, guter Zimmerstandard, Restaurant. DZ/ÜF ab 167 $.

Hotel Inti Inn: Av. Pachacútec, *cuadra* 4, Tel. 084-21 11 37 und 24 20 37, www.grupointi.com. Ordentliches Hotel auf 4 Stockwerken mit ansprechenden Zimmern und Restaurant. DZ/ÜF 140 $.

Machu Picchu Inn: Av. Pachacútec 109, Tel. 084-21 10 11, Fax 21 10 56, www.peruhotel.com.pe. Große Hotelanlage, Zimmerstandard nicht überzeugend, viele Reisegruppen. DZ/ÜF 91 $.

Hostal La Cabaña: Av. Pachacútec M-20, Tel./Fax 084-21 10 48, www.cabanahostal.com. Recht ordentliche Unterkunft mit Restaurant, Zimmer teilweise zum Gang. DZ/ÜF 70 $.

Gringo Bill's Hostal: C. Collaraymi 104 (direkt an der Plaza), Tel. 084-21 10 46, www.gringobills.com. Ordentliches Hostal im Zentrum, Zimmer mit Bad, Restaurant. DZ/ÜF 60–90 $.

Hostal Presidente: an der Bahnlinie, Tel./Fax 084-21 10 95 und 24 45 98, Fax 084-22 95 91, sierrandina@gmail.com. Schlichtes Hostal, aber recht ordentliche Zimmer mit Bad. DZ/ÜF ab 55 $.

Hostal La Pequeña Casita: Av. Hnos. Ayar Mz. 13 (Nebenstraße der Av. Pachacútec), Tel./Fax 084-21 11 53, lapequenacasita@terra.com.pe. Relativ neues Hostal mit ordentlichen Zimmern, z. T. mit Blick zum Fluss. DZ/ÜF 50 $.

Rupa Wasi Ecolodge: C. Huanacaure 180, Tel. 084-21 11 01, www.rupawasi.net. Neue Lodge mit 5 Zimmern, gemütliches Holzhaus. DZ/ÜF ab 40 $.

Eintrittstickets für Machu Picchu
Diese müssen vorab in Aguas Calientes besorgt werden. Man bekommt die Tickets im Gebäude des INC, Av. Pachacútec, *cuadra* 1, wo sich auch die Touristeninformation i-Peru (s. S. 228) befindet.

Hostal Machu Picchu: an der Bahnlinie, Tel. 084-21 10 65. Einfache Zimmer mit Bad. DZ/ÜF 35 $.

Indio Feliz: Av. Pachacútec 105, Tel. 084-21 10 90, tgl. 12–16, 18–22 Uhr. Nettes Lokal und gute Küche, aber nicht ganz billig.

Intipunku: am Bahngleis. Landestypische Küche, vernünftige Preise.

Pizzería Inka's: Plaza Manco Capac. Einfaches Lokal, gute Holzofenpizza.

Zahlreiche weitere Lokale finden sich entlang der Bahnlinie und in der Avenida Pachacútec (Richtung Thermalquellen).

Thermalbad: in der Verlängerung der Av. Pachacútec, tgl. 5–20 Uhr, 10 N/S.

Mit dem Autor unterwegs

Reisetipps

Wer in Aguas Calientes übernachtet und mit dem ersten **Bus nach Machu Picchu** fahren möchte, sollte sich die Bustickets schon am Vortag besorgen, so kann man am nächsten Morgen die Warteschlange umgehen.

Interessenten für den **Inka-Trail** oder den **Camino Sagrado** (s. S. 235) sollten rechtzeitig bei einem der Veranstalter einen Platz reservieren. Die Touren können nur mit Führer gemacht werden und die Besucherzahlen sind streng reglementiert.

Machu Picchu von oben

Ein Aufstieg zum Gipfel des **Huayna Picchu** ist ein anstrengendes, aber unvergessliches Erlebnis (s. S. 233 f.).

Züge: Verbindungen nach Cusco: Vistadome (15.30 und 17 Uhr); Backpacker (15.55 Uhr); Hiram Bingham (tgl. außer So 18 Uhr nach Poroy bei Cusco). Zusätzliche Verbindungen nach Ollantaytambo: Backpacker (5.45 Uhr, 30 $ einfach); Vistadome (16.45 Uhr, fährt weiter nach Urubamba). Weitere Infos unter www.perurail.com und www.machupicchutrain.com. Hinweis: Der Lokalzug *(tren local)* darf von Touristen nicht mehr benutzt werden.

Busse: zu den Ruinen tgl. 6.30–17.30 Uhr, letzte Talfahrt 17.30 Uhr. Tipp: Busticket am Vortag besorgen.

Rundgang durch Machu Picchu

Karte: S. 232

Die meisten Besucher bevölkern entsprechend dem Zugfahrplan zwischen 10 und 14 Uhr die Ruinen von **Machu Picchu.** Nur die Wanderer vom Inka-Trail und die Gäste der Hotels in Aguas Calientes sind nicht an diese ›Hauptbesuchszeit‹ gebunden. Die Anlage lässt sich in gut zwei Stunden ohne Hast studieren, aber natürlich kann man problemlos einen oder gar mehrere Tage an diesem außergewöhnlichen Ort verbringen, ohne dass Langeweile aufkommt. Am besten beginnt man den Rundgang mit einem Blick über die Ruinenstadt (Nebensaison tgl. 7.30–17 Uhr, Hochsaison tgl. 6–18 Uhr, Aufstieg zum Huayna Picchu nur möglich bis 13 Uhr; Eintrittspreise: Erw. 118,50 N/S, Stud. (nur mit Ausweis) und Jug. 59 N/S, Kin. bis 12 Jahre 30 N/S; Achtung: Die Tickets für Machu Picchu müssen vorab in Aguas Calientes gekauft werden, s. S. 229).

Die Ruinenanlage

Um die klassische ›Postkartenansicht‹ von Machu Picchu zu genießen, hält man sich kurz nach dem **Eingang** 1 zur Ruinenstadt links und folgt einem Pfad bergauf zur **Hütte des Verwalters vom Grabfelsen** 2. Von hier sieht man die komplette Anlage mit dem eindrucksvollen Gipfel des Huayna Picchu im Hintergrund. Auf der gegenüberliegenden Seite erhebt sich der namengebende Machu Picchu – was nichts anderes bedeutet als Alter Berg – und links davon die Zinnen des Intipunku (›Sonnentor‹), das letzte Etappenziel

Eine eher zufällige Entdeckung verschaffte Peru seinen größten Touristenmagneten: Machu Picchu

auf dem Camino Inka. Wer sich für die ungefähr 45-minütige Wanderung von Machu Picchu zum Sonnentor entscheidet, sollte die intensive Wirkung der Tropensonne nicht unterschätzen.

Der Blick über die gesamte Stadt lädt ein zum Nachdenken über die Geschichte dieses geheimnisvollen Ortes. Noch immer kursieren viele, zum Teil abenteuerliche Theorien über Machu Picchu, doch ist es wegen der

Machu Picchu

Sehenswürdigkeiten

1 Eingang
2 Hütte des Verwalters vom Grabfelsen
3 Huaca Punku
4 Steinbruch
5 Tempel der drei Fenster
6 Haupttempel
7 Sakristei
8 Sonnenstein (Intihuatana)
9 Versunkener Platz
10 Tempel des heiligen Felsens
11 Viertel der drei Türen
12 Handwerkerviertel
13 Tempel des Kondors
14 Königlicher Palast (Incahuasi)
15 Straße der Brunnen
16 El Torreón
17 Palast der Prinzessin (Palacio de la Ñusta)
18 Huayna Picchu
19 Puente Inca

relativ geringen Größe der Anlage offensichtlich, dass es sich hier weniger um eine Wohnstadt handelte als vielmehr um ein religiöses Heiligtum und astronomisches Zentrum, das sicher häufig auch von Pilgern aufgesucht wurde. In seinen etwa 300 Wohnungen dürften kaum mehr als 1000 bis 1500 Menschen dauerhaft gelebt haben. Der Baustil spricht dafür, dass die Stadt zwischen 1420 und 1520, im »Goldenen Zeitalter der Inka«, erbaut wurde.

Ob der seltsam skulptierte Felsen auf dem oberen **Friedhof** für Opferriten diente, ist nicht eindeutig geklärt. Jedenfalls fand Bingham hier um eine einzelne Hütte herum unversehrte Mumien, 173 Skelette und viele Einzelknochen. Die anschließenden Untersuchungen deuteten darauf hin, dass fast 90 % der Skelette von Frauen stammen, und förderten die Theorie von Machu Picchu als der Enklave der Sonnenjungfrauen.

Etwas unterhalb des Friedhofs betritt man den eigentlichen Stadtbereich durch ein hervorragend erhaltenes Tor, das sogenannte **Huaca Punku** 3. Vorbei an Gebäuden, die in recht einfachem Baustil errichtet wurden, kommt man über Treppen hinunter zum **Steinbruch** 4, wo noch mehrere unvollendete Felsblöcke liegen. Dahinter erhebt sich das sakrale Zentrum der Stadt.

An der Ostseite des **Heiligen Platzes** (Inticancha), von dem sich ein wunderbarer Blick über das Tal des Río Urubamba bietet, steht der **Tempel der drei Fenster** 5. Eine alte Legende erzählt von vier Geschwistern göttlicher Abstammung, welche die Quechua-Stämme Perus vereinigt hatten und danach aus den drei Fenstern dieses Hauses auf die Erde niederstiegen. Der benachbarte, durch Grabungsarbeiten und Erdbeben schwer in Mitleidenschaft gezogene **Haupttempel 6** war früher sicher reich ausgestattet. Dahinter liegt ein als **Sakristei 7** bezeichneter Raum. In die Wand rechts des Eingangs ist ein Stein mit 32 Kanten integriert – Zeugnis der grandiosen Steinmetzkunst der Inka.

Über Treppen erreicht man einen exponierten Hügel, auf dem der 1,80 m hohe **Sonnenstein 8** (Intihuatana), der wohl das wichtigste religiöse Heiligtum der Anlage darstellte, in den Himmel ragt. Hier bestimmten die Astronomen den Beginn der Regenzeit und damit den Zeitpunkt für die Aussaat, hier überprüften sie den Kalender. Dennoch ist die exakte Art der Nutzung dieses einzigen nicht von den Spaniern zerstörten bzw. entweihten Sonnensteins bis heute nicht geklärt.

Der Abstieg auf der gegenüberliegenden Seite führt zum **Versunkenen Platz 9** hinunter, an dem möglicherweise landwirtschaftliche Experimente durchgeführt wurden. Ein Stück weiter liegen ein etwa 3 m hoher Monolith und der dazugehörige **Tempel des heiligen Felsens 10** am Weg. Von hier beginnt der Aufstieg zum Huayna Picchu (s. u.).

Auf dem Rückweg in Richtung Ausgang durchquert man zunächst ein einfaches Wohnviertel, das früher als Ostviertel bezeichnet wurde und heute als **Viertel der drei Türen 11** bekannt ist. Hier sollen die Sonnenjungfrauen oder große Familien gewohnt haben. Südöstlich davon erstreckt sich das sogenannte **Handwerkerviertel 12:** Bingham hatte in diesem Bereich Bronzeartefakte, Web- und Nähgerät sowie Steinwerkzeuge ausgegraben.

Ein von Mauern und Nischen geformter Hohlraum, der nahe gelegene **Tempel des Kondors 13,** erhielt seinen Namen von dem flachen Stein am Boden, der einen Kondor darstellt. Bingham interpretierte das dahinterliegende Bauwerk als ein Gefängnis: Dunkle Gewölbe und Mauervertiefungen, in denen man Menschen an ihren Handgelenken festbinden kann, legten dies nahe.

Im gegenüberliegenden Palastviertel gelangt man zunächst zum **Königlichen Palast 14** (Incahuasi), wo ein exakt gemeißeltes, trapezförmiges Tor und bis zu 3 t schwere Türstürze auf eine Nutzung durch wichtige Priester oder Adlige schließen lassen. In den von kleinen Wasserfällen künstlich geschaffenen Bassins der **Straße der Brunnen 15** mag das Wasser für die Felder und Bewohner verteilt worden sein. Frühe Forscher vermuteten darin ein Bad für Adlige und nannten die Stelle daher Baño del Inka.

Gleich neben dem ›Bad des Inka‹ steht **El Torreón 16,** ein runder Turm, der auch unter dem Namen Tempel der Sonne bekannt ist. Mehrere Nischen in den Mauern boten Platz für Opfergaben und Götteridole. Da durch ein Fenster zur Wintersonnenwende das Licht der aufgehenden Sonne auf eine eingeritzte Linie in der Mitte des Raumes fällt, könnte der Turm auch von den Inka-Astronomen zur Kontrolle des Kalenders genutzt worden sein. Andere Theorien vermuten hier einen strategischen Wehrturm oder einen Getreidespeicher.

An den Torreón schließt sich der **Palast der Prinzessin 17** (Palacio de la Ñusta) an. Das von einfachen Gebäuden, die vermutlich als Getreidespeicher dienten, umgebene zweistöckige Bauwerk war Bingham zufolge die Residenz des Hohepriesters. Unterhalb des Sonnentempels sind Nischen in den Fels geschlagen, die als Mausoleum verwendet wurden. Hier wurde in ausgiebigen Ritualen den Mumien der wichtigsten Würdenträger des Reiches gehuldigt.

Huayna Picchu und Huchu'y Huayna Picchu

Wer nach der Besichtigung der Ruinenanlage von Machu Picchu noch genügend Energie und Zeit hat, kann den Aufstieg wagen zum **Huayna Picchu 18** (›junger Gipfel‹), dessen Spitze rund 2700 m in den Himmel ragt. Hat man sich – bis spätestens 13 Uhr – am Kontrollpunkt in das ›Bergsteigerbuch‹ eingetra-

Richtig Reisen-Tipp: Camino Inka und Camino Sagrado

Jährlich brechen Zehntausende Wanderer aus aller Welt am Ufer des Río Urubamba auf, um den Camino Inka (›Inka-Weg‹) nach Machu Picchu zu beschreiten. Kaum jemand, der anschließend nicht begeistert von dieser Trekkingroute schwärmt: Tropische Schluchten, steile Pässe, schneebedeckte Berge am Horizont, blühende Bergwiesen, rauschende Bergflüsse und abgelegene Inka-Ruinen lassen in keinem Augenblick Langeweile aufkommen.

Auf den Spuren der *chasqui* (›Stafettenläufer‹), die bereits vor 500 Jahren auf diesem Pfad von *tambo* (›Rasthaus‹) zu *tambo* eilten, erreicht man Machu Picchu, die »Stadt in den Wolken«. Streckenweise ist der Weg hervorragend ausgebaut: Die Inka haben ihn über weite Teile gepflastert, Treppenstufen und Tunnel gebaut, Stege und schwindelerregende Hängebrücken integriert. So wird die drei- bis fünftägige Wandertour durch Nebelwald und dichten Urwald zu einem unvergesslichen Erlebnis. Außerdem sind die am Weg liegenden Ruinen Patallaqta, Runkuracay, Sayacmarca, Phuyupatamarca sowie Wiñay Wayna nur auf diese Weise, sprich zu Fuß, erreichbar.

Camino Inka (3–5 Tage)
Der Ausgangspunkt der Wanderung liegt bei Kilometer 84 der Bahnlinie von Cusco nach Machu Picchu bzw. Aguas Calientes – der letzte Punkt, der noch per Fahrzeug erreicht werden kann. Nachdem man den tosenden Río Urubamba über eine hohe Hängebrücke überquert hat, beginnt die Wanderung zunächst recht eben entlang dem Flusslauf, bis man die Ruinen von **Patallaqta** erblickt. Danach beginnt der lang gezogene Anstieg nach **Wayllabamba,** dem einzigen Dorf auf dem Camino Inka, wo man meist die erste Nacht verbringt. Auch weiter bergauf – etwa auf der Lichtung Llullucha Pampa – kann man campieren.

Gut erholt nimmt man am nächsten Tag den ersten und höchsten Pass des Inka-Trails, die **Abra de Warmiwañusca** (4198 m), in Angriff. Am Ende des Abstiegs gelangt man zum Río Pacamayo, an dessen Ufern man ebenfalls gut sein Zelt aufstellen kann.

Jenseits des Flusses passiert man mehrere kleine Wasserfälle und entdeckt vielleicht einige tropische Blumen – allein 100 verschiedene Orchideenarten sollen entlang dem Camino Inka wachsen. Nun erfordert der zweite Pass, die **Abra de Runkuracay** (3998 m), volle Aufmerksamkeit. Vorbei an drei kleinen Seen und über in den Felsen geschlagene Treppen gelangt man zu den Ruinen von **Sayacmarca,** dann zu einer weiteren Möglichkeit zum Zelten bei den Ruinen von **Phuyupatamarca.** Danach geht es weiter zu den malerisch gelegenen Ruinen von **Wiñay Wayna,** die hoch über dem Urubamba-Tal an den Hang gebaut wurden und von gut erhaltenen Ackerbau-Terrassen umgeben sind. Hier gibt es sogar eine Cafetería, wo man sich stärken kann – eine letzte Übernachtung ist jedoch wenig sinnvoll, da die Ruinen von Macchu Picchu in greifbarer Nähe liegen. Au-

gen, kann man den Granitberg über einen steilen und anstrengenden Pfad (etwa 350 Höhenmeter) in einer knappen Stunde erklimmen. Der Blick vom Gipfel über die steilen Terrassen und den 1000 m tiefer fließenden Río Urubamba ist schlichtweg atemberaubend. Am Nordhang des Berges haben Archäologen 1936 den unterirdischen **Tempel des Mondes** freigelegt.

Wem dieser Aufstieg zu anstrengend erscheint, der kann alternativ den **Huchu'y Huayna Picchu** in Angriff nehmen, den kleinen Berg im Vordergrund des Huayna Picchu, dessen Gipfel man bereits nach etwa 15 Minuten erreicht. Der Zugang ist der gleiche, aber nach etwa 100 m muss man einem beschilderten Weg folgen, der links abzweigt. Allerdings sollte man auch für diesen Abste-

ßerdem sind die Zeltmöglichkeiten sehr beengt und die sanitären Einrichtungen wenig einladend.

Nach etwa einer Stunde leichten Weges erreicht man den **Intipunku,** einen ehemaligen Kontrollposten auf einem schmalen Bergrücken. Der Blick von diesem Punkt auf Machu Picchu gehört zu den spektakulärsten der gesamten Umgebung. Von hier sind es noch einmal rund 30 Minuten, bis man die Ruinenanlage erreicht.

Camino Sagrado (5–6 Std.)
Neben dem klassischen, leider häufig überlaufenen Inka-Trail existiert auch eine gut begehbare Kurzvariante, der sogenannte Camino Sagrado (›geheiligter Weg‹). Die eintägige Wanderung beginnt auf etwa 2200 m bei Kilometer 104 der Bahnlinie nach Machu Picchu bzw. Aguas Calientes. Hier überquert man den Río Urubamba auf einer Brücke und geht dann am Hang entlang beständig, aber nie zu steil bergauf. Unterwegs wurden Unterstände eingerichtet, um vor Sonne bzw. Regen zu schützen. Nach ungefähr drei Stunden gemütlicher Wanderstrecke erreicht man die Ruinen von **Wiñay Wayna** (ca. 2700 m), ein ideales Plätzchen für eine Mittagspause. Anschließend geht es auf dem letzten Abschnitt des Camino Inka hinauf nach **Intipunku** (2750 m) und zu den Ruinen von Machu Picchu. Dieser Weg ist auch für weniger geübte Wanderer machbar, insgesamt wird ein Höhenunterschied von etwa 550 m überwunden.

Organisierte Touren
Um die negativen Begleiterscheinungen des unkontrollierten Trekking-Tourismus in Grenzen zu halten, haben die Behörden vor einigen Jahren sowohl auf dem Camino Inka als auch auf dem Camino Sagrado Touren auf eigene Faust – bei Strafe – verboten und Besucherlimits eingeführt (insgesamt 500 Personen täglich, insbesondere der Inka-Trail ist über Monate ausgebucht). Inzwischen muss man sich einer der lizenzierten Agenturen anschließen, die mit ausgebildeten Führern arbeiten. Die gesamte Ausrüstung (Rucksäcke, Zelte etc.) sowie Verpflegung werden von Trägern transportiert. Mitbringen sollte man sein persönliches Gepäck, gute Wanderschuhe, einen Regenschutz und einen guten Schlafsack. Wichtig sind zudem eine gute körperliche Verfassung sowie viel Energie und Freunde am Trekking. Je besser man akklimatisiert ist und je mehr Interesse für Inka-Kultur und Natur man mitbringt, desto mehr Spaß wird der Inka-Trail machen.

Organisierte Wandertouren auf dem Inka-Trail werden in Cusco praktisch an jeder Ecke angeboten (ab 150 $), aber es ist nicht einfach, einen qualitativ guten Anbieter zu finden (Empfehlungen s. S. 213). Achtung: Unter der Ankündigung »Inka trail, 2 days/ 1 night« verbirgt sich die Wanderung auf dem Camino Sagrado; eine Übernachtung im Zeltcamp von Wiñay Waina ist Unsinn, da man bequem am gleichen Tag nach Machu Picchu weitergehen und danach in Aguas Calientes übernachten kann.

cher trittsicher und schwindelfrei sein, dafür wird man ebenfalls mit einer großartigen und zugleich ungewöhnlichen Ansicht der Stadtanlage belohnt.

Puente Inca

Vom Friedhof aus bietet sich ein weiterer lohnenswerter Abstecher an: Folgt man dem schmalen Weg entlang der Westflanke des Berges, so gelangt man nach ungefähr 30 Minuten zur **Puente Inca** 19**,** einer alten Holzbrücke, die sich an die glatte Felswand schmiegt. Diese Brücke hatte einst wohl die Funktion eines Stadttors. Da die Bretter auf einem künstlichen, unterbrochenen Felsvorsprung liegen, konnten die Wachen etwaigen Angreifern leicht den Zugang zur Stadt verwehren.

Die Entdeckung der verlorenen Stadt

Die Legende von einer sagenhaften Inka-Stadt, die irgendwo in den Anden versteckt liegen sollte, kursierte schon lange, aber erst im Jahr 1911 wurde die damals komplett überwachsene Stadtanlage von Machu Picchu entdeckt und sukzessive freigelegt. Ein Forscher aus den USA hatte sich auf die Suche begeben und machte sich durch seinen Fund unsterblich.

Der 1875 in Honolulu geborene US-Amerikaner Hiram Bingham hatte an der renommierten Yale University Archäologie studiert. 1906 war er erstmals nach Südamerika gekommen, um Venezuela und Kolumbien auf den Spuren Simón Bolívars zu bereisen. Zwei Jahre später folgte er der alten spanischen Handelsroute durch die Anden von Buenos Aires nach Lima und 1911 kehrte er als Leiter einer Expedition der Yale University in die peruanischen Anden zurück. Die Archäologen suchten im Dschungel nördlich von Cusco nach einer geheimnisvollen Stadt mit dem Namen Vilcabamba, von der spanische Chronisten berichtet hatten. Das sagenhafte Vilcabamba galt als letztes Versteck der Inka und vielleicht fand sich dort ein Teil der Schätze aus Cusco.

Mehrere Expeditionsteilnehmer wollten längst aufgeben, und nur Binghams Durchhaltevermögen und Risikobereitschaft ist es zu verdanken, dass die Expedition letztendlich fündig wurde. Während Bingham im Juli 1911 mehrere Wochen lang dem Río Urubamba folgte, sprach er mit vielen Menschen in den Dörfern entlang dem Fluss. In Höhe des heutigen Aguas Calientes traf er einen jungen Einheimischen namens Melchor Arteaga, der ihm erzählte, er habe jüngst in den Bergen oberhalb des Río Urubamba Reste von Inka-Ruinen entdeckt. Bingham verfolgte auch diese Spur und ließ sich am 24. Juli durch schier undurchdringlichen Dschungel zu einem Ort in 2400 m Höhe führen. Oben angelangt, stieß er auf eine Vielzahl überwucherter Gebäudereste, und als er erkannte, dass einige Mauern Ähnlichkeiten mit dem Sonnentempel in Cusco aufwiesen, war er fest überzeugt, Vilcabamba endlich gefunden zu haben.

Doch tatsächlich hatte er, sozusagen zufällig, die ebenfalls ›verlorene‹ Stadt Machu Picchu entdeckt, die vor dem Zugriff der spanischen Eroberer bewahrt blieb, da diese von der Existenz einer Stadt im tropischen Bergland nichts wussten. Bingham arbeitete vier Jahre als Ausgrabungsleiter in Machu Picchu und entdeckte währenddessen weitere Ruinen in der Umgebung. Später publizierte er drei Bücher über seine Arbeiten und Theorien: »Inca Land« (1922), »Machu Picchu« (1930) und »Lost City of the Incas« (1948).

Bereits während der jahrelangen Ausgrabungsarbeiten beschäftigte sich Bingham intensiv mit den Rätseln Machu Picchus. Seine Entdeckung hatte zwar einige Fragen zur Geschichte und Kultur der Inka beantworten können, aber weitaus mehr erst aufgeworfen. Wie geheim war Machu Picchu gewesen? Wussten selbst die Inka in Cusco nichts von diesem Ort? Warum entdeckten die Spanier Machu Picchu nie? War es der Landsitz des Inka Pachacútec, der nach dessen Tod verlassen wurde? Vernichteten Urwaldstämme die Bewohner Machu Picchus? Beendete eine Epidemie die Existenz der blühenden Stadt? War es ein astronomisches oder ein zeremonielles Zentrum gewesen oder diente die Stadt als Vorbereitungsort für die Sonnenjungfrauen der Inka? Viele von Binghams Fragen sind bis heute nicht eindeutig beantwortet worden. Vielmehr existieren zu jedem Punkt unterschiedliche Theorien und Interpretationen. Machu Picchu gehört bis heute zu den größten Mysterien der archäologischen Welt.

Bis heute konnte das Rätsel um Machu Picchu nicht eindeutig gelöst werden

Von Cusco zum Lago Titicaca

Reiseatlas S. 20–22

Die 380 km lange Strecke von Cusco nach Puno an den Lago Titicaca führt über eine gute Teerstraße und ist inzwischen problemlos an einem Tag zu bewältigen. Wer nicht mit dem Zug reist, kann sogar die zahlreichen Sehenswürdigkeiten entlang der Strecke besuchen, allen voran die Kirche in Andahuaylillas und die Inka-Ruinen von Raqchi.

Durch das Cusco-Tal nach Andahuaylillas

Reiseatlas: S. 20, E/F 1

Von Cusco nach Oropesa

Längst ist die Stadt Cusco mit den östlichen Nachbargemeinden **San Sebastián** und **San Jerónimo** verwachsen, deren schöne Kolonialkirchen einen kurzen Besuch durchaus lohnen. In Ersterer finden sich überdies sehenswerte Gemälde von Diego Quispe Tito, einem der bedeutendsten Künstler der Cusco-Schule (s. S. 56).

Entlang der Bahngleise nach Juliaca gelangt man nach **Saylla,** wo in einfachen Lokalen am Straßenrand *chicharrones* angeboten werden – in heißem Fett gebackene Schweineschwarten, die mit Kartoffeln, Salat und gerösteten Maiskörnern serviert werden. Besonders am Wochenende drängen sich die Ausflügler aus Cusco in diesen *chicharronerías* und kurbeln dabei auch den Umsatz der Cuzqueña-Bierbrauerei kräftig an.

Etwas abseits der Hauptstraße liegt linker Hand das Dorf **Huasao,** in dem zahlreiche einflussreiche *curanderos* beheimatet sind. Bis heute greifen viele Einheimische gerne auf die Dienste dieser ›Wunderheiler‹ zurück (s. S. 319).

Eine beschilderte Abzweigung führt kurz darauf etwa 4 km bergauf zur nur selten besuchten Inka-Stätte **Tipón.** Die aufwendig gearbeiteten Terrassen, die in feiner Steinarbeit gesetzten Mauern und die noch heute funktionsfähigen Bewässerungskanäle legen die Vermutung nahe, dass die hier angebauten Feldfrüchte für einen besonderen Zweck bestimmt waren, zumal auch Reste von Tempelanlagen gefunden wurden.

Als »Hauptstadt des Brotes« wird **Oropesa** wegen seiner zahlreichen Backstuben oft bezeichnet, und wer zu Fuß durch die Straßen des Ortes bummelt, bemerkt überall den Geruch von frischem Brot. Die traditionellen Rundbrote, die täglich nach Cusco geliefert werden, heißen hier *chutas.* Auch die sehenswerte Kirche am Hauptplatz mit einer freskenverzierten Fassade und einer hübsch geschnitzten Kanzel lohnt den kurzen Abstecher nach Oropesa.

Abstecher nach Paucartambo

Kurz bevor sich die Straße an der Laguna Huacarpay bergauf müht, führt links eine Abzweigung in den Ort Huambutio und von dort weiter auf einer schmalen, ungeteerten Straße nach **Paucartambo,** einem reizvollen Kolonialstädtchen an den Ostabhängen der Anden, rund 110 km und drei Fahrstunden von Cusco entfernt. Jedes Jahr Mitte Juli empfängt der Ort zur **Fiesta del Carmen** Tausende von Gläubigen und Besuchern, die dem folkloristischen Spektakel mit aufwendigen Prozessionen und Straßentänzern in bunten Kostümen beiwohnen. Trotz der großen Bedeutung dieser Fiesta sind die Einheimischen noch weitgehend unter sich, denn

Oase in den Bergen: das fruchtbare Tal des Río Urubamba

die Anfahrt ist anstrengend und geeignete Übernachtungsmöglichkeiten sind rar.

Von Paucartambo gelangt man über eine holprige Piste nach 45 km zum Aussichtspunkt **Tres Cruces** am Rand des Parque Nacional Manú (s. S. 370). Die Piste führt weiter nach **Atalaya,** dem Startpunkt für Bootsfahrten im tiefer gelegenen Teil des Parks.

Pikillacta

Zurück auf der Hauptstraße nach Puno, liegt rund 32 km nach Cusco erhöht über dem Tal die etwa 50 ha große Ausgrabungsstätte **Pikillacta,** eine ausgedehnte Stadtanlage der Huari-Kultur, die ihre Blütezeit zwischen 800 und 1000 n. Chr. hatte. Die einst 10 m hohen Mauern umschlossen vermutlich ein Depot für Lebensmittel, Waffen und Kleidung. Lange vor den Inka sollen Aymara-Indianer die Stadt, die in Kontakt mit Tiahuanaco im heutigen Bolivien stand, bevölkert haben. Bei Ausgrabungen eines nordamerikanischen Archäologen kamen Stuckreste und Figuren aus Türkis zum Vorschein (tgl. 7–18 Uhr, Eintritt mit Boleto turístico, s. S. 209).

Andahuaylillas

Vorbei an der wuchtigen Mauer **Rumicolca,** einst das südliche Eingangstor der Inka-Kapitale, führt die Straße bergab ins Tal des Río Urubamba. Wenige Kilometer weiter erreicht man **Andahuaylillas,** ein verschlafenes Nest mit ausladenden Pisonay-Bäumen *(Eritrina falcata)* an der Plaza. Bekannt ist der Ort vor allem für seine freskengeschmückte Kolonialkirche aus dem späten 16. Jh., die man sogar mit dem Titel »Sixtinische Kapelle der Anden« bedacht hat. Von außen eher unscheinbar – die Fassade ist mit einfachen Wandmalereien verziert –, versetzt der Innenraum in andächtiges Staunen: Überwiegend gut erhaltene

Mit dem Autor unterwegs

Ausflug ins Hinterland

Ein Abstecher zum landschaftlich eindrucksvollen **Cañón de Tinajani** ist sehr lohnenswert, aber nur mit dem eigenen Auto oder einem Taxi zu realisieren (s. S. 241).

Wandmalereien und ein reich dekorierter Dachstuhl ziehen alle Blicke auf sich und drängen den üppigen Goldaltar und die in prunkvolle Goldrahmen gefassten Ölgemälde der Cusco-Schule in den Hintergrund des Interesses. Besonders farbenfroh sind die Fresken auf der Innenwand seitlich des Eingangs, die den Weg zum Himmel (links) und zur Hölle (rechts) darstellen. Wie die meisten Wandbilder in der Kirche werden diese dem Künstler Luis de Riaño zugeschrieben, der stark vom Stil der Flamen Johan, Antonie und Hieronymus Wierix beeinflusst war.

Von der nächstgelegenen Stadt, **Urcos,** in der sonntags ein sehenswerter Wochenmarkt stattfindet, gelangt man auf einer schlechten, aber spektakulären Straße, die über einen 4800 m hohen Pass führt, ins Amazonastiefland nach Puerto Maldonado (s. S. 374 ff.) am Río Madre de Dios. Diese Route führt auch zum Ausgangspunkt der Trekkingroute zum Nudo Ausangate, dem mächtigen, 6384 m hohen Gipfel, der von den Inka als heiliger Apu, eine Art Berggottheit, verehrt wurde.

Fiesta de Qoyllority (Ende Mai/Anfang Juni): Wallfahrt auf 4000 m Höhe zu Füßen des Gletscherberges Ausangate.

Von Urcos nach Juliaca

Reiseatlas: S. 20, F 1/2; S. 21/22, A 2–C 4

Inka-Ruinen von Raqchi

Vorbei an der Ortschaft **Tinta,** dem Geburtsort des Freiheitshelden José Gabriel Concorcanqui – besser bekannt als Tupac Amaru II – geht die Fahrt nach **San Pedro de Cacha.** Rund 4 km außerhalb der Ortschaft liegen zu Füßen des Vulkans Quinsachata die Ruinen von **Raqchi.** Die Reste des Inka-Tempels – der Gottheit Huiracocha geweiht – ähneln aus der Entfernung einem römischen Viadukt. Nirgends sonst hatten die Inka-Baumeister eine so große Dachkonstruktion gefertigt. Im Zentrum des rund 90 m langen Hauptgebäudes steht eine über 12 m hohe Mauer, die wohl einst ein mächtiges Dachgebälk getra-

Tausende Gläubige machen sich jedes Jahr auf den beschwerlichen Weg zum Ausangate, um vom Berggott der Inka Wohlstand und Gesundheit zu erbitten

gen hat, das zusätzlich von runden Säulen gestützt wurde – sehr ungewöhnlich für Inka-Architektur.

Die angrenzenden Mauern sind Reste von Getreidespeichern, was auf die große Bedeutung des Ortes auch als Verteidigungs- und Versorgungsstation hinweist. Tänzer aus allen Landesteilen versammeln sich hier Mitte Juni zu einem großen Folklorefestival (tgl. 9–17.30 Uhr, 5,50 N/S).

Weiter nach Pucara

Rund 140 km nach Cusco erreicht man die Provinzhauptstadt **Sicuani,** mit fast 60 000 Einwohnern die wichtigste und größte Stadt zwischen Cusco und Puno. Wer jedoch nicht gerade sonntags unterwegs ist, wenn hier der Wochenmarkt abgehalten wird, kann getrost weiterreisen zur **Abra La Raya,** mit 4312 m der höchste Punkt der Strecke. Hier, am Ursprung des Río Urubamba, eines der Quellflüsse des Amazonas, verläuft die Grenze zwischen den *departamentos* Cusco und Puno. Vor dem beeindruckenden Hintergrund wilder Berglandschaften weiden Lamas und Alpakas und im sumpfigen Untergrund finden zahlreiche Vogelarten ein reiches Nahrungsangebot.

Hinter **Santa Rosa,** das für die Zucht von Kampfstieren bekannt ist, passiert man in **Chuquibambilla** ein Forschungszentrum für Alpakas und Vikunjas, das zur Universität von Puno gehört. Das Nordende der als Altiplano bekannten Hochebene, die sich zwischen Peru und Bolivien auf durchschnittlich 3900 m Höhe erstreckt, markiert die Provinzhauptstadt **Ayaviri,** die bereits 250 km von Cusco entfernt liegt. Von hier lohnt sich ein Abstecher zum **Cañón de Tinajani** mit eindrucksvollen Felsformationen und bizarren Verwitterungserscheinungen. Die Schlucht liegt ca. 15 km südlich von Ayaviri und ist nur mit dem eigenen Pkw oder einem Taxi über eine ungeteerte Straße zu erreichen.

Pucará

Das bekannteste Produkt der geschickten Töpfer von **Pucará** sind die *torritos de Pucará,* tönerne Stierfiguren, die die Häuser vor Unheil beschützen sollen. Am Ortsrand erstrecken sich in mehreren Ebenen die Reste einer Tempelanlage aus der Prä-Inka-Zeit. Noch interessanter ist der Besuch des dazugehörigen Museums mit einer sehenswerten Sammlung von skulptierten Monolithen der Pucará-Kultur (tgl. 8.30–12.30, 14–17 Uhr).

Juliaca und Umgebung

Weiter geht die Fahrt durch karge Landschaft nach **Juliaca,** einem bedeutenden Umschlagplatz am Kreuzungspunkt mehrerer Handelsstraßen zwischen Cusco und Bolivien, Küste und Tiefland auf kühlen 3825 m. Das wenig ansprechende Stadtbild der ca. 220 000 Einwohner zählenden Hochland-Metropole wird geprägt von unfertigen Backsteingebäuden und dreirädrigen Fahrradtaxis, die hier zu Tausenden um Kundschaft konkurrieren. Eine Fahrt mit einem *taxi cholo* ist ein billiges Vergnügen, das sich fast jeder leisten kann. Auch zum Transport von Waren wird dieses Verkehrsmittel gerne eingesetzt.

Von Juliaca zweigt eine inzwischen geteerte Straße ab nach Arequipa (s. S. 176 ff.) und zum Cañón de Colca (s. S. 187 ff.). Richtung Süden erreicht man nach gut 40 km die Stadt Puno am Lago Titicaca (s. S. 248 ff.). Nur eine halbe Stunde westlich von Juliaca liegt **Lampa,** eine hübsche kleine Kolonialstadt mit einer prächtigen Kirche im Zentrum.

... in Juliaca:

Suites Don Carlos: Jr. Manuel Prado 335, Tel. 051-32 15 71, Fax 32 26 35, www.hotelesdoncarlos.com. Das (relativ) beste Hotel am Platz. DZ/ÜF 77 $.

Hotel Don Carlos: Jr. 9 de Diciembre 114, Plaza Bolognesi, Tel. 051-32 21 20, Fax 32 36 00, www.hotelesdoncarlos.com. Zentrale Lage, beheizte Zimmer mit TV. DZ/ÜF 45 $.

Hotel Royal Inn: Jr. San Román 158, Tel. 051-32 15 61, Fax 32 15 72, www.royalinnhoteles.com. Im Zentrum, ordentliche Zimmer mit Heizung und TV, Restaurant (tgl. 6–22 Uhr). DZ/ÜF 42 $.

... in Lampa:

La Casona de Lampa: Plaza de Armas 3, Tel. 051-83 23 25 und 01-99 03 83 21 (mobil), pa

Richtig Reisen-Tipp: Mit der »Andenbahn« zum Lago Titicaca

Eines der schönsten Eisenbahn-Erlebnisse Südamerikas ist die Fahrt mit der »Andenbahn« von Cusco an den Lago Titicaca. Zwar benötigt der Zug für die etwa 380 km lange Strecke bis Puno rund neun Stunden (mögliche Reparaturen oder sonstige Verspätungen nicht eingerechnet), doch entschädigen die herrlichen Ausblicke vom Zugfenster auf Dörfer und Landschaften für die Strapazen der langen Fahrt. Nur eine Besichtigung der Sehenswürdigkeiten unterwegs ist leider nicht möglich.

Dreimal wöchentlich verlässt der Zug morgens die Stadt Cusco. Zunächst geht die Fahrt durch die Nachbargemeinden San Sebastián und San Jerónimo, bis man nach ca. einer Stunde **Oropesa** erreicht (s. S. 238). Nach einer weiteren Stunde Fahrt, vorbei am Dorf **Andahuaylillas** (s. S. 239 f.), erreicht der Zug die Provinzhauptstadt **Urcos,** die gerade einmal 53 km von Cusco entfernt liegt.

Wenige Kilometer hinter der Goldschmiedegemeinde San Pablo wird die Fahrt in der Provinzhauptstadt **Sicuani,** der Heimatstadt bekannter peruanischer Dichter, unterbrochen. Lautstark bieten eifrige Händler ihre Ware – Getränke, Obst, *empanadas* und andere Leckereien – durch das Zugfenster an; eine gute Gelegenheit für eine kleine Stärkung. Danach beginnt der mühevolle Aufstieg zur Passhöhe. Eine knappe Stunde und rund 30 km später erreicht der Zug **Aguas Calientes,** die letzte Siedlung vor dem Pass, die bereits auf einer Höhe von über 4000 m liegt. Mühsam arbeitet sich die Diesellok bergauf, bis sie schließlich bei **La Raya** die 4313 m hohe Passhöhe erreicht. Hier hat man die einzige Möglichkeit, den Zug zu verlassen, um bei den geschäftigen Händlern das eine oder andere Souvenir zu erstehen.

Danach geht es wieder bergab und auf teilweise sehr holprigen Gleisen weiter durch den kargen Altiplano. Wenn der Zug im Bahnhof von **Juliaca** (s. S. 241) einläuft, dauert es meist nicht mehr lange, bis die Dunkelheit unvermittelt hereinbricht. Wem die Zugfahrt zu lang erscheint, kann hier in einen der Kleinbusse nach **Puno** (s. S. 248 ff.) umsteigen, die in etwa 45 Minuten die größte Stadt am Lago Titicaca erreichen.

Achtung: An den Bahnhöfen von Juliaca und Puno sollte man besondere Vorsicht vor Taschendieben walten lassen, damit dieser außergewöhnliche Reisetag nicht mit einer unangenehmen Überraschung endet.

Info: Der Zug verkehrt derzeit 3 x pro Woche ab Cusco bzw. Puno (jeweils Mo, Mi, Sa 8 Uhr, in Cusco ab Estación Huánchac, Av. Pachacútec). Die Fahrtzeit beträgt ca. 8,5 Std. bis Juliaca bzw. 9,5 Std. bis Puno. Zugtypen und Preise: First Class mit Komfortsesseln und Aussichtswaggon (130 $ einfach inkl. Mittagessen); Backpacker (19 $ einfach). Weitere Infos unter www.perurail.com

tronatolampa@yahoo.com. Stimmungsvolle Unterkunft in altem Kolonialhaus mit Innenhof, einfacher Zimmerstandard. DZ/ÜF 18 $.

Flüge: Der Flughafen, Tel. 051-32 29 05, liegt am Stadtrand. Tgl. Flüge nach Arequipa und Lima u. a. mit Star Perú, Jr. San Román,175, Tel. 051-32 74 78, und LAN Perú, Jr. San Román 125, Tel. 051-32 22 82.
Busse: Regelmäßige Verbindungen nach Cusco (380 km), Arequipa (275 km), Lima (1290 km) und in die Provinz. Der neue Busbahnhof *(terminal terrestre)* befindet sich im Jirón Javier Mantaro. Kleinbusse *(colectivos)* nach Puno (45 km) ab Plaza Bolognesi.
Züge: Der Bahnhof, Tel. 051-32 10 36, befindet sich an der Plaza Bolognesi (Verbindungen s. o.).

Für Verpflegung während der Zugfahrt ist gesorgt – darum kümmern sich die ›ambulantes‹, fliegende Händler

Thor Heyerdahl machte die Binsenboote vom Lago
Titicaca weltberühmt: Er überquerte damit den Atlantik

Kapitel 4

Lago Titicaca, La Paz und Umgebung

Auf einen Blick: Lago Titicaca, La Paz und Umgebung

Ein Meer in den Anden

Nein, er ist nicht der höchstgelegene See der Welt, wie vielfach behauptet wird, aber mit einer Höhe von über 3800 m (immerhin Großglockner-Niveau) und einer Fläche von 8288 km² (über 15-mal größer als der Bodensee) ist der Lago Titicaca der höchstgelegene See dieser Ausmaße und der größte See Südamerikas dazu. Doch es sind nicht die Superlative, die den besonderen Charakter dieses Gewässers ausmachen, es sind vielmehr die landschaftlichen Eindrücke und die Menschen, die an seinen Ufern und auf seinen Inseln leben, die dem ›Andenmeer‹ sein besonderes Gepräge verleihen. Eine Bootsfahrt über das kristallklare blaue Wasser des Sees, ein Spaziergang auf einer der zahlreichen Inseln, vielleicht sogar mit einem atemberaubenden Blick zur Cordillera Real, der bolivianischen ›Königskordillere‹, eine Begegnung mit den Menschen, die noch heute wie vor Jahrhunderten von Ackerbau und Viehzucht mehr schlecht als recht leben – das sind die bleibenden Eindrücke, die eine Reise zum Lago Titicaca zu einem unvergesslichen Erlebnis machen.

Am bolivianischen Seeufer bildet der Wallfahrtsort Copacabana die Basis für Exkursionen, beispielsweise zur vorgelagerten Isla del Sol (›Sonneninsel‹), der mythologischen Heimat des Inka-Volkes. Ein Abstecher zu den Ruinen von Tiahuanaco mit dem berühmten Sonnentor ist beinahe Pflicht, denn es ist die bedeutendste archäologische Stätte von Bolivien. Von dort ist es dann auch nicht mehr weit in die aufregende Großstadt La Paz mit ihren Märkten und Museen.

Auch die Umgebung von La Paz hält einige touristische Leckerbissen bereit: Das Bergdorf Sorata in der Cordillera Real beispielsweise oder die tropisch-warme Region der Yungas und nicht zuletzt die eindrucksvolle Bergwelt mit den schneebedeckten Gipfeln Illimani und Sajama.

Highlight

9 **Lago Titicaca:** Größter See des Kontinents – auch wer nicht esoterisch veranlagt ist, kann sich der Mystik dieses Gewässers nicht entziehen (s. S. 248 ff.).

Empfehlenswerte Routen

Von Puno über Copacabana nach La Paz: Die Straße am Südwestufer des Sees ist durchgehend geteert und bietet immer wieder herrliche Ausblicke auf das ›Andenmeer‹. Schöner als die Hauptstrecke nach La Paz über den Grenzort Desaguadero ist der Schlenker über Copacabana, Boliviens wichtigster Wallfahrtsstätte, von der Boote zur vorgelagerten Sonneninsel verkehren. Vor allem die Weiterfahrt nach San Pedro, wo die Straße endet und man per Fähre zum anderen Ufer übersetzt, ist ein landschaftlicher Leckerbissen (s. S. 256 ff.).

Von La Paz nach Sorata: Die Fahrt führt von der bolivianischen Metropole aus zunächst durch den kargen Altiplano und dann hinein in die faszinierende Bergwelt der Cordillera Real mit ihren schneebedeckten Fünftausendern (s. S. 279 ff.).

Von La Paz in die Yungas: Früher galt diese Fahrt vom Bergland in die tropischen Yungas als abenteuerlichste in ganz Südamerika: Auf schmalen Pisten ging es bergab – auf der rechten Seite der Fels, auf der linken Seite ein gähnender Abgrund. Doch inzwischen gibt es eine neue Straße, die auch für ängstlichere Naturen geeignet ist (s. S. 281 ff.).

Reise- und Zeitplanung

Obwohl man die Region um den **Lago Titicaca** auch in zwei bis drei Tagen ›abhaken‹ kann, sei zu einer Aufenthaltsdauer von einer Woche geraten, um so einen tieferen Einblick in diese uralte Kulturlandschaft zu gewinnen. Allein für den Besuch der **Isla Taquile** und **Isla Amantani** benötigt man jeweils einen vollen Tag (die schwimmenden Inseln der Urus kann man auf dem Weg ›mitnehmen‹); wer dort übernachten will, muss einen zusätzlichen Reisetag einkalkulieren.

Die Fahrtstrecke Puno–La Paz sollte man zumindest für eine Nacht in **Copacabana** unterbrechen. Noch schöner ist es allerdings, ein oder zwei Nächte auf der **Isla del Sol** (›Sonneninsel‹) zu verbringen.

Boliviens lebendige Metropole **La Paz** lässt sich in einem Tag erkunden, doch wer auch die Umgebung kennenlernen möchte, muss sich mehr Zeit nehmen: Für den Abstecher nach **Chacaltaya** beispielsweise sollte man einen halben Tag einplanen, für den Trip zum **Sajama,** dem höchsten Berg des Landes, sogar einen ganzen Tag. Lohnend ist auch ein Ausflug in die tropischen **Yungas,** der von vielen Veranstaltern in La Paz als Tagestour angeboten wird – hiervon sollte man jedoch Abstand nehmen und dort mindestens eine Nacht verbringen, denn sonst bleibt nur Zeit für ein Mittagessen vor Ort und die Fahrt ist anstrengend.

Richtig Reisen-Tipps

Wanderung nach Yampupata: Eine herrliche Tagestour führt von Copacabana entlang dem Lago Titicaca in die Gemeinde Yampupata (s. S. 258).

Ruinen von Iskanwaya: Wie auf den Spuren großer Entdecker fühlt man sich, wenn man den beschwerlichen Weg zu diesen versteckt liegenden Ruinen gemeistert hat. Zur Belohnung gibt's einen herrlichen Ausblick und eine interessante prä-inkaische Stadtanlage (s. S. 281).

Abstecher zum höchsten Berg Boliviens: An der Grenze zu Chile liegt der Sajama, ein gewaltiger und eindrucksvoller Bergriese, den man von La Paz aus im Rahmen einer Tagestour besuchen kann (s. S. 285).

9 Lago Titicaca und Umgebung

Karten S. 250, 264

Der Lago Titicaca ist einmalig – nicht nur wegen seiner ungewöhnlichen Lage in einer Höhe von über 3800 m und seiner gewaltigen Ausmaße. Es ist vielmehr die besondere Stimmung, der meist stahlblaue Himmel und der Kontrast zwischen dem blaugrünen Wasser und der kargen Umgebung, die dieses Gewässer so faszinierend machen.

Auf peruanischer Seite – die Grenze zu Bolivien verläuft quer über den See – ist Puno der geeignete Ausgangspunkt für Ausflüge und Bootsfahrten. Die Stadt selbst hat nur wenig zu bieten, aber die Umgebung und vor allem der See sind echte Highlights.

Die Fahrt entlang der Südwestseite des Lago Titicaca führt durch traditionelle Indianergemeinden und zu sehenswerten Kolonialkirchen und bietet immer neue Ausblicke über den See. Auf bolivianischer Seite warten mit dem Wallfahrtsort Copacabana, dem Ausgangspunkt für Bootsausflüge zur Isla del Sol, und der bedeutenden archäologischen Stätte Tiahuanaco weitere Höhepunkte auf den Besucher. In zwei Tagen kann die Route von Puno nach La Paz (285 km) bewältigt werden, besser wäre es allerdings, sich mindestens drei oder vier Tage Zeit zu nehmen. Als Übernachtungsorte bieten sich Copacabana, die Isla del Sol und die Hotels am Ufer des südlichen Teiles des Lago Titicaca an; zwischen diesen Orten bestehen regelmäßige Schiffsverbindungen.

Puno

Reiseatlas: S. 25, C 1; **Karte:** S. 250

Um es gleich vorneweg zu sagen: Obwohl **Puno** 1 auf eine spanische Stadtgründung zurückgeht, gehört die auf anstrengenden 3830 m gelegene Hauptstadt des gleichnamigen *departamento* nicht zu den attraktivsten Städten des Landes. Dazu kommt das extreme Klima der Region: Während tagsüber die Hochlandsonne meist erbarmungslos brennt, wird es nachts besonders im südamerikanischen Winter (Juni–Aug.) unangenehm kalt, oft mit Temperaturen unter dem Gefrierpunkt. Dennoch ist Puno der lediglich 44 km entfernten Nachbarstadt Juliaca als Standort für Ausflüge in die sehenswerte Umgebung vorzuziehen, da die größte Stadt am See inzwischen über eine ansehnliche Auswahl an Unterkünften und Restaurants verfügt und sich durch ihre unmittelbare Lage am Lago Titicaca auch als Startpunkt für Bootsausflüge zu den vorgelagerten Inseln anbietet. Während der zahlreichen Festtage verwandelt sich Puno zudem in eine überaus lebendige Bühne für Folkloretänzer in bunten Kostümen – nicht umsonst nennt es sich selbstbewusst Folklorehauptstadt Perus.

Geschichte

Nach der Entdeckung reicher Silbervorkommen in der später verlassenen Silbermine von Laikakota durch zwei spanische Brüder im Jahr 1657 bildete sich hier rasch eine kleine Siedlung. Um der zunehmenden Verrohung der Sitten Einhalt zu gebieten, gründete der damalige Vizekönig Conde de Lemos am 4. November 1668 formell eine Stadt, die zu Ehren des damaligen spanischen Königs Karl II. Villa Rica de San Carlos de Puno getauft wurde. Bald darauf entstand eine typische Kolonialstadt im Schachbrettstil, die später auch Bischofssitz wurde. Heute ist die rund 125 000 Einwohner zählende Handelsstadt, die über einen Hafen und eine Landwirtschaftliche Universität mit rund 8000 Studenten verfügt, dreisprachig (die zahlreichen Idiome der ausländischen Besucher nicht mit eingerechnet): In den Straßen Punos hört man Spanisch, Quechua sowie Aymara, die Sprache des gleichnamigen Indianervolkes, das vor allem im bolivianischen Teil des Altiplano beheimatet ist.

Rund um die Plaza de Armas

Hauptattraktion der Stadt ist die 1757 fertiggestellte **Kathedrale** an der zentralen Plaza, die mit ihrer eindrucksvoll gearbeiteten Fassade zu den sehenswertesten Kirchen im Hochland zählt. Deutlich zeigt sich bei der Wahl der Motive – typisch peruanische Blumen, Früchte und Tiere – der Einfluss der einheimischen Künstler. Wer genau hinschaut, erkennt sogar einen Puma, der im vorspanischen Glauben eine überaus wichtige Rolle spielte, ebenso wie die Symbole von Sonne und Mond. Selbst die Engel sind im besten Mestizo-Stil mit einem *charango,* einem gitarreähnlichen Musikinstrument, in Händen dargestellt (tgl. 8–12, 15–18, Sa bis 19 Uhr).

Schräg gegenüber vom ebenfalls reich dekorierten rechten Seitenportal der Kathedrale kommt man zum **Museo Dreyer,** das eine durchaus bedeutende Sammlung von präkolumbischen Keramiken und anderen Artefakten bereithält. Leider fehlt es auch hier an Geld und Initiative, Ordnung in das Chaos dieser ehemaligen Privatsammlung zu bringen und so dem Museum zu überregionaler Bedeutung zu verhelfen (Jr. Conde de Lemos 289, Ecke Jr. Deustua, Mo–Fr 9–13, 14.30–20, So 11–19 Uhr).

Gegenüber fällt ein schöner Balkon im Kolonialstil ins Auge. In dem 1668 erbauten Haus wohnte der Vizekönig Conde de Lemos während seines Aufenthaltes in Puno. Heute ist das nationale Kulturinstitut INC hier untergebracht (Jr. Deustua, Ecke Jr. Conde de Lemos, Mo–Fr 8.30–14 Uhr). Gleich daneben befindet sich die **Casa del Corregidor,** ein Kolonialhaus aus dem 17. Jh. mit einem hübschen Innenhof, wo man gemütlich einen Kaffee trinken kann (Jr. Deustua 576).

Wer trotz der ungewohnten Höhe die Energie aufbringt, den hinter der Kathedrale gelegenen **Cerro Huajsapata** mit einer überlebensgroßen weißen Statue des ersten Inka, Manco Capac, zu besteigen, wird mit einem schönen Blick über die Stadt und den See belohnt.

Mit dem Autor unterwegs

Inselleben genießen

Ein Besuch der **Isla Taquile** oder **Isla Amantani** im Titicacasee steht inzwischen bei fast allen Veranstaltern im Programm. Doch wer die Magie dieser Inseln intensiv erleben will, sollte dort unbedingt eine Übernachtung einplanen, auch wenn die Unterkünfte einfach sind und es nachts recht kalt werden kann (s. S. 254).

Mystische Grabtürme

Besonders eindrucksvoll ist der Besuch der Grabtürme von **Sillustani** am frühen Morgen sowie spätnachmittags, wenn das Sonnenlicht der für die Menschen der Region heiligen Stätte eine mystische Stimmung verleiht (s. S. 254 f.).

Lohnenswerter Spaziergang

Der Aufstieg von Copacabana zum **Cerro Calvario** ist zwar mühsam, belohnt aber mit einem herrlichen Blick über den Ort und den See (s. S. 258 f.).

Wandern auf der Sonneninsel

Auf der **Isla del Sol** kann man – eine gute Höhenadaption vorausgesetzt – problemlos auf eigene Faust wandern, denn es gibt keinen motorisierten Verkehr (s. S. 260 f.).

Tipp für Fotografen

Den Besuch der Ausgrabungsstätte **Tiahuanaco** legt man besser auf den Vormittag, da dann das Sonnentor im richtigen Licht steht (s. S. 263 ff.).

Lago Titicaca

Mercado Central und Mercado de Artesanos

Interessant ist auch ein Bummel über den **Mercado Central,** auf dem nicht nur allerlei Obst und Lebensmittel verkauft werden, sondern praktisch alle Dinge des täglichen Bedarfs von Badeschlappen bis hin zu Waschbecken und Möbeln. Oft kann man sich des Eindrucks nicht erwehren, die ganze Stadt hätte sich in einen riesigen Markt verwandelt, wenn vor allem entlang der Avenida El Sol und der Avenida El Puerto die Händler ihre Waren ausbreiten.

Für Touristen besonders attraktiv ist auch der **Mercado de Artesanos,** der Kunsthandwerksmarkt in der Nähe des Bahnhofs (Jr. Cahuide, Ecke C. Alfonso Ugarte). Pullover, Ponchos, Handschuhe, Strümpfe und Mützen aus Alpaka- und Schafwolle, aber auch Masken, Töpferwaren und typische Musikinstrumente finden sich im reichhaltigen Sortiment des Marktes – und das zu relativ günstigen Preisen, die ein Handeln oft überflüssig machen.

Museo Flotante Yavari

Ein ungewöhnliches Museum liegt außerhalb des Zentrums beim Hotel Posada del Inca vor Anker: Das Eisenschiff Yavari wurde 1862 in England gebaut, nach Arica an der Pazifikküste gebracht, dort in 2766 Einzelteile zerlegt und dann auf Eselsrücken über die Anden nach Puno transportiert – eine unvorstellbare Leistung. Im Innern des Schiffs, das über 100 Jahre auf dem Lago Titicaca verkehrte, sind historische Dokumente, Seekarten und Schiffsmodelle zu sehen (Av. Sesquicentenario 610, *sector* Huaje, Tel. 051-36 93 29, tgl. 8–17.15 Uhr, Eintritt frei).

i **i-Peru:** Jr. Deustua, Ecke Jr. Lima, Plaza de Armas, Tel./Fax 051-36 50 88, iperupuno@promperu.gob.pe, tgl. 8.30–19.30 Uhr

Policía de Turismo: Jr. Deustua 588, Plaza de Armas, Tel. 051-35 47 63, tgl. 24 Std.

Im Internet: www.punored.com (sehr umfangreiche Seite mit vielen hilfreichen Adressen und Links; sp.).

Die besseren Hotels liegen an der Straße zur Halbinsel Esteves direkt am See. Weitere Unterkünfte befinden sich in Chucuito (s. S. 256).

Hotel Libertador Isla Esteves: 5 km vom Zentrum auf der gleichnamigen Halbinsel, Tel. 051-36 77 80, Fax 36 78 79, www.libertador.com.pe. Schön gelegen, aber wenig Ambiente; komfortable Zimmer mit herrlichem Seeblick. DZ/ÜF 231 $.

Casa Andina Private Collection: Av. Sesquicentenario 1970 (4,5 km außerhalb gegenüber der Halbinsel Sillustani), Tel. 051-36 39 92, Fax 36 40 82, www.casa-andina.com. Das neue Hotel der Gruppe Casa Andina liegt direkt am See und ist nicht zu verwechseln mit den beiden Stadthotels; guter Zimmerstandard (nur 50 % mit Seeblick). DZ/ÜF 130 $.

Hotel Posada del Inca Puno: ca. 3 km vom Zentrum in Richtung Halbinsel Esteves, Tel. 051-36 41 11, Fax 36 36 72, www.sonesta.com/peru_puno. Große Hotelanlage am See, guter Zimmerstandard, vorwiegend Reisegruppen. DZ/ÜF 103 $.

Hotel Eco Inn: 5 km vom Zentrum gegenüber der Halbinsel Sillustani, Tel. 051-36 55 25, Fax 36 55 26, www.ecoinnpuno.com. Großes, modernes Hotel am See mit großen, komfortablen Zimmern (z. T. mit Seeblick) und Restaurant. DZ/ÜF 75 $.

Hostal Hacienda: Jr. Deustua 297, Tel. 051-36 51 34, Fax 35 61 09, www.lahaciendapuno.com. Zentral, moderne Fassade, kolonialer Innenhof, ordentliche Zimmer mit Bad, TV und Heizung, aber teilweise etwas laut. DZ/ÜF 70 $.

Casona Plaza Hotel: Jr. Arequipa 655, Tel. 051-36 56 14, Fax 86 81 83, www.casonaplazahotel.com. Ordentliches, neues Hotel im Zentrum. DZ/ÜF ab 56 $.

Hotel Colón Inn: C. Tacna 290, Tel. 051-35 14 32, Fax 35 70 90, www.coloninn.com. Angenehmes Hotel im Stadtzentrum mit Restaurant und Bar im Dachgeschoss, gute renovierte Zimmer. DZ/ÜF 53 $.

Hostal Pukara: Jr. Libertad 328, Tel. 051-36 84 48, Fax 36 51 32, pukara@terra.com.pe. Nett dekorierte Zimmer, teilweise etwas laut. DZ/ÜF 40 $.

Hostal Tumi: Jr. Cajamarca 253, Tel./Fax 051-35 32 70. Einfache Zimmer mit Bad. DZ/ÜF 22 $.

Residencial Cofre Andino: Jr. Bolognesi 154, Tel./Fax 051-35 19 73. Nette Privatpension in ruhiger Seitenstraße, gepflegte Zimmer, deutschsprachig, empfehlenswert. DZ/ÜF 16 $.

Hostal Los Uros: Jr. Valcárcel 135, Tel. 051-35 21 41. Einfache Unterkunft in Bahnhofsnähe, Zimmer mit Bad. DZ/ÜF 12 $.

Eine Vielzahl von Lokalen (v. a. Pizzerien) findet man in der Fußgängerzone Pasaje Lima und in deren Nebenstraßen.

Coca Kintu: Jr. Lima 401, Tel. 051-36 55 66, tgl. 8–22 Uhr. Neues, feines Restaurant in schönem, modernem Ambiente. Auf den Tisch kommt ›neue andine Küche‹: Alpaka, Meerschweinchen, Forelle etc. (22–28 N/S), Pastagerichte 16 N/S.

Keros: C. Lambayeque 131, Tel. 051-36 46 02, tgl. 10–22 Uhr. Nettes Restaurant mit guter Küche, u. a. Alpaka, *cuy* (Meerschweinchen) und Fischgerichte um 20 N/S; auch viele leckere Cocktails (Pisco Sour, Pisco de Totora, Pisco de Muña u. a.).

La Casona: Jr. Lima 517, Tel. 051-35 11 08, tgl. 12–22 Uhr. Gemütliches Ambiente, regionaltypische Gerichte (18–25 N/S).

Huanchaco: Jr. Lima 341, Tel. 051-973 78 56, tgl. geöffnet. Gute Küche mit breitem Angebot, z. B. Ceviche, Alpaka, *cuy,* Steak, Huhn, Forelle, Pizzas und Tacos. Hauptgerichte um 22 N/S.

Don Piero: Jr. Lima 364, Tel. 051-36 59 43, tgl. 7–22 Uhr. Beliebtes Lokal in der Fußgängerzone, sehr schlichte Einrichtung, Frühstück, Alpaka und Forelle. Hauptgerichte um 14–17 N/S.

Internacional: Jr. Libertad 161. Internationale und chinesische Küche, gelegentlich Livemusik.

Pizzería Europa: Jr. Tacna 290, Ecke Melgar (im Hotel Colón Inn), tgl. 18–22 Uhr. Gepflegtes Lokal, gute Holzofenpizza um 18 N/S.

El Trabuco: Jr. Libertad 172, Tel. 051-36 50 76. Peña-Restaurant, landestypische Küche, am Wochenende gute Folkloregruppen.

Um von den Islas de los Urus zur Schule zu gelangen, ist voller Einsatz gefragt

La Hostería: Jr. Lima 501, Tel. 051-35 25 53, tgl. 10–22 Uhr. Gutes Restaurant mit Café, Bar und Pizzeria, gemütlich, freundlicher Service. Zum Essen gibt's Pasta, Alpaka (in Wermutsoße!) und Fischgerichte um 15–17 N/S. Juni–Aug. abends Peña.

La Choza de Oscar: Jr. Libertad 354, Tel. 051-35 11 99. Café, Pizzeria.

Apu Salkantay: Jr. Lima 341. Nettes Pub, abends Livemusik.

Casa del Corregidor: Jr. Deustua 576, Plaza de Armas (neben Kathedrale), Mo geschlossen. Bar/Cafetería in schönem Kolonialgebäude mit Innenhof.

Pub Kusillos: Jr. Libertad, Ecke C. Arequipa. Pub/Disco, junges Publikum.

Tokoro's Disco Bar: Jr. Melgar 134. Beliebte Disco.

Touren: Zahlreiche Veranstalter bieten Trips nach Sillustani und Bootsausflüge auf dem Lago Titicaca, u. a.:
Käfer Turismo, Jr. Arequipa 179, Tel. 051-35 47 42, Fax 35 27 01, www.kafer-titicaca.com. Deutschsprachig.

All Ways Travel, Jr. Deustua 576 (in der Casa del Corregidor), Tel./Fax 051-35 39 79, www.titicacaperu.com. Eigene Schnellboote zur Isla Taquile und Suasi.
Kolla Tours, Jr. Moquegua 679, Tel./Fax 051-36 98 63, www.titikakakolla.com.
Kontiki Tours, Jr. Melgar 188, Tel./Fax 051-35 58 87, www.kontikiperu.com.

Fiesta de la Virgen de la Candelaria (Anfang Feb.): Die wichtigste religiöse Feier in Puno mit Prozessionen, Musikgruppen und maskierten Tänzern.
Karwoche: Prozessionen.
Fiesta zu Ehren des Santiago Apóstol (26. Juli): Prozessionen in Huancané, Lampa und Pomata.
Tourismuswoche und **Fest der Stadtgründung** (Anfang Nov.): Kunsthandwerksmesse und folkloristische Tänze.

In Puno kann man günstig **Pullover** einkaufen, am billigsten auf dem Mercado de Artesanos in der Nähe des Bahnhofs (Handeln erlaubt; Vorsicht Taschendiebe!). Allerlei **Souvenirs** findet man an den Ständen am Bootsanleger.

Flüge: Der nächstgelegene Flughafen befindet sich im 44 km entfernten Juliaca (s. S. 241 f.); von hier gibt es täglich Flüge über Arequipa nach Lima.
Züge: Vom Bahnhof, Tel. 051-35 10 41 und 36 91 79, in der Avenida La Torre 224 gibt es 3 x pro Woche Verbindungen nach Cusco (Mo, Mi und Sa 8 Uhr, ca. 9,5 Std); Zugklassen und Preise: First Class mit Komfortsesseln und Aussichtswaggon, 130 $ einfach inkl. Mittagessen; Backpacker, 19 $ einfach. Weitere Infos unter www.perurail.com.

Bootsausflüge auf dem Lago Titicaca

Islas de los Urus

Kleine Holzboote starten morgens und nachmittags vom Hafen über die Bucht von Puno (Laguna de Chucuito) zu den **Islas Flotantes de los Urus** 2 (›Schwimmende Inseln der Urus‹). Ursprünglich waren die künstlich angelegten Inseln vom Volk der Urus (›Seemenschen‹) besiedelt, die sich jedoch längst mit den Aymara vermischt haben. Das saftiggrüne Schilfgras dient den Menschen bis heute als Lebensgrundlage im wahrsten Sinne des Wortes: Der Boden der Inseln, die übrigens nur bei Hochwasser tatsächlich schwimmen, besteht aus *totora* (›Binsen‹), mit Erde vermischt. Auch die Häuser und Boote sind aus dem vergänglichen Material und müssen immer wieder erneuert werden. Außerdem geben die getrockneten Binsen einen recht brauchbaren Brennstoff ab und die frischen Triebe sind sogar essbar. Hauptnahrungsmittel der rund 800 Menschen, die auf 15 Inseln verteilt leben, sind die kleinen Fische des Sees, und auch so mancher unvorsichtige Wasservogel landet in den Kochtöpfen der Insulaner, die außerdem Schweine, Hühner und anderes Kleinvieh halten.

Ein Besuch auf diesen ungewöhnlichen Inseln ist zwar zweifelsohne interessant, meist haftet den kurzen Stippvisiten der ausländischen Touristen jedoch der Charakter eines Zoobesuchs an, denn die Kommunikation dieser unterschiedlichen Kulturen beschränkt sich meist auf verstohlene Fotografierversuche auf der einen und nachhaltige Trinkgeldforderungen und das Anpreisen mehr oder weniger geschmackvoller Souvenirs auf der anderen Seite.

Islas Taquile, Amantani und Suasi

Sehr viel lohnenswerter erscheint daher ein Abstecher zur **Isla Taquile** 3, den man auch mit einem Besuch der schwimmenden Inseln kombinieren kann. Wie eh und je leben die 2000 Bewohner dieser landschaftlich reizvollen Insel weit draußen im Lago Titicaca von der Textilherstellung, und überraschenderweise sind es vor allem die Männer, die die Wolle spinnen und die für die Gegend typischen langen Mützen *(chullos)* stricken, während die Frauen kunstvolle Hüftbänder weben. Nach einem steilen Aufstieg vom Bootsanleger gelangt man ins Dorf, das nach wie vor überwiegend von Aymara bewohnt wird. Mit immer neuen Ausblicken über den Lago Titicaca überrascht eine Wanderung über die 6 bis 7 km lange und nur 1 km breite Insel. Da die Fahrt von Puno zur Isla Taquile je nach Bootstyp bis zu drei Stunden dauert, sollte man sich schon früh auf den Weg machen. Als Alternative bietet sich eine Übernachtung in einem der Privathäuser auf der Insel an, was allerdings die Bereitschaft zum Verzicht auf einigen Komfort voraussetzt.

Auch die Einwohner der nicht sehr weit entfernten **Isla Amantani** 4 leben vorwiegend von der Webkunst, doch wegen der längeren Anfahrt verirren sich weniger Touristen hierher als nach Taquile. Dabei hat auch diese Insel landschaftlich viel zu bieten und verfügt sogar über einige Inka-Ruinen. Am dritten Donnerstag im Januar finden hier traditionell Rituale und Festlichkeiten zu Ehren der Pachamama (›Mutter Erde‹) statt.

Ganz nahe an das Nordostufer des Lago Titicaca schmiegt sich die kleine, in Privatbesitz befindliche **Isla Suasi** 5 mit einer herrlich gelegenen, aber nicht ganz billigen Unterkunft. Die Anreise erfolgt per Motorboot ab Puno oder über Land nach Conima, von wo aus man mit einem Boot übersetzt.

Auf den Inseln Taquile und Amantani gibt es keine Hotels oder Pensionen, es werden nur **Privatzimmer** vermietet. Infos bekommt man vor Ort oder bei den Agenturen in Puno (s. S. 252 f.).

Casa Andina Private Collection Suasi Island: Isla Suasi, Tel. 051-962 27 09, Fax 01-213 97 10 (in Lima), www.casa-andina.com. Schöne, naturnahe Anlage mit schönem Garten und 24 netten, komfortablen Zimmern mit Bad (Warmwasser). Ein tolles Plätzchen, aber sehr teuer. Die Anfahrt (per Boot oder günstiger über Land) muss extra bezahlt werden. DZ 230 $ inkl. Vollpension.

Sillustani

Einer der Höhepunkte der Gegend um Puno, und nicht nur aus archäologischer Sicht, ist ein Besuch der geheimnisvollen **Chullpas von Sillustani** 6. Diese bis zu 12 m hohen steinernen Grabtürme wurden von der Aymara sprechenden Colla-Kultur auf einer Halbinsel im **Lago Umayo** errichtet, bevor im 15. Jh. auch hier die Inka den Menschen und der Kultur ihren Stempel aufdrückten. Die kleineren, älteren Strukturen, bei denen lediglich unbehauene Steine übereinandergeschichtet wurden, sind leicht von den kunstvollen neueren Bauwerken mit schön behauenen Steinen zu unterscheiden, die unter Inka-Einfluss entstanden. Leider wurden viele

Mit dem Papyrusboot über den Atlantik

Thema

Nach dem Ende des Zweiten Weltkrieges machte der 1914 in Larvik/ Norwegen geborene Wissenschaftler Thor Heyerdahl, der in Oslo Zoologie und Geografie studiert hatte, mit seinem Balsafloß Kon Tiki weltweit Schlagzeilen.

Von der peruanischen Hafenstadt Callao aus startete er 1947 zusammen mit vier weiteren wagemutigen Norwegern und einem Schweden auf einem einfachen Floß aus Balsastämmen über den Pazifischen Ozean nach Westen und landete 85 Tage später wohlbehalten in Polynesien. Trotz aller vorhergehenden Zweifel seitens etablierter Anthropologen konnte er damit seine Theorie beweisen, dass es den Menschen schon zu frühester Zeit möglich gewesen war, mit ihren einfachen Mitteln die Ozeane zu überqueren, und dass die Südseeinseln möglicherweise vom amerikanischen Kontinent aus besiedelt worden waren. Sein daraufhin erschienenes Buch über diese erste Expedition, »Kon Tiki – ein Floß treibt über den Pazifik«, erreichte Millionenauflagen, und auch ein Kinofilm wurde zum Kassenschlager.

Ein weiteres Vorhaben, seine Theorien zu beweisen, scheiterte jedoch zunächst: Der erste Versuch, mit dem Papyrusboot Ra von Marokko aus über den Atlantik zu segeln, misslang – das Gefährt drohte mitten auf dem Ozean auseinander zu fallen.

Doch Heyerdahl gab nicht auf. Er erinnerte sich an die geschickten Bootsbauer vom Titicacasee, die auf die Fertigung von Binsenbooten spezialisiert waren. Kurz entschlossen ließ er die drei Gebrüder Limachi von der Isla Suriqui und den Bootsbauer Paulino Esteban von der Nachbarinsel Paco zusammen mit einem Übersetzer nach Marokko anreisen. Routiniert und schweigsam fertigten die Aymara-Indianer in kürzester Zeit ein 12 m langes und 5 m breites Boot aus verschnürten Papyrusbündeln, das den Gewalten des Ozeans besser standhielt als sein Vorgänger: Mit sieben Männern aus sieben Nationen an Bord überquerte die Ra II 1970 erfolgreich den Atlantik und erreichte nach 57-tägiger Fahrt die Insel Barbados in der Karibik.

Die Bootsbauer selbst, die maßgeblich am Erfolg dieser Expedition mitgewirkt hatten, blieben vom großen öffentlichen Interesse im Zusammenhang mit dem geglückten Unternehmen verschont: Längst waren sie wieder zurückgekehrt zu ihren Familien am Titicacasee. Heute lebt nur noch Juan Limachi als Fischer auf der Insel Suriqui; seine beiden Brüder José und Demetrio sowie Paulino Esteban kann man in Huatajata besuchen, wo sie Touristen bereitwillig von ihrer Arbeit mit Thor Heyerdahl berichten. Im dortigen Freilichtmuseum Pueblo Andino, das zum Hotel Inca Utama gehört (s. S. 262), ist ein verkleinerter Nachbau der Ra II ausgestellt.

Über die verschiedenen Expeditionen von Thor Heyerdahl gibt es zahlreiche Filme und Publikationen. Sein Buch »Kon-Tiki – ein Floß treibt über den Pazifik« aus dem Jahr 1949 wurde zum Bestseller, ebenso sein Bericht »Expedition Ra«, der 1970 veröffentlicht wurde. 1995 folgte der Titel »Die Pyramiden von Tucumé« über seine Forschungsarbeit in Nordperu (s. S. 311). Eine Biografie des 2002 im Alter von 87 Jahren verstorbenen Forschers hat Berndt Schulz verfasst: »Thor Heyerdahl, Wissenschaft als Abenteuer« (Tecklenborg-Verlag 1998).

der Türme von Grabräubern und Blitzschlag beschädigt (erst vor Kurzem hat man zur Vorbeugung Masten als Blitzableiter errichtet), aber man weiß, dass hier nur wenige Tote bestattet wurden. Es ist daher anzunehmen, dass auf der Halbinsel lediglich wichtige Persönlichkeiten und deren Familienangehörige ihre letzte Ruhestätte fanden. Die kleinen Eingangsöffnungen, die bezeichnenderweise alle in Richtung Osten und damit zum Sonnenaufgang zeigen, waren ursprünglich vermauert.

Mächtig ragt die **Chullpa del Lagarto** in den Himmel, mit einer Höhe von 12 m der größte Grabturm Südamerikas überhaupt. Vom Fußweg aus erscheint das Bauwerk intakt, und von dort erkennt man auch die sich nach oben verbreiternde Form und das kleine Relief einer Eidechse, das dem Turm seinen Namen verlieh. Auf der Rückseite hingegen ist der innen mit Steinmaterial gefüllte Turm ›aufgeplatzt‹, möglicherweise durch Frostsprengung oder Blitzschlag. Ringsum verstreut liegen die tonnenschweren Steinblöcke, die passgenau zugeschnitten und mit Mulden versehen sind, in denen runde Steine als eine Art Zapfen saßen. Hier fand man auch einen wertvollen Goldschatz, der allerdings in dunklen Kanälen verschwunden ist. Neben den Grabtürmen gibt es zwei Steinkreise zu sehen, wahrscheinlich Kultorte für die Verehrung von Sonne und Mond, vielleicht handelte es sich aber auch um Opfer- und Weihestätten.

Zahlreiche Veranstalter in Puno bieten Ausflüge nach Sillustani an. Wer mit dem eigenen Fahrzeug unterwegs ist, zweigt auf halber Strecke zwischen Puno und Juliaca links ab und erreicht nach etwa 32 km (ab Puno) auf durchgehend geteerter Straße den Lago Umayo. Ein schönes Erlebnis ist auch ein Spaziergang über die Halbinsel, bei dem man zahlreiche Kakteenarten und die flinken, aber neugierigen wilden Meerschweinchen entdecken kann. An den Ufern des Sees suchen viele Wasservögel nach Nahrung, und auch Greifvögel, die in den steilen Hängen der Halbinsel nisten, sind häufig zu sehen (tgl. 7–18 Uhr, 7 N/S).

Von Puno nach Copacabana

Chucuito

Die etwa 18 km von Puno entfernte Gemeinde **Chucuito** 7 beherbergt neben zwei Kolonialkirchen einen wenig bekannten Fruchtbarkeitstempel der Inka. Innerhalb einer diskreten Steinmauer finden sich zahlreiche unterschiedlich große phallusartige Steinsäulen, die in Unkenntnis ihrer ursprünglichen Position wie Pilze in den Boden gepflanzt wurden.

Hotel Taypikala Lago: Tel./Fax 051-36 96 89, www.taypikala.com. Neues, modernes Hotel am See, Zimmer mit Badewanne, teilweise mit Seeblick, Pool. DZ/ÜF 67 $.

Hotel Taypikala: Tel./Fax 051-36 96 89, www.taypikala.com. Hotel in ungewöhnlichem Baustil mit Pool und Sauna, netten Zimmern (Heizung, z. T. Seeblick) und Restaurant. DZ/ÜF ab 67 $.

Hostal Elena: Tel./Fax 051-35 21 08. Einfaches Hostal, Zimmer mit Warmwasser und Seeblick. DZ/ÜF 25 $.

Ilave und Juli

Nach weiteren 38 km erreicht man **Ilave,** den größten Ort zwischen Puno und Copacabana, der aber außer dem noch recht ursprünglichen Sonntagsmarkt für Besucher nur wenig Sehenswertes bietet.

Im Gegensatz dazu ist **Juli** 8**,** wo donnerstags ein Wochenmarkt stattfindet, weithin bekannt für seine schönen Kolonialkirchen. Im 17. Jh. unterhielten hier die Jesuiten ein Ausbildungszentrum für Missionare, die anschließend im Regenwaldgebiet und im heutigen Paraguay den Glauben Gottes verbreiten sollten. Die älteste der vier Kirchen, die **Iglesia San Juan Bautista,** wurde Ende des 16. Jh. errichtet und inzwischen zu einem Museum umgestaltet, das u. a. schöne Gemälde mit üppigen Barockrahmen ausstellt. Die **Iglesia Sta. Cruz** befindet sich in einem desolaten Zustand (das Dach ist teilweise eingestürzt), und auch der Glockenturm der

Dem bolivianischen Copacabana gebührt die Ehre, Namengeber für sein brasilianisches Pendant gewesen zu sein

1620 fertiggestellten **Iglesia La Asunción,** von der aus sich ein eindrucksvolles Panorama bietet, wurde durch Blitzschlag schwer beschädigt. Am besten erhalten ist die Hauptkirche, die **Iglesia San Pedro,** die zahlreiche wertvolle Altäre beherbergt. Lohnenswert ist auch ein näherer Blick auf die anderen Gebäude an der zentralen Plaza, z. B. die **Casa de Zavala,** ein Kolonialhaus aus dem 17. Jh. mit zwei schön verzierten Portalen.

Pomata

Vorbei an ungewöhnlichen Sandsteinformationen geht die Fahrt weiter nach **Pomata** 9 (106 km ab Puno). Auf keinen Fall sollte man den kurzen Abstecher zur **Iglesia Santiago Apóstol** versäumen, die sich auf einem Hügel neben der Plaza hoch über dem See erhebt. Das um 1700 von Dominikanern begonnene Gebäude aus rosa Granit wurde in der zweiten Hälfte des 18. Jh. von Jesuiten fertiggestellt und zählt mit seinen außergewöhnlich detailfreudigen Steinmetzarbeiten zu den bemerkenswertesten Sakralbauten Südamerikas. Die Portalrahmungen wurden im plateresken Stil mit Motiven aus der tropischen Regenwaldregion ausgestaltet, sodass sich hier Papageien, Kolibris, Affen und andere Tiere und Pflanzen finden, die im Hochland gar nicht vorkommen. Auch im Innern sind die Wände und Portale sowie die Kuppel aufwendig dekoriert, besonders sehenswert sind die beiden Portale der Sakristei.

Copacabana

Reiseatlas: S. 26, E 1; **Karte:** S. 250
Kurz hinter Pomata verzweigt sich die Straße: Geradeaus führt sie über Desaguadero, vorbei an Tiahuanaco, auf kürzestem Weg nach La Paz (s. S. 268 ff.), links zunächst nach Yun-

guyo und dann über die Grenze nach **Copacabana** 10 auf der gleichnamigen Halbinsel. Dieser bedeutendste Wallfahrtsort Boliviens liegt eingebettet zwischen dem Cerro Calvario, dem ›Kalvarienberg‹, und dem gegenüberliegenden Cerro Sancollani an einer hübschen Bucht am See. Mit seinen Sandstränden und dem meist strahlend blauen Himmel könnte das bolivianische Copacabana seinem Namensvetter in Rio de Janeiro durchaus Konkurrenz machen – wären da nicht das strenge Klima auf über 3800 m Höhe und die unangenehm kühlen Wassertemperaturen ... Übrigens: Die viel verehrte Jungfrau von Copacabana am Lago Titicaca hat dem wohl berühmtesten Strand Brasiliens seinen Namen verliehen – und nicht etwa umgekehrt!

Basilika

Beherrscht wird das Ortsbild von der 1820 fertiggestellten **Basilika** im maurischen Stil, die mit ihren bunten *azulejos* (›Kacheln‹) und den eindrucksvollen Kuppeln alle Blicke auf sich zieht. An der Stelle der heutigen Kirche wurde bereits 1614 bis 1618 eine Kapelle erbaut, die dann ab 1670 erweitert wurde. Geweiht ist das Gotteshaus der Virgen de Copacabana, der Schutzheiligen des Lago Titicaca. Der Indio Tito Yupanqui, ein direkter Nachkomme der Inka-Herrscherfamilie, hatte um 1576 eine 1 m hohe Statue der Jungfrau Maria mit Jesuskind aus dunklem Holz geschnitzt, woher sich auch der Beiname Virgen Morena (›dunkle Jungfrau‹) ableitet. Die allseits verehrte Figur der Muttergottes, der zahlreiche Wunder und Heilungen zugeschrieben werden, trägt eine Krone aus purem Gold und kann im Innern der Basilika besichtigt werden: Links vom prächtigen Hauptaltar liegt der Zugang zum Camarín de la Virgen, einem Raum hinter dem Altar, wo die Wächterin des Sees ihren Blick auf den Lago Titicaca richtet. Vom Kirchenraum aus ist die Figur nur während der Messe zu sehen, dann nämlich wird sie umgedreht und blickt so aus einer Altarnische auf die Gläubigen nieder.

Höhepunkt des religiösen Jahres ist die **Fiesta de la Virgen de Copacabana** am 4. August mit einer großen Prozession zu Ehren der Jungfrau, an der zahlreiche Tanz- und Musikgruppen aus dem ganzen Land teilnehmen. Aber auch während des restlichen Jahres kann man die inbrünstige Religiosität der Menschen verspüren, so beispielsweise bei der Cha'lla, der Fahrzeugweihe vor der Kirche an der Plaza 2 de Febrero, bei der Autos und Lastwagen mit Girlanden, Blumen und Konfetti geschmückt werden, bevor der Priester seinen Segen gibt.

Richtig Reisen-Tipp: Wanderung nach Yampupata

Eine erwägenswerte Alternative zur Fahrt mit dem Boot von Copacabana zur Isla del Sol ist eine vier- bis fünfstündige Wanderung am Ufer des Sees zum Dorf **Yampupata,** dem der ›Sonneninsel‹ nächstgelegenen Punkt auf dem Festland, von wo aus die kurze Überfahrt zur Insel mit Ruderbooten möglich ist. Zwar verkehren auch Busse zu diesem Ort, doch gilt auch hier: Der Weg ist das Ziel. Die Wanderung beginnt in der Calle Pando hinter dem überdachten Markt und führt zunächst in etwa zweieinhalb Stunden zum Dorf Titicachi und dann weiter über das Nachbardorf Sicuani nach Yampupata. Hier kann man für wenig Geld per Ruderboot zum Ruinenkomplex **Pilko Kaina** in der Nähe der Südspitze der Isla del Sol gelangen. Der zweistöckige Palacio del Inka diente dem herrschenden Inka als Rückzugsort.

Cerro Calvario und Niño Calvario

Überall in den Straßen der Stadt finden sich Marktstände mit bunten Sonnenschirmen, an denen eine Spezialität der Gegend angeboten wird: Säckeweise warten *pasankallas,* Maiskörner, die wie Popcorn aufgebacken werden, auf hungrige Käufer. Östlich der Plaza Sucre führt ein Weg zu einer einfachen, erhöht gelegenen Kirche. Hier beginnt der steile Kreuzweg hinauf zum **Cerro Calvario.** Ein wahrer Massenauflauf findet hier am Karfreitag statt, wenn Tausende von Pilgern herbeiströmen – einige gar zu Fuß vom rund 140 km entfernten La Paz. Wem der Aufstieg zum Gipfel zu anstrengend ist, den belohnt bereits auf halbem Weg ein herrlicher Blick über den Ort und den See für die Mühen.

Ein anderer Weg führt hinter der Basilika auf den Hügel **Niño Calvario** im Westen der Stadt, wo sich der Horca del Inka (›Inka-Galgen‹) erhebt, ein von Menschenhand modellierter Felsen. Trotz seiner Form handelt es sich aber mitnichten um einen Galgen, sondern vielmehr um ein astronomisches Observatorium der Inka zur Bestimmung der Tagundnachtgleiche im Frühjahr und Herbst – wichtige Anhaltspunkte zum Beginn von Aussaat und Ernte. Nur zu diesem Zeitpunkt nämlich scheint die Sonne durch ein Loch in dem Felsen auf den benachbarten flachen Stein.

Tourist-Info: Plaza 2 de Febrero (neben der Post), tgl. 9–17 Uhr (unregelmäßig).

Residencial Rosario del Lago: Av. Costanera, Tel. 02-862 21 41, Fax 862 21 40, www.hotelrosario.com/lago. Gutes Hotel in ruhiger Lage, schöne Zimmer mit Seeblick, Restaurant. DZ/ÜF ab 44 $.
Hotel Utama: C. Michel Pérez, Ecke C. San Antonio, Tel. 02-862 20 13. Nettes Hotel mit Seeblick und Dachterrasse, ordentliche Zimmer. DZ 20 $.
Hotel La Cúpula: C. Michel Pérez 1–3, Tel./Fax 02-862 20 29, www.hotelcupula.com. Schön gelegenes Hostal am Ortsrand, ruhige, freundliche Zimmer, nett dekoriert, z. T. mit Seeblick, gutes Restaurant (internationale und vegetarische Küche), deutsche Leitung. DZ ohne/mit Bad ab 14/20 $.
Hostal Colonial del Lago: Av. 16 de Julio 100, Ecke Av. 6 de Agosto, Tel. 02-862 22 70, www.titicaca-bolivia.com. Neueres Hostal mit einfachen Zimmern (mit Bad und Seeblick) auf vier Stockwerken, Gartenrestaurant. DZ/ÜF 9 $.
Hotel Brisas del Titicaca: Av. 6 de Agosto, Tel. 02-862 21 78. Einfache Zimmer mit/ohne Privatbad, z. T. mit Seeblick. DZ/ÜF 5 $.

Telefonate von La Paz nach Copacabana
Wer von La Paz aus in Copacabana anrufen will, muss die »01« vorwählen.

Zahlreiche einfache Restaurants findet man entlang der Avenida 6 de Agosto und der Avenida La Paz/C. Grl. Gonzalo Jáuregui, die vom Hauptplatz zum See führen. Die Spezialität des Ortes ist Seeforelle *(trucha criolla)*.
Café Bistrot Copacabana: Av. 6 de Agosto, Ecke Cabo Zapana, 1. Stock, Tel. 02-862 24 97, tgl. 7.30–21 Uhr. Englisches Frühstück, Currys, vegetarische Küche, Fish & Chips, Fleisch, Suppen, Salate und Kuchen. Hauptgerichte um 20 Bol.
Pensión Aransaya: Av. 6 de Agosto. Gutes Essen, große Portionen.
La Merced: C. Grl. Gonzalo Jáuregui. Netter Innenhof, freundlich.
Puerta del Sol: Av. 6 de Agosto. Gartenrestaurant, preiswerte Forelle.

Fiesta de la Candelaria (2. Feb): Fest zu Ehren der Jungfrau von Copacabana mit Musik, einer Prozession und – wie auf jeder Fiesta – viel Alkohol.
Fiesta de la Virgen de Copacabana (5. Aug.): Eines der wichtigsten religiösen Feste des Landes mit Prozessionen und Feierlichkeiten. Schon die ganze Woche vorher steht der Ort Kopf.

Bootstouren: Verschiedene Unternehmen bieten Ausflüge auf dem Lago Titicaca, z. B.:
Titicaca Tours, Tel. 02-862 20 60. U. a. Bootsfahrten zur Isla del Sol (20 Bol.).
Transturin, Av. 6 de Agosto, Tel. 02-862 22 84. Ausflüge mit Katamaran (tgl. 11 Uhr).
Crillon Tours, La Paz, Tel. 02-233 75 33. Schnelle Tragflügelboote zur Isla del Sol und weiter nach Huatajata.

Busse: Stündliche Verbindungen von der Plaza 2 de Febrero nach La Paz (tgl. 8–16 Uhr, 3,5 Std.) mit Transportes

Mythischer Ort: Der Legende nach gebar der Lago Titicaca die ersten Inka

Manco Capac, Tel. 02-245 90 45; Transtur 2 de Febrero, Tel. 02-245 30 35; 6 de Junio, Tel. 02-245 52 58; Achtung: Manchmal fahren die Busse nur bis El Alto. Mittags gibt es Verbindungen mit Touristenbussen nach Puno (ca. 16 Bol.).

Sammeltaxis: Regelmäßige Fahrten ab Plaza Sucre zur Grenze nach Yunguyo.

Schiffe: Regelmäßig pendeln Fähren über die Seeenge von Tiquina südöstlich von Copacabana; Abfahrt in San Pedro de Tiquina, Ankunft in San Pablo, von wo eine gute Straßenverbindung nach La Paz besteht.

Isla del Sol und Isla de la Luna

Am Hafen von Copacabana warten unzählige Boote auf Ausflügler zur sehenswerten **Isla del Sol** 11 (›Sonneninsel‹), die am schnellsten mit einem Tragflügelboot zu erreichen ist. Heute leben etwa 5000 Menschen auf der größten Insel im Lago Titicaca, die meisten davon in den drei wichtigsten Siedlungen: Yumani im Süden, Cha'lla im Zentrum und Cha'llapampa im nördlichen Teil der etwa 10 km langen und bis zu 4 km breiten Insel.

Die meisten Ausflugsboote legen zu Füßen der Ortschaft **Yumani** bei der **Escalera del Inka** an, einer von den Inka erbauten Steintreppe, die von einem Wasserkanal flankiert wird und zu einer Quelle hinaufführt. Einheimische Führer drängen hier zu einer Kostprobe des heiligen Wassers, dem die Kraft ewiger Jugend zugeschrieben wird. Doch auch wenn die Heilkraft des Wassers umstritten ist, lohnt sich der anstrengende Aufstieg, denn der Ausblick zur verschneiten Cordillera Real ist wahrhaft atemberaubend. Von Yumani aus führt eine etwa dreistündige Wanderung in den Norden der Insel mit immer neuen Ausblicken über den See. Unterwegs bietet sich ein Abstecher nach **Cha'llapampa** an. In einem kleinen Museum sind die 1992 gehobenen Funde der ›versunkenen Stadt‹ Marka Pampa aufbewahrt, einer archäologischen Stätte, die sich nördlich der Insel etwa 8 m unter dem Wasserspiegel befindet. Die zahlreichen Exponate aus Stein und Keramik tragen deutlich die Handschrift der Tiahuanaco-Kultur.

Der archäologisch bedeutendste Komplex der Insel sind die **Ruinen von Chincana.** Der zentrale Palacio del Inka, auch El Laberinto, Incanotapa oder Pilcocayma genannt, wurde angeblich vom Inka Tupac Yupanqui erbaut. Der nahe gelegene Fels **Titi Khar'ka** (›Stein der Wildkatze‹) ist der Namenspatron des Sees. Mit etwas Fantasie kann man die katzenartige Form des roten Sandsteinfelsens erkennen, der als heiligster Ort der Insel verehrt wird. Hier wurden gemäß der Schöpfungslegende der Quechua und Aymara der erste Inka, Manco Capac, und seine Schwester-Gattin Mama Ocllo vom Sonnengott zur Erde geschickt. Ihr Auftrag lautete, einen geeigneten Ort zur Gründung einer Stadt zu suchen, die dem auserwählten Volk der Inka als Heimat dienen sollte. Im Innern des geheiligten Felsens, der einst mit Vikunjawolle überzogen war, wurden Opfergaben gefunden, die Höhlung war mit Gold- und Silberplatten ausgeschmückt.

Nahe der Sonneninsel liegt die sehr viel kleinere **Isla de la Luna** 12 (›Mondinsel‹), auch Coati genannt. Der Schöpfungsgott Viracocha gab hier der Legende nach dem Mond den Befehl, in den Himmel zu steigen. Auf der Nordseite der Insel, die seit jeher fruchtbares Ackerland bietet, liegen die Überreste des **Tempels der Sonnenjungfrauen** *(acllahuasi),* der allein im Untergeschoss über 35 Räume verfügte. Südlich der Isla de la Luna wird der Lago Titicaca schmaler und verjüngt sich zur **Seeenge von Tiquina,** der mit etwa 800 m engsten Stelle des Sees.

... auf der Isla del Sol:
Ecolodge La Estancia: Yumani/Hu-

acani, Reservierung über Magri Turismo, La Paz, Tel. 02-244 27 27, Fax 44 30 60, www.ecolodge-laketiticaca.com. Sympathische Unterkunft in herrlicher Lage, kleine Häuschen am Hang mit Seeblick und Solarheizung. DZ/ÜF 70 $.

La Posada del Inca: Yumani, Reservierung über Crillon Tours, La Paz, Tel. 02-33 75 33, Fax 211 64 81, www.titicaca.com. Ehemalige Hacienda in herrlicher Lage, nette Zimmer mit Bad (Warmwasser) und Heizung, landestypische Küche (nur mit vorheriger Reservierung). Übernachtung nur möglich in Verbindung mit Pakettouren auf dem Titicacasee; Tagestouren ab 130 $, Zusatznacht DZ/ÜF 69 $.

Hostal Inti Wayra: Yumani, Tel. 02-45 90 27. Nettes Hostal in erhöhter Lage mit schönem Blick über den See; sehr einfach, nur Gemeinschaftsbad.

Hostal Puerta del Sol: Yumani, Tel. 02-71 95 51 81. Schöne Lage am höchsten Punkt des Dorfes, kleine, einfache Zimmer, z. T. mit Bad.

Residencial El Imperio del Sol: Yumani. Neues Hostal, einfache, ordentliche Zimmer, Gemeinschaftsbad.

Außerdem gibt es zahlreiche **einfache Unterkünfte** in den Dörfern Cha'lla und Cha'llapampa.

Lago de Huiñaymarca

Huatajata

Südlich der Seeenge von Tiquina erstreckt sich der **Lago de Huiñaymarca,** der flache Südteil des Lago Titicaca. Ein guter Ausgangspunkt für Bootsausflüge zu den zahlreichen Inseln ist die Siedlung **Huatajata 13,** der Heimathafen der schnellen Tragflügelboote. Im Hotel Inca Utama (s. u.) befinden sich mehrere interessante Museen zur Kultur und den Menschen des Hochlandes; leider ist der Besuch den Hausgästen vorbehalten.

Hotel Inca Utama: Tel./Fax 02-813 50 50, Reservierung auch über Crillon Tours, Tel. 02-233 75 33, Fax 211 64 81, www.titicaca.com. Luxuriöses Hotel direkt am See, 60 Zimmer und Suiten mit Heizdecken, außerdem Restaurant, Bar und mehrere Museen. DZ/ÜF 129 $.

Hotel Titicaca: Carretera Huarina–Huatajata km 65, Tel. 02-220 36 66 und 231 55 66. Hotel am See mit Restaurant, Indoor-Pool, Sauna, Squash-Court und Kinderspielplatz. DZ/ÜF 20 $.

Die Restaurants **Inti Karka** und **Wiñay Marka** bieten u. a. leckere Forellen *(trucha)* und *chairo,* eine typische Suppe der Region. Weitere Restaurants in den Hotels.

Puerto Pérez

Von Huatajata führt die Teerstraße nach La Paz über **Huarina,** wo die Zufahrt nach Sorata (s. S. 279) abzweigt, eine wunderschöne Strecke entlang der eindrucksvollen Cordillera Real. Nur wenige Kilometer hinter Huarina kann man von dem Ort Batallas erneut ans Seeufer nach **Puerto Pérez 14** fahren. Hier befindet sich eine weitere Hotelanlage, die auch über einen Bootsanleger verfügt.

Complejo Turístico Las Balsas: Tel. 02-70 61 98 42, Fax 239 13 10, Reservierung auch über Turismo Balsa, La Paz, Tel. 02-244 06 20, Fax 239 13 10, www.turismobalsa.com/hotel.html. Große Hotelanlage direkt am See mit Pool. DZ/ÜF 50 $.

Islas Suriqui, Kalahuta und Pariti

Die wohl bekannteste Insel im Lago de Huiñaymarca ist die **Isla Suriqui 15,** die von einem dichten Gürtel aus Binsen umgeben ist. Aus diesem Material fertigen die Bewohner schon seit jeher leichte Boote (s. S. 255).

Weniger besucht ist die benachbarte **Isla Kalahuta 16,** auf der sich noch zahlreiche Reste von steinernen Grabtürmen *(chullpas)* finden. Empfehlenswert ist eine ungefähr zweistündige Inselwanderung, die neben herrlichen Ausblicken über den von Binsen bedeckten See auch Einblicke in das Leben der Menschen verspricht. Wegen des niedrigen Wasserstands ist die ›Insel‹ inzwischen auch über Land zu erreichen, es bestehen tägliche Busverbindungen nach La Paz.

Mit einer großen Überraschung wartet die ursprüngliche **Isla Pariti** 17 auf: Hier hat vor Kurzem ein Museum eröffnet, das unglaublich fein gearbeitete und verzierte Keramikfunde von der Insel zeigt – alle Objekte wurden ohne Gebrauch einer Töpferscheibe hergestellt, was kaum vorstellbar erscheint. Leider sind die Exponate bislang nur dürftig beschriftet, sodass man am besten mit einem Führer hierher kommen sollte.

Auch die weniger bekannten der elf Inseln im Südteil des Lago Titicaca wie beispielsweise die Isla Taquiri lohnen einen Besuch.

Zu den Inseln besteht kein regulärer Schiffsverkehr, aber es gibt zwei Veranstalter, die dorthin Touren anbieten: Crillon Tours (s. S. 259, etwas teurer und besser) ab Huatajata sowie Balsa Tours, c/o Complejo Turístico Las Balsas (s. S. 262), www.turismobalsa.com, ab Puerto Suarez.

Zepita und Desaguadero

Wer von Pomata (s. S. 257) die direkte Verbindungsstraße nach La Paz nimmt, passiert zunächst die Ortschaft **Zepita** am Südwestufer des Lago de Huiñaymarca, die mit einer Kolonialkirche aus dem 18. Jh. aufwartet. Etwa 50 km nach Pomata erreicht man den hässlichen Grenzort **Desaguadero** 18. Eine Brücke über den Río Desaguadero, den einzigen Abfluss des Lago Titicaca, markiert die Grenze zum Nachbarstaat Bolivien. Da dort viele Waren des täglichen Bedarfs billiger zu haben sind als in Peru, hat sich der bolivianische Teil des Ortes mit seinen unverputzten Backsteinhäusern, die schnell in die Höhe gezogen wurden, zu einem riesigen Dutyfree-Shop entwickelt: In einfachen Geschäftsräumen und unter freiem Himmel werden überall Getränke, Lebensmittel, Haushaltswaren und allerlei sonstige Produkte angeboten.

Guaqui

Obwohl Boliviens wichtigste ›Hafenstadt‹ und im Besitz einer bemerkenswerten Kolonialkirche, ist der nächste Ort, **Guaqui,** nur eine ärmliche Hochlandsiedlung, die von der Hochwasserkatastrophe im Jahr 1986 schwer in Mitleidenschaft gezogen wurde. Hier, am Ende der Bahnlinie von La Paz, werden Waren auf den Frachter Manco Capac verladen, der einmal im Monat mit Ziel Puno ablegt. Leider wurden die Personenzüge nach La Paz vor einigen Jahren eingestellt.

Tiahuanaco

Karte: S. 264

Nur etwa 20 Minuten weiter liegen links der Straße die Ruinenstätte **Tiahuanaco** 19 und der gleichnamige Ort. Im Zusammenhang mit dem Abkommen zur Nutzung des peruanischen Hafens Ilo (s. S. 173) wurde die Zufahrtsstraße von La Paz (55 km) inzwischen durchgehend geteert. Wo sich heute nach jahrhundertelanger Zerstörung und Plünderung, die bereits von den Spaniern begonnen wurde, nur noch wenige Überreste einer untergegangenen Kultur finden, hatte einst die wohl fortschrittlichste Zivilisation der Zentralanden ihre Hauptstadt und ihr religiöses Zentrum (tgl. 9–17 Uhr, 80 Bol.).

Geschichte

Auf einer Siedlungsfläche von 2,5 bis 3 km^2 lebten schätzungsweise bis zu 20 000 Einwohner, die sich vom Ackerbau ernährten. Die Felder, die über Kanäle vom See her bewässert wurden und wohl sehr fruchtbar waren, erstreckten sich über eine Fläche von rund 80 km^2. Im Zentrum der Stadt lag eine bedeutende Kultstätte, die weithin als Wallfahrtsort bekannt war. Obwohl die frühen Vertreter der Tiahuanaco-Kultur hier schon rund 1000 Jahre vor unserer Zeitrechnung gelebt hatten, sind die Tempel und Stelen in der Zeit zwischen 700 und 1200 entstanden. Der verwendete Basalt und Sandstein stammt aus Steinbrüchen, die sich viele Kilometer entfernt befanden.

Bis hinein in unser Jahrhundert schenkte man der historischen Bedeutung dieses Ortes nur wenig Aufmerksamkeit und strafte ihn mit Ignoranz: Die fein gearbeiteten Gesteinsblöcke mussten herhalten für den Bau der

Tiahuanaco

Sehenswürdigkeiten

1 Regionalmuseum
2 Puerta de la Luna
3 Putuni
4 Puerta del Sol
5 Monolite Fraile
6 Ponce-Monolith
7 Templete Semisubterráneo
8 Kantat hallita
9 Akapana-Hügel
10 Pumapunku

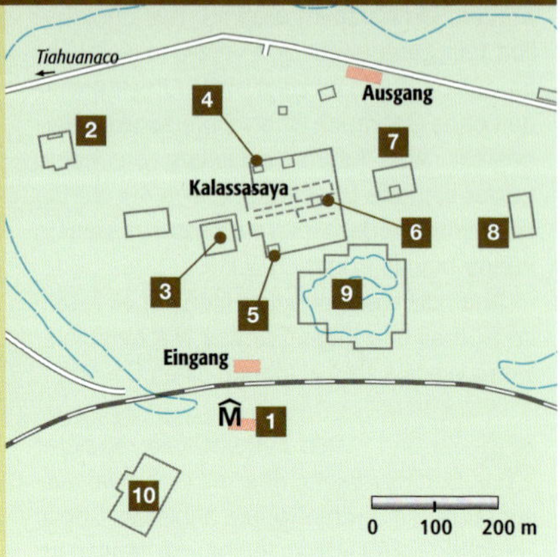

üppigen Barockkirchen in La Paz und auch noch später wurde die Anlage von Tiahuanaco beim Bau der Eisenbahnlinie als Steinbruch missbraucht. Entsprechend schwierig gestaltete sich die Arbeit für die Archäologen, die sich seit Beginn des 20. Jh. mit der Geschichte dieser Kultur näher beschäftigten. Nach eingehenden Grabungsarbeiten versuchten sie, den Ort möglichst originalgetreu zu restaurieren, wobei viele Maßnahmen aus heutiger Sicht fragwürdig erscheinen. Auch wenn sich den verbliebenen Fundstücken so manches Geheimnis entlocken ließ – noch immer sind viele Fragen unbeantwortet. Die vielleicht Drängendste lautet: Warum wurde die Stadt verlassen, was führte zum Untergang dieser einstmals blühenden Kultur? Waren es einschneidende Klimaveränderungen oder gar eine gigantische Überschwemmung? Führte eine Überbevölkerung zum Kollaps eines ganzen Volkes? Oder sind Überfälle feindlicher Nachbarn für das Ende von Tiahuanaco verantwortlich?

Rundgang durch die Anlage

Der Eingang zur Ausgrabungsstätte befindet sich im Süden der Anlage, gegenüber dem **Regionalmuseum 1.** Dieses bietet einen guten Überblick über die verschiedenen Schaffensepochen der Hochlandkulturen und zeigt neben vielfältigen Keramikfunden auch Steinskulpturen wie etwa den Schwarzen Puma oder einen der berühmten Monolithenköpfe Tiahuanacos. Vorbei an einer Gruppe schlecht erhaltener Monolithen gelangt man linker Hand zur **Puerta de la Luna 2,** dem kleinen und nur wenig verzierten ›Mondtor‹.

Im Zentrum der Ausgrabungsstätte befindet sich der **Kalassasaya** (›Stehender Stein‹), ein offener Tempel auf einer um 3 m erhöhten Plattform, die nach astronomischen Gesichtspunkten angelegt wurde. Eingefasst wird diese mit 120 m x 130 m fast quadratische Anlage von einer weitgehend rekonstruierten Mauer aus gewaltigen Monolithen und dazwischenliegenden kleineren Felsblöcken. Vor der Westmauer erstreckt sich der ›Palast der Sarkophage‹, **Putuni 3,** ein von Steinwänden umrahmter Innenhof.

Im Innern des Kalassasaya erblickt man die berühmte **Puerta del Sol 4** (›Sonnentor‹), die sich vormittags im besten Licht präsentiert. Die relativ bescheidenen Ausmaße des etwa 44 t schweren Andesitblocks – er ist nur 3 m hoch und knapp 4 m breit – stehen im Gegensatz zur Bedeutung dieses Monolithen als zentrales Kultobjekt. Während sich auf der schmucklosen Rückseite nur leere Nischen und Wandfelder befinden, ist die nach Osten zeigende Vorderseite mit einem Schmuckfries im Basisrelief verziert, der zu den herausragendsten Leistungen präkolumbischer Künstler in Südamerika zählt. In drei Reihen streben von beiden Seiten menschlich-tierische Mischwesen auf eine zentrale Figur zu, die mit dem Sonnengott in Zusammenhang gebracht wird, aber auch als Donnergott oder als Schöpfergott Viracocha interpretiert werden kann. Diese geflügelten ›Götterboten‹, die z. T. mit Vogelköpfen versehen sind, tragen jeweils einen Stab in Form einer Schlange, der ebenfalls in einem Vogelkopf endet. Auch die zentrale Gottheit hält zwei solche ›Zepter‹ in Händen. Der in Wassertropfen und Pumaköpfen auslaufende Strahlenkranz repräsentiert laut dem Archäologen Arthur Posnansky einen agrarischen Kalender, wobei die zwölf tropfenförmigen Strahlen für die Monate des Jahres stehen.

In der Südwestecke wurde der **Monolite Fraile** **5** aufgerichtet, ein Monolith aus rötlichem Gestein, der anfangs wegen seiner Kopfbedeckung als Mönch *(fraile)* interpretiert wurde. In den Händen hält er ein Zepter und einen *kero,* einen kultischen Trinkbecher. Auffällig ist neben seinem Gürtel aus Krebsen und dem gefleckten Rock die unnatürlich verdrehte rechte Hand, die Anlass zu Spekulationen gibt. Mit Sicherheit ist diese Anomalität vom Künstler beabsichtigt, und es stellt sich die Frage, ob er damit vielleicht die übernatürlichen Kräfte dieses Wesens symbolisieren wollte. Auch der gut erhaltene **Ponce-Monolith** **6**, der 1957 von C. Ponce entdeckt wurde, hat diese seltsam verdrehte Hand. Die knapp 3 m große Andesitfigur datiert aus dem 7. Jh. und ist am ganzen Körper übersät mit Motiven, die im Wesentlichen der Symbolik am Sonnentor ähneln – ein Hinweis auf Tätowierungen, wie sie in vielen Kulturen verwendet wurden? Wegen der Zöpfe, die in Vogelköpfen enden, wurde spekuliert, dass die Figur weiblich sei. Der gefleckte Rock könnte ein Jaguarfell darstellen, denn obwohl der »Herr des Dschungels« hier nicht lebt, gab es sicherlich Handelsbeziehungen in die Regenwaldregion. Als die Spanier diesen Monolithen fanden, ordneten sie ihn einer ›heidnischen‹ Religion zu. Doch statt ihn zu vernichten, wie dies leider viel zu oft geschah, wurde er ›getauft‹, indem man ein christliches Kreuz in die rechte Schulter einritzte.

Vom Ponce-Monolithen blickt man durch das Ostportal zum **Templete Semisubterráneo** **7**, dem ›halbunterirdischen Tempel‹, der zwar schon 1903 entdeckt, aber erst 1960 freigelegt wurde. Die Wände der 26 m x 28 m großen Anlage sind verziert mit eingefügten Steinköpfen aus rotem Sandstein, von denen sich allerdings nur zwei an der Originalstelle befinden. Ob es sich hierbei um die nachgebildeten Schädel der besiegten Feinde handelt, wie dies oft zu lesen ist? Im Zentrum des Hofes stehen drei Stelen, wobei die 2,55 m große Stele Nr. 15, bekannt auch als der Bärtige Monolith, von besonderer Bedeutung ist. Dargestellt ist eine Figur mit kreisrunden Augen und wulstigen Lippen. Darunter erkennt man zwei Raubkatzen. Noch ein weiterer Monolith, die Stele Nr. 10, wurde 1932 hier entdeckt; sie befindet sich derzeit in La Paz im Freilichtmuseum an der Plaza Tiahuanaco, vor dem Hernando-Siles-Stadion (s. S. 272).

Ein Abstecher führt zur östlich gelegenen **Kantat hallita** **8**, wo sich neben zerstörten Monolithen ein steinernes Modell der gesamten Anlage befindet. Einige Gebäudefragmente sind mit Löchern für Metallklammern versehen – ein Hinweis darauf, dass viele Wände einst mit Gold verkleidet waren.

Südlich der Kalassasaya ragt der **Akapana-Hügel** **9** rund 18 m in die Höhe, von dem bislang nur Teile der beiden Stirnseiten freigelegt wurden. Ansonsten ist diese riesige Tempelpyramide, die aus sieben Terrassen besteht, noch immer von Erde bedeckt. Noch ist zu klären, ob hier ein vorhandener Hügel überbaut oder ob ein künstlicher Hügel zur Verehrung der Götter aufgeschichtet wurde.

Etwas abseits liegt südwestlich des Museums ein weiterer terrassierter Tempel (allerdings weitaus kleiner als Akapana), genannt **Pumapunku** **10**, das ›Tor des Pumas‹. Im Zentrum des Komplexes liegen bis zu 130 t schwere Steinblöcke, die ebenfalls Fassungen für Kupferklammern aufweisen.

Eines der wichtigsten Kulturdenkmäler im Andenraum: das Sonnentor von Tiahuanaco

La Paz und Umgebung

Cityplan S. 270/271

Die bolivianische Metropole ist eine ungewöhnliche Stadt, schon allein wegen ihrer geografischen Lage in einem tief eingeschnittenen Tal. Es ist eine lebendige, quirlige Stadt mit vielen Märkten – manche Spötter behaupten gar, ganz La Paz sei ein einziger Markt. In der Umgebung finden sich zahlreiche lohnenswerte Ausflugsziele wie die eindrucksvolle Bergwelt der Cordillera Real oder die üppig-tropischen Yungas.

La Paz

Reiseatlas: S. 26, F 2; **Cityplan:** S. 270/271
Vor der eindrucksvollen Kulisse des 6322 m hohen schneebedeckten Illimani schmiegt sich die bolivianische Metropole in das tief eingeschnittene Tal des Río Choqueyapu. Mit etwa 800 000 Einwohnern – der Großraum zählt sogar gut 1,3 Mio. – streitet sich La Paz inzwischen mit Santa Cruz um den Titel »größte Stadt Boliviens«. Dabei ist sie aber nicht die Hauptstadt des Landes, diese Ehre wird formell Sucre zuteil. Doch das Herz des Landes pulsiert in La Paz: Die wichtigsten Fir-

Im prachtvollen Präsidentenpalast herrscht seit 2005 Evo Morales, Boliviens erstes Staatsoberhaupt mit indianischer Abstammung

men haben hier ihren Sitz, die großen Schulen, Universitäten und auch Landesregierung, Ministerien und Botschaften sind hier zu finden, kurzum – die Geschicke Boliviens werden von La Paz aus gelenkt.

La Paz ist eine Stadt der Kontraste: Das Zentrum der höchstgelegenen Millionenstadt der Welt mit modernen Bürohochhäusern liegt auf rund 3650 m, doch wer es sich leisten kann, residiert weiter talwärts, wo das Klima milder ist. Die ärmere Bevölkerung hingegen muss mit den höher gelegenen Stadtvierteln vorlieb nehmen: Allein in der inzwischen selbstständigen Vorstadt El Alto (ca. 4000 m) leben heute schon rund 500 000 Menschen. Die Temperaturen liegen hier oft um 10 °C niedriger als in der ›Unterstadt‹, hinzu kommen oft noch die eisigen Winde des Altiplano.

Die Vorteile der geschützten Tallage erkannten schon die Spanier, und so gründete Alonzo de Mendoza am 20. Oktober 1548 La Ciudad de Nuestra Señora de La Paz, die ›Stadt unserer Jungfrau des Friedens‹, und machte somit eine erste Stadtgründung im nahen Laja, die kurz zuvor erfolgt war, hinfällig. Auch wenn sich die Annahme, in der Gegend Gold zu finden, nicht bestätigte, entwickelte sich die Stadt rasch zu einem wichtigen Stützpunkt auf der Handelsroute von Potosí nach Lima. Viele Gebäude wurden zerstört, als La Paz 1781 zweimal von Aymara-Kriegern belagert wurde. Auch war es einer der Hauptschauplätze im Kampf um die Unabhängigkeit, der 1825 mit der Gründung der Republik Bolivien endete.

Orientierung

Für einen bequemen Bummel durch La Paz zu Fuß sollte man schon einen ganzen Tag einplanen, will man auch einen Markt und das eine oder andere Museum besuchen. Die Orientierung ist relativ einfach: Die gesamte Innenstadt wird von einer Hauptachse durchschnitten, die zunächst Avenida Mariscal Sta. Cruz und später dann Avenida 16 de Julio heißt, im Volksmund jedoch nur kurz Prado genannt wird. Diese Straße folgt dem Río Choqueyapu, der hier unterirdisch verläuft, und endet an der Plaza del Estudiante. Von El Alto kommend, erstreckt sich rechter Hand das Indioviertel, das zwar keine architektonisch herausragenden Sehenswürdigkeiten zu bieten hat, aber über eine Vielzahl interessanter Märkte verfügt.

Mit dem Autor unterwegs

›Gefährlicher‹ Marktbesuch

Unbedingt lohnenswert ist ein Bummel über die verschiedenen **Märkte** rund um die Iglesia de San Francisco (s. u.). Fotografen jedoch sollten auf der Hut sein: Die resoluten Marktfrauen schätzen es nicht, abgelichtet zu werden, und setzen sich mit Kartoffeln oder anderen Wurfgeschossen zur Wehr.

Iglesia de San Francisco und Umgebung

Auffälligster Orientierungspunkt im Zentrum ist die **Iglesia de San Francisco** **1**, mit ihrer aufwendig gestalteten Fassade das wohl bedeutendste Gotteshaus der Stadt. Indianische Steinmetze haben die Kirchenfront mit zahlreichen tropischen Blumen, Früchten und Vögeln, Pumaköpfen und menschlichen Fratzen kunstvoll verziert. Bereits 1549 wurde mit dem Bau der ersten Kirche an diesem Platz begonnen, das heutige Gebäude wurde aber erst rund 200 Jahre später errichtet und 1784 geweiht.

Hinter der Kirche führt die steil ansteigende Calle Sagárnaga hinauf zum **Mercado de Hechicería** **2** (›Hexermarkt‹), auf dem neben Lama-Embryos und allerlei Heilkräutern auch die unterschiedlichsten Glücksbringer angeboten werden.

Nördlich der Iglesia de San Francisco, an der Plaza Alonzo de Mendoza, befindet sich in einem Kolonialpalast des 18. Jh. das kleine **Museo Tambo Quirquincho** **3**. Die sehr vielseitige Sammlung umfasst neben Zeichnungen und Gemälden auch Silberschmuck, traditionelle Kleidung und *diablada*-Masken, wie sie zur Karnevalszeit in Oruro getragen werden (Di–Fr 9.30–12.30, 15–19 Uhr).

La Paz: Cityplan

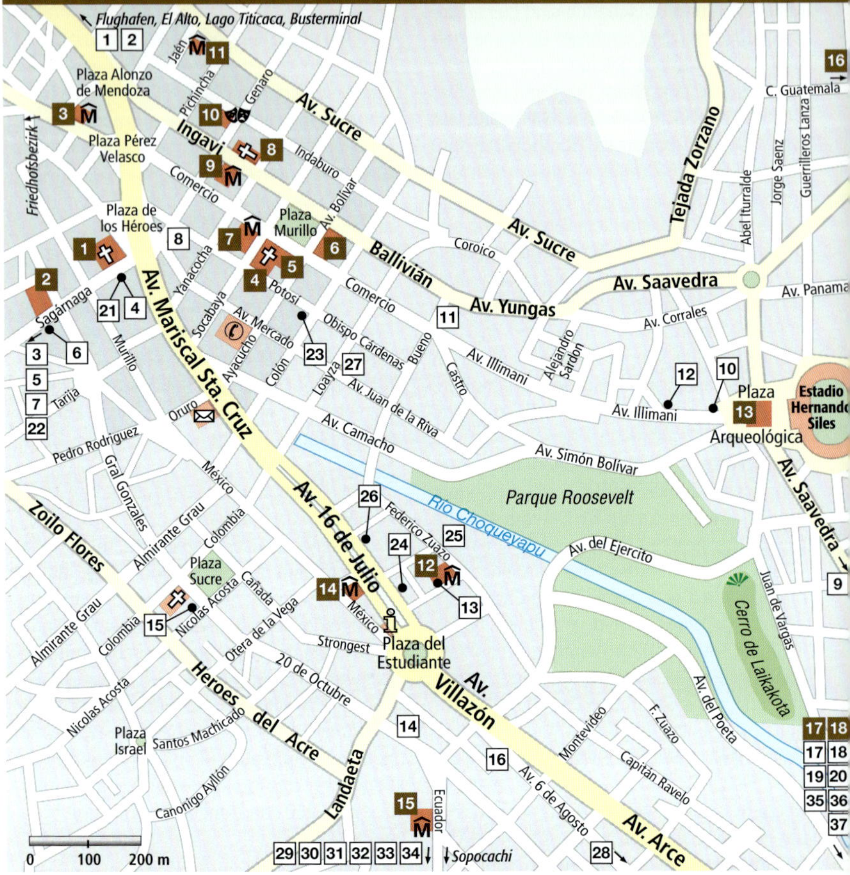

Plaza Murillo

Auf der anderen Seite der Hauptachse Avenida Mariscal Sta. Cruz liegt die koloniale Altstadt mit zahlreichen interessanten Museen. Ihren Mittelpunkt bildet die **Plaza Murillo,** benannt nach Don Pedro Domingo Murillo, dem ersten Freiheitskämpfer des Landes, der am 29. Januar 1810 hier öffentlich hingerichtet wurde – ein Schicksal, das auch viele andere Bolivianer erleiden mussten. So thront in der Mitte des Platzes das Standbild des Ex-Präsidenten Gualberto Villaroel, der 1946 hier ermordet wurde. Beherrscht wird die Plaza von der eindrucksvollen **Kathedrale** 4 an der Südwestseite, deren Bau 1835 begonnen wurde, aber bis heute unvollendet ist. Ihr angeschlossen ist das **Museo de Arte Sacro** mit sakralen Gegenständen (C. Socabaya 432, Di–Fr 9.30–12.30, 15–19, Sa 9.30–13 Uhr).

Eine Ehrengarde in historischer Uniform wacht vor dem Eingang des **Präsidentenpalastes** 5 links neben der Kathedrale. Schräg gegenüber schließt sich das Anfang des 20. Jh. erbaute **Parlament** 6 an, das sowohl das Abgeordnetenhaus als auch den Senat beheimatet.

Sehenswürdigkeiten

1 Iglesia de San Francisco
2 Mercado de Hechicería
3 Museo Tambo Quirquincho
4 Kathedrale
5 Präsidentenpalast
6 Parlamentsgebäude
7 Museo Nacional de Arte
8 Iglesia de Sto. Domingo
9 Museo de Etnografía y Folklore
10 Teatro Municipal
11 Museos Municipales
12 Museo Nacional de Arqueología
13 Templete Semisubterráneo
14 Museo de Arte Contemporáneo
15 Museo Marina Núñez del Prado
16 Museo de Textiles Andinos Bolivianos
17 Museo de la Historia Natural
18 Jardín Botánico

Übernachten

1 Hotel Rossela
2 Hostal Tambo de Oro
3 Residencial Rosario
4 Hostal Naira
5 Hostal Estrella Andina
6 Hostal Maya
7 Hostal Copacabana
8 Hotel Presidente
9 Hotel Castellón
10 Columbus Palace Hotel
11 Hostal República
12 Alojamiento Illimani
13 Hotel Europa
14 Rey Palace Hotel
15 Hotel Max Inn
16 Hotel España
17 Hotel Camino Real Suites
18 Hotel Casa Grande
19 Hotel Oberland
20 Hotel Calacoto

Essen und Trinken

21 Naira
22 Tambo Colonial
23 La Tranquera
24 Utama
25 Vienna
26 Café La Terraza
27 Café Berlin
28 Fridolin
29 La Québécoise
30 El Vagón
31 El Arriero
32 Pronto
33 La Comedie
34 Arabica
35 La Suisse
36 Las Estaciones
37 Café Beirut

Im Westen wird die Kathedrale vom **Palacio de los Condes** flankiert, einem 1775 erbauten Palast aus rosafarbenem Granit, in dem heute das **Museo Nacional de Arte** 7 untergebracht ist. Um den großen Innenhof mit einem Alabaster-Springbrunnen sind im Nationalen Kunstmuseum auf drei Stockwerken sowohl Ausstellungen zeitgenössischer Künstler wie auch Werke des Spätrenaissance-Künstlers Melchor Pérez de Holguín und von Schülern seiner Potosí-Schule zu bewundern (Tel. 02-240 86 00, www.mna.org.bo, Di–Fr 9–12.30, 15–19, So 9–12.30 Uhr).

Nördlich der Plaza Murillo

Direkt vor dem Museum beginnt die Fußgängerzone Calle Comercio, über die man zur **Iglesia de Sto. Domingo** 8 gelangt. Innen eher nüchtern, verfügt die in der ersten Hälfte des 17. Jh. erbaute Kirche, die von 1830 bis 1932 der Stadt als Kathedrale diente, über eine sehenswerte Fassade im Mestizo-Stil.

In der nahen Calle Ingavi 916 lohnt das **Museo de Etnografía y Folklore** 9 einen Besuch. In dem Ende des 18. Jh. vom Marqués de Villaverde errichteten Gebäude werden heute Fotos, Webarbeiten und zahlreiche

Gebrauchsgegenstände der indianischen Urbevölkerung aus dem Hochland und dem Benitiefland ausgestellt (Tel. 02-235 85 59 und 240 86 40, Di–Fr 9.30–12.30, 15–19, Sa/So 9.30–13 Uhr, Eintritt frei). Nur wenige Schritte weiter befindet sich in der Calle Sanjinez das **Teatro Municipal** 10, das frisch renovierte Stadttheater.

Mit einem Schlag in die Kolonialzeit zurückversetzt fühlt man sich in der **Calle Jaén,** einem liebevoll restaurierten Gässchen, in dem sich vier interessante Museen aneinanderreihen: die **Museos Municipales** 11. Das Wohnhaus von Don Pedro Domingo Murillo, dem Führer des Aufstandes vom 16. Juli 1809, wurde 1945 zum **Museo Casa Murillo** umgestaltet. Ausgestellt sind Kolonialmöbel und Gemälde, im Untergeschoss außerdem auch medizinische Pflanzen und Musikinstrumente. Eines der bedeutendsten Museen des Landes, das **Museo de Metales Preciosos Precolombinos** (›Museum wertvoller präkolumbischer Metalle‹), enthält neben formenreicher vorspanischer Keramik eine beachtliche Sammlung von Objekten aus Gold, Silber und Kupfer. Ein Großteil der Exponate stammt aus dem nahe gelegenen Fundort Tiahuanaco (s. S. 263 ff.). Historische Landkarten und Waffen, Gemälde und andere Relikte aus dem Salpeterkrieg, bei dem Bolivien 1884 seinen Zugang zum Meer an Chile verlor, umfasst die kleine Sammlung im **Museo del Litoral** (›Museum des Küstengebietes‹), bekannt auch als Museo de la Guerra del Pacífico (›Museum des Pazifikkrieges‹). Den Abschluss bildet das **Museo Costumbrista Juan de Vargas,** eine Ausstellung von lebensechten Dioramen zur Geschichte und dem Alltagsleben, die von Puppen in traditionellen Kostümen und Fotos von Alt-La-Paz vervollständigt wird (Tel. 02-237 14 79, Di–Fr 9.30–12.30, 15–19, Sa/So 10–12.30 Uhr, Sammelticket 15 Bol.).

Telefonieren innerhalb von La Paz
Alle Telefonnummern in La Paz sind 7-stellig und beginnen mit der Ziffer »2«. Diese muss man bei Gesprächen vom Festnetz innerhalb der Stadt weglassen.

Museen in der Neustadt

In der Nähe der **Plaza del Estudiante,** dem Zentrum der Neustadt mit einem Reiterstandbild von Simón Bolívar, dem Libertador (›Befreier‹) Südamerikas, versteckt sich hinter dem Hotel Plaza in einer Seitenstraße das **Museo Nacional de Arqueología** 12. Das Archäologische Nationalmuseum, noch immer besser bekannt als **Museo Tiwanaku,** beherbergt in mehreren Räumen Keramiken und andere Grabungsfunde aus dem ganzen Land, wobei ein Schwerpunkt auf der Tiahuanaco-Kultur unübersehbar ist (C. Tiwanaku 93, Tel. 02-231 16 21, http://www.bolivian.com/arqueologia/index.html, Di–Fr 9–12.30, 15–19, Sa 10–12, 15–18, So 10–15 Uhr).

Eine Art Freilichtmuseum mit einigen Originalstelen aus Tiahuanaco, der **Templete Semisubterráneo** 13, liegt etwas abseits am Stadion Hernando Siles. Die jahrhundertealten Originale sind hier rund um die Uhr den Verkehrsabgasen ausgesetzt und sollen daher durch Kopien ausgetauscht werden.

In der Neustadt befinden sich auch zwei Kunstmuseen. Das **Museo de Arte Contemporáneo** 14 mit einer Ausstellung zeitgenössischer Kunst (Av. 16 de Julio 1698, Tel. 02-223 59 05, tgl. 9–21 Uhr) und das **Museo Marina Núñez del Prado** 15, eine aus zahlreichen Skulpturen bestehende Privatsammlung der 1995 verstorbenen gleichnamigen Künstlerin, die als wichtigste bolivianische Bildhauerin des 20. Jh. gilt (Av. Ecuador 2034, Sopocachi, Tel. 02-231 38 55, Mo–Fr 9.30–13, 15–19 Uhr).

Sehenswertes im Süden

Im Stadtviertel Miraflores befindet sich das **Museo de Textiles Andinos Bolivianos** 16 mit einer sehenswerten Sammlung von traditionellen Kleidungsstücken und Textilien aus dem Andenraum (Plaza Benito Juárez 448, Tel. 02-224 36 01, Mo–Sa 9.30–12, 15–18.30, So 10–12.30 Uhr).

Einen guten Überblick über Geologie, Paläontologie, Botanik und Zoologie des Landes kann man sich im **Museo de la Historia Natural** 17 auf dem Campus der Universität in der Zona Sur verschaffen (Calle 16, Cotacota, Tel. 02-279 53 64, Mo–Fr 8.30–12, 14.30–18 Uhr).

Ebenfalls im Stadtteil Cotacota befindet sich der 1991 eröffnete **Jardín Botánico** 18 mit einem künstlichen See und den für die Andenvegetation typischen Pflanzen, darunter auch Kakteen und medizinische Kräuter (tgl. 8–17 Uhr).

i **Tourist-Info:** Plaza del Estudiante, Tel. 02-237 10 44, Fax 228 58 58, Mo–Fr 8.30–12, 14.30–19 Uhr, und am Busbahnhof *(terminal terrestre)*.
Goethe-Institut: Av. Arce 2708, Ecke Calle Camperos.
Im Internet: www.turismobolivia.bo (Seite des bolivianischen Tourismus-Instituts; sp. und engl.); www.boliviaentusmanos.com (umfangreiche Datensammlung; sp.); www.boliviahostels.com (Infos zu günstigen Unterkünften; engl.).

Billighotels finden sich v. a. im Indioviertel und in der Altstadt, die teureren Hotels liegen meist am Prado. Eine Alternative sind die Hotels im Süden: Dort herrschen dank der niedrigeren Höhe (um 3200 m) durchweg angenehmere Temperaturen.

... beim Busbahnhof:
Hotel Rossela 1: Av. Perú 277, Ecke C. Larecaja, Tel. 02-228 04 32. Modernes Gebäude mit auffälliger Glasfassade, recht ordentliche Zimmer mit Bad. DZ 13 $.
Hostal Tambo de Oro 2: Av. Armentia 367, Tel. 02-228 15 65, Fax 228 21 81. Nettes älteres Haus im Kolonialstil, einfache Zimmer mit Bad. DZ 13 $.

... im Indioviertel:
Residencial Rosario 3: C. Illampu 704, Tel. 02-245 16 58, Fax 245 19 91, www.hotelrosario.com/la-paz. Beliebtes Nichtraucher-Hotel, Zimmer mit Bad, z. T. um kolonialen Innenhof, gutes Restaurant, freier Internetzugang für Gäste. DZ/ÜF ab 41 $.
Hostal Naira 4: C. Sagárnaga 161, Tel. 02-235 56 45, Tel./Fax 02-231 12 14, www.hostalnaira.com. Neueres Hostal in zentraler Lage, ordentliche Zimmer mit Bad zum Innenhof. DZ/ÜF 32 $.
Hostal Estrella Andina 5: C. Illampu 716, Ecke C. Aroma, Tel. 02-245 64 21 und 246 16 16, Fax 245 14 01, www.estrellaandina.com. Ordentliches Hostal, einfache Zimmer mit Bad. DZ/ÜF 28 $.
Hostal Maya 6: C. Sagárnaga 399, Tel. 02-231 19 70. Neueres Hostal, recht gute Zimmer. DZ/ÜF ohne/mit Bad 14/18 $.
Hostal Copacabana 7: C. Illampu 734, Tel. 02-245 16 26, Fax 245 16 84, www.hostalcopacabana.com. Einfache Zimmer, Gratis-Internet. DZ/ÜF ohne/mit Bad 12/17 $.

... in der Altstadt:
Hotel Presidente 8: C. Potosí 920, Tel. 02-240 66 66, Fax 240 72 40, www.hotelpresidente-bo.com. Älteres 5-Sterne-Hotel auf 21 Stockwerken mit Pool, Restaurant und Bar im obersten Stockwerk. DZ/ÜF ab 135 $.
Hotel Castellón 9: Av. Argentina 2145, Tel. 02-224 06 57, Fax 214 53 54, hotelcastellon@latinmail.com. Neues Hotel an der Plaza San Martín, recht gute Zimmer, gutes Preis-Leistungs-Verhältnis. DZ/ÜF 45 $.
Columbus Palace Hotel 10: Av. Illimani 1990, Tel. 02-224 24 44, Fax 224 53 67, www.hotel-columbus.com. 3-Sterne-Hotel mit ordentlichen Zimmern, etwas abseits (Nähe Stadion), gutes Preis-Leistungs-Verhältnis, Restaurant. DZ/ÜF 39 $.
Hostal República 11: C. Comercio 1455, Ecke C. Bueno, Tel. 02-220 27 42, Fax 220 27 82, www.hostalrepublica.com. Älteres Hostal in historischem Gebäude, einfache Zimmer mit Safe um drei koloniale Innenhöfe, teilweise mit Privatbad, sowie Apartment mit Küche, Gratis-Internet. DZ 25 $.
Alojamiento Illimani 12: Av. Illimani 1817, Tel. 02-220 23 46. Sehr einfach, Gemeinschaftsbad, relativ ruhig, nur für anspruchslose Reisende. DZ 6 $.

... Prado und Umgebung:
Hotel Europa 13: C. Tiahuanaco 64 (hinter Hotel Plaza), Tel. 02-231 56 56, Fax 211 39 30, www.hoteleuropa.com.bo. Modernes Luxushotel mit allem Komfort, vielleicht das beste in La Paz. DZ/ÜF ab 190 $.

Rey Palace Hotel 14: Av. 20 de Octubre 1947, Tel. 02-241 85 41, Fax 241 85 21, www.elreypalacehotel.com. Gehobenes Mittelklassehotel in der Nähe der Plaza del Estudiante, guter Zimmerstandard (Heizung, Kabel-TV, Minibar, Safe), Restaurant, Piano-Bar, Gratis-Internet. DZ/ÜF 80 $.

Hotel Max Inn 15: Plaza Mariscal Sucre 1484 (San Pedro), Tel. 02-249 22 47 oder 249 12 78, Fax 249 12 01, portalesenlapaz@hotmail.com. Ordentliches Mittelklassehotel, Zimmer mit TV und Minibar, Restaurant. DZ/ÜF 47 $.

Hotel España 16: Av. 6 de Agosto 2074, Tel. 02-244 26 43, Fax 244 13 29, www.hotel-espana.8m.com. Einfaches Hostal, ordentliche Zimmer, teilweise neu. DZ/ÜF ohne/mit Bad 25/34 $.

... im Süden:

Hotel Camino Real Suites 17: Av. Ballivián 369 (Calacoto), Tel. 02-279 23 23, Fax 279 16 16, www.caminoreal.com.bo. Neues, luxuriöses 5-Sterne-Hotel mit gutem Service. DZ/ÜF 138 $.

Hotel Casa Grande 18: Av. Ballivián, Ecke Calle 17 No. 1000 (Calacoto), Tel. 02-279 55 11, Fax 277 10 44, www.casa-grande.com.bo. Modernes 5-Sterne-Hotel mit Restaurant, Fitness-Bereich, Sauna etc., sehr komfortable Apartments mit voll eingerichteter Küche und Wohnzimmer. DZ/ÜF ab 110 $.

Hotel Oberland 19: C. El Agrario 3118 (Mallasa), Tel. 02-274 50 40, Fax 274 53 89, www.h-oberland.com. Ländliche Hotelanlage unter Schweizer Leitung in der Nähe des Valle de la Luna, ordentliche Zimmer und Apartments bis 4 Zimmer, Indoor-Pool, Restaurant. DZ/ÜF 46 $.

Hotel Calacoto 20: C. 13, Ecke Sánchez Bustamante 8009 (Calacoto), Tel. 02-279 25 24, Fax 279 93 34, www.hotelcalacoto.com. Älteres, aber renoviertes Hotel, bietet große Zimmer mit alten Möbeln und neuen Bädern. DZ/ÜF 40 $.

Dicke Luft – mal positiv: Die Tallagen von La Paz sind zum Wohnen heiß begehrt

... im Zentrum:

Naira 21: C. Sagárnaga 161 (nahe Iglesia de San Francisco), Tel. 02-232 57 36. Etwas versteckt in einem Innenhof, nette Atmosphäre, landestypische Gerichte (ab 15 Bol.), Fondue (u. a. mit Lamafleisch), Pizza, günstiges Mittagsmenü (ab 25 Bol.).

Tambo Colonial 22: im Residencial Rosario, C. Illampu 704, Tel. 02-232 53 48. Angenehme Atmosphäre, Frühstück 19 Bol., gutes Essen ab 30 Bol., 20–21 Uhr manchmal Livemusik.

La Tranquera 23: C. Potosí 1008, Edificio Cristal, 3. Stock, Tel. 02-240 78 03, Sa abends und So geschlossen. Einfaches Lokal mit breitem Angebot: Salatbuffet, Grillgerichte, Pizza und Pasta um 40 Bol.

Utama 24: Av. 16 de Julio 1789 (Prado), Tel. 02-237 83 11. Aussichtsrestaurant im 11. Stock des Hotels Plaza, gehobene Preisklasse (ab 40 Bol.). Im Erdgeschoss gibt es im Restaurant Uma ein Mittagsbuffet für 49 Bol.

Vienna 25: C. Federico Zuazo 1905, Mo–Sa 12–14, 18.30–22, So 12–14.30 Uhr. Gute europäische und bolivianische Küche. Hauptgerichte um 35–40 Bol.

Café La Terraza 26: Av. 16 de Julio 1615 (Prado), Tel. 02-231 07 01, und Av. 20 de Octubre 2331, Tel. 02-242 20 09. Nettes Café, auch abends offen. Filiale im Süden: Av. Montenegro 1246 (San Miguel), Tel. 02-214 09 34.

Café Berlin 27: C. Mercado 1377, Ecke C. Loayza, Tel. 02-220 06 96. Deutsche Einrichtung, deutsches und arabisches Essen, außerdem Pizza und Pasta, Burger und Omelettes, Kaffee und Kuchen, gutes Frühstück, Eis etc., alles um 20–40 Bol. Filiale im Süden: Av. Montenegro 708 (San Miguel), Tel. 02-77 44 83.

Fridolin 28: Av. 6 de Agosto 2415, Tel. 02-215 31 88. Österreichisches Kaffeehaus. Filiale im Süden: Comercial La Chiwiña (San Miguel), Tel. 02-277 04 65.

... im Stadtviertel Sopocachi:

La Québécoise [29]: Av. 20 de Octubre 2387, Tel. 02-212 16 82, Mo–Fr 12–15, 19–23, Sa 19–23 Uhr. Kleines, stilvolles Restaurant, nicht billig, aber ausgezeichnete Küche. Hauptgerichte um 30–50 Bol.

El Vagón [30]: C. Pedro Salazar 382, Tel. 02-243 24 77, Sa/So abends geschlossen. Einfaches, aber nettes Lokal mit regionaltypischen Gerichten, günstig. Filiale im Süden: El Vagón del Sur, Av. Julio Patiño 1295 (Calacoto).

El Arriero [31]: Av. 6 de Agosto 2523, Tel./Fax 02-243 50 60, tgl. 12–15.30, 18–23 Uhr. Argentinisches Steakhaus *(churrasquería)*, empfehlenswerte Grillgerichte um 5 $. Filiale im Süden: Av. Montenegro, Calle 17–18, Tel./Fax 02-279 19 07.

Pronto [32]: Pasaje Jáuregui 2248, Tel. 02-244 13 69, So geschlossen. Gutes italienisches Lokal mit hervorragender hausgemachter Pasta, auch internationale Küche (z. B. Thai). Hauptgerichte um 40–50 Bol.

La Comedie [33]: Pasaje Medinacelli 2234, Tel. 02-242 35 61, www.lacomedie-lapaz.com. Ausgezeichnetes französisches Restaurant, zu empfehlen z. B. Gratin de Mer (Sahnegratin mit Meeresfrüchten und Reis) oder die Entenbrust in Honigsoße. Hauptgerichte ab 50 Bol.

Arabica [34]: Av. 20 de Octubre 2355, Tel. 02-211 32 93. Neues, modernes, trendiges Café mit Kaminfeuer. Manchmal Dichterlesungen oder Kunstausstellungen.

... im Süden:

La Suisse [35]: Av. Muñoz Reyes 1710 (Cotacota), Tel. 02-279 31 60, tgl. 12–14.30, 19–22.30 Uhr, Sa nur abends. Eines der besten und vornehmsten Restaurants der Stadt, ausgezeichnete Küche, Reservierung erbeten. Hauptgerichte um 70 Bol.

Las Estaciones [36]: Av. Montenegro 1293 (San Miguel), Tel. 02-279 73 73, Di–Fr 12–15.30, 18.30–23, So 12–21 Uhr. Gute bolivianische Küche, Di–Sa abends Pianomusik. Gehobene Preisklasse, Mittagsmenü 15 Bol.

›Zutaten‹ für die Geisterbeschwörung gibt's auf dem Hexermarkt

Café Beirut 37: Av. Montenegro, Ecke C. 18 (San Miguel), Tel. 02-277 44 96. Arabische Nachspeisen und Wasserpfeife für 30 Bol.

Eine große Auswahl an **Kunsthandwerk** (Textilien, Lederwaren, Silberarbeiten etc.) findet man in den Calles Sagárnaga und Linares hinter der Iglesia de San Francisco.

Die meisten Kneipen befinden sich im Stadtviertel **Sopocachi** unterhalb des Zentrums.
Reineke Fuchs Bierkneipe: Pasaje Jáuregui 2241, Tel. 02-244 29 79, www.reinekefuchs.com, Mo–Sa 12–15, 18–24 Uhr. Gemütliche Kneipe mit deutschen und einheimischen Biersorten und Gerichten. Filiale im Süden: Av. Montenegro, Ecke C. 18, Plaza José-Maria Escriva de Balaguer (San Miguel), Tel. 02-277 21 03.
Zur Molle 89: C. Mexico 1872 (nahe Plaza del Estudiante), tgl. ab Nachmittag. Deutsche Kneipe mit typischer Atmosphäre, Wandbemalung im Tiahuanaco-Stil, Liveübertragungen von Fußballspielen, Bier und 200 verschiedenen Cocktails, deutschem Essen und italienischem Espresso, abends läuft Ska-Musik.
Thelonius Jazz Bar: Av. 20 de Octubre 2172, Tel. 02-242 44 05, Mo–Sa ab 19.30, Mi–Sa ab ca. 22 Uhr Livebands.
Café Montmartre: C. Guachalla 399, So geschlossen. Zeitgemäße Café-Bar.
Diesel Nacional: Av. 20 de Octubre 2271, Tel. 02-242 34 77, www.zonadiesel.com, Mo–Sa ab 20 Uhr. Modern gestylte Szenekneipe, gelegentlich Livemusik.
Discothek RamJam: Presbiterio Medina 2421, nahe Plaza Avaroa (Sopocachi), Tel. 02-242 22 95. Bei Bolivianern wie Ausländern beliebte Disco, verfügt über die höchste Sauerstoffbar der Welt, meist gut besucht.

Folkloremusik und **Tanz** bieten u. a.:
Peña El Parnaso: C. Sagárnaga 189, Ecke C. Murillo, Tel. 02-231 68 27. Mo–Sa Show.
Peña Huari: C. Sagárnaga 339, Tel. 02-231 62 25. Tgl. 20–22 Uhr Show (12 $ inkl. Apero).
Peña Marka Tambo: C. Jaén 710, Tel. 02-228 00 41. Do–Sa ab 22 Uhr Show, geöffnet bis 2 oder 3 Uhr morgens.
Peña Casa del Corregidor: C. Murillo 1040, Tel. 02-236 36 33, So geschlossen. Mit Restaurant, Reservierung erbeten.

Alasitas (Ende Jan.): Fest zu Ehren von Ekeko, dem Gott des Überflusses.
Fiesta del Señor Jesús del Gran Poder (Ende Mai/Anf. Juni): Umzüge, maskierte Tänzer und Folkloregruppen.

Ausflüge: Touren in alle Landesteile (z. B. zum Lago Titicaca) mit deutschsprachigen Reiseleitern sowie Hotel- und Flugreservierungen bieten u. a.:
Crillon Tours, Av. Camacho 1223, Tel. 02-233 75 33, Fax 211 64 82, www.titicaca.com.
Magri Turismo, C. Capitán Ravelo 2101, Tel. 02-244 27 27, Fax 244 30 60, www.magri-amexpress.com.bo.
Turisbus, Av. Illampu 702, Tel. 02-245 13 41, Fax 245 19 91, www.travelperubolivia.com.
Trekking-/Wandertouren: Zahlreiche Anbieter finden sich in der Calle Sagárnaga.
Andean Summits, C. Aranzaes 2974 (Sopocachi), Tel. 02-242 21 06, Fax 241 32 73, www.andeansummits.com. Veranstaltet Touren mit geprüften Bergführern.
Andes Expediciones, Av. Camacho 1377, Tel. 02-231 96 55, Fax 239 23 44, www.andesexpediciones.com. Der Geschäftsführer ist der erste Bolivianer, der den Mt. Everest bestiegen hat.
Bolivian Journeys, C. Sagárnaga 363, Tel. 02-235 78 48, www.bolivianjourneys.bizland.com.
Mountainbiken: Verschiedene Anbieter in der Calle Sagárnaga bieten abenteuerliche Downhill-Touren auf der ›gefährlichsten Straße der Welt‹ in die Yungas (s. S. 281 ff.) – nichts für schwache Nerven.

Flüge: Der internationale Flughafen befindet sich ca. 14 km nordwestlich des Zentrums in El Alto. Regelmäßige Verbindungen in alle Landesteile Boliviens, nach Lima sowie via Santa Cruz nach Buenos Aires, Asunción und Sao Paulo. Ein Taxi zum Flughafen kostet 50 Bol., aber es gibt auch billige rote Flughafen-Minibusse mit der Aufschrift »Aeropuerto« (Abfahrt von der Plaza Isabella la Católica, dann geht es über den Prado durchs Zentrum, ca. 15 Bol.).

Fluglinien: LAB, Av. Camacho 1460, Tel. 02-237 10 20 und 237 10 27, www.labairlines.com.bo; Aero Sur, Av. 16 de Julio 616, Tel. 02-231 32 33, Fax 231 39 57; TAM (Transportes Aereos del Mercosur), C. Heriberto Gutierrez 2323, Tel. 02-244 34 42, Fax 244 34 87, tamlpb@acelerate.com; Grupo TACA, Paseo El Prado 1479, Edif. Petrolero (neben Aerosur), Tel. 02-277 44 00, Fax 279 18 21; Lan Chile, Av. 16 de Julio 1566, Edif. 16 de Julio, planta baja, Tel. 02-235 83 77, Fax 239 20 51, www.lan.com; VARIG, Av. Mariscal Sucre 1392, Edif. Cámara de Comercio, Tel. 02-231 40 40, Fax 239 11 31.

Züge: Vom alten Bahnhof *(estación de ferrocarril)* in der Avenida Manco Capac verkehren derzeit keine Züge. Es gibt jedoch Busverbindungen nach Oruro mit Anschluss zu den Zügen nach Uyuni und von dort weiter an die Grenze zu Chile bzw. Argentinien. Ein neuer Bahnhof in El Alto ist in Planung.

Busse: Der zentrale Busbahnhof *(terminal terrestre),* Tel. 02-228 58 58, liegt an der Plaza Antofagasta. Von hier gibt es regelmäßige Verbindungen in alle Landesteile. Viele Busse starten auch direkt vom Büro ihrer Gesellschaften, die je nach Destination über die Stadt verteilt liegen.

Nach **Copacabana** (8–16 Uhr alle 60 Min., 3,5 Std., um 16 Bol.) mit Transportes Manco Capac, C. José María Aliaga 670, Tel. 02-245 90 45; Transtur 2 de Febrero, C. José María Aliaga 287, Tel. 02-245 30 35; 6 de Junio, C. José María Aliaga, Tel. 02-245 52 58. Abfahrt von den jeweiligen Büros, die alle beim Friedhof *(cementerio general)* liegen. Die Touristenbusse von Nuevo Continente, C. Sagárnaga 340, Tel. 02-237 34 23, www.turismonuevocontinente.com, starten vom zentralen Busbahnhof, Plaza Antofagasta, Caseta 18, Tel. 02-228 51 91 (8 Uhr, 20 Bol.).

Nach **Desaguadero** (Grenze zu Peru) mit Autolíneas Ingavi, C. Policarpio Eyzaguirre, Ecke C. José María Asín, Tel. 02-238 14 84 (4 x tgl., 2,5 Std.); Cooperativa Trans Unión Ingavi, Sindicato 8 de Diciembre, gleiche Adresse (tgl. ab 5 Uhr alle 30 Min., Minibus, 2 Std., 10 Bol.); Sindicato 9 de Noviembre, gleiche Adresse (2 Std., 8 Bol.); Nuevo Continente, Terminal Terrestre, Plaza Antofagasta (30 Bol., Busse fahren weiter nach Peru).

Nach **Huatajata** (Ostufer Lago Titicaca) mit Trans Titicaca, C. Manuel Bustillos, Ecke C. Kollasuyo, Stadtviertel El Tejar (ab 5 Uhr etwa alle 30 Min., ca. 2 Std., 6 Bol.); Trans San Pablo, Plaza Tomás Katari, Stadtviertel Cementerio, Tel. 02-238 09 80 (ca. 2 Std., 6 Bol.).

Nach **Sorata** mit Sindicato de Transporte Larecaja Unificada, C. Angel Babia, Ecke Manuel Bustillos, Stadtviertel Cementerio, Tel. 02-238 16 93 (2 x tgl., 4–5 Std., 13 Bol.) sowie Minibusse (6–15 Uhr, 14 Bol.). Die Strecke nach Sorata bedient auch Unificada Sorata, C. Manuel Bustillos, Tel. 02-238 16 93 (11 x tgl., 4–17 Uhr). Hinweis: Die Straße von La Paz nach Sorata wird gerade durchgehend geteert, dann verkürzt sich die Fahrtzeit für Busse voraussichtlich auf 3,5 Std. und für Minibusse auf 3 Std.

Busse nach **Coroico** in den Yungas fahren ab Barrio Villa Fátima, nördlich des Stadions: Flota Yungeña (große Busse), C. Alcoche, Ecke Yanacachi 1544, Tel. 02-221 02 46 (tgl. 10–12 Uhr, ca. 3 Std., 15 Bol.); Minibusse ab C. Yanacachi 1434, Tel. 02-221 35 13 (tgl. ab 6.30 Uhr alle 60 Min., ca. 3 Std., 15 Bol.); Turbus Totaí, C. Yanacachi 1406, Tel. 02-221 65 92 (tgl. ab 7 Uhr alle 60 Min., ca. 3 Std., um 15 Bol.). Für eine Busfahrt in die Yungas sollte

Hinweis für Busreisende

Die Bushaltestellen im **Friedhofsbezirk** erreicht man mit Minibussen vom Zentrum, in deren Fenster »Cementerio« steht. Achtung: Der Friedhofsbezirk gilt als gefährlich, daher sollte man gut auf seine Wertsachen aufpassen und – sofern möglich – nicht bei Dunkelheit abfahren bzw. ankommen. Das Gleiche gilt für das Stadtviertel **Villa Fátima,** von wo die Busse in die Yungas starten.

man aus Sicherheitsgründen auf jeden Fall einen Minibus wählen, da die größeren Micros weitaus häufiger verunglücken.

Mietwagen: Zahlreiche Autovermieter bieten in La Paz ihre Dienste an, u. a.: Imbex Rent a Car, Av. Montes 522, Ecke Pucarani, Tel. 02-245 54 32, Tel./Fax 215 34 99, www.imbex.com (Verträge in Deutsch); Localiza Rent a Car, C. Panama 1293, Edificio Capri, Tel. 02-341 43 43 und 224 88 20, www.localizabolivia.com; Oscar Crespo Maurice Rent a Car, Av. Simón Bolívar 1865 (Miraflores), Tel. 02-222 09 89, Fax 224 26 08, www.rentacarocm.com; Petita Rent a Car, C. Valentin Abecia 2031 (Sopocachi Alto), Tel. 02-77 22 64 81 (mobil), Fax 241 89 08, petita@unete.com (Jeeps, deutschsprachig); Rent A Car International, C. Federico Zuazo 1942, Tel. 02-244 19 06 und 775 92 078.

Fortbewegung in der Stadt

Entlang der wichtigsten Verkehrsachse der Stadt, die im Volksmund meist nur Prado genannt wird, verkehrt eine schier unüberschaubare Vielzahl von Bussen (Vorsicht vor Taschendieben). Um in ein bestimmtes Stadtviertel zu gelangen, fragt man am besten Einheimische um Hilfe. Ansonsten nimmt man sich ein Taxi, was nicht teuer ist (4–8 Bol., in die Zona Sur 12 Bol., nachts 18 Bol.), sofern man den Fahrpreis vor Abfahrt vereinbart.

Das Bergland nördlich von La Paz

Reiseatlas: S. 26, E/F 1/2

Chacaltaya

Wer sich schon einige Tage an die extreme Höhe gewöhnt hat, kann auch ohne bergsteigerische Erfahrung relativ bequem einen Fünftausender ›bezwingen‹: Über die Vorstadt El Alto führt am Friedhof vorbei eine Piste in die Berge, über die man mit einem allradgetriebenen Fahrzeug nach **Chacaltaya** gelangt, dem höchstgelegenen Skigebiet der Welt. Doch nicht die guten Wintersportbedingungen sind es, die diesen Ausflug so einmalig machen (die Saison beschränkt sich ohnehin auf die Monate Januar bis März), sondern die Möglichkeit auch für Nicht-Bergsteiger, einmal in die höchsten Regionen der Anden vorzustoßen.

Schon die Anfahrt bietet dramatische Ausblicke auf den benachbarten Bergriesen Huayna Potosí (6088 m), bevor sich die Straße in engen Serpentinen bergauf windet zur Schutzhütte des Club Andino auf ca. 5200 m, in deren Nähe sich ein primitiver Schlepplift befindet. Von dort genießt man einen atemberaubenden Blick über La Paz zum Lago Titicaca und auf die umliegende Bergwelt, der den Sauerstoffmangel schnell vergessen lässt. Für Unentwegte führt noch eine wegen der Höhe sehr anstrengende Wanderung zum nahe gelegenen Cerro Chacaltaya (5345 m) mit weiteren unvergesslichen Ausblicken.

Chacaltaya ist mit öffentlichen Verkehrsmitteln nicht zu erreichen. Für die Anfahrt muss man auf einen Mietwagen oder eine organisierte Tour zurückgreifen.

Sorata

Ein zwei- bis dreitägiger Ausflug führt nach **Sorata,** einem hübschen Bergort zu Füßen der Königskordillere. Etwa fünf Stunden dauert die Fahrt mit dem Linienbus von La Paz, der zunächst in Richtung Lago Titicaca über Huarina nach Achacachi fährt und sich dann auf ungeteerter Straße über einen rund 4200 m hohen Pass kämpft. Bei klarem Wetter bietet sich hier ein eindrucksvoller Blick auf die verschneiten Gipfel der Cordillera Real, bevor sich die Straße wieder über Serpentinen bergab windet. Vorbei an einer Christusstatue, öffnet sich der Blick hinüber nach Sorata auf der anderen Talseite und zu den Gipfeln von Ancohuma (6429 m), Illampu (6368 m) und vielen weiteren Fünf- und Sechstausendern. Schon bald beginnt man zu verstehen, warum das sympathische Städtchen auf angenehmen 2695 m Höhe gerne als schönstgelegener Ort Boliviens bezeichnet wird. Mit seinen vielen Treppen und mit seinen engen Pflastersteingassen strahlt Sorata ein mittelalterliches Ambiente aus und ist überdies ein hervorragender Ausgangspunkt für Wander- und Bergtouren in der Umgebung. Mindestens eine Woche Zeit und eine entsprechende Ausdauer sollte man mitbringen, um beispielsweise den Camino del Oro zu begehen, einen alten Inka-Weg, der zunächst über einen 4741 m hohen Pass und danach überwiegend bergab nach Guanay führt.

Gran Hotel Sorata (ehemaliges Hotel Prefectural): Av. Samuel Tejerina, am Ortseingang rechts, Tel. 02-289 50 03 und 735 203 56 (mobil), angyfusot@hotmail.com. Attraktives älteres Gebäude aus den 1940er-Jahren, etwas außerhalb vom Zentrum, mit netten, aber renovierungsbedürftigen Zimmern, Pool, Restaurant, Bar und Disco; das beste Haus am Ort. DZ/ÜF ohne/mit Bad 44/50 $.

Hostal & Camping Altai Oasis: ca. 1,5 km außerhalb am Fluss, Tel. 02-71 51 98 56, www.altaioasis.lobopages.com. Empfehlenswerte, neue Unterkunft in herrlicher Lage: Zimmer, komfortabel eingerichtete Cabañas mit Wohnzimmer, voll eingerichteter Küche und z. T. mit Kamin, gepflegter Campingplatz am Fluss mit Küche, Feuerplatz, Hängematten und Heißwasser-Duschen; Restaurant mit Terrasse, weitläufige Gartenanlage; Fitnessstudio, Pool und Sauna geplant; sehr ruhig, ideal zum Ausspannen. DZ ohne/mit Bad 9/15 $, Cabañas 45 $ für 2 Pers., Camping 2 $ p. P.

Paraíso Hotel: C. Villavicencio, Tel. 02-213 66 71. Ordentliche Zimmer mit Bad, Restaurant. DZ 9 $.

Hostal Las Piedras: am Ortsrand, Tel. 02-71 91 63 41 (mobil), Infos auch im Café Illampu. Gemütliches kleines Hostal in warmen Farben und mit sauberen Zimmern (Warmwasser), unter deutscher Leitung, schöner Blick, kleines Restaurant (nur Frühstück und Getränke). DZ ohne/mit Bad 5/7,50 $.

Hostal El Mirador: C. Muñecas 400 (am Ende der Straße), Tel. 02-289 85 03, 02-73 50 54 53 (mobil) und 02-36 54 94 (La Paz). Einfaches Hostal mit schönem Blick, Restaurant. DZ ohne/mit Bad 5/7,50 $.

Residencial Sorata: Plaza de Armas, Tel./Fax 02-213 66 72, resorata@entelnet.bo. Direkt am Hauptplatz (dennoch ruhig) in einem etwas verfallenen, aber charmanten Kolonialbau mit Innenhof, im Garten ein kleines Café und Papageien in einer Voliere, Restaurant. DZ ohne/mit Bad um 2/3–4 $.

Zahlreiche einfache Lokale, überwiegend Pizzerien, findet man an der zentralen Plaza Enrique Peñaranda, u. a.:

Jalisco: Pizza, Pasta, mexikanische und bolivianische Küche. Hauptspeisen um 15–20 Bol.

Italia: Tel. 02-289 50 09, tgl. 7.30–23 Uhr. Kleines, gemütliches Lokal, beliebt bei Touristen, Pizza und Pasta um 20–40 Bol., kaum bolivianische Gerichte.

Bella Bologna: Tel. 02-73 52 42 61, Mo–Sa 8–22 Uhr. Pizza, mexikanische, bolivianische und vegetarische Gerichte.

Gran Hotel Sorata, im gleichnamigen Hotel, tgl. 7.30–22.30 Uhr. Bolivianische und internationale Küche. Hauptgerichte um 25–30 Bol.

Altai Oasis, im gleichnamigen Hostal, tgl. 8–21 Uhr. Das kleine, gepflegte Restaurant bietet Fleischgerichte, Vegetarisches und osteuropäische Küche. Hauptspeisen um 30 Bol.

Café Illampu: hinter dem Fußballplatz auf dem Weg zu den San-Pedro-Höhlen (im Hostal Las Piedras nach dem Weg fragen), tgl. außer Di 9 bis ca. 18 Uhr, Feb./März geschlossen. Der Schweizer Besitzer bäckt Kuchen, Torten und Vollkornbrot; ein reichhaltiges Frühstück mit Müsli etc. kostet 22 Bol.

Café Bar Spider: an der Plaza. Kaffee, Cocktails, Bier und Musik, 19–21 Uhr Happy Hour.

Café & Bar Sol de los Andes: in dem kleinen Weg am Ende der Calle Muñecas, gegenüber Casa Reggae. Cocktails und mehr ab 20 Uhr.

Trekkingtouren: Hierfür gibt es drei Anlaufstellen in Sorata, aber man kann die Touren auch in La Paz bei den Agenturen

Richtig Reisen-Tipp: Ruinen von Iskanwaya

Wer sich beim Besuch von Machu Picchu von den Menschenmassen gestört fühlte, für den könnte die prä-inkaische Ruinenstätte von **Iskanwaya** zu einem großartigen Erlebnis werden. Diese rund 13 ha große Stadt-Zitadelle der Mollu-Kultur (1145–1425) liegt auf rund 1700 m am Rand der Schlucht des Río Llica. Die über 100 Gebäude weisen trapezförmige Türen und Fenster auf, obwohl ein unmittelbarer Kontakt mit den Inka-Architekten auszuschließen ist. Auch wenn der Ort vielleicht nicht die Bedeutung und die einmalige Lage von Machu Picchu hat, so ist er doch sicher eindrucksvoller gelegen als Tiahuanaco (s. S. 263 ff.) und hat aufgrund der anstrengenden Anfahrt noch den Charme eines touristischen ›Geheimtipps‹.

Ausgangspunkt für den Besuch der Ruinen ist **Aucapata,** etwa 50 km nördlich von Sorata. Das Dorf, in dem sich auch ein kleines Museum befindet, liegt etwa 4 km von der Ausgrabungsstätte entfernt. Die Zufahrt nach Aucapata ist nur mit Allradantrieb möglich (ca. 26 Std. ab La Paz).

in der Calle Sagárnaga buchen (s. S. 277). Das Gran Hotel Sorata vermittelt Berg- und Wanderführer (auch deutschsprachig); wenn möglich, 2 Tage vorher anrufen.
Asociación de Guías Turísticas Sorata, C. Sucre 302 (nahe Plaza), Tel. 08 11 50 44.
Tourism Eco Adventure Guide Tourism Office Illampu, C. Murillo 212.
Aventurero Tours, C. Fernando Guachalla.
Mountainbiken: Corporativa Ciclismo Andino, c/o Hostal Altai Oasis. Tages- und Mehrtagestouren auf guten Rädern für Anfänger und Profis, z. B. Sorata–Rurrenabaque.

Von der zentralen Plaza fahren etwa stündlich Busse nach La Paz (4–16 Uhr, ca. 14 Bol.).
Buslinien: Transporte Larecaja Unificada, Tel. 02-238 16 93; Transporte Unificada Sorata, Tel. 02-238 16 93. Beide haben ein Büro an der Plaza.

Die Yungas

Wer unter der ungewohnten Höhenlage von La Paz leidet oder einfach nur Lust hat auf höhere Temperaturen, der muss nicht weit reisen: Nur wenige Fahrtstunden entfernt liegt ein kleines tropisches Paradies: die Yungas. Zwischen 1500 und 2000 m herrscht hier ein mildes Klima, in dem auch die Kokapflanzen hervorragend gedeihen; doch keine Sorge – alles ist völlig legal, denn Koka gehört zu den traditionellen Agrarprodukten im Andenraum und wird in Bolivien auf den Märkten genauso verkauft wie Mais und Kartoffeln. Eine Rundfahrt von La Paz über Coroico und Coripata ist zwar in zwei Tagen machbar, besser wäre es jedoch, sich für diesen Ausflug mindestens drei Tage Zeit zu nehmen, um so noch Gelegenheit für Unternehmungen vor Ort zu haben. Die größte Auswahl an Unterkünften findet sich in Coroico, zugleich der einzige Ort, der mit öffentlichen Verkehrsmitteln ab La Paz erreichbar ist. Verschiedene Veranstalter bieten auch organisierte Touren in die Yungas an oder man nimmt sich einen Mietwagen und erkundet die Gegend auf eigene Faust.

Von La Paz nach Coroico

Über das Stadtviertel Villa Fátima verlässt man die Andenmetropole und kommt, vorbei an der Represa Janpaturi, einem Stausee, der die Wasserversorgung von La Paz sichert, nach nur 12 km zur 4560 m hohen **Abra La Cumbre.** Von der Christusstatue bietet sich ein herrlicher Blick über die karge Bergwelt, und tief unten erblickt man das graue Asphaltband, das sich immer tiefer in die Ostabhänge der Cordillera Oriental hineingräbt. Für besonders trainierte und gut ausgerüstete Bergwanderer bietet sich eine zwei- bis dreitägige Wanderung an, die vom Pass La Cumbre hinunterführt nach Coroico. Unterwegs sind neben den krassen Klima- und Temperaturunterschieden Bergpässe bis 4859 m Höhe zu überwinden.

Ungefähr 20 km nach dem Pass, kurz hinter der Kontrollstation **Unduavi** auf 3026 m, gabelt sich die Straße: Nach rechts zweigt die Zufahrt Richtung Chulumani in den **Sud Yungas** ab, und geradeaus geht es nach Coroico in den **Nor Yungas** – wahlweise auf der »gefährlichsten Straße der Welt« (jeden Monat verunglücken hier mehrere Menschen tödlich) oder auf einer neuen Straße, die zwar einige Kilometer länger ist, aber dennoch Fahrtzeit einspart und vor allem wesentlich sicherer ist. Die alte Strecke gehört zu den spektakulärsten Straßen im gesamten Andenraum und ist daher für schwache Nerven nicht geeignet. Zwischen den Orten Chuspipata und Caranavi gilt überdies eine ungewohnte Linksverkehr-Regelung. Wer die Route dennoch in Angriff nehmen will, sollte wirklich langsam und vorsichtig weiterfahren.

Auf dieser rund 43 km langen Strecke in die Nor Yungas bieten sich hinter fast jeder Straßenbiegung neue spektakuläre Ausblicke in dicht überwucherte grüne Schluchten und die steilen Abhänge lassen selbst erfahrene Autofahrer vor Ehrfurcht erschaudern. Hinzu kommt oft noch ein Nebelvorhang, der die dramatische Stimmung eindrucksvoll unterstreicht. In Eile sollte man auf dieser Strecke besser nicht sein, denn immer wieder kommt es vor, dass liegen gebliebene Autos und Lkws die Straße stundenlang blockieren (besonders nach Regenfällen verwandelt sich die Piste in eine tückische Schlammfalle). Die Vegetation wird zunehmend dichter, und längst ist der Übergang von der kargen Bergflora zur üppigen Vielfalt der Tropen vollzogen, wenn man die Straßensiedlung **Yolosa** auf 1185 m erreicht, deren einfache Restaurants vorwiegend auf die Bedürfnisse der Fernfahrer zugeschnitten sind. Kurz hinter Yolosa zweigt rechts die Zufahrt nach Coroico ab, geradeaus kommt man weiter nach Caranavi und ins Regenwaldgebiet des Nordostens.

Reisetipp

Vorsichtige Naturen, die dennoch nicht auf die berühmt-berüchtigte Fahrt von Unduavi nach Coroico verzichten möchten, sollten die beschriebene Rundfahrt in umgekehrter Richtung befahren, d. h. zunächst über die weniger gefährliche Straße hinunter nach Chulumani in den Sud Yungas und dann über Coroico auf der spektakulären Strecke wieder zurück bergauf.

Coroico

In **Coroico,** dem Hauptort der Nor Yungas mit nur rund 3500 Einwohnern, haben sich viele Ausländer niedergelassen, sodass heute in diesem Bergort auf milden 1750 m fast so etwas wie ein ›multikulturelles Klima‹ herrscht. Neben Spanisch und Aymara gehören inzwischen auch Englisch und Deutsch zu den gängigen Idiomen des Ortes. Nur etwa vier bis fünf Fahrtstunden von La Paz entfernt, fühlt man sich hier in eine andere Welt versetzt, und man stellt sich unwillkürlich die Frage, wieso immer noch Tausende von Bolivianern in die ungastliche Metropole La Paz strömen, anstatt hier ihr Glück zu versuchen. Doch der Tourismus scheint derzeit die einzige lukrative Einnahmequelle dieser Gegend zu sein, denn der Anbau von Koka und anderen Agrarprodukten bietet nur einer sehr begrenzten Anzahl von Menschen eine Lebensgrundlage.

Im Internet: www.yungas.net (engl., sp.).

Hinweis: Wer von La Paz aus in Coroico anrufen will, muss »01-02« und dann die Nummer wählen. Die Übernachtungspreise variieren ja nach Saison und sind oft verhandelbar.

Hotel San Carlo: am Ortseingang rechts, Tel. 02-811 36 22, 813 32 66, 237 23 80, Fax 235 79 59, meavecop@ceibo.entelnet.bo. Herrlicher Blick von allen Zimmern, Restaurant, Pool. DZ/ÜF ca. 50–60 $.

Hotel Gloria (ehemaliges Hotel Prefectural): Av. Kennedy, unterhalb des Ortszentrums, Tel./Fax 02-289 55 54 und 240 70 70, Fax 240 66 22, www.hotelgloria.com.bo. Schönes älteres Gebäude mit Restaurant und Swimmingpool, könnte aber mal wieder einen neuen Anstrich gebrauchen. DZ/ÜF 58 $.

El Viejo Molino: 1,5 km Richtung Sta. Bárbara, Tel./Fax 02-213 60 04, Reservierung auch über Valmar Tours, La Paz, Tel. 02-279 73 29 und 277 55 23, Fax 220 15 19, www.valmartours.com. Angenehmes Hotel am Ortsrand mit gepflegten Zimmern, Pool und Restaurant mit schönem Ausblick. DZ/ÜF 35 $.

Hostal Esmeralda: C. Julio Suazo Cuenca (Richtung Cerro Uchumachi), Tel. 02-213 60 17, www.hotelesmeralda.com. Schöne Lage mit herrlichem Ausblick, deutschsprachig, ordentliche Zimmer, Minibus-Shuttle von La Paz. DZ/ÜF ohne/mit Bad 22/28 $, Suite mit Balkon und Ausblick 34 $.

Hostal Sol y Luna: ca. 2 km oberhalb von Coroico, Tel. 02-71 56 16 26 (mobil), www.solyluna-bolivia.com. Schöne Lage auf dem Hügel über Coroico, deutsche Leitung, zum Angebot gehören Massagen, Meditationskurse, Hängematten, zwei Pools, Restaurant mit internationaler und vegetarischer Küche – eine ideale Unterkunft zum Ausspannen. DZ ohne/mit Bad ab 8/14 $, Cabañas mit Küche und Bad 20 $ für 2 Pers.

Residencial La Casa: C. Kennedy, Tel. 02-813 60 24. Kleines Hostal unter deutsch-bolivianischer Leitung, einfach, aber ordentlich.

Durch die Sud Yungas zurück nach La Paz

Vorbei am rund 20 km entfernten **Trinidad Pampa** führt die Straße hinüber in die Sud Yungas durch eines der wichtigsten Koka-Anbaugebiete des Landes. Bis zu vier Ernten bringen die Bauern im Jahr ein, denn die Wachstumsbedingungen für das zarte und unscheinbare Kokapflänzchen sind hier geradezu ideal: Höhenlagen zwischen 1500 und 2000 m, hohe Temperaturen und reichlich Niederschläge. Neben diesem wohl wichtigsten Agrarprodukt der Yungas werden aber auch Kaffee, Orangen, Mandarinen, Bananen und andere Südfrüchte angebaut. Ebenfalls von Bedeutung ist die Förderung von Gold.

Wie Adlerhorste kleben die Dörfer an den Hängen, so auch die zweitgrößte Siedlung in den Nor Yungas, **Coripata** (1840 m). Im Gegensatz zur 34 km entfernten Nachbargemeinde Coroico verirrt sich nur selten ein Tourist hierher und es gibt keine Unterkünfte. Doch vielleicht ist das auch ganz gut so, denn so konnte sich dieser herrlich gelegene Ort bislang seine Ursprünglichkeit bewahren.

Die Brücke über den Río Unduavi bei der winzigen Ortschaft **Puente Villa** markiert die Grenze zu den Sud Yungas. Links zweigt die etwa 25 km lange Zufahrtsstraße zu deren Hauptort **Chulumani** (1700 m) ab, rechts führt die Straße über Unduavi (51 km) zurück nach La Paz. Eindrucksvoll ragen steile Berghänge in den Himmel, die vom Regenwald dicht überwuchert sind. Zu ihren Füßen hat der Río Unduavi sein Bett tief in den Fels eingegraben. Unvermittelt begegnet man einem klapprigen Lastwagen, der auf der Ladefläche keinen Unterschied macht zwischen Waren und Passagieren. Ein wenig deplatziert wirkt das Schlösschen **El Castillo,** das 1832 errichtet wurde. Heute beherbergt es ein reichlich heruntergekommenes Hotel und ein Restaurant. Wenige Kilometer weiter lohnt der Wasserfall **Velo de la Novia** einen Fotostopp – allerdings nur während der Regenzeit von Dezember bis Februar, ansonsten wird man dieses Naturschauspiel vergeblich suchen. Die Nadel des Höhenmessers ist inzwischen wieder auf über 2000 m geklettert, und vorbei an Blumenpflanzungen für die Märkte im Hochland muss man sich allmählich wieder an kühlere Temperaturen gewöhnen, wie auch an den knapper vorhandenen Sauerstoff.

... in Chulumani:

Hotel San Bartolomé: Av. Arce 2177, Tel. 02-213 61 14 und 244 02 08 (in La Paz), Fax 231 63 02. Anlage mit großem Poolbereich, Tennisplatz, Minigolf, Restaurant und Bar, am Wochenende meist ausgebucht. Zimmer mit Minibar und TV. DZ/ÜF 40 $, Cabañas 65 $ (4 Pers.) bzw. 75 $ (5 Pers.).

Valle de la Luna – bizarres Kunstobjekt der Naturgewalten

Im Süden von La Paz

Reiseatlas: S. 26, F 2

Nur etwa 10 km vom Stadtzentrum entfernt liegt im Südosten das bekannte **Valle de la Luna** (›Mondtal‹), das mit seinen bizarren Erosionsformationen hübsche Fotomotive bietet. Leider sieht sich auch diese ehedem verlassene Gegend immer mehr dem wachsenden Besiedlungsdruck ausgesetzt, und so erscheint es nur noch als eine Frage der Zeit, bis das ohnehin nur kleine Gebiet völlig zugebaut sein wird. Die Anfahrt führt vorbei an den Villenvierteln im unteren Bereich von La Paz (Calacoto, La Florida) zu einem kleinen Freizeitpark mit Grillmöglichkeiten. Im Hintergrund erkennt man eine exponierte Felsnadel, die im Volksmund Muela del Diablo (›Backenzahn des Teufels‹) genannt wird.

Weit seltener besucht und dabei nicht minder eindrucksvoll ist der **Cañón del Huaricunca,** der auch **Cañón de Palca** genannt wird. Diese ebenfalls im Südosten der Stadt gelegene Schlucht erreicht man über die ungeteerte Straße nach Ventilla, die über den Vorort Calacoto und vorbei am Botanischen Garten zunächst hinaufführt zu der 4400 m hohen **Cuesta de las Animas,** von der sich ein herrlicher Blick über die Stadt bietet. Danach beginnt im kleinen Dorf **Huni** die Wanderung durch das Tal des Río Huni, die entlang einer Inka-Straße in das etwa 7 bis 8 km entfernte **Palca** führt. In Jahrtausenden hat sich der Fluss tief in das poröse Gesteinsmaterial eingegraben und so eine eindrucksvolle Schlucht geschaffen. Sowohl Huni als auch Palca können mit öffentlichen Bussen erreicht werden.

Der nahe gelegene Ort Ventilla ist Ausgangspunkt für den legendären **Taquesi Trek,** eine rund 40 km lange Trekkingtour, die in zwei bis drei Tagen meist auf einer alten Inka-Straße über einen 4650 m hohen Pass nach Chojilla (2280 m) in den Yungas führt.

Richtig Reisen-Tipp: Abstecher zum höchsten Berg Boliviens

Reiseatlas: S. 26, F 2–E 4
Ein echter landschaftlicher Leckerbissen ist der eindrucksvolle **Vulkan Sajama** an der Grenze zu Chile, der unbedingt einen Abstecher lohnt, zumal die neue Teerstraße die Anreise erheblich erleichtert. Wer früh startet und einen langen Fahrtag nicht scheut, kann dies sogar als Tagesausflug ab La Paz planen, oder man fährt weiter nach Oruro und übernachtet dort. Dies ist nämlich in dem kleinen Dorf Sajama nur in einfachsten Verhältnissen möglich, es sei denn, man bringt sein eigenes Zelt mit. Eine weitere Alternative ist die Weiterreise nach Chile, wo man in Putre (s. S. 175) übernachten kann.

Von La Paz aus geht es zunächst hinauf nach El Alto und dann gen Süden in Richtung Oruro. Am Ortsanfang von **Patacamaya** zweigt rechts die neue Teerstraße nach Chile ab, die nach rund 150 km den Vulkan Sajama passiert. Zunächst führt die Fahrt durch den herben Altiplano, auf dem neben Lamas und Alpakas auch Rinder und Schafe weiden, und schon bald bietet sich ein erster Blick zum schneebedeckten Vulkangipfel. Nach und nach ändert sich das Landschaftsbild. Rötliches Sedimentgestein, von Wind- und Regenerosion zerfressen, bildet eine bizarre Mondlandschaft. Immer wieder finden sich restaurierte Grabtürme *(chullpas)* aus Lehm am Wegesrand.

Nach etwa einer Stunde Fahrt, nachdem man die Senke des Río Desaguadero hinter sich gelassen hat, erreicht man die Abzweigung zum Dorf **Curahuara.** Einst wichtige Durchgangsstation, ist es heute zu einem armseligen Nest verkommen, das aber dennoch einen Abstecher lohnt: An der Plaza steht eine sehenswerte strohgedeckte Kirche aus dem 16. Jh., deren Innenwände mit Fresken aus dem 17. Jh. ausgeschmückt sind. In der für die Gegend typischen naiven Maltechnik wurden neben anderen biblischen Szenen die Vertreibung von Adam und Eva aus dem Paradies, das Letzte Abendmahl und das Jüngste Gericht thematisiert.

Zurück auf der Hauptstraße geht die Fahrt durch eine wilde und durchaus abwechslungsreiche Landschaft. Etwa nach 100 km beginnt der **Cañón de Sajama,** der mit seinen eigenwilligen geologischen Formationen tolle Fotomotive bietet. Doch schon bald gibt es nur noch ein Thema: den Sajama (6542 m) und die dahinterliegenden Berggipfel Parinacota (6330 m) und Pomerape (6240 m), die sich bereits in Chile befinden. Die Straße passiert links den Gipfel, der ab 5300 m von ewigem Schnee bedeckt ist, und führt durch den bereits 1939 gegründeten **Parque Nacional Sajama.** Nach rechts zweigt eine 12 km lange Piste ins gleichnamige Dorf ab, wo sich ein Verwaltungsposten des 1200 km² großen Nationalparks befindet. Hier kann man sich über die Möglichkeiten für die Besteigung des Gipfels informieren. Für erfahrene Bergsteiger bieten sich zwei Routen an, die jeweils vier Tage in Anspruch nehmen und wegen der enormen Höhe sehr anspruchsvoll sind. Das Basiscamp befindet sich auf einer Höhe von 4650 m, das Gipfelcamp auf 5500 m. Empfehlenswert für eine Besteigung ist die Winterzeit von April bis Oktober.

Mit einem geländegängigen Fahrzeug ist eine Rundfahrt um den Vulkan möglich. In der Nähe des Dorfes **Sajama** bietet sich ein Bad in einfachen Thermalquellen an. Auf der Weiterfahrt zur **Laguna Huañacota** (4350 m) entdeckt man mit etwas Glück die grazilen Vikunjas. Eine botanische Besonderheit sind neben den grünen *yareta*-Polstern *(Azorella compacta),* die an mit Moos bedeckte Felsen erinnern, die *queñua*-Bäume *(Polylepis tarapacana).* Sie wachsen am Hang des Vulkans bis in Höhen von 5200 m und bilden den vielleicht höchsten Wald der Welt. Ein weiteres tolles Fotomotiv bietet die hübsche schneeweiße Kirche im Dorf Tomarapi mit dem mächtigen Sajama im Hintergrund.

Die Einheimischen sehen im Nevado Sajama einen Gott männlichen Geschlechts – der Brauch verlangt, dass bei der Besteigung ein Speise- oder Trankopfer dargebracht wird

Nicht der höchste, aber einer der am schwierigsten zu bezwingenden Gipfel in den Anden: der 6112 m hohe Cerro Chacraraju in der Cordillera Blanca

Kapitel 5

Nordperu – Küste und Bergland

Auf einen Blick: Nordperu – Küste und Bergland

Gipfel, Strände und Ruinen

Nördlich von Lima liegt der von Touristen seltener frequentierte Teil des Landes, obwohl hier einige der aufregendsten Landschaften, die schönsten Strände, reizvolle Kolonialstädte und zahlreiche herausragende Kulturstätten zu finden sind. Der nördliche Küstenabschnitt ist an sich ein trockener, menschenfeindlicher Wüstenstreifen, der jedoch von fruchtbaren Flusstälern unterbrochen wird, die schon früh eine menschliche Besiedlung ermöglichten – für Archäologen ein schier unerschöpfliches Betätigungsfeld. Am Rand dieser Flussoasen, in denen Baumwollplantagen, Reisfelder und Fischmehlfabriken den Bewohnern das Überleben sichern, wachsen trostlose Hühnerfarmen in die Wüste.

Fast 1000 Jahre herrschte an der Nordküste Perus die Mochica-Kultur, deren Hauptstadt sich ebenso in der Nähe der heutigen Stadt Trujillo befand wie das Machtzentrum des später herrschenden Chimú-Volkes. Weiter nördlich wurde Ende der 1980er-Jahre in Sipán bei Chiclayo ein sensationeller Grabfund freigelegt, für den man eigens ein neues Museum errichtete. Eine Tagesreise von Chiclayo entfernt liegt das Bergstädtchen Chachapoyas, in dessen Umgebung zahlreiche bedeutende archäologische Stätten liegen, die vom Massentourismus bislang noch nicht entdeckt wurden.

Doch nicht nur der archäologisch interessierte Reisende kommt in diesem Landesteil auf seine Kosten. Auch die kolonial geprägten Städte Trujillo und Cajamarca, die weiten Sandstrände zwischen Piura und Tumbes und die großartige Bergwelt der Cordillera Blanca lohnen die Reise in den Norden Perus.

Highlights

10 **Trujillo:** Nicht nur die hübsche koloniale Altstadt, sondern auch die archäologischen Stätten der Umgebung wie Moche und Chan Chan machen einen Besuch zum Erlebnis (s. S. 296 ff.).

11 **Parque Nacional Huascarán:** Die faszinierende Bergwelt der Cordillera Blanca mit ihren schneebedeckten Gipfeln und verträumten Bergseen zieht jeden Besucher in ihren Bann (s. S. 334 u. 336).

12 **Cajamarca:** Die von den Inka gegründete Stadt erblühte unter spanischer Kolonialherrschaft, fristet aber heute eher ein Schattendasein – sehr zur Freude der Besucher, die dem Massentourismus entfliehen wollen (s. S. 338 ff.).

13 **Kuélap:** Die ehemalige Hauptstadt der Chachapoyas-Kultur gilt als eine der wichtigsten archäologischen Stätten Perus und ist inzwischen für jedermann zugänglich (s. S. 350 f.).

Empfehlenswerte Routen

Von Paramonga nach Huaraz: Die einzige geteerte Zufahrtsstraße in die Region der Cordillera Blanca zweigt bei Paramonga von

Richtig Reisen-Tipps

Museo Tumbas Reales de Sipán: Dieses neue Museum in Lambayeque wurde eigens für den großartigen Grabfund des Señor de Sipán errichtet (s. S. 309).

Abstecher nach Huancabamba: Der Ort im Bergland östlich von Piura ist etwas für Entdecker: Hier findet man das ›unverfälschte‹ Peru und eine großartige Natur (s. S. 314).

Parque Nacional Cerros de Amotape: Nur wenige haben je etwas von einem tropischen Trockenwald gehört. Der Parque Nacional Cerros de Amotape im äußersten Norden des Landes bietet die Möglichkeit, diesen inzwischen stark bedrohten Lebensraum zu erkunden (s. S. 321).

Chavín de Huántar: Schon die Anfahrt zu dieser bedeutenden archäologischen Stätte ist ein Erlebnis. Den Besuch von Chavín kann man von Huaraz aus problemlos als Tagestour machen (s. S. 326).

Trekking im Parque Nacional Huascarán: Um eine der großartigsten Berglandschaften der Welt hautnah zu erleben, muss man nicht unbedingt Bergsteiger sein. Eine Vielzahl von ein- oder mehrtägigen Trekkingtouren stehen zur Auswahl (s. S. 336).

Zu Fuß und per Pferd nach Kuélap: Eine selten begangene und dabei landschaftlich wie kulturell ergiebige Tour führt in vier Tagen von Chachapoyas nach Kuélap (s. S. 353).

der Panamericana ab in die Berge (s. S. 324).
Von Pacasmayo nach Cajamarca: Etwa auf halber Strecke zwischen Trujillo und Chiclayo zweigt die geteerte Zufahrt in die Bergstadt Cajamarca ab (s. S. 338).
Von Chiclayo nach Chachapoyas: Über die geteerte Zufahrtsstraße nach Moyobamba am Osthang der Anden erreicht man auch am schnellsten die Stadt Chachapoyas (s. S. 346).

Reise- und Zeitplanung

Grundsätzlich ist die Region ganzjährig bereisbar, im europäischen Winter ist es in der Küstenregion heißer und im Bergland regnerischer. Für Trekkingtouren in der Cordillera Blanca empfehlen sich die Monate Mai bis September.

Wer mit Bus oder Mietwagen reist, sollte die gewaltigen Entfernungen nicht unterschätzen: Von Lima nach Huaraz oder Trujillo ist es jeweils eine Tagesreise, ebenso von Chiclayo nach Chachapoyas oder nach Tumbes. Daher bietet sich die Kombination mit dem Flugzeug an: Von Lima werden Trujillo, Chiclayo, Piura, Talara, Tumbes und Cajamarca regelmäßig bedient.

Querverbindungen sind zwar möglich, aber oft mühsam: Die Strecke von Huaraz nach Trujillo wird von öffentlichen Bussen in der Regel nicht auf der direkten Strecke durch den Cañón del Pato befahren, sondern auf der (weiteren) Teerstraße über Paramonga. Die Fahrt von Cajamarca nach Chachapoyas ist ein ganz besonderes Abenteuer (s. S. 346), ebenso die Verbindung Huaraz–Huánuco (s. S. 325).

Wer alles sehen will, könnte wie folgt reisen: von Lima nach **Huaraz,** dann weiter nach **Trujillo,** von dort nach **Cajamarca** und weiter nach **Chiclayo,** danach ein Abstecher nach **Chachapoyas** und zum Schluss über **Piura** an die Strände des nördlichen Küstenabschnitts. Wer jedoch von **Tumbes** zurück nach Lima mit dem Mietwagen oder Bus fahren möchte, hat eine lange und mühsame Fahrt vor sich. Besser ist es, zurückzufliegen.

Die Nordküste

Karten
S. 294, 312
Cityplan S. 298

Über fast 1300 km erstreckt sich die Panamericana Norte von Lima nach Tumbes an der Grenze zu Ecuador und führt durch die meist eintönige peruanische Küstenwüste, die nur im nördlichen Abschnitt schöne Badestrände bietet. Unterwegs findet man einige der wichtigsten kulturellen Sehenswürdigkeiten des Landes und auch im gebirgigen Hinterland gibt es viel zu sehen und zu entdecken.

Von Lima nach Trujillo

Reiseatlas: S. 11, B 3–A 1; S. 7/8, D 4–B 1;
Karte: S. 294

Chancay

Die Fahrt von Lima nach Norden führt zunächst vorbei an unkontrolliert wuchernden Armutssiedlungen, die meist weder über Strom noch Wasser verfügen (s. auch S. 116). Hinter der Abzweigung nach **Ancón,** einem beliebten Badeort, dessen mäßig attraktiver Strand vor allem an den Wochenenden von großstadtmüden Limeños stark besucht ist, verläuft die neue Trasse der Panamericana Norte oberhalb der Dünen von Pasamayo. Busse und Lastwagen fahren auf der alten Straße, die recht spektakulär direkt an der Steilküste entlangführt.

Im auffällig über dem kleinen Fischerort **Chancay** 1 thronenden Castillo de Chancay (erbaut 1922–1942) hat man ein kleines Museum mit den charakteristischen schwarzweißen Keramiken der Chancay-Kultur (1100–1400) eingerichtet, die in Gräberfeldern der Umgebung gefunden wurden.

Churín

Etwa 20 km weiter biegt in der Küstenwüste eine Straße ins 117 km landeinwärts gelegene **Churín** 2 ab. Der Ort auf 2250 m ist bekannt für seine – inzwischen etwas heruntergekommenen – Thermalbäder und bietet einfache Unterkünfte (Zufahrt nach Churín auch über Huacho möglich, s. u.).

Hostal Internacional: Av. Larco Herrera 410, Tel. 01-237 30 15. Einfache Zimmer mit TV. DZ 12,50 $.

Reserva Nacional Lomas de Lachay

Kurz hinter der Abzweigung nach Churín führt am Kilometerstein 105 der Panamericana eine sandige Piste zur **Reserva Nacional Lomas de Lachay** 3. Besonders in den Monaten September und Oktober, wenn hier die Wüste blüht, lohnt sich der Besuch dieses über 5000 ha großen Naturreservats mit Wanderwegen und Campingmöglichkeiten. Durch den Küstennebel entsteht ein Mikroklima, das in diesem kargen Umfeld Vegetation ermöglicht. Auch die Vogelwelt ist mit 55 Arten zahlreich vertreten.

Huacho und Huaura

Die **Salinas de Huacho,** etwa 25 km weiter nördlich am Meer, dienen vorwiegend der Salzgewinnung, doch dem Wasser der Salzseen wird auch eine Heilwirkung bei Rheuma zugeschrieben. In der 40 000 Einwohner zählenden Hafenstadt **Huacho** 4 endet rund 150 km nördlich von Lima die gut ausgebaute Schnellstraße.

Sehenswerter als die Innenstadt dieses geschäftigen Landwirtschaftszentrums ist der benachbarte Ort **Huaura.** An der zentralen Plaza steht das Haus, von dessen Balkon der argentinische General San Martín 1821 die Unabhängigkeit Perus deklarierte.

Im Internet: www.huacho.org (viele Infos und Fotos; sp.).

... in Huacho:
Gran Hotel La Villa: Av. Felix Cárdenas 196, Tel./Fax 01-232 14 77, www.lavilla.com.pe. Gepflegte Anlage mit Bar, Restaurant und Pool. 40 Zimmer mit TV, drei Suiten mit Klimaanlage und Minibar. DZ/ÜF ab 34 $, Suite ab 50 $ inkl. Frühstück.
Hotel Centenario: Av. 28 de Julio 836, Tel. 01-232 37 31 und 232 50 81, www.geocities.com/hcentenario. Modernes 3-Sterne-Hotel mit Restaurant und Swimmingpool, alle Zimmer mit Klimaanlage. DZ ab 30 $.
Garden Hostal: Av. 28 de Julio 573, Tel./Fax 01-232 35 46, Fax 232 31 19. Einfaches Hostal, aber recht ordentliche Zimmer mit TV. DZ ab 11 $.

Weiter nach Sechín

Den Haupterwerbszweig dieser Region, die im Land für die Herstellung von *guinda,* einem Likör aus Sauerkirschen, bekannt ist, stellt neben dem Anbau von Zuckerrohr die Fischerei dar, was die stinkende Fischmehlfabrik in der Hafenstadt **Supe** in Erinnerung ruft. Bald darauf erreicht man **Barranca,** bevor etwa 4 km hinter **Pativilca** die Zufahrtsstraße nach Huaraz abzweigt (s. S. 324).

Einige Kilometer nördlich erheben sich rechter Hand die Überreste der Lehmziegelfestung **Paramonga** 5. In diesem südlichsten Bollwerk ihres Einflussbereiches setzten sich die Chimú gegen die vorrückenden Inka-Truppen zur Wehr. Zur Zeit Pizarros noch gut erhalten, lohnt sich heute ein Besuch vor allem wegen des Rundblicks über die saftig grüne Flussoase bis zum Meer (tgl. 8–18 Uhr).

Von Paramonga hat man noch gut 170 km durch schier endlose Wüste bis nach Casma (s. S. 294 f.) vor sich. Kurz vor dieser kleinen Wüstenstadt zweigt rechts die Zufahrt ab nach Sechín.

Mit dem Autor unterwegs

Kunst in Stein

Sechín, nur wenige Kilometer von Casma entfernt, überrascht mit einer ungewöhnlichen Sammlung in Stein gehauener Kriegerfiguren und Köpfe (s. u.).

Hexenmarkt

Auf dem Mercado de Brujo in **Chiclayo** werden allerlei Heilkräuter und geheimnisvolle Zaubermittel angeboten – man muss allerdings daran glauben ... (s. S. 306 f.).

Stilvoll gebettet

Im Valle de las Pirámides trifft man unverhofft auf eine der schönsten Unterkünfte der Region: **Los Horcones de Túcume** (s. S. 311 f.).

Der alte Mann und das Meer

Ernest Hemingway war Mitglied im Fischerclub von **Cabo Blanco** und ließ sich hier zu seinem Erfolgsroman »Der alte Mann und das Meer« inspirieren (s. S. 316 f.).

Erlebnisreiche Bootstour

Bei einer Bootsfahrt auf dem **Río Tumbes** im größten Flussdelta an der südamerikanischen Pazifikküste kann man zahlreiche Vogelarten und Krokodile beobachten (s. S. 321).

... in Barranca:
Hotel Chavín: Av. José Galvez 222, Tel. 01-235 50 25 und 235 22 53, www.hotelchavin.com.pe. Einfaches Mittelklassehotel mit Pool, 73 Zimmer mit TV. DZ/ÜF ab 29 $.

Ruinen von Sechín

Als der peruanische Archäologe Julio César Tello im Jahr 1937 am Westabhang der Anden auf die Überreste einer Tempelanlage stieß, interpretierte er diese als lokale Ausprägung der Chavín-Kultur und prägte den Begriff Küsten-Chavín-Stil. Neuere Forschungen ergaben, dass diese Kultur bereits der formativen Periode zuzurechnen und damit eher als Vorläufer von Chavín zu werten ist.

Von Lima nach Chiclayo

Wahrscheinlich wurde mit dem Bau von **Sechín** 6 bereits 1700 v. Chr. begonnen – damit zählt diese Fundstätte zu den ältesten Zeugnissen früher Kulturen in Peru.

Der zentrale Tempelkomplex aus Lehmziegeln wird von einer bis zu 4 m hohen Mauer aus Steinpfeilern und reliefierten Steinplatten eingefasst. Die 98 Steinblöcke unterschiedlicher Größe stellen menschliche Wesen dar, die mit kriegerischen Attributen wie Waffen und Helmen versehen sind und mit ihrer teilweise verdrehten Körperhaltung an die berühmten *danzantes* auf dem Monte Albán bei Oaxaca in Mexiko erinnern. Die seltsam grinsenden Gesichter lassen viel Spielraum für die unterschiedlichsten Interpretationen; wahrscheinlich handelt es sich jedoch um Krieger und deren Opfer – Trophäenköpfe sozusagen. Ob in diesem Zeremonialzentrum auch Menschenopfer dargebracht wurden, bleibt allerdings fraglich. Neben den Steinreliefs wurden auch Zeichnungen in den feuchten Lehm geritzt, Reste farbiger Bemalung sind noch heute auszumachen. Im kleinen Museum von Sechín sind neben allerlei Keramikfunden auch ein Modell der Anlage und eine Nachbildung des Eingangs des Hauptgebäudes zu finden (tgl. 8–18 Uhr, 5,50 N/S).

Casma und Umgebung

Nur wenige Kilometer von Sechín entfernt liegt **Casma** 7**,** das Zentrum einer fruchtbaren Oase, in der vorwiegend Baumwolle angebaut wird. Überall flitzen rote und blaue *mototaxis* (›Motorradtaxis‹) durch die Straßen und irgendwie fühlt man sich wie in eine andere Welt versetzt.

Ca. 18 km nördlich von Casma führt eine Abzweigung zum noch rund 2 km entfernten **Balneario Tortugas,** einer kleinen Siedlung an einer fast geschlossenen Meeresbucht mit schwarzem Kiesstrand und recht ruhigem Meer. Außerhalb der Badesaison ein ruhiger Fischerort, verwandelt sich Tortugas in den Sommermonaten (Dezember bis März) in einen betriebsamen Badeort. Wem die Fahrt nach Trujillo zu weit erscheint, der findet hier eine gute Übernachtungsalternative zur hässlichen Hafenstadt Chimbote.

... in Casma:
Hostal El Farol Inn: Av. Tupac Amaru 450, Tel./Fax 043-41 21 83, Fax 41 10 64, hostalfarol@speedy.com.pe. Ruhige Lage, mit Restaurant, Garten und Pool. DZ/ÜF ab 32,50 $.
... in Balneario Tortugas:
Hostal El Farol: Reservierung über Hostal El Farol in Casma (s. o.). Schöner Blick über die Bucht. DZ 25 $.
Hostal Las Terrazas: Caleta Norte, Tel. (mobil) 043-961 90 42, www.lasterrazas.com. Acht Zimmer mit Bad und Terrasse mit Meerblick. Restaurant-Service. DZ/ÜF 25 $.
Hostal Gabriela: Einfache Zimmer mit Bad.

Punkuri

Bei Kilometer 409 zweigt von der Panamericana eine Straße Richtung San Jacinto ins Tal des Río Nepeña ab. Kurz darauf trifft man auf den archäologischen Komplex **Punkuri** 8, der eine Fläche von rund 2000 m² einnimmt. Das Alter der Stufenpyramide aus Lehmziegeln und Steinen wird auf etwa 3500 Jahre geschätzt und weist große Ähnlichkeit auf mit Sechín. Auffällig ist eine 1,60 m große Pumafigur mit Resten von Bemalung (tgl. 8–17 Uhr).

Chimbote

Wie ein böser Fluch liegt der Gestank der Fischmehlfabriken über der rund 325 000 Einwohner zählenden Stadt **Chimbote** 9, die über den größten Fischereihafen und einen der wichtigsten Industriehäfen Perus verfügt. Seit 1958 das erste und bislang einzige Stahlwerk des Landes hier eingeweiht wurde, ist Chimbote auch das Zentrum der peruanischen Stahlindustrie.

Im Internet: www.chimboteonline.com (Infos über die Stadt und ihre Umgebung; sp.).

Hotel Gran Chimú: Av. José Gálvez 109, Plaza 28 de Julio (Plaza Grau), Tel./Fax 043-32 37 21, cr_hotelgranchimu@yahoo.es. Älteres Hotel am Meer mit Restaurant und Pool. DZ/ÜF 40 $.
Hotel Cantón: Jr. Manuel Villavicencio 197, Tel. 043-32 92 03, Fax 34 45 29, hotel_canton@hotmail.com. Neueres 3-Sterne-Hotel mit Restaurant (s. u.). DZ/ÜF 37 $.
Hostal D'Carlo: Jr. Manuel Villavicencio 376, Plaza de Armas, Tel./Fax 043-32 10 47, hsdcarlo@hotmail.com. Hotel mit recht guten Zimmern und Cafetería. DZ/ÜF ab 30 $.
Hostal Buenos Aires: Jr. Huambacho 296, Urb. Buenos Aires, Panamericana km 443, Tel. 043-31 06 31, Fax 31 06 31, www.hostalbuenosaires.cjb.net. Hostal in Nuevo Chimbote mit Garten und Pool, Zimmer zum Teil mit Klimaanlage. DZ/ÜF 19 $.

Die meisten Restaurants liegen im Jr. Bolognesi, z. B. das **Venecia** *(comida criolla)*, das **Los Ceviches** (Ceviche und Fastfood) und – in einer Seitenstraße – das Fischrestaurant **Vicmar.** Das **Chifa Cantón** (im gleichnamigen Hotel, s. o.) bietet chinesische Küche; einen guten Cappuccino gibt's im **D'Carlo Café** (im gleichnamigen Hotel, s. o.).

Flüge: Derzeit keine regelmäßigen Verbindungen.
Busse: Regelmäßige Fahrten nach Lima (5–6 Std.) und Trujillo (ca. 2,5 Std.), tgl. nach Cajamarca (ca. 8 Std.) und Huaraz (ca. 9 Std. über Cañón del Pato mit Transporte Yungay). Abfahrt aller Busse am zentralen Busbahnhof *(terminal terrestre)* südlich des Zentrums.

Weiter nach Trujillo

Schon bald hinter **Santa** breitet sich wieder die scheinbar endlose Wüste aus. Nur wenige Flüsse wie der Río Virú unterbrechen dieses Meer aus Sand und Steinen und liefern genügend Wasser für die Landwirtschaft. Schon zu Beginn unserer Zeitrechnung hatten die Menschen der Virú-Kultur in diesem Tal Bewässerungsanlagen und Lehmziegel-Pyramiden errichtet. Die Überreste von Gallinazo, der ehemaligen Hauptstadt des Virú-Reiches, weisen auf ihren Adobemauern bereits Dekorelemente auf, die für die nachfolgende Chimú-Kultur typisch sind.

Vom Hafen **Puerto Morín** werden Bootsausflüge angeboten zu den vorgelagerten

Islas Guañape 10**,** die bis zu 165 m aus dem Meer ragen und zahlreichen Seelöwen und Vögeln Lebensraum bieten. Auf den Inseln wurden zahlreiche präkolumbische Objekte entdeckt.

Vorbei an der Abzweigung nach **Salaverry,** dem modernsten Zuckerexporthafen Perus, überquert man kurz vor Erreichen der Stadtgrenze von Trujillo den Río Moche. Vor der Brücke führt eine unbeschilderte Zufahrt zu den Huacas de Moche (s. S. 303).

10 Trujillo

Cityplan: S. 298

Die »Charmante aus dem Norden« wird die stolze Hauptstadt des *departamento* La Libertad genannt. **Trujillo,** mit etwa 760 000 Einwohnern die drittgrößte Stadt Perus (nach Lima und Callao), liegt rund 560 km nördlich von Lima, nur wenige Kilometer vom Meer entfernt, sodass meistens ein frischer Wind die wüstenhaften Temperaturen etwas abkühlt. Diesem angenehmen Klima und dem Fehlen des in Lima häufigen Winternebels verdankt sie ihren Beinamen »Stadt des Frühlings«. Gegründet wurde Trujillo im Jahr 1535 von Francisco Pizarro, der den Namen zu Ehren seiner spanischen Heimatstadt wählte. Trotz mehrerer schwerer Erdbeben ist das koloniale Stadtbild gut erhalten. Zahlreiche liebevoll restaurierte Privathäuser reicher Familien machen neben den vielen Kirchen das besondere Flair dieser sympathischen Stadt aus.

Plaza de Armas

Das Herz Trujillos bildet die gepflegte **Plaza de Armas,** die mit ihren bunten Kolonialhäusern zu den schönsten Stadtplätzen des Landes zählt. In der Mitte der früheren Plaza Mayor erinnert ein monumentales Denkmal daran, dass Trujillo als eine der ersten Städte Perus im Jahr 1820 seine Unabhängigkeit von Spanien erklärte. Obwohl das Ensemble der umliegenden Gebäude im kolonialen Baustil errichtet wurde, stammen die meisten von ihnen aus neuerer Zeit.

Eines der wenigen noch original erhaltenen Kolonialhäuser ist die **Casa Urquiaga** 1 mit ihrer blau getünchten Fassade. Der ›Befreier‹ Südamerikas, Simón Bolívar, soll um 1820 für ein paar Monate hier gelebt haben. Einige Räume mit antikem Mobiliar und eine kleine Keramiksammlung sind heute der Öffentlichkeit zugänglich (Jr. Pizarro 446, Mo–Fr 9.30–15, Sa/So 10–13.30 Uhr). Im benachbarten rot-weißen Gebäude ist das Rathaus *(municipalidad)* mit der Touristeninformation untergebracht.

Auch die Nordwestseite der Plaza wird von einem harmonischen Häuserensemble bestimmt, doch der Schein trügt: Aus der Kolonialzeit stammt nur die gelbe **Casa Bracamonte** 2 mit einem großen Holzportal und schmiedeeisernen Fenstergittern, alle anderen Gebäude wurden in jüngerer Zeit hinzugefügt (Jr. Independencia 453, keine Besichtigung möglich).

In dem Gebäude an der Westecke der Plaza, einem früheren Kloster der Jesuiten, hat heute die Nationale Universität von Trujillo ihren Sitz. Der Innenraum der ehemaligen **Iglesia La Compañía** 3 aus dem Jahr 1634, die inzwischen als Auditorium dient, war einst mit herrlichen Fresken geschmückt, von denen noch einige erhalten sind.

Blickfang an der Nordostseite der Plaza sind der **Palast des Erzbischofs** 4 und die gelbe **Kathedrale** 5**.** Das heutige Gebäude der Basílica Menor, so der alte Name, wurde im späten 17. Jh. errichtet, nachdem ein Erdbeben die frühere Kirche La Matriz zerstört hatte. Ein weiteres schweres Erdbeben am 14. Februar 1619, das die ganze Stadt übel zurichtete, zog auch die Kathedrale stark in Mitleidenschaft. Im Innern des Gotteshauses sind das schöne Chorgestühl und der frei stehende Altar sowie Gemälde aus der Cusco-Schule bemerkenswert. Das dazugehörige **Museo Catedralício** zeigt Kolonialgemälde, Heiligenfiguren und Messgewänder (Di–Sa 9–13, 16–19 Uhr, 4 N/S).

Südlich der Plaza de Armas

Einen Häuserblock südwestlich der Plaza liegt die **Casa del Mayorazgo de Falcalá** 6

Casa Urquiaga – ein schönes Beispiel für ein koloniales Herrenhaus

aus dem späten 16. Jh., die wie viele andere Gebäude der Stadt von einer Privatbank restauriert wurde. An der Fassade kann man einen Holzbalkon im Mudéjar-Stil bewundern, der große Innenhof wird beherrscht von einem alten Brunnen (Jr. Pizarro 314, Mo–Fr 9.15–12.30 Uhr).

Schräg gegenüber liegt die **Iglesia de Sto. Domingo** 7. Die Kuppel, die beim letzten schweren Erdbeben 1970 eingestürzt war, hat man inzwischen renoviert. Noch älter als die 1562 erbaute Kirche ist das danebenliegende Dominikanerkloster, das bereits 1535 von Fray Domingo de San Tomás gegründet wurde. Nach der Unabhängigkeit musste es geschlossen werden, bis es – über 100 Jahre später – 1942 wieder eröffnet werden konnte.

Nördliche Calle Independencia

Von der Plaza de Armas führt die Calle Independencia in nordöstlicher Richtung zur **Casa Ganoza Chopitea** 8. Auffällig ist die freskenverzierte Fassade des Kolonialpalastes, an der zwei Löwenköpfe zu sehen sind. Auch die Innenräume tragen Wandmalereien (Jr. Independencia 630, Mo–Fr 9.15–12.30, 14.30–18.30 Uhr, Eintritt zum Innenhof frei, das Haus kann nicht besichtigt werden).

Gegenüber wartet die barocke **Iglesia de San Francisco** 9 aus dem 18. Jh. mit vergoldeten Altären und einer schönen Kanzel auf. Das ehemalige Kloster beherbergt heute das Teatro Colón (Mo–Sa 8–12, 16–20 Uhr).

An der nächsten Straßenecke befindet sich im 1. Stock das **Museo del Juguete** 10 (›Spielzeugmuseum‹) mit einer Ausstellung von Spielzeug aus verschiedenen Epochen (Jr. Independencia 705, Tel. 044-20 81 81, www.museodeljuguete.com.pe, Mo–Sa 10–18, So 10–13 Uhr, 3 N/S).

Auch die gegenüberliegende **Iglesia de Sta. Clara** 11 lohnt wegen ihrer ungewöhnlichen Kanzel einen Besuch, ist jedoch meist geschlossen.

Palacio Iturregui

An der nächsten Straßenecke fällt der gelbe **Palacio Iturregui** 12 ins Auge. Der Privatpalast wurde Anfang des 19. Jh. im italienischen Renaissance-Stil erbaut und beherbergt heute den exklusiven Club Central (Jr. Pizarro 688, Mo–Sa 11–18 Uhr, Eintritt frei).

Trujillo: Cityplan

Sehenswürdigkeiten

1 Casa Urquiaga
2 Casa Bracamonte
3 Iglesia La Compañía
4 Palast des Erzbischofs
5 Kathedrale
6 Casa del Mayorazgo de Falcalá
7 Iglesia de Sto. Domingo
8 Casa Ganoza Chopitea
9 Iglesia de San Francisco
10 Museo del Juguete
11 Iglesia de Sta. Clara
12 Palacio Iturregui
13 Iglesia El Carmen
14 Museo Arqueológico
15 Casa de la Emancipación
16 Iglesia La Merced
17 Casa del Mariscal de Orbegoso
18 Iglesia de San Agustín
19 Museo José Cassinelli

Übernachten

1 Gran Hotel El Golf
2 Hotel Libertador
3 El Gran Marqués
4 Hotel Los Conquistadores
5 Hostal Solari
6 Hotel El Peregrino
7 Regents Hotel
8 Hostal Colonial
9 Hostería El Sol

Essen und Trinken

10 Chelsea Pub
11 Il Valentino
12 El Mochica
13 Demarco
14 Café Amaretto
15 Squalo's

Iglesia El Carmen

Eine der bemerkenswertesten Kirchen der Stadt ist die **Iglesia El Carmen** 13. Man sollte sich vom wenig ansprechenden Äußeren nicht täuschen lassen: Das Innere des erst 1725 fertiggestellten Gotteshauses beherbergt mehrere Kostbarkeiten, unter anderem einen wertvollen churrigueresken Altar. Im angrenzenden Kloster wird in einem Museum eine wertvolle Gemäldesammlung mit Werken flämischer Künstler aus dem 17. und 18. Jh. ausgestellt (C. Colón, Ecke C. Bolívar, Tel. 044-24 18 23, Di–Sa 9–13 Uhr).

Museo Arqueológico

Vorbei an der unscheinbaren **Iglesia de San Lorenzo** erblickt man an der nächsten Ecke ein blaues Kolonialgebäude mit schmiedeeisernen Balkonen. Hier, in der 1713 erbauten Casa Risco, ist das **Museo Arqueológico** 14 untergebracht. Die reichhaltige Sammlung der Universität umfasst Keramiken, Textilien und andere Artefakte aus Moche und Umgebung, eine große Chimú-Sammlung und weitere bedeutende Objekte der Chancay-, Salinar-, Nazca- und Inka-Kultur (Jr. Junín 682, Ecke C. Ayacucho, Tel. 044-24 93 22, Mo–Fr 9–13, 14–17, Sa 9–13 Uhr, Erw. 5 N/S, Stud. 2,50 N/S).

Casa de la Emancipación und Iglesia La Merced

Auf dem weiteren Weg lohnt das Portal der **Casa de los Condes de Aranda** einen Blick; leider ist vom Innenraum nicht mehr allzu viel erhalten. Nur eine Straße entfernt steht die **Casa de la Emancipación** 15 aus dem 17. Jh., die auf eine wechselvolle Geschichte zurückblickt: Der Marqués de Torre Tagle plante hier 1820 die Unabhängigkeit der Stadt, drei Jahre später hatte der erste Nationalkongress in den Räumlichkeiten seinen Sitz und danach diente das Gebäude vorübergehend als Regierungspalast und Bischofssitz. Heute gehört es einer Bank, die hier wechselnde Ausstellungen veranstaltet (Jr. Pizarro 610, Mo–Sa 9.15–12.30, 16–18.30 Uhr).

Auf dem Weg zurück zum Hauptplatz passiert man eine kleine Plaza mit der **Iglesia La Merced** 16, die mit einem schönen vergoldeten Altar, der ursprünglich aus der Jesuitenkirche stammt, und einer Orgel aus dem 17. Jh. aufwartet (Jr. Francisco Pizarro 550, tgl. 8–12, 16–20 Uhr).

Casa del Mariscal de Orbegoso und Iglesia de San Agustín

In der nahe gelegenen **Casa del Mariscal de Orbegoso** 17, einem der schönsten Kolonialhäuser der Stadt, sind neben wertvollen Kolonialmöbeln wechselnde Gemäldeausstellungen zu sehen (Jr. Orbegoso 553, Di–So 9.30–20 Uhr, Eintritt frei). Gegenüber dem zugehörigen Garten liegt die **Iglesia de San Agustín** 18 aus dem 17. Jh., die einen prächtigen Barockaltar beherbergt (Jr. Bolívar 508, Mo–Sa 8–12, 16–20 Uhr).

Museo José Cassinelli

Ein ganz besonderes Erlebnis ist ein Besuch des **Museo José Cassinelli** 19, das sich etwas außerhalb des Stadtzentrums an der Abzweigung nach Huanchaco befindet. Diese überaus sehenswerte private Keramiksammlung, die derzeit noch im Keller einer Tankstelle untergebracht ist, beeindruckt durch eine Vielzahl herrlicher Objekte, die man hier ohne störende Glasvitrinen ›hautnah‹ betrachten kann. Die meisten Keramiken stammen aus der Zeit der Mochica-Kultur (ca. 200 v. Chr. bis 500 n. Chr.), aber auch Töpferkunst der Chavín-, Virú-, Cajamarca-, Salinar-, Huari-, Chimú- und Inka-Kultur sind ausgestellt (Av. Nicolás de Piérola 607, Tel. 044-24 61 10, Mo–Sa 9.30–13, 15–19 Uhr, 7 N/S).

i **i-Peru:** Jr. Pizarro 402, Ecke Almagro (Plaza de Armas, im Rathaus), Tel./Fax 044-29 45 61, iperutrujillo@promperu.gob.pe, Mo–Sa 8–19, So 8–14 Uhr.

Policía de Turismo: Jr. Independencia 630, Tel. 044-29 17 05, tgl. 24 Std.

Im Internet: www.munitrujillo.gob.pe (Seite der Stadtverwaltung mit einigen touristischen Infos und Links; sp.).

Gran Hotel El Golf 1: Los Cocoteros 500 (Urb. El Golf), Tel. 044-28 25 15,

Fax 28 22 31, www.granhotelgolf.com. Neueres 5-Sterne-Hotel im Süden der Stadt mit komfortablen Zimmern (Klimaanlage und Minibar), Golfplatz, großem Poolbereich und Sauna. DZ/ÜF 130 $.

Hotel Libertador 2: Jr. Independencia 485, Tel. 044-23 27 41, Fax 23 56 41, www.libertador.com.pe. Schönes Gebäude im Kolonialstil (erbaut 1943) an der Plaza de Armas, die erste Adresse im Stadtzentrum, mit Restaurant und Pool. DZ/ÜF ab 129 $.

El Gran Marqués 3: C. Diaz de Cienfuegos 145 (Urb. La Merced), Tel. 044-24 93 66, Fax 22 39 90, www.elgranmarques.com. Modernes 4-Sterne-Hotel mit guten Zimmern, Restaurant und Pool. DZ/ÜF 100 $.

Hotel Los Conquistadores 4: Jr. Diego de Almagro 586, Tel. 044-20 33 50, Fax 23 59 17, www.losconquistadoreshotel.com. Modernes Hotel im Zentrum mit Restaurant, Bar, Fitnessraum, aber wenig Ambiente. 54 recht gute Zimmer mit Klimaanlage und Minibar. DZ/ÜF 62 $.

Hostal Solari 5: Jr. Diego de Almagro 715, Tel. 044-24 39 09, Tel./Fax 25 89 59, www.hostalsolari.com.pe. Nettes Hostal im Zentrum, einfach, aber ordentlich, Zimmer mit TV und Minibar. DZ 40 $.

Hotel El Peregrino 6: Jr. Independencia 978, Tel./Fax 044-20 39 89, www.peregrinohotel.com. Neueres Hotel mit guten Zimmern (teils etwas dunkel); Gratis-Abholung vom Flughafen. DZ/ÜF 40 $.

Regents Hotel 7: C. Paganini 1019 (Urb. Primavera), Tel. 044-23 14 47, Fax 25 82 71, www.regentshotel.com. Ordentliches Mittelklassehotel in ruhigem Wohnviertel, mit Restaurant und Bar. DZ/ÜF 36 $.

Hostal Colonial 8: Jr. Independencia 618, Tel. 044-25 82 61, Fax 22 34 10, hostalcolonialtruji@hotmail.com. Nettes Hostal im Zentrum (die besseren Zimmer sind im Rückgebäude), Fassade im Kolonialstil, kleines Restaurant. DZ/ÜF ab 24 $.

Hostería El Sol 9: Jr. Los Rubies 560 (Urb. Sta. Inés), Tel. 044-23 19 33, hosteriaelsol@hotmail.com. Günstige Alternative ca. 10 Min. vom Zentrum, einfache Zimmer mit Bad, netter Innenhof mit Garten. DZ 11 $.

Chelsea Pub 10: Jr. Estete 675, Tel. 044-25 70 32, www.chelseapub.com, tgl. 12–17, 19–24, Fr/Sa bis 4 Uhr. Nette Atmosphäre, guter Service, leckere Grillgerichte um 21 N/S.

Il Valentino 11: Jr. Orbegoso 224. Gutes italienisches Restaurant, zum Essen gibt's Pasta und Pizza.

El Mochica 12: Jr. Bolívar 462, Tel. 044-29 34 41, www.elmochica.com.pe, tgl. 12–24 Uhr. Einfaches Restaurant mit Plastikstühlen, landestypische Gerichte um 18 N/S.

Demarco 13: Jr. Francisco Pizarro 725, Tel. 044-23 42 51, www.demarcoperu.com, tgl. 7.15–24 Uhr. Große Auswahl an günstigen und schmackhaften Gerichten: Pizza, Pasta und *platos criollos* um 15 N/S, Fleisch- und Fischgerichte ab 19 N/S.

Café Amaretto 14: Jr. Gamarra 368, Tel. 044-22 14 51, tgl. 8.30–22.30 Uhr. Nettes Café, gute Kuchen und kleine Gerichte (Hauptspeisen um 20 N/S), auch Cocktails.

Squalo's 15: C. Diaz de Cienfuegos 250 (Urb. La Merced), Tel. 044-29 51 34, tgl. 11.30–17 Uhr. Empfehlenswertes Lokal für Fleisch, Geflügel und Fisch, auch landestypische Gerichte *(platos criollos)*, aufmerksames Personal. Hauptgerichte 18–24 N/S.

Chelsea Pub: s. Restaurants. Nette Bar – auch für die ›ältere‹ Generation.

Museo Café Bar: Jr. Independencia 701, Ecke C. Junín, Tel. 044-29 72 00, tgl. 9–24 Uhr. Gemütliches kleines Kaffeehaus, bietet Kuchen, kleine Gerichte und Sandwiches sowie abends Cocktails.

Koloniales Kleinod: die Plaza de Armas von Trujillo

Mythische Wesen und abstrakte Motive zieren die Friese der Huaca de la Luna

Bar Farras y Tapas: Jr. Pizarro 389, Ecke Jr. Almagro. Pub in schönem Kolonialhaus.
Tributo Bar: nebenan, Tel. 044-971 10 45, www.tributobar.com, Mo–Sa ab 19 Uhr.
Canana: Jr. San Martín 788, Tel. 044-23 25 03. Großes Pub, Sa/So Livemusik.
Mecano Bar: Jr. Gamarra 574, Tel. 044-20 16 52, www.mecanobarperu.com. Eine der besten Discos der Stadt, Do und Sa Livebands.
Luna Rota: Av. America Sur 2119, Tel. 044-24 21 82, www.lunarota.com. Beliebte Disco.
Totem Disco Pub: Av. Salvador Lara 996 (Urb. Miraflores), Tel. 044-20 38 35, www.huacabrava.com. Große Disco mit Restaurant.

Pferdeshow: Fundo Palo Marino, Via de Evitamiento km 569, Victor Larco (Umgehungsstraße nach Huanchaco), Tel. 044-24 59 35, Mo–Fr 11–13, Sa, So und Fei 11–14 Uhr, 10 N/S. Hier zeigen die *caballos de paso* ihr Können.

Feste und Veranstaltungen
Concurso Nacional de la Marinera (20. Jan.–2. Feb.): Großer Tanzwettbewerb im Coliseo Gran Chimú, bei dem das beste Marinera-Tanzpaar gekürt wird.
Wettbewerb des peruanischen Pferdes (29. Sept.): Züchter der Pferderasse *caballos de paso* präsentieren ihre eleganten Pferde mit dem besonderen Passgang.
Frühlingsfest (Ende Sept.): Die Häuser und Straßen sind mit Blumen geschmückt; Festumzüge.

Flüge: Der Flughafen, Tel. 044-46 40 13, liegt bei Huanchaco, etwa 8 km westlich der Stadt. Mehrmals tgl. Flüge nach Lima, außerdem tgl. nach Piura und Chiclayo. Fluglinien: Aero Cóndor, Av. España 106, Tel. 044-25 09 01; LAN Perú, Jr. Francisco Pizarro 340, Tel. 01-213 82 00; Star Perú, Jr. Diego de Almagro 539, Tel. 044-47 01 37, reservastru@starperu.com.
Busse: Regelmäßige Verbindungen nach Chimbote (2 Std.), Lima (8 Std.), Chiclayo (3 Std.), Piura (6,5 Std.), Cajamarca (6–7 Std.) und Huaraz (Nachtbus, 8 Std.). Es gibt keinen Busbahnhof, aber die meisten Busfirmen (s. S. 303) befinden sich in der Avenida del

Ejército (Straßenblock 2 und 3), in der Avenida América Sur (Straßenblock 28), in der Avenida Mansiche (Straßenblock 1–4) oder im Jirón Amazonas (Straßenblock 4). Die Busse mit Zielen im Norden starten in der Avenida Nicolás de Piérola (Straßenblock 12). Busfirmen: Cruz del Sur (Lima), Tel. 044-20 37 80; Olano/Oltursa (Lima), Tel. 044-26 30 55; Ormeño (Lima), Tel. 044-25 97 82; Turismo Dias (Cajamarca), Tel. 044-20 12 37; Transportes Línea (Piura, Cajamarca, Huaraz), Tel. 044-24 32 71; Móvil Tours (Chachapoyas, Tarapoto, Huaraz), Tel. 044-28 65 38; CIVA (Tumbes, Tarapoto), Tel. 044-25 14 02; Flores (Tumbes), Tel. 044-20 82 50.

Die Umgebung von Trujillo

Reiseatlas: S. 4, E 4; **Karte:** S. 294

Huacas de Moche

Obwohl die Mochica zu den wichtigsten altperuanischen Kulturen zählen, haben viele Besucher bezüglich der um 500 n. Chr. entstandenen **Huacas de Moche** 11 zu hohe Erwartungen. Von der ehemaligen Hauptstadt des riesigen Mochica-Reiches sind heute nur noch die Reste von Tempelanlagen zu sehen – der Zahn der Zeit und die extremen Klimaverhältnisse haben auch hier ihre Spuren hinterlassen. Eindrucksvoll sind auf jeden Fall die Ausmaße der beiden Adobepyramiden, die ungefähr 8 km südlich von Trujillo am Río Moche liegen.

Die aus über 140 Mio. Lehmziegeln errichtete **Huaca del Sol** (›Sonnenpyramide‹) gilt mit ihrer Grundfläche von 340 m x 160 m und einer Höhe von fast 40 m sogar als größtes präkolumbisches Bauwerk Südamerikas. Nicht weit entfernt liegt zu Füßen des Cerro Blanco die kleinere, etwa 30 m hohe **Huaca de la Luna** (›Mondpyramide‹). Noch heute wirken die farbigen Reliefmauern sehr dekorativ und geben ebenso wie die hier gefundenen Keramiken Aufschluss über die Lebensweise der kriegerischen Mochica (www.huacadelaluna.org.pe, tgl. 9–16 Uhr, Erw. 11 N/S, Stud. 5,50 N/S inkl. Führer).

Huaca La Esmeralda und Chan Chan

An der Straße nach Huanchaco liegt etwas abseits in der Ortschaft Mansiche die **Huaca La Esmeralda** 12**,** eine fast quadratische Tempelanlage der Chimú mit einer Seitenlänge von 65 m x 41 m und zwei Plattformen mit Rampen im Zentrum, deren Lehmwände mit filigranen Rautenmustern und Wellenreliefs, Fischen, Seevögeln, Seeottern und anderen Tiersymbolen verziert sind (tgl. 9–16 Uhr, Eintritt 5 N/S bzw. mit dem Sammelticket von Chan Chan, s. u.).

Weitere 5 km Richtung Huanchaco trifft man auf die Überreste von **Chan Chan.** Mit seiner ursprünglichen Ausdehnung von rund 20 km^2 gilt die versunkene Hauptstadt des Chimú-Reiches als größte archäologische Stätte des Kontinents. Realistischen Schätzungen zufolge dürften im 12. und 13. Jh., während der Blütezeit der 1986 zum Welterbe erklärten Stadt, rund 100 000 Menschen hier gelebt haben. Sie erbauten die zehn Stadtviertel, die jeweils von einer Tempelpyramide überragt wurden, aus ungebrannten Lehmziegeln, denn andere Baumaterialien sind rar in dieser wüstenhaften Gegend – und da es ohnehin nur selten regnet, hatte diese Bauweise durchaus Bestand. Trinkwasser musste über kilometerlange Bewässerungskanäle aus den Bergen herangeschafft und in riesigen Reservoirs gespeichert werden. Doch obwohl die Chimú als kriegerisches Volk bekannt waren, hatten sie den heranstürmenden Inka-Kämpfern auf Dauer nichts entgegenzusetzen und mussten sich ihnen nach zahllosen blutigen Schlachten unterwerfen. Die geschickten Goldschmiede wurden zum Palast des Inka-Herrschers in Cusco gebracht, wo man ihre Kunst sehr zu schätzen wusste. Wertvolle Goldarbeiten, die man bei Ausgrabungen in Chan Chan fand, sind heute in diversen Museen von Trujillo und Lima ausgestellt.

Das **Museo del Sitio** gibt eine gute Einführung in das Leben und Wirken der Chimú. Etwas weiter in Richtung Huanchaco führt links eine Zufahrt zum **Palacio Tschudi,** dem derzeit einzigen zugänglichen Teil der Stadt. Die

Lehmwände dieser Palast- und Tempelstadt sind mit herrlichen Reliefs verziert, so z. B. um die Plaza Principal mit Darstellungen des Seeotters. An der Außenmauer lassen sich an einem im Zickzack verlaufenden Reliefband deutlich stilisierte Fische und Pelikane erkennen (Tel. 044-20 63 04, Museo del Sitio und Palacio Tschudi tgl. 9–17, letzter Einlass 16 Uhr, 11 N/S inkl. Eintritt zur Huaca La Esmeralda sowie zur Huaca del Dragón, s. S. 305).

Huanchaco

Die Zeiten, als **Huanchaco** 13 noch ein einsames Fischerdorf war, sind längst vorbei. Durch die Nähe zum 13 km entfernten Trujillo hat sich hier ein beliebter Badeort mit zahlreichen Fischrestaurants und Unterkünften entwickelt. Auch unter Wellenreitern ist Huanchaco längst kein Geheimtipp mehr. Am Strand sieht man kleine, aus Binsen erbaute Fischerboote, die nach Gebrauch zum Trocknen aufgerichtet werden, um so ihre Haltbarkeit zu verlängern. Die Bauweise dieser typischen *caballitos de totora* (›Schilfpferdchen‹, s. Abb. S. 306/307) ist seit Jahrhunderten unverändert – schon die Mochica und Chimú benutzten die gleiche Technik. Der Legende nach ging hier vor 800 Jahren der Prinz Tacaynamo an Land und gründete die erste Dynastie der Chimú.

Hotel Las Palmeras: Av. Larco 1150 (Sector Los Tumbos), Tel./Fax 044-46 11 99, www.laspalmerasdehuanchaco.com. Neues Hotel direkt am Meer mit guten Zimmern, Restaurant und Pool. DZ/ÜF ab 31 $.
Hostal Caballito de Totora: Av. La Rivera 219, Tel. 044-46 11 54, Fax 46 10 04, www.caballitodetotora.com. Gutes Hostal an der Uferstraße mit ordentlichen Zimmern, Garten, Swimmingpool und Cafetería. DZ ab 27 $.
Huanchaco Hostal: Jr. Victor Larco 287, Tel. 044-46 12 72, Fax 46 16 88, www.huanchacohostal.com. Einfaches, aber ordentliches Hostal an der Plaza mit Pool. DZ/ÜF 28 $.
Hostal El Ancla: Av. La Ribera 101 (am Ortseingang rechts), Tel. 044-46 10 30. Ordentliche Zimmer mit Bad. DZ/ÜF ab 16 $.

Seit 1986 Unesco-Welterbe: Chan Chan, die wohl weltgrößte Lehmziegelstadt

La Casa Suiza: Calle Los Pinos 451, Tel. 044-46 12 85, Fax 46 12 85, www.casasuiza.com. Nette familiäre Unterkunft in einer Nebenstraße, deutschsprachig, kostenloser Internetzugang. Schlafsaal 4 $ p. P., DZ 15 $.

Die meisten Restaurants liegen an der Küstenstraße und sind auf Meeresfrüchte spezialisiert. Abends haben viele Lokale geschlossen.

Club Colonial: Av. La Rivera 171, Tel. 044-46 16 39, tgl. 11–23 Uhr. Nette Atmosphäre, auch Plätze im Freien mit Meerblick, gute Küche. Hauptgerichte 22–24 N/S.

Big Ben: Av. Larco 836 (Urb. El Boquerón), Tel. 044-46 18 69, www.bigbenhuanchaco.com, tgl. 11.30–17.30 Uhr. Angenehmes Lokal mit Meerblick, spezialisiert auf *ceviche,* Fisch und Meeresfrüchte. Menü inkl. Getränk um 15 $.

Huanchaco Beach: Malecón Larco 602, Tel. 044-46 14 84, tgl. 10–17 Uhr. Gutes Fischrestaurant mit Blick aufs Meer, die Chefin kocht selbst. Hauptgerichte 22–25 N/S, Buffet 35 N/S.

Festival del Mar (26.–30. Juli): Die Fischer des Ortes zeigen, wie sie ihre Schilfboote beherrschen.

Regelmäßige Verbindungen mit Kleinbussen nach Trujillo.

Huaca del Dragón

Etwa 5 km nördlich von Trujillo liegt links der Panamericana ein weiterer Tempelkomplex der Chimú-Kultur, die **Huaca del Dragón** 14 (›Drachentempel‹). An der aus Adobeziegeln errichteten Außenmauer, welche die komplett restaurierte Anlage umgibt, sind Reste von Reliefs erkennbar. Einige davon haben die Form eines Regenbogens, weshalb das Bauwerk auch Templo de Arco Iris (›Regenbogentempel‹) genannt wird. An der Westmauer der inneren, massiven Lehmpyramide ist ein gut erhaltenes Relief mit Figuren, Schlangen- und Regenbogenmotiven zu sehen (tgl. 9–16 Uhr, Eintritt 5 N/S bzw. mit dem Sammelticket von Chan Chan, s. S. 303 f.).

Abstecher nach Otuzco

Rund 75 km östlich von Trujillo liegt das nette Hochland-Städtchen **Otuzco** 15 auf über 2600 m inmitten einer schönen Berglandschaft. Die Anfahrt führt über eine auf der ersten Hälfte asphaltierten Straße im Tal des Río Moche bergauf. Wegen seiner Schutzheiligen, der Virgen de la Puerta, ist die Stadt ein beliebtes Pilgerziel – vor allem am Jahrestag, dem 15. Dezember, strömen die Gläubigen aus allen Landesteilen hierher.

Wer über viel Zeit und ein gutes Fahrzeug verfügt, kann von hier über Quiruvilca, Huamachuco und Cajabamba weiterfahren nach Cajamarca (s. S. 338). Unterwegs kann man in der Nähe des Ortes Huamachuco die auf rund 3200 m gelegenen Ruinen von **Markahuamachuco** besuchen.

Von Trujillo nach Chiclayo

Reiseatlas: S. 3/4, E 4–C 2; **Karte:** S. 294

Nördlich von Trujillo konfrontiert einen die Panamericana zunächst wieder mit der Trostlosigkeit der Wüste, die ab Chicama von weiten Zuckerrohrplantagen unterbrochen wird. Kurz vor **Chocope** führt eine Abzweigung über Chocupe und Magdalena de Cao zur archäologischen Stätte **El Brujo** 16, einem Zeremonialtempel der Mochica-Kultur, der mehrmals überbaut und später von der Lambayeque-Kultur als Begräbnisort genutzt wurde. Eine rund 30 m hohe Lehmziegelpyramide und mehrere polychrom bemalte Wände wurden bereits freigelegt. Bemerkenswert ist die Darstellung des Degollador de Cabezas, eines Scharfrichters mit einem abgeschnittenen Kopf in der Hand (tgl. 9–16 Uhr, 11 N/S.).

Die Strände der Umgebung sind vor allem bei Wellenreitern und Tauchern beliebt. In **Puerto Chicama** mit der angeblich längsten linksdrehenden Welle der Welt wird sogar jedes Jahr Ende März eine nationale Meisterschaft ausgetragen.

An der Plaza von **San Pedro de Lloc** 17 steht eine sehenswerte Kirche aus dem späten 17. Jh. mit einem Hauptaltar im Rokoko-

Stil. Nahebei befindet sich im ehemaligen Wohnhaus des italienischen Naturwissenschaftlers Antonio Raimondi die **Casa Museo Antonio Raimondi** (Jr. 2 de Mayo 432, Tel. 044-52 83 38, Di–So 9–13, 15–20 Uhr).

Einige Kilometer nördlich der Hafen- und Industriestadt **Pacasmayo** liegen die Ruinen von **Pacatnamú,** einer Schwesterstadt von Chan Chan. Allerdings sind die kläglichen Überreste der fast völlig zerstörten Stadt wenig sehenswert. Bald darauf überquert die Straße inmitten eines der größten Reisanbaugebiete des Landes den Río Jequetepeque und erreicht kurz danach die Abzweigung nach Cajamarca (s. S. 338).

Im Städtchen **Guadalupe,** 9 km weiter nördlich, wird jedes Jahr am 8. Dezember ein großes Marienfest gefeiert. Ungefähr 40 km weiter führt kurz hinter **Mocupe** eine Abzweigung nach **Saña** 18**,** einer ehedem reichen Kolonialstadt, die 1563 als Santiago de Miraflores gegründet wurde. Mehrere Piratenüberfälle im 16. und 17. Jh. sowie eine Hochwasserkatastrophe im Jahr 1720 setzten der Blütezeit ein Ende – heute sind nur noch die Ruinen der prunkvollen Kirchen und Klöster zu sehen. Weitere 40 km landeinwärts liegt **Oyotún** 19**,** eine überdimensionale Bodenzeichnung (ca. 60 m x 80 m), die ähnlich wie die in Nazca (s. S. 166) nur aus der Luft gut zu erkennen ist und wohl einen Kondor darstellt.

Chiclayo

Karte: S. 312

Auch wenn das recht moderne **Chiclayo** 20 mit Ausnahme des kuriosen Kräutermarktes auf dem Mercado Modelo keine besonderen Sehenswürdigkeiten aufweist, ist es ein guter Standort für Ausflüge zu den zahlreichen archäologischen Stätten in der Umgebung. Die Anreise nach Chiclayo über Land ist weit und mühsam, einfacher und bequemer ist ein kurzer Flug von Lima.

Früher nur ein Vorort von Lambayeque (s. S. 309), hat sich Chiclayo zu einem wichtigen Handelszentrum, besonders für Reis und Zucker, entwickelt. Die Hauptstadt des *departamento* Lambayeque liegt am Südrand der Sechura-Wüste nahe dem Meer. Obwohl erst 1835 gegründet, ist Chiclayo heute mit etwa 550 000 Einwohnern die fünftgrößte Stadt Perus. Die hübsche **Kathedrale** im Stadtzentrum wurde erst 1869 im neoklassischen Stil errichtet. Auch das **Rathaus** von Chiclayo mit seinen großen Fenstern und schmiedeeisernen Türen stammt aus der republikanischen Zeit (C. San José 823). Immerhin rund 70 Jahre älter ist die Kapelle **La Verónica** aus dem Jahr 1840 (C. Torres Paz 294). Das gewölbte Dach wird von Balken aus Algarrobo-Holz getragen.

Die wohl ungewöhnlichste Sehenswürdigkeit der Stadt ist der **Mercado de Brujo** (›He-

Typisches Bild am Strand von Huanchaco: ›Surfen‹ im Stil der Mochica und Chimú

xenmarkt‹), ein Teil des nördlich des Zentrums gelegenen **Mercado Modelo,** den man über die Avenida José Balta erreicht. Hier werden allerlei Kräuter und Heilmittelchen wie auch Tierhäute und andere Utensilien verkauft, die gemäß dem Volksglauben gegen Krankheiten und böse Geister hilfreich sind.

Dirección Regional de Turismo: Av. Sáenz Peña 838, Tel. 074-23 81 12, Mo–Fr 8–13, 14–16.30 Uhr.

Policía de Turismo: Av. Sáenz Peña 830, Tel. 074-49 08 92, tgl. 24 Std.

Im Internet: www.chiclayoenred.com (viele Infos und Adressen, aber auch viel Werbung; sp.); www.regionlambayeque.gob.pe (sp.).

Gran Hotel Chiclayo: Av. Federico Villareal 115, Tel. 074-23 49 11, Fax 22 39 61, www.granhotelchiclayo.com.pe. Moderner Bau mit Pool, Restaurant, Disco; kostenloser Flughafentransfer. DZ/ÜF ab 80 $.

Hotel Costa del Sol: Av. Balta 399, Tel. 074-22 72 72, Fax 20 93 42, www.costadelsolperu.com. Modernes Hochhaus mit Restaurant, Pool, Casino. Zimmer mit Klimaanlage. DZ/ÜF ab 68 $.

Casa de la Luna: C. José Bernardo Alcedo 250 (Urb. Patazca), Tel. 074-27 01 56, www.hotelcasadelaluna.com.pe. Angenehmes kleines Hotel in ruhiger Lage mit Restaurant und Pool; kein Aufzug, Zimmer mit Klimaanlage, Minibar und Internetzugang. DZ/ÜF 56 $.

Hotel América: Av. Luis Gonzáles 943, Tel. 074-22 93 05, Fax 27 06 64, www.hotelamericachiclayo.com. Gute Zimmer mit TV und Minibar. DZ/ÜF 27 $.
Hotel Santa Rosa: Av. Luis Gonzáles 927, Tel. 074-22 44 11, Fax 23 62 42, www.santarosahotelchiclayo.com. 4-Sterne-Hotel mit ordentlichen Zimmern (Bad und TV) und Restaurant. DZ/ÜF 25 $.
Hostal Sicán: C. Manuel Izaga 356, Tel./Fax 074-23 76 18. Einfaches Hostal in zentraler Lage, saubere Zimmer mit TV. DZ/ÜF 17 $.

Marako's Grill: Av. Elvira García y García 490 (Urb. Los Parques), Tel. 074-23 28 40, tgl. 19–24, So auch 13–16 Uhr. Einfaches Lokal mit guten Grillgerichten um 10 $.
Fiesta: Salaverry 1820 (Urb. 3 de Octubre), Tel. 074-20 19 70, Mo–Sa 10–22, So 10–18 Uhr. Gutes Restaurant am Stadtrand, peruanische und internationale Gerichte, gehobene Preisklasse. Hauptspeisen um 5 $, 2-Gänge-Menü inkl. Getränk 8–11 $.
Huaralino: La Libertad 155 (Urb. Santa Victoria), Tel. 074-27 03 30, Mo–Sa 12–16.30, 19–23, So 12–17 Uhr. Landestypische und internationale Küche. Hauptgerichte 20–28 N/S.

Señor de la Justicia (25. Okt.): Religiöse Feier mit Festspielen und Tänzen zu Ehren des Schutzheiligen von Ferreñafe.
Touristenwoche (Ende Nov./Anfang Dez.): Kulturelle Veranstaltungen und Paraden.

Flüge: Vom Flughafen in der Avenida Bolognesi, 2 km außerhalb, Tel. 074-23 31 92, gibt es täglich Flüge nach Lima und Piura sowie gelegentlich nach Iquitos.
Fluglinien: Aero Cóndor, Jr. Manuel M. Izaga 375, Tel. 074-23 28 70; LAN Perú, C. Manuel M. Izaga 770, Tel. 074-27 48 75; Star Perú, Av. Bolognesi 316, Tel. 074-27 11 73, reservascix@starperu.com.
Busse: Regelmäßige Verbindungen nach Trujillo (ca. 3 Std.), Lima (ca. 12 Std.), Cajamarca (ca. 6 Std.), Piura (2,5–3 Std.) und Tumbes (8–9 Std.).
Busfirmen: CIVA (Tumbes, Tarapoto), Av. Bolognesi 714, Tel. 074-22 34 34; Cruz del Sur (Lima), Av. Bolognesi 888, Tel. 074-23 79 65; Oltursa (Lima, Máncora, Tumbes), Av. Vicente de la Vega 101, Tel. 074-22 56 11; Ormeño (Lima), Av. Victor Haya de la Torre 245, Tel. 074-23 42 06; Turismo Dias (Piura, Cajamarca), Jr. Cuglievan 190, Tel. 074-23 35 38; Transportes Línea (Trujillo, Piura, Cajamarca), Av. Bolognesi 638, Tel. 074-23 34 97; Móvil Tours (Lima, Chachapoyas, Tarapoto, Huaraz), Av. Bolognesi 195, Tel. 074-27 19 40; Flores (Tumbes), Av. Bolognesi 175, Tel. 074-23 95 79.

Die Umgebung von Chiclayo

Pimentel

Nur 11 km südwestlich von Chiclayo liegt das beliebte, für verwöhnte Europäer allerdings wenig attraktive Seebad **Pimentel** 21 mit einem Casino und einigen Fischrestaurants. Wer es sich von den Bewohnern Chiclayos leisten kann, hat sich hier ein Apartment zugelegt, um die Wochenenden fern der städtischen Hektik am Meer zu genießen. Wie an fast allen Stränden der peruanischen Pazifikküste herrschen auch hier meist gute Surfbedingungen.

Das nahe gelegene Fischerdorf **Sta. Rosa** ist leider ziemlich heruntergekommen und auch der Strand dort ist nicht der sauberste.

Hostal Garuda: C. Quiñones 109, Pimentel, Tel. 074-45 29 64. Einfache Unterkunft in Meernähe, Zimmer mit Bad und TV. DZ ab 16 $.

Olimplayas (Feb.): Diverse sportliche Wettkämpfe, u. a. mit den *caballitos de totora* (›Schilfboote‹).

Monsefú und Etén

Wer immer noch glaubt, die geflochtenen Panamahüte kämen aus Panama, kann sich in **Monsefú** und der Hafenstadt **Etén** südlich von Chiclayo eines Besseren belehren lassen. Die beiden Orte, ansonsten kaum besuchenswert, sind über die Landesgrenzen hinaus bekannt für die Produktion dieser eleganten Kopfbedeckungen, aber auch Körbe und Handtaschen aus Naturmaterialien sowie feine Stickereien entstehen hier.

Señor Nazareno Cautivo (Aug./Sept.): Das Bildnis des gefangenen Christus wird in einer feierlichen Prozession durch die Straßen von Monsefú getragen.
Kunsthandwerksmesse (Juli): In Monsefú.
Sagrado Corazón de Jesús (30. Juni): Religiöse Feier in Etén.

Sipán

Etwa 30 km östlich von Chiclayo liegt die Ausgrabungsstätte von **Sipán** 22, wo im Jahr 1987 ein spektakulärer Fund gemacht wurde (s. S. 310). In der Fürstengruft des Señor de Sipán sind heute jedoch nur noch Repliken zu sehen, die originalen Fundstücke befinden sich im Museo Tumbas Reales in Lambayeque (siehe rechts).

In der archäologischen Zone Huaca Rajada finden sich weitere Ausgrabungen, darunter vier Gräber. Sehenswert ist auch das kleine Museum mit Fotos, Zeichnungen und Zeitungsausschnitten (tgl. 9–17 Uhr, Erw. 8 N/S, Stud. 3 N/S).

Lambayeque

Die Kleinstadt **Lambayeque** 23 bildet mit ihrer beschaulichen Atmosphäre, einigen hübschen Kolonialhäusern und dem gepflegten Park im Zentrum einen angenehmen Kontrast zum geschäftigen Treiben im nur 12 km entfernten Chiclayo. Die Karwoche wird hier mit Umzügen und Prozessionen ausgiebig gefeiert. Hinter der gelben **Iglesia San Pedro** aus dem 17. Jh. mit einem Chorgestühl aus Zedernholz und zehn schmuckvollen Altären liegt die über 400 Jahre alte Casa de la Logia Masónica mit dem längsten Balkon Südamerikas (67 m).

Die wichtigsten Sehenswürdigkeiten der Stadt sind jedoch die beiden archäologischen Museen: das **Museo Tumbas Reales de Sipán** (s. u.) und das **Museo Arqueológico Brüning.** Letzteres besitzt eine der umfangreichsten archäologischen Sammlungen des Landes und wurde nach dem deutschen Kaufmann und Forscher Heinrich »Enrique« Brüning benannt, der von 1884 bis 1925 in Peru lebte und als begeisterter Kunstsammler eine Vielzahl wertvoller Artefakte regionaler Kulturen zusammentrug. Noch heute stammen die meisten der auf vier Etagen ausgestellten Goldarbeiten, Kerami-

Richtig Reisen-Tipp: Museo Tumbas Reales de Sipán

Um dem wohl wichtigsten archäologischen Fund der jüngeren Geschichte, dem Grabfund des **Señor de Sipán** (s. S. 310), einen würdigen Rahmen zu geben, wurde in Lambayeque (siehe oben) bei Chiclayo ein futuristisch anmutendes Gebäude errichtet, das seit seiner Einweihung im Jahr 2002 zu den wichtigsten Museen des Landes zählt: das **Museo Tumbas Reales de Sipán.** Die Architektur ist inspiriert von der Bauweise der Moche-Tempel. Es gleicht einer abgeschnittenen Pyramide, die aus fünf rötlichen Prismen besteht. Genau genommen ist es nicht nur ein Museum, sondern zugleich ein Mausoleum – die Ruhestätte des Herrn von Sipán und seinen Begleitern.

Ausgestellt werden mehr als 2000 Goldobjekte sowie unzählige Keramiken und Textilien. Das Herzstück des Museums bilden die lebensgroße Figur des Herrn von Sipán mit seinen goldenen Brustplatten und Armreifen und dem aufwendigen Kopfschmuck sowie eine Nachbildung der Grabkammer. In den umliegenden Vitrinen kann man über 400 fein gearbeitete Schmuckstücke aus Gold, Kupfer, Türkisen und Spondylusmuscheln bewundern, die bewusst nur spärlich beleuchtet werden.

Museo Tumbes Reales de Sipán, Av. Juan Pablo Vizcardo y Cuzman, Lambayeque, Tel. 074-28 39 77, www.tumbasreales.org, Di–So 9–17 Uhr, Erw. 10 N/S, Stud. 4 N/S.

Der Sensationsfund von Sipán

Thema

Die Presse feierte überschwenglich den »größten archäologischen Fund des Jahrhunderts«, als 1987 die Freilegung des umfangreichsten je in Amerika gefundenen Goldschatzes bekannt wurde.

Die Archäologen des Museo Brüning unter der Leitung von Walter Alva hatten in der Nähe der Stadt Chiclayo im Lambayeque-Tal ein etwa 1700 Jahre altes Grab eines Mochica-Herrschers mit seinem Gefolge entdeckt, den sie Señor de Sipán, den ›Herrn von Sipán‹, tauften. Der Fürst war reich geschmückt mit goldenen Brustplatten, Armreifen, Muschelketten und mit Türkisen besetzten Goldamuletten. Um ihn herum wurden acht weitere Skelette von Sklaven, Konkubinen und Kriegern sowie Unmengen von Keramiken gefunden. In den folgenden Jahren konnten zwei weitere Gräber freigelegt werden: das Grab des Priesters (1988) und das ebenfalls außerordentlich wertvolle Grab des Viejo Señor de Sipán (1989). Dieser ›alte Herr von Sipán‹ lebte um 100 n. Chr. und ist damit gut 200 Jahre älter als sein Namensvetter, vielleicht sogar dessen direkter Vorfahre. In beiden Gräbern fanden sich zahlreiche weitere unschätzbar wertvolle Objekte, die meisten davon aus Gold, so auch eine männliche Krabben-Gottheit mit markanten Gesichtszügen.

Die meisten Stücke – auch aus mittlerweile acht weiteren Grabfunden in der gleichen Gegend – sind heute im Museo Tumbas Reales de Sipán in Lambayeque zu sehen (s. S. 309), nachdem sie jahrelang in Deutschland präpariert und restauriert wurden. Eine detailgetreue Nachbildung des Grabes ist im Museo de la Nación in Lima ausgestellt (s. S. 112). Vor Ort dokumentiert ein kleines Museo del Sitio mit Fotos und Zeitungsausschnitten die aufregenden Grabungsarbeiten.

Fast alles Wissen um die Mochica-Kultur geht auf die Grabbeigaben zurück

ken und Textilien, die im Wesentlichen den Lambayeque-, Vicus-, Mochica- und Chimú-Kulturen zuzuordnen sind, aus seiner Sammlung. Der Goldsaal zeigt eine der wichtigsten Schmucksammlungen Altamerikas. Anhand von Modellen und ausgesuchten Einzelstücken erhält man Einblick in die Textiltechniken, Töpferei und Metallbearbeitung dieser Menschen und bekommt Informationen zu Ackerbau, Fischfang, Medizin und anderen Bereichen des täglichen Lebens (Av. Huamachuco, Block 8, Tel. 074-28 21 10, tgl. 9–17 Uhr, Erw. 8 N/S, Stud. 3 N/S).

Im Internet: www.lambayeque.com (ansprechend gestaltete Seite mit vielen Infos und Fotos; sp.).

El Cantaro: Av. 2 de Mayo 180, Tel. 074-28 21 96, www.restaurantelcantaro.com, tgl. 9–17 Uhr. Traditionsreiches Restaurant im Zentrum, serviert große Portionen typischer Gerichte der Region, z. B. *causa norteña* (kalte Vorspeise aus gestampften Kartoffeln, gefüllt mit Thunfisch oder Hühnerfleisch und Mayonnaise) oder *cabrito* (Ziege) um 10 $.

El Rincón del Pato: Av. Legia 270, Tel. 074-28 27 51, www.elrincondelpatoperu.com, tgl. 9–18 Uhr. Regionaltypische Küche, Spezialität: Ente *(pato)*. Hauptgerichte 11–15 N/S.

Von Chiclayo nach Piura

Reiseatlas: S. 3, 1; **Karte:** S. 312

Nördlich von Lambayeque gabelt sich die Panamericana. Links führt die neue und kürzere Strecke nach Piura mitten durch die phosphatreiche Sechura-Wüste – eines der ödesten und heißesten Wüstengebiete der Erde, das El Niño 1998 vorübergehend in einen riesigen See verwandelte. Etwa auf halber Strecke zweigt die Zufahrt zum Hafen **Bayóvar** ab, dem Endpunkt der Erdölpipeline aus dem Amazonasgebiet, die 1977 fertiggestellt wurde. Die landschaftlich reizvollere Alternative für die Fahrt nach Piura führt entlang der alten Panamericana über Motupe. Sie verläuft am Rand der Wüste entlang der Andenkette, die hier rund 200 km vom Meer entfernt liegt – weiter als sonst irgendwo in Peru.

Valle de las Pirámides

Kurz hinter Mochumí zweigt im Ort **Túcume** eine Straße ins **Valle de las Pirámides** 24 (›Tal der Pyramiden‹) ab. Mehrere Kulturen hatten sich im Laufe der Jahrhunderte hier im fruchtbaren Tal des Río La Leche niedergelassen, wie umfangreiche Grabungsarbeiten unter Leitung des norwegischen Wissenschaftlers Thor Heyerdahl ergeben haben. Nach der Legende wurde Túcume von Calac, einem Nachfahren des legendären Naymlap, 700 n. Chr. gegründet. Von einer Aussichtsplattform hat man einen guten Überblick über die weitläufige Anlage, in der sich die Überreste von 26 Lehmziegel-Pyramiden befinden – mithin das größte Pyramidenfeld Südamerikas. Die **Huaca Larga** gilt mit einer Länge von fast 700 m, einer durchschnittlichen Breite von 100 m und einer Höhe zwischen 30 und 40 m gar als größtes Adobe-Bauwerk der Welt. Doch außer einigen verzierten Lehmmauern in der Huaca Larga ist derzeit nicht viel zu besichtigen, da mehrere Ausgrabungen zum Schutz vor Zerstörung durch Menschen und Regen wieder zugeschüttet wurden. Im kleinen **Museo del Sitio** finden sich zahlreiche Modelle früherer Ausgrabungen sowie Töpferarbeiten aus der Lambayeque-, Chimú- und Inka-Epoche (ca. 1 km östlich von Túcume bzw. 33 km nördlich von Chiclayo, tgl. 8–16.30 Uhr, Erw. 8 N/S, Stud. 3,50 N/S).

Los Horcones de Túcume: neben dem Pyramidenfeld, Tel. in Lima 01-224 34 01 oder 224 33 67, www.loshorconesdetucume.com. Stilvolle Unterkunft, erbaut aus Lehmziegeln und Algarrobo-Holz, mit sechs individuell eingerichteten Zimmern, die Bäder werden mit Sonnenenergie beheizt. Ein guter Platz, um sich zu erholen oder einen Ausritt in die Umgebung zu unternehmen; auch Vogelfreunde kommen hier auf ihre Kosten. DZ/ÜF ab 40 $.

Von Chiclayo nach Tumbes

Sicán

An den Ufern des Río La Leche bei **Batán Grande** liegen, nur etwa 10 km östlich von Túcume, die Überreste des mutmaßlichen Zentrums der bislang nur wenig erforschten, landwirtschaftlich hochstehenden Kultur von **Sicán** 25, die nach dem Untergang der Mochica-Kultur im 8. Jh. aufstieg und ihren Höhepunkt im 10. und 11. Jh. hatte. Bekannt ist sie durch die goldenen *tumis* (›Zeremonialmesser‹) und andere Gold- und Bronzefunde. Erst 1991 entdeckte der seit 1978 hier tätige japanische Forscher Izumi Shimada in der Huaca de Loro eine Adobe-Pyramide mit der Grabkammer des Señor de Sicán (nicht zu verwechseln mit Sipán) mit wertvollen Grabbeigaben aus Gold, Smaragden, Türkisen, Bergkristallen etc.

Die Zufahrtsstraße zum Proyecto Arqueológico Sicán zweigt in der Ortschaft Jayanca von der Hauptstraße ab. Allzu viel gibt es aber auch hier nicht zu sehen – die Fundstücke aus dem Fürstengrab wurden leider größtenteils geraubt und verkauft. Im neuen, modern anmutenden **Museo Nacional de Sicán** kann man Keramiken und andere Gegenstände sowie eine Rekonstruktion der Grabanlage des in Batán Grande geöffneten Grabs besichtigen und sich über den aktuellen Stand der Grabungsarbeiten informieren (Av. Batán Grande, Ferrenafe, 18 km nördl. von Chiclayo, Tel. 074-28 64 69, Di–So 9–17 Uhr, Erw. 8 N/S, Stud. 3 N/S, Kin. 1 N/S).

Bosque de Pómac

Der archäologische Bezirk von Batán Grande liegt inmitten eines Trockenwald-Schutzgebietes namens **Bosque de Pómac.** Die Charakterpflanze dieser Gegend, der Algarrobo-Baum *(Prosopis juliflora),* dessen Frucht als Grundlage für das alkoholische Mixgetränk Algarrobina dient, findet hier ebenso einen geschützten Lebensraum wie viele andere Pflanzen- und Tierarten, darunter so gefährdete Spezies wie Pumas und Brillenbären.

Weiter nach Piura

In der ersten Augusthälfte (um den 14. August) wird in **Motupe** 26 ausgiebig gefeiert, wenn Tausende von Gläubigen an der mehrtägigen Prozession teilnehmen, bei der ein Holzkreuz, das Cruz de Chalpón, aus einer nahe gelegenen Höhle in die Stadt getragen wird.

Kurz vor Olmos zweigt eine Straße ab, die über Bagua Grande nach Chachapoyas (s. S. 346) führt. Hinter dieser als Corral Quemado bekannten Kreuzung liegen die um 1200 entstandenen **Petroglifos de Boliche y Pipochinos** 27**,** etwa 50 rötliche Felsbilder mit geometrischen und figürlichen Motiven.

In der Umgebung von **Olmos** bieten die Algarrobo-Bäume gute Nistplätze für Baumhühner *(Pava aviblanca),* die bereits als ausgestorben galten. Heute schätzt man den Bestand auf etwa 350 Exemplare. Der 10 km nördlich gelegene **Zoocriadero,** eine Aufzuchtstation mit Tiergehege, informiert über diese und andere Tierarten.

Auf der Weiterfahrt nach Norden kreuzt man die fast 900 km lange Ölpipeline, die über die Anden zur Küste nach Bayóvar führt. Ungefähr 100 km hinter Olmos biegt eine Straße ins Andenhochland nach Huancabamba (s. S. 314) ab, und kurz darauf erstreckt sich rechter Hand die archäologische Zone von **Vicus** 29**,** die 1963 in die Schlagzeilen geriet. Die Zeitungen berichteten über Grabräuber, die hier Tausende von prä-inkaischen Gräbern mit Keramik und Goldobjekten systematisch ausplünderten und die Gegend in eine Mondlandschaft verwandelten, sodass heute nicht mehr viel zu sehen ist. Die bis zu 15 m tiefen Gräber gehören zu einer bis dahin unbekannten Kultur, die hier um die Zeitenwende existierte.

Wiederum wenige Kilometer später folgt die Abzweigung in den Ort **Chulucanas,** der bekannt ist für seine Töpferwaren. Nach traditionellen Methoden werden hier u. a. Gefäße für *chicha* (›Maisbier‹) hergestellt.

Piura

Als Francisco Pizarro im Jahr 1532 mit San Miguel de Piura die erste spanische Stadt in Südamerika gründete, hatten die Inka ihre Herrschaft in dieser Gegend gerade erst 40 Jahre etabliert. Da sich der Standort am Ufer des Río Chira nicht als ideal erwies und auch eine Verlegung ans Meer wegen der Piratenüberfälle nicht erfolgreich war, wählte man schließlich im Jahr 1588 den heutigen Platz im Tal des Río Piura. Die fast 300-jährige Kolonialzeit endete mit der Erklärung der Unabhängigkeit von Spanien am 4. Januar 1821 in der Iglesia de San Francisco, der ältesten noch erhaltenen Kirche der Stadt.

Heute ist **Piura** 30 ein wohltuend geruhsames Städtchen mit immerhin rund 530 000 Einwohnern. Die etwa 1000 km von Lima entfernte Universitätsstadt liegt 60 km landeinwärts inmitten einer ausgedehnten Flussoase mit warmem, trockenem Klima, in der dank aufwendiger Bewässerungssysteme qualitativ hochwertige Baumwolle sowie Reis, Weizen, Obst und Gemüse gedeihen.

Im Stadtzentrum sind in den Straßen um die hübsche Plaza noch einige Kolonialbau-

Richtig Reisen-Tipp: Abstecher nach Huancabamba

Wer das ›echte, unverfälschte‹ Peru erleben will und auf Übernachtungskomfort verzichten kann, dem sei die Fahrt nach **Huancabamba** 28 empfohlen.

Bei Vicus (s. S. 313) beginnt die ca. 150 km lange, während der Regenzeit oft unpassierbare Straße in den Sierra-Ort auf angenehmen 1970 m Höhe. Hier und im benachbarten **Huaringas** sind noch heute zahlreiche *curanderos* (›Heiler‹) und *brujos* (›Hexer‹) tätig (s. S. 319). Südlich von Huancabamba erreicht man ungefähr 5 km hinter Sondor die **Cascada de Sitán,** einen etwa 25 m hohen Wasserfall auf 2600 m Höhe.

Etwas mühevoller gestaltet sich die Anreise zu den **Lagos de Huaringas** ca. 30 km nördlich von Huancabamba, die man nur per Maultier oder zu Fuß erreichen kann. Dem Wasser der insgesamt 14 kleinen Seen, die inmitten einer herrlichen Berglandschaft auf fast 4000 m Höhe liegen, spricht man heilende Kräfte zu.

Von Huancabamba bestehen 2 x täglich Busverbindungen nach Piura (ca. 8 Std.) sowie 1 x täglich nach Chiclayo. Anspruchslose Reisende können vor Ort in einem der sehr einfachen Hostales unterkommen (nur Zimmer mit Gemeinschaftsbad).

ten erhalten geblieben, die von den zahlreichen Hochwasserkatastrophen – die bis in die jüngste Zeit die Gegend bedrohen – verschont geblieben sind.

Die ursprünglich 1588 erbaute **Kathedrale** an der Plaza de Armas beherbergt neben dem vergoldeten Hauptaltar eine sehenswerte geschnitzte Kanzel und den Altar der Virgen de Fátima (Mitte 17. Jh.). Unter den Gemälden von Ignacio Merino ist das Porträt des San Ignacio de Porras hervorzuheben.

Zu Ehren des berühmtesten Sohnes der Stadt, dem im Salpeterkrieg gegen Chile (1879–1883) erfolgreichen Admiral Miguel Grau, wurde in dessen Geburtshaus die **Casa Museo Almirante Grau** eingerichtet. Das Museum enthält Möbel, Gemälde, Schiffsmodelle sowie andere Erinnerungsstücke an den Kriegshelden (Jr. Tacna 662, Mo–Fr 8–13, 16–18, Sa/So 8–12 Uhr, Eintritt frei).

Ein echtes koloniales Juwel ist der Innenraum der kürzlich renovierten **Iglesia del Carmen.** An die Ende des 18. Jh. erbaute Kirche mit ihren churrigueresken Goldaltären ist das **Museo de Arte Religioso** angeschlossen (Plaza Ignacio Merino, Mo und Mi–Sa 9.30–12.30, 16–19, So 9–12 Uhr, Eintritt frei).

Das etwas abseits gelegene **Museo Municipal** bietet einen recht guten Überblick über die archäologische Entwicklung der Gegend. Besonders sehenswert sind die ausgestellten Keramiken der Vicus-Kultur (Av. Sullana, Ecke C. Huánuco, Mo–Fr 9–13, 16–19, Sa/So 9–13 Uhr).

Tourist-Info: Av. Ayacucho 377, Plaza de Armas, Tel. 073-30 82 29, Mo–Fr 9–13, 14–16.30 Uhr.

Im Internet: www.regionpiura.gob.pe (Seite der Regionalverwaltung mit touristischen Infos unter *conoce Piura*; sp.); www.ahorapiura.com.pe (Seite der Asociación de Hoteles y Restaurantes; sp.).

Hotel Los Portales: Libertad 875, Tel. 073-32 11 61, Fax 32 30 72, www.hoteleslosportales.com. Direkt an der Plaza de Armas, mit Pool und gutem, nicht sehr teurem Restaurant. DZ/ÜF 95 $.

Hotel Río Verde: Av. Ramón Mujica (Urb. San Eduardo, El Chipe), Tel. 073-32 84 86, Fax 32 65 63, www.rioverde.com.pe. Bestes Hotel der Stadt, etwas außerhalb im Norden gelegen. Schöne Anlage, großzügige Zimmer mit allem Komfort, Swimmingpool und Restaurant. DZ/ÜF 92 $.

Hotel Costa del Sol: Av. Loreto 649, Tel. 073-30 28 64, Fax 30 70 56, www.costadelsolperu.com. Moderne, recht komfortable Unterkunft, Pool und Restaurant. DZ/ÜF ab 68 $.

Hotel Vicus: Av. Guardia Civil B-3 (Urb. Miraflores), Tel. 073-34 32 01, Fax 34 32 49, ho telvicus@hotmail.com. Älteres, aber gepflegtes Hotel, Zimmer mit Bad und TV, Cafetería. DZ/ÜF ab 24 $.

Hostal Diplomatic: Jr. Tacna 342, Tel. 073-32 52 43, Fax 33 24 85. Ordentliches Hostal, saubere Zimmer mit Bad, TV und Minibar. DZ 20 $.

Hostal San Jorge: Av. Loreto 960, Tel. 073-32 75 14, Fax 32 75 14. 3-Sterne-Hostal, Zimmer mit Teppich und TV, Restaurant. DZ/ÜF ab 18 $.

Hotel Tambo: Jr. Callao 546, Tel. 073-32 23 12. Schlichtes Hotel, ordentliche Zimmer mit Bad. DZ 9 $.

Hostal California: C. Junín 837, Tel. 073-32 87 89. Kleines, nettes Hostal mit einfachen Zimmern (Gemeinschaftsbad) und Dachterrasse. DZ 9 $.

Esta Es Mi Tierra: Las Gardenias 300, Sta. María del Pinar (ca. 4 km außerhalb), Tel. 073-31 00 62, www.estaesmitierra piura.com, tgl. 12–18 Uhr. Großes Restaurant in ländlicher Umgebung, geboten werden landes- und regionaltypische Gerichte sowie Tanzdarbietungen. Hauptgerichte 4–5 $, drei Gänge inkl. Getränk um 18 $.

La Santitos/Carburmer Restaurant: C. Libertad 1014, Tel. 073-30 94 75, tgl. 11–24 Uhr. Zentrales, gemütliches Lokal, tagsüber landestypische Küche, abends Pizzas, Pasta und Fleischgerichte. 3 Gänge inkl. Getränk um 15 $.

Cevichería La Isla: Jr. Ayacucho 570, Tel. 073-30 61 54, tgl. 9.30–17.30 Uhr. Einfaches Lokal im Zentrum, Spezialität: *ceviche.* Hauptgerichte um 15 N/S,

La Granja: Panamericana km 1. Sehr große Auswahl, spezialisiert auf Fleischgerichte, Sa Livemusik.

Flüge: Der Flughafen liegt etwa 2 km außerhalb des Zentrums und bietet Verbindungen nach Lima, Chiclayo, Trujillo und Tumbes.

Fluglinien: Aero Cóndor, Jr. Libertad 777, Tel. 073-31 36 70, piureservas@aerocondor.com.pe; LAN Perú, Av. Grau 140, Tel. 01-213 82 00; Star Perú, Av. Sánchez Cerro 107, Tel. 073-31 38 64.

Busse: Abfahrt fast aller Busse in der Avenida Sánchez Cerro oder Avenida Sullana Norte. Für die 1035 km lange Fahrt nach Lima muss man mit ca. 12 Std. rechnen.

Busfirmen: CIVA (Lima, Huancabamba, Tumbes), Av. Tacna de Castilla, Tel. 073-34 54 51; Cruz del Sur (Lima), Av. Circunvalacion 160, Tel. 073-33 70 94; Oltursa (Lima, Máncora, Tumbes), Av. Bolognesi 801, Tel. 073-32 66 66; Ormeño (Lima), Av. Loreto Norte 295, Tel. 073-32 10 32; Transportes Línea (Chiclayo), Av. Sanchez Cerro 1213, Tel. 073-32 78 21.

Die Umgebung von Piura

Catacaos und Sechura

Gute Einkaufsmöglichkeiten findet man im etwa 12 km südwestlich von Piura gelegenen Kunsthandwerkerdorf **Catacaos** 31, das besonders für seinen Gold- und Silberschmuck berühmt ist. Die *dormilonas* genannten Ohrringe wurden bereits im 16. Jh. von den eleganten Damen der europäischen Fürstenhäuser getragen. Außerdem werden hier Panamahüte, Textilien aus Baumwolle, Ledertaschen und -gürtel sowie Schnitzereien aus Zapote-Holz hergestellt.

Archäologische Ausgrabungen der University of Pennsylvania ergaben, dass die Gegend um **Sechura** 32 54 km südlich von Piura schon früh von Fischern besiedelt war; die traditionellen Balsa-Boote werden bis heute verwendet. Die größte Sehenswürdigkeit des Wüstenortes ist die **Iglesia de San Martín,** eine der wertvollsten Kirchen der nördlichen Küste. Etwas außerhalb des Ortes liegen die Playas San Pedro und San Pablo, zwei je 20 km lange Sandstrände, an denen sich auch Flamingos und Reiher wohlfühlen. Auf den vorgelagerten Inseln finden Robben und Seevögel einen idealen Lebensraum.

Semana Santa (Karwoche): Feierliche Prozessionen, v. a. am Karfreitag, in Catacaos.

Playa Colán

In der Umgebung von **Paita,** einem der größten und modernsten Fischereihäfen Perus ungefähr 60 km westlich von Piura liegen mehrere nette Strände, die angenehme Badetemperaturen versprechen. Die besten Unterkünfte finden sich 16 km nördlich in **Playa Colán** 33**.** Außerhalb der Ferienzeit wirkt der Ort, der sich rühmt, mit der 1536 erbauten **Iglesia San Lucas de Colán** die älteste Kirche Südamerikas zu besitzen, wie ausgestorben. Die auf Pfählen erbauten Holzhäuser direkt am Meer sind dann verschlossen, und nur selten verirrt sich ein Badefreudiger an den weiten Sandstrand, der für seine Sonnenuntergänge bekannt ist.

El Sol de Colán Beach Hotel: Av. Costanera s/n, Balneario La Esmeralda de Colán, am nördlichen Ortsende, Tel. 073-33 48 03 und 32 17 84, Fax 33 48 83, deltareps@terra.com.pe. Gepflegte Anlage direkt am Meer mit kleinem Strand, Swimmingpool und Restaurant. Acht schöne Bungalows (bis 6 Pers.) mit Terrasse und Minibar sowie günstigere Zimmer mit Bad. Bungalow 40 $, DZ 20 $.
Playa Colán Lodge: am südlichen Ortsende, Tel. 073-32 88 73, Fax 33 43 79, www.playacolanlodge.com.pe. Etwas rustikaler, aber großzügiger. Zwei Bungalows mit je zwei Zimmern sowie größere Bungalows (bis 6 Pers.), weiter Sandstrand, netter Poolbereich mit Bar, Restaurant mit Kamin. DZ 35 $.

Von Piura nach Tumbes

Sullana und Umgebung

Über die Panamericana Richtung Norden erreicht man nach knapp 40 km **Sullana** 34**,** ein lebhaftes Handelszentrum am Río Chira, das von Kokospalmen, Baumwolle und anderen Produkten aus der Flussoase lebt. Von hier besteht die Möglichkeit, über Tambo Grande durch eine reizvolle Landschaft mit Flaschenbäumen zur Grenze nach Ecuador zu fahren (120 km ab Sullana, nur bei Trockenheit zu empfehlen).

Neben den Stränden am Pazifik ist auch der 30 km von Sullana entfernte **Embalse Poechos** 35 ein beliebtes Naherholungsgebiet. Dieser etwa 18 km lange Stausee wurde 1976 eröffnet und gilt als der größte Perus. Er bietet ideale Bedingungen für Wasserski und andere Wassersportarten.

Nördlich von Sullana wird das entwöhnte Auge der Reisenden vom kräftigen Grün ausgedehnter Reisfelder überrascht; die weißen Reiher, die auf den Feldern nach Futter suchen, schaffen einen zusätzlichen Kontrast. Auch der in Peru seltene Anblick von Kokospalmen – die Früchte werden als *pipa* am Straßenrand angeboten – lässt für kurze Zeit vergessen, dass man sich in einem der trockensten Wüstengebiete der Erde befindet.

An der Abzweigung nach **Talara** kann man getrost vorbeifahren. Die moderne, ungefähr 50 000 Einwohner zählende Stadt ist Zentrum der petrochemischen Industrie. Das hier mit Pumpen und auch off-shore geförderte Erdöl sorgte für einen gewaltigen wirtschaftlichen Aufschwung der Gegend. Die nahe gelegene **Punta Pariñas** ist der westlichste Punkt des südamerikanischen Kontinents.

... in Sullana:
Hotel La Siesta: Panamericana 400–404, Tel./Fax 073-50 22 64. Neu, Zimmer mit Klimaanlage, Pool, Restaurant.
Hotel Turismo: Av. José de Lama, Tel./Fax 073-50 25 50. Einfache, ordentliche Zimmer.

Cabo Blanco

Etwa 35 km nördlich von Talara führt von El Alto ein lohnenswerter Abstecher nach **Cabo Blanco** 36**.** Weltweit bekannt wurde der Fischerort zu Füßen eines rund 250 m hohen Steilhanges durch den 1952 gegründeten Fischerclub, der so bekannte Sportfischer wie den amerikanischen Schriftsteller Ernest Hemingway zu seinen Mitgliedern zählte. Nach dem verheerenden Unwetter und Seebeben im Niño-Jahr 1983, bei dem die Siedlung fast völlig zerstört wurde, zogen viele Fischer in den sichereren Ort El Alto. Auch wenn sich Cabo Blanco heute vor allem im Glanz vergangener Zeiten sonnt, gehen immer noch

Feiner Sand, tropisches Klima und eine gute Infrastruktur zeichnen Máncora aus

Sportfischer auf die Jagd nach Schwert-, Thun- und Speerfischen (Marline), die hier ganzjährig möglich ist – immer in der Hoffnung, den 1953 von dem Amerikaner Alfred Glassel aufgestellten Rekord zu brechen: Sein Marlin, den er – wohlgemerkt mit der Angel – fing, brachte es auf stattliche 710 kg.

Máncora und Punta Sal

Mit **Máncora** 37 beginnt eine Reihe von Strandorten, die allesamt vom wärmenden Einfluss der Äquatorialströme profitieren und so mit ganzjährig angenehmen Badetemperaturen werben können. Die abschnittsweise starke Brandung lockt Surfer aus aller Welt an – man sagt, es gäbe hier die besten Wellen von Peru. Im Ort Máncora selbst erstreckt sich ein weiter Sandstrand, man findet zahlreiche Fischrestaurants und einfache Unterkünfte; die besseren Hotels liegen einige Kilometer weiter südlich an der alten Küstenstraße.

Auch im einige Kilometer nördlich gelegenen **Punta Sal** locken kilometerlange weiße Strände und einige gute Hotels. Zwei Landzungen bilden eine weit geschwungene Bucht und ermöglichen ein ruhiges Badevergnügen.

Im Internet: www.vivamancora.com (ausführliche Seite über die Region bis Tumbes mit vielen Hotel- und Restaurantlinks; engl.); www.mancora.com (viele Infos, u. a. zu Hotels und Surfen; sp.); www.mancora.de (dt.).

An Feiertagen (Weihnachten, Ostern etc.) sowie von Januar bis März steigen die Zimmerpreise um bis zu 50 % an.

... in Máncora:

Las Arenas de Máncora: Panamericana km 1213, ca. 4 km südl., Tel. 073-25 82 40 und 01-441 15 42 (in Lima), Fax 073-25 80 29, www.lasarenasdemancora.com. Großzügige

Anlage mit acht Bungalows (Bad, Deckenventilator), Pool, Restaurant und Bar, schöner Sandstrand. DZ/ÜF ab 65 $.

Las Pocitas Beach Club: ca. 2,5 km südl., Tel. 073-25 84 32, www.laspocitasmancora.com. Angenehmes Strandhotel, 18 nette Zimmer mit Bad, Hängematten mit Meerblick, Pool unter Palmen, Restaurant, schöner Sandstrand mit felsigen Abschnitten. DZ/ÜF 60 $, Suite 70 $.

Máncora Beach Bungalows: alte Panamericana km 1215, ca. 3 km südl., Tel. 073-25 80 85 und 01-241 61 16 (in Lima), Fax 01-241 61 15, www.mancora-beach.com. Hübsche Apartments mit Terrasse und Meerblick, Restaurant und Pool. DZ/ÜF ab 48 $.

Punta Ballenas Inn: Panamericana km 1164, südl. Ortsende, Tel. 073-25 81 36, www.puntaballenas.com. Kleines, persönliches Hotel direkt am Meer mit ansprechenden Zimmern (Bad, Terrasse mit Meerblick), Restaurant und Pool. DZ/ÜF ab 40 $, Suite ab 90 $.

Hotel del Wawa: Panamericana km 1165, am Eingang von Máncora, Tel. 073-25 84 27, www.delwawa.com. Sympathisches Hotel am Meer mit freundlichen Zimmern und Restaurant, kein Pool, beliebt bei Surfern und Kitesurfern. DZ/ÜF 40 $.

Hospedaje Casablanca: Av. Piura 229, südl. Ortsende, Tel. 073-25 83 37. Einfache Zimmer mit TV. DZ 16 $.

Hostal Sol y Mar: Av. Piura 260, gegenüber Hospedaje Casablanca, Tel. 073-25 81 06. Einfache Unterkunft am Meer mit Restaurant. DZ ab 9,50 $.

... in Punta Sal:

Punta Sal Club Hotel: Panamericana km 1192, Tel. 072-54 00 88, Tel./Fax 01-442 59 61 (in Lima), www.puntasal.com.pe. Hotelanlage an schönem Sandstrand, 12 Zimmer mit Bad sowie 21 einfache, aber gemütliche Bungalows (bis 10 Pers.), Restaurant, Bar, Pool. Ab 48 $ p. P. inkl. Vollpension.

Blue Marlin Beach Club: Panamericana km 1191, Tel. 072-54 00 16, www.peruhotel.com/hotels/en/index2.php3?idhotel=874. Neuere Hotelanlage mit Swimmingpool, Restaurant, weiter Sandstrand. DZ ab 45 $ p. P. inkl. Vollpension.

Hotel Caballito del Mar: Panamericana km 1187, Tel. 072-54 00 58 und 01-241 44 55 (in Lima), Fax 01-447 65 62, www.hotelcaballitodemar.com. Schöne Anlage am Meer mit netten Bungalows, Pool und gutem Fischrestaurant. DZ/ÜF 40 $ (35 $ p. P. inkl. VP).

Hotel Bali Hai: Panamericana km 1196,5, Tel. 01-264 18 70 und 266 10 72 (in Lima), www.balihaiperu.com. Neues Hotel am Meer, rustikal-gemütliche Bambus-Bungalows mit Palmdach und Meerblick, Restaurant, Pool. DZ/ÜF ab 30 $ (35 $ p. P. inkl. HP, 45 $ p. P. inkl. VP).

... in Máncora:

Espada: Av. Piura 501, Tel. 073-25 80 97, tgl. 8–22.30 Uhr. Gehobenes Fisch- und Meeresfrüchte-Restaurant (Langusten ab 55 N/S), auch Fleischgerichte (um 16–21 N/S).

Chan Chan: Av. Piura 384, Tel. 073-25 81 46, Mi–Mo18.30–23 Uhr. Netter Italiener, Pizza und Pasta 18–20 N/S, Fleisch- und Fischgerichte 29–32 N/S.

El Faro Lounge: Av. Piura 233, tgl. 13–23 Uhr. Beliebtes Lokal, landestypische Küche, Fischgerichte und ›Fusion‹ (z. B. Lasagne mit Garnelen). Hauptgerichte um 18 N/S.

Fluid: Av. Piura 240. Nettes asiatisches Lokal, thailändische und indische Küche, Sushi.

Zorritos

Nach dem Fischerort Cancas verläuft die Straße direkt am Meer bis **Zorritos** 38, wo um 1869 die ersten Erdölvorkommen Südamerikas entdeckt wurden, die inzwischen allerdings fast erschöpft sind. Heute lebt der nur 28 km südlich von Tumbes gelegene Ort mit seinem feinen weißen Sandstrand weitgehend von Fischfang und Badetourismus. Weiter nördlich, in **Caleta de la Cruz,** ging Francisco Pizarro am 13. Mai 1531 an Land und betrat damit als erster Europäer das mächtige Inka-Reich. Die benachbarte **Playa Hermosa** mit ihrem weiten Sandstrand und dem ruhigen Meer ist durch die Nähe zu Tumbes ein beliebter Badeort.

Playa Florida Beach Resort: Panamericana km 1222, Tel. 072-968 80

Brujos und Curanderos

Thema

Die abgelegene Region um Huancabamba ist die Heimat vieler Hexer und Zauberer, die hier ihrem sinistren Gewerbe nachgehen. Von den Einwohnern der Berge seit altersher besucht, werden sie zunehmend auch von den Städtern der Küste als alternative Heiler geschätzt.

Die *brujos* und *curanderos* fungieren seit vorkolumbischer Zeit als Mittler zwischen den Welten. Nur sie verfügen über das Wissen der unsichtbaren Zusammenhänge zwischen Mikro- und Makrokosmos. Ihnen obliegt es, den esoterischen Dialog mit den Göttern zu führen. Würde man den *brujo* eher als einen Schamanen bezeichnen, der mit höchst individuellen Ritualen die bösen Geister vertreibt, so ist der *curandero* eine Art Heiler. In seinen Zeremonien findet sich der reiche Schatz einer einst blühenden Ethnopharmakologie aus präkolumbischer Zeit. Wunder vollbringen diese Naturmediziner keine, auch wenn es vielen Patienten so erscheinen mag. Vielmehr vereinen sie unbekannte psychische Potenziale der Patienten mit effektiver Homöopathie nach den Rezepten der Ahnen. So versetzen sie mit ihren Erfolgen manchen Schulmediziner in blankes Erstaunen – längst haben die ersten Ethnomediziner den Weg in die peruanischen Berge gefunden.

Vor einem Besuch sollte man sich mit dem Thema befasst haben und des Spanischen mächtig sein. Außerdem ist es gar nicht so einfach, einen renommierten Heiler zu finden; meist leben diese zurückgezogen in den Bergen. Denn neben echten Heilkundigen gibt es viele selbst ernannte Heiler, die nur gelernt haben, ahnungslosen Laien mit viel Hokuspokus die Geldscheine aus der Tasche zu ziehen. Wer Pech hat, gerät sogar an einen Schwarzmagier. Dann kann es einem ergehen wie dem Zauberlehrling, der die Kräfte, die er rief, nun nicht mehr loswird. Reine Sensationsgier ist in dieser Gegend fehl am Platz.

Die Natur hält für (fast) jedes ›Wehwehchen‹ ein passendes Gegenmittel bereit

88, Tel./Fax 01-447 27 36 (in Lima), www.playa-florida.com. Nettes Strandhotel mit Pool, Restaurant. DZ/ÜF 40 $ (ab 35 $ p. P. inkl. VP).
Costa Azul Hotel & Spa: Faustino Piaggo 115, Tel. 072-54 42 68, www.vivamancora.com/costaazul. Hotelanlage am Strand mit Restaurant, Bar, Pool- und Spabereich. DZ/ÜF 40 $ (35 $ p. P. inkl. Vollpension).
Hostal Punta Camarón: Panamericana km 1235, Tel. 01-247 27 37 (in Lima), Fax 01-247 32 00, www.vivamancora.com/puntacamaron. Einfaches Hostal am Meer mit Bungalows, Restaurant und Swimmingpool. DZ/ÜF 40 $.
Sunset Club: Panamericana km 1248, Tel. 072-54 22 43 und 01-96 50 54 39 (in Lima, mobil), www.vivatumbes.com/sunset/index.htm. Beliebte Hotelanlage, Zimmer mit Klimaanlage und TV, Restaurant, Pool, Tennisplatz. DZ ab 30 $.
Hostal La Palmera: Panamericana km 1241, Tel. 072-54 42 22. In Strandnähe, Zimmer mit Bad, Restaurant. DZ/ÜF 20 $.
Hostal Casa Grillo: Av. Los Pinos 563, Panamericana km 1236,5, Tel. 01-97 64 28 36 (in Lima), www.casagrillo.com.pe. Sehr einfache Backpacker-Unterkunft am Strand mit Restaurant. Schlafsaal 3 $ p. P., DZ ohne/mit Bad 10/14 $.

Mero Murike: Panamericana km 1241, im Ort. Nettes Lokal am Meer, spezialisiert auf Meeresfrüchte, nicht ganz billig.
Kedis: Panamericana km 1246. Restaurant mit Meerblick, auf der Speisekarte stehen regionaltypische Gerichte.

Tumbes und Umgebung

Tumbes

Tumbes 40, die nördlichste Küstenstadt Perus mit rund 95 000 Einwohnern, gehörte bis 1941 zu Ecuador und hat für den Touristen selbst nur wenig zu bieten. Wichtig ist die Stadt als Verkehrsknotenpunkt und als Basis für Ausflüge in die Umgebung. Die Grenze zu Ecuador liegt nur etwa 25 km entfernt.

Im Internet: www.vivatumbes.com (viele Infos, auch über Hotels; sp.).

Hotel Costa del Sol: Jr. San Martín 275, Plaza Bolognesi, Tel. 072-52 39 91, Fax 52 58 62, www.costadelsolperu.com. Angenehmes Stadthotel, große Zimmer mit Klimaanlage, Minibar und TV, Pool, Restaurant. DZ/ÜF ab 63 $.
Hotel Asturias: Av. Mariscal Castilla 305, Tel. 072-52 25 69, Fax 52 33 10. Zimmer mit TV, Cafetería im Haus. DZ/ÜF ab 22 $.
Hotel Roma: Jr. Grau 425, Plaza de Armas, Tel./Fax 072-52 41 37, hotelromatumbes@hotmail.com. Geräumige, saubere Zimmer mit TV. DZ 20 $.
Hotel Lourdes: C. Mayor Bodero 118, Tel./Fax 072-52 29 66. Kleine, ordentliche Zimmer mit Bad und TV, Restaurant, Dachterrasse. DZ 19 $.

Latino: C. Bolívar 163, Plaza de Armas, Tel. 072-52 31 98, tgl. 7–23 Uhr. Nettes Lokal, regionale und internationale Küche, auch Meeresfrüchte. Hauptgerichte 14–17 N/S.
Sí Señor: C. Bolívar 121, Plaza de Armas. Ordentliches Lokal, internationale Küche.

Touren: Tumbes Tours, Av. Tumbes 341, Tel. 072-52 60 86, Fax 52 48 37, www.tumbestours.com. U. a. in den Parque Nacional Cerros de Amotape (s. S. 321).

Flüge: Täglich Verbindungen nach Lima (ca. 1,5 Std.) mit Aero Cóndor, Tel. 072-52 48 37.
Busse: Verbindungen nach Piura (5–6 Std., auch *colectivos*), Chiclayo (ca. 10 Std.), Trujillo (12–14 Std.), Lima (1270 km, 18–22 Std.) und Machala/Ecuador. Außerdem gibt es Busse und *colectivos* nach Aguas Verdes an der ecuadorianischen Grenze sowie zu den Stränden von Zorritos, Máncora etc.
Buslinien: Civa, Av. Tumbes, Tel. 072-52 51 20; Cruz del Sur, Av. Tumbes Norte 319, Tel. 072-89 61 63; Oltursa, Av. Tumbes, Tel. 072-52 65 24; Ormeño, Av. Tumbes/Panamericana 1187, Tel. 072-52 28 94.

Richtig Reisen-Tipp: Parque Nacional Cerros de Amotape

Vor Zorritos führt eine kleine Straße zum 1975 gegründeten **Parque Nacional Cerros de Amotape** 39. Das 91 300 ha große Schutzgebiet, das von der Küstenregion bis auf über 1500 m reicht, umfasst einen der letzten größeren Bestände von tropischem Trockenwald in Südamerika. Dieses komplexe Ökosystem findet sich nur an der amerikanischen Pazifikküste und ist stark bedroht. In der trockenen Landschaft mit niedrigen Bäumen und Büschen – darunter der Johannisbrotbaum – sieht man häufig Sittiche und gelegentlich auch einen Grauhirsch, sehr selten bekommt man Königsgeier, Andenkondore, Weißwedelhirsche oder gar einen Luchs oder Puma zu Gesicht. Auch Brillenbären, Wildkatzen und Ameisenbären leben in dem Park.

Wegen der hohen Temperaturen in der Regenzeit zwischen Januar und März sollte man seinen Besuch auf die Monate Juli bis November legen. Da man an einem Tag nicht sehr weit in den Park vordringen kann, empfiehlt sich die Teilnahme an einer mehrtägigen Tour mit Wander- und Reitmöglichkeiten. Besonders eindrucksvoll ist ein Trip durch die Schlucht des Río Tumbes. Organisierte Ausflüge werden von örtlichen Veranstaltern angeboten (s. S. 320, Parkeintritt 5 N/S).

Santuario Nacional Río Tumbes

Lohnenswert ist eine Bootsfahrt auf dem Río Tumbes, wie sie im nur 13 km entfernten Fischerort **Puerto Pizarro** angeboten wird. Die Mangrovenlandschaft an der Mündung des Río Tumbes ins Meer – immerhin das größte Flussdelta an der südamerikanischen Pazifikküste – bildet die Heimat für zahlreiche Vogelarten und das bedrohte Amerikanische Krokodil *(Crocodylus acutus)*, weshalb das knapp 3000 ha große Gebiet im Jahr 1988 als **Santuario Nacional Río Tumbes** 41 unter Naturschutz gestellt wurde. Über 100 Vogelarten findet man hier, außerdem den scheuen Mangrovenbär, der sich allerdings nur sehr selten zeigt.

Die angebotenen Bootstouren werden meist mit einem Stopp auf der **Isla del Amor** kombiniert, die mit ihren Stränden zum Erholen einlädt. Die **Isla de los Pájaros** ist Nistplatz für zahlreiche Seevogelarten. In den Restaurants von Puerto Pizarro kann man die berühmten schwarzen Muscheln *(conchas negras)* oder Krebse *(cangrejos)* probieren.

Bay Side Hotel: Av. Principal Grau 1, Tel. 072-54 30 45. Am Fluss, Zimmer mit Ventilator und Bad (Kaltwasser), Restaurant, kleiner Pool, Organisation von Bootstouren (s. u.), DZ/ÜF 22 $.

Bootstouren: Bay Side Hotel (s. o.). Fahrten in die Mangrovensümpfe und zur Isla del Amor (80 N/S bis 6 Pers.). Die beste Reisezeit ist von Mai bis Dez. In der Regenzeit (Jan.–April) müssen die Bootstouren 48 Stunden vor Beginn bestätigt werden.

Zona Reservada de Tumbes

Schwerer zu erreichen ist das ca. 50 km südöstlich von Tumbes gelegene Schutzgebiet **Zona Reservada de Tumbes** 42 mit einer Fläche von über 75 000 ha. Örtliche Veranstalter unternehmen Jeeptouren (in der Regenzeit von Januar bis April kann die Anreise schwierig sein) in dieses ungewöhnliche Biotop, das tropischen Regenwald in unmittelbarer Nähe zum Pazifik beherbergt. Dank des besonderen Klimas der Region leben und gedeihen hier Tier- und Pflanzenarten wie Affen oder Kautschukbäume, die eigentlich typisch sind für das Amazonastiefland. Hinzu kommen Arten aus dem Hochland und der Küstenregion, sodass man auf engem Raum sehr unterschiedliche Spezies vorfindet, darunter auch bedrohte Arten wie den pazifischen Fischotter und das Tumbes-Krokodil.

Die 180 km lange Gebirgskette der Cordillera Blanca umfasst Perus höchste Berge, mehr als 600 Gletscher, an die 300 Seen und etwa 30 archäologische Stätten

Callejón de Huailas und Cordillera Blanca

Karte S. 329

Das Tal des Río Santa, Callejón de Huailas genannt, liegt eingebettet zwischen der kargen, abweisenden Gebirgskette der Cordillera Negra und den schneebedeckten Gipfeln der Cordillera Blanca. Deren fast 7000 m hoher Huascarán zählt zu den höchsten Bergen Amerikas und ein Ausflug in den gleichnamigen Nationalpark gehört zu den unvergesslichen Naturerlebnissen in Peru. Lohnenswert ist auch ein Besuch von Chavín de Huántar, einer der ältesten Kulturstätten Südamerikas.

Um die einmalige Bergsicht möglichst ungestört (von grauen Wolken) genießen zu können, ist eine Reise in die Suiza Peruana, die ›peruanische Schweiz‹, während der Trockenmonate Mai bis Oktober empfehlenswert. Als Standort für Ausflüge bietet sich Huaraz an, die größte Stadt der Region.

Zur Weiterfahrt von Huaraz nach Norden kann man zwischen drei Routen wählen. Am schnellsten geht es auf der Teerstraße zurück nach Paramonga (s. S. 293) an der Panamericana, auch wenn dies die längste Strecke ist. Die beiden anderen Routen führen über schlechte Pisten durch eindrucksvolle Landschaften: Wer sich für die etwas beschwerlichere Variante durch die Cordillera Negra nach Casma entscheidet (s. S. 332), kann unterwegs noch die Ruinen von Sechín (s. S. 293) besuchen; nur geringfügig einfacher gestaltet sich die Fahrt durch den Cañón del Pato (s. S. 335).

Anfahrt zum Callejón de Huailas

Reiseatlas: S. 7/8, D/E 3/4

Die Fahrt von Lima nach Huaraz (ca. 410 km) kann bequem an einem Tag bewältigt werden. Mehrere Buslinien bedienen diese Route. Die Strecke von Lima bis Paramonga ist ab Seite 292 beschrieben. Hier verlässt die einzige geteerte Zufahrtstraße nach Huaraz die Panamericana und schlängelt sich im Tal des Río Fortaleza von Meeresniveau bis auf über 4000 m Höhe empor – und das auf einer Länge von kaum 120 km. Zunächst gemächlich ansteigend, wird das Tal nach Raquia enger und steiler, die Bergwelt zunehmend karger und bedrohlicher.

Cordillera Huayhuash

Karte: S. 329

Jenseits des 4080 m hohen Passes **Abra Conococha** bietet sich vom gleichnamigen Dorf (126 km ab Pativilca) ein lohnenswerter Abstecher an: Die zunächst geteerte Straße (31 km) führt, vorbei an der vogelreichen Laguna Conococha, die als Quelle des Río Santa gilt, zunächst über eine Hochebene und windet sich dann talwärts nach **Chiquián** 1. Dieses kleine Kolonialstädtchen mit nur etwa 6500 Einwohnern liegt auf 3350 m zu Füßen der eindrucksvollen Bergwelt der **Cordillera Huayhuash.** Deren höchste Erhebung, der gletscherbepackte Yerupajá, zählt mit 6634 m zu den gewaltigsten Gipfeln Südamerikas und wird in Peru nur vom Huascarán überragt. Mehrtägige Touren für geübte Wanderer und Bergsteiger werden von Chiquián aus organisiert. Die größte Herausforderung für Bergwanderer ist wohl die Umrundung des kompletten Massivs der Cordillera Huayhuash, die – je nach Kondition – acht bis zwölf Tage dauert. Aber man kann auch kürzere Touren unternehmen, zum Beispiel die Strecke Rondoy–Llamac, die etwa drei Tage in Anspruch nimmt.

Im Internet: www.chiquian.com (viele Infos und Links; sp.).

Hotel Los Nogales de Chiquián: Jr. Comercio 1301, Tel./Fax 043-44 71 21, www.andestop-peru.com. Kolonialhaus mit Innenhof, Restaurant, Bar, Internet. Ordentliche Zimmer mit Bad (Warmwasser) und TV. DZ/ÜF 16 $.
Gran Hotel Huayhuash: 28 de Julio 400, Tel./Fax 043-44 70 49, www.hotelhuayhuash.com. Modernes Gebäude, saubere Zimmer mit Privatbad (Warmwasser), Restaurant. DZ/ÜF ab 11 $.
Hostal San Miguel: Jr. Comercio 233, Tel. 043-44 70 01. Kolonialhaus mit einfachen Zimmern und hübschem Innenhof. DZ mit Gemeinschaftsbad (Kaltwasser) 6 $, DZ mit Bad (Warmwasser) 9 $.

Busse: Verbindungen nach Lima mit Cavassa (tgl. 9 Uhr) sowie nach Huaraz mit El Rápido (tgl. 5, 14 Uhr) und Amigos del Milenio (tgl. 14 Uhr).

Südlicher Callejón de Huailas

Bei klarem Himmel ist die Bergkette der Cordillera Huayhuash auch von der Hauptstraße nach Huaraz zu sehen, die nun im Tal des Río Santa wieder bergab führt. Schon bald bietet sich – gutes Wetter immer vorausgesetzt – eines der herrlichsten Panoramen der Anden: Majestätisch reihen sich die schneebedeckten Gipfel der Cordillera Blanca aneinander und bilden eine mächtige Kulisse. Das fruchtbare Tal des Río Santa zu Füßen der ›weißen Berge‹, genannt **Callejón de Huailas,** fällt von hier auf einer Länge von rund 160 km über 2000 m nach Norden ab. Die jährliche Regenmenge schwankt, je nach Höhenlage, zwischen 800 und 200 mm und ermöglicht so im trockenen, tiefer gelegenen Abschnitt nur spärliche Landwirtschaft.

37 km hinter dem Conococha-Pass führt in **Pachacoto** eine Abzweigung in den südlichen Teil (Sektor Carpa) des **Parque Nacional Huascarán** (s. auch S. 334) – eine der wenigen Stellen, an denen man von Oktober bis Februar blühende Exemplare der *Puya raimondii* zu Gesicht bekommt (s. S. 20). Wer dieser Straße weiter folgt, passiert nach der Laguna Patococha den 5240 m hohen Nevado Pastoruri, an dessen vergletscherten Hängen jedes Jahr in der ersten Juniwoche Skiwettbewerbe ausgetragen werden. Am Huarapasca-Pass (4780 m) überquert die Straße die Cordillera Huallanca und führt weiter nach Huánuco (s. S. 132). Etwa auf halbem Weg dorthin, in der Nähe des Städtchens La Unión, lag einst auf über 4000 m die Inka-Stadt **Huánuco Viejo** 2**,** heute ein ausgedehntes Ruinenfeld mit einigen gut erhaltenen Bauten.

Zurück auf der Hauptstraße, zweigt kurz nach Pachacoto in **Cátac** die Zufahrt ab nach

Mit dem Autor unterwegs

Eldorado für Wanderer
Die **Cordillera Huayhuash,** der ›kleine Nachbar‹ der Cordillera Blanca, ist nicht weniger eindrucksvoll und bietet eine Reihe erstklassiger Wandermöglichkeiten (s. S. 324 f.).

Über die Anden ans Meer
Eine ungewöhnliche, aber sehr lohnenswerte Route führt von Huaraz durch die **Cordillera Negra** bis nach Casma an der Küste (s. S. 332).

Höhenadaption
Wer von der Küste kommt, sollte sich erst ein paar Tage akklimatisieren, bevor er sich an eine Trekkingtour wagt. Kleinere Tageswanderungen im Callejón de Huailas helfen, den Körper an die Höhe anzupassen.

Richtig Reisen-Tipp: Chavín de Huántar

Ein anstrengender, aber überaus lohnenswerter Tagesausflug (216 km) führt von Huaraz durch die spektakuläre Bergwelt der Cordillera Blanca nach Chavín de Huántar, dem religiösen Zentrum einer frühen und damals sehr einflussreichen Kultur.

Bereits die Anreise dorthin ist ein großartiges Erlebnis. Von **Cátac** (36 km) führt die neue Teerstraße durch den Parque Nacional Huascarán und schlängelt sich an der fotogenen **Laguna Querococha** (3980 m) vorbei zum **Kahuish-Tunnel** (72 km) auf stattlichen 4200 m. Auf der anderen Seite des Tunnels, der unter der kontinentalen Wasserscheide zwischen Pazifik und Atlantik verläuft, führt die Straße in weiten Serpentinen bergab ins Tal des Río Mosna, einem der ungezählten Zuflüsse des Río Marañón. 8 km hinter **Machac** (100 km) liegen noch vor dem Ortseingang von **Chavín** (3150 m) linker Hand die Reste der antiken Stadt am Ufer des Río Mosna.

Chavín de Huántar 3**,** einst ein bedeutendes Zeremonialzentrum, war namengebend für die Chavín-Kultur, den prägenden Kunststil des frühen Horizontes (ca. 1200–200 v. Chr.). Der Einfluss dieses Kultzentrums reichte bis nach Piura und zum Titicacasee. Für viele Archäologen galt Chavín als Wiege der südamerikanischen Kulturen, auch wenn es inzwischen Erkenntnisse über ältere Kultstätten in Peru gibt (s. S. 30). Die Gebäude der rund 13 ha großen Stadtanlage jedenfalls, die um 850 v. Chr. angelegt wurde, zählen zu den ältesten steinernen Bauwerken im Andenraum, weshalb die Anlage im Jahr 1985 zum Welterbe erklärt wurde.

Nachdem Ernst Wilhelm Middendorf 1895 eine erste genaue Beschreibung der großen Tempelpyramide verfasst hatte, wurden in den 1920er- und 1930er-Jahren umfangreiche Grabungen unter Leitung des peruanischen Archäologen Julio C. Tello unternommen. Doch eine Naturkatastrophe machte seine Arbeit im Januar 1945 zunichte: Als nach schweren Regenfällen der Moränendamm eines Gletschersees brach, ergoss sich eine Lawine aus Geröll und Schlamm über das Tal und begrub das Heiligtum unter einer 4 m dicken Erdschicht, sodass ab 1955 erneut mit der Freilegung begonnen werden musste.

Besichtigung der Anlage

Der Rundgang durch das zwischen steilen Abhängen am Ufer des Río Mosna gelegene Ruinenfeld beginnt an einem **Museum,** das zahlreiche Steinfragmente und Werkzeuge beherbergt. Berühmte Funde wie den Tello-Obelisken oder die rund 600 kg schwere Raimondi-Stele sucht man allerdings vergeblich – sie sind im Museo Nacional de Arqueología y Antropología in Lima ausgestellt (s. S. 115).

In der Nähe des Flussufers liegt die **Plaza Quadrangular,** ein versenkter Hof mit Freitreppen, der von zwei Randbauten flankiert wird. Einen ersten Eindruck vom ornamentalen Kunststil dieser Kultur vermitteln die beiden knapp einen Meter breiten Steinblöcke an der **Escalinata Blanco y Negro,** einem Aufgang zum Haupttempel. Den eigentlichen Zugang zum Tempel bildet die **Portada de las Falcónidas** (›Falkenportal‹), ein Portal mit runden Stützpfeilern. Auf diesen monolithischen Säulen zeigen Reliefs mythologische Flügelwesen, die mit ihren Reißzähnen und Raubkatzenkrallen eine eindeutige Verwandtschaft mit der Raimondi-Stele aufweisen.

Die dahinterliegende **Hauptpyramide,** auch Neuer Tempel oder fälschlicherweise Castillo (›Festung‹) genannt, ist ein massives quadratisches Steingebäude mit etwa 70 m Seitenlänge und rund 15 m hohen Mauern. In seinem Innern befindet sich ein labyrinthartiges System von unterirdischen Gängen und Kammern. Hier fand man eine Vielzahl von Tongefäßen, viele bereits mit dem für südamerikanische Keramik typischen Steigbügelausguss.

Rechts daneben liegt hinter einem Rundhof mit weiteren reliefierten Steinplatten der

Aufwendige Steinmetzarbeiten zeugen von der hochstehenden Chavín-Kultur

Zugang zum **Templo del Lanzón,** dem größten Heiligtum von Chavín. Durch einen unterirdischen Gang gelangt man im Innern des Alten Tempels zu einer schmalen Nische, in der sich ein über 4,50 m hoher Monolith befindet. Dieser ist in den Boden eingelassen und wird oben von Deckenplatten in aufrechter Position gehalten. Dargestellt ist ein menschlich-tierisches Mischwesen mit einem überdimensionalen Kopf mit Raubtierzähnen und Schlangenzöpfen. Wahrscheinlich handelt es sich dabei um die Hauptgottheit des Ortes, die heute wegen ihrer hochgezogenen Mundwinkel »Lächelnder Gott« genannt wird. Gegenüber befindet sich der Zugang zur **Galería de los Laberintos,** einem anderen Gangsystem, in dem zahlreiche Steinköpfe, die sowohl Menschen als auch Tierfratzen darstellen, und steinerne Reliefplatten zu sehen sind. Oberhalb davon liegen weitere Zugänge zu den Galería genannten Gängen und Kammern, die zwar nicht über Fenster, aber über ein System von Belüftungsschächten und Wasserableitungskanälen verfügen.

In die Rückwand des Haupttempel-Komplexes waren ursprünglich mehrere steinerne Köpfe von Mischwesen eingelassen, von denen aber nur einer an seiner Originalposition erhalten geblieben ist. Die anderen kann man z. T. im zugehörigen Museum bewundern (Tel. 043-45 40 42, tgl. 8–17 Uhr, 11 N/S).

Unterkunft in Chavín:

La Casona, Plaza de Armas 130, Tel. 043-45 40 48, lacasonachavin@peru.com. Kolonialhaus mit Patio. DZ ohne/mit Bad 9/20 $.

Hotel Chavín Arqueológico, Inca Roca 141, Tel./Fax 043-45 40 55. Modernes Gebäude, Zimmer mit Bad/TV, Restaurant. DZ 16 $.

Gran Hotel Rickay: 17 de Enero 600, Tel./Fax 043-45 40 68. Zimmer mit Bad/TV, Restaurant, Innenhof. DZ 16 $.

Chavín de Huántar (s. S. 326). Die Hauptstraße führt weiter nach **Recuay** 4 (3400 m), dem einzigen Ort, der das schwere Erdbeben von 1970 relativ gut überstanden hat und in dem noch viele alte Häuser erhalten sind. Aufgrund zahlreicher Keramikfunde in der Region hat man diese Regionalkultur nach der Ortschaft Recuay benannt. Von hier aus sind es nur noch 27 km, vorbei an der Abzweigung nach **Olleros,** bis nach Huaraz.

... in Olleros:
Hotel Altas Montañas: Tel. 043-42 25 69, www.altasmontanas.com. Neues Hotel für Bergwanderer auf 3470 m Höhe, deutschsprachig, der Besitzer organisiert Trekkingtouren. DZ/ÜF 29 $.

Fiesta del Señor de Burgos (11.–15. Sept.): Fest zu Ehren des Schutzheiligen von Recuay mit dem traditionellen Tanz Danza de los Negritos.

Huaraz

Der 3050 m hoch gelegene Hauptort des Callejón de Huailas, **Huaraz** 5**,** ist das wichtigste Versorgungszentrum und mit ca. 115 000 Einwohnern die größte Stadt der Region. Bereits 1941 war Huaraz durch eine Geröll- und Schlammlawine stark in Mitleidenschaft gezogen worden. Nach dem Erdbeben von 1970 musste die Stadt beinahe vollständig wieder aufgebaut werden und hat dadurch ihren früheren kolonialen Charme verloren. Dennoch ist die Hauptstadt des *departamento* Ancash ein guter Ausgangspunkt für Ausflüge in die Umgebung und Treffpunkt für Bergsteiger aus aller Welt. Und auch wer sich nicht in die Region des ewigen Eises vorwagt – der Blick zum Huascarán, dem höchsten Gipfel des Landes, und anderen Bergriesen bleibt jedem Besucher ein unvergessliches Erlebnis. Nicht nur bei Sonnenuntergang.

Im kleinen **Museo Arqueológico de Ancash** an der Plaza de Armas sind neben Exponaten anderer Kulturen zahlreiche Monolithen, Mumien und Keramiken der Recuay-Kultur (ca. 400 v. Chr.–600 n. Chr.) ausgestellt, die überwiegend vom Fundort Pueblo Viejo bei Recuay stammen (Av. Luzuriaga 762, Tel. 043-42 15 51, tgl. 8.15–19 Uhr, 5,50 N/S).

Einen herrlichen Rundblick auf die umliegenden Berggipfel gewährt ein Aussichtspunkt *(mirador),* den man nach einem kurzen Spaziergang am Friedhof vorbei erreicht.

i-Peru: Av. Luzuriaga 734, Plaza de Armas, Pasaje Atusparia, Tel./Fax 043-42 88 12, Mo–Sa 8–18.30, So 8.30–14 Uhr.
Dirección Regional de Turismo: Campamento Vichay s/n (Independencia), Tel. 043-42 15 21, Mo–Fr 8–13, 14–17 Uhr.
Casa de Guías: Parque Ginebra, Tel. 043-42 75 45, www.casadeguias.com.pe, Mo–Fr 9–13, 16–20 Uhr. Infos über Wandertouren, Vermittlung von Bergführern, Landkarten.
Nationalpark-Büro: Federico Sal y Rosas 555, Tel. 043-42 20 86, Mo–Fr 8.30–13, 14.30–17.30, Sa 8.30–11 Uhr. Infos über den Parque Nacional Huascarán.
Policía de Turismo: Plaza de Armas, im Rathaus, tgl. 24 Std.
Im Internet: www.munihuaraz.gob.pe (tolle Fotos und viele Infos; sp.); www.huarazonline.com (sp.); www.huaraz.com (sp., engl.); www.huaraz.org (sp.).

Andino Club Hotel: Jr. Pedro Cochachin 357, Tel. 043-42 16 62, Fax 42 28 30, www.hotelandino.com. Hotel oberhalb der Stadt mit schönem Blick auf den Huascarán, gute Zimmer, gutes Restaurant, unter Schweizer Leitung. DZ/ÜF ab 106 $.
The Lazy Dog: 8 km außerhalb Richtung Berge, Tel. (mobil) 043-978 93 30, www.thelazydoginn.com. Neue, gemütliche Lodge in schöner Lage, freundlich eingerichtete Zimmer, US-amerikanische Leitung, Restaurant, Reitmöglichkeit. DZ/ÜF ab ca. 65 $, Vollpension 15 $ zusätzlich p. P.
San Sebastián: Jr. Italia 1124, Tel. 043-42 69 60, Fax 42 23 06, www.hotelhuaraz.com. Neueres, angenehmes Hotel etwas abseits vom Zentrum, schöne Zimmer, aber ohne Heizung; Restaurant und Bergblick. DZ/ÜF ab 48 $.

Callejón de Huailas

Hotel El Tumi: Jr. San Martín 1221, Tel. 043-42 17 84, www.hoteleltumi.com. Modernes 3-Sterne-Hotel, recht guter Zimmerstandard, aber leider wenig Ambiente, Restaurant. DZ/ÜF ab 39 $.

Steel Guest House: Jr. Alejandro Maguiña 1467, Tel. 043-42 97 09, Fax 42 07 09, www.steelguest.com. Neues Hostal, geschmackvoll eingerichtete Zimmer und Aussichtsterrasse. DZ/ÜF ab 25 $.

Albergue Churup B & B: Jr. Amadeo Figueroa 1257 (La Soledad), Tel. 043-42 25 84, www.churup.com. Sympathisches Hostal in Zentrumsnähe, Gästeküche, Wohnzimmer mit Kamin, Café/Restaurant. Schlafsaal 4 $ p. P., DZ/ÜF mit Bad 20 $.

Andino: im Hotel Andino (s. o.), tgl. 16–22 Uhr. Gute Küche, gehobene Preisklasse. Hauptgerichte um 35 N/S.

Crêperie Patrick: Av. Luzuriaga 422, Tel. 043-42 60 37, www.huaraz.org/creperiepatrick, tgl. 8–22 Uhr, im Februar sowie So in der Nebensaison geschlossen. Französische Küche (Crêpes), Raclette, Couscous, Fleischgerichte, Forelle etc. um 15–20 N/S.
Pizzería Monte Rosa: Jr. José de la Mar 691, Tel. 043-42 14 47, www.huaraz.com/monterosa, tgl. 10–23 Uhr. Beliebtes Lokal im Zentrum, deutschsprachig. Pizza, Pasta, Fondue, Raclette und mehr. Gehobene Preise.
Bistro de los Andes: Jr. Julio de Morales 823, Tel. 044-72 62 49, tgl. 17–22 Uhr. Lokale und internationale Küche, z. B. Nudelgerichte oder *trucha a la almendra* (gebackene Forelle mit Mandeln). Hauptgerichte 10–24 N/S.
Café Andino: Jr. Lucar y Torre 530, 3. Stock, Tel. 043-42 12 03, www.cafeandino.com, Di–So 8–22 Uhr. Beliebter Treffpunkt, geboten werden Kaffee, Sandwiches sowie Hauptgerichte um 10–17 N/S.

Inka Pub: Jr. José de la Mar 691 (neben Pizzería Monte Rosa), Tel. 043-42 14 47, tgl. geöffnet. Beliebter Treff, gelegentlich Folkloreshow.
Peña El Tambo: Jr. José de la Mar 776, Tel. 043-42 34 17, tgl. ab 20 Uhr. Kneipe mit Livemusik.
Monttrek Disco: Jr. José de Sucre, Ecke Jr. Simón Bolívar, tgl. ab 20.30 Uhr. Touristen-Disco mit Lasershow.
Peña Imantata: Av. Luzuriaga 424. Mit Livemusik.

Montags und donnerstags verwandelt sich Huaraz in eine bunte Marktstadt

Wandern und Bergsteigen: Mystica Travel, Av. Confraternidad Internacional 103, Tel./Fax 043-22 05 11. Veranstaltet Touren unterschiedlicher Schwierigkeit in den Cordilleras Blanca und Huayhuash.
Andean Explorer, C. Julio Arguedas 1242 (Soledad), Tel. 043-42 25 29, www.andeanexplorer.com. Ähnliches Angebot.
Bergsteiger wenden sich am besten an die Casa de Guías (s. S. 328). Gutes Kartenmaterial (1:100 000) gibt es beim Österreichischen Alpenverein, www.alpenverein.at.
Mountainbiking: Mountain Bike Adventures, www.pedalperu.com.
Rafting: Wildwasserfahrten auf dem Río Santa werden in verschiedenen Büros in Huaraz angeboten.

Karneval (Feb.): Festliche Umzüge.
Osterwoche (März/April): Prozessionen, v. a. am Karfreitag und Ostersonntag.
Fiesta del Señor de la Soledad (3. Mai): Pilger strömen nach Huaraz, von Musikgruppen begleitet.
Semana de Andinismo (Ende Mai/Anfang Juni): »Bergwoche« mit zahlreichen sportlichen Wettbewerben und anderen Veranstaltungen.

Flüge: Vom Flughafen in Anta, 24 km nördlich von Huaraz, gibt es Verbindungen nach Lima (1 x tgl.).
Busse: Regelmäßige Verbindungen über Pativilca nach Lima (400 km, ca. 8 Std.), Chimbote und Trujillo (9–10 Std.) mit Móvil Tours, Jr. Simón Bolívar 452, Tel. 043-42 25 55, movilhuaraz@hotmail.com; Transportes Línea, Jr. Simón Bolívar 450, Tel. 043-42 66 66; Chinchaysuyo, Jr. Julián de Morales 650-B, Tel. 043-42 64 17; Empresa de Transportes 14, Jr. Simón Bolívar 407, Tel. 043-42 12 82. Außerdem Verbindungen nach Chimbote durch den Cañón del Pato mit Yungay Express sowie nach Chavín de Huántar (4–5 Std.) mit Chavín Express, Río Mosna und Sandoval. Die Kleinbusse nach Caraz starten in der Avenida Raimondi nahe dem Markt (ab 5.30 Uhr etwa alle 20 Min.).

Die Umgebung von Huaraz

Baños Termales de Monterrey

Nur rund 7 km nördlich von Huaraz liegen die **Baños Termales de Monterrey** 6. Ein Bad in dem angenehm warmen, schwefelhaltigen Wasser, das hier mit einer Temperatur von 48 °C aus der Erde tritt, ist eine willkommene Entspannung. Man kann zwischen dem (lauwarmen) Schwimmbecken und den Privatkabinen (bis 4 Pers.) mit heißem Wasser wählen (tgl. 6–18 Uhr, 3,50 N/S).

Hostal El Patio: Tel. 043-42 49 65 und 01-448 02 58 (in Lima), Fax 043-42 69 67, www.elpatio.com.pe. Schöne Anlage im

Kolonialstil mit Garten und Restaurant, angenehme Zimmer mit Heizung sowie drei Cabañas mit Kamin. DZ/ÜF 69 $, Cabaña 112 $.
Real Hotel Baños Monterrey: Tel. 043-42 76 90, realhotelmonterrey@yahoo.com. Altehrwürdiges Hotel an den Thermalbädern, Zimmer mit Holzböden, Bungalows (z. T. mit Kamin). DZ/ÜF ab 34 $, Bungalow ab 43 $.

El Ollon de Barro: Tel. 043-42 33 64, nur Sa/So 12–17 Uhr. Nettes Gartenlokal mit regionaltypischen Gerichten wie *pachamanca* (in der Erde gegartes Gericht aus Fleisch und Gemüse) und *ají de gallina* (Hühnerbrustfleisch mit Zwiebeln, Knoblauch und Milch) um 18–20 N/S.

Ruinen von Wilcahuaín und Waullac

In der Stadt werden Ausflüge zu den nahe gelegenen Ruinen von **Wilcahuaín** 7 angeboten, die jedoch auch im Rahmen einer kleinen Wanderung von Huaraz (ca. 7 km) oder Monterrey erreichbar sind. Der dreistöckige Haupttempel, eine Kopie des Chavín-Tempels, misst an der Basis 11 m x 16 m und ist noch recht gut erhalten. Das Steingebäude mit den für die Chavín-Kultur charakteristischen Gängen und Kammern wurde wahrscheinlich zwischen 600 und 1000 unter dem Einfluss der Huari/Tiahuanaco-Kultur errichtet (tgl. 8–17 Uhr, 4,50 N/S).

Noch näher an der Stadt und in wenigen Minuten mit dem Auto erreichbar sind die Reste des Prä-Inka-Friedhofs **Waullac,** der ebenfalls der Huari-Kultur zugerechnet wird (tgl. 8–17 Uhr, 2 N/S).

Von Huaraz nach Casma

Reiseatlas: S. 7/8, C/D 3
Diese anstrengende, aber landschaftlich außerordentlich reizvolle Route durch die karge **Cordillera Negra** bietet sich sowohl für die Weiterreise nach Norden wie auch als Alternative zur Rückreise nach Lima an. Allerdings sollte man über ein zuverlässiges (am besten geländegängiges) Fahrzeug und einen sicheren Fahrstil verfügen, da die Straße nicht geteert ist und mit einigen gefährlichen Abschnitten entlang schwindelerregender Abgründe aufwartet.

Auch wer nicht die ganze Strecke befahren möchte, sollte bei guter Bergsicht das erste Teilstück (30 km) zum 4225 m hohen Pass **Punta Callán** 8 in Angriff nehmen – der Blick zurück auf die verschneiten Gipfel der Cordillera Blanca ist einmalig. Kurz vor der Passhöhe zweigt links eine Straße ab, die zu einem der wenigen Standorte der *Puya raimondii* (s. S. 20) führt.

Jenseits der bis zu 5000 m hohen Cordillera Negra schlängelt sich eine teilweise ziemlich schlechte Piste bergab durch ärmliche Bergdörfer mit Häusern aus Adobe mit Wellblechdächern. Nach 80 km und rund vier Stunden Fahrzeit erreicht man mit **Pariacoto** den ersten größeren Ort. Kurz hinter der nächsten Ortschaft **Yaután,** etwa 120 km nach Huaraz, beginnt endlich wieder die Teerstraße, die nach weiteren 25 km bei **Casma** in die Panamericana mündet. Kurz zuvor zweigt links die Zufahrt zu den Ruinen von **Sechín** ab (s. S. 293 f.).

Nördlicher Callejón de Huailas

Von Huaraz nach Yungay

Vorbei am Töpferort **Taricá** und dem Flughafen in Anta erreicht man nach 28 km das kleine Dorf Marcará, wo eine Zufahrt (4 km) zu den leider renovierungsbedürftigen Thermalanlagen von **Chancos** abzweigt.

Carhuaz 9**,** eine der größeren Ortschaften im Tal des Río Santa, liegt auf angenehmen 2640 m zu Füßen des vergletscherten Bergriesen Hualcán (6125 m) und ist ein guter Ausgangspunkt für Wanderungen in der Quebrada Ulta (s. S. 336).

Der benachbarte Ort **Ranrahirca** wurde im Januar 1962 von einer Schlammlawine, die nach dem Abbruch eines Eisfeldes von der Nordwand des Huascarán zu Tal stürzte, regelrecht fortgerissen. Die traurige Bilanz: rund 4000 Tote. Kaum hatten die Überlebenden

Wächter über das Callejón de Huailas: der Cerro Huascarán, Perus höchster Berg

das Dorf wieder aufgebaut, wurde es vom Erdbeben im Mai 1970 erneut zerstört.

Den Einwohnern von **Yungay** 10 (2350 m) erging es nicht besser: Im gleichen Jahr vernichtete eine Stein- und Schlammlawine auch ihre Heimat – fast 18 000 Tote waren zu beklagen, nur 3000 überlebten, weil sie sich auf den erhöht gelegenen Friedhof geflüchtet hatten. Eine weiße Christusstatue markiert die Lage von Alt-Yungay, wo noch vier Palmen, die einst auf dem Hauptplatz standen, aus der Erde ragen und an die verschwundene Ortschaft erinnern. Nach dem Unglück errichtete man nur wenige Kilometer entfernt einen neuen Ort gleichen Namens; und nicht nur hier leben die Bewohner in ständiger Angst vor einer weiteren Katastrophe.

Im Internet: www.carhuaz.com (Adressen von Hotels, Restaurants etc.; sp.).

... in Carhuaz:

Complejo Turístico Carhuaz (COMTUCAR): 1 km vor Huaraz rechts, Tel. 043-49 40 51, www.cunet.com.pe/carhuaz. Modernes, wenig einladendes Gebäude mit recht ordentlichen Zimmern (z. T. mit Bergblick), Pool und Restaurant. DZ/ÜF ab 29 $.

Hostal El Abuelo: Jr. 9 de Diciembre 257, Tel. 043-39 44 56, Fax 39 41 49, www.elabuelohostal.com. Ordentliche Unterkunft mit Garten, Cafetería. DZ/ÜF 38 $.

Hostal La Merced: Jr. Ucayali 724, Tel. 043-39 42 41 und 01-442 32 01 (in Lima), Fax 01-421 13 53. Einfache Unterkunft im Zentrum, Zimmer mit Bad (Warmwasser). DZ 12,50 $.

... in Yungay:

Continental Rima Rima: Jr. Miguel Grau 275, Tel./Fax 043-39 32 57. Zimmer mit Bad und TV. DZ/ÜF 16 $.

Hostal Los Eucaliptos: Barrio Huantucan s/n, *cuadra* 4, Tel. 043-39 30 10, loseucaliptosdeyungay@hotmail.com. Liegt außerhalb im Grünen. DZ ohne/mit Bad 10/16 $.

Complejo Turístico Huascarán: Jr. Leoncio Prado 1° *cuadra,* Tel. 043-39 32 03. Neues, zentrales Hostal. DZ ohne/mit Bad 9/13 $.

Fiesta de la Virgen de la Merced: (23.–27. Sept.): Fest in Carhuaz zu Ehren der Schutzheiligen mit Prozessionen, Stierkämpfen, Tanz – und viel Alkohol.

11 Parque Nacional Huascarán

Von Yungay aus lohnt ein Abstecher zu den rund 28 km entfernten, türkisblauen **Lagunas Llanganuco 11,** die auf einer Höhe von 3860 m in einem Gletschertal zwischen den Steilwänden des Huandoy (6395 m) und des Huascarán (6768 m) liegen. Die beiden Seen, von den Einheimischen Laguna Chinancocha und Laguna Orconcocha (›männlicher‹ und ›weiblicher‹ See) genannt, liegen bereits innerhalb der Grenzen des 346 km² großen **Parque Nacional Huascarán.** Der 1972 gegründete Park, der inzwischen zum Naturerbe der Menschheit erklärt wurde, nimmt den kompletten Gebirgszug der Cordillera Blanca ein. Eindrucksvoll reihen sich auf einer Länge von rund 160 km schneebedeckte Fünf- und Sechstausender aneinander und bilden mit ihren vergletscherten Gipfeln einen scharfen Kontrast zum oft tiefen Blau des Himmels. Mehr als 50 dieser Bergriesen überragen den Montblanc, den höchsten Berg Europas. Benannt wurde der Nationalpark nach dem Cerro Huascarán, der 1932 erstmals bestiegen wurde und heute ein beliebtes Ziel für Trekkingtouren ist (s. S. 336 f.). An der Laguna Chinancocha gibt es einen kleinen Wanderweg (ca. 1 Std.), auf dem man die Natur erkunden kann. Wenn man der Straße hinter den Seen noch einige Kilometer bergauf folgt, kann man bei klarem Himmel einen herrlichen Bergblick genießen (tgl. 8.30–17.30 Uhr, 5 N/S).

Caraz

Caraz 12, mit rund 22 000 Einwohnern der zweitgrößte Ort im Tal, wurde beim Erdbeben von 1970 nicht so stark zerstört wie andere Siedlungen. Mit seinem warmen Klima auf 2260 m Höhe und einigen Unterkünften ist er eine interessante Alternative zum rund 65 km entfernten Huaraz als Standort für Unternehmungen in der Umgebung. Ein lohnender Ausflug führt beispielsweise zur 30 km entfernten **Laguna Parón 13,** einem von mehreren Sechstausendern eingerahmten See auf 4140 m. Die etwa 30 km von Caraz entfernte Ortschaft **Cashapampa** ist Endpunkt des berühmten Sta.-Cruz-Trecks (s. S. 337).

Oficina de Turismo: Plaza de Armas (Nordseite), tgl. 8–18 Uhr.

Im Internet: www.carazonline.com.

O'Pal Sierra Resort: Crta. Huaraz–Caraz km 66 (1 km vor Caraz), Tel./Fax 043-39 10 15, www.opalsierraresort.com. Gepflegte Anlage am Hang, schön und ruhig gelegen, vier Zimmer mit Bad, 12 nette Bungalows mit Küche und Kamin. DZ/ÜF 36 $, Bungalow ab 55,50 $ (ohne Frühstück).

Hostal Los Pinos: Parque San Martín 103, Tel./Fax 043-39 11 30, www.apuaventura.com. Angenehmes Hostal mit Veranda, Bücherei, Cafetería, Camping möglich. DZ/ÜF 25 $.

Grand Hostal Caraz Dulzura: Jr. Sáenz Peña 212, Tel. 043-39 15 23, www.hostalca

razdulzura.4t.com. Ordentliches Hostal mit Restaurant, Zimmer zu Patio. DZ/ÜF 17 $.
Hostal Regina: C. Los Olivos, Ecke C. José Gálvez (Crta. Central), Tel./Fax 043-79 15 20 und 01-337 50 21 (in Lima). Neueres Hostal, einfache Zimmer mit Bad (Warmwasser), sauber. DZ 10 $.

La Esmeralda: Av. Alfonso Ugarte 404. Gute Küche, günstig.
La Punta: Jr. Daniel Villar. Gartenlokal, gute einheimische Gerichte.

Outdoor-Sport: Pony's Expeditions, Sucre 1266, Tel./Fax 043-39 16 42, www.ponyexpeditions.com. Trekking- und Mountainbiketouren sowie Vermietung von Camping-Ausrüstung.

Busse: Regelmäßige Verbindungen nach Huaraz, nach Chimbote und Trujillo sowie Direktbusse nach Lima (ca. 9 Std.).

Cañón del Pato

Von Caraz führt die Straße gen Norden durch eine immer trockenere Landschaft – statt fruchtbarer Felder beherrschen Kakteen und Dornengestrüpp die Szenerie. Richtig aufregend wird die Fahrt, wenn es durch 35 Tunnel am spektakulären **Cañón del Pato** 14 entlanggeht, einer 15 km langen und bis zu 200 m tiefen Schlucht, die teilweise nur 15 m breit ist. Von Huallanca (1800 m), einer Siedlung für Arbeiter des Santa-Kraftwerkes, das fast die Hälfte Nordperus mit Strom versorgt, sind es noch 145 km auf ungeteerter Straße bis zur Panamericana bei Santa.

Laguna Chinancocha – die ›männliche‹ der beiden Lagunas Llanganuco

Richtig Reisen-Tipp: Trekking im Parque Nacional Huascarán

Nicht nur Bergsteiger, auch Wanderer und Naturliebhaber kommen im Parque Nacional Huascarán voll auf ihre Kosten. Wildromantische Gebirgstäler laden zum Wandern ein, auch wenn das Gehen wegen der ungewohnten Höhe etwas mühsam ist. Von einfachen Tageswanderungen bis zu mehrtägigen Trekkingtouren für geübte und körperlich belastbare Wanderer reicht das Angebot und alle Touren belohnen die Anstrengung mit herrlichen Naturerlebnissen. Nachfolgend eine Auswahl an Wandervorschlägen, aufgelistet von Süd nach Nord. Eine Wanderkarte der Cordillera Blanca ist vor Ort erhältlich.

Olleros–Chavín (3 Tage, 39 km)
Ausgangspunkt dieser Wanderung ist das Dorf **Olleros** (3450 m) südlich von Huaraz. Von hier geht es zunächst dem Flusslauf des Río Negro folgend zum Ort **Quisuar** (3800 m, 7 km) und weiter in die Quebrada Uquián, wo man bei **Sacracancha** (15 km) auf 4050 m zum ersten Mal das Zelt aufschlagen kann.

Vorbei an der **Laguna Collotacocha** erreicht man die **Pampa Yanashallash** (4400 m, 22 km) und nach weiteren anstrengenden 3 km den gleichnamigen Pass, mit 4700 m der höchste Punkt der Wanderung. Von nun an geht es bergab und beim Zusammentreffen der **Quebradas Jatunruri und Shongo** (4100 m, 28 km) gibt es wieder gute Möglichkeiten zum Zelten.

Mit herrlichen Blicken auf den Schneeriesen Huatsán (6395 m) führt der Weg am dritten Tag weiter nach **Chavín** (s. S. 326) auf 3150 m.

Pitec–Laguna Shallap/Laguna Cuchillacocha/Laguna Churup
(Tages-/Mehrtageswanderungen)
Vom Dorf **Pitec** (3850 m) östlich von Huaraz kann man durch die **Quebrada Shallap** zum gleichnamigen See wandern. Zunächst überquert man auf einer Brücke den Río Quilcay und geht dann bergauf zum Taleingang, erkennbar an einem großen Tor. Gut 10 km nach diesem Tor erreicht man die **Laguna Shallap** auf 4300 m Höhe; der Rückweg ist gleich. Wegen der meist ungewohnten Höhe sollte man auf alle Fälle einen Schlafsack, ein Zelt und Proviant mitführen, auch wenn eine Übernachtung nicht eingeplant ist.

Wer über drei bis vier Tage Zeit und eine entsprechende Kondition verfügt, kann von Pitec aus auch in der **Quebrada Quilcayhuanca** auf einem etwa 17 km langen und teilweise steilen Weg zur **Laguna Cuchillacocha** (4650 m) wandern.

Sehr beliebt zum Eingewöhnen an die Höhe ist die kürzere Tageswanderung zur **Laguna Churup,** die ebenfalls in Pitec beginnt. In etwa zwei Stunden erreicht man den malerischen Hochlandsee.

Quebrada Ulta (Tageswanderungen)
Die Straße von Carhuaz nach Chacas auf der Ostseite der Cordillera Blanca führt durch die Quebrada Ulta. Einige Kilometer hinter der Ortschaft **Shilla** (3050 m) zweigt rechts ein Weg ab zur **Laguna Auquiscocha** (4320 m) und der dahintergelegenen **Laguna Chequiacocha** (4420 m), ein anderer führt zur **Laguna Huallcacocha,** ebenfalls zu Füßen des Bergriesen Hualcán (6122 m). Von allen drei Seen bieten sich fantastische Ausblicke zum Huascarán-Massiv.

Lagunas Llanganuco–Laguna 69
(Tageswanderung, 14 km)
Oberhalb der **Lagunas Llanganuco** (s. S. 334) führt ein herrlicher Weg in der **Quebrada Demando** aufwärts. Ein Zeltplatz-Schild in einer Straßenkurve markiert den Beginn der Wanderung. Durch einen kleinen Myrtenwald *(arrayanes)* geht es über eine Brücke zu einer Hütte (3900 m), von wo man rechts des Flusses weiterwandert. Vorbei an einer Schutzhütte erreicht man den Talboden (4050 m), an dem rechter Hand ein Serpentinenweg neben einem Wasserfall hinaufführt zu einem kleinen

Pass (4400 m). Durch ein Hochtal zu Füßen des Cerro Chacraraju (6112 m) erreicht man nach ca. drei Stunden die **Laguna 69** (4600 m, 7 km). Auf dem Rückweg bietet sich bei entsprechendem Wetter ein herrlicher Blick auf den 6768 m hohen Huascarán.

Lagunas Llanganuco–Sta. Cruz
(4–5 Tage, 50 km)
Diese klassische Wandertour beginnt in der Ortschaft Vaquería (3700 m) auf der Ostseite der Cordillera Blanca. Manche Wanderer starten jedoch schon an den Lagunas Llanganuco (s. S. 334) und legen die 15 km entlang der Straße über den 4767 m hohen Portachuelo de Llanganuco zu Fuß zurück. Von **Vaquería** aus geht es zunächst bergab zum Dorf **Colcabamba** (3300 m, 3 km) und danach in der Quebrada Huaripampa beständig aufwärts. An der **Quebrada Paria** (3800 m, 13 km) und der **Laguna Morococha** (4600 m) gibt es Zeltplätze.

Mit Blick auf den Taulliraju (5830 m) beginnt der Aufstieg zum 4750 m hohen Pass **Punta Unión** (21 km). Herrliche Ausblicke auf vergletscherte Bergriesen, die Höhen um 6000 m erreichen, belohnen für die Mühe. Nach weiteren 5 km erreicht man den Ort **Taullipampa** (4200 m, 26 km) in der Nähe des Alpamayo (5947 m), der an das Matterhorn erinnert und als einer der schönsten Berge der Welt gilt. Da er vom Hauptweg aus nicht zu sehen ist, lohnt sich ein Abstecher in ein Seitental. Im Tal des Río Sta. Cruz geht es weiter zur **Laguna Jatuncocha** (3900 m). Bei der benachbarten **Laguna Ichiqcocha** (3840 m, 36 km) gibt es wieder Zeltplätze. Der letzte Tag führt etwa 14 km bergab nach Cashapampa (2900 m), von wo eine Busverbindung nach Caraz (s. S. 334) besteht.

Ebenfalls im Angebot: Organisierte Wandertouren mit Gepäcktransport per Muli

Cajamarca und Umgebung

Reiseatlas S. 4, Cityplan S. 341

Nur wenige Reisende finden den Weg in die ›vergessene Stadt des Nordens‹. Ein Abstecher nach Cajamarca lohnt sich für all diejenigen, die dem touristischen Rummel ein wenig entfliehen wollen und eine ruhige Kolonialstadt mit angenehmer Atmosphäre und freundlichen Bewohnern zu schätzen wissen.

Anfahrt nach Cajamarca

Reiseatlas: S. 4, D–F 3

Die einzige asphaltierte Zufahrtsstraße nach Cajamarca (ca. 200 km im Inland) zweigt etwa auf halber Strecke zwischen Trujillo und Chiclayo ab (s. S. 306). Nach etwa 30 km Fahrt durch das fruchtbare Tal des Río Jequetepeque beginnt der Anstieg, vorbei an einem über 10 km langen Stausee, an dessen Ende die Ortschaft **Tembladera** liegt. Mit zunehmender Höhe wird die Landschaft immer trockener. Die Mangobäume und Reisfelder stehen in seltsamem Kontrast zur kargen Bergwelt, in der nur Kakteen und anspruchslose Büsche ein Auskommen finden. Vorbei am Dorf Salitre erreicht man etwa auf halbem Weg nach Cajamarca die Ortschaft **Chilete** in rund 1000 m Höhe.

Von Chilete führt eine ungeteerte Stichstraße nach San Pablo, über die man auch die Ruinenstätte **Kunturhuasi** erreicht. Dieses bedeutende Zeremonialzentrum der Chavín-Kultur liegt auf einer über 2300 m hohen Bergkuppe. Die ältesten Bauten dieser Fundstätte, die in jüngerer Zeit international von sich reden machte, datieren auf ungefähr 1100 v. Chr. Im September 1997 entdeckten japanische und peruanische Archäologen, die bereits seit 1988 hier forschten, ein Grab mit wertvollen Goldarbeiten, die sie auf ein Alter von etwa 2700 Jahren datierten – in die Frühzeit des Chavín-Horizontes. Damit würde es sich hierbei um die ältesten Goldarbeiten Perus, vielleicht sogar ganz Südamerikas handeln. Einige Exponate kann man im örtlichen Museum besichtigen.

Von Chilete geht es über den Ort Magdalena weiter bergauf, vorbei an Kiefern und Eukalyptusbäumen bis zur **Abra El Gavilán** (3267 m). Schon bald bietet sich ein herrlicher Blick über das weite Hochtal von Cajamarca.

Mit dem Autor unterwegs

Urige Unterkunft

Ein ungewöhnliches Hotelerlebnis mit urigen Zimmern und einer entspannten, gemütlichen Atmosphäre bietet die alte **Hacienda San Vicente** nur wenige Kilometer außerhalb von Cajamarca (s. S. 341).

Baden wie einst die Inka

Schon die Inka schätzten die heilenden Kräfte der Thermalbäder. Ein Bad in den heißen Quellen **Baños del Inka** ist besonders in den kühlen Morgenstunden ein unvergessliches Erlebnis (s. S. 344).

12 Cajamarca

Cityplan: S. 341

Cajamarca, die knapp 160 000 Einwohner zählende Hauptstadt der gleichnamigen Provinz, liegt etwa 180 km vom Meer entfernt auf

Steinernes Kunstwerk – die Fassade der Iglesia de Belén

angenehmen 2720 m, eingebettet zwischen den Gipfeln des nördlichen Berglandes, die hier immerhin Höhen von über 4000 m erreichen. Das Klima ist gemäßigt und von Mai bis Oktober überwiegend trocken. Früher einer der wichtigsten Orte im Inka-Reich und Schauplatz der spanischen Eroberung (s. S. 345), ist das Leben in dem landwirtschaftlichen Zentrum heute eher beschaulich.

Plaza de Armas

An der Nordwestseite der ungewöhnlich großen **Plaza de Armas** zieht die üppige Barockfassade der **Kathedrale** 1 die Blicke auf sich, ein wahres Meisterwerk einheimischer Steinmetzkunst. Die Kirche aus Vulkangestein, an der über 300 Jahre gearbeitet wurde, ist bis heute unvollendet. Die Glockentürme wurden wohl absichtlich nicht errichtet, um so die bei einer fertigen Kirche fälligen Steuerzahlungen zu umgehen (tgl. 8–11, 18–21 Uhr).

Auf der gegenüberliegenden Seite des Hauptplatzes steht die ebenfalls attraktive **Iglesia de San Francisco** 2 aus dem späten 17. Jh. mit einem reichen Barockaltar und Katakomben (Mo–Fr 9–12, 16–18 Uhr). Bedeutender als die Kirche selbst ist jedoch die rechts angrenzende **Capilla de la Dolorosa,** die ›Kapelle der leidenden Maria‹. Die filigranen Steinmetzarbeiten an Deckengewölbe, Wänden, Fensterrahmen und Säulen sind im ganzen Andenraum wohl einmalig (tgl. 9–18 Uhr). Im zugehörigen Kloster, das bereits 1533 als eines der ersten christlichen Bauwerke Perus gegründet wurde, befindet sich heute ein kleines **Museum für religiöse Kunst** (Mo–Sa 14–17 Uhr).

Cuarto del Rescate

Das einzige Relikt aus der Inka-Zeit ist der **Cuarto del Rescate** 3 schräg gegenüber. Der letzte Inka-Fürst Atahualpa ließ das ›Lösegeld-Zimmer‹ bis zur Höhe seines ausgestreckten Armes mit Gold und Silber füllen, um sich so aus seiner Gefangenschaft freizukaufen – ohne Erfolg, wie sich bald herausstellte (s. S. 345). Außer einem leeren Raum mit den typischen trapezförmigen Nischen und Türrahmen ist heute allerdings nicht mehr viel zu sehen (Jr. Amalia Puga 750, Mo–Sa 9–13, 15–18, So 9–13 Uhr, 4,50 N/S, Ticket gilt auch für die Iglesia de Belén und das Museo Arqueológico Belén).

Iglesia de Belén

Über die farbenfrohe Innenausstattung der 1744 fertiggestellten **Iglesia de Belén** 4 gehen die Meinungen auseinander. Für die einen naiver Kitsch, ist sie für andere die schönste Kirche Cajamarcas – die platereske Fassade im üppigen Barockstil zählt jedenfalls unbestritten zu den künstlerischen Juwelen der Stadt. In den Innenraum gelangt man über den rechts angrenzenden Patio des ehemaligen Hospital de Belén. Kirche und Krankenhaus gehören zu einem umfassenden Klosterkomplex des Bethlehemiter-Ordens (Conjunto Monumental Belén), der im 18. Jh. angelegt wurde und heute ein kleines medizinisches Museum beherbergt (tgl. 9–13, Mo–Sa auch 15–18 Uhr, 4,50 N/S, Ticket gilt auch für den Cuarto del Rescate und das Museo Arqueológico Belén, s. u.).

Im ehemaligen Krankensaal des Hospital de Mujeres, jenseits der Calle Junín, wurde das kleine **Museo Arqueológico Belén** 5 eingerichtet (Jr. Belén, Ecke Jr. Junín, Mo–Sa 9–12, 14.30–17 Uhr).

Cerro Sta. Apolonia

Einen herrlichen Blick über die Stadt und die umliegende Bergwelt genießt man vom **Cerro Sta. Apolonia** 6, den man über eine Straße oder über Treppen (beginnend im Jr. 2 de Mayo) erreicht. Die Inka nannten diesen strategisch wichtigen Punkt Rumi Tiana, ›Felsensitz‹ (tgl. 9–13, 15–17 Uhr).

Casona Uceda und Museo Arqueológico UNC

Neben den Kirchen verdienen auch die zahlreichen *casonas* (›Herrenhäuser‹) mit ihren aufwendigen Portalen besondere Beachtung. Eines der schönsten Kolonialgebäude der Stadt, die **Casona Uceda** 7 im Jirón Apurimac 717, Ecke Jr. Lima, wurde von einer Bank restauriert.

Ebenfalls in einem historischen Gebäude befindet sich das archäologische Museum der Universität, das **Museo Arqueológico UNC** 8, mit einer relativ großen Sammlung von Keramiken und anderen Artefakten der Cajamarca- und Mochica-Kultur sowie anderer Kulturen Alt-Perus (Jr. Batán 289, Mo–Sa 9–12, 14.30–17 Uhr).

i **Dirección Regional de Turismo:** Jr. Belén 631, im Gebäude des Instituto de Cultura neben der Iglesia de Belén, Tel. 076-36 29 03, Mo–Fr 7.30–13, 14.30–18 Uhr.
Policía de Turismo: Plaza Amalia Puga s/n, Tel. 076-36 34 38.
Im Internet: www.cajamarcaperu.com (ansprechend gestaltete Seite mit vielen Infos und Fotos; sp.); www.cajamarcaperu.com.pe (sp.); www.cajamarca.org (engl./sp.).

... in Cajamarca:
Hotel Cajamarca 1**:** Jr. 2 de Mayo 311, Tel. 076-36 25 32, Fax 36 14 32, hotelcajamarca@hotmail.com. Zimmer (mit Internetzugang) um einen kolonialen Innenhof, Restaurant. DZ/ÜF 34 $.
Hostal Portada del Sol 2**:** Jr. Pisagua 731, Tel. 076-36 33 95 und 34 05 39, www.hostalportadadelsol.com. Nettes Kolonialhaus in zentraler Lage. DZ/ÜF 30 $.
Hotel El Portal del Marqués 3**:** Jr. del Comercio 644, Tel./Fax 076-36 84 64, www.portaldelmarques.com. Nettes Hotel im Kolonialstil mit Innenhof, kleinem Garten und Restaurant. Ordentliche Zimmer mit Teppich, z. T. etwas dunkel. DZ/ÜF 27 $.
Hospedaje Los Jazmines 4**:** Jr. Amazonas 775, Tel./Fax 076-36 18 12. Nettes altes Kolonialhaus mit Innenhof, einfache Zimmer. DZ ohne/mit Bad 14/19 $.
... außerhalb:
Hotel Laguna Seca 5**:** C. Manco Capac 1096, Baños del Inka (ca. 6 km östlich), Tel. 076-59 46 00, Fax 59 46 46, www.lagunaseca.com.pe. Eines der besten Hotels im Norden Perus, sehr gute Zimmer (mit Thermalbecken), Thermalpools. DZ/ÜF ab 110 $.
Hotel Posada del Puruay 6**:** 4,5 km nördlich in Richtung Porcón rechts, Tel. 076-36 79 28 und 01-336 78 69 (in Lima), Fax 01-336 78 35, www.posadapuruay.com.pe. Renoviertes Kolonialgebäude von 1822 in ruhiger Lage, 14 angenehme, individuell gestaltete Zimmer, schöner Innenhof, gutes Restaurant, Pferde, Gratis-Transfer zum Flughafen und Thermalbad. DZ/ÜF ab 90 $.

Cajamarca: Cityplan

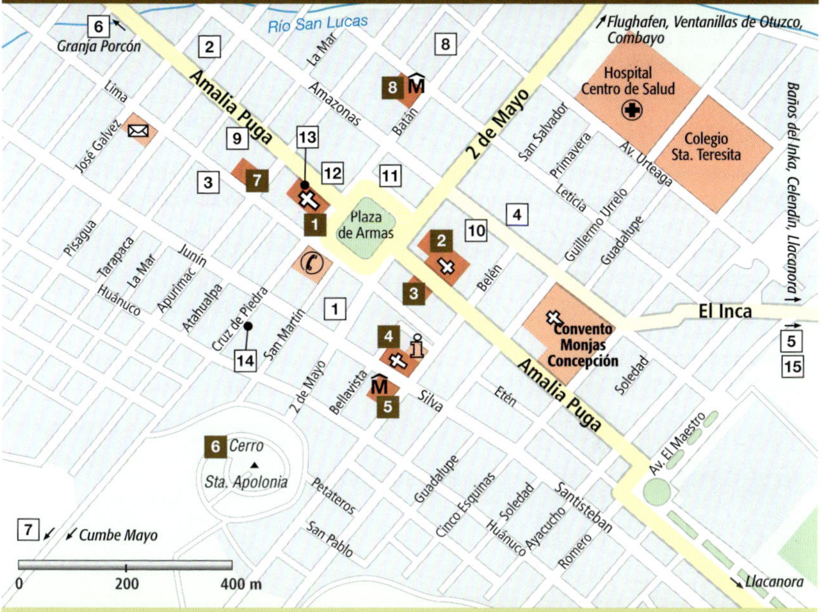

Sehenswürdigkeiten

1 Kathedrale
2 Iglesia de San Francisco
3 Cuarto del Rescate
4 Iglesia de Belén
5 Museo Arqueológico Belén
6 Cerro Sta. Apolonia
7 Casona Uceda
8 Museo Arqueológico UNC

Übernachten

1 Hotel Cajamarca
2 Hostal Portada del Sol
3 Hotel El Portal del Marqués
4 Hospedaje Los Jazmines
5 Hotel Laguna Seca
6 Hotel Posada del Puruay
7 Hotel Hacienda San Vicente

Essen und Trinken

8 El Batán
9 Casa Club
10 El Cajamarqués
11 Salas
12 El Querubino
13 Cascanuez Café-Bar
14 La Casa de la Abuela
15 El Fogón

Hotel Hacienda San Vicente 7: 2,5 km oberhalb der Stadt, Tel. 076-36 26 44, www.haciendasanvicente.com. Uriges Hacienda-Hotel in ruhiger Lage, individuell eingerichtete Zimmer, Garten, gemütliches Restaurant, kostenloser Transfer, esoterische Anwendungen. DZ/ÜF 45 $.

... in Cajamarca:

El Batán 8: Jr. del Batán 369, Tel. 076-36 60 25, Mo–Do 9–23, Fr 10–24 Uhr. Einfaches Lokal mit Innenhof, typische Gerichte wie Meerschweinchen und Rinderherzspieße. Hauptspeisen 15–20 N/S, Mittagsmenü 12 N/S.

Casa Club 9: Jr. Amalia Puga 458, Tel. 076-34 01 98, tgl. 20–23, Sa ab 19 Uhr. Nettes kleines Lokal mit Kamin, serviert werden Grillgerichte, Pizza und Pasta um 16 N/S.
El Cajamarqués 10: Jr. Amazonas 770, Tel. 076-36 21 28, tgl. 12–22 Uhr. Großes Kolonialhaus mit schönem Innenhof und Garten, hat schon etwas Patina angesetzt; umfangreiche Speisekarte. Hauptgerichte um 16 N/S.
Salas 11: Jr. Amalia Puga 637, Plaza de Armas, Tel. 076-36 28 67, tgl. 7–22 Uhr. Einfaches Lokal mit guter Küche, daher immer voll. Hauptgerichte um 18–24 N/S.
El Querubino 12: Jr. Amalia Puga 589. Stilvolles, kleines Restaurant, gute Küche.
Cascanuez Café-Bar 13: Jr. Amalia Puga 554, Tel. 076-36 60 89, tgl. 7.30–24 Uhr. Nettes Café, bietet Frühstück, kleine Speisen sowie Hauptgerichte um 18 N/S.
La Casa de la Abuela 14: Jr. Cruz de Piedra 671, tgl. 8–22 Uhr. Kleine Gerichte und Nachspeisen.
... außerhalb:
El Fogón 15: Baños del Inka, im Hotel Laguna Seca (s. S. 340), Tel. 076-59 46 00, tgl. 12–16, 19–23 Uhr. Gute Küche in angenehmem Ambiente. Hauptgerichte um 29–42 $.

Los Frailones: Jr. Perú 701, Ecke Jr. Cruz de Piedra, Tel. 076-36 51 13. Große Anlage mit Bar und Disco.

Karneval (Feb.): Festumzüge in Cajamarca und Umgebung.

Kreuzfest von Porcón Bajo (Palmsonntag): Feierliche Prozession mit bunt geschmückten Kreuzen.

Fronleichnam (Mai/Juni): Wichtigste religiöse Feier der Stadt – auf einer Prozession wird eine Monstranz aus der Kathedrale getragen.

Semana Turística (7.–12. Okt.): Ausstellungen, Wettbewerbe und Aufführungen.

Touren: Clarín Tours, Jr. del Batán 161, Tel./Fax 076-36 68 29, www.clarintours.com. Eine von mehreren Reiseagenturen, die Ausflüge in die Umgebung vermitteln.

Flüge: Der Flughafen, Tel. 076-82 25 23, liegt ca. 3 km außerhalb Richtung Otuzco. Täglich Verbindungen nach Lima, zum Teil über Trujillo.

Busse: Regelmäßig Verbindungen nach Lima (870 km, 13–18 Std.), Trujillo (ca. 8 Std.) und Chiclayo (ca. 6 Std.). Ein Abenteuer ist die Fahrt über Celendín nach Leymebamba und weiter nach Chachapoyas (ca. 3 x wöchentl.). Es gibt keinen zentralen Busbahnhof, die meisten Busgesellschaften liegen an der Avenida Atahualpa (2. und 3. Block) sowie in der Avenida Independencia (2. und 3. Block). Buslinien: Turismo Dias (Trujillo, Lima), Jr. Sucre 442, Tel. 076-82 82 89; Transportes Línea (Lima, Piura, Trujillo, Huaraz), Av. Atahualpa 318, Tel. 076-82 39 56; Móvil Tours (Lima), Jr. San Luis, Ecke Jr. Libertad 510, Tel. 042-80 51 69.

Totenbestattung in luftiger Höhe – die Ventanillas de Otuzco

Ausflüge in die Umgebung von Cajamarca

Reiseatlas: S. 4, E/F 2/3

Baños del Inka

Die Heilkraft der Thermalquellen von Pultumarca war bereits den Inka bestens bekannt – auch der letzte Inka-Fürst Atahualpa weilte hier, um sich von einer Verletzung zu erholen, als 1532 die Spanier eintrafen. Obwohl aus dieser Zeit nur die Reste eines Hauses (Pozo del Inka) erhalten blieben, tragen die etwa 6 km östlich von Cajamarca liegenden Quellen heute den Namen **Baños del Inka.** In einem Schwimmbad mit betonierten Becken kann man hier die Heilkraft des mineralhaltigen Thermalwassers genießen, das mit rund 72 °C aus der Erde tritt – besonders in den kühlen Morgenstunden, wenn dampfende Nebelschwaden aus dem Wasser emporsteigen, ein unvergessliches Erlebnis (tgl. 5–20 Uhr). Auch das nahe gelegene Hotel Laguna Seca (s. S. 340) verfügt über mehrere sehr gepflegte Thermalschwimmbecken.

Die Straße führt weiter in die hübsche, nur 13 km von Cajamarca entfernte Ortschaft **Llacanora** auf 2600 m Höhe. Neben anderen kunsthandwerklichen Produkten werden hier traditionelle Instrumente gefertigt. In der Umgebung gibt es schöne Wasserfälle, die man bequem zu Fuß erreichen kann.

Felsgräber der Cajamarca-Kultur

Nördlich von Cajamarca kommt man, vorbei am Flughafen, nach ungefähr 7 km zu den **Ventanillas de Otuzco.** Die zahlreichen kleinen Höhlen und fensterähnlichen Nischen (*ventanilla* = Fensterchen) wurden von den Menschen der Cajamarca-Kultur in das vulkanische Gestein gehauen. Wie auch in der 20 km entfernten **Necrópolis de Combayo,** einer ähnlichen, aber noch weitaus größeren Anlage, bestatteten sie in diesen Felsgräbern vor rund 1400 Jahren ihre Toten. Abflussrinnen sorgten dafür, dass die Grabstätten bei schweren Regenfällen nicht unter Wasser gesetzt wurden. Man vermutet, dass die Inka die Höhlen später als Getreidesilos zweckentfremdeten (Ventanillas de Otuzco: tgl. 9–17 Uhr, Necrópolis de Combayo: wechselnde Öffnungszeiten).

Cumbe Mayo

Ein weiterer Ausflug führt, vorbei am Zeremonialtempel von **Layzón** (9 km), in etwa einer Autostunde zur prä-inkaischen Anlage von **Cumbe Mayo,** die rund 20 km von Cajamarca entfernt auf einem über 3400 m hohen Bergrücken thront. Vor etwa 700 bis 1000 Jahren wurden hier schnurgerade Aquädukte zur Bewässerung der umliegenden Felder in den harten Fels gearbeitet. Der peruanische Archäologe Julio C. Tello sprach von einer »in ihrer Art einmaligen Arbeit«. Ein heute als *santuario* bezeichneter, künstlich ausgehöhlter Felsblock in der Form eines menschlichen Kopfes diente vermutlich als Grabstätte. In den nahe gelegenen Höhlen finden sich außerdem Reste von Felszeichnungen, die auf einen Einfluss der Chavín-Kultur hindeuten.

Auch die Natur wartet mit ungewöhnlichen Kunstwerken auf: *Frailones* nennt man die spitzen Felsnadeln, die hier wie steinerne Bäume aus dem Boden ragen, wohl weil sie an eine schweigende Prozession von Klosterbrüdern *(frailes)* erinnern.

Sollte die Zufahrt nach Cumbe Mayo mit dem Auto wegen starker Regenfälle nicht möglich sein, bleibt als einzige Alternative nur ein ungefähr 15 km langer Fußmarsch (tgl. 9–17 Uhr).

Granja Porcón

Rund 30 km nördlich von Cajamarca liegt in einem ausgedehnten Kiefernwald die landwirtschaftliche Kooperative Atahualpa Jerusalén. Der dazugehörige Bauernhof **Granja Porcón** steht für Besucher offen, sodass man hier das Leben auf dem Land kennenlernen und an den täglichen Arbeiten in der Landwirtschaft, Viehzucht und Forstwirtschaft teilnehmen kann. Es gibt auch einen kleinen Zoo mit Vikunjas, Rehwild, Wildkatzen, Affen und Adlern sowie einen kleinen Laden, in dem Milchprodukte aus eigener Produktion verkauft werden.

Das Ende des letzten Inka-Herrschers

Thema

Es ist kaum vorstellbar, dass ein Trupp von 180 Spaniern das übermächtige Inka-Reich in einem Handstreich erobern konnte – doch die Konquistadoren hatten die Schwächen der Gegner geschickt genutzt und ihren Herrscher skrupellos ermordet.

Die als *conquista* verherrlichte Eroberung des Inka-Reiches war alles andere als ehrenvoll. Nur die Verknüpfung mehrerer, aus spanischer Sicht glücklicher Umstände und eine überlegene Ausrüstung mit Waffen und Rüstungen ermöglichte den Invasoren einen Erfolg. Bereits Monate vor dem Eintreffen der spanischen Eroberer in Cajamarca war ein ebenso tödlicher Vorbote der Pizarros in die Nordanden Perus vorgedrungen: Eine – wohl von den Spaniern eingeschleppte – verheerende Pockenepidemie forderte viele tausend Menschenleben. Hilflose Priester versuchten, die Seuche als göttliches Zeichen zu deuten, und verstärkten damit die Ängste des Volkes.

Im Jahr 1532 war Francisco Pizarro mit etwa 180 Soldaten, 60 Pferden und mehreren leichten Geschützen bei Tumbes an Land gegangen. Auf der Suche nach dem legendären El Dorado zog er mit seinen Brüdern Gonzalo und Hernando geradewegs nach Cajamarca. Hier erholte sich gerade der Inka Atahualpa mit 30 000 Soldaten von seinem Sieg über die Truppen seines Bruders und Konkurrenten Huáscar, der ebenfalls den Thron als oberster Inka-Herrscher beanspruchte (s. S. 39 f.).

Als Pizarro am 16. November 1532 in Cajamarca einzog, wurde er von Atahualpa gastfreundlich empfangen. Doch während sich die beiden zu einem Treffen zurückzogen, fielen die Spanier auf ein Zeichen des Konquistadors über die fast unbewaffneten Inka-Krieger her. Tausende von ihnen wurden in einer einzigen Nacht niedergemetzelt oder in die Flucht gejagt, Atahualpa selbst wurde unter einem Vorwand gefangen genommen. Pizarro forderte nun von ihm, dass er als Lösegeld ein ganzes Zimmer mit Gold auffüllen lasse. Die Untergebenen des Inka transportierten daraufhin wochenlang jeglichen Goldschmuck aus allen Landesteilen nach Cajamarca und häuften im Cuarto del Rescate (s. S. 339) insgesamt rund 17 bis 18 t Gold und Silber an. Nie zuvor und nie wieder danach hat es ein höheres Lösegeld gegeben.

Dennoch ließ Pizarro den letzten freien Inka-Herrscher durch ein Schnelltribunal zum Tod auf dem Scheiterhaufen verurteilen. Sein Vorwand: Atahualpa habe die Ermordung Huáscars befohlen – obschon Huáscar damals möglicherweise schon gar nicht mehr lebte. Atahualpa soll daraufhin um eine andere Todesart gefleht haben, da er seinem Glauben gemäß durch das Verbrennen seines Körpers keine Möglichkeit mehr zum Weiterleben im Jenseits hatte. Aus diesem Grund ließ er sich von dem für seinen Fanatismus berüchtigten Padre Valverde taufen und konnte so von Pizarro in großzügiger Manier zum Tod durch die Garotte ›begnadigt‹ werden.

Am 26. Juli 1533 starb der letzte Inka-Herrscher. Francisco Pizarro reiste mit dem erbeuteten Gold zurück zur Küste, ließ die unter enormem Aufwand gefertigten Kunststücke der Inka zu Barren schmelzen und nach Spanien abtransportieren. So wurden im großen Stil unersetzliche Kunstwerke aus reiner Goldgier unwiederbringlich vernichtet.

Chachapoyas und Umgebung

Reiseatlas S. 5

Die Umgebung der Stadt Chachapoyas gilt als eine der landschaftlich wie auch archäologisch interessantesten Regionen des Landes. Dennoch machen sich bislang nur wenige Unentwegte auf die Reise hierher, denn die Anfahrt ist mühsam und derzeit nur über Land möglich.

Anfahrt nach Chachapoyas

Chachapoyas kann aus drei Richtungen angesteuert werden: Von der Küstenstadt Chiclayo im Osten, von Cajamarca im Südwesten und von Tarapoto im Osten. Sowohl von Chiclayo als auch von Tarapoto, von wo es Flugverbindungen nach Lima gibt, muss man einen langen Fahrtag einrechnen, für die Strecke von Cajamarca besser zwei Tage (sehr schlechte Straße).

Die meisten Reisenden wählen die Anreise über **Chiclayo.** Auf der alten Panamericana geht es zunächst bis zur Abzweigung hinter Motupe (s. S. 313) und dann weiter über die ›nur‹ 2145 m hohe Abra de Porculla, den niedrigsten Pass der peruanischen Anden. Die Straße führt an der Abzweigung nach Jaén vorbei ins Tal des Río Marañón, dem wasserreichsten Quellfluss des Amazonas. Kurz darauf passiert man die einzige größere Ortschaft entlang der Strecke, Bagua Grande, und verlässt etwa 60 km weiter in Pedro Ruíz Gallo die Teerstraße. Die Piste verläuft nun recht spektakulär im Tal des Río Uctubamba, bis man die letzten Kilometer auf einer neuen Teerstraße nach Chachapoyas zurücklegt.

Von **Tarapoto** führt eine 360 km lange, überwiegend geteerte Straße zunächst nach Moyobamba und dann über die Berge nach Pedro Ruíz Gallo (s. o.). Eine mögliche Kombination ist der Flug von Lima nach Tarapoto und von dort per Bus nach Chachapoyas (oder umgekehrt).

Die Strecke von **Cajamarca** über Celendín wird nur selten von öffentlichen Bussen befahren und ist nur für Reisende mit guten Nerven zu empfehlen. Über mehrere Pässe geht es zunächst hinunter nach Balsas am Río Marañón und dann wieder hinauf auf über 3500 m, teilweise an steilen Abgründen entlang. Wer das Abenteuer auf eigene Faust wagen möchte, sollte früh losfahren und über ein zuverlässiges Allrad-Fahrzeug mit zwei Ersatzreifen verfügen. Eine Zwischenübernachtung in Celendín ist empfehlenswert.

Chachapoyas

Reiseatlas: S. 5, A 1

Chachapoyas ist eine freundliche Kleinstadt auf angenehmen 2330 m Höhe, die allmählich aus ihrem Dornröschenschlaf erwacht. Immer mehr Besucher nehmen die mühsame Anreise in Kauf, um die überaus interessante Umgebung zu erkunden. Die Hauptstadt der Provinz Amazonas – die sich nach Norden bis zur ecuadorianischen Grenze erstreckt, den Amazonas selbst aber nicht berührt – ist Ausgangspunkt für Exkursionen zu einigen faszinierenden archäologischen Stätten und für Trekkingtouren in die umliegende Bergwelt.

Das Zentrum der etwa 25 000 Einwohner zählenden Stadt bildet auch hier die **Plaza de Armas,** die von zahlreichen Gebäuden mit traditionellen Balkonen aus der Kolonialzeit umrahmt wird. Sehenswert sind das Rathaus und das Geburtshaus des peruanischen Unabhängigkeitskämpfers Toribio Rodríguez de

Mendoza, das heute als Bischofssitz dient. Ebenfalls am Hauptplatz befindet sich das kleine **Museo Arqueológico de Amazonas** (Jr. Ayacucho 1174, Mo–Fr 9–12, 14–16 Uhr).

Nur etwa zehn Minuten Fußweg abseits der Plaza liegt der **Pozo de Yanayacu.** Nach der Tradition müssen alle ledigen Männer, die in die Stadt kommen, an diesem Brunnen trinken – und werden danach von der Schönheit der hiesigen Frauen so angezogen, dass sie für immer bleiben …

i-Peru: Jr. Ortíz Arrieta 588, Plaza de Armas, Tel. 041-47 72 92, iperuchachapoyas@promperu.gob.pe.
Polizei: Jr. Amazonas 1220, Tel. 041-47 70 17, tgl. 24 Std.
Im Internet: www.regionamazonas.gob.pe (Seite der Regionalregierung des *departamento* Amazonas; sp.).

Hostal Casa Vieja: Jr. Chincha Alta 569, Tel./Fax 041-47 73 53, www.casaviejaperu.com. Stilvolles Haus im Zentrum, guter Zimmerstandard, Restaurant. DZ/ÜF 31 $.
Hostal La Casona Monsante: Jr. Amazonas 746, Tel. 041-47 77 02. Nettes Kolonialhaus, Innenhof mit Orchideensammlung, einfache Zimmer mit Bad und TV. DZ/ÜF ab 29 $.
Hostal Revash: Jr. Grau 517, Tel. 041-47 73 91, www.chachapoyaskuelap.com.pe. Angenehmes Kolonialhaus direkt an der Plaza. DZ/ÜF ab 25 $.

Turístico Chacha: Jr. Grau 545, Plaza de Armas, Tel. 041-47 71 07, tgl. 7–23 Uhr. Gutes Restaurant mit großer Auswahl peruanischer Nudel- und Fleischgerichte (9–15 N/S), Spezialität: *chacarero* (gemischte regionaltypische Speisen, 15 N/S).
Plaza: Jr. Grau 545 (über dem Restaurante Chacha), Tel. 041-47 76 54, tgl. 8–22 Uhr. Günstiges Menü *(menú ejecutivo)* für 5 N/S, Hauptgerichte 6–18 N/S.
La Tushpa: Jr. Ortíz Arrieta 769, Tel. 041-47 74 71. Landestypische und internationale Gerichte um 7–12 N/S.
Marlisa: Jr. Ayacucho 1139, Tel. 041-47 71 18. Regionaltypische Gerichte, günstig.

Mit dem Autor unterwegs

Zum höchsten Wasserfall des Landes
Erst vor kurzer Zeit wurde dieser gewaltige Wasserfall vermessen und heute gilt die **Catarata de Gocta** mit 771 m Fallhöhe als dritthöchster Wasserfall der Welt (s. S. 348).

Wanderung nach Revash
Die selten besuchten **Felsengräber von Revash** sind das lohnenswerte Ziel dieser mittelschweren Halbtageswanderung (s. S. 351).

Museum in Leymebamba
Niemand vermutet hier ein Museum, das so interessante Exponate besitzt und diese so schön präsentiert. Besonders die **Mumienfunde** von der Laguna de los Cóndores sind sehenswert (s. S. 351 f.).

Matalache: Jr. Ayacucho 616, Tel. 041-47 89 09. Einheimische Küche, spezialisiert auf Fleischgerichte.

Geschäfte mit **Kunsthandwerk** findet man in folgenden Straßen: Jr. Ortíz Arrieta (7. Block), Jr. Amazonas (8. und 10. Block), Jr. 2 de Mayo (7. Block).

Raymillacta (1.–7. Juni): Großes folkloristisches Fest mit Umzügen und traditionellen Tänzen.
Fiestas Patronales Virgen Asunta (1.–15. Aug.): Religiöses Fest zu Ehren der Stadtpatronin; zentraler Tag ist der 14. Aug.
Hatun Luya (um den 13. Sept.): Traditionelles folkloristisches Fest mit Umzügen.

Touren: Qualifizierte Ausflüge in die Umgebung sowie mehrtägige Trekkingtouren organisiert Andes Tours, c/o Hostal Revash, Jr. Grau 517, Tel. 041-47 73 91, www.chachapoyaskuelap.com.pe.

Flüge: Derzeit gibt es keine regelmäßigen Flugverbindungen nach Chacha-

poyas, eine Öffnung des Flughafens und der Anschluss an das nationale Flugnetz sind jedoch geplant.
Busse: Es gibt keinen Busbahnhof. Tgl. Verbindungen (meist Nachtbusse) über Chiclayo und Trujillo nach Lima (ca. 21 Std.), u. a. mit Móvil Tours, Jr. Libertad 464, Tel. 041-47 85 45 (20 Uhr); CIVA, C. San Juan de la Libertad 956, Tel. 041-47 80 44 (18.30 Uhr).
Kleinbusse fahren nach Pedro Ruíz Gallo (dort umsteigen nach Moyobamba und Tarapoto, 7–8 Std.) sowie nach Chillo und Leymebamba, von dort 2 x pro Woche (Di/Fr) weiter nach Celendín mit Anschluss nach Cajamarca (ca. 15–16 Std.).

Nördlich von Chachapoyas

Catarata La Chinata und Catarata de Corontachaca

In der Nähe von Pedro Ruíz Gallo, dem nächsten Ort in Richtung Chiclayo, gibt es mehrere eindrucksvolle Wasserfälle. Die **Catarata La Chinata,** die aus drei kleineren Fällen besteht, erreicht man in einem rund dreistündigen Fußmarsch.

Nur ungefähr 5 km von Pedro Ruíz Gallo entfernt stürzt die **Catarata de Corontachaca** aus einer Höhe von 80 m in die Tiefe. Daneben hat sich ein kleiner Teich mit mineral- und schwefelhaltigem warmem Wasser gebildet.

Catarata de Gocta

Noch eindrucksvoller ist die **Catarata de Gocta,** ein gewaltiger Wasserfall, der vor einiger Zeit durch die Presse ging: Der deutsche Forscher Stefan Ziemendorff gab im März 2006 bekannt, dass er in der Umgebung von Chachapoyas einen der größten Wasserfälle der Welt ›entdeckt‹ habe, dessen Höhe er mit 771 m angab. Damit ist die Catarata de Gocta nach den Angel Falls in Venezuela und den Tugela Falls in Südafrika der dritthöchste Wasserfall der Welt. Den Einheimischen war dieses Naturwunder natürlich längst unter dem Namen Catarata de San Pablo bekannt, nur hatte bislang niemand die Höhe vermessen ... Der Wasserfall, der in zwei Stufen in die Tiefe stürzt, ist nur mit Mühen zu erreichen: Vom Dorf Cocachimba oder von San Pablo aus (ca. zwei Stunden Autofahrt ab Chachapoyas) muss man noch mindestens zwei Stunden wandern.

Laguna de Pomacochas

Fährt man von Pedro Ruíz Gallo nach Osten in Richtung Moyobamba, kommt man in den kleinen Ort Pomacochas, dem Ausgangspunkt für einen Ausflug zur **Laguna de Pomacochas,** einem schönen See auf 2150 m Höhe. Mit einer Fläche von 12 km^2 und einer maximalen Tiefe von 80 m zählt er zu den größten Seen Perus.

Sarcófagos de Karajía

Eine überaus lohnenswerte Tagestour führt von Chachapoyas in rund zwei Stunden zunächst in die Ortschaft Cruzpata. Von dort erreicht man zu Fuß in etwa einer halben Stunde die **Sarcófagos de Karajía.** Vor rund 1000 Jahren wurden hier in einem steilen Felshang Grabstätten errichtet, in denen wohl die ranghöchsten Führer des Volkes bestattet wurden. Die etwa 2,30 m hohen Sarkophage aus Lehm wurden mit geometrischen Mustern geschmückt und befinden sich in 20 m Höhe, sodass man sie ohne technische Ausrüstung nicht erreichen kann. Es ist nach wie vor ungeklärt, wie es den Menschen dieser Prä-Inka-Kultur gelang, diese Grabstätten zu errichten.

Pueblo de los Muertos

In der gleichen Region befindet sich **Pueblo de los Muertos,** ein weiteres Bestattungszentrum der Chachapoya-Kultur. Inmitten einer herrlichen Landschaft mit Wasserfällen findet man hier zahlreiche Grabtürme, in denen kleinere, etwa 1,30 m große Sarkophage gefunden wurden. Die Anfahrt führt über das Dorf Lamud (37 km), wo die rund dreistündige Wanderung beginnt.

Besonders beeindruckend zur Regenzeit im peruanischen Winter: die Catarata de Gocta

Eine bis zu 20 m hohe und 600 m lange Mauer umgibt die Zitadelle von Kuélap

Südlich von Chachapoyas

Yalape

Südlich von Chachapoyas, an der Straße nach Levanto, kommt man nach rund 20 km zur archäologischen Anlage von **Yalape** auf 2700 m. Auf einer Fläche von 4 ha findet man mehrere Gebäude, die in der für die Chachapoya-Kultur typischen Rundbauweise errichtet und mit geometrischen Rauten- und Zick-Zack-Mustern verziert sind. Von Levanto aus kann man in vier bis fünf Stunden über Magdalena hinunter nach Tingo wandern und von dort weiter zu den Ruinen von Kuélap.

13 Kuélap

72 km südwestlich von Chachapoyas thront auf einem Bergrücken an den Andenhängen zum Amazonasbecken die **Festung von Kuélap,** eine der wichtigsten archäologischen Stätten im Norden Perus, die inzwischen von der Unesco zum Welterbe erklärt wurde. Dennoch finden bislang nur wenige Touristen den Weg hierher: 2005 zählte man gerade einmal 2387 ausländische Besucher – weniger als in einer Woche nach Machu Picchu pilgern.

Schon die Anfahrt ist ein Erlebnis: Durch das Tal des Río Uctubamba geht es zunächst nach Tingo (36 km ab Chachapoyas) und von dort auf teils spektakulärer Strecke bis auf 3000 m – oft führt die Straße bedenklich nahe an einem steilen Abhang entlang. Vom Parkplatz sind es nur noch etwa zwölf Minuten zu Fuß oder per Pferd, bis man die Anlage vor sich sieht: Eine massive Steinmauer mit einer Höhe zwischen 12 und 20 m und einem Umfang von über 600 m umgibt die rund 6 ha große Stadtanlage, die man durch einen der drei Zugänge betritt. Diese sind als enge Gänge angelegt, die sich nach innen verjüngen und so schmal sind, dass ein einziger Krieger sie verteidigen konnte. Man sollte glauben, dass diese Anlage für Eindringlinge uneinnehmbar war, und dennoch eroberten die Inka die Festung und besiegten im 15. Jh. die Chachapoya-Krieger.

Im Innern der Festung, die auf drei Ebenen errichtet wurde, befinden sich 420 Rundgebäude mit Zickzack-Mustern oder Rauten an den Wänden. Anders als beim Baustil der Inka sind die Wände mit Menschen- und Tierfiguren verziert. An den beiden Endpunkten der Stadt wurden Wachtürme errichtet, von denen sich ein fantastischer Rundblick über die Bergwelt bietet, denn die ganze Anlage thront wie ein Adlerhorst auf einem Bergrücken. Der höchste dieser Türme, genannt El Torreón, erreicht eine Höhe von 8 m. Der Südturm *(tintero)* ist 5,5 m hoch und hat einen Durchmesser von 13,7 m. Dazwischen finden sich mehrere abgesenkte Zeremonialplätze.

Einige der Gebäude wurden restauriert, um den Besuchern den Lebensstil der damaligen Bewohner anschaulich zu machen. Doch bislang wurde nur ein kleiner Teil der Anlage freigelegt, sodass die meisten Mauern von mächtigen, mit Orchideen und Bromelien behangenen Bäumen überwuchert sind. Und so wundert es auch nicht, dass bis heute nur wenig bekannt ist über die Lebensweise der Menschen und die Traditionen der Chachapoya-Kultur, die in dieser Region vom 9. bis 15. Jh. herrschte und diese beeindruckende steinerne Festung als ihre Hauptstadt sowie als religiöses und militärisches Zentrum errichtete. Doch in letzter Zeit wurden verstärkte Anstrengungen unternommen, das Geheimnis zu enträtseln, und die zahlreichen Archäologen, die hier beschäftigt sind, machen fast täglich neue Entdeckungen.

Marvelous Spatuletail Lodge: Choctomal, Tel. 041-47 80 78, www.marvelousspatuletail.com. Neue Lodge an der Straße von Tingo nach Kuélap, sieben nette Zimmer mit Bad (Warmwasser) und Balkon mit schöner Sicht, Restaurant (Mittag- oder Abendessen je 8 $). DZ/ÜF 38 $.

Albergue Turístico Valle Kuélap: Tingo, Tel. 041-81 30 25 und 47 82 58, vallekuelap@hotmail.com. Nette Anlage am Hang, 16 Bungalows mit je zwei einfachen Zimmern mit Bad (Warmwasser), Restaurant. Der Service ist noch etwas unbeholfen, aber sonst eine gute Wahl. DZ/ÜF 28 $.

Hostal Estancia El Chillo: 5 km südlich von Tingo Richtung Leymebamba, Tel. 041-77 02 46 und 01-470 26 81 (in Lima). Einfache, aber sympathische Unterkunft.

In **María,** der letzten Ortschaft vor Kuélap, gibt es Restaurants und acht einfache Unterkünfte, u. a. die Hostales El Mirador, El Torreón und Kuélap, die alle in etwa den gleichen Standard bieten (einfache Zimmer mit Gemeinschaftsbad), Reservierung unter Tel. 041-81 30 88. DZ/ÜF ca. 7 $.

Felsengräber von Revash

Etwa auf halber Strecke zwischen Tingo und Leymebamba passiert man das kleine Städtchen **Yerbabuena,** in dem sonntags ein farbenfroher Indianermarkt stattfindet. Im Ort zweigt rechts die Zufahrtsstraße ab nach **Santo Tomás.** Nach einigen Kilometern beginnt rechts ein Wanderweg, der in zweieinhalb bis drei Stunden zu den eindrucksvollen **Felsengräbern von Revash** führt. Wer will, kann für die Tour vor Ort auch Pferde mieten. Mit einem Fernglas erkennt man schon von Weitem die Totenhäuser, die in den Nischen einer steilen Felswand errichtet wurden. Diese sind teilweise in mehreren Stockwerken angelegt und mit roten Mustern verziert. Das Alter der dort geborgenen Mumien schätzt man auf rund 800 Jahre, sodass die Anlage der Chacha-Kultur zugerechnet wird, die hier von 1100 bis 1300 n. Chr. existierte.

Leymebamba

Rund 93 km südlich von Chachapoyas liegt **Leymebamba,** eine ursprüngliche Kolonialstadt auf angenehmen 2250 m Höhe, in der das Leben noch seinen gewohnten Gang geht und die Straßen noch nicht von Autoabgasen verpestet sind. Es gibt eine schlichte Steinkirche am Hauptplatz, ein paar Läden, wo man sich mit dem Notwendigsten versorgen kann, und wenige einfache Restaurants und Unterkunftsmöglichkeiten, aber es verirren sich ohnehin nur wenige Touristen hierher. Hauptsehenswürdigkeit ist das ca. 10 km außerhalb gelegene **Museo de Sitio de Leymebamba,** in dem neben Textilien, Keramiken, Modellen verschiedener archäologischer

Stätten der Umgebung und einer bedeutenden Sammlung von Knotenschnüren *(quipus)* aus der Inka-Zeit vorwiegend Objekte ausgestellt werden, die in der Umgebung der Laguna de los Cóndores (s. u.) gefunden wurden. Der interessanteste Teil des ansprechend und modern gestalteten Museums ist die Kühlkammer mit Dutzenden von Mumienbündeln aus dieser Region (Av. Austria, museoleymebamba@yahoo.es, Di–So 10–16.30 Uhr, 5 N/S).

La Casona: Jr. Amazonas 223, Tel. 041-83 01 06, www.lacasonadeleymebamba.com. Einfache Unterkunft in einem netten Kolonialhaus mit Innenhof, ordentliche Zimmer mit Bad, sehr hilfsbereite Gastgeberin. DZ 19 $.
Weitere einfache Unterkünfte: **Hospedaje Laguna de los Cóndores,** Jr. Amazonas 320; **Hotel La Petaca,** Tel. 041-83 01 04.

Cely: Jr. La Verdad 530, Tel. 041-83 01 40, tgl. 7–21 Uhr. Recht nettes Lokal mit landestypischer und vegetarischer Küche (Pizza etc.) zu günstigen Preisen.

Laguna de los Cóndores

Ein besonderes Juwel ist der Hochlandsee **Laguna de los Cóndores,** und das nicht nur in landschaftlicher Hinsicht: In der Umgebung hat man 1996 über 200 Mumien gefunden, die trotz der Hitze und Feuchtigkeit der Zone sehr gut erhalten waren. Bei den Mumien stieß man auch auf etwa 3000 Objekte aus der Zeit der Inka und Chachapoya. Die einzige Möglichkeit, zu diesem See zu gelangen, der auch **Laguna de las Momias** (›See der Mumien‹) genannt wird, ist eine 8–10-stündige Wanderung, die am südlichen Ortsende von Leymebamba beginnt und über einen 3660 m hohen Pass führt. Am besten organisiert man diese dreitägige Wandertour über einen örtlichen Veranstalter, der sich auch um Packpferde, Zelte und Verpflegung kümmert. In jedem Fall ist eine vorherige Registrierung im Büro des INC an der Plaza erforderlich. Die Begleitung eines Führers ist Vorschrift.

Fundort von ca. 800 Jahre alten Mumien: die Felsengräber von Revash

Richtig Reisen-Tipp: Zu Fuß und per Pferd nach Kuélap

Die beliebteste Wanderung in dieser Region ist die dreitägige Tour von Leymebamba zur Laguna de los Cóndores (s. S. 352). Ein weniger bekannter, aber landschaftlich mindestens genauso interessanter Trip beginnt westlich von Chachapoyas in Lamud, führt zunächst zu den Sarcófagos de Karajía und von dort weiter über einige nur selten besuchte Ausgrabungen bis zur Festung von Kuélap. Aufgrund der schwierigen Wegfindung sollte diese Tour, die in der Regel vier Tage in Anspruch nimmt, nur im Rahmen eines organisierten Ausflugs durchgeführt werden. Ein empfehlenswerter Veranstalter vor Ort ist beispielsweise Andes Tours, c/o Hostal Revash, Jr. Grau 517, Chachapoyas, Tel. 041-47 73 91, www.chachapoyaskuelap.com.pe. Der Preis für die im Folgenden beschriebene Tour liegt bei etwa 60 $ pro Person und Tag inkl. Führer, Transport (Auto, Pferde), Verpflegung, Übernachtung und Eintritte. Mitzubringen sind ein Schlafsack, geeignete Kleidung und Schuhe; es lohnt sich auch, ein Fernglas einzupacken.

Am ersten Tag geht es zunächst per Auto nach **Lamud** und weiter zu Fuß zu den **Sarcófagos de Karajía** (s. S. 348). Nach der Besichtigung kehrt man zurück zum Fahrzeug und fährt nach einer Mittagspause in **Cohechan** zu einem 3400 m hohen Bergpass, von dem sich ein herrlicher Ausblick auf das Valle de Belén bietet. Nicht weit entfernt erreicht man den ersten Übernachtungsplatz in einem einfachen Privathaus. In einem Bergsee kann man Forellen angeln, die abends am Lagerfeuer gegrillt werden.

Am folgenden Tag beginnt dann die eigentliche Wanderung. Auf einem Pfad, der schon vor der Inka-Zeit angelegt wurde, geht es zunächst durch eine Nebelwaldzone hinunter ins Tal. Nach etwa drei Stunden kommt man zur Prä-Inka-Stätte **Pirquilla** mit über 300 Rundgebäuden, die mit Fresken dekoriert sind. Am späten Nachmittag erreicht man das nächste Nachtlager in der Gemeinde **Congon,** wo man bei einer Familie übernachtet. Dank des milderen Klimas gedeiht hier Kaffee und man kann sich sogar ein Bad im Fluss genehmigen.

Schon früh wird am dritten Tag gestartet, denn man hat einen anstrengenden, rund 6-stündigen Pferderitt vor sich. Der Weg führt zunächst relativ eben an einem Flusslauf entlang, danach geht es wieder bergauf in die Nebelwaldregion. Nach etwa vier Stunden im Sattel erreicht man den archäologischen Komplex von **Lanche,** der erst vor Kurzem freigelegt wurde. Die Anlage ist umgeben von tropischem Nebelwald mit einer Vielfalt von Orchideen, Bromelien, Farnen und anderen Pflanzen. Nach der Mittagspause reitet man weiter bis **Yumal** auf 3000 m. Von hier bietet sich wieder ein fantastischer Ausblick über die bisher zurückgelegte Route und zu den Bergen, in denen Kuélap liegt – das Ziel der Wanderung. In **Choctamal** trifft man schließlich auf die Straße nach Kuélap und steigt um in ein Fahrzeug, das einen nach **María** bringt, dem letzten Dorf vor Kuélap. Hier verbringt man die Nacht in einem komfortablen Hostal mit Heißwasser-Duschen und elektrischem Strom – ein ungewohnter Komfort.

Wer möchte, kann am nächsten Tag schon früh aufbrechen, um den Sonnenaufgang von **Kuélap** aus zu erleben, denn die wichtigste archäologische Stätte des Nordens (s. S. 350) liegt nur etwa eine halbe Stunde Fußmarsch von María entfernt. Nach einem ausführlichen Rundgang durch die imposante Festungsanlage beginnt der anstrengende, etwa zweistündige Abstieg zur Ortschaft **Tingo,** in deren Nähe die Grabtürme von **Macro** einen Besuch lohnen. Von dort geht es per Auto zurück nach Chachapoyas. Auf Wunsch kann die Tour auch verlängert werden, indem man von Tingo über Magdalena nach Levanto wandert und von dort per Bus oder auch zu Fuß nach Chachapoyas zurückkehrt.

Überdimensional – am größten Fluss der Welt, dem Amazonas, haben sich die Seerosen ihrer Umgebung angepasst

Kapitel 6

Amazonas-tiefland

Auf einen Blick: Amazonastiefland

Der grüne Osten des Landes

Obwohl die meisten Touristen Peru nur wegen seiner herausragenden Kulturstätten an der Küste und im Bergland besuchen, ist eine Reise dorthin nicht vollständig ohne einen Abstecher in das Amazonasgebiet, das immerhin rund 60 % der Fläche des Andenstaates einnimmt. Hier, im Oriente (›Osten‹), dem feuchtheißen Regenwaldgebiet des Amazonas, findet sich eine einmalige Vielfalt von Pflanzen und Tieren, die weltweit ihresgleichen sucht. Zahlreiche, teilweise riesige Landschaftsgebiete wurden inzwischen als Nationalparks und Naturreservate unter Schutz gestellt. Dass der Baumbestand auch außerhalb der Reservate in Peru noch weitaus weniger von Rodungen bedroht ist als im Nachbarland Brasilien, kommt der Flora und Fauna zusätzlich zu Gute.

Als Ausgangspunkt für Exkursionen in den Urwald haben sich vier Städte etabliert. Der Klassiker ist die Metropole Iquitos am Amazonas, die nur per Flugzeug zu erreichen ist. Jedoch muss man hier schon eine längere Bootsfahrt unternehmen, um noch einigermaßen unberührten Waldbestand zu finden.

Weit weniger Besucher finden den Weg nach Pucallpa am Río Ucayali, dabei kann man diesen Urwaldort auch von Huánuco auf dem Landweg anfahren, wenngleich die An-

reise im Flugzeug natürlich wesentlich weniger anstrengend ist. Am Ufer der nahe gelegenen Laguna Yarinacocha gibt es einige relativ preiswerte Unterkünfte, die Bootsfahrten in den Regenwald anbieten.

Immmer beliebter werden die Touren in den vielfältigen Parque Nacional Manú, die alle von Cusco aus starten. Wegen der weiten und anstrengenden Anreise empfiehlt sich der Rückflug von Boca Manú.

Weiter südlich liegt Puerto Maldonado am Zusammenfluss des Río Madre de Dios und des Río Tambopata. Auch von dieser Stadt kann man per Boot die Lodges an den beiden Flüssen erreichen und von dort aus Spaziergänge in den Regenwald und Kanutouren auf verlandeten Flussarmen unternehmen.

Egal für welchen Ausgangspunkt man sich entscheidet, man sollte für einen Aufenthalt in einer Urwald-Lodge mindestens zwei oder drei Nächte veranschlagen, damit ausreichend Zeit zur Verfügung steht, die umgebende Natur zu erkunden. Manche Veranstalter bieten auch Pakete an, die verschiedene Lodges kombinieren und so naturinteressierten Besuchern ein noch breiteres Spektrum eröffnen.

Highlights

14 **Iquitos:** Prachtvolle Villen aus der Zeit des Kautschukbooms und pittoreske Pfahlbauten kontrastieren in dieser fast schon legendären Urwaldmetropole, die überdies als Ausgangsbasis für Erkundungen des größten Flusses der Welt, des Amazonas, dient (s. S. 358 ff.).

15 **Parque Nacional Manú:** Östlich von Cusco, an den Abhängen der Anden, erstreckt sich einer der artenreichsten Naturparks unserer Erde (s. S. 370 ff.).

Empfehlenswerte Routen

Die Anreise nach Iquitos ist nur per Flugzeug möglich, und auch nach Pucallpa und Puerto Maldonado sollte man dieses Transportmittel wählen, wenn man nicht über ausgesprochen viel Zeit und Abenteuergeist verfügt. Wer sich jedoch **von Cusco in den Parque Nacional Manú** aufmacht, darf die Anreise über Land – zumindest eine Strecke – auf keinen Fall verpassen, denn die Fahrt vom Bergland durch den tropischen Bergregenwald hinunter ins Tiefland ist ein echtes Highlight.

Richtig Reisen-Tipps

Kreuzfahrten auf dem Amazonas: Ein besonderes, wenn auch nicht gerade billiges Erlebnis ist eine Bootstour auf dem Amazonas, wie sie von Iquitos aus angeboten wird (s. S. 360).

Reise- und Zeitplanung

Reisende mit einem knapp bemessenen Zeitbudget können von **Pucallpa** oder **Puerto Maldonado** aus ein zweitägiges Kurzprogramm buchen, das eine Übernachtung in einer Urwald-Lodge umfasst und einen ersten, allerdings nur oberflächlichen Eindruck vom tropischen Regenwald ermöglicht. Die klassische Variante ist das Paket 3 Tage/ 2 Nächte, wie es auch von vielen Veranstaltern in **Iquitos** angeboten wird. Einen tieferen Eindruck vom Leben im ›Urwald‹ bekommt man jedoch nur, wenn man einen längeren Aufenthalt plant. So ist der Oberlauf des Río Tambopata mit seiner eindrucksvollen Ara-Minerallecke nur im Rahmen einer ganztägigen Bootsfahrt ab Puerto Maldonado erreichbar, womit das Programm schon mindestens vier Tage dauert.

Für die Reise in den **Parque Nacional Manú** sollte man sich eine ganze Woche Zeit nehmen, denn wer per Flugzeug an- und abreist, hat die spektakuläre Anfahrt über Land und damit einen wesentlichen Teil des Erlebnisses Manú verpasst.

14 Iquitos und Umgebung

Karte S. 363

Iquitos, direkt am Amazonas gelegen und mit rund 400 000 Einwohnern die größte Stadt im peruanischen Oriente, ist ein beliebter Ausgangspunkt für Exkursionen in den tropischen Regenwald. Per Boot geht es flussauf- oder abwärts zu einer der zahlreichen Lodges, von denen man den Urwald mit seiner artenreichen Flora und Fauna zu Fuß erkunden kann.

Iquitos

Karte: S. 363

Iquitos liegt direkt am Amazonas, der hier bereits 2 km breit ist, im Mündungsgebiet der Zuflüsse Nanay und Itaya. Obwohl beinahe 4000 km von der Mündung des Amazonas ins Meer entfernt, ist der ›Atlantikhafen Perus‹ für Frachtschiffe bis 3000 BRT ausgebaut, denn das Gefälle ist minimal: Iquitos liegt gerade einmal 115 m über dem Meeresspiegel. Bis heute ist der Fluss die wichtigste Lebensader der Stadt und neben dem Flugzeug (1000 km Luftlinie nach Lima) die einzige Verkehrsverbindung zur Außenwelt – die nächste Siedlung mit Straßenanschluss liegt Hunderte von Kilometern entfernt.

Geschichte

Jesuiten und Franziskaner missionierten seit dem 17. Jh. im Amazonasraum, um ›ungläubige‹ Indianer zu christianisieren. Zur besseren Kontrolle der frisch getauften Gotteskinder wurden diese in Missionsdörfer *(reducciones)* zwangsumgesiedelt. So entstand auch Mitte des 18. Jh. der Jesuitenstützpunkt San Pablo de los Napeanos mit etwa 200 Einwohnern, der nach der Vertreibung der Jesuiten im Jahr 1769 in Caserio de los Iquitos umbenannt wurde (der Name Iquitos bezeichnete ursprünglich einen Indianerstamm). Im Zuge der Liberalisierung des Amazonashandels mit Brasilien im Jahr 1851 und dem Ausbau von Hafenanlagen erblühte ein bescheidener Handelsverkehr, doch erst die steigende Nachfrage nach Kautschuk in den 80er-Jahren des 19. Jh. bescherte der Stadt einen richtigen Boom. Die Einwohnerzahl vervielfachte sich binnen weniger Jahre, und wer die Zeichen der Zeit rechtzeitig erkannte, konnte sich relativ schnell ein Vermögen sichern. Diese ›Gummibarone‹ protzten mit ihrem Reichtum und ließen sich prächtige Villen errichten. In dieser Zeit (1897) wurde Iquitos zur Hauptstadt von Loreto, dem mit Abstand größten und zugleich am dünnsten besiedelten *departamento* des Landes: Auf einer Fläche fast so groß wie Deutschland leben heute gerade einmal 700 000 Einwohner – etwa so viele wie in Frankfurt. Der Verfall des Weltmarktpreises für Kautschuk in den Jahren 1912/13 – ausgelöst durch die zunehmende Verbreitung synthetischen Kautschuks – sorgte für einen ebenso raschen Niedergang der Stadt, von dem sie sich bis heute, trotz Erdölfunden in den 1970er-Jahren und einer wachsenden Bedeutung für den Tourismus, nicht erholen konnte.

Sehenswertes

Eine Besonderheit von Iquitos ist das Metallgebäude an der Plaza de Armas, die **Casa de Hierro** (heute Club Social): Von Gustave Eiffel für die Weltausstellung 1889 in Paris gefertigt, holte sich ein reicher Gummibaron das ›Fertighaus‹ in die Dschungelmetropole.

Bei einem Bummel durch die Innenstadt stößt man überall auf die Überreste der vergangenen Pracht: Mit glasierten Kacheln aus Portugal geschmückte Häuser wie das frühere **Hotel Palace** an der renovierten Strandpromenade Malecón Tarapacá, das zwischen 1908 und 1912 erbaut wurde und heute dem Militär als Hauptquartier dient, sind typische Beispiele für den verschwenderischen Baustil um die Wende zum 20. Jh. Im Gebäude der Prefectura, ebenfalls am Malecón Tarapacá, ist das **Museo Amazónico** untergebracht, das einen Überblick über die Lebensweise der verschiedenen Indianerstämme Amazoniens verschaffen soll. Sehenswert ist auch die angeschlossene **Biblioteca Amazónica** mit einem umfangreichen Bestand an Büchern über die Amazonasregion (Malecón Tarapacá 354, Ecke C. Morona, Tel. 065-23 10 72, Mo–Fr 8–13, 15–19, Sa 9–13 Uhr, Eintritt frei). Weiter nördlich kann man in den zahlreichen Restaurants und Kneipen an der Uferpromenade **Malecón Maldonado,** wo früher regelmäßig Frachtschiffe anlegten, ein lebendiges Nachtleben genießen.

Etwas außerhalb vom Zentrum liegt das leider etwas überfüllte **Museo Municipal,** das neben ausgestopften Dschungeltieren zahlreiche kunsthandwerkliche Produkte der hiesigen Indianerstämme beherbergt (Parque Zonal, Yavari Block 11–12, Mo–Fr 7–20, Sa 8–13 Uhr, Eintritt frei).

Einen Abstecher in den ärmlichen, südlich des Zentrums gelegenen Stadtteil **Belén** unternimmt man am besten per Boot: Da der Wasserstand des Flusses variiert und im März/April um 10 bis 12 m ansteigt, sind die Häuser im ›Venedig der Armen‹ auf Pfählen erbaut, oder sie ruhen auf Baumstämmen und verwandeln sich so bei Hochwasser in Hausboote – die Szene erinnert dann an die schwimmenden Märkte Südostasiens. Boote nach Belén starten regelmäßig vom Mercado Belén südlich des Zentrums.

i **i-Peru:** C. Napo 232, Plaza de Armas, Tel. 065-23 56 21, iperuiquitos@promperu.gob.pe, tgl. 8–20 Uhr, sowie am Flughafen, Tel. 065-26 02 51, tgl. 8–13, 16–20 Uhr.

Mit dem Autor unterwegs

Enttäuschende Schnäppchen

Überall in Iquitos werden **Ausflüge in den Regenwald** angeboten, oft zu überraschend günstigen Preisen. Diesen ›Sonderangebote‹ von sogenannten ›Guides‹ sollte man jedoch misstrauen und sich stattdessen an eine der etablierten Agenturen wenden, um unliebsame Überraschungen zu vermeiden: z. B. Geld weg und am Startpunkt kein Guide in Sicht oder nicht eingehaltene Leistungen.

Fragwürdige Spezialitäten

In den **Restaurants** der Stadt stehen zahlreiche regionale Spezialitäten auf der Speisekarte, die aber nicht immer empfehlenswert sind. Der Amazonasfisch *paiche* beispielsweise ist im Bestand bedroht und darf legal nur von April bis Oktober angeboten werden. Generell verboten ist der Verkauf von Krokodilfleisch *(lagarto)* und auch vom Genuss von Flussschildkröten *(tortuga)* sollte man Abstand nehmen. Wer sich ein Wildgericht *(venado)* bestellt, sollte wissen, dass die Tiere nicht gezüchtet sind, sondern im Urwald gejagt werden. Besser ist es daher, sich einen normalen Flussfisch zu bestellen oder in einer der zahlreichen Cebicherías in der Calle Ricardo Palma den in Limonensaft marinierten Fisch zu probieren.

Dirección Regional de Turismo: C. Ricardo Palma 103, Tel. 065-23 36 41.
Policía de Turismo: Jr. Sargento Lores 834, Tel. 065-24 20 81, sowie am Flughafen.

El Dorado Plaza Hotel: C. Napo 252, Tel. 065-22 25 55, www.eldoradoplazahotel.com. Bestes Hotel der Stadt, an der Plaza de Armas, dennoch ruhig, komfortable Zimmer mit Klimaanlage, Swimmingpool, gutes Restaurant. DZ/ÜF ab 130 $.
Hotel Victoria Regia: C. Ricardo Palma 252, Tel./Fax 065-23 19 83, Tel. in Lima 01-442 45 15, www.victoriaregiahotel.com. Renoviertes 3-Sterne-Hotel in zentraler Lage mit Restau-

rant und Pool, gute Zimmer mit Klimaanlage. DZ/ÜF ab 70 $ inkl. Flughafentransfer.
Hotel Sol del Oriente: Av. Abelardo Quiñones km 2,5, Tel./Fax 065-26 03 17, www.soldelorientehoteles.com. Hotel mit Restaurant und Pool, Zimmer mit Klimaanlage. DZ/ÜF ab 65 $ inkl. Flughafentransfer.
Hotel Acosta: Jr. Huallaga 254, Ecke Calvo de Araujo, Tel./Fax 065-23 17 61, www.hotelacosta.com. Ordentliches Hotel, Zimmer mit Klimaanlage. DZ/ÜF 40 $.
Hotel Marañón: C. Nauta, Ecke C. Fitzcarrald, Tel. 065-24 26 73, Fax 24 17 37. Gutes Mittelklassehotel, Zimmer mit Minibar, Restaurant, Pool. DZ/ÜF 28–37 $ inkl. Flughafentransfer.
Hostal Crystal: Jr. Bermúdez 567, Plaza 28 de Julio, Tel. 065-23 30 03, Fax 23 47 12. Zimmer mit Klimaanlage, TV und Minibar. DZ/ÜF 25 $.
Iquitos Plaza Hotel: Jr. Próspero 616, Tel. 065-23 47 61, Fax 23 42 64. Zimmer mit Klimaanlage und TV. DZ/ÜF 18 $.
Hospedaje La Pascana: C. Pevas 133, Tel. 065-23 14 18, Fax 23 34 66, www.pascana.com/hospedaje.htm. Einfach, aber sauber und ruhig, Zimmer mit Ventilator und Bad. DZ 13 $.

Fitzcarraldo: C. Napo, Ecke Malecón Maldonado, Tel. 065-24 24 34. Ansprechendes Lokal, geschmückt mit Fotos aus dem Film Fitzcarraldo; große Auswahl an Fleisch- und Fischgerichten, auch Pizza und Pasta, gehobene Preisklasse.
Gran Maloca: C. Sargento Lores 170, Tel. 065-23 31 26, Mo–Sa 12.30–23, So 12.30–20 Uhr. Vornehm, gut und teuer (z. B. Fisch- und Wildgerichte um 35 N/S).
La Pascana: C. Hurtado 735, Tel. 065-23 57 19, tgl. 9–19 Uhr. Einfaches Lokal mit Amazonasblick, gute *ceviches* und Fischgerichte (10–30 N/S).
Huasai: C. Fitzcarrald 131, 1a *cuadra,* Tel. 065-24 22 22, tgl. 7–16 Uhr. Einfaches Lokal im Zentrum von Iquitos, günstiger Mittagstisch (um 8 N/S), Fleisch- und Fischgerichte (12–18 N/S).
Pizzería Antica: C. Napo 159, Tel. 065-24 19 88, tgl. 7–24 Uhr. Gutes italienisches Lokal, nettes Ambiente. Pizza ab 12 N/S, Pastagerichte um 22 N/S.

Richtig Reisen-Tipp: Kreuzfahrten auf dem Amazonas

Ein ganz besonderes Erlebnis ist eine mehrtägige Flussreise auf dem mächtigsten Strom der Welt. Das Angebot hierfür reicht von der über 100 Jahre alten M/V Amazonas bis hin zu modernen Schiffen mit allem Luxus. Von Bord der meist kleinen Schiffe kann man die Ufervegetation des Amazonas gemütlich an sich vorbeiziehen lassen und die ständig wechselnden Wolkenformationen beobachten. Mit etwas Glück sieht man die seltenen rosa Flussdelfine im Wasser und erblickt am am Ufer neben zahlreichen Vögeln auch Kaimane. In Beibooten werden Exkursionen angeboten zu Indianerdörfern, in dicht überwucherte Seitenarme und zu einsamen Lagunen mit einer reichen Flora und Fauna. Diese Touren werden u. a. durchgeführt von:

Amazon Tours & Cruises, Requena 336, Tel. 065-23 16 11, Fax 23 12 91, www.amazontours.net. Wöchentliche Fahrten mit großen, älteren Stahlschiffen in Richtung Dreiländereck Peru/Kolumbien/Brasilien. Preisbeispiele: M/V Amazonas (42 Schlafplätze, 4 Tage/3 Nächte, 795 $), M/V Amazon Explorer (8 Doppelkabinen mit AC, 2 Gemeinschaftsbäder, 2 Tage/1 Nacht, 475 $).
Jungle Expeditions, Av. Abelardo Quiñones 1980, Tel. 065-26 15 82, www.junglex.com. Kreuzfahrten flussaufwärts nach Pacaya–Samiria mit luxuriösen, modernen Schiffen im historischen Baustil. An ca. neun Terminen jährlich beginnt jeweils sonntags das Programm 7 Tage/6 Nächte an Bord der M/V La Turquesa (1490 $ p. P).

Am Malecón Tarapacá sind nur noch Spuren früherer Boomzeiten zu sehen

El Mesón: Malecón Maldonado 153, Tel. 065-23 11 97. Regionale Küche, guter Fisch und Salate.

Zahlreiche Kneipen am Malecón Maldonado und in der Calle Putumayo.
Noa Noa Disco Pub: C. Fitzcarrald 298, Ecke Jr. Pebas, Tel. 065-23 29 02. Schicke Disco, sehr angesagt.
Disco Bambolea: Malecón Tarapacá 328, tgl. geöffnet. Beliebte Disco, am Wochenende gelegentlich Livebands.
La Parranda: C. Pevas, Block 1. Rockkneipe mit Livemusik am Wochenende.
Café Teatro Amauta: C. Nauta 250. Kleine, gemütliche Kneipe, ab 22 Uhr häufig Livemusik.

Aniversario de Iquitos (5. Jan.): Fest zum Jahrestag der Stadtgründung.
Carnaval de Loreto (Feb./März): Zahlreiche Festumzüge und Tänze in Iquitos.
Fiesta de San Juan (24. Juni): Tourismuswoche mit Paraden, Tänzen und Kunsthandwerksmesse.
Fiesta de Sta. Clara (8.–10. Aug.): Religiöse Feierlichkeiten mit Prozession im 15 km entfernten Dorf Santa Clara.
Día del Turismo (27. Sept.): Folkloristische Tänze und Paraden.
La Purísima (5.–8. Dez.): Religiöse Feier zu Ehren der Jungfrau der Unbefleckten Empfängnis mit verschiedenen kulturellen und folkloristischen Aktivitäten.

Flüge: Der internationale Flughafen liegt nördlich des Zentrums. Mehrmals tgl. Flüge nach Lima, 5 x wöchentl. nach Tarapoto, 4 x wöchentl. nach Pucallpa, 1 x wöchentl. (So) nach Miami/USA.
Fluglinien: Aero Cóndor, Jr. Próspero 215, Tel. 065-23 10 86; LAN, Jr. Próspero 232, Tel. 01-213 82 00 (in Lima); Star Perú, Jr. Próspero 428, Tel. 065-23 62 08.

Schiffe: Es bestehen Verbindungen über den Río Ucayali nach Pucallpa (7–8 Tage) sowie Amazonas-abwärts nach Leticia/Kolumbien (2–3 Tage bzw. mit Schnellboot ca. 8 Std., Infos bei Amazon Tours & Cruises, Requena 336, Tel. 065-23 16 11, Fax 23 12 91, www.amazontours.net), und Manaus/Brasilien (ca. 15 Tage).

Die nähere Umgebung von Iquitos

Wer über genügend Zeit verfügt oder für wen die Bootsausflüge in den Regenwald zu kostspielig sind, der kann einige lohnenswerte Exkursionen in die Umgebung von Iquitos unternehmen. Teilweise sind die Ziele sogar mit öffentlichen Verkehrsmitteln erreichbar.

Westlich von Iquitos fließt der Río Nanay und mündet einige Kilometer nördlich der Stadt in den Amazonas. Vom Bootsanleger Bellavista einige Kilometer nördlich des Zentrums verkehren Boote zum **Schmetterlingshaus Pilpintuwasi 1,** das zu einem Rettungszentrum für aussterbende Tierarten gehört. Zu sehen sind neben Schmetterlingen auch Affen und andere Wildtiere, die von der Polizei beschlagnahmt und hierher gebracht wurden (Di–So 9–16 Uhr, 5 $).

Eine der wenigen (geteerten) Straßen der Gegend verbindet Iquitos mit dem ca. 115 km entfernten Nauta. Schon etwa 10 km nach der Stadtgrenze erreicht man die Abzweigung zur kleinen **Laguna Quistococha 2,** die mitten im 370 ha großen gleichnamigen Park liegt und zum Baden und Bootsfahren einlädt. Der dazugehörige Zoo mit Jaguaren, Schlangen und Papageien ist leider in einem sehr schlechten Zustand. In einem Aquarium sind Arapaimas *(paiche)* zu sehen, mit bis zu 4,50 m Länge die größten Süßwasserfische der Welt, die in den Restaurants der Stadt als Spezialität angeboten werden (s. S. 359). Die Laguna ist per Bus von Iquitos aus zu erreichen (tgl. 8–17 Uhr, 3 N/S). Kurz vor der Lagune führt eine Abzweigung zur **Laguna Zungarococha 3.** Nahebei liegt die **Laguna Mapacocha,** ebenfalls mit Bootsverleih und Bademöglichkeit. Nach weiteren 17 km in Richtung Nauta kommt man zur **Reserva Nacional Allpahuayo Mishana 4,** einem fast 60 000 ha großen Naturschutzgebiet.

Exkursionen in den Regenwald

Zahlreiche Veranstalter bieten von Iquitos mehrtägige Ausflüge in den Regenwald an. Per Boot geht es zu einer der einfachen, aber meist stimmungsvollen Urwald-Lodges am Amazonas oder an einem seiner Nebenflüsse. Von dort werden Wanderungen unternommen, ein Guide informiert über die reiche Flora und Fauna. Manchmal ist auch der Besuch von ›wilden‹ Indianern vorgesehen, die rechtzeitig vor Eintreffen der Touristen das Baströckchen überstreifen, um deren Vorstellung vom Urwaldmenschen nicht zu enttäuschen. Auf Bootsexkursionen kann man mit etwas Glück Flussdelfine beobachten oder nachts mit einer Taschenlampe nach Kaimanen Ausschau halten. Auf eigene Faust sind solche Touren schwer zu realisieren, doch auch Individualisten sollten nicht darauf verzichten, denn wer nur Iquitos kennt, hat nichts vom Regenwald gesehen. Auf ein feucht-warmes Klima mit Durchschnittstemperaturen um 28 °C sollte man sich ebenso einstellen wie auf lästige Moskitos und ganzjährige Regenfälle.

Zwei besondere Ausflugstipps sind der rund 21 000 km^2 große **Parque Nacional Pacaya-Samiria 5** am Zusammenfluss des Río Marañón und des Río Ucayali ca. 100 km flussaufwärts von Iquitos sowie der **Canopy Walkway 6** an einem Nebenfluss des Río Napo, ein ausgedehntes Wegesystem in der luftigen Höhe der Baumkronenregion. Unvergesslich bleibt auch eine mehrtägige Bootsfahrt auf dem Amazonas, beispielsweise mit der M/V Amazonas, einem betagten, aber stimmungsvollen Veteran aus den Anfängen der Amazonas-Schifffahrt (s. S. 360).

Die Reihenfolge der nachfolgend aufgeführten Urwald-Lodges entspricht

Die Umgebung von Iquitos

ihrer Entfernung ab Iquitos. Alle angegebenen Preise verstehen sich pro Person im Doppelzimmer inkl. Anreise per Boot, Exkursionen und Vollpension.

… flussabwärts Richtung Brasilien:

Amazon Rainforest Lodge: Jr. Putumayo 159 (Büro), Tel. 065-24 16 28 und 01-445 56 20 (in Lima), Fax 065-24 22 31, www.amazonlodge.com. 12 km von Iquitos am rechten Ufer des Río Momón (ca. 1 Std. Bootsfahrt); 13 palmgedeckte Bungalows mit Bad. 80 $ p. P./Tag.

Cumaceba Lodge: c/o Cumaceba Amazonia Tours, Jr. Putumayo 184, Tel. 065-22 14 56, Tel./Fax 065-23 22 29 und 01-445 02 36 (in Lima), www.cumaceba.com. Rund 36 km flussabwärts an einem Nebenarm des Amazonas (ca. 1 Std. Bootsfahrt); Zimmer mit Bad, Moskitoschutz und Hängematten, gutes Büffet. Paket 3 Tage/2 Nächte 150 $ p. P.

Die Indianer des Amazonas

Thema

Noch heute bevölkern zahlreiche Indianerstämme die Ufer des Amazonas und anderer Flüsse der Region. Die meisten allerdings haben sich bereits an den westlichen Lebensstil assimiliert.

Zum Beispiel die Cocamas, die zahlenmäßig größte ethnische Gruppe, die vorwiegend am Amazonas und am Río Nanay siedelt. Zahlreiche andere Stämme, wie die am Río Ucayali und am Amazonas lebenden Campa, Cashibo, Urarina, Shipibo-Conibo und Shipibo wurden ebenfalls nachhaltig missioniert. Schon 1560 hatten die Machiparos, die an den Mündungen der Ríos Ucayali, Napo und Putumayo in den Amazonas siedeln, mit dem spanischen Missionar Francisco de Orellana Kontakt. Ihm folgten zahlreiche weitere katholische Ordensmänner, überwiegend Franziskaner, die es als ihre Lebensaufgabe ansahen, die ursprünglich nackt lebenden Indianer zu ›zivilisieren‹. Auch ihre Siedlungen wurden nach christlichen Heiligen umbenannt, sodass die heutigen Bewohner oft nicht einmal mehr den ursprünglichen Dorfnamen kennen. Zwei andere Stämme, die Witotos und Boras, haben sich etwas mehr Eigenständigkeit bewahrt. Obwohl sie sich den gleichen Siedlungsraum am rechten Ufer des Río Putumayo/Ampiyacu teilen, unterscheiden sich ihre Sprache und Kultur bis heute voneinander.

Mit ihrer traditionellen Kleidung, der roten Gesichtsbemalung und dem gewandten Umgang mit dem Blasrohr entsprechen die etwa 3000 Yaguas, die sich am Amazonasufer niedergelassen haben, noch am ehesten dem Bild des ›wilden‹ Urwaldindianers. Das berühmte Pfeilgift Curare erhandeln sie von ihren Nachbarn, den Ticunas, die sich auf eine karibische Herkunft berufen. Doch längst wurde auch ihre Kultur zerstört und ihre Traditionen sind zu einem zweifelhaften Touristenspektakel verkommen.

Blasrohre dienen heute eher selten zum Erlegen von Beute, sondern vielmehr zur Unterhaltung von Touristen

Bombonaje Camp: c/o Cumaceba Amazonia Tours (s. S. 363). 85 km flussabwärts (2 Std. Bootsfahrt); rustikale Lodge, Zimmer mit Privatbad. Paket 3 Tage/2 Nächte 188 $ p. P.
Amazon EcoVagabond Lodge: kein Büro in Iquitos, Tel. 961 75 08 (mobil), www.ecovagabond.com. Günstige Backpacker-Lodge südlich von Varadero nahe Bombonaje Camp (s. o.) am Amazonas (ca. 2 Std. Bootsfahrt); einfachste Schlafräume, keine Elektrizität, kein fließendes Wasser – nur für anspruchslose Reisende. Ca. 20 $ p. P./Tag.
Loving Light Amazon Lodge: C. Napo 480 (Büro), Tel. 065-24 31 80, www.junglelodge.com. 36 km entfernt am Río Yanayacu (2,5 Std. Bootsfahrt); 20 palmgedeckte, offene Hütten. Paket 3 Tage/2 Nächte 300 $ p. P.
Tambo Yanayacu Lodge: c/o Paseos Amazónicos (s. u. Amazonas Sinchicuy Lodge). Ca. 60 km stromabwärts am Río Yanayacu (1 Std. Bootsfahrt); kleine Lodge mit 10 offenen Zimmern (je 3 Betten und Bad). Paket 3 Tage/2 Nächte 309 $ p. P.
Ceiba Tops Lodge: c/o Explorama Tours, Av. La Marina 340, Tel. 065-25 25 30, Fax 25 25 33, www.explorama.com. 40 km stromabwärts am Amazonas (ca. 45 Min. Bootsfahrt); neue Lodge für komfortverwöhnte Touristen, Zimmer mit Bad (Warmwasser) und Klimaanlage, Pool, allerdings nur wenig Tiere in der Umgebung. Paket 2 Tage/1 Nacht 200 $ p. P.
Amazonas Sinchicuy Lodge: c/o Paseos Amazónicos, C. Pevas 246, Tel./Fax 065-23 16 18, Tel. 01-241 75 76 (in Lima), Fax 01-446 79 46, www.paseosamazonicos.com. 30 km nordöstlich an einem Nebenfluss des Amazonas (ca. 1 Std. Bootsfahrt). Paket 3 Tage/2 Nächte. Ca. 150 $ p. P.
Heliconia Amazon River Lodge: c/o Amazon River Expeditions, Av. Ricardo Palma 242, Tel. 065-23 19 59 und 01-421 91 95 (in Lima), Fax 065-23 19 83, www.amazonriverexpeditions.com. Ca. 60 km stromabwärts (1,5 Std. Bootsfahrt); ansprechende, neue Lodge, 21 nette Zimmer mit Bad (Warmwasser). Paket 3 Tage/2 Nächte 230 $ p. P.
Explorama Lodge: c/o Explorama Tours (s. Ceiba Tops Lodge). 80 km stromabwärts am Amazonas bei Yanamono (ca. 1,5 Std. Bootsfahrt); ältere Lodge mit palmgedeckten Häusern und einfachen Zimmern mit Gemeinschaftsbad (Kaltwasser), kein Strom. Paket 3 Tage/2 Nächte 285 $ p. P.
ExplorNapo Lodge: c/o Explorama Tours (s. Ceiba Tops Lodge). 160 km flussabwärts am Río Napo (ca. 3 Std. Bootsfahrt); auf Pfählen erbautes Camp, sehr einfach, offene Schlafräume, gute Möglichkeiten zur Tierbeobachtung (privates Naturreservat) und Zwischenstation auf dem Weg zum Canopy Walkway (s. S. 362). Paket 4 Tage/3 Nächte (1. Nacht in der Explorama Lodge) 735 $ p. P.
ExplorTambos Camp: c/o Explorama Tours (s. Ceiba Tops Lodge). 2 Std. Fußweg von der ExplorNapo Lodge (s. o.) entfernt; einfachste Unterkunft auf überdachten Plattformen, sehr gute Möglichkeiten zur Tierbeobachtung, nur für abgehärtete Naturfreunde, dennoch nicht billig; Ausgangspunkt für Besuche des Canopy Walkways. Paket 5 Tage/4 Nächte (davon 2 Nächte in der Explorama Lodge und 1 Nacht in der ExplorNapo Lodge) 842 $ p. P.

... flussaufwärts:

Muyuna Lodge: c/o Muyuna Expeditions, C. Putumayo 163, Tel. 065-24 28 58, www.muyuna.com. 120 km flussaufwärts am Río Yanayacu (Fahrtzeit ca. 3 Std.); gepflegte Lodge in der Nähe des Parque Nacional Pacaya-Samiria (ca. 1 Std. Bootsfahrt), nette Bungalows mit Bad und Terrasse mit Hängematte. Paket 3 Tage/2 Nächte 300 $ p. P.
Tambo Amazónico Lodge: c/o Paseos Amazónicos (s. Amazonas Sinchicuy Lodge). 180 km flussaufwärts am Río Yarapa (Anfahrt mit Bus nach Nauta, dann 2 Std. Bootsfahrt); einfache Unterkunft in der Nähe des Parque Nacional Pacaya-Samiria, zwei Schlafräume für je zehn Personen, Gemeinschaftsbad. Paket 3 Tage/2 Nächte ca. 150 $ p. P.
Pacaya-Samiria Amazon Lodge: Urb. Las Palmeras A-9 (Büro), Tel. 065-976 18 07, Tel./Fax 01-372 60 62 (in Lima), www.pacayasamiria.com.pe. 190 km flussaufwärts am Río Marañón (mit Bus nach Nauta, dann weiter per Boot); komfortable Lodge direkt am Parque Nacional Pacaya-Samiria, nette Zimmer mit Terrasse und Bad, abends Generator-Strom. Paket 3 Tage/2 Nächte 699 $ p. P.

Pucallpa und Umgebung

Reiseatlas S. 9/10

Die Stadt Pucallpa am südlichen Amazonaszufluss Río Ucayali ist eine der am schnellsten wachsenden Städte Perus und demzufolge keine Schönheit. Klingt nicht gerade nach einem attraktiven Reiseziel – wäre da nicht die rund 10 km entfernte Laguna Yarinacocha, wo Bootstouren in die Nebenarme des Río Ucayali beginnen, auf denen man eine vielfältige tropische Flora und Fauna zu Gesicht bekommt.

Pucallpa

Reiseatlas: S. 10, D 1

Die fast 280 000 Einwohner zählende Urwaldstadt Pucallpa liegt am Río Ucayali, dem mit fast 3000 km längsten Amazonaszufluss. In der Umgebung der aufstrebenden Flussmetropole werden die Ressourcen des Regenwaldes rücksichtslos ausgebeutet. Mächtige Baumriesen landen in den Sägewerken der Stadt und werden dort zu handlichen Brettern verarbeitet oder zu Papier zermalmt. Dem Boden wird das Erdöl abgerungen, das man hier in den 1940er-Jahren entdeckte.

Nach wie vor die wichtigsten Transportwege im Amazonastiefland: die Flüsse

Kautschukbäume werden angezapft, um Naturgummi zu gewinnen, und die Flüsse werden systematisch nach Gold abgesucht, wobei bedenkliche Mengen von Quecksilber in den Naturkreislauf geraten und das Leben der Fische – und damit auch der Menschen – gefährden. Das Ergebnis ist eine unansehnliche, schnell wachsende Stadt mit Raffinerien, Industriebetrieben und einer Brauerei.

Pucallpa selbst bietet nur wenig Sehenswertes. Einen Besuch lohnt allenfalls das **Museo Regional,** das indianische Keramiken sowie ausgestopfte Tiere der Region zeigt. Angeschlossen ist ein Zoo, doch viel schöner ist es natürlich, die Tiere in freier Natur zu sehen (Carretera Federico Basadre, ca. 4 km außerhalb, tgl. 9–17 Uhr).

Dirección Regional de Turismo (DIRCETUR): Jr. 2 de Mayo 111, Tel. 061-57 13 03, ucayali@mincetur.gob.pe, Mo–Fr 7.30–13, 14.30–15 Uhr.

Hotel Sol del Oriente: C. San Martín 552, Tel. 061-57 51 54, Fax 57 55 10, www.soldelorientehoteles.com. Bestes Hotel am Platz, Zimmer mit Klimaanlage, Minibar etc., Restaurant, Disco, Garten und Pool. DZ/ÜF 89 $ inkl. Flughafentransfer.

Albergue Divina Montaña: Carretera Federico Basadre (12 km in Richtung Tingo María), Tel./Fax 061-57 40 37, divinamontana@terra.com.pe. Nette Bungalows, großer Grünbereich mit Pool, Restaurant. DZ/ÜF 40–48 $.

Grand Hotel Mercedes: C. Raimondi 610, Tel. 061-57 51 20, Fax 57 11 91, hotelmercedes@hotmail.com. Älteres, renoviertes Hotel im Zentrum mit Pool, Restaurant, hübschem Garten und ordentlichen Zimmern mit Klimaanlage. DZ/ÜF 37 $.

Ruíz Hotel: C. San Martín 475, Tel. 061-57 12 80, Fax 57 84 58, ruizhotel@speedy.com.pe. Zentrale Lage, ordentliche Zimmer mit Klimaanlage und TV, gutes Restaurant (typische Küche). DZ/ÜF 36 $.

Antonio's Hospedaje: Jr. Progreso 545, Tel./Fax 061-57 47 21, www.antonios-pucallpa.com. Zimmer mit Klimaanlage, Restaurant, Gartenbereich, Pool. DZ 22–37 $.

Mit dem Autor unterwegs

Tipp für Abenteurer

Wer über genügend Zeit verfügt, kann die **Anreise nach Pucallpa über Land** ins Auge fassen, eine anstrengende, aber interessante Fahrt durch Flusstäler und über Bergpässe (s. S. 135).

Urwaldtrips

Bootsausflüge in den Urwald und zu Indianerdörfern bieten Reiseagenturen in Pucallpa (z. B. Amazon World, Tarapacá 980, Tel. 061-57 55 39) und die Lodges an der Laguna Yarinacocha (s. S. 369). Wer's auf eigene Faust versuchen möchte, kann am Hafen Puerto Callao fragen, dort ist es meist billiger.

Hospedaje Komby: Jr. Ucayali 360, Tel. 061-57 15 62. Günstige Unterkunft mit Restaurant und Pool, große Zimmer mit Bad, TV und Deckenventilator. DZ 14 $.

Hostal Arequipa: Jr. Progreso 573, Tel. 061-57 13 48, Fax 57 31 71, www.hostal-arequipa.com. Älteres Hotel mit Restaurant.

Hostal Amazonas: C. Coronel Portillo 729, Tel. 061-57 58 19. Einfache Zimmer, z. T. mit Privatbad.

Hostal Perú: C. Raimondi 639, Tel. 061-57 51 28. Sehr einfache, saubere Zimmer, teilweise mit Bad (Kaltwasser) und Ventilator.

El Establo: Carretera Federico Basadre (4 km in Richtung Tingo María), Tel. 061-57 27 26, geöffnet nur So und Fei 12–18 Uhr. Gute Grillgerichte um 35 N/S.

Los Rosales de Pucallpa: C. Cáceres 389, Tel. 061-57 12 46, Mo–Sa 11–16, 19–22, So nur 11–16 Uhr. Schmackhafte internationale Küche. Hauptgerichte um 24 N/S.

El Escorpión: C. Independencia 430, Tel. 061-57 45 16, Di–So 9–18 Uhr. Ausgezeichnete Fischgerichte um 15 N/S.

El Braserito: C. San Martín 498. Leckere, günstige Grillgerichte (Steaks, Wild, Fisch).

Don José: C. Ucayali 661. Große Auswahl, gute Fruchtsäfte.

Kitty: C. Tarapacá 1062. Regionaltypische Gerichte wie *cecina* (frittiertes Schweinefleisch) mit *tacacho* (Kochbananenknödel mit Speck).

Panificadora Renzo: C. Coronel Portillo 339. Gutes Frühstück mit frischem Brot, auch leckere Kuchen und Torten.

Festival del Carnaval Ucayalino (Feb./März): Einwöchige Karnevalsfeiern mit regionaltypischen Tänzen und Umzügen.

Fiesta de San Juan (18.–24. Juni): Feiern mit Umzügen, Misswahlen und kulturellen Veranstaltungen.

Flüge: Der Flughafen liegt ca. 5 km vom Zentrum entfernt. Tgl. Flüge nach Lima, Tarapoto und Iquitos.

Fluglinien: Star Perú, 7 de Junio 861, Tel. 061-57 05 85, www.starperu.com; LC Busre, www.lcbusre.com.pe.

Busse: Anstrengende Busfahrt über Tingo María (6 Std.) nach Lima (860 km, 18 Std.). Alle Busunternehmen konzentrieren sich im Bereich 7 de Junio zwischen San Martín, Raymondi und Portillo.

Buslinien: Transmar, Jr. Raymondi 742, Tel. 061-57 76 59 (tgl. 8.30, 11.30 und 13 Uhr nach Lima); León de Huánuco, Jr. Tacna 657,

Zu Unrecht verschrien: Piranhas fungieren auch als ›Gesundheitspolizei‹ – sie vertilgen im Fluss treibende Kadaver und vermeiden so lebensgefährliche Seuchen

Tel. 061-57 24 11 (tgl. 10 und 18 Uhr nach Lima); Trans Rey, Jr. Raymondi 677, Tel. 061-57 23 05 (tgl. 15 Uhr nach Lima).
Schiffe: Verbindungen nach Iquitos (800 km, 3–4 Tage); Auskunft am Hafen.

Laguna Yarinacocha

Reiseatlas: S. 10, D 1
Der größte Anziehungspunkt in der Region ist die rund 10 km nördlich von Pucallpa gelegene **Laguna Yarinacocha,** ein kleiner See inmitten tropischer Vegetation, der früher einmal zum Flusslauf des Río Ucayali gehörte. Die Lagune hat die Form eines »U« und eine Gesamtlänge von rund 20 km. An ihrem südlichsten Punkt liegt die größte Ortschaft am See, **Puerto Callao.** Hier gibt es ein Hospital, das 1957 von einem deutschen Arzt gegründet wurde, und einige nette Unterkünfte. Von Puerto Callao fahren Ausflugsboote zu Dörfern der Shipibo-Indianer, einem Stamm, dessen Angehörige trotz aller christlichen Missionierungsversuche ihrem früheren Naturglauben treu geblieben sind. Unterwegs kann man meist harmlose Piranhas, verspielte Flussdelfine und angriffslustige Kaimane beobachten, natürlich sieht man auch Vögel und mit etwas Glück sogar Affen.

Pandisho Ecolodge: km 7, Tel. 061-57 50 41, www.amazon-ecolodge.com. Einfache Unterkunft inmitten tropischer Natur mit Pool und Restaurant. DZ 80 $ p. P. mit VP, Paket 3 Tage/2 Nächte 140 $ p. P.
Albergue Jana Shobo: Tel. 061-59 69 43 und 01-440 43 42 (in Lima), www.janashobo.tk. Neue, kleine Lodge (max. 15 Gäste) mit Strom und Warmwasser; Bootstouren. Paket 3 Tage/2 Nächte ab 119 $ p. P. inkl. VP.
La Perla Lodge: nur mit Boot erreichbar, Tel./Fax 061-961 60 04 (mobil), www.eproima.net/laperla. Nette, deutschsprachige Familienpension, einfache Bungalows, gepflegter Garten, Bootsausflüge. 30 $ p. P. inkl. VP.
Albergue Turístico La Maloka: Malecón Yarinacocha, Puerto Callao, Tel. 061-59 60 72, www.soldelorientehoteles.com. 8 Zimmer mit Klimaanlage, TV und Bad (Warmwasser) in einfacher Lodge mit Restaurant. DZ/ÜF 37 $ inkl. Flughafentransfer.
Hostal Benavides: C. Junín 270, Puerto Callao, Tel. 061-50 71 01. Einfache Unterkunft, 20 Zimmer mit Bad und TV. DZ/ÜF 11 $.
Hostal Los Delfines: C. Ruperto Pérez 101, Puerto Callao, Tel./Fax 061-48 45 17. Einfach, aber sauber, große Zimmer mit Ventilator und TV, teilweise mit Privatbad.
Bungalows La Cabaña: Tel. 061-961 66 79, Fax 57 24 72. Schöne Lage, US-amerikanische Leitung, ältere Bungalows mit Bad, Restaurant, Bootstouren. 45 $ p. P. inkl. VP.

15 Parque Nacional Manú

Reiseatlas S. 14/15

Eines der herausragendsten Erlebnisse einer Südamerika-Reise ist ein Besuch im Parque Nacional Manú. Genau genommen führt die Tour nicht in den Park selbst, sondern in eine angrenzende Schutzzone, die für ein begrenztes Touristenaufkommen geöffnet ist – doch das tut dem eindrucksvollen Urwalderlebnis keinen Abbruch.

Die Artenvielfalt im mit über 18 000 km² größten peruanischen Nationalpark ist wegen seiner Lage an den Ostabhängen der Anden unübertroffen: Von den Flussniederungen des Río Manú bis hinauf zur windumtosten Grassteppe des *páramo* in Höhen bis zu 3900 m erstreckt sich dieses außergewöhnliche Naturschutzgebiet. Auf einer Fläche, knapp halb so groß wie die Schweiz, tummelt sich alles, was im tropischen Regenwald Südamerikas Rang und Namen hat, so auch der Jaguar, von den Einheimischen als »Herr des Dschungels« verehrt, zahlreiche Affenarten sowie die vom Aussterben bedrohten Riesenottern und Schwarzen Kaimane. Im Jahr 1987 wurde der Park von der Unesco zum Welterbe erklärt und damit seine Bedeutung als eines der wichtigsten Ökosysteme der Erde gewürdigt.

Mit dem Autor unterwegs

Tipps für die Reiseorganisation

Ausflüge auf eigene Faust in den Parque Nacional Manú sind nur mit Einschränkungen möglich (s. S. 372). Wer sich einer der **organisierten Touren** anschließen möchte, sollte bedenken, dass diese in der Regel nur einmal pro Woche stattfinden, und seine Planung entsprechend ausrichten. Bei geringer Nachfrage kann eine Tour auch ganz abgesagt werden. Umgekehrt können Touren bei zu kurzfristiger Reservierung bereits ausgebucht sein.

Reisende mit kleinem Zeitbudget können auch ein dreitägiges **Kurzprogramm** buchen und sich für zwei Nächte in der Nebelwald-Zone einmieten, um danach wieder nach Cusco zurückzufahren. Auch in diesem Bereich sind gute Naturbeobachtungen möglich – ein echter Ersatz für das Erlebnis Manú ist es allerdings nicht.

Mehrere Veranstalter in Cusco (s. S. 372), dem Ausgangspunkt für einen Besuch des Parque Nacional Manú, bieten den kostspieligen, aber unter allen Umständen lohnenswerten Ausflug an. Wer nicht schon von Cusco aus mit einer Propellermaschine anreist – und damit die herrliche Anfahrt versäumt – startet frühmorgens mit geländegängigen Fahrzeugen in Richtung **Paucartambo** (s. S. 238) und überquert zunächst den rund 3700 m hohen Acjanacu-Pass, der die Grenze zum Nationalpark markiert, bevor es auf einer Holperpiste durch die aufregende Nebelwaldregion wieder bergab geht. Rund 14 km abseits der Hauptroute liegt der Aussichtspunkt **Tres Cruces,** der einen herrlichen Fernblick über den Urwald bietet. Etwa auf halber Strecke zwischen dem Nationalpark-Eingang und der Ortschaft Pilcopata befinden sich mehrere Lodges, darunter die Manú Cloud Forest Lodge und die Cock-of-the-Rock Lodge, wo man meist eine erste Zwischenstation einlegt. Hier, auf einer Höhe von rund 1500 m, ist auch der Lebensraum des peruanischen Nationalvogels, des roten Fel-

Beim Wilden Ingwer verspricht die Blüte, was der Geschmack der Knolle hält

senhahns, den man mit etwas Glück bei der Balz beobachten kann.

Nach einer morgendlichen Erkundungstour geht es am nächsten Tag auf einer landschaftlich spektakulären Straße weiter bergab in den auf 700 m gelegenen Ort **Pilcopata.** Besonders abenteuerlustige Reisende können diese Fahrt auch auf dem Mountainbike wagen – eine rasende Downhill-Fahrt ist garantiert. Danach wird die Strecke wieder flacher, bis man in **Atalaya** am Río Alto Madre de Dios auf ein Motorboot umsteigt (manche Veranstalter fahren weiter bis Shintuya, wo die Straße endet). Schon auf der Bootsfahrt in Richtung Boca Manú kann man zahlreiche Vogel- und andere Tierarten beobachten. Am Westufer finden sich einige Lodges, die zu einem weiteren Zwischenstopp einladen (u. a. Amazonia Lodge, Erika Lodge und Pantiacolla Lodge). Diese liegen in der frei zugänglichen **Zona Cultural,** eine Art Pufferzone zum eigentlichen Nationalpark, in der Landwirtschaft begrenzt gestattet ist.

Am Zusammenfluss des Río Alto Madre de Dios mit dem Río Manú liegt die kleine Siedlung **Boca Manú,** wo man sich mit Lebensmitteln eindecken kann. In der Nähe gibt es eine einfache Landepiste für Kleinflugzeuge – eine schnelle und bequeme Alternative für die Rückreise nach Cusco. Manchmal verkehren von hier auch Boote, die über die Goldgräbersiedlung **Boca Colorado** den Río Madre de Dios flussabwärts nach Laberinto fahren, wo man auf die Straße nach Puerto Maldonado trifft. Nicht weit entfernt von Boca Manú beginnt die Ökotourismus-Zone, auch **Zona Experimental** genannt. Hier ist zwar Tourismus unter strengen Auflagen gestattet, aber es gilt strengster Naturschutz. Das Betreten der Kernzone, der sogenannten **Zona Natural,** ist den hier lebenden Indianern sowie Wissenschaftlern mit behördlicher Genehmigung vorbehalten. Übernachtungen in der Ökotourismus-Zone sind nur in Zelten oder in einfachen, von Indianern geleiteten Unterkünften möglich. Einzige Ausnahme bil-

Touren auf eigene Faust
Individualreisende, die nicht mit einem Veranstalter unterwegs sind, dürfen nur die Zona Cultural, nicht jedoch die Zona Experimental besuchen. Man kann zwar probieren, sich mit öffentlichen Verkehrsmitteln über Paucartambo nach Pilcopata und weiter nach Atalaya durchzuschlagen, wo man mit Glück und Geduld vielleicht einen Platz auf einem Boot bekommt, aber spätestens in Boca Manú ist Schluss: Die Ökotourismus-Zone darf nur im Rahmen einer organisierten Tour mit einem lizenzierten Veranstalter betreten werden.

det die teure Manú Lodge, deren Zimmerstandard ebenfalls sehr einfach ist. Die Bootsfahrten auf dem Río Manú und den nahe gelegenen Urwaldseen sowie Wanderungen im noch nahezu unberührten tropischen Regenwald stellen den Höhepunkt einer Exkursion in den Nationalpark dar.

Ausflüge in den Parque Nacional Manú organisieren z. B.:

Manú Nature Tours: Av. Pardo 1046, Cusco, Tel. 084-25 27 21, Fax 23 47 93, www.manuperu.com. Der renommierteste und teuerste Veranstalter betreibt zwei Lodges im Manú-Gebiet – die Manú Cloud Forest Lodge in Bergnebelwald sowie die komfortable Manú Lodge, die einzige ›echte‹ Lodge direkt im Park. Paket 5 Tage/4 Nächte mit Anreise über Land 1480 $ p. P. plus ca. 145 $ für Rückflug; Paket 7 Tage/6 Nächte mit Anreise über Land 1972 $ p. P. plus ca. 145 $ für Rückflug.

Inka Natura: C. Ricardo Palma No. J1, Urb. Santa Monica, Cusco, Tel. 084-25 52 55 und 01-440 20 22 (in Lima), Fax 084-24 59 73 und 01-422 92 25, www.inkanatura.com.pe. Die Agentur gehört zu einer internationalen Umweltschutzgruppe und betreibt die Cock-of-the-Rock Lodge (14 Zimmer), das komfortable Manú Wildlife Center (22 Bungalows, Bad und Warmwasser) und das einfache Wildlife Tented Camp direkt im Park. Paket 4 Tage/3 Nächte im Manú Wildlife Center 795 $ p. P. plus 290 $ für Flüge; »Bio Trip« 6 Tage/5 Nächte mit Anreise über Land 1250 $ p. P. plus 145 $ für Flug; Paket 5 Tage/4 Nächte mit Anreise über Land und zwei Übernachtungen im Wildlife Tented Camp ab 870 $ p. P. plus 145 $ für Flug; Paket 7 Tage/6 Nächte mit Anreise über Land sowie je zwei Nächten im Manú Wildlife Center und im Wildlife Tented Camp 1055 $ p. P. plus 145 $ für Flug.

Peru Discovery: Mariscal Gamarra, Los Rosales 19-F, Cusco, Tel./Fax 084-24 70 07, www.perudiscovery.com. Deutschsprachige Agentur, die die Tambo Paititi Lodge (1600 m) betreibt und kürzere Touren ins Nebelwaldgebiet, Mountainbiketouren sowie Trips ins Tiefland anbietet. Paket 3 Tage/2 Nächte 290 $ p. P.; Paket 5 Tage/4 Nächte mit je zwei Übernachtungen in der Tambo Paititi Lodge und in der Amazonia Lodge 610 $ p. P.

Pantiacolla Tours: C. Plateros 360, Cusco, Tel. 084-23 83 23, Fax 25 26 96, www.pantiacolla.com. Betreiber der gleichnamigen Lodge (14 Zimmer) am Río Alto Madre de Dios. Paket 7 Tage/6 Nächte mit Anreise über Land 835 $ p. P. inkl. Rückflug.

Amazon Trails: C. Tandapata 660, San Blas, Cusco, Tel./Fax 084-43 74 99, www.amazontrailsperu.com. Deutschsprachiger Anbieter, Betreiber der Río de Oro Lodge 20 Min. flussabwärts von Atalaya, gute Führer (auf Anfrage deutschsprachig). Kurzprogramm »Kulturzone«, 3 Nächte für 360 $ p. P.; Paket Manú 4 Tage/3 Nächte 760 $ p. P. inkl. Hin- und Rückflug; Paket 6 Tage/5 Nächte mit Anreise über Land 855 $ p. P. inkl. Rückflug; Paket 8 Tage/7 Nächte 755 $ p. P. inkl. Hin- und Rückfahrt per Bus.

Expediciones Vilca: C. Plateros 359, Cusco, Tel./Fax 084-24 47 51, www.cbc.org.pe/manuvilca. Paket 8 Tage/7 Nächte 745 $ inkl. Hin- und Rückfahrt per Bus.

Manú Ecological Adventures: C. Plateros 356, Cusco, Tel. 084-26 16 40, Fax 22 55 62, www.manuadventures.com. Günstigere Touren mit einfachen Lodges und Zeltübernachtungen. Paket 7 Tage/6 Nächte mit Anreise über Land 640 $ p. P. plus 135 $ für Rückflug.

Würgefeige – was epiphytisch beginnt, endet für den Wirtsbaum meist tödlich

Puerto Maldonado und Umgebung

Reiseatlas S. 16

Nur 30 Flugminuten von Cusco entfernt liegt Puerto Maldonado im südlichen Teil des peruanischen Amazonasgebiets. Dank seines neuen Flughafens und einer immer besseren Infrastruktur löst sich die Stadt am Río Madre de Dios allmählich aus ihrem touristischen Schattendasein und entwickelt sich immer mehr zur ernst zu nehmenden Alternative zu Iquitos als Ausgangspunkt für einen Ausflug in die Selva, das tropische Regenwaldgebiet Perus.

Puerto Maldonado

Reiseatlas: S. 16, D 3

Das durch Goldfunde in den 70er-Jahren aufstrebende Puerto Maldonado selbst hat für Besucher nur wenig zu bieten, dient aber aufgrund seines Flughafens und seiner Lage am Zusammenfluss des Río Madre de Dios und des Río Tambopata als Ausgangspunkt für Bootsausflüge in den tropischen Regenwald. ›Hauptstadt der Biodiversität‹ nennt sich die um die Wende zum 20. Jh. gegründete Kapitale des *departamento* Madre de Dios (›Mutter Gottes‹) stolz wegen des außerordentlichen Artenreichtums von Flora und Fauna in dieser Region. Die schnell wachsende Urwaldstadt auf tropisch-heißen 115 m zählt über 50 000 Einwohner, die neben der Suche nach Gold – meist im sandigen Uferbereich der Flüsse – von der Holzwirtschaft und vom Anbau tropischer Produkte wie Kakao, Kaffee, Kautschuk und Paranüssen leben.

Früher war die Gegend vom Stamm der Mojo besiedelt, die schon den eindringenden Inka erbitterten Widerstand leisteten und erst von der ›friedlichen‹ Invasion durch die ›Zivilisation‹ verdrängt wurden. Wie in Iquitos brachte auch hier gegen Ende des 19. Jh. die Suche nach dem wertvollen Kautschuk die ersten Weißen in die bis dahin abgelegene Region. Unter ihnen war auch der irischstämmige *cauchero* Carlos Fermín Fitzcarrald (1862–97), dessen Leben Werner Herzog in dem Film »Fitzcarraldo« mit Klaus Kinski in der Hauptrolle verfilmte. Kurz vor seinem Tod entdeckte er eine Wasserverbindung zwischen dem Río Madre de Dios und dem Río Ucayali, beides Quellflüsse des Amazonas, die aber erst Tausende von Kilometern flussabwärts im Amazonasgebiet Brasiliens aufeinander treffen.

Infoposten am Flughafen, Tel. 082-57 14 13.

Wasaí Lodge: Jr. Billinghurst, Plaza Grau (Büro in Cusco: C. Plateros 354), Tel. 082-57 22 90, Tel./Fax 01-436 87 92 (in Lima), www.wasai.com. Nette Lodge am Fluss, 10 Holzzimmer mit Bad und Ventilator, Restaurant, Ausflugspakete zur Wasaí Tambopata Lodge (s. S. 377). DZ/ÜF 48 $.

Hotel Don Carlos: Av. León Velarde 1271, Tel. 082-57 10 29 und 01-224 02 63 (in Lima), Fax 01-225 85 81, www.hotelesdoncarlos.com. Älteres Hotel ca. 1 km außerhalb in schöner Lage am Río Tambopata, teilweise neue Zimmer mit Klimaanlage, Pool. DZ/ÜF 45 $ inkl. Flughafentransfer.

Hotel Cabaña Quinta: Jr. Cuzco 535, Tel./Fax 082-57 10 45. Nette Anlage, ordentliche Zimmer mit Klimaanlage, Pool, gutes Restaurant. DZ/ÜF 34–47 $ inkl. Flughafentransfer und Gratis-Internet.

Zum Essen empfehlen sich die Lokale in der **Wasaí Lodge** und im **Hotel Cabaña Quinta** sowie das Restaurant **Califa,** Jr. Piura, Ecke Jr. Cusco, mit typisch regionaler Küche (nur mittags geöffnet).

Flüge: Der Flughafen liegt 7 km außerhalb. Tgl. Flüge über Cusco nach Lima. **Busse:** In der Trockenzeit verkehren Busse von/nach Cusco (533 km), aber die Fahrt ist sehr anstrengend und je nach Zustand der Piste auch sehr zeitaufwendig (2–7 Tage). **Schiffe:** Unregelmäßige Verbindungen nach Bolivien.

Río Madre de Dios und Río Tambopata

Reiseatlas: S. 16, D/E 3/4

Die größte Sehenswürdigkeit der Region ist die üppige tropische Natur und die breiten Flüsse bieten sich als Verkehrswege geradezu an. Nach einer guten Stunde Bootsfahrt auf dem **Río Madre de Dios** flussabwärts beginnt ein etwa 5 km langer Wanderweg zu einem traumhaft im Urwald gelegenen See, dem **Lago Sandoval.** Mit einfachen Holzbooten gleitet man lautlos am Ufer entlang, wo neben zahlreichen Reihern, Schlangenhalsvögeln, Kormoranen und anderen Wasservögeln auch Affen und der seltene Hoatzin *(Opisthocomus hoazin)* zu beobachten sind, eine seltsame Baumhuhnart mit einem auffälligen Federschopf. In den frühen Morgenstunden zeigen sich manchmal die scheuen Riesenotter *(Pteronura brasilensis).* Die bis zu 2 m langen Tiere – mithin die größte Otterart – sind an das Leben im Wasser hervorragend angepasst und machen tagsüber Jagd auf Fische und Vögel oder laben sich an deren Eiern. Weiter flussabwärts in Richtung Bolivien passiert man am Río Madre de Dios zwei Lodges und kann dann über einen Seitenfluss zum **Lago Valencia** gelangen, einem Urwaldsee mit ebenfalls sehr reichem Tierbestand.

Der etwas kleinere, aber im unteren Bereich ebenfalls recht breite **Río Tambopata** führt hinein in die seit 1989 bestehende Schutzzone **Zona Reservada Tambopata-Candamo,** an die sich südöstlich der riesige, erst im Jahr 2001 gegründete **Parque Nacional Bahuaja-Sonene** anschließt. Nach zahlreichen Forschungsarbeiten in dieser Region ergaben sich mehrere biologische ›Weltrekorde‹: Die größte Artenvielfalt an Vögeln (rund 750) und Schmetterlingen (über 1100) wurde hier festgestellt, außerdem zählte man mehr als 300 Baumarten sowie eine unüberschaubare Vielfalt an Pflanzen. Weltbekannt wurde die Region durch eine Titelgeschichte in der Zeitschrift National Geographic über die **Ara-Minerallecke** *(collpa)* am oberen Flusslauf des Río Tambopata. Tausende von Aras und anderen Papageienarten stillen hier morgens an einem steilen Flussufer ihren Mineralienbedarf und bieten damit eines der farbenprächtigsten Schauspiele im Tierreich. Da die Anfahrt zur Minerallecke selbst mit einem gut motorisierten Boot ungefähr neun Stunden dauert, lohnt ein längerer Aufenthalt. Am besten mietet man sich in der nächstgelegenen Lodge ein und startet von dort aus möglichst früh zur Minerallecke.

Mit dem Autor unterwegs

Unbedingt ansehen

Der Besuch der **Ara-Minerallecke** am Oberlauf des Río Tambopata ist ein einmaliges Erlebnis. Einzige Unterkunft ist das oft ausgebuchte Tambopata Research Center, aber einige Veranstalter bieten auch Ausflüge mit Zeltübernachtung an (s. S. 375).

Alle Preise in den Urwald-Lodges verstehen sich pro Person im Doppelzimmer inkl. Anfahrt, Ausflüge und Vollpension.

... flussabwärts am Río Madre de Dios:
Tambo Lodge: C. San Agustín 385, Tel. 084-24 40 54 (Büro in Cusco). Ca. 10 km flussabwärts (30 Min. Bootsfahrt); einfache, ältere Lodge mit großem Regenwald-Reservat und 28 palmgedeckten Hütten (Gemeinschaftsbad). Paket 3 Tage/2 Nächte ca. 150 $ p. P.

Posada Corto Maltés: gegenüber Tambo Lodge, Tel. 082-57 38 31, www.cortomaltes-amazonia.com. Neuere Lodge unter französischer Leitung, nette Bungalows. Paket 3 Tage/2 Nächte 180 $ p. P., 4 Tage/3 Nächte 230 $ p. P.

Sandoval Lake Lodge: Tel. 084-25 11 73 (in Cusco) und 01-440 20 22 (in Lima), Fax 01-422 92 25, www.inkanatura.com.pe. Ca. 30 Min. Bootsfahrt ab Puerto Maldonado plus 1 Std. Wanderung. Einzige Lodge direkt am See, 25 einfache Zimmer mit Gemeinschaftsbädern (Warmwasser). Paket 2 Tage/1 Nacht 155 $ p. P.; 3 Tage/2 Nächte 220 $ p. P.

Cuzco Amazónico Lodge: Tel. 082-24 53 14 und 01-422 65 74 (in Lima), Fax 082-24 46 69; C. Garcilaso 265, Tel. 084-21 10 32 (Büro in Cusco), www.inkaterra.com.pe. 45 Min. Bootsfahrt; einfache Holzhäuser mit Bad (Kaltwasser), Moskitonetz und Hängematte in einem Privatreservat. Paket 3 Tage/2 Nächte 157 $ p. P.

Eco Amazonia Lodge: C. Garcilaso 210, Tel. 084-23 61 59, Fax 22 50 68 (Büro in Cusco), Tel./Fax 01-242 27 08 (in Lima), www.ecoamazonia.com.pe. Ca. 1 Std. Bootsfahrt; relativ neue Lodge, einfache Bungalows mit Bad, Wanderwege. Paket 3 Tage/2 Nächte ca. 150 $ p. P.

Heath River Wildlife Center: c/o Inka Natura (s. Sandoval Lake Lodge). Ca. 4 Std. Bootsfahrt, am Nebenfluss Río Heath; derzeit einzige Unterkunft in dieser Region, daher gute Möglichkeiten zur Tierbeobachtung, nette Bungalows mit Bad. Paket 4 Tage/3 Nächte 575 $ p. P., auch Kombi-Pakete mit Sandoval Lake Lodge.

... flussaufwärts am Río Tambopata:

Posada Amazonas: c/o Rainforest Expeditions, Portal de Carnes 236, Cusco, Tel. 084-24 17 77 und 01-421 83 47 (in Lima), Fax 24 17 73 und 01-421 81 83 (in Lima), www.rainforest.com.pe. Ca. 40 km flussaufwärts (1,5 Std. Bootsfahrt); große Lodge, 40 Zimmer mit Bad (Kaltwasser), Wanderwege und Aussichtsturm. Paket 3 Tage/2 Nächte 205 $ p. P.

Inotawa Lodge: Tel. 084-57 25 11 (in Cusco) und 01-467 45 60 (in Lima), www.inotawaexpeditions.com. Ca. 1,5 Std. Bootsfahrt; einfache Lodge mitten im Urwald unter peruanisch-schweizerischer Leitung, Zimmer teils mit Privatbad (Kaltwasser). Paket 3 Tage/2 Nächte ab 160 $ p. P.

Refugio Amazonas: c/o Rainforest Expeditions (s. Posada Amazonas). Ca. 60 km flussaufwärts (2–2,5 Std. Bootsfahrt plus 10 Min. zu Fuß); neue, 2005 eröffnete Lodge mit 24 Zimmern und einem 200 ha großen Privatreservat in der Nähe der Zona Reservada Tambopata-Candamo. Paket 4 Tage/3 Nächte 295 $ p. P.

Explorer's Inn: c/o Peruvian Safaris, C. Plateros 365, Cusco, Tel. 084-23 53 42 und 01-447 88 88 (in Lima), Fax 01-241 84 27, www.peruviansafaris.com. Ca. 3 Std. Bootsfahrt; gute Lodge mit 36 Zimmern, zahlreiche Wanderwege, Vogelparadies. Paket 3 Tage/2 Nächte 180 $ p. P.

Libertador Tambopata Eco Lodge: Jr. Gonzales Prada 269, Puerto Maldonado, Tel. 082-57 17 26, Fax 57 13 97; C. Nueva Baja 432, Cusco, Tel./Fax 084-24 56 95, www.tambopatalodge.com. Ca. 3–4 Std. Bootsfahrt; teilweise neue, komfortable Bungalows mit zwei Zimmern, Bad z. T. mit Warmwasser. Paket 3 Tage/2 Nächte 244 $ p. P. bzw. 353 $ p. P. im Superior-Zimmer; Paket 4 Tage/3 Nächte 298 $ bzw. 446 $.

Wasaí Tambopata Lodge: c/o Wasaí Lodge, Puerto Maldonado (s. S. 374). Ca. 4–5 Std. Bootsfahrt; einfache Holzbungalows mit je zwei rustikalen Zimmern mit Bad (Kaltwasser). Paket 3 Tage/2 Nächte 215 $ p. P.; 4 Tage/3 Nächte 295 $ p. P.

Tambopata Research Center: c/o Rainforest Expeditions (s. Posada Amazonas). Ca. 7–8 Std. Bootsfahrt; die einzige Unterkunft an der Ara-Minerallecke, einfach ausgestattete aber stimmungsvolle Lodge mit nur 13 Zimmern (Gemeinschaftsbad), durch die lange Anfahrt nicht billig. Paket 5 Tage/4 Nächte (davon 2 Nächte in der Posada Amazonas) 705 $ p. P.

Abenteuerliche Dschungel-Erkundungen gehören am Río Tambopata zum Programm

»Bis der Tod uns scheidet« – wie fast alle Papageien führt auch der am Río Tambopata heimische Hellrote Ara (Ara macao) ein Leben in Monogamie

Register

Abancay 168
Abra de Anticona 127
Abra La Viuda 122
Agrarprodukte 25
Aguas Calientes 228
Aguaytía 135
Alltagskultur 49
Almagro, Diego de 40
Alpaka 18
Amazonas 358
Amazonastiefland 16, 21
Amtssprache 49
Ancón 292
Andahuaylillas 239
Andengemeinschaft 29
Andenhochland 16
Aplao 170
Ara-Minerallecke 375
Arbeitslosenrate 24
Architektur 54
Arequipa 55, **176 ff.**
– Amazonas-Museum 181
– Balneario de Jesús 187
– Casa de Goyoneche 181
– Casa de Moral 181
– Casa Iriberry 181
– Casa Ugarteche 178
– Cayma 181
– Convento La Recoleta 181
– Convento Sta. Catalina 181
– Iglesia de San Agustín 181
– Iglesia de San Francisco 179
– Iglesia de Sto. Domingo 178
– Iglesia La Compañía 177
– Iglesia La Merced 181
– Kathedrale 177
– Museo de Arte Religioso 181
– Museo Histórico Municipal 181
– Museo Precolumbino 181
– Museo Santuarios Andinos 181
– Paucarpata 187
– Plaza de Armas 177
– Socosani 187
– Tiabaya 185
– Tingo 185
– Yanahuara 181
– Yura 187
Atahualpa 36, 39 f.
Atalaya 371
Ausfuhrverbote 81
Ausgehen 82
Auto fahren 76
Ayacucho 51, **141 ff.**
– Iglesia de San Agustín 142
– Iglesia de San Francisco de Asís 142
– Iglesia de San Francisco de Paula 142
– Iglesia de Sta. Clara 142
– Iglesia de Sta. Teresa 142
– Iglesia de Sto. Domingo 142
– Iglesia La Compañía 142
– Kathedrale 142
– Museo Andrés Avelino Cáceres 142
– Museo Arqueológico Hipolito Unánue 142
– Museo de Arte Popular Joaquín López Antay 142
– Plaza Sucre 141
Ayaviri 241
Aymara 48 f.

Baden 78
Bahn 75
Balneario Tortugas 294
Banken 84
Baños del Inka 344
Barock 54
Barranca 293
Batán Grande 312
Behinderung 73
Belaúnde Terry, Fernando 43
Bergsteigen 78
Bevölkerung 46
Bevölkerungswachstum 47
Bier 61
Bingham, Hiram 236
Boca del Río 174
Boca Manú 371
Bolívar, Simón 296
Bolívar, Simón 41, 115
Boquerón del Padre Abad 135
Bosque de Pómac 313
Brüning, Heinrich 309
Bruttoinlandsprodukt 24
Bruttosozialprodukt 25
Bus 72, 75 f.

Cabanaconde 191
Cabo Blanco 316
Cajamarca **338 ff.**
– Casona Uceda 340
– Cerro Sta. Apolonia 340
– Cuarto del Rescate 339
– Iglesia de Belén 340
– Iglesia de San Francisco 339
– Kathedrale 339
– Museo Arqueológico Belén 340
– Museo Arqueológico UNC 340
– Plaza de Armas 339
Cajamarquilla 124
Calca 220
Callejón de Huailas 324
Camaná 169
Camellones 33
Camino Inka 234
Camino Sagrado 234
Campesinos 12
Camping 77
Cañón de Colca 187
Cañón de Cotahuasi 170
Cañón de Tinajani 241
Cañón del Pato 335
Cantamarca 122
Caraz 334
Carhuaz 332
Casma 294
Catacaos 315
Catarata de Corontachaca 348
Catarata de Gocta 348

Der Haupteintrag ist **fett** hervorgehoben.

Catarata La Chinata 348
Cerro de Pasco 132
Chacaltaya 279
Chachapoyas 346
Chaclacayo 125
Chala 169
Chan Chan 33, 54, 303
Chancay 292
Chanchamayo 129
Chancos 332
Chavín de Huántar 31, **326**
Chavín-Kultur 30 f.
Checta 122
Chiclayo 306
Chimbote 295
Chimú-Kultur 31, 34, 54
Chimú-Reich 33
Chincha Alta 152
Chinchero 222
Chiquián 324
Chivay 189
Chosica 125
Chucuito 256
Chulucanas 313
Chulumani 283
Chuquibambilla 241
Colquijirca 122
Confederación Perú-Boliviana 42
Copacabana 257
Coporaque 192
Cordillera Blanca 16, 324
Cordillera Huayhuash 324
Cordillera Negra 332
Corire 170
Coroico 282
Costa 14, 16
Coya 36
Cumbe Mayo 344
Curahuara 285
Cusco 34, **198 ff.**
– Casa Cabrera 208
– Casa Concha 207
– Casa Garcilaso 204
– Convento Sta. Catalina 206
– Coricancha 205
– Iglesia de San Antonio Abad 208
– Iglesia de San Blas 208
– Iglesia de San Francisco 205
– Iglesia de Sto. Domingo 205
– Iglesia La Compañía 203
– Iglesia y Monasterio La Merced 204
– Inti Raymi 216
– Kathedrale 199
– Mercado de Huánchac 209
– Mercado San Pedro 209
– Museo Coricancha 206
– Museo de Arte 207
– Museo de Arte Precolombino 208
– Museo de Arte Religioso 207
– Museo de Historia Natural 204
– Museo Histórico Regional 204
– Museo Inka 209
– Museo La Merced 204
– Museo Municipal de Arte Contemporáneo 204
– Palacio de Justicia 205
– Plaza de Armas 199
– Plaza Regocijo 204
– Plazoleta de las Nazarenas 208
– San Blas 208
– Zwölfeckiger Stein 208

Demokratie 27
Desaguadero 263
Diktatur 27
Diplomatische Vertretungen 67
Drogen 82
Drogenhandel 27

Einreise 74
Eintrittsgelder 85
El Brujo 305
El Dorado 39
El Niño 87
Elektrizität 87
Encomienda 40
Essen und Trinken 58
Etén 308

Felsmalerei 30
Fernsehen 89
Feste 51
Fluglinien 72
Flugzeug 75
Folklore 50
Fotografieren 82
Frauen 82
Fujimori, Alberto 27, 28, 43

García Pérez, Alan 14, 29, 43
Geld 84
Geografie 14
Gesundheit 88
Getränke 61
Gleitschirmfliegen 78
Götter 52
Granja Porcón 344
Guanako 18
Guano 42, 158
Guaqui 263
Guzmán, Abimael 43

Handel 24
Handeln 81
Heyerdahl, Thor 255
Hochkulturen 30
Höhenkrankheit 88
Holguín, Melchor Pérez de 56
Hotels 77
Huaca del Dragón 305
Huaca del Sol 54
Huaca La Esmeralda 303
Huacachina 163
Huacas de Moche 303
Huacho 292
Huancabamba 314
Huancavelica 139
Huancayo 137
Huanchaco 304
Huanta 139
Huánuco 132

Register

Huánuco Viejo 132, 325
Huaraz 31, 328
Huari 145
Huari-Kultur 31
Huasao 238
Huáscar 39
Huatajata 262
Huaura 293
Huayllay 122
Huayna Capac 35, 39
Huayno 49
Huchu'y Qosqo 220
Huiracocha 34
Humala, Ollanta 28, 29
Humboldtstrom 86

Ica 159
Ilave 256
Ilo 172
Indianer 48, 364
Indígenas 12, 46
Individualreisen 72
Informationen 66
Inka 33 ff., 38 f.
Inka-Staat 36
Internet 89
Inti-Raymi-Fest 37, 51
Iquitos 358
Iskanwaya 281
Isla Amantani 254
Isla de la Luna 261
Isla del Sol 34, 260
Isla Kalahuta 262
Isla Pariti 263
Isla Suasi 254
Isla Suriqui 262
Isla Taquile 254
Islas Ballestas 158 f.
Islas de Hornillas 171
Islas de los Urus 253
Islas Guañape 296

Jäger und Sammler 30
Jauja 136
Jugendherbergen 77
Juli 256
Juliaca 241
Junín 132

Kamele 18
Kanufahren 78
Karl V. 40
Karten 68
Kenko 217
Kleidung 50
Klima 86
Koka 26
Kokainherstellung 26
Kommunikation 89
Kondore 17
Konquista 52
Kosok, Paul 166
Kotosh 132
Kreolen 46
Kuélap 350
Kunst 55
Kunsthandwerk 55
Kunturhuasi 338

La Merced 129
La Oroya 121, 127
La Paz **268 ff.**
– Cañón del Huaricunca 284
– Iglesia de San Francisco 269
– Iglesia de Sto. Domingo 271
– Jardín Botánico 273
– Kathedrale 270
– Mercado de Hechicería 269
– Museo Marina Núñez del Prado 272
– Museo Casa Murillo 272
– Museo Costumbrista Juan de Varga 272
– Museo de Arte Contemporáneo 272
– Museo de Arte Sacro 270
– Museo de Etnografía y Folklore 271
– Museo de la Historia Natural 273
– Museo de Metales Preciosos Precolombinos 272
– Museo de Textiles Andinos Bolivianos 272
– Museo del Litoral 272
– Museo Nacional de Arqueología 272
– Museo Nacional de Arte 271
– Museo Tambo Quirquincho 269
– Museos Municipales 272
– Parlament 270
– Plaza del Estudiante 272
– Plaza Murillo 270
– Präsidentenpalast 270
– Teatro Municipal 272
– Templete Semisubterráneo 272
– Valle de la Luna 284
Lago de Huiñaymarca 262
Lago de Junín 132
Laguna de los Cóndores 352
Laguna de Paca 136
Laguna de Pomacochas 348
Laguna Quistococha 362
Laguna Yarinacocha 369
Lagunas de Mejía 171
Lagunas Llanganuco 334
Lama 18, 30
Lamay 220
Lambayeque 309
Lambayeque-Kultur 54
Lampa 241
Landesflagge 14
Landwirtschaft 25
Lauricocha 30
Lebensbedingungen 47
Leguía 42
Lesetipps 69
Leymebamba 351
Lima 32, **98 ff.**
– Banco Central de la Reserva 101
– Barranco 112
– Callao 115
– Casa Aliaga 107

- Casa de Goyoneche 101
- Casa de Osambela Oquendo 107
- Casona de San Marcos 109
- Castillo del Real Felipe 115
- Centro Comercial Larcomar 99
- Colección Enrico Poli 112
- Congreso 102
- Convento de los Descalzos 110
- Estación Desamparados 105
- Huaca Huallamarca 109
- Huaca Pucllana 109
- Iglesia de Jesús, María y José 100
- Iglesia de San Agustín 101
- Iglesia de San Marcelo 108
- Iglesia de San Pedro 101
- Iglesia de Sta. María de Magdalena 114
- Iglesia de Sto. Domingo 107
- Iglesia del Sagrario 106
- Iglesia La Merced 101
- Iglesia Las Nazarenas 108
- Iglesia y Convento de San Francisco 104
- Isla Palomino 117
- Kathedrale 106
- La Punta 115
- Miraflores 111
- Moneda 103
- Monterrico 112
- Municipalidad 106
- Museo Amano 112
- Museo de Armas del Mundo 114
- Museo de Arte de Lima 109
- Museo de Arte Italiano 109
- Museo de Arte Virreynal 104
- Museo de Correos 107
- Museo de la Inquisición 103
- Museo de la Nación 112
- Museo de Oro 112
- Museo Histórico Militar 115
- Museo Nacional de Arqueología y Antropología 115
- Museo Nacional de Historia 115
- Museo Nacional de la Cultura Peruana 108
- Museo Pedro de Osma 112
- Museo Rafael Larco Herrera 114
- Museo Taurino 111
- Pachacamac 109
- Palacio Arzobispal 106
- Palacio de Gobierno 106
- Palacio de Torre Tagle 101
- Parque de las Leyendas 114
- Parque Universitario 109
- Plaza Bolívar 102
- Plaza de Acho 111
- Plaza Grau 109
- Plaza Mayor 105
- Plaza San Francisco 104
- Plaza San Martín 100, 109
- Pueblo Libre 114
- Puente de los Suspiros 112
- Quinta de Presa 110
- Rímac 110
- San Borja 112
- San Isidro 111
- Santuario de Sta. Rosa de Lima 107

Lima-Kultur 32
Líneas de Nazca 164, 166
Lircay 141
Literatur 57
Llacanora 344
Lunahuaná 151

Machacancha 220
Machu Picchu 230
Malschule von Cusco 56
Mama Ocllo 34
Manco Capac 34, 36
Máncora 317
Maras 222
Marcahuasi 127
Markahuamachuco 305
Märkte 81
Maße, Gewichte 83
Mejía 171
Mercosur 29
Mestizen 46
Mestizostil 55
Mietwagen 72, 76
Missionierung 52
Moche-Kultur 31
Mochica 31, 54
Mochica-Kultur 31
Mollendo 171
Monsefú 308
Monterrey 331
Moquegua 172
Morales, Evo 29
Morales, Francisco Bermúdez 43
Moray 222
Motupe 313
Musik 49, 80

Nano, Lourdes Flores 29
Nationalparks 22
Nazca 164
Nazca-Kultur 32
Necrópolis de Combayo 344
Notruf 88
Nueva Castilla 40

Öffentlicher Nahverkehr 76
Öffnungszeiten 80
Ollantaytambo 225, 228
Olleros 328
Orientierung 82
Oropesa 238
Otuzco 305
Oxapampa 130
Oyotún 306

Pacatnamú 306
Pachacamac 150
Pachacoto 325

Register

Pachacútec Yupanqui 34
Paracas 31, 154
Paracas-Kultur 30
Paramonga 293
Parinacota 175
Parque Nacional Cordillera Azul 135
Parque Nacional Pacaya-Samiria 362
Parque Nacional Bahuaja-Sonene 375
Parque Nacional Cerros de Amotape 321
Parque Nacional Huascarán 325, 334
Parque Nacional Lauca 175
Parque Nacional Manú 370
Parque Nacional Sajama 175, 285
Parque Nacional Tingo María 135
Parque Nacional Yanachaga-Chemillén 131
Paucartambo 238, 370
Pauschal-Arrangements 72
Pazifikküste 16
Peñas 118
Península de Paracas 155
Petroglifos de Boliche y Pipochinos 313
Pimentel 308
Pisac 219
Pisco 61, **153**
Piura 313
Pizarro, Francisco 39, 40, 98, 105, 106
Pizarro, Gonzalo 39
Pizarro, Hernando 39
Playa Colán 316
Politik 26
Pomata 257
Post 89
Pozuzo 131
Puca Pucara 217
Pucallpa 135, 366
Pucará 241
Pucusana 151
Pueblo de los Muertos 348
Puerto Callao 369
Puerto Chicama 305
Puerto Maldonado 374
Puerto Morín 295
Puerto Pérez 262
Punkuri 295
Puno 248
Punta Callán 332
Punta Sal 317
Puquio 168
Puruchuco 124
Putre 175
Puya raimondii 20
Pyramiden 30, 54

Quechua 48 f.
Quinua 145

Radio 89
Rafting 78
Ranrahirca 332
Raqchi 240
Recuay 328
Recuay-Kultur 32
Reiche, Maria 166
Reiseausrüstung 86
Reisen mit Kindern 73
Reiseorganisation 71
Reisevorbereitung 66
Reisezeit 86 f.
Reiten 78
Religion 52
Reserva Nacional Allpahuayo Mishana 362
Reserva Nacional de Paracas 155
Reserva Nacional Lomas de Lachay 292
Reserva Nacional Pampa Galeras 168
Reserva Nacional Salinas-Aguada Blanca 187
Restaurants 58
Revash 351
Río Madre de Dios 375
Río Tambopata 375
Río Ucayali 366
Rundreisen 71

Sacsayhuamán 214
Salaverry 296
Salpeterkrieg 14, 42
San Martín, José de 41, 115, 153
San Mateo 127
San Pedro de Casta 127
San Pedro de Lloc 305
San Ramón 129
San Vicente de Cañete 151
Saña 306
Sangalle 192
Santuario Nacional de Huayllay 132
Santuario Nacional Río Tumbes 321
Sapan Inca 36
Sarcófagos de Karajía 348
Saylla 238
Schulferien 72
Sechín 293
Sechura 315
Selva 16, 21
Sendero Luminoso 28, 43, 116
Señor de los Temblores 51
Sicán 312
Sicherheit 88
Sicuani 241
Sierra-Kulturen 30
Sillustani 254
Sipán 309
Sonnengott 34
Sorata 279
Souvenirs 80
Spartipps 85
Sprachführer 90
Sprachreisen 72
Sta. Clara 124
Sta. Rosa de Ocopa 136

Sta. Rosa de Quives 122
Sucre, Antonio José de 41
Sullana 316

Tacaynamú 33
Tacna 173
Tahuantinsuyos 36
Tambo Colorado 153
Tambo Machay 217
Tanken 76
Taricá 332
Tarma 128
Taxi 76
Telefonieren 89
Tello-Obelisk 31
Tennis 78
Textilien 50
Tiahuanaco 263
Tiahuanaco-Kultur 33
Tiere 17
Tingo María 133
Tipón 238
Titicacasee 34
Tito, Diego Quispe 56
Toledo, Alejandro 28, 43
Toro Muerto 170
Totenkult 30
Tourismus 26
Touristenbüros 66
Trinkgeld 85
Trujillo 33, **296 ff.**
- Casa Bracamonte 296
- Casa de la Emancipación 299
- Casa del Mariscal de Orbegoso 299
- Casa del Mayorazgo de Falcalá 296
- Casa Ganoza Chopitea 297
- Casa Urquiaga 296
- Iglesia de San Agustín 299
- Iglesia de San Francisco 297
- Iglesia de Sta. Clara 297
- Iglesia de Sto. Domingo 297
- Iglesia El Carmen 299
- Iglesia La Compañía 296
- Iglesia La Merced 299
- Kathedrale 296
- Museo Arqueológico 299
- Museo Catedralício 296
- Museo del Juguete 297
- Museo José Cassinelli 299
- Palacio Iturregui 297
- Palast des Erzbischofs 296
- Plaza de Armas 296

Túcume 311
Tumbes 320
Tupac Amaru 43
Tupac Yupanqui 34

Umweltprobleme 22
Unabhängigkeit 41
Unterkunft 84
Urcos 240
Ureinwohner 30
Urubamba 223

Valle de las Pirámides 311
Valle Sagrado 35, 218
Valverde, Vicente 107
Vargas Llosa, Mario 27, 57
Vega, Garcilaso de la 202
Velasco Alvarado, Juan 43
Ventanillas de Otuzco 344
Veranstaltungen 51
Verwaltung 26
Vicús 313
Vicús-Kultur 31
Vikunja 18 f.
Vikunjas 17
Vilcabamba 236
Vilcashuamán 145
Viscacha 17

Wallfahrt 52
Wandern 78
Waullac 332
Wein 61
Wellenreiten 79
Wilcahuaín 332
Wiñay Wayna 234
Wintersport 79
Wirtschaft 14, 24

Yalape 350
Yampupata 258
Yanque 190
Yerbabuena 351
Yucay 221
Yungas 281
Yungay 333

Zeit 83
Zeitungen 89
Zepita 263
Zollbestimmungen 74
Zona Reservada de Tumbes 321
Zona Reservada Tambopata-Candamo 375
Zorritos 318
Züge 72

¡Muchas gracias!

Für ihre Unterstützung bei der Realisierung dieses Reiseführers möchte ich mich herzlich bei Angela & Eva Kirst und Nina & Elfi Herbert für Ihre Mitarbeit bedanken. Vor Ort bedanke ich mich besonders bei allen Mitarbeitern von Prom Perú sowie bei Rita Tello (Lima), Peter van Haren (Ayacucho), Carola Behrendt und Jörg Krösel (Arequipa), Diana Dancourt (Cusco), Benito Gonzales Roilas (Puno), Stephan Bolkenius (La Paz), Claudia Riess (Trujillo) und Carlos Burgos (Chachapoyas) für ihre Informationen.

Detlev Kirst

Notizen

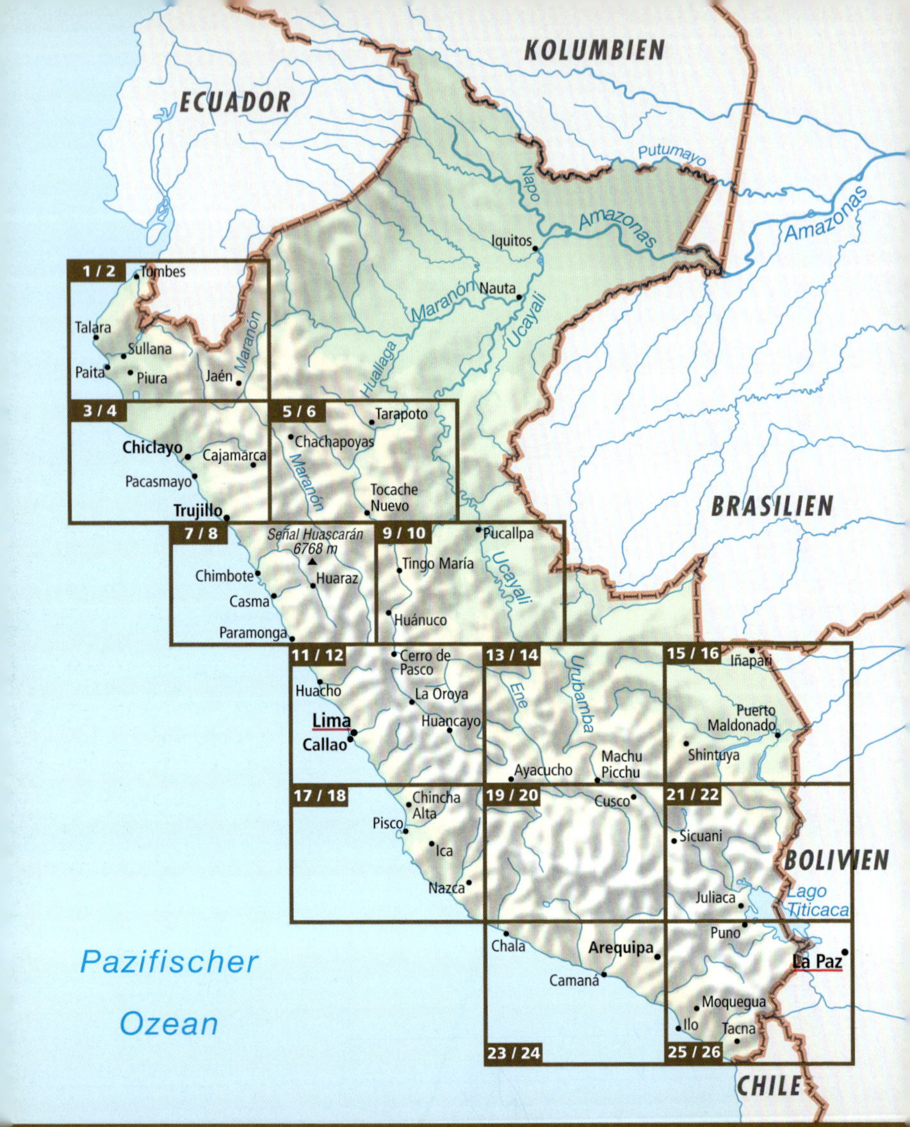

KOLUMBIEN
ECUADOR
Putumayo
Napo
Amazonas
Amazonas
Iquitos
Nauta
Marañón
Ucayali
Huallaga
1 / 2
Tumbes
Talara
Sullana
Paita
Piura
Jaén
Marañón
3 / 4
Chiclayo
Cajamarca
Pacasmayo
Trujillo
5 / 6
Tarapoto
Chachapoyas
Marañón
Tocache Nuevo
BRASILIEN
7 / 8
Señal Huascarán 6768 m
Chimbote
Huaraz
Casma
Paramonga
9 / 10
Pucallpa
Tingo María
Ucayali
Huánuco
11 / 12
Cerro de Pasco
Huacho
La Oroya
Lima
Huancayo
Callao
13 / 14
Ene
Urubamba
Ayacucho
Machu Picchu
15 / 16
Iñapari
Puerto Maldonado
Shintuya
17 / 18
Chincha Alta
Pisco
Ica
Nazca
19 / 20
Cusco
21 / 22
Sicuani
BOLIVIEN
Lago Titicaca
Juliaca
Puno
La Paz
Chala
Arequipa
Camaná
Moquegua
Ilo
Tacna
23 / 24
25 / 26
CHILE
Pazifischer Ozean

Legende

- Autobahn mit Anschlussstelle
- Schnellstraße mit Anschlussstelle
- Fernstraße mit Nummer
- Hauptstraße
- Nebenstraße
- Straße ungeteert
- Piste
- Straße in Bau; Straße in Planung
- Straße für Kfz gesperrt
- Tunnel
- Eisenbahn
- Fähre, Schiffsverbindung
- Staatsgrenze
- Grenze Nationalpark bzw. Naturpark
- Sperrgebiet
- Hafen
- Internationaler Flughafen
- Regionaler Flughafen
- Flugplatz
- Fähre; Grenzübergang
- Sehenswürdigkeit
- Archäologische Stätte
- Kirche; Kloster
- Nationalpark, Naturpark
- Leuchtturm; Turm
- Badestrand; Lodge
- Museum; Denkmal, Monument
- Höhle; Wasserfall
- Berggipfel; Pass
- Golfplatz; Aussichtspunkt
- Gletscher

Reiseatlas Peru

Tumbes, Talara, Sullana, Piura

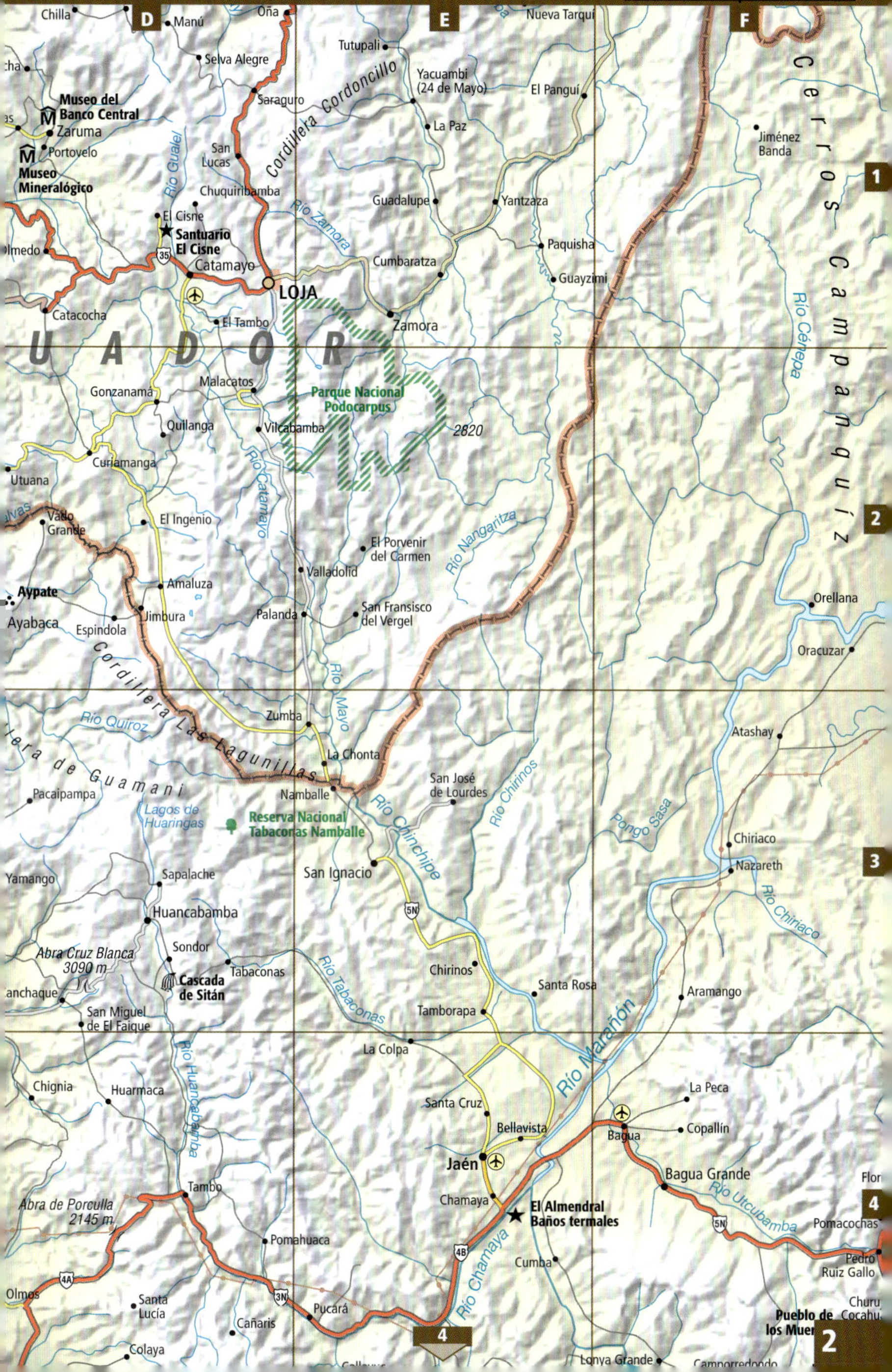
1 cm = 16 km
1 : 1.600.000
0
25 km
50 km
D
E
F
1
2
3
4
Chilla
Manú
Oña
Nueva Tarqui
Tutupali
Selva Alegre
Yacuambi
(24 de Mayo)
El Panguí
Saraguro
Cordillera Cordoncillo
Museo del
Banco Central
Zaruma
La Paz
Jiménez
Banda
Portovelo
San
Lucas
Río Gualel
Museo
Mineralógico
Chuquiribamba
Guadalupe
Yantzaza
Río Zamora
El Cisne
Santuario
El Cisne
Paquisha
Olmedo
35
Catamayo
Cumbaratza
Guayzimi
LOJA
Zamora
Catacocha
El Tambo
Río Cénepa
UADOR
Cerros Campanquiz
Malacatos
Gonzanamá
Parque Nacional
Podocarpus
Quilanga
Vilcabamba
2820
Curiamanga
Utuana
Río Catamayo
El Ingenio
Vado
Grande
El Porvenir
del Carmen
Río Nangaritza
Valladolid
Amaluza
Aypate
Orellana
Ayabaca
Espindola
Jimbura
Palanda
San Fransisco
del Vergel
Cordillera Las Lagunillas
Oracuzar
Río Mayo
Zumba
Río Quiroz
Atashay
La Chonta
de Guamani
San José
de Lourdes
Pacaipampa
Namballe
Lagos de
Huaringas
Reserva Nacional
Tabaconas Namballe
Río Chinchipe
Río Chirinos
Pongo Sasa
Chiriaco
Yamango
Nazareth
San Ignacio
Sapalache
Río Chiriaco
Huancabamba
5N
Sondor
Abra Cruz Blanca
3090 m
Tabaconas
Chirinos
Cascada
de Sitán
Santa Rosa
Río Tabaconas
anchaque
Aramango
San Miguel
de El Faique
Tamborapa
La Colpa
Río Marañón
Chignia
Huarmaca
Río Huancabamba
La Peca
Santa Cruz
Bellavista
Bagua
Copallín
Jaén
Bagua Grande
Flor
Río Utcubamba
Tambo
Chamaya
El Almendral
Baños termales
Abra de Porculla
2145 m
Pomacochas
Pomahuaca
4B
Pedro
Ruiz Gallo
4A
Cumba
Río Chamaya
Olmos
3N
Santa
Lucía
Pucará
Churu
Cocahu
Cañaris
Pueblo de
los Muer
Colaya
Lonya Grande
Camporredondo

A
B
C
1
2
3
4
Bahía
de Sechura
Punta Aguja
Parachique
Bayóvar
Punta Mal Nombre
517 m
Punta Negra
Reventazón
Pampa
Las Salinas
Pampa
del Venado
Pampa
de Monteverde
Ficuar
Cascajal
Petroglifos de
Boliche y Pipochinos
Desierto
de Sechura
Pampa de
Olmos
PAN AM
1N
Apurlec
Islas Lobos
de Tierra
Jayanca
Pacora
Túcume
Mórrope
Mochumí
Ferreñafe
Museo Arqueológico Brüning,
Museo Tumbas Reales de Sipán
Lambayeque
CHICLAYO
Pimentel
Monsefú
Etén
Océano Pacífico
(Pazifischer Ozean)

D
E
F
Jaén
Chamaya
Bagua
Bagua Grande
Río Utcubamba
Pomacochas
Pedro Ruiz Gallo
El Almendral Baños termales
Río Chamaya
Cumba
Tambo
Abra de Porculla 2145 m
Pomahuaca
Olmos
Santa Lucía
Cañaris
Pucará
Colaya
Motupe
Chochope
Callayuc
Cerro San Lorenzo 4061 m
Incahuasi
Salas
Santo Domingo
Parque Nacional Cutervo
Santo Tomás
Sócota
San Luis de Lucma
Lonya Grande
Camporredondo
Ocallí
Pueblo de los Muertos
Karajía
Cruzpata
Cohechan
Congon
Riopampa
Querocotillo
Querocoto
Cutervo
Tacabamba
Choctamal
María
Río Marañón
Río Lulcano
Tocmoche
Sicán
Miracosta
Huambos
Cochabamba
Batán Grande
Llama
Chancaybaños
Lajas
Chota
Repressa Tinayones
Chongoyape
Santa Cruz
Chugur
Bambamarca
Mesones Muro
Huaca Blanca
Catache
Yauyucán
Tumán
Pucalá
Pampa Grande
Hualgayoc
Pedernal
Saltur
Sipán
Oyotún
La Florida
Cerro San Cirilo 4183 m
Celendín
Balsas
Cayaltí
Nevado Michiquillay 4139 m
Saña
Nueva Arica
Granja Porcón
Lucmapampa
Mocupe
Nanchoc
San Miguel de Pallaques
Llapa
Abra Gran Chimú 3620 m
Abra El 3200 m
Combayo
Otuzco
Encañada
Santa Rosa
San Pablo
Baños del Inka
Pacanga
Las Viejas
Kunturhuasi
CAJAMARCA
Llacanora
Pueblo Nuevo
Pacanguilla
Chepén
Cumbe Mayo
Layzón
Namora
Guadalupe
Río Jequetepeque
Chilete
Jesús
Tembladera
Magdalena
Matará
San Juan
Pacatnamú
Contumazá
San Marcos
Guzmango
Pacasmayo
San Pedro de Lloc
San Benito
Chancay
Cachachi
Cascas
Sonchubamba
Sitacocha
Sayapullo
Algamarca
Zapotal
Lucma
Puerto Chicama
Huaranchal
Paiján
Casa Grande
Ascope
Sausal
Punta Malabrigo
Isla de Macabi
Chocope
Salamanca
Hacienda Cartavio
Chiclín
Corral Pampa
Huamachuco
Wiracochapampa
Sinsicap
Usquil
Milagro
Chicama
Capachique
El Brujo
Cartavio
Ventanillas de Otuzco
Otuzco
La Cuesta
Simbal
Agallpampa
Quiruvilca
Santiago de Cao
Huaca del Dragón
Pedregal
Salpo
Río Moche
Shorey
Coñachugo
Huanchaco
Laredo
Julcán
Cachicadán
Chan Chan
Huaca La Esmeralda
Huacas de Moche
Santiago de Chuco
TRUJILLO
Moche
Río Virú
Salaverry
Cordillera
1
2
3
4
5
7
1N
3N
4A
4B
5N
8
10A
3
PAN AM

Chachapoyas, Rioja, Tarapoto

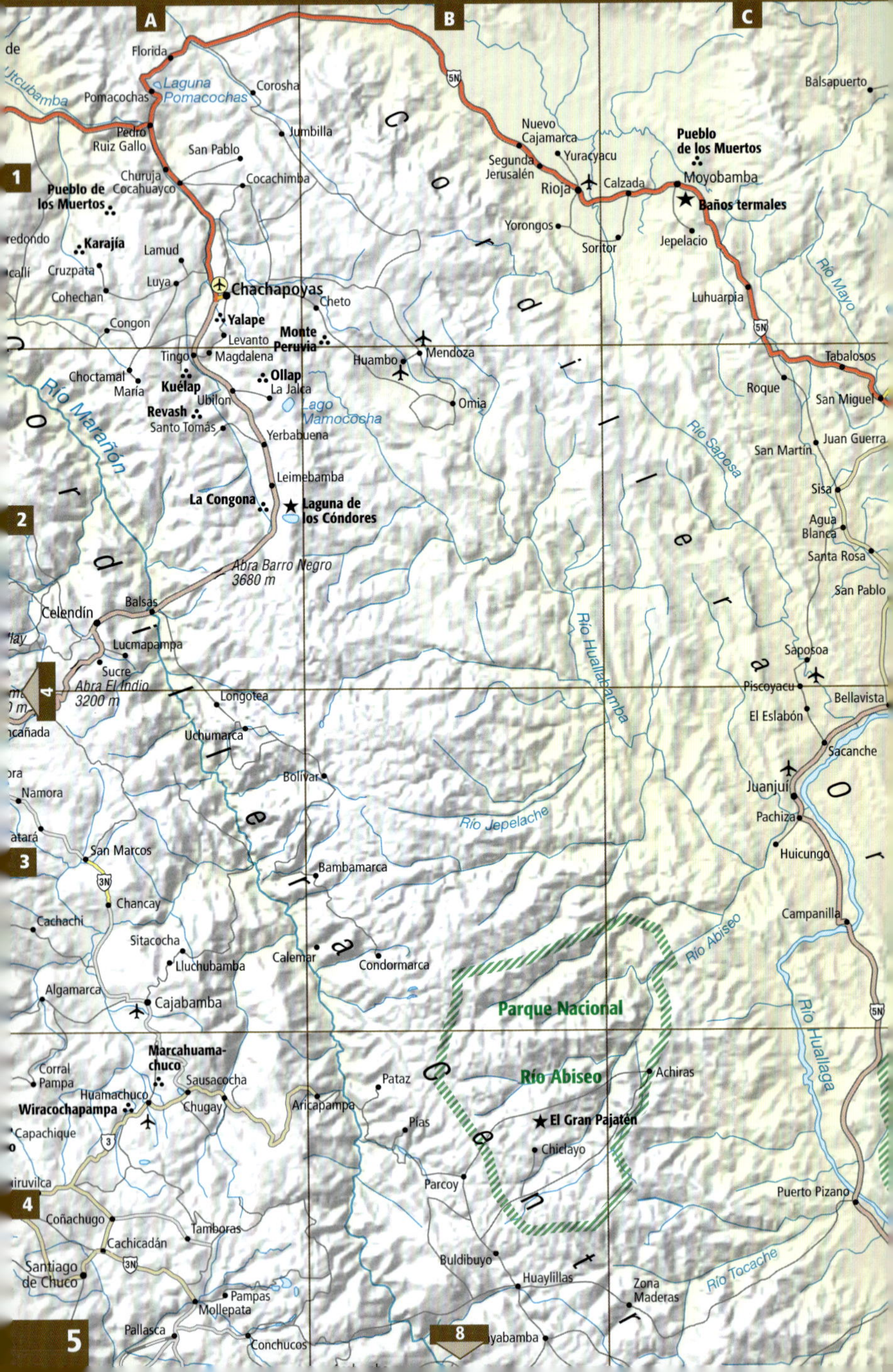

D
E
F
1
2
3
4
Reserva Nacional
Pacaya-Samiria
Río Huallaga
Río Ucayali
Yurimaguas
Pelejo
Shucushuyacu
Shanusi
8A
Papa Playa
Barranquita
Navarro
Ahuashiyacu
San Antonio
Huimbayoc
Dos de Mayo
Lamas
Morales
La Banda
Tarapoto
Shapaja
Chazuta
Sauce
5N
Santa Catalina
Pilluana
Buenos Aires
Tres Unidos
Pucacaca
Picota
Shamboyacu
Orellana
San Rafael
Pampas del Sacramento
Inahuaya
Pampa Hermosa
Río Ucayali
Cuzco
Río Biabo
Río Cushabatay
Contamana
Collpa de los Guacamayos
Parque
Nacional
Cordillera
Azul
Río Pisqui
Tiruntán
Naranja
Tocache Nuevo
Parque
9
Nueva Req

A
B
C
1
2
3
4
4
del Drago
Laredo
Río Moche
Julcán
Shorey
Coñachugo
Cachicadá
Santiago de Chuco
3N
Huaca La Esmeralda
Huacas de Moche
TRUJILLO
Moche
Salaverry
Río Virú
Huacapongo
Puerto Morín
Virú
El Carmelo
Tauca
Quiroz
Islas Guañape
Chao
Reserva Nacional Calipuy
Río Santa
Tanguche
Chuquicara
12
Macate
Isla Chao
Santa
Tambo Real
CHIMBOTE
Jimbe
Isla Santa
Gran Muralla
Paredones
Nepeña
Moro
12
Punta Zamora
Río Nepeña
Península de Ferrol
Pañamarca
Quillo
Buena Vista
Casma
Sechín
1N
PAN AM
Culebras
Huarmey
Océano Pacífico
(Pazifischer Ozean)

1 cm = 16 km 1 : 1.600.000

0 25 km 50 km

A
B
C
6
8
9
12
1
2
3
4
Tocache Nuevo
Progreso
Uchiza
Cordillera Azul
Parque Nacional Cordillera Azul
Río Santa Martha
Naranjal
Nueva Requena
Río Aguaytía
Campo Verde
Río San Alejandro
Humboldt
San Alejandro
Aguas Calie
Tourna
Aserradero
Huipoc
Aucayacu
Boquerón del Padre Abad
Aguaytía
Abra la Divisoria 1613 m
Hermilio Valdizán
Luyando
Monzón
ntamayo
Tingo María
Cueva de las Lechuzas
Las Palmas
Parque Nacional Tingo María
arowilla
Puerto Inca
Codo del Pozuzo
Chorropampa
Chinchao
Acomayo
Chaglla
Churubamba
vinillo
Huancapállac
Huánuco
Panao
Kotosh
Río Pozuzo
Reserva Nacional del Sira
Puerto Victoria
Puerto Pachitea
Tomayquichua
Cordillera Huagaruncho
Pozuzo
Margos
Ambo
Chaulán
Río Palcazu
Puerto Bermúdez
Mosca
Cayna
San Rafael
ucar
Reserva Comunal Yanesha
Huancabamba
Pallanchacra
Chacayán
Huariaca
Sta. Ana de Tusi
ápuc
Chicri
Parque Nacional Yanachaga-Chemillén
Bosque de Protección
San Miguel
Goylladaquizga
Atacocha
Oxapampa
Chontabamba
Cadena de Cerro d
Alcacocha
de Pasco
Huachón
Quiparacra
Villa Rica
5N
16B
3N
16

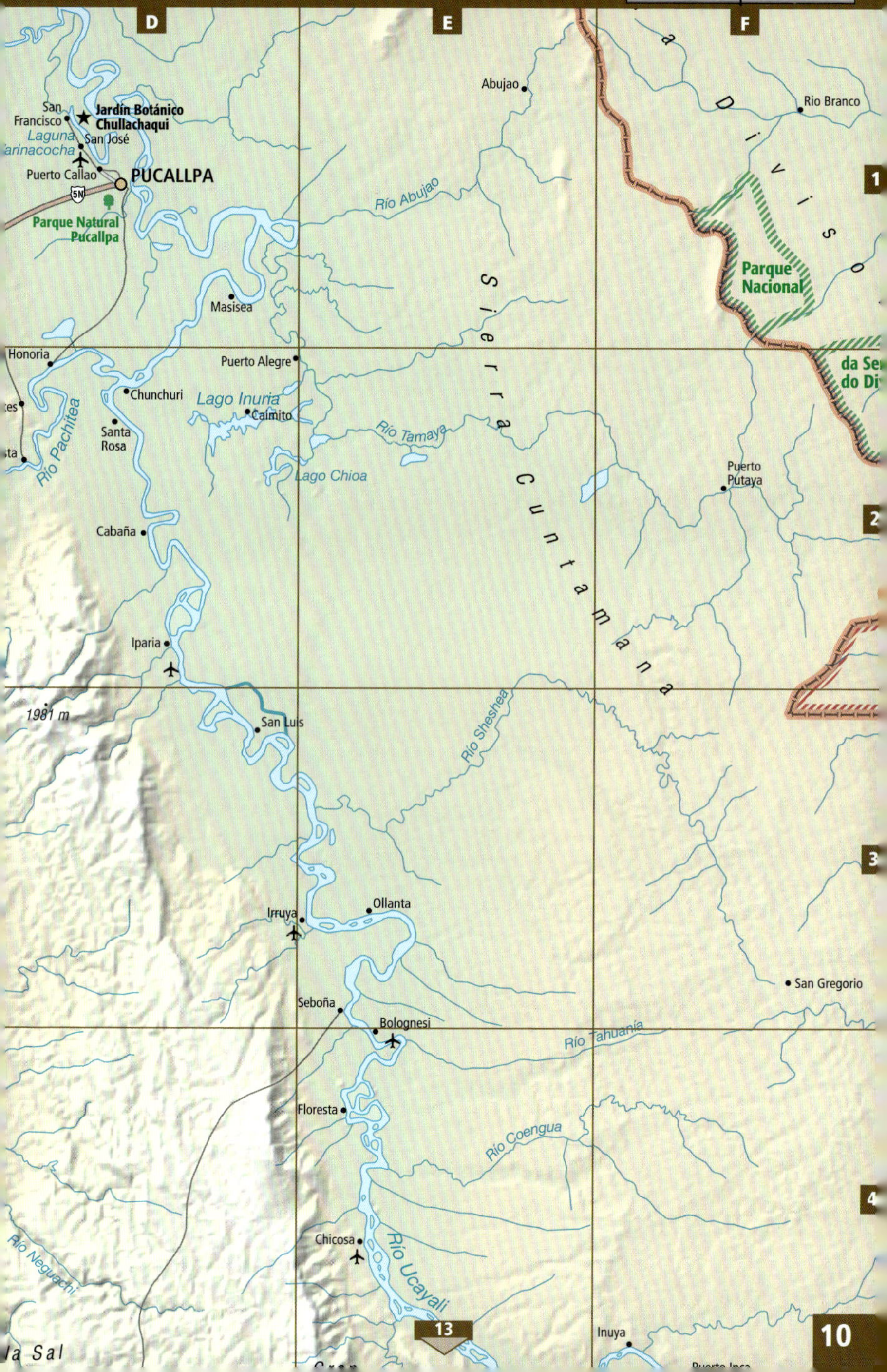
D
E
F
1
2
3
4
Abujao
Rio Branco
San Francisco
Jardín Botánico Chullachaqui
Laguna Yarinacocha
San José
Puerto Callao
PUCALLPA
5N
Parque Natural Pucallpa
Río Abujao
Parque Nacional
Masisea
Honoria
Puerto Alegre
Chunchuri
Lago Inuria
Caimito
Santa Rosa
Río Pachitea
Río Tamaya
Lago Chioa
Sierra Cuntamana
Puerto Putaya
Cabaña
Iparia
1981 m
San Luis
Río Sheshea
Irruya
Ollanta
San Gregorio
Seboña
Bolognesi
Río Tahuanía
Floresta
Río Coengua
Chicosa
Río Ucayali
Río Neguachi
Inuya

13

A
B
C
8
Chanca
Cordillera
Alcacocha
Paramonga
Pativilca
Cochas
Cerro de Pasco
San Antonio de Rancas
Oyón
Barranca
Ambar
Colquijirca
Supe
Churín
Lago Puarún
Puerto Supe
Aspero
Coral
Santuario Nacional de Huayllay
Dique
Vicco
Coral
La Esmeralda
Mina Ragra
Pari
1
Río Huaura
Paccho
Maray
Jucul
Francois
Bosque de Piedras
Huarón
Piñico
Huayllay
Végueta
Huaura
Ondores
Huacho
Huamayo
16
Carac
Bahía de Salinas
Sayán
Ihuari
Vichaycocha
Andahuasi
Lampián
Carhuacayán
Paraíso
1N
Santa Rosa
Santa Cruz de Andamarca
Punta Lachay
Acos
San Miguel
Las Salinas
PAN AM
Río Chancay
Abra La Viuda 4500 m
Sumbilca
Reserva Nacional Lomas de Lachay
Cuyo
Marcapomaco
Canta
Cantamarca
Palpa
Huaral
Quilca
2
Chancay
Abra de Anticona (Ticlio) 4818 m
Santa Rosa de Quives
Santa Rosa de Quives
Chicla
Yangas
Jicamarca
Marcahuasi-Plateau
Ancón
18
San Mateo
San Pedro de Casta
Santa Rosa
Puente Piedra
Santa Eulalia
Ricardo Palma
Matucana
Ventanilla
San Bartolomé
20
Chosica
Río Rímac
Chanape
Chaclacayo
Museo Nacional de Historia
Cajamarquilla
San Damián
CALLAO
Puruchuco
Castello del Real Felipe
Museo Nacional
Antioquía
Langa
Cieneguilla
Pantanal de Villa
Huarochirí
Isla San Lorenzo
LIMA
Pachacamac
Santo Domingo de los Olleros
3
Pachacamac
Punta Hermosa
San Bartolo
Collahuasi
San Pedro de Pilas
Océano Pacífico
Pucusana
Calango
Río Mala
Ollas
Chilca
Santa Cruz de Flores
Lapa Lapa
San Antonio
Porococha
Puerto Viejo
Mala
(Pazifischer Ozean)
Coayllo
Bujuma
Asia
Cruz Valle
El Rosario
4
Quilmaná
Cerro Azul
22
Imperial
Nuevo Imperial
San Luis
San Vicente de Cañete
Castillo de Unánue
17
1S

1 cm = 16 km 1 : 1.600.000
0 25 km 50 km

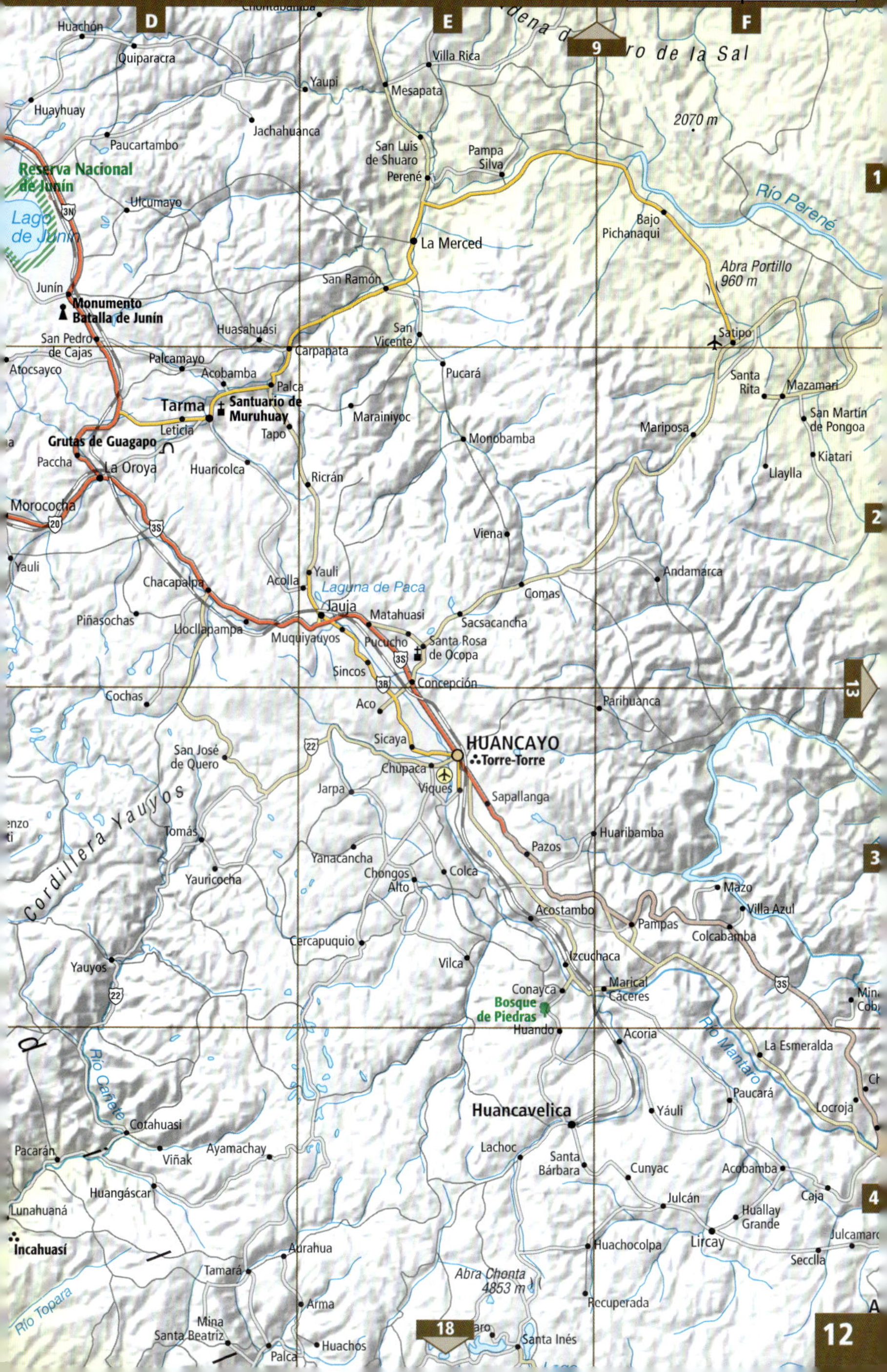

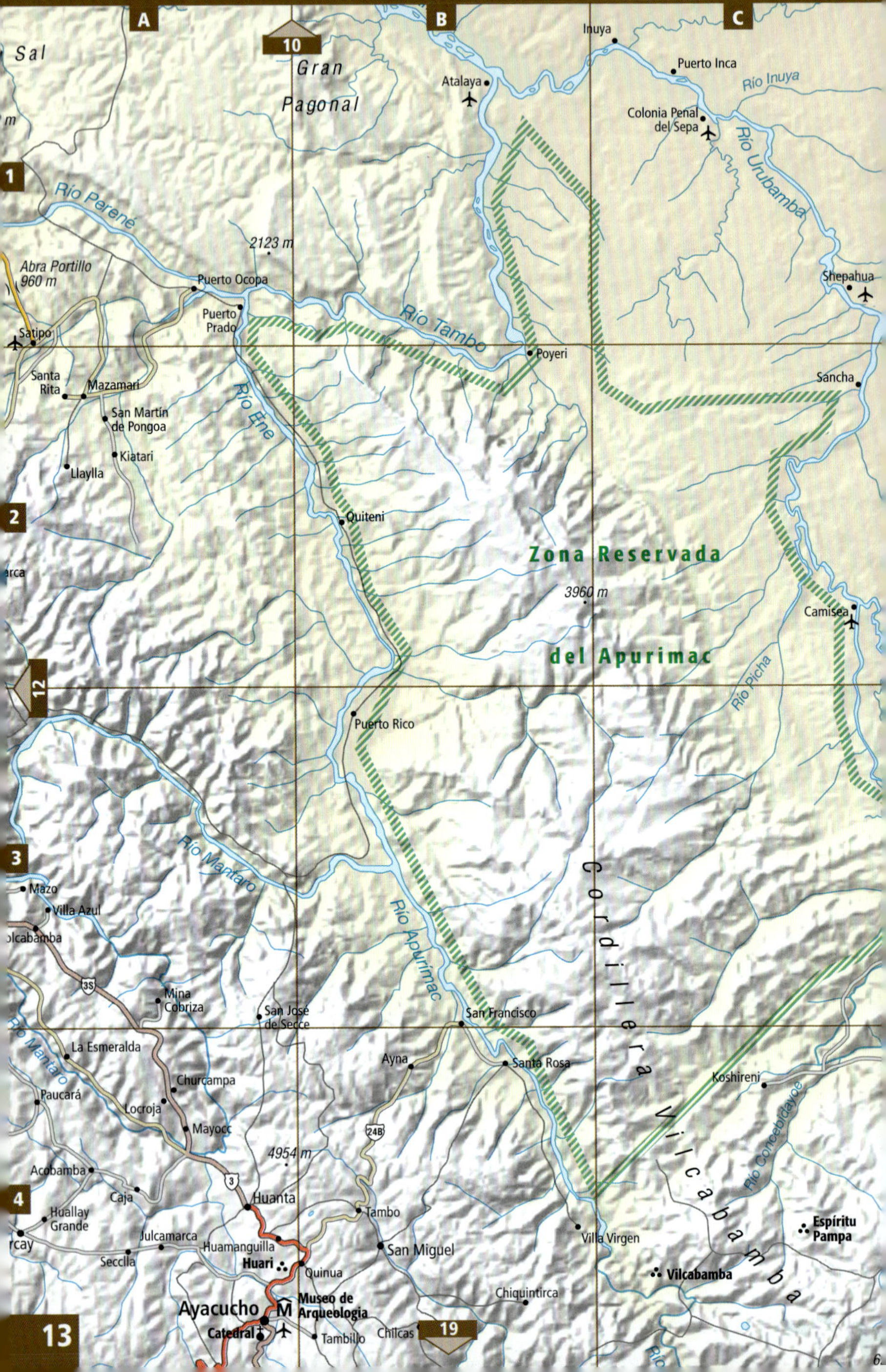
A
B
C
10
1
2
3
4
12
19
Sal
Gran Pagonal
Atalaya
Inuya
Puerto Inca
Río Inuya
Colonia Penal del Sepa
Río Urubamba
Río Perené
2123 m
Abra Portillo 960 m
Puerto Ocopa
Puerto Prado
Satipo
Río Tambo
Shepahua
Poyeri
Sancha
Santa Rita
Mazamari
San Martín de Pongoa
Río Ene
Kiatari
Llaylla
Quiteni
Zona Reservada del Apurimac
3960 m
Camisea
Río Picha
Puerto Rico
Río Mantaro
Mazo
Villa Azul
Río Apurímac
Cordillera Vilcabamba
Mina Cobriza
San José de Secce
San Francisco
La Esmeralda
Ayna
Santa Rosa
Koshireni
Churcampa
Río Concebidayoc
Paucará
Locroja
Mayocc
4954 m
Acobamba
Caja
Huanta
Huallay Grande
Tambo
Julcamarca
Espíritu Pampa
Villa Virgen
Huamanguilla
San Miguel
Seccila
Huari
Quinua
Vilcabamba
Chiquintirca
Museo de Arqueología
Ayacucho
Catedral
Tambillo
Chilcas

D
E
F
1
2
3
4
15
20
Puerto Varadero
Alerta
Río Cujar
Río Shepahua
Río Mishagua
Río Manú
Fitzcarrald
Istmo de Fitzcarrald
Río Sotileja
Río Umerjali
Cocha Cashu
Río Camisea
Río Providencia
Río Urubamba
Parque Nacional
Manú
Malaquiato
Río Yavero
Rosalinda
Chacanares
Quellouno
Quebrada Honda
Shintuya
Amazonia Lodge
Echarate
Quillabamba
Ocobamba
Co. Atalaya
4382 m
Salvació
Colca
Erika Lodge
Cordillera Urubamba
Río Yavero
Maranura
Amaybampa
Umasbampa
Lucma
Chaullay
Ipal
Vitcos
Santa Teresa
Aguas Calientes
Manto
Tres Cruces
Pillcopat
Ñusta Hispana
3279 m
Abra Malaga
4350 m
Manú Cloud Forest Lodge
Cock-Rock
Machu Picchu
Chilca
5682 m
Amparaes
Camino Inka
Tanjac
Lares
Challabamba
Parque Histórico
Ollantaytambo
26
103

A
B
C
1
2
3
4
Río Iaco
Estacão Ecológica
Rio Acre
Río Acre
Río Tahuamanú
Río de las Piedras
Río Lidia
Providencia
Cocha Cashu
Río Manú
Zona
Experimental
Río de los Amigos
Providencia
14
Colón
Casa
Machiguenga
Manú Lodge
Cocha
Salvador
Cocha
Otorongo
cional
Boca Manú
Manú
Wildlife Centre
Progreso
Soledad
Río Madre de Dios
Macaw Lick
Lodge
Río Azul
Río Colorado
Boca Colorado
Río Madre de Dios
Madre
de Dios
Pantiacolla
Lodge
Shintuya
Itháhuania
26
Amazonia Lodge
Salvación
Río Inambari
Santa Rosa
Puerto Carlos
Mazuco
Erika Lodge
Atalaya
Pillcopata
Manú Cloud
Forest Lodge
Cock-of-the-
Rock Lodge
Cordi
26
cartambo
Quincemil
26B
Loromayo
Río Marcapata
Marcapata
Zona Reservada
21

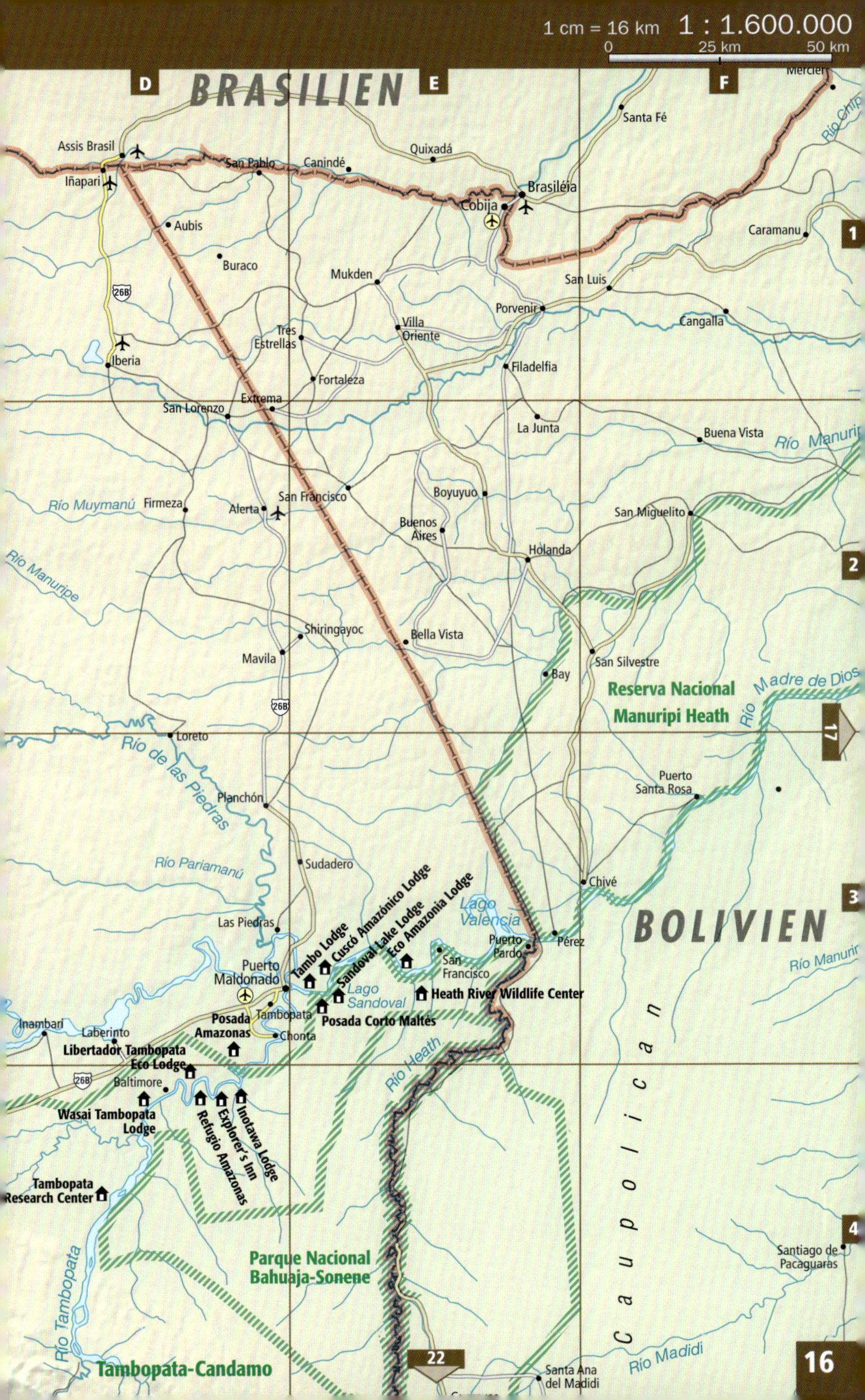

1 cm = 16 km 1 : 1.600.000
0 25 km 50 km
D E F
BRASILIEN
BOLIVIEN
Assis Brasil
Iñapari
San Pablo
Canindé
Quixadá
Santa Fé
Brasiléia
Cobija
Caramanu
Aubis
Buraco
Mukden
San Luis
Porvenir
Cangalla
Villa Oriente
Tres Estrellas
Iberia
Fortaleza
Filadelfia
Extrema
San Lorenzo
La Junta
Buena Vista
Río Manuripi
Río Muymanú
Firmeza
Alerta
San Francisco
Boyuyuo
San Miguelito
Buenos Aires
Holanda
Río Manuripe
Shiringayoc
Bella Vista
Mavila
San Silvestre
Bay
Reserva Nacional Manuripi Heath
Río Madre de Dios
Loreto
Río de las Piedras
Planchón
Puerto Santa Rosa
Río Pariamanú
Sudadero
Chivé
Las Piedras
Tambo Lodge
Cuscó Amazónico Lodge
Sandoval Lake Lodge
Eco Amazonia Lodge
Lago Valencia
Puerto Pardo
Pérez
Puerto Maldonado
San Francisco
Lago Sandoval
Heath River Wildlife Center
Inambari
Laberinto
Posada Amazonas
Tambopata
Chonta
Posada Corto Maltes
Libertador Tambopata Eco Lodge
Río Heath
Baltimore
Wasai Tambopata Lodge
Refugio Amazonas
Explorer's Inn
Inotawa Lodge
Tambopata Research Center
Caupolican
Río Manuripi
Parque Nacional Bahuaja-Sonene
Santiago de Pacaguaras
Río Tambopata
Tambopata-Candamo
Santa Ana del Madidi
Río Madidi
26B
1
2
3
4
17
22

A
B
C
11
1
2
3
4
15
PAN AM
Jahuay
San Pedro
Sunampe
Tambo de Mora
Islas de Chincha
San Andrés
Pisco
Islas Ballestas
Puerto San Martín
El Candelabro
Paracas
Isla Sagayán
La Catedral
Península de Paracas
Reserva Nacional de Paracas
Laguna Grande
Isla Independencia
Bahía Independencia
Océano Pacífico
(Pazifischer Ozean)

D
E
F
12
19
23
1
2
3
4
Santa Beatriz
Palca
Huachos
Santa Inés
Lago Orcochocha
Pilpichaca
Castrovirreyna
Casacancha
24A
Carreta de Sierra
Río San Juan
Hacienda San José
Chincha Alta
El Carmen
Ticrapo
Abra Apacheta 4750 m
5135 m
Pariona
Pámpano
Huáncano
Huaytará
Chuschi
Vilcanchos
Independencia
Tambo Colorado
Humay
Bernales
Ayaví
Santo Domingo de Capillas
Incahuasi
Santiago de Chocorvos
Ramadillasic
PAN AM
1S
Los Molinos
Subtanjalla
Guadalupe
Museo Regional de Ica
ICA
Huacachina
Los Agujes
Pampa de Tate
Santiago
Carhua
Molletambo
Tingue
Laramarca
Ocoyo
Córdova
Huac Huas
Río Grande
Laramate
Llauta
Hacienda Ocucaje
Ocucaje
Ocaña
Otoca
Tablasa de Ica
Río Ica
Punta de Asma
Faro del Infiernillo
Caleta Lomitas
Petroglifos de Chichictara
Santa Cruz
Palpa
Ciudad perdida de Hualluri
Llipata
Changuillo
El Ingenio
Río Ingenio
Abra Condorcenca 4390
Santuario de Vicuñas
Tambo Quemado
Líneas de Nazca
Museo Sitio de María Reiche
Ruinas Paredones
Nazca
26A
Huallhua
Boca del Río
Paroma
Vista Allegre
Saisa
Oasis Yauca
Cementerio de Chauchilla
Puerto Caballas
Tunga
Santa Lucía
Río Acarí
Marcona
Huanca
Bahía San Nicolás
26
San Nicolás
Magdalena
Puerto San Juan
Mina Acarí
Bella Unión
Acarí
Jaqui
Puerto Lomas
Río Yauca
Yauca

Seccllа
Huari
Quinua
Ayacucho
Museo de Arqueologia
Catedral
Tambillo
Chilcas
13
A
B
C
62
Chiara
Casacancha
24A
Carreta de Sierra
Abra Huamina 4400 m
5135 m
Ongoy
Orcos
3
Río Apurímac
Río Pampas
1
Chincheros
Ocobamba
Uripa
Andarapa
Huanipa
Santuario Nacional de Ampay
Chuschi
Paccha
Vilcashuamán
Vilcanchos
Cangallo
Vischongo
Cocharas
Abra Soracchocha 4150 m
Andahuaylas
Huancaram
Vilcashuamán
Talavera
Sarhua
Huancapi
Abra Huayllaccasa 4100 m
Huancaray
Turpo
4632 m
Cayara
Carhuanca
San Antonio de Chachi
Queñahuarán
Hualla
Río Pachachaca
26A
Pichirhua
Huanca Sancos
Canaria
Chiara
Lucre
San Juan de Chacña
Sacsamarca
Querobamba
Soras
Pomacocha
Capaya
2
Putaccasa
Pampachiri
Santa Ana de Huaycahuacho
Yanaca
Pacha
Chalhuanca
Aucará
Chipao
Andamarca
Caraybamba
Cotaruse
Matará
18
Abra Condorcenca 4390 m
Lucanas
Abra Huashuccasa 4300 m
San Juan
26A
Santuario de Vicuñas
Reserva Nacional Pampa Galeras
Puquio
Cordillera de
Huallhua
3
Saisa
San Pedro
Santa Lucía
Río Calpamayo
Chaviña
Coracora
Río Acarí
Sancos
Chumpi
Huanca
Paraca
Lampa
Pullo
Río Yauca
Incuyo
Cotah
Pausa
Bella Holanda
Laguna de Parinacochas
Río Cotahuasi
Acarí
Unión
Yanamachay
Jaqui
4
Cahuacho
Huanhuanu
Chicha
Parcoy
Río Yauca
Quicacha
Yauca
Tocata
Cháparra
23
Torrecilla
Caravelí
Aypariра
Cerro Rico

1 cm = 16 km
1 : 1.600.000
0
25 km
50 km
D
E
F
14
21
24
1
2
3
4
Chaullay
Ipal
Umasbampa
Santa Teresa
Aguas Calientes
3279 m
Machu Picchu
Camino Inka
Parque Histórico Machu Picchu
Chilca
Río Urubamba
Abra Malaga 4350 m
5682 m
Tanjac
Ollantaytambo
Lares
Amparaes
Challabamba
Termas de Machacancha
Paucartambo
Nevado Salcantay 6271 m
5219 m
Urubamba
Yucay
Calca
Lamay
Pisac
Coya
Moray
Maras
Racchi
Chinchero
Colquepata
Choquequirau
Huarocondo
Izcuchaca
Anta
Sacsayhuamán
Tambo Machay
Puca Pucara
San Salvador
Kenko
Huasao
Tipón
Río Apurímac
Abra Huillique 4100 m
Tarawas
Curhuasi
Saihuite
Abra Soccellaccasa 3900 m
Tamburco
Abancay
Pucyura
Poroy
CUSCO
Saylla
Huambutio
Oropesa
Pikillacta
Catcca
Ocongate
Corca
Chinchaypujio
Yaurisque
Lucre
Andahuaylillas
Urcos
Huanoquite
Cotabambas
Paruro
Quiquijana
Nudo Ausangate 6384 m
Colcha
Cordillera de Vilcanota
Lambrama
Coyllurqui
Río Oropesa
Tambobamba
Río Santo Tomás
Acomayo
Cusipata
Sangarara
Lag. Sibinacocha
Accha
Checacupe
Ayrihuanca
El Progreso
Chuquibambilla
Mara
Pomacanchi
Combapata
Acopia
Tinta
Raqchi
San Pedro de Cacha
San Pablo
Yanaoca
Río Velille
Sicuani
Colquemarca
Livitaca
Quehue
Puente del Inca "Q'eswachaca"
Huinchiri
Mara
Quiñota
Langui
Santo Tomás
Huamanripa
Velille
Checca
El Descanso
Lag. Langui
Challa
Lancomayo
Huanzo
Coporaque
Yauri
Hector Tejada
Mina Arcata
Suycutambo
Puyca
Alca
Cañón de Cotahuasi
Caylloma
5112 m
Orcopampa
Cordillera de Chilca
Tisco
Solimana
Tolacas
Nevado Mismi 5601 m
Sibayo
Río Colca
Salamanca
Nevado Coropuna 6425 m
Andagua
Volcanes
Cañón de Colca
Madrigal
Baños termales
Chivay
Lari
Cabanaconde
Mirador Cruz del Cóndor
Maca
Yanque
Pulpera
Machaguay
Pampacolca
Tipán
Cango
Achoma
Huambo
Nevado Ampato 6310 m
Juscallacta
3S
26
101
103
107
28
21

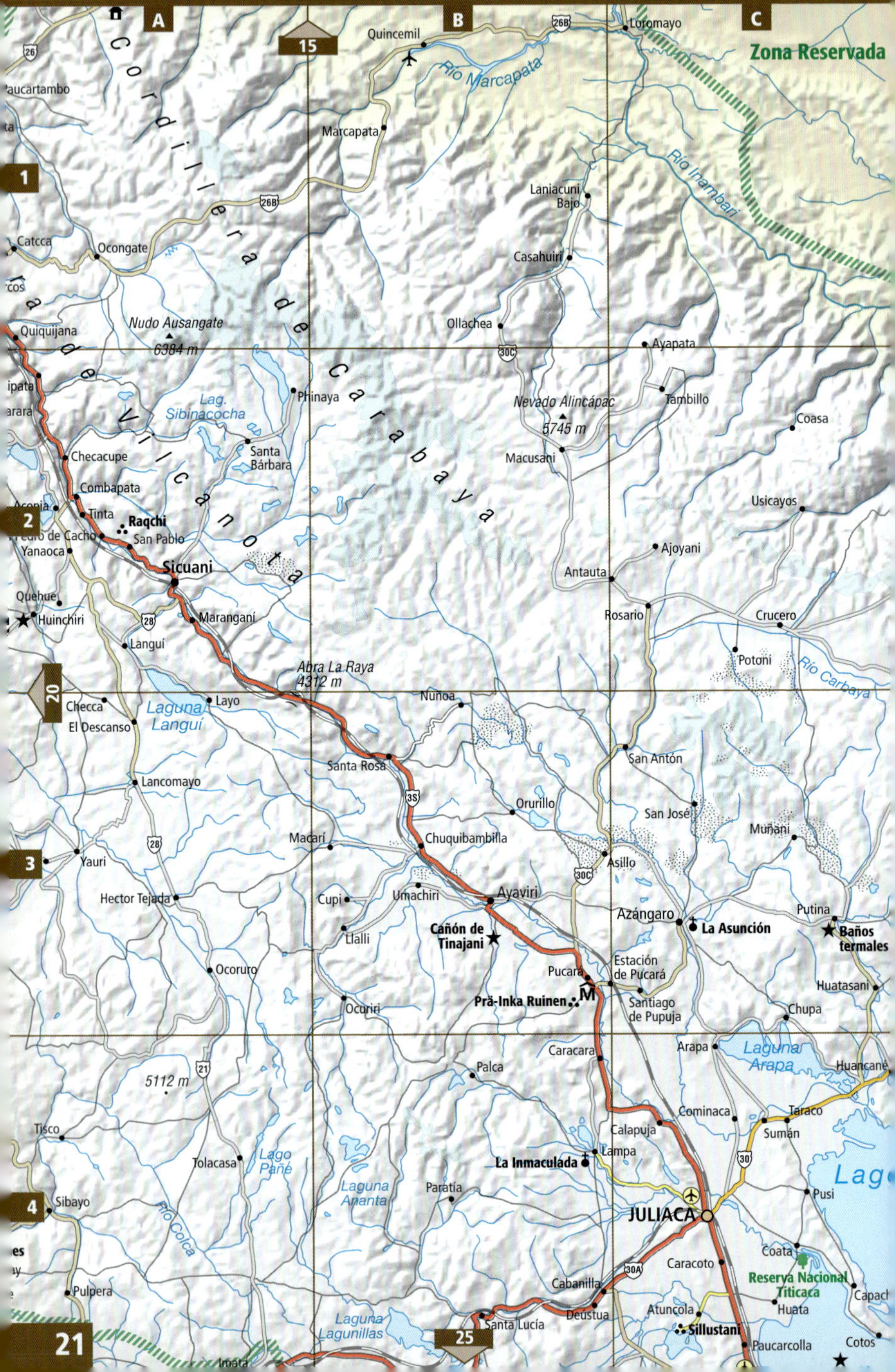
A
B
C
15
20
25
1
2
3
4
Zona Reservada
Cordillera de Carabaya
Cordillera de Vilcanota
Quincemil
Río Marcapata
Loromayo
Marcapata
Río Inambari
Laniacuni Bajo
Casahuiri
Ocongate
Catcca
Quiquijana
Nudo Ausangate
6384 m
Ollachea
Ayapata
Tambillo
Coasa
Phinaya
Lag. Sibinacocha
Nevado Alincápac
5745 m
Macusani
Santa Bárbara
Checacupe
Combapata
Tinta
Raqchi
San Pablo
Yanaoca
Sicuani
Usicayos
Ajoyani
Antauta
Quehue
Huinchiri
Marangani
Rosario
Crucero
Langui
Potoni
Río Carbaya
Abra La Raya
4312 m
Checca
El Descanso
Laguna Langui
Layo
Nuñoa
San Antón
Santa Rosa
Lancomayo
Orurillo
San José
Muñani
Macarí
Chuquibambilla
Yauri
Asillo
Hector Tejada
Cupi
Umachiri
Ayaviri
Azángaro
La Asunción
Putina
Baños termales
Llalli
Cañón de Tinajani
Ocoruro
Pucará
Estación de Pucará
Prä-Inka Ruinen
Santiago de Pupuja
Huatasani
Ocuriri
Chupa
Caracara
Arapa
Laguna Arapa
Huancané
5112 m
Palca
Tisco
Cominaca
Taraco
Calapuja
Sumán
Tolacasa
Lago Pañe
Lampa
La Inmaculada
Pusi
Laguna Ananta
Paratía
Sibayo
Río Colca
JULIACA
Coata
Caracoto
Reserva Nacional Titicaca
Cabanilla
Pulpera
Atuncolla
Huata
Deustua
Laguna Lagunillas
Santa Lucía
Sillustani
Paucarcolla
Cotos
Imata
26
26B
28
30C
3S
21
30
30A

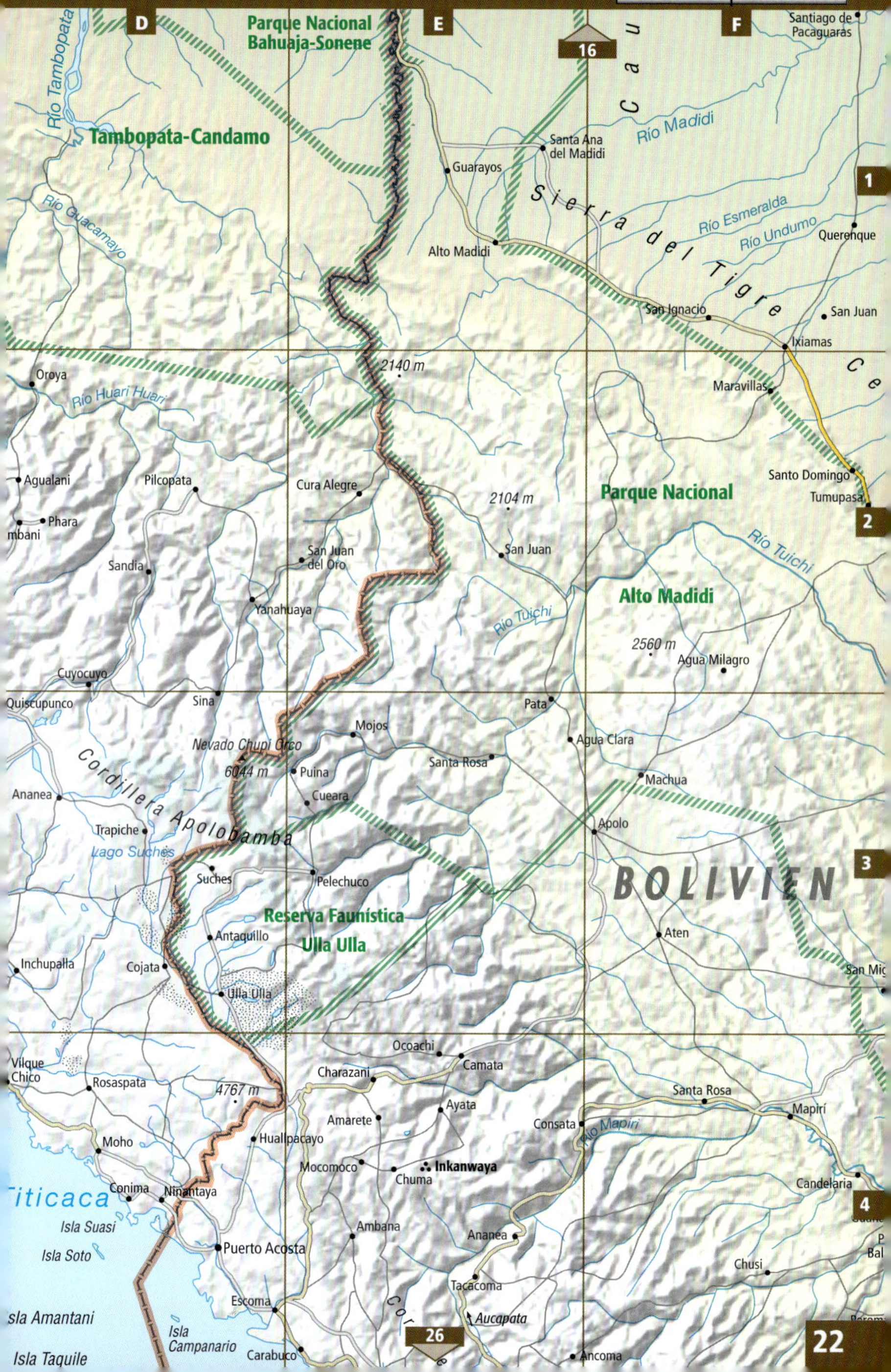
D
E
F
16
Parque Nacional
Bahuaja-Sonene
Río Tambopata
Tambopata-Candamo
Río Guacamayo
Santiago de
Pacaguaras
Río Madidi
Santa Ana
del Madidi
Guarayos
Sierra del Tigre
Río Esmeralda
Río Undumo
Querenque
Alto Madidi
San Ignacio
San Juan
Ixiamas
Maravillas
Oroya
Río Huari Huari
2140 m
Agualani
Pilcopata
Cura Alegre
2104 m
Parque Nacional
Santo Domingo
Tumupasa
Phara
Sandia
San Juan
del Oro
San Juan
Río Tuichi
Alto Madidi
Yanahuaya
Río Tuichi
2560 m
Agua Milagro
Cuyocuyo
Quiscupunco
Sina
Pata
Mojos
Agua Clara
Nevado Chupi Orco
6044 m
Puina
Santa Rosa
Machua
Ananea
Cueara
Cordillera Apolobamba
Trapiche
Apolo
Lago Suches
Suches
Pelechuco
BOLIVIEN
Reserva Faunística
Ulla Ulla
Antaquillo
Aten
Inchupalla
Cojata
Ulla Ulla
Ocoachi
Vilque
Chico
Camata
Charazani
Rosaspata
4767 m
Santa Rosa
Ayata
Mapirí
Amarete
Consata
Río Mapiri
Huallpacayo
Moho
Mocomoco
Inkanwaya
Chuma
Conima
Ninantaya
Candelaria
Titicaca
Isla Suasi
Ambana
Ananea
Isla Soto
Puerto Acosta
Chusi
Tacacoma
Escoma
Isla Amantani
Aucapata
Isla
Campanario
26
Isla Taquile
Carabuco
Ancoma
1
2
3
4

A
B
C
1
2
3
4
19
Ayparipa
Puerto Inka
Chala
Cháparra
Torrecilla
Caravelí
Cerro Rico
Iquipi
Cunocuno
Urasqui
Río Atico
Río Caravelí
Río Ocoña
Pampa de Co
La Punta
Atico
Ocoña
1S
PAN AM
Océano Pacífico
(Pazifischer Ozean)

D
E
F
20
1
2
3
4
25
Vanaquihua
Chuquibamba
Valle de
Cango
Huambo
Laguna Mucurca
Nevado Ampato
6310 m
Juscallacta
Cordillera de Ampato
Cerro Lucería
4257 m
Río Yuna
Aplao
Lluta
Huanca
Pampa de Arrieros
Cañahuas
Reserva Na
Salinas-Aguada Bl
Pampas de Majes
Huacán
Quilcapampa
Nevado Chachani
6075 m
Petroglifos de Toro Muerto
Corire
Pitay
Yura
Punta Colorada
Socosani
R. Chili
Vol. Misti
5822 m
San Juan de Siguas
Tambillo
AREQUIPA
Vítor
Uchumayo
Chiguata
Monasterio de Santa Catalina
Tiabaya
Santa Rita de Siguas
Río Camaná
Repartición
Mollebaya
Pocsi
San Gregorio
Yarabamba
Camaná
La Punta
Río Vítor
Puquina
Quilca
La Joya
Pampa de la Yoya
Chapi
Carrizal
La Capill
Huagri
Punta Al Aire
Río Tambo
Matarani
Islay
Cachendo
Mollendo
Quelgua
Mejía
Cocachacra
Lagunas de Mejía
Chucarapi
La Curva
Punta de Bombón
Pampa de la Clemesi
Platanal
Fundición
Río Osm
Ilo
Pampa Salinas
Punta Coles
1774
Punta Huaca Luna
Punta Picata

A
B
C
1
2
3
4
21
24
Coata
Caracoto
Cabanilla
Reserva Nacional Titicaca
Capachi
Huata
Atuncolla
Sillustani
Paucarcolla
Cotos
Islas de los Urus (Schwimmende
Santa Lucía
Deústua
Laguna Lagunillas
Imata
Mañazo
Tiquillaca
PUNO
Chimu
Chucuito
Museo Dreyer
Templo de Fertilidad
Pallalla
Platería
Acora
San Antonio de Chuco
Abra Toroya 4690 m
Cañahuas
Reserva Nacional Salinas-Aguada Blanca
San Antonio de Esquilache
Pichacani
Turucani
Yunga
Ichuña
Loripongo
Abra Loripongo 4350 m
Chachani
975 m
R. Chili
Vol. Misti 5822 m
Volcán Ubinas 5670 m
Ubinas
Lloque
Laguna de Salinas
Lago Jucumarini
Río Aguas Calientes
Monasterio de Santa Catalina
Chiguata
Matalaque
Abra Gallatini 4400 m
Pocsi
Puquina
Coalaque
Abra Chocajinani 4450 m
Omate
Chapi
Carrizal
La Capilla
Colacoa
Carumas
Mazu Cru
Santa Rosa
Humajalso
Chillihua
Laguna Suches
Launa Loriscota
Río Tambo
5475 m
Quelgua
Volcán Tutupaca 5780 m
Estuquiña
Torata
Huari
Tacalaya
Laguna Vilacota
Viluta
Pampa
Quellaveco
Capazo
Samegua
Moquegua
Toquepala
Putina
Huanahuara
Candarave
Platanal
de la Clemesí
Susapaya
Río Osmore
Curibaya
Ilabaya
Mirave
Fundición
Tarata
Río Sama
Estique Pampas
Nevado Barroso 5741 m
Río Locumba
Locumba
Ilo
Pampa Salinas
Camiara
Quilla
Punta Coles
1774 m
Puite
Sama Grande
Palca
Punta Huaca Luna
Las Yaras
Challata
Punta Picata
Ite
Pachía
El Golpe
Calana
Punta El Cura
Pocollay
La Vituña
TACNA
Punta Colorada
Pampa de la Yarada
Océano Pacífico
Boca del Río
Hospicio
La Yarada
Palos
Concordia
Santa Rosa
Pampa Colorada

1 cm = 16 km
1 : 1.600.000
0
25 km
50 km
D
E
F
22
1
2
3
4
Isla Soto
Puerto Acosta
Isla Amantani
Escoma
Isla Campanario
Carabuco
Isla Taquile
der Urus)
Cordillera
Aucapata
Porom
Lago Titicaca
Illampu
6421 m
Sorata
Humacha
Ancoraimes
Munecas
Isla del Sol
Isla del Sol
Isla de la Luna
Santiago de Huata
Achacachi
Zongo
Ilave
Pilcuyo
Yampupata
Península de Copacabana
Península de Huata
Estancia Jankho Amara
Río Zongo
Copacabana
San Pablo de Tiquina
Huarina
Amarumuru
Juli
Yunguyo
Unicachi
San Pedro de Tiquina
Huatajata
Nevado Huayna Potosí
6088 m
Parque Nacional Cotapata
Isla Suriqui
Puerto Pérez
Pomata
Calacoto
Batallas
Chacaltaya
Sorapa
Lago de Huiñaymarca
Isla Kalahuta
34B
35
3
Pucarani
Taraco
Lacaya
LA PAZ
Zepita
EL ALTO
Río Huenque
Desaguadero
Tiahuanaco
Tiahuanaco
Laja
Calacoto
Palca
Huacullani
Tapena
1
Guaqui
Tambillo
Huni
San Juan
Viacha
Valle de la Luna
Mecapaca
4825 m
1
Aguallla Maya
Jesús de Machaca
Zona Reservada Aymara-Lupaca
Chama
5213 m
Chacoma
Sapahaqui
Pisacoma
Laquiñamaya
San Andres de Machaca
Nazarara
Collana
Comanche
Caquivirí
Santiago de Machaca
Vichaya
Ayo Ayo
Achiri
Corocoro
Topohoco
Catacora
5130 m
1
Caquingora
Patacamaya
Calacotto
Berenguela
BOLIVIEN
108
Chiluyo Grande
Inoca
Condor Iquiña
Rosario
General Campo
Mauri
Audiencia
Challapa
Umala
General Campero
Ulloma
Chilahuala
Charaña
General Pérez
Visviri
Lago Blanca
General Lagos
San Pedro de Catarilla
Caracolla
Cosapilla
Chinocave
CHILE
Okoruro
Totora
Nasahuento
Curahuara de Carangas
Río Blanco
Colpitas
Ojsani
Tomarapi
Choquecota
Caquena
Parque Nacional
Cerro Larancagua
5439 m
Sajama
Volcán Sajama
6549 m
108
Parque Nacional Sajama
11
Parinacota
Cosapa
Chucuyo
Lago Chungará
Lauca
Tambo Quemado
Lagunas
Turco

Abbildungsnachweis
Bilderberg, Hamburg: S. 1, 25, 47, 83, 208, 211, Umschlag hinten links (Drexel); 28, 119, 163, 165, Umschlagklappe hinten (Ende)
Picture-Alliance, Frankfurt: S. 37, 237 (Aguilar); 349 (Dante Piaggio/El Comercio); 212 (Düren)
Getty Images, München: S. 6, 354/355 (Burcham); 286/287 (Dixon); 26/27 (Frerck); 193 (Gaqilone); 266/267 (Garrett); 3, 104/105 (Grebliunas); 206/207 (Harding); 13 (Hellier); 202/203 (Kennedy); 216/217 (l'Anson); 376 (Loven); 106 (Noton); 1, 34/35, Umschlag hinten rechts (Panoramic images); 92/93 (Schafer); 186, 378/379 (Tui de Roy)
HB-Verlag, Ostfildern/Gonzales: S. 2, 4, 8, 20, 55, 79, 194/195, 368/369
Huber, Garmisch-Partenkirchen: Titel (Huber); S. 10/11, 94/95, 146/147, 167, 244/245 (Damm); 2, 48, 139, 215, 364 (Orient)
Interfoto, München: S. 40 (Bildarchiv Hausmann)
Detlev Kirst, Chiemsee: S. 5, 8, 17, 32, 73, 80/81, 114, 121, 128, 134, 144, 155, 190/191, 239, 257, 260/261, 274/275, 284, 288/289, 297, 302, 304, 310, 317, 327, 333, 339, 342/343, 350, 352, 361, 371
laif, Köln: S. 319 (Coutausse); 53, 108 (Fabrer); Umschlagklappe vorn (Gebhard); 6, 9, 172/173, 176, 222/223, 300/301, 306/307, 330/331, 334/335, 337, 366 (Gonzales); 175 (Harscher); 188 (Hemispheres); 7, 60/61, 182/183 (Le Figaro Magazine); 4, 160/161, 240 (Raach); 268 (Tatlow)
LOOK, München: S. 64/65 (Erber); 59, 85 (Himsel); 5, 252/253 (Laurance); 156/157 (Martin); 3, 5, 70, 224/225 (Schütz)
Mauritius, Mittenwald: S. 7, 230/231 (age); 276 (bw media photoagentur); 100, 227, 243 (Haag/Kropp); 205 (Hoffmann); 22/23 (Vidler)
Okapia, Frankfurt/M.: S. 373 (Gohier); 3, 19 (Gunther)
Schapowalow, Hamburg: S. 1, 7, 125, 322/323 (de Vrée)
Rolf Seeler, Buenos Aires: S. 56, 218

Kartografie
DuMont Reisekartografie, Puchheim

Umschlagfotos
Titelbild: Altiplano bei Cusco
Umschlagklappen: Lago Titicaca (vorn), Machu Picchu (hinten)

Über den Autor: Detlev Kirst, geboren 1962, gelernter Fotograf, hat sich als Studienreiseleiter und Reisejournalist auf Mittel- und Südamerika spezialisiert. Heute leitet er am Chiemsee eine Spezialagentur für Costa Rica, Peru und Bolivien.

Hinweis: Autor und Verlag haben alle Informationen mit größtmöglicher Sorgfalt geprüft. Gleichwohl sind Fehler nicht vollständig auszuschließen. Alle Angaben erfolgen ohne Gewähr. Bitte schreiben Sie uns! Über Ihre Rückmeldung zum Buch und über Verbesserungsvorschläge freuen sich Autor und Verlag:
DuMont Reiseverlag, Postfach 3151, 73751 Ostfildern, E-Mail: info@dumontreise.de

1. Auflage 2007

Grafisches Konzept: Groschwitz, Hamburg
Druck: Rasch, Bramsche
Buchbinderische Verarbeitung: Bramscher Buchbinder Betriebe